공인회계사 · 세무사 2차시험대비

# 세무회계연습

송 상 엽

# 머리말

본서는 공인회계사·세무사 2차 시험을 준비하는 수험생들을 위한 세무회계연습서이다. 시중에 세무회계연습서가 많이 출간되어 있음에도 불구하고 저자가 본서를 출간하게 된 이유는 기존의 세무회계연습서에 대한 아쉬움 때문이다. 즉, 대부분의 세무회계연습서들은 단순히 기출문제만 소개했을 뿐, 수험생들이 실전대비능력을 함양할 수 있도록 관련주제별로 종합문제를 구성하고 체계적인 풀이방법을 제시하는데 실패하였다. 이러한 이유 때문에 세무회계가 공인회계사·세무사 2차 시험에서 수험생들에게 가장 어려운 과목으로 인식되고 있다.

따라서 저자는 이와 같은 문제점들을 극복하고 세무회계의 새로운 패러다임을 제시하고자 다음과 같은 사항에 역점을 두고 본서를 집필하였다.

**첫째, 최근 10년간 공인회계사·세무사 2차 시험에 출제된 문제들을 철저하게 분석하였다.** 기출문제들을 관련주제별로 분류하고 각 문제에서 요구하는 핵심 개념들을 수험생들이 정확히 이해할 수 있도록 풀이과정과 해설에 세심한 배려를 하였다.

**둘째, 관련주제별로 종합문제를 구성하였다.** 지금까지 출제된 내용과 출제가능성이 높은 개념들을 하나의 문제로 구성하여 수험생들이 관련주제들을 한 번에 정리할 수 있도록 하였다. 이러한 종합문제는 방대한 세법의 내용을 주제별로 짧은 시간에 정리하는데 많은 도움을 줄 것으로 확신한다.

**셋째, 체계적인 풀이방법을 제시하였다.** 관련주제별 종합문제의 해결을 위해 논리적인 흐름에 따른 단계별 접근방법을 제시하여 수험생들이 실전대비능력을 키울 수 있도록 하였으며, 이에 대한 자세한 해설을 추가하여 관련주제의 중요한 개념들을 종합적으로 정리할 수 있도록 하였다.

넷째, **관련주제별 최신 기출문제를 수록하였다.** 최근 4~5개연도 공인회계사·세무사 시험에 출제된 문제들을 소개하여 수험준비에 만전을 기할 수 있도록 하였다.

본서를 출간하기까지 많은 분들의 도움을 받았다. 특히 본서에 수록된 모든 문제들을 꼼꼼하게 풀어보고 본서의 완성도를 높이는 데 큰 기여를 한 웅지세무대학 학생들에게 감사의 뜻을 표한다.

끝으로 본서의 어떠한 오류도 본 저자의 책임임을 밝혀두며, 독자여러분의 냉철한 비판과 건설적인 의견을 기대해본다.

독자여러분의 건투를 비는 바이다.

2023년 3월
웅지세무대학교 연구실에서
송상엽 씀

웅지경영아카데미(www.ewat.kr)에서 동영상강의를 수강하실 수 있습니다.

## [출제경향 및 수험대책]

### 1. 출제경향

|  | 공인회계사(제한시간 120분) | 세무사(제한시간 90분) |
|---|---|---|
| 소득세법 | 2문항 (30점) | 1문항 (30점) |
| 부가가치세법 | 2문항 (20점) | 1문항 (20점) |
| 법인세법 | 2문항 (40점) | 2문항 (50점) |
| 상속세 및 증여세법 | 1문항 (10점) | – |
| 계 | 7문항(100점) | 4문항(100점) |

### 2. 수험대책

(1) **문제선별**: 제한시간에 출제된 모든 문제를 풀기가 쉽지 않으므로 풀이가 가능한 문제와 가능하지 않은 문제(예: 상속세 및 증여세법)를 선별해야 한다.

(2) **풀이방법 정형화**: 시험에 자주 출제되는 주제별로 풀이방법을 정형화하여 연습해야만 풀이시간을 최대한 단축할 수 있다.

(3) **답안지 작성법 연습**: 최근 2~3년간 기출문제를 실제 시험인 것으로 가정하여 답안지 작성하는 방법을 연습해야 한다.

(4) **공부방법**: 혼자 공부하는 것보다 다음과 같은 방법으로 저자의 동영상강의를 이용하는 것이 훨씬 효율적이다.
　① 1회 수강시에는 문제의 유형과 분석하는 방법 및 풀이과정을 이해하는데 중점을 둔다.
　② 2회 수강시에는 스스로 문제를 해결하면서 수강하되, 풀이방법을 암기한다.

# CONTENTS

## 1 법인세법

**CHAPTER 1** 법인세법 총론     001
1 · 결산조정사항과 신고조정사항
/2011. CPA 수정
2 · 소득처분의 특례사항

**CHAPTER 2** 손익의 귀속시기와 자산·부채의 평가     013
1 · 자산판매, 용역제공 등의 손익귀속시기
2 · 전기오류수정손익
3 · 임대손익, 용역제공 등의 손익귀속시기
/2016. CPA
4 · 자산의 취득가액결정
5 · 재고자산의 평가
6 · 유가증권의 평가
7 · 외화자산·부채의 평가
8 · 대손금 및 대손충당금
9 · 대손금 및 대손충당금 /2017. CPA
10 · 재고자산의 평가 /2017. 세무사
11 · 손익의 귀속시기 /2018. 세무사
12 · 대손금 및 대손충당금 /2019. 세무사
13 · 손익의 귀속시기 /2020. 세무사
14 · 자산의 취득가액결정 /2020. CPA
15 · 대손금 및 대손충당금 /2020. CPA
16 · 손익의 귀속시기 /2021. CPA
17 · 재고자산의 평가 /2022. CPA
18 · 대손금 및 대손충당금 /2022. CPA

**CHAPTER 3** 익금     069
1 · 채권·채무조정
2 · 임대보증금 등에 대한 간주임대료
3 · 의제배당
4 · 수입배당금의 이중과세조정
5 · 수입배당금의 이중과세조정 /2017. CPA
6 · 의제배당 /2017. 세무사
7 · 출자전환과 의제배당 /2018. CPA
8 · 의제배당과 수입배당금의 이중과세조정
/2018. 세무사
9 · 의제배당 /2019. CPA
10 · 이자소득과 배당소득 /2019. CPA
11 · 의제배당 /2020. CPA

**CHAPTER 4** 손금 I (세금과 공과금, 인건비, 퇴직급여충당금)     107
1 · 업무용승용차 관련비용
2 · 세금과 공과금
3 · 인건비
4 · 퇴직급여충당금
5 · 퇴직연금충당금
6 · 업무용승용차 관련비용 /2017. CPA
7 · 주식선택권 /2017. 세무사
8 · 퇴직연금충당금 /2019. CPA
9 · 업무용승용차 관련비용 /2019. CPA
10 · 인건비 /2020. CPA
11 · 퇴직연금충당금 /2021. CPA
12 · 인건비 /2022. CPA
13 · 퇴직연금충당금 /2021. 세무사

**CHAPTER 5** 손금 II (접대비, 기부금, 지급이자)     151
1 · 접대비
2 · 기부금
3 · 기부금
4 · 지급이자
5 · 접대비 /2017. CPA
6 · 접대비 /2017. 세무사
7 · 지급이자 /2018. CPA
8 · 기부금 /2018. CPA
9 · 접대비 /2018. 세무사
10 · 접대비 /2019. CPA
11 · 기부금 /2019. 세무사
12 · 접대비 /2020. CPA
13 · 접대비 /2020. 세무사
14 · 기부금 /2020. CPA
15 · 접대비 /2021. CPA
16 · 기부금 /22021. CPA
17 · 접대비 /2022. 세무사
18 · 접대비 /2022. CPA

## CHAPTER 6 손금Ⅲ(감가상각비, 일시상각충당금) 209

1. 재평가 및 영업권
2. 감가상각시부인계산
3. 회계변경과 감가상각의제
4. 일시상각충당금
5. 개발비상각시부인계산 /2017. 세무사
6. 감가상각시부인계산 /2018. CPA
7. 사용수익기부자산 /2018. 세무사
8. 일시상각충당금 /2019. 세무사
9. 감가상각시부인계산 /2019. 세무사
10. 감가상각시부인계산 /2020. CPA수정
11. 감가상각시부인계산 /2022. CPA

## CHAPTER 7 부당행위계산의 부인 245

1. 자산의 고가매입·저가양도
2. 가지급금인정이자
3. 불공정자본거래-합병
4. 불공정자본거래-저가신주발행 /2007. CPA 수정
5. 불공정자본거래-고가신주발행
6. 불공정자본거래-감자 /2013. CPA수정
7. 불공정자본거래-합병 /2017. 세무사
8. 자산의 저가매입 /2017. 세무사
9. 불공정자본거래-합병 /2018. 세무사
10. 불공정자본거래 /2019. 세무사
11. 부당행위계산의 부인 /2021. 세무사
12. 부당행위계산의 부인 /2022. CPA

## CHAPTER 8 과세표준과 세액계산 283

1. 결손금소급공제
2. 외국납부세액공제
3. 재해손실세액공제
4. 최저한세와 차감납부할세액
5. 가산세
6. 중간예납세액 /2010. CPA 수정
7. 중간예납세액 /2016. 세무사
8. 최저한세 /2017. CPA
9. 외국납부세액공제 /2019. CPA
10. 최저한세 /2018. 세무사
11. 최저한세와 총부담세액 /2021. CPA
12. 결손금소급공제 /2021. 세무사

13. 재해손실세액공제 /2022. CPA
14. 최저한세와 외국납부세액공제
      /2022. 세무사

## CHAPTER 9 합병 및 분할의 과세특례 325

1. 합병종합
2. 합병으로 인한 의제배당
3. 물적분할
4. 합병종합 /2017. CPA
5. 합병종합 /2020. 세무사
6. 합병종합 /2022. 세무사

## CHAPTER 10 법인세법의 기타사항 349

1. 청산소득
2. 청산소득 /2018. CPA
3. 청산소득 /2020. CPA
4. 연결납세제도
5. 연결납세제도 /2010. CPA
6. 연결납세제도 /2017. 세무사
7. 연결납세제도 /2022. 세무사

# 2 소득세법

## CHAPTER 1 종합소득Ⅰ(이자소득, 배당소득) 377

1. 이자소득
2. 배당소득
3. 금융소득금액
4. 금융소득금액
5. 금융소득 /2015. 세무사
6. 금융소득금액 /2016. CPA
7. 금융소득금액 /2020. 세무사

## CHAPTER 2 종합소득Ⅱ(사업소득) 399

1. 사업소득금액
2. 사업소득금액
3. 사업소득금액
4. 부동산임대소득금액
5. 추계신고시 사업소득금액

### CHAPTER 3 종합소득Ⅲ (근로소득, 연금소득, 기타소득) ... 417

1. 근로소득금액
2. 연금소득금액
3. 기타소득금액
4. 종합소득금액 /2017. CPA
5. 종합소득금액 /2017. 세무사
6. 종합소득금액 /2018. CPA
7. 연금소득금액 및 사업소득금액 /2019. CPA
8. 종합소득금액 /2019. 세무사
9. 근로소득과 연금소득금액 /2020. 세무사
10. 근로소득금액 /2020. CPA
11. 이자소득금액과 사업소득금액 /2020. CPA
12. 종합소득금액 /2021. CPA

### CHAPTER 4 종합소득과세표준의 계산 ... 459

1. 소득금액계산의 특례
2. 결손금 및 이월결손금공제
3. 종합소득과세표준
4. 종합소득과세표준

### CHAPTER 5 종합·퇴직소득세의 계산 ... 475

1. 금융소득이 있는 경우 결정세액계산
2. 금융소득에 대한 사업소득의 결손금공제
3. 특별세액공제
4. 기부금세액공제
5. 종합소득결정세액 /2014. 세무사
6. 퇴직소득세
7. 퇴직소득세 /2016. CPA 수정
8. 종합소득결정세액과 특별세액공제 /2017. CPA
9. 종합소득결정세액과 특별세액공제 /2018. CPA
10. 종합소득과 퇴직소득 /2018. 세무사
11. 금융소득이 있는 경우 산출세액계산 /2019. CPA
12. 종합소득결정세액과 특별세액공제 /2019. CPA
13. 연말정산 /2020. CPA
14. 연말정산 /2021. 세무사
15. 특별소득공제와 특별세액공제 /2021. CPA
16. 배당세액공제 /2021. CPA
17. 종합소득세 확정신고 /2022. 세무사
18. 종합소득세 /2022. CPA

### CHAPTER 6 양도소득세 ... 553

1. 양도소득세 예정신고
2. 주식의 양도소득세
3. 고가주택과 부담부증여
4. 이월과세와 우회양도
5. 국외자산에 대한 양도소득세 /2017. CPA
6. 고가주택의 양도소득금액 /2018. CPA
7. 양도소득산출세액 /2019. CPA
8. 양도소득산출세액 /2019. 세무사
9. 이월과세 /2020. 세무사
10. 부담부증여 /2020. CPA
11. 부당행위계산의 부인 /2021. CPA
12. 고가족택양도소득 /2022. CPA

## 3 부가가치세법

### CHAPTER 1 과세표준과 매출세액 ... 593

1. 일반과세자의 과세표준과 매출세액
2. 부동산공급 및 임대용역의 과세표준과 매출세액
3. 겸영사업자 및 간주공급의 과세표준과 매출세액
4. 간주공급 /2017. CPA
5. 과세표준과 매출세액 /2018. CPA
6. 과세표준과 매출세액 /2018. CPA
7. 과세표준과 매출세액 /2019. CPA
8. 과세표준과 매출세액 /2019. 세무사
9. 과세표준과 매출세액 /2020. 세무사
10. 부가가치세 과세표준 /2020. CPA
11. 부가가치세 과세표준 /2020. CPA
12. 부가가치세 과세표준 /2021. 세무사
13. 부가가치세 과세표준 /2021. CPA
14. 부가가치세 과세표준 /2021. CPA
15. 매출세액 /2022. 세무사
16. 부가가치세 과세표준 /2022. CPA

CHAPTER 2  매입세액   651

1 · 매입세액공제
2 · 납부세액 및 환급세액의 재계산
3 · 의제매입세액과 납부·환급세액의 재계산
　　　　　　　　　　　　　　　/2018. CPA
4 · 매입세액 /2018. 세무사
5 · 매입세액 /2019. CPA
6 · 매입세액 /2019. 세무사
7 · 매출세액과 매입세액 /2020. 세무사
8 · 매입세액 /2021. 세무사
9 · 매입세액 /2021. CPA
10 · 매입세액 /2022. 세무사

CHAPTER 3  차가감납부세액   687

1 · 가산세
2 · 가산세
3 · 차가감납부세액 /2015. 세무사 수정
4 · 차가감납부세액의 오류수정
5 · 차가감납부세액 /2010. CPA
6 · 차가감납부세액 /2007. CPA
7 · 차가감납부세액 /2010. 세무사
8 · 차가감납부세액 /2017. CPA
9 · 차가감납부세액 /2017. 세무사
10 · 차가감납부세액 /2020. CPA
11 · 가산세 /2021. CPA
12 · 가산세 /2022. CPA
13 · 차가감납부세액 /2022. CPA

CHAPTER 4  간이과세제도   735

1 · 간이과세자
2 · 간이과세자와 일반과세자의 비교 /2011. 세무사
3 · 재고납부세액 /2005. CPA
4 · 재고매입세액 /2003. CPA
5 · 간이과세자 /2017. CPA
6 · 간이과세자 /2018. CPA
7 · 간이과세자 /2019. 세무사
8 · 간이과세자 /2019. CPA
9 · 간이과세자 /2021. 세무사
10 · 간이과세자 /2022. 세무사

# 4  상속세 및 증여세

CHAPTER 1  상속세   769

1 · 총상속재산가액
2 · 상속세과세가액
3 · 상속공제
4 · 상속세 신고납부세액
5 · 수유자가 영리법인인 경우 /2017. CPA
6 · 상속세과세표준 /2020. CPA
7 · 상속세과세표준 /2022. CPA

CHAPTER 2  증여세   795

1 · 양도소득세와 증여세
2 · 증여재산공제 /2008. CPA
3 · 부동산무상사용에 따른 이익의 증여
　　　　　　　　　　　　　　　/2017.CPA
4 · 초과배당에 따른 이익의 증여 /2018. CPA
5 · 증여세과세문제 /2019. CPA
6 · 증여재산공제 /2019. CPA
7 · 주식 등의 상장 등 이익의 증여 /2020. CPA
8 · 재산취득후 재산가치증가에 다른 이익의 증여
　　　　　　　　　　　　　　　/2021. CPA

CHAPTER 3  상속 및 증여재산의 평가   815

1 · 비상장주식의 평가 /2003. CPA
2 · 비상장주식의 평가 /2018. CPA
3 · 비상장주식의 평가 /2021. CPA

# SECTION

# 1 법인세법

CHAPTER 1

법인세법 총론

## 결산조정사항과 신고조정사항  ■2011. CPA수정

다음은 중소기업인 웅지(주)의 제21기(20×7. 1. 1~12. 31) 세무조정자료이며, 각 항목은 서로 독립적이다.

1. 웅지(주)는 20×7년 7월 1일 완성된 제품 100개를 1개당 ₩30,000(1개당 제품제조원가:₩24,000)에 A거래처에 판매하였다. 대금의 회수일정 및 실제 회수된 금액은 다음과 같다.

| 제21기 대금회수액 | 계약서상 대금회수 조건 |
|---|---|
|  | 20×7년 7월 1일: ₩1,000,000 |
| ₩800,000 | 20×8년 7월 1일: ₩1,000,000 |
|  | 20×9년 7월 1일: ₩1,000,000 |

(1) 시장이자율은 10%이므로 회사가 인식한 매출은 ₩2,735,400이며, 매출원가는 ₩2,400,000이었다.

(2) 20×7년 12월 3일 10개의 불량제품 환입에 대해 회사는 다음과 같은 회계처리만 하였다.

　　(차) 매　　출　　　　300,000　　　　(대) 매출채권　　　　300,000

2. 웅지(주)는 다음과 같이 당기 매입가액·제작원가와 당기 차입원가를 합산하여 자산의 장부가액으로 인식하고 있다.

| 구　분 | 매입가액·제작원가 | 차입원가 |
|---|---|---|
| 재고자산 | ₩10,000,000 | ₩200,000[*1] |
| 개 발 비 | 30,000,000 | 3,000,000[*2] |

　*1. 국내 일반차입금과 관련된 이자비용이며, 재고자산(상품) 중 80%는 당기에 판매되었다.
　　2. 현재 개발중인 신제품의 개발에 소요된 특정외화차입금 관련 이자비용이며, 20×7년 9월 1일부터 사용가능하게 되었으나 회사는 실제 사용하기 시작한 20×8년부터 상각할 예정이다.

3. 웅지(주)는 정부에서 발주한 신도시 개발과 관련된 도로건설(공사기간:20×7년 7월 1일부터 20×8년 5월 1일까지)을 하고 있다. 도급금액은 ₩100,000,000이며, 당기 공사원가는 ₩48,000,000이다. 당기 공사진행률은 60%이며, 회사는 원가기준에 따른 진행기준에 의해 손익을 인식하고 있다.

4. 웅지(주)는 20×6년 7월 1일 국고보조금 ₩10,000,000을 수령하고 동일자로 사업용 기계장치(취득가액:₩20,000,000)를 취득하였다. 회사는 기계장치에 대해 정액법(잔존가치 없음)을 적용하며 5년 동안 상각한다. 회사는 국고보조금을 기계장치에 차감하는 형식으로 표시하고 있으며, 국고보조금을 감가상각비와 상계하는 회계처리를 하고 있다. 전기(제20기) 세무조정사항 중에는 국고보조금에 대해 일시상각충당금을 설정하여 손금산입한 금액이 있다. 회사는 당기 기업회계기준에 따라 회계처리를 하였다.

### 요구사항

웅지(주)의 법인세부담을 최소화할 수 있도록 제21기(20×7년 1월 1일~12월 31일) 사업연도에 대한 세무조정사항을 다음 [답안양식]에 따라 제시하시오.

[답안양식]

| 항목 | 익금산입·손금불산입 | | | 손금산입·익금불산입 | | |
|---|---|---|---|---|---|---|
| | 과목 | 금액 | 처분 | 과목 | 금액 | 처분 |
| 1 | | | | | | |

### 해답

| 항목 | 익금산입·손금불산입 | | | 손금산입·익금불산입 | | |
|---|---|---|---|---|---|---|
| | 과목 | 금액 | 처분 | 과목 | 금액 | 처분 |
| 1. (1) | 재고자산 | ₩1,600,000 | 유보 | 매출채권 | ₩1,735,400 | 유보 |
| (2) | 재고자산 | 240,000 | 유보 | | | |
| 2. | | | | 재고자산 | 40,000 | 유보 |
| 3. | | | | 미성공사 | 12,000,000 | 유보 |
| 4. | 일시상각충당금 | 2,000,000 | 유보 | 국고보조금 | 2,000,000 | 유보 |

[계산근거]

1. (1) 제품판매

| | 회사장부 | 법인세법 | 차 이 |
|---|---|---|---|
| 매 출 | ₩2,735,400 | ₩1,000,000 | ₩(1,735,400) |
| 매출원가 | (2,400,000) | (800,000) | 1,600,000 |

(2) 매출환입

|  | 회사장부 | 법인세법 | 차 이 |
|---|---|---|---|
| 매 출 | ₩(300,000) | ₩(300,000) | ₩0 |
| 매출원가 | 0 | 240,000 | 240,000 |

2. 건설자금이자

|  | 회사장부 | 법인세법 | 차 이 |
|---|---|---|---|
| 재고자산 | ₩200,000×20% <br> =₩40,000 | ₩0 | ₩(40,000) |

3. 도로건설공사

|  | 회사장부 | 법인세법 | 차 이 |
|---|---|---|---|
| 공사수익 | ₩100,000,000×60% <br> =₩60,000,000 | ₩0 | ₩(60,000,000) |
| 공사원가 | (48,000,000) | 0 | 48,000,000 |
| 공사이익 | ₩12,000,000 | ₩0 | ₩(12,000,000) |

4. 국고보조금

|  | 회사장부 | 법인세법 | 차 이 |
|---|---|---|---|
| 감가상각비상계 | ₩10,000,000÷5년 <br> =₩2,000,000 | ₩0 | ₩(2,000,000) |
| 일시상각충당금환입 | 0 | 2,000,000 | 2,000,000 |

### 해설

1. 장기할부판매

    (1) 중소기업의 경우 신고조정으로 장기할부판매를 회수기일도래기준으로 인식할 수 있다.

    (2) 환입된 제품에 대한 매출원가도 취소해야 한다.

2. 건설자금이자

    (1) 재고자산은 건설자금이자 계산대상이 아니므로 재고자산으로 계상한 건설자금이자 ₩200,000 중 미판매분 ₩40,000을 손금산입한다.

    (2) 개발비는 건설자금이자 계산대상이므로 건설자금이자에 대한 세무조정은 필요없다. 또한 당기 상각비 ₩2,200,000(₩33,000,000÷5년×4/12)은 결산조정사항이지만, 회사가 결산에 반영하지 않았으므로 세무조정은 필요없다.

3. 단기용역매출

   중소기업의 경우 신고조정으로 단기용역매출을 인도기준(완성기준)으로 인식할 수 있다.

4. 국고보조금

   법인세법은 국고보조금에 대한 일시상각충당금의 설정을 신고조정도 인정하고 있다. 국고보조금에 대한 회계처리를 비교하면 다음과 같다.

| 회사장부 | 법인세법 | 세무조정 |
|---|---|---|
| 〈제20기〉 | | |
| 현  금   10,000,000<br>    국고보조금      10,000,000 | 현  금   10,000,000<br>    국고보조금      10,000,000<br>*국고보조금은 익금항목임 | 〈익금산입〉<br>10,000,000(유보) |
| 기  계   20,000,000<br>    현  금         20,000,000<br>감가상각비 2,000,000<br>    감가상각누계액    2,000,000 | 기  계   20,000,000<br>    현  금         20,000,000<br>감가상각비 2,000,000<br>    감가상각누계액    2,000,000 | |
| 국고보조금 1,000,000<br>    감가상각비      1,000,000 | | 〈익금불산입〉<br>1,000,000(△유보) |
| | 일시상각충당금전입액 10,000,000<br>    일시상각충당금    10,000,000<br>일시상각충당금 1,000,000<br>    일시상각충당금환입액 1,000,000 | 〈손금산입〉<br>10,000,000(△유보)<br>〈익금산입〉<br>1,000,000(유보) |
| 〈제21기〉 | | |
| 감가상각비 4,000,000<br>    감가상각누계액    4,000,000<br>국고보조금 2,000,000<br>    감가상각비      2,000,000 | 감가상각비 4,000,000<br>    감가상각누계액    4,000,000 | 〈익금불산입〉<br>2,000,000(△유보) |
| | 일시상각충당금 2,000,000<br>    일시상각충당금환입액 2,000,000 | 〈익금산입〉<br>2,000,000(유보) |

*음영처리된 부분이 신고조정사항임

## 소득처분의 특례사항

다음은 (주)웅지의 제7기 사업연도(20×7. 1. 1~12. 31) 법인세신고를 위한 세무조정과정에서 발견된 내용이다.

[자료 1]
1. 20×7년 2월에 대표이사 甲은 친구 乙, 丙과 함께 업무와 관련없이 태국으로 골프여행을 하고 모든 경비 ₩3,000,000을 회사의 복리후생비로 처리하였다.
2. 친구 乙은 (주)웅지의 소액주주(임직원은 아님)이며, 친구 丙은 (주)웅지와 아무런 관련이 없다. 골프여행 경비는 1/3씩 부담하는 것이 합리적이라고 판단된다.

[자료 2]
1. 회사는 20×7년 12월 1일부터 7일까지 판매한 제품에 대해서 회계처리가 누락되었음을 발견하였는데, 그 내역은 다음과 같다. 단, 관련 매출원가는 당기 비용으로 적절히 계상되었다.
   (1) 외상판매분 ₩5,500,000(부가가치세 ₩500,000 포함). 이 금액은 20×9년에 회수될 예정이다.
   (2) 현금판매분 ₩1,100,000(부가가치세 ₩100,000 포함). 이 금액에 대한 귀속은 불분명하다.
2. 회사는 20×7년 12월에 영업부에서 허위의 비용영수증을 제출하고 ₩2,000,000을 수령해간 사실을 발견하였다. 이 금액에 대한 귀속은 불분명하다.

### 요구사항

1. [자료 1]과 관련하여 다음 물음에 답하시오.

   [물음 1] [자료 1]의 경우 세무조정과 소득처분 및 기타 관련내용들을 다음의 양식에 따라 기재하시오.

   [답안양식]

   | 귀 속 자 | 세무조정 | 금 액 | 소득처분 | 귀속자 소득의 귀속연도 |
   | --- | --- | --- | --- | --- |

   [물음 2] 회사가 [자료 1]과 관련하여 발생한 대표자 甲의 소득세를 대납한 경우 세무조정과 소득처분에 대해서 설명하시오.

2. [자료 2]와 관련하여 회사가 제7기 사업연도의 세무조정을 적절히 수행했다고 가정할 경우 다음 물음에 답하시오.

[물음 1] [자료 2]의 경우 세무조정과 소득처분을 행하시오. 단, 가지급금에 대한 인정이자는 무시한다.

[물음 2] 회사가 [자료 2]와 관련하여 발생한 대표자 甲의 소득세를 대납한 경우 세무조정과 소득처분에 대해서 설명하시오.

3. [자료 2]와 관련하여 회사가 제7기 사업연도의 세무조정에 반영하지 못했다고 가정할 경우 다음 물음에 답하시오.

[물음 1] 회사가 수정신고를 하지 못하고 20×8년 8월 세무조사시 발견된 경우 세무조정과 소득처분에 대해서 설명하시오.

[물음 2] 회사가 20×8년 8월에 수정신고를 한 경우 전기와 당기의 세무조정과 소득처분에 대해서 설명하시오. 단, 회사는 현금매출누락분과 가공경비를 회수하고 다음과 같이 회계처리하였다.

(1) 외상매출누락분: (차) 매출채권 5,500,000 (대) 이익잉여금 5,000,000
　　　　　　　　　　　　　　　　　　　　　　　　　　VAT예수금 500,000

(2) 현금매출누락: (차) 현　　금 1,100,000 (대) 이익잉여금 1,000,000
　　　　　　　　　　　　　　　　　　　　　　　　　　VAT예수금 100,000

(3) 가 공 경 비: (차) 현　　금 2,000,000 (대) 이익잉여금 2,000,000

[물음 3] 〈자료 2〉와 관련하여 (주)웅지와 대표이사의 소득세법상 납세의무에 대해서 설명하시오.
단, 대표이사 甲은 근로소득 외 다른 종합소득이 있다고 가정한다.

### 해답

**[요구사항1]**

[물음 1] [자료 1]의 세무조정과 소득처분

| 귀속자 | 세무조정 | 금액 | 소득처분 | 귀속자 소득의 귀속연도 |
|---|---|---|---|---|
| 甲 | 손금불산입 | ₩1,000,000 | 상여 | 20×7년 |
| 乙 | 손금불산입 | 1,000,000 | 배당 | 20×8년 |
| 丙 | 손금불산입 | 1,000,000 | 기타소득 | 20×8년 |

[물음 2] [자료 1] 대표자 소득세대납액의 처리

> 손금불산입액이 대표자에게 귀속되었음이 분명하므로 소득세대납액을 다음과 같이 처리함
> 1. 소득세대납액을 비용처리한 경우: 손금불산입하고 상여로 소득처분함
> 2. 소득세대납액을 대여금으로 처리한 경우: 소득세대납액을 업무무관가지급금으로 보아 지급이자손금불산입 및 가지급금인정이자를 계산함. 만약, 대여금을 대손처리한 경우 손금불산입하고 상여로 소득처분함

## [요구사항2]

[물음 1] [자료 2]의 세무조정과 소득처분

1. 매출누락
   (1) 외상매출누락: 〈익금산입〉 　매출채권　　　　　　₩5,500,000 (유보)
   　　　　　　　　　〈손금산입〉 　부가가치세예수금　　　　500,000 (△유보)
   (2) 현금매출누락: 〈익금산입〉 　현금매출누락　　　　₩1,100,000 (상여)
   　　　　　　　　　〈손금산입〉 　부가가치세예수금　　　　100,000 (△유보)

2. 가공경비: 〈익금산입〉 　　　　　가공경비　　　　　　₩2,000,000 　(상여)

[물음 2] [자료 2] 대표자 소득세대납액의 처리

손금불산입액의 귀속이 불분명하여 대표자에 대한 상여로 처분된 경우 소득세대납액은 다음과 같이 처리함
1. 소득세대납액을 비용처리한 경우: 손금불산입하고 기타사외유출로 소득처분함
2. 소득세대납액을 대여금으로 처리한 경우: 소득세대납액을 업무무관가지급금으로 보지 않으므로 지급이자손금불산입 및 가지급금인정이자를 계산하지 아니함. 만약, 대여금을 대손처리한 경우 손금불산입하고 기타사외유출로 소득처분함

## [요구사항3]

[물음 1] 경정의 경우

1. 매출누락
   (1) 외상매출누락: 〈익금산입〉 　매출채권　　　　　　₩5,500,000 (유보)
   　　　　　　　　　〈손금산입〉 　부가가치세예수금　　　　500,000 (△유보)
   (2) 현금매출누락: 〈익금산입〉 　현금매출누락　　　　₩1,100,000 (상여)
   　　　　　　　　　〈손금산입〉 　부가가치세예수금　　　　100,000 (△유보)

2. 가공경비: 〈익금산입〉 　　　　　가공경비　　　　　　₩2,000,000 (상여)

[물음 2] 수정신고를 한 경우

1. 매출누락
   (1) 외상매출누락
   　① 전기: 　〈익금산입〉 　매출채권　　　　　　₩5,500,000 (유보)

|  |  | 〈손금산입〉 | 부가가치세예수금 | 500,000 (△유보) |
|---|---|---|---|---|
| ② 당기: |  | 〈손금산입〉 | 매출채권 | ₩5,500,000 (△유보) |
|  |  | 〈익금산입〉 | 부가가치세예수금 | 500,000 (△유보) |
|  |  | 〈익금산입〉 | 이익잉여금 | 5,000,000 (기타) |

(2) 현금매출누락

|  |  |  |  |  |
|---|---|---|---|---|
| ① 전기: |  | 〈익금산입〉 | 현금매출누락 | ₩1,100,000 (유보) |
|  |  | 〈손금산입〉 | 부가가치세예수금 | 100,000 (△유보) |
| ② 당기: |  | 〈익금산입〉 | 이익잉여금 | ₩1,000,000 (기타) |
|  |  |  | 부가가치세예수금 | 100,000 (유보) |
|  |  | 〈손금산입〉 | 전기매출 | 1,100,000 (△유보) |

2. 가공경비

|  |  |  |  |  |
|---|---|---|---|---|
| (1) 전기: |  | 〈익금산입〉 | 가공경비 | ₩2,000,000 (유보) |
| (2) 당기: |  | 〈익금산입〉 | 이익잉여금 | ₩2,000,000 (기타) |
|  |  | 〈손금산입〉 | 전기 가공경비 | 2,000,000 (△유보) |

[물음 3] 소득세법상 납세의무

(1) ㈜웅지의 소득세법상 납세의무

① ㈜웅지는 현금매출누락 ₩1,100,000과 가공경비 ₩2,000,000에 대해서 대표이사에 대한 상여로 소득처분할 것이므로 대표이사 甲으로부터 근로소득세를 원천징수하여야 함

② 경정시에는 소득금액변동통지서를 수령한 날(수정신고시에는 수정신고일)에 해당 소득을 지급한 것으로 의제하므로 소득금액변동통지서 수령일(수정신고시에는 수정신고일)의 다음 달 10일까지 원천징수세액을 자진납부하여야 함

(2) 대표이사 甲의 소득세법상 납세의무

① 법인세법상 상여로 소득처분된 금액의 귀속시기는 근로제공일이 속하는 20×7년이므로 대표이사 甲은 종합소득세를 추가신고자진납부하여야 함

② 대표이사 甲이 근로소득만 있는 경우에는 원천징수로써 납세의무가 종결되므로 추가적인 납세절차가 필요 없지만, 근로소득 외 다른 종합소득이 있으므로 소득금액변동통지서를 받은 날(수정신고시에는 수정신고일)이 속하는 달의 다음다음달 말일까지 추가신고자진납부하여야 하며, 이렇게 한 경우 신고기한 내에 신고납부한 것으로 보아 신고·납부관련 가산세를 부과하지 아니함

### 해설

회사가 수정신고를 한 경우를 가정하여 회사와 법인세법의 회계처리를 비교하면 다음과 같다.

1. 매출누락

(1) 외상매출누락

| 회사장부 | 법인세법 | 세무조정 |
|---|---|---|
| 〈제7기〉 | 매출채권 5,500,000<br> 매 출 5,000,000<br> VAT예수금 500,000 | 〈익금산입〉<br>5,500,000(유보)<br>〈손금산입〉<br>500,000(△유보) |
| 〈제8기〉<br>매출채권 5,500,000<br> 이익잉여금 5,000,000<br> VAT예수금 500,000 | | 〈익금산입〉<br>5,000,000(기타)<br>〈손금산입〉<br>5,500,000(△유보)<br>〈익금산입〉<br>500,000(유보) |

(2) 현금매출누락

| 회사장부 | 법인세법 | 세무조정 |
|---|---|---|
| 〈제7기〉 | 현 금 1,100,000<br> 매 출 1,000,000<br> VAT예수금 100,000<br><br>사외유출 1,100,000<br> 현 금 1,100,000 | 〈익금산입〉<br>1,100,000(유보)[*1]<br>〈손금산입〉<br>100,000(△유보) |
| 〈제8기〉<br>현 금 1,100,000<br> 이익잉여금 1,000,000<br> VAT예수금 100,000 | 현 금 1,100,000<br> 세무상잉여금 1,100,000 | 〈익금산입〉<br>1,000,000(기타)<br>〈손금산입〉<br>1,100,000(△유보)[*2]<br>〈익금산입〉<br>100,000(유보) |

*1. 상여로 소득처분해야 하지만 회사가 국세기본법의 수정신고기한 내에 매출누락, 가공경비 등 부당하게 사외유출된 금액을 회수하고 세무조정으로 익금에 산입한 경우에는 귀속자에게 추가로 과세하지 않기 위해 유보로 소득처분함
 2. 기타로 소득처분해야 하지만 회사가 수정신고를 했으므로 △유보로 소득처분함

2. 가공경비

| 회사장부 | 법인세법 | 세무조정 |
|---|---|---|
| 〈제7기〉 | | |
| 비 용  2,000,000 | 사외유출  2,000,000 | 〈익금산입〉 |
|    현 금  2,000,000 |    현 금  2,000,000 | 2,000,000(유보)*1 |
| 〈제8기〉 | | |
| 현 금  2,000,000 | 현 금  2,000,000 | 〈익금산입〉 |
|    이익잉여금  2,000,000 |    세무상잉여금  2,000,000 | 2,000,000(기타) |
| | | 〈손금산입〉 |
| | | 2,000,000(△유보)*2 |

*1. 상여로 소득처분해야 하지만 회사가 수정신고를 했으므로 귀속자에게 추가로 과세하지 않기 위해 유보로 소득처분함
 2. 기타로 소득처분해야 하지만 회사가 수정신고를 했으므로 △유보로 소득처분함

# CHAPTER 2

## 손익의 귀속시기와 자산·부채의 평가

# 자산판매, 용역제공 등의 손익귀속시기

다음은 제조업과 건설업을 영위하는 영리내국법인인 (주)진리(중소기업)의 제7기 사업연도(20×7. 1. 1~12. 31)에 발생한 거래이다. 법인세부담을 최소화할 수 있도록 제시된 [답안양식]에 따라 제7기의 소득금액조정합계표를 작성하시오.

1. 제품판매

    (1) 회사는 제품에 대하여 다음과 같은 할부판매거래를 하였고 인도시 매출을 인식하였다. 모든 할부판매는 인도일이 속하는 달부터 매달 말일에 ₩1,000,000씩 회수하도록 계약되며, 매출원가는 총판매대금의 70%이다.

    | 구 분 | 제품인도일 | 총판매대금 | 할부기간 | 20×7년<br>대금회수액 | 20×8년<br>대금회수액 |
    |---|---|---|---|---|---|
    | 제품 A | 20×7. 5. 1 | ₩10,000,000 | 10개월 | ₩8,000,000 | ₩2,000,000 |
    | 제품 B | 20×7. 7. 1 | 20,000,000 | 20 | 5,000,000 | 13,000,000 |
    | 제품 C | 20×7. 9. 1 | 30,000,000 | 30 | 5,000,000 | 11,000,000 |

    (2) 회사가 제품별로 계상한 매출채권의 회계처리는 다음과 같다. 회사는 인도기준으로 매출손익을 인식하였다.

    ① 제품 A의 매출채권은 현재가치로 평가하지 않았다.

    ② 제품 B 매출채권의 현재가치는 ₩17,000,000이며 20×7년과 20×8년 현재가치할인차금상각액은 각각 ₩1,200,000과 ₩1,800,000이다.

    ③ 제품 C 매출채권의 현재가치는 ₩25,000,000이며 20×7년과 20×8년 현재가치할인차금상각액은 각각 ₩1,400,000과 ₩2,000,000이다.

2. 건설공사

    (1) 공사손익의 내역은 다음과 같다. 회사는 원가기준 진행률기준에 따라 공사손익을 인식하였다.

    | 구 분 | 甲 | 乙 | 丙 |
    |---|---|---|---|
    | 기 간 | 20×7. 11. 1~<br>20×8. 1. 31 | 20×7. 8. 1~<br>20×8. 12. 31 | 20×7. 7. 1~<br>20×8. 9. 30 |
    | 도급금액 | ₩100,000,000 | ₩150,000,000 | ₩400,000,000 |
    | 총공사예정원가 | 70,000,000 | 120,000,000 | 320,000,000 |
    | 당기공사원가발생액 | 56,000,000 | 60,000,000 | 224,000,000 |

(2) 丙공사와 관련된 공사비 ₩32,000,000이 판매비로 계상되었음이 확인되었으며 이는 총공사예정원가에는 포함되어 있으나, 위 당기공사원가발생액에 포함되어 있지 아니하다.

### 요구사항

1. 법인세부담을 최소화할 수 있도록 제시된 [답안양식]에 따라 제7기의 소득금액조정합계표를 작성하시오.

[답안양식]

| 구 분 | 익금산입 및 손금불산입 | | | 손금산입 및 익금불산입 | | |
|---|---|---|---|---|---|---|
| | 과 목 | 금 액 | 처 분 | 과 목 | 금 액 | 처 분 |

2. (주)진리가 20×8년말에 폐업했다고 가정할 경우 제품판매에 대한 제8기 소득금액조정합계표를 작성하시오. 단, [답안양식]은 [요구사항1]을 참조할 것.

### 해답

**[요구사항1]**

| 구 분 | 익금산입 및 손금불산입 | | | 손금산입 및 익금불산입 | | |
|---|---|---|---|---|---|---|
| | 과 목 | 금 액 | 처 분 | 과 목 | 금 액 | 처 분 |
| 1. 제품판매 | | | | | | |
| 제품 B | 재고자산 | ₩9,800,000 | 유 보 | 매출채권 | ₩11,000,000 | 유 보 |
| | | | | 매출채권<br>(이자수익) | 1,200,000 | 유 보 |
| 제품 C | 재고자산 | ₩18,200,000 | 유 보 | 매출채권 | ₩20,000,000 | 유 보 |
| | | | | 선 수 금 | 1,000,000 | |
| | | | | 매출채권<br>(이자수익) | 1,400,000 | 유 보 |
| 2. 건설공사 | | | | | | |
| 甲공사 | | | | 미성공사 | ₩24,000,000 | 유 보 |
| 丙공사 | 미성공사 | ₩40,000,000 | 유 보 | | | |

[계산근거]

1. 제품판매

| 구 분 | | 회사장부 | 법인세법 | 차 이 |
|---|---|---|---|---|
| 제품 A | 매 출 | ₩10,000,000 | ₩10,000,000 | ₩0 |
| | 매출원가 | (7,000,000) | (7,000,000) | 0 |
| 제품 B | 매 출 | ₩17,000,000 | ₩6,000,000* | ₩(11,000,000) |
| | 매출원가 | (14,000,000) | (4,200,000) | 9,800,000 |
| | 이자수익 | 1,200,000 | 0 | (1,200,000) |
| 제품 C | 매 출 | ₩25,000,000 | ₩4,000,000* | ₩(21,000,000) |
| | 매출원가 | (21,000,000) | (2,800,000) | 18,200,000 |
| | 이자수익 | 1,400,000 | 0 | (1,400,000) |

*회수기일도래기준으로 인식한 금액임

2. 건설공사

| 구 분 | | 회사장부 | 법인세법 | 차 이 |
|---|---|---|---|---|
| 甲공사 | 공사수익 | ₩80,000,000 | ₩0 | ₩(80,000,000) |
| | 공사원가 | (56,000,000) | 0 | 56,000,000 |
| 乙공사 | 공사수익 | ₩75,000,000 | ₩75,000,000 | 0 |
| | 공사원가 | (60,000,000) | (60,000,000) | 0 |
| 丙공사 | 공사수익 | ₩280,000,000 | ₩320,000,000 | ₩40,000,000 |
| | 공사원가 | (224,000,000) | (256,000,000) | 32,000,000 |
| | 판 매 비 | (32,000,000) | | (32,000,000) |

*공사진행률

1. 甲공사: ₩56,000,000/₩70,000,000=80%
2. 乙공사: ₩60,000,000/₩120,000,000=50%
3. 丙공사: 회사: ₩224,000,000/₩320,000,000=70%
   실제: (₩224,000,000+₩32,000,000)/₩320,000,000=80%

[요구사항2]

| 구 분 | 익금산입 및 손금불산입 | | | 손금산입 및 익금불산입 | | |
|---|---|---|---|---|---|---|
| | 과 목 | 금 액 | 처 분 | 과 목 | 금 액 | 처 분 |
| 제품 B | 재고자산 | ₩14,000,000 | 유 보 | 재고자산 | ₩9,800,000 | 유 보 |
| | | | | 매출채권 (이자수익) | 1,800,000 | 유 보 |

| 제품 C | 매출채권 | ₩26,000,000 | 유보 | 재고자산 | ₩18,200,000 | 유보 |
| | | | | 매출채권(이자수익) | 2,000,000 | 유보 |

[계산근거]

| 구 분 | | 회사장부 | 법인세법 | 차 이 |
|---|---|---|---|---|
| 제품 B | 매 출 | ₩0 | ₩14,000,000 | ₩14,000,000 |
| | 매출원가 | ₩0 | (9,800,000) | (9,800,000) |
| | 이자수익 | 1,800,000 | 0 | (1,800,000) |
| 제품 C | 매 출 | ₩0 | ₩26,000,000 | ₩26,000,000 |
| | 매출원가 | ₩0 | (18,200,000) | (18,200,000) |
| | 이자수익 | 2,000,000 | 0 | (2,000,000) |

▶ 해설

1. 중소기업의 경우 신고조정으로 장기할부판매를 회수기일도래기준으로 인실할 수 있지만, 폐업한 경우 폐업일 이후에 회수약정일 도래분은 폐업일에 귀속된다.
2. 중소기업의 경우 단기용액매출(건설업 포함)은 신고조정으로 완성기준을 적용할 수 있다.

 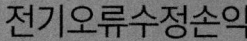

(주)자유는 당기인 제5기(20×6. 1. 1~12. 31) 발견한 전기오류수정손익에 대하여 다음과 같이 장부에 반영하였다. 단, 1년은 365일로 가정한다.

1. 제4기에 가입한 1년 만기 정기예금에 대한 기간경과분 미수이자 ₩1,000,000을 누락하였음이 발견되었다. 회사는 당기에 현금수취시 다음과 같이 회계처리하였다.

    (차) 현　　금　　　　1,000,000　　　(대) 이익잉여금　　　1,000,000

2. 제4기 12월에 발생한 외상매출액 ₩2,200,000(부가가치세 매출세액 ₩200,000)에 대한 회계처리를 누락하고 세금계산서도 교부하지 못하였음이 발견되었다. 회사는 당기에 현금수취시 다음과 같이 회계처리하였다. 관련 매출원가는 제4기의 비용으로 적절히 회계처리되었다.

    (차) 현　　금　　　　2,200,000　　　(대) ｛이익잉여금　　　2,000,000
    　　　　　　　　　　　　　　　　　　　　VAT예수금　　　  200,000

3. 제4기초에 3년 동안 사무실을 임차하고 월임대료 ₩800,000을 매월말에 지급하기로 약정하였는데, 제4기 12월분 임차료를 지급하지 못하여 회계처리를 누락하였음이 발견되었다. 회사는 당기 1월초 임차료지급시 다음과 같이 회계처리하였다. 관련 부가가치세는 적절히 신고납부되었다.

    (차) 이익잉여금　　　800,000　　　(대) 현　　금　　　　800,000

4. 제4기에 차입한 차입금에 대한 기간경과분 이자비용 ₩700,000을 누락하였음이 발견되었다. 회사는 당기 이자지급시 다음과 같이 회계처리하였다.

    (차) 이익잉여금　　　700,000　　　(대) 현　　금　　　　700,000

### 요구사항

다음에 제시된 [답안양식]에 따라 위의 전기오류수정사항에 대한 제5기의 소득금액조정합계표를 작성하시오.

[답안양식]

| 구 분 | 익금산입 및 손금불산입 | | | 손금산입 및 익금불산입 | | |
|---|---|---|---|---|---|---|
| | 과 목 | 금 액 | 처 분 | 과 목 | 금 액 | 처 분 |

### 해답

| 구 분 | 익금산입 및 손금불산입 | | | 손금산입 및 익금불산입 | | |
|---|---|---|---|---|---|---|
| | 과 목 | 금 액 | 처 분 | 과 목 | 금 액 | 처 분 |
| 1. 전기분 미수이자 누락 | 이익잉여금 | ₩1,000,000 | 기 타 | | | |
| 2. 전기분 매출누락 | 이익잉여금 | 2,000,000 | 기 타 | 매출채권 | ₩2,200,000 | 유 보 |
| | VAT예수금 | 200,000 | 유 보 | | | |
| 3. 전기분 임차료 누락 | 미지급임차료 | 800,000 | 유 보 | 이익잉여금 | 800,000 | 기 타 |
| 4. 전기분 미지급이자 누락 | | | | 이익잉여금 | 700,000 | 기 타 |

[계산근거]

1. 전기분 미수이자누락

| 회사장부 | 법인세법* | 세무조정 |
|---|---|---|

〈제4기-전기〉

　　　　－　　　　　　　　　－　　　　　　　　　－

〈제5기-당기〉

현　　금　1,000,000　　　현　　금　1,000,000　　〈익금산입〉
　　이익잉여금　1,000,000　　　이자수익　1,000,000　 1,000,000(기타)

*법인세법상 이자수익의 귀속시기는 현금기준임.

2. 전기분 매출누락

| 회사장부 | 법인세법 | 세무조정 |
|---|---|---|

〈제4기-전기〉

　　　　－　　　　　매출채권　2,200,000　　〈익금산입〉
　　　　　　　　　　　매　출　　2,000,000　 2,200,000(유보)
　　　　　　　　　　　VAT예수금　 200,000　 〈손금산입〉
　　　　　　　　　　　　　　　　　　　　　　　 200,000(△유보)

〈제5기-당기〉

현　　금　2,200,000　　　현　　금　2,200,000　　〈익금산입〉
　　이익잉여금　2,000,000　　　매출채권　2,200,000　 2,000,000(기타)
　　VAT예수금　 200,000　　　　　　　　　　　　　　〈익금산입〉
　　　　　　　　　　　　　　　　　　　　　　　　　　 200,000(유보)
　　　　　　　　　　　　　　　　　　　　　　　　　 〈손금산입〉
　　　　　　　　　　　　　　　　　　　　　　　　　 2,200,000(△유보)

3. 전기분 임차료누락

| 회사장부 | 법인세법* | 세무조정 |
|---|---|---|

⟨제4기-전기⟩

|  | 임 차 료    800,000 | ⟨손금산입⟩ |
|---|---|---|
|  | 　　　미지급임차료    800,000 | 800,000(△유보) |

⟨제5기-당기⟩

| 이익잉여금    800,000 | 미지급임차료    800,000 | ⟨손금산입⟩ |
|---|---|---|
| 　현　　금    800,000 | 　현　　금    800,000 | 800,000(기타) |
|  |  | ⟨손금불산입⟩ |
|  |  | 800,000(유보) |

*법인세법상 임대료 지급기간이 1년 이하인 경우 임대손익의 귀속시기는 계약상 지급일로 하되 결산에 반영한 경우 발생기준도 인정됨.

4. 전기분 미지급이자누락

| 회사장부 | 법인세법* | 세무조정 |
|---|---|---|

⟨제4기-전기⟩

| - | - | - |
|---|---|---|

⟨제5기-당기⟩

| 이익잉여금    700,000 | 이자비용    700,000 | ⟨손금산입⟩ |
|---|---|---|
| 　현　　금    700,000 | 　현　　금    700,000 | 700,000(기타) |

*법인세법상 이자비용의 귀속시기는 원칙적으로 현금기준이지만, 결산에 반영한 경우 미지급이자도 인정됨.

## 03 임대손익, 용역제공 등의 손익귀속시기  ■2016. CPA

다음은 (주)세계(중소기업이 아님)의 제7기 사업연도(20×7년 1월 1일~12월 31일) 법인세신고관련 자료이다.

[자료 1]

1. (주)세계는 임대수익을 목적으로 다음과 같이 상가와 사무실을 임대하고 있다.

   | 구 분 | 임대기간 |
   |---|---|
   | 상 가 | 20×7. 7. 1~20×9. 6. 30 |
   | 사무실 A | 20×7. 12. 1~20×8. 11. 30 |
   | 사무실 B | 20×7. 10. 1~20×9. 9. 30 |

2. 상가에 대한 월 임대료 ₩1,000,000을 매월 말일에 수령하기로 약정하였으나, 11월과 12월분 임대료를 회수하지 못하였다. (주)세계는 실제 회수한 임대료 ₩4,000,000만 제7기 손익계산서에 임대료수익으로 계상하였다.

3. 사무실 A에 대한 월 임대료 ₩1,000,000을 임대기간 종료일에 일괄 수령하기로 약정하였으나, 12월분 임대료를 12월말에 수령하였다. (주)세계는 수령한 임대료 ₩1,000,000을 제7기 손익계산서에 임대료수익으로 계상하였다.

4. 사무실 B에 대한 월 임대료 ₩1,000,000을 익월 10일에 수령하기로 하였다. (주)세계는 10월과 11월분 임대료를 수령하고, 이를 제7기 손익계산서에 임대료수익으로 계상하였다. 한편, (주)세계는 결산을 확정함에 있어서 미수임대료(12월분) ₩1,000,000을 임대료수익으로 계상하였다.

5. (주)세계는 결산서상 전기오류수정이익(이익잉여금)으로 ₩80,000,000을 계상하였다. 해당 전기오류수정이익의 내역은 다음과 같다.

   ① 전기에 해외정기예금(만기 이자지급조건, 만기일 제7기 6월 30일)에서 발생한 미수이자를 누락한 금액: ₩20,000,000

   ② 전기에 외상매출을 누락한 금액: ₩60,000,000 (당기에 외상매출금 전액 회수)

[자료 2]

1. (주)세계가 20×6년부터 수행하고 있는 A공사(공사기간: 20×6년 1월 1일~20×8년 12월 31일)의 도급금액은 ₩450,000,000이며, 공사원가의 투입내역은 다음과 같다.

| 구  분 | 20×6 | 20×7 |
|---|---|---|
| 발생원가누적액 | ₩100,000,000 | ₩250,000,000 |
| 추가공사예정원가 | 300,000,000 | 250,000,000 |

2. 공사에 사용한 기계장치의 유류비 ₩9,760,000(회계처리 누락)은 발생원가누적액에 포함되지 않았으나, 추가공사예정원가에는 포함되어 있다.
3. 발생원가누적액에는 일반관리직으로 근무하던 비출자임원인 갑이 현실적으로 퇴직함에 따라 지급한 퇴직급여 ₩38,000,000이 포함되어 있다.
4. (주)세계는 공사진행률을 원가기준법에 의해 산정하고 있으며, 전기의 발생원가 및 추가공사예정원가는 전액 법인세법에서 인정되는 공사원가로 가정한다.

### 요구사항

1. [자료 1]의 제7기 임대료수익 및 전기오류수정이익에 관한 세무조정 및 소득처분을 다음의 [답안양식]에 따라 제시하시오. 단, 전기의 세무조정은 적법하게 이루어진 것으로 가정한다.

[답안양식]

| 익금산입 및 손금불산입 ||| 손금산입 및 익금불산입 |||
|---|---|---|---|---|---|
| 과 목 | 금 액 | 처 분 | 과 목 | 금 액 | 처 분 |

2. [자료 2]에서 A공사에 대한 제7기 누적공사진행률 및 공사수익을 다음의 [답안양식]에 따라 제시하시오.

[답안양식]

| 누적공사진행률 | |
|---|---|
| 공사수익 | |

### 해답

**[요구사항1]**

| 익금산입 및 손금불산입 ||| 손금산입 및 익금불산입 |||
|---|---|---|---|---|---|
| 과 목 | 금 액 | 소득처분 | 과 목 | 금 액 | 소득처분 |
| 상가임대료 | 2,000,000 | 유 보 | 매출채권 | 60,000,000 | 유 보 |
| 전기오류수정이익 | 80,000,000 | 기 타 | | | |

[계산근거]

1. 사무실 A: 단기임대에 해당하며, 발생기준을 수용한다.
2. 사무실 B: 발생기준에 따른다.
3. 해외정기예금: 약정주의에 따른다.
4. 전기외상매출금: 전기 세무조정에 따른 유보액을 추인한다.

[요구사항2]

| 누적공사진행률 | 48% |
|---|---|
| 공사수익 | ₩103,500,000 |

[계산근거]

1. 누적공사진행률

    (1) 발생원가누적액: ₩250,000,000+₩9,760,000−₩38,000,000=₩221,760,000

    (2) 총공사예정원가: ₩500,000,000−₩38,000,000=₩462,000,000

    (3) 누적공사진행률: (1)÷(2)=48%

2. 공사수익: ₩450,000,000×(48%−25%)=₩103,500,000

### 해설

전기오류수정손익의 회계처리비교

| 회사장부 | | 법인세법 | | 세무조정 |
|---|---|---|---|---|
| 현 금 80,000,000 | | 현 금 20,000,000 | | 〈익금산입〉 |
| 　이익잉여금 | 80,000,000 | 　이자수익 | 20,000,000 | 80,000,000(기타) |
| | | 현 금 60,000,000 | | 〈손금산입〉 |
| | | 　매출채권 | 60,000,000 | 60,000,000(△유보) |

# 자산의 취득가액결정

다음은 제조업을 영위하는 (주)신촌이 제7기 사업연도(20×7. 1. 1~12. 31)에 취득한 자산과 관련된 내용이다. 각 자산별로 아래에 제시된 [답안양식]에 따라 소득금액조정합계표를 작성하시오. 단, 세부담 최소화를 가정할 것

1. (주)신촌은 주식을 발행하여 토지 A를 취득하였다. 현물출자받은 토지 A의 시가는 ₩1,500,000이고, 교부한 주식의 액면가액은 ₩1,000,000이며, 시가는 ₩1,800,000이다. (주)신촌은 교부한 주식의 시가를 토지 A의 취득원가로 계상하였다.

2. (주)신촌은 (주)서강(20×5년에 설립됨)에 토지 B를 현물출자하고 (주)서강의 주식을 교부받았다. 토지 B의 장부가액은 ₩800,000, 시가는 ₩1,200,000이고 교부받은 주식은 액면가액 ₩500,000, 시가 ₩900,000이다. (주)신촌은 출자한 토지 B의 시가를 교부받은 (주)서강주식의 취득원가로 계상하였다. 이 현물출자는 적격현물출자에 해당한다.

3. 당기초에 (주)신촌의 주요 고객인 (주)로터리가 「채무자회생 및 파산에 관한 법률」에 따른 회생계획인가의 결정을 받았다. 위 회생계획에 따라 (주)신촌은 (주)로터리에 대한 매출채권 ₩3,000,000 중 ₩1,000,000을 탕감해주고 대손처리하였다. 그리고 나머지 매출채권 ₩2,000,000을 출자전환하였는데, 출자전환으로 (주)신촌이 취득한 (주)로터리주식의 액면가액은 ₩1,000,000이고 시가는 ₩1,300,000이었다. (주)신촌은 (주)로터리주식의 취득원가를 ₩1,300,000으로 기록하고 차액 ₩700,000을 대손처리하였다.

4. 당기초에 (주)신촌은 공급자인 (주)서교동에 3년 후 상환받을 조건으로 ₩2,000,000을 무이자로 대여해주고 부품을 할인가격으로 구입할 수 있는 권리를 부여받았다. 이와 관련된 (주)신촌의 회계처리는 다음과 같다.

| 일 자 | 회 계 처 리 | | | | | |
|---|---|---|---|---|---|---|
| 20×7년초 | (차) | 대 여 금<br>선 급 금 | 1,400,000<br>600,000 | (대) | 현 금 | 2,000,000 |
| 부품매입시 | (차) | 원 재 료* | 800,000 | (대) | 현 금<br>선 급 금 | 500,000<br>300,000 |
| | | *해당 원재료는 기말현재 보관중임 | | | | |
| 20×7년말 | (차) | 대 여 금 | 140,000 | (대) | 이자수익 | 140,000 |

5. 토지와 유가증권의 취득내역

| 구 분 | 시 가 | 매입가액(현금지급) | 장부계상액 | 거래상대방 |
|---|---|---|---|---|
| 토 지 A | ₩1,000,000 | ₩1,500,000 | ₩1,500,000 | 대표이사 |
| 토 지 B | 1,000,000 | 1,300,000 | 1,300,000 | 특수관계가 아님 |
| 토 지 C | 500,000 | 400,000 | 400,000 | 대 주 주 |
| 유가증권 | 300,000 | 100,000 | 100,000 | 대표이사 |

6. 기계장치 취득내역

(주)파주는 (주)일산과 다음 자료와 같이 상업적 실질이 없는 교환으로 기계장치를 취득하면서 현금 ₩30,000을 지급하였다. 단, 장부상 회계처리는 기업회계기준에 따라 적절하게 이루어졌고 교환자산과 관련된 유보사항은 없다.

| 구 분 | (주)파주의 기계장치 | (주)일산의 기계장치 |
|---|---|---|
| 취득가액 | ₩500,000 | ₩600,000 |
| 감가상각누계액 | 130,000 | 180,000 |
| 시 가 | 420,000 | 450,000 |

▼ 요구사항

[답안양식]

| 구 분 | 익금산입 및 손금불산입 | | | 손금산입 및 익금불산입 | | |
|---|---|---|---|---|---|---|
| | 과 목 | 금 액 | 처 분 | 과 목 | 금 액 | 처 분 |

▼ 해답

| 구 분 | 익금산입 및 손금불산입 | | | 손금산입 및 익금불산입 | | |
|---|---|---|---|---|---|---|
| | 과 목 | 금 액 | 처 분 | 과 목 | 금 액 | 처 분 |
| 1. 토 지 A | 주식발행초과금 | ₩300,000 | 기 타 | 토 지 A | ₩300,000 | 유 보 |
| 2. 금융자산 | | | | 금융자산 | 300,000 | 유 보 |
| | | | | 압축기장충당금 | 100,000 | 유 보 |
| 3. 금융자산 | 금융자산 | 700,000 | 유 보 | | | |
| 4. 대여금 | 대여금 | 460,000 | 유 보 | 선 급 금 | 300,000 | 유 보 |
| | | | | 원 재 료 | 300,000 | 유 보 |

| | | | | | | |
|---|---|---|---|---|---|---|
| 5. 토 지 A | 시가초과취득액 | ₩500,000 | 상여 | 토 지 A | ₩500,000 | 유보 |
| 토 지 B | − | − | − | − | − | − |
| 토 지 C | − | − | − | − | − | − |
| 유가증권 | 유가증권 | 200,000 | 유보 | | | |
| 6. 기계장치 | 기계장치 | 50,000 | 유보 | | | |

[계산근거]

1. 현물출자로 취득한 자산

| 회사장부 | | 법인세법 | | 세무조정 |
|---|---|---|---|---|
| 토 지 A  1,800,000 | | 토 지 A  1,500,000 | | 〈손금산입〉 |
| 자 본 금 | 1,000,000 | 자 본 금 | 1,000,000 | 300,000(△유보) |
| 주식발행초과금 | 800,000 | 주식발행초과금 | 500,000 | 〈익금산입〉 |
| | | | | 300,000(기타) |

2. 현물출자로 출자법인이 취득한 주식

| 회사장부 | | 법인세법 | | 세무조정 |
|---|---|---|---|---|
| 금융자산  1,200,000 | | 금융자산  900,000 | | 〈손금산입〉 |
| 토 지 B | 800,000 | 토 지 B | 800,000 | 300,000(△유보) |
| 유형자산처분이익 | 400,000 | 유형자산처분이익 | 100,000 | |
| | | 압축기장충당금전입액 | 100,000 | 〈손금산입〉 |
| | | 압축기장충당금 | 100,000 | 100,000(△유보) |

*1. 현물출자에 따라 출자법인이 취득한 주식의 경우 피출자법인을 새로 설립하는 경우가 아니면 해당 주식 등의 시가를 취득가액으로 함
 2. 적격현물출자의 경우에는 압축기장충당금을 설정하여 과세이연을 할 수 있음

3. 채무의 출자전환으로 취득한 주식

| 회사장부 | | 법인세법 | | 세무조정 |
|---|---|---|---|---|
| 대손상각비 | 1,000,000 | 대손상각비 | 1,000,000 | − |
| 매출채권 | 1,000,000 | 매출채권 | 1,000,000 | |
| 금융자산 | 1,300,000 | 금융자산 | 2,000,000 | 〈손금불산입〉 |
| 대손상각비 | 700,000 | 매출채권 | 2,000,000 | 700,000(유보) |
| 매출채권 | 2,000,000 | | | |

* 채무의 출자전환으로 취득한 주식은 취득당시 시가를 취득원가로 하되, 법 소정 출자전환(회생, 구조조정, 경영정상화계획의 이행 등)의 경우에는 출자전환된 채권의 장부금액을 취득원가로 함.

4. 장기금전대차거래

| 회사장부 | | 법인세법 | | 세무조정 |
|---|---|---|---|---|
| 대 여 금 | 1,400,000 | 대 여 금 | 2,000,000 | 〈익금산입〉 |
| 선 급 금 | 600,000 | 현 금 | 2,000,000 | 600,000(유보) |
| 현 금 | 2,000,000 | | | 〈손금산입〉 |
| | | | | 600,000(△유보) |
| | | | | 〈손금산입〉 |
| 원 재 료 | 800,000 | 원 재 료 | 500,000 | 300,000(△유보) |
| 현 금 | 500,000 | 현 금 | 500,000 | 〈익금산입〉 |
| 선 급 금 | 300,000 | | | 300,000(유보) |
| 대 여 금 | 140,000 | | | 〈손금산입〉 |
| 이자수익 | 140,000 | | | 140,000(△유보) |

\* 법인세법상 장기연불조건의 매매거래시 현재가치평가는 인정하지만, 장기금전대차거래의 현재가치평가로 인정하지 않음.

5. 자산의 고가·저가매입

(1) 토지 A

| 회사장부 | | 법인세법 | | 세무조정 |
|---|---|---|---|---|
| 토 지 A | 1,500,000 | 토 지 A | 1,000,000 | 〈손금산입〉 |
| 현 금 | 1,500,000 | 사외유출 | 500,000 | 500,000(△유보) |
| | | 현 금 | 1,500,000 | 〈익금산입〉 |
| | | | | 500,000(상여) |

(2) 토지 B

| 회사장부 | | 법인세법 | | 세무조정 |
|---|---|---|---|---|
| 토 지 B | 1,300,000 | 토 지 B | 1,300,000 | – |
| 현 금 | 1,300,000 | 현 금 | 1,300,000 | |

(3) 토지 C

| 회사장부 | | 법인세법 | | 세무조정 |
|---|---|---|---|---|
| 토 지 C | 400,000 | 토 지 C | 400,000 | – |
| 현 금 | 400,000 | 현 금 | 400,000 | |

(4) 유가증권

| 회사장부 | | 법인세법 | | 세무조정 |
|---|---|---|---|---|
| 유가증권 100,000 | | 유가증권 300,000 | | 〈익금산입〉 |
| 현　금 | 100,000 | 현　금 | 100,000 | 200,000(유보) |
| | | 자산수증이익 | 200,000 | |

*1. 특수관계인으로부터 자산을 고가로 매입한 경우 시가를 취득가액으로 함.
 2. 특수관계인 이외의 자로부터 자산을 고가로 매입한 경우 정상가액(시가+30%)을 취득가액으로 하며, 초과분은 기부금으로 의제함.
 3. 일반적인 저가매입은 실제매입가액을 취득가액으로 함.
 4. 특수관계가 있는 개인으로부터 유가증권을 저가로 매입한 경우 시가를 취득가액으로 함.

6. 자산의 교환취득

| 회사장부 | | 법인세법 | | 세무조정 |
|---|---|---|---|---|
| 기계장치 | 400,000 | 기계장치 | 450,000 | 〈익금산입〉 |
| 감가상각누계액 | 130,000 | 감가상각누계액 | 130,000 | 50,000(유보) |
| 　기계장치 | 500,000 | 　기계장치 | 500,000 | |
| 　현　금 | 30,000 | 　현　금 | 30,000 | |
| | | 　유형자산처분이익 | 50,000 | |

*법인세법상 상업적 실질 없는 교환거래의 경우 취득한 자산의 시가를 취득가액으로 함.

# 재고자산의 평가

다음은 제조업을 영위하고 있는 (주)정의의 제7기(20×7. 1. 1~12. 31)와 제8기(20×8. 1. 1~12. 31) 사업연도의 재고자산과 관련된 자료이다. 이 자료를 기초로 (주)정의의 제7기와 제8기 사업연도의 세무조정(계산근거 포함) 및 소득처분을 다음의 [답안양식]에 따라 제시하시오.

[답안양식]

| 구 분 | 계산근거 | 세무조정 | 금 액 | 소득처분 |
|---|---|---|---|---|
| 제 품 | ××× | 익금산입 | ××× | 유 보 |

1. 제7기 재고자산과 관련된 자료는 다음과 같다.

| 구 분 | 장부계상금액 | 선입선출법 | 후입선출법 | 총평균법 |
|---|---|---|---|---|
| 제 품 | ₩8,000,000 | ₩8,000,000 | ₩4,000,000 | ₩5,500,000 |
| 재 공 품 | 4,300,000 | 5,000,000 | 3,500,000 | 4,300,000 |
| 원 재 료 | 3,800,000 | 4,800,000 | 3,700,000 | 4,200,000 |
| 저 장 품 | 900,000 | 1,200,000 | 900,000 | 1,000,000 |
| 상 품 | 2,000,000 | 2,400,000 | 1,800,000 | 2,000,000 |

(1) 회사는 제6기까지 제품의 평가방법을 선입선출법으로 신고하여 평가하여 왔으나, 제7기부터 후입선출법으로 변경하기로 하고 당기 8월 17일에 변경신고를 하였다.
(2) 회사는 제6기까지 재공품의 평가방법을 신고하지 아니하였으나 당기 10월 31일에 재공품의 평가방법을 총평균법으로 신고하였다.
(3) 회사는 원재료를 신고한 평가방법인 총평균법으로 평가하였으나 계산착오로 인하여 ₩400,000을 과소계상하였다.
(4) 회사는 저장품의 평가방법을 총평균법으로 신고하였으나 후입선출법으로 평가하였다.
(5) 회사는 제7기부터 상품을 판매하기 시작하였으나 상품의 평가방법을 신고하지 아니하였다.

2. 제8기말 현재 재고자산은 모두 신고한 평가방법대로 평가되었으며, 다음 사항을 제외하고는 기말재고자산에 대한 세무조정은 적절히 이루어졌다.
(1) 제 품: 제8기말 제품 중 입고 후 6개월이 지난 진부화된 재고는 회사의 회계정책에 따라 재고자산평가손실(₩200,000)로 계상되었다.

(2) 재공품: 제8기 중에 발생한 화재로 인한 파손으로 정상적인 제조가 불가능한 금액 ₩450,000을 비용으로 처리하였다.

(3) 원재료: 원가 ₩500,000, 시가 ₩700,000의 원재료를 감모손실로 회계처리하였다. 감모손실의 내용은 정상파손 ₩100,000, 종업원의 개인적 사용 ₩300,000, 대표이사의 개인적 사용 ₩100,000이다.

(4) 저장품: 제8기 중에 외국거래처로부터 저장품을 무환수입하고 동 저장품에 대한 관세 ₩100,000만 비용처리하였다. 무환수입한 저장품의 관세과세표준은 ₩500,000이며, 제8기말까지 무환수입한 50%를 제품제조에 사용하였고 관련제품은 제8기 사업연도에 전부 판매되었다.

(5) 상 품: 제8기 8월 20일에 상품의 평가방법을 후입선출법으로 신고하였으나 결산상 기말재고자산을 총평균법인 ₩3,600,000으로 평가하였다. 당기 상품수불부의 내용은 다음과 같다.

| 일 자 | 적 요 | 수 량 | 결산서상 금액 |
|---|---|---|---|
| 1. 1 | 기초상품 | 2,000개 | ₩2,000,000 |
| 7. 7 | 매 입 | 8,000 | 10,000,000 |
| 10. 20 | 매 출 | 7,000 | |

### 해답

1. 제7기 사업연도

| 구 분 | 계산근거 | 세무조정 | 금 액 | 소득처분 |
|---|---|---|---|---|
| (1) 제 품 | 장부계상금액: ₩8,000,000<br>세법상 평가액: Max[선입선출법, 후입선출법]<br>=₩8,000,000 | – | – | – |
| (2) 재 공 품 | 장부계상금액: ₩4,300,000<br>세법상평가액: ₩5,000,000(선입선출법) | 익금산입 | ₩700,000 | 유 보 |
| (3) 원 재 료 | 장부계상금액: ₩3,800,000<br>세법상평가액: ₩4,200,000(총평균법) | 익금산입 | ₩400,000 | 유 보 |
| (4) 저 장 품 | 장부계상금액: ₩900,000<br>세법상평가액: Max[선입선출법, 총평균법]<br>=₩1,200,000 | 익금산입 | ₩300,000 | 유 보 |
| (5) 상 품 | 장부계상금액: ₩2,000,000<br>세법상평가액: ₩2,400,000(선입선출법) | 익금산입 | ₩400,000 | 유 보 |

2. 제8기 사업연도

| 구 분 | 계산근거 | 세무조정 | 금 액 | 소득처분 |
|---|---|---|---|---|
| (1) 제 품 | 파손·부패 등의 사유없는 재고자산평가손실은 법인세법상 손금으로 인정되지 않음 | 익금산입 | ₩200,000 | 유 보 |
| (2) 재 공 품 | 전기유보추인 | 손금산입 | ₩700,000 | △유 보 |
| (3) 원 재 료 | 전기유보추인 | 손금산입 | ₩400,000 | △유 보 |
| | 대표이사와 사용인의 사용금액<br>₩700,000×₩400,000/₩500,000=₩560,000 | 익금산입 | 560,000 | 상 여 |
| (4) 저 장 품 | 전기유보추인 | 손금산입 | ₩300,000 | △유 보 |
| | 무환수입품(₩100,000+₩500,000)×50%=₩300,000 | 익금산입 | 300,000 | 유 보 |
| (5) 상 품 | 전기유보추인 | 손금산입 | ₩400,000 | △유 보 |
| | 장부계상금액: ₩3,600,000<br>세법상평가액: Max[① 선입선출법, ② 후입선출법]<br>　　　　　　=₩3,750,000 | 익금산입 | 150,000 | 유 보 |

① 선입선출법: $₩10,000,000 \times \dfrac{3,000개}{8,000개} = ₩3,750,000$

② 후입선출법: $₩2,400,000^* + ₩10,000,000 \times \dfrac{1,000개}{8,000개} = ₩3,650,000$

*기초상품에 대한 유보 ₩400,000을 가산한 금액임

> **해설**

1. 제7기 사업연도말 재고자산
   (1) 제 품: 사업연도종료일 이전 3개월이 되는 날까지 변경신고하였으므로 제품은 후입선출법에 의해 평가해야 한다. 따라서 제품을 선입선출법으로 평가한 것은 임의변경에 해당한다.
   (2) 재공품: 최초 신고기한을 경과하여 신고한 경우로 변경하고자 하는 사업연도종료일 이전 3개월 전에 신고하지 아니하였으므로 신고일이 속하는 사업연도까지는 무신고로 보아야 한다. 따라서 재공품은 무신고시 평가방법인 선입선출법으로 평가한다.
   (3) 원재료: 신고한 방법대로 평가하였으나 계산착오로 과대 또는 과소평가한 금액이 있다면 세법상 정확한 평가액을 재고자산평가액으로 한다.
   (4) 저장품: 임의변경에 해당하므로 총평균법과 선입선출법 중 큰 금액으로 평가한다.
   (5) 상 품: 평가방법을 신고하지 아니하였으므로 선입선출법으로 평가한다.

2. 제8기 사업연도말 재고자산

   (1) 제  품: 파손·부패 등의 사유가 없는 재고자산평가손실은 법인세법상 인정되지 않는다.
   (2) 원재료: 대표이사와 사용인이 개인적으로 사용한 것은 부당행위계산의 부인에 따라 시가를 익금산입한다.
   (3) 저장품: 무환수입품의 시가(관세의 과세표준)를 자산수증이익으로 처리하고 부대비용은 취득가액에 가산한다.

| 회사장부 | | 법인세법 | | 세무조정 |
|---|---|---|---|---|
| 비 용  100,000 | | 저장품  600,000 | | 〈익금산입〉 |
| 　현 금 | 100,000 | 　자산수증이익 | 500,000 | 600,000(유보) |
| | | 　현 금 | 100,000 | |
| | | 매출원가  300,000 | | 〈손금산입〉 |
| | | 　저장품 | 300,000 | 300,000(△유보) |

   (4) 상  품: 임의변경에 해당하므로 선입선출법과 후입선출법 중 큰 금액으로 평가한다. 법인세법상 평가금액을 계산할 때에는 기초상품에 대한 유보 ₩400,000을 고려해야 함에 유의해야 한다.

# 유가증권의 평가

다음은 제조업을 영위하는 중소기업인 (주)백두산이 제7기 사업연도(20×7. 1. 1~12. 31)에 보유한 유가증권 및 회사채발행과 관련된 자료이다. 법인세부담을 최소화할 수 있도록 아래 예시된 [답안양식]에 따라 제7기와 제8기의 소득금액조정합계표를 작성하시오. 단, 회사는 기업회계기준에 따라 적절히 회계처리하였다고 가정한다.

[답안양식]

| 문항번호 | 익금산입 및 손금불산입 | | | 손금산입 및 익금불산입 | | |
|---|---|---|---|---|---|---|
| | 과 목 | 금 액 | 처 분 | 과 목 | 금 액 | 처 분 |

1. 제7기 1월 7일에 단기시세차익을 얻을 목적으로 상장법인인 (주)ABC의 보통주 1,000주를 주당 ₩900에 구입하였으며 취득부대비용 ₩18,000이 발생하였다. 제7기 사업연도말 (주)ABC 보통주의 공정가치는 주당 ₩1,000이다. 회사는 제8기 4월 20일에 (주)ABC의 보통주 500주를 주당 ₩1,100에 매각하였으며 매각수수료 ₩10,000이 발생하였다. 제8기 사업연도말 (주)ABC 보통주의 공정가치는 주당 ₩800이다.

2. 제7기 2월 19일에 장기보유목적으로 상장법인인 (주)한라산의 보통주 2,000주를 주당 ₩1,500에 구입하였으며 취득부대비용 ₩60,000이 발생하였다. 제7기 사업연도말 (주)한라산 보통주의 공정가치는 주당 ₩1,200이다. 회사는 제8기 6월 18일에 (주)한라산의 보통주 1,500주를 주당 ₩1,400에 매각하였으며 매각수수료 ₩40,000이 발생하였다. 제8기 사업연도말 (주)한라산 보통주의 공정가치는 주당 ₩1,600이다.

3. 제7기 3월 15일에 장기보유목적으로 비상장법인인 (주)설악산의 보통주 5,000주를 ₩1,000,000에 취득하였다. 그러나 (주)설악산이 제7기말에 부도가 발생하여 당좌거래 정지처분을 받았다. (주)백두산과 (주)설악산은 특수관계법인이 아니다.

4. 제8기 7월 1일에 만기보유목적으로 액면 ₩1,000,000의 3년 만기 회사채를 ₩948,500에 취득하였다. 이 사채의 액면이자율은 6%이고 유효이자율은 8%이며 이자는 매년 6월 30일에 지급한다.

5. 제8기 10월 1일에 (주)백두산은 액면 ₩2,000,000의 3년 만기 회사채를 ₩1,900,520에 발행하였다. 이 사채의 액면이자율은 8%이고 유효이자율은 10%이며 이자는 매년 9월 30일에 지급한다.

> **해답**

1. 제7기 소득금액조정합계표

| 문항 번호 | 익금산입 및 손금불산입 | | | 손금산입 및 익금불산입 | | |
|---|---|---|---|---|---|---|
| | 과 목 | 금 액 | 처 분 | 과 목 | 금 액 | 처 분 |
| 1 | | | | 금융자산 | ₩100,000 | 유 보 |
| 2 | 금융자산 | ₩660,000 | 유 보 | 금융자산평가손실 | 660,000 | 기 타 |

2. 제8기 소득금액조정합계표

| 문항 번호 | 익금산입 및 손금불산입 | | | 손금산입 및 익금불산입 | | |
|---|---|---|---|---|---|---|
| | 과 목 | 금 액 | 처 분 | 과 목 | 금 액 | 처 분 |
| 1 | 금융자산 | ₩150,000 | 유 보 | | | |
| 2 | 금융자산평가손실 | 500,000 | 기 타 | 금융자산 | ₩695,000 | 유 보 |
| 4 | | | | 미수이자 | 30,000 | 유 보 |
| | | | | 금융자산 | 7,940 | 유 보 |

[계산근거]

1. 당기손익-공정가치측정금융자산

| 회사장부 | | 법인세법 | | 세무조정 |
|---|---|---|---|---|

⟨제7기⟩

| 금융자산 | 900,000 | | 금융자산 | 900,000 | | |
| 수수료비용 | 18,000 | | 수수료비용 | 18,000 | | |
|    현 금 | | 918,000 |    현 금 | | 918,000 | |
| 금융자산 | 100,000 | | — | | | ⟨손금산입⟩ |
|    금융자산평가이익 | | 100,000 | | | | 100,000(△유보) |

⟨제8기⟩

| 현 금 | 540,000 | | 현 금 | 540,000 | | ⟨익금산입⟩ |
|    금융자산 | | 500,000 |    금융자산 | | 450,000 | 50,000(유보) |
|    금융자산처분이익 | | 40,000 |    금융자산처분이익 | | 90,000 | |
| 금융자산평가손실 | 100,000 | | | | | ⟨익금산입⟩ |
|    금융자산 | | 100,000 | | | | 100,000(유보) |

## 2. 기타포괄손익-공정가치측정금융자산

| 회사장부 | 법인세법 | 세무조정 |
|---|---|---|
| 〈제7기〉 | | |
| 금융자산 3,060,000 | 금융자산 3,060,000 | |
|     현　금 3,060,000 |     현　금 3,060,000 | |
| 금융자산평가손실(OCI) 660,000 | | 〈익금산입〉 |
|     금융자산 660,000 | | 660,000(유보) |
| | | 〈손금산입〉 |
| | | 660,000(기타) |
| 〈제8기〉 | | |
| 금융자산 300,000 | 현　금 2,060,000 | 〈손금산입〉 |
|     금융자산평가손실(OCI) 300,000 | 금융자산처분손실 235,000 | 300,000(△유보) |
| 현　금 2,060,000 |     금융자산 2,295,000 | 〈익금산입〉 |
| 금융자산처분손실 40,000 | | 300,000(기타) |
|     금융자산 2,100,000 | | 〈손금산입〉 |
| | | 195,000(△유보) |
| 금융자산 200,000 | | 〈손금산입〉 |
|     금융자산평가손실(OCI) 200,000 | | 200,000(△유보) |
| | | 〈익금산입〉 |
| | | 200,000(기타) |

## 3. 기타포괄손익-공정가치측정금융자산

| 회사장부 | 법인세법 | 세무조정 |
|---|---|---|
| 〈제7기〉 | | |
| 금융자산 1,000,000 | 금융자산 1,000,000 | |
|     현　금 1,000,000 |     현　금 1,000,000 | |

## 4. 상각후원가측정금융자산

| 회사장부 | 법인세법 | 세무조정 |
|---|---|---|
| 〈제8기〉 | | |
| 금융자산 948,500 | 금융자산 948,500 | |
|     현　금 948,500 |     현　금 948,500 | |

|  |  |  |  |
|---|---|---|---|
| 미수이자 | 30,000 | | 〈손금산입〉 |
| 상각원가금융자산 | 7,940 | | 30,000(△유보) |
| 　　이자수익 | | 37,940 | 7,940(△유보) |

5. 사 채

| 회사장부 | 법인세법 | 세무조정 |
|---|---|---|
| 〈제8기〉<br>현　금　　1,900,520<br>　　사　채　　　　1,900,520<br>이자비용　　　47,513<br>　　미지급이자　　　40,000<br>　　사　채　　　　　7,513 | 현　금　　1,900,520<br>　　사　채　　　　1,900,520<br>이자비용　　　47,513<br>　　미지급이자　　　40,000<br>　　사　채　　　　　7,513 | － |

▼ 해설

1. 단기금융자산의 취득가액에 부대비용을 제외하며, 법인세법상 유가증권의 평가방법은 원가법만 인정된다.

2. K-IFRS에 의할 경우 기타포괄손익-공정가치측정금융자산(지분상품)을 처분하는 경우 먼저 처분시점의 공정가치로 재측정하여 공정가치변동분을 자본항목인 기타포괄손익으로 인식한 후에 처분에 따른 금융자산처분손익을 인식한다.

3. K-IFRS에 의할 경우 기타포괄손익-공정가치측정금융자산(지분상품)의 손상차손은 인정되지 않는다. 법인세법에 의할 경우 지분상품의 평가손실은 결산조정사항이므로 회사가 장부에 반영하지 않은 경우 평가손실을 손금으로 계상할 수 없다.

4. 법인세법상 투자채무증권의 할인·할증액 상각은 인정되지 않지만, 사채할인발생차금상각은 인정된다.

# 외화자산·부채의 평가

다음은 제조업을 영위하는 (주)웅지의 제7기(20×7. 1. 1 ~ 12. 31)와 제8기(20×8. 1. 1 ~ 12. 31) 사업연도 외화자산과 부채와 관련된 자료이다. 이 자료를 기초로 (주)웅지의 제7기와 제8기 사업연도의 세무조정(계산근거 포함) 및 소득처분을 다음의 [답안양식]에 따라 제시하시오. 단, (주)웅지는 기업회계기준에 따라 적절히 회계처리하였으나 법인세법상 외화환산방법을 신고하지 아니하였다.

[답안양식]

| 구 분 | 계산근거 | 세무조정 | 금 액 | 소득처분 |
|---|---|---|---|---|
| 외화예금 | ××× | 익금산입 | ××× | 유 보 |

1. 외화자산과 부채내역은 다음과 같다. 단, 20×7년말과 20×8년말 매매기준율은 각각 ₩1,060/1$, ₩1,100/1$이다.

| 계정과목 | 외화금액($) | 발생일(발생일의 환율) | 환산 또는 결제일<br>(환산 또는 결제일의 환율) |
|---|---|---|---|
| 외화예금 | $10,000 | 20×7. 12. 14(₩1,050/$) | 20×8. 1. 5(₩1,080/$) |
| 매출채권 | 20,000 | 20×7. 7. 10(₩980/$) | 20×8. 4. 1(₩1,020/$) |
| 선 급 금 | 30,000 | 20×7. 8. 18(₩990/$) | − |
| 차 입 금 | 50,000 | 20×8. 5. 26(₩1,040/$) | − |
| 선 수 금 | 15,000 | 20×8. 9. 8(₩1,070/$) | − |

2. 회사는 20×7년 11월 1일에 통화선도거래계약을 체결하였다. 관련자료는 다음과 같다.

   (1) 계약에 관한 자료

   ① 계약체결일: 20×7년 11월 1일

   ② 계약기간: 3개월(20×7. 11. 1 ~ 20×8. 1. 31)

   ③ 계약조건: $1,000을 약정통화선도환율 ₩980/$에 매입하기로 한다.

   *통화선도환율의 공정가치할인율은 고려하지 않음

   (2) 환율에 대한 자료

   | 일 자 | 현물환율(₩/$) | 통화선도환율(₩/$) |
   |---|---|---|
   | 20×7. 11. 1 | 960 | 980(만기 3개월) |
   | 20×7. 12. 31 | 1,060 | 1,040(만기 1개월) |
   | 20×8. 1. 31 | 990 | |

## 해답

1. 제7기 사업연도

| 구 분 | 계산근거 | 세무조정 | 금 액 | 소득처분 |
|---|---|---|---|---|
| 외화예금 | $10,000×(₩1,060−₩1,050)=₩100,000 | 손금산입 | ₩100,000 | △유 보 |
| 매출채권 | $20,000×(₩1,060−₩980)=₩1,600,000 | 손금산입 | 1,600,000 | △유 보 |
| 통화선도 | $ 1,000×(₩1,040−₩980)=₩60,000 | 손금산입 | 60,000 | △유 보 |

2. 제8기 사업연도

| 구 분 | 계산근거 | 세무조정 | 금 액 | 소득처분 |
|---|---|---|---|---|
| 외화예금 | 전기 유보추인 | 익금산입 | ₩100,000 | 유 보 |
| 매출채권 | 전기 유보추인 | 익금산입 | 1,600,000 | 유 보 |
| 차 입 금 | $50,000×(₩1,100−₩1,040) | 익금산입 | 3,000,000 | 유 보 |
| 통화선도 | 전기 유보추인 | 익금산입 | 60,000 | 유 보 |

## 해설

1. 선급금과 선수금은 비화폐성항목이므로 외화환산의 대상이 아니다. 따라서 별도의 세무조정은 필요없다.
2. 외화예금

| 회사장부 | 법인세법 | 세무조정 |
|---|---|---|
| 〈제7기〉 | | |
| 외화예금　　　　100,000 | − | 〈손금산입〉 |
| 　　환율변동이익　　　　100,000 | | 100,000(△유보) |
| 〈제8기〉 | | |
| 현　　금　　　10,800,000 | 현　　금　　　10,800,000 | 〈익금산입〉 |
| 　　외화예금　　　　10,600,000 | 　　외화예금　　　　10,500,000 | 100,000(유보) |
| 　　환율변동이익　　　200,000 | 　　환율변동이익　　　300,000 | |

3. 매출채권

| 회사장부 | 법인세법 | 세무조정 |
|---|---|---|
| ⟨제7기⟩<br>매출채권　　1,600,000<br>　　환율변동이익　　1,600,000 | – | ⟨손금산입⟩<br>1,600,000(△유보) |
| ⟨제8기⟩<br>현　금　　20,400,000<br>환율변동손실　　800,000<br>　　매출채권　　21,200,000 | 현　금　　20,400,000<br>　　매출채권　　19,600,000<br>　　환율변동이익　　800,000 | ⟨익금산입⟩<br>1,600,000(유보) |

4. 차입금

| 회사장부 | 법인세법 | 세무조정 |
|---|---|---|
| ⟨제8기⟩<br>현　금　　52,000,000<br>　　차 입 금　　52,000,000<br>환율변동손실　　3,000,000<br>　　차 입 금　　3,000,000 | 현　금　　52,000,000<br>　　차 입 금　　52,000,000 | ⟨익금산입⟩<br>3,000,000(유보) |

5. 통화선도

| 회사장부 | 법인세법 | 세무조정 |
|---|---|---|
| ⟨제7기⟩<br>통화선도　　60,000<br>　　통화선도평가이익　　60,000 | | ⟨손금산입⟩<br>60,000(△유보) |
| ⟨제8기⟩<br>통화선도거래손실　　50,000<br>　　통화선도　　50,000<br>현　금($)　　990,000<br>　　현　금　　980,000<br>　　통화선도　　10,000 | 현　금　　10,000<br>　　통화선도거래이익　　10,000 | ⟨익금산입⟩<br>60,000(유보) |

# 대손금 및 대손충당금

다음은 제조업과 건설업을 겸업하는 비상장중소기업인 (주)평화의 제7기 사업연도(20×7. 1. 1 ~ 12. 31) 대손금과 대손충당금의 자료이다. 이를 이용하여 (주)평화의 법인세부담을 최소화하는 방법에 따라 소득금액조정합계표를 작성하시오.

1. 전기 자본금과 적립금조정명세서(을)에서 발췌한 자료
   (1) 대손충당금 한도초과액: ₩5,000,000(유보)
   (2) 매출채권 대손금부인액: ₩10,000,000(유보)

2. 전기 대손금부인액 ₩10,000,000 중 ₩5,000,000은 20×6년 9월에 각각 부도가 발생한 어음 2매(동일 거래처가 아님)의 가액이며, 이 중 1매인 ₩3,000,000은 당기에 회수하여 대손충당금의 증가로 회계처리하였다. 또한 전기 대손금부인액 ₩10,000,000 중 ₩4,000,000은 당기에 소멸시효가 완성되었다.

3. 대손충당금 내역과 당기에 대손충당금과 상계된 금액에 대한 자료

대손충당금

| | | | |
|---|---|---|---|
| 수취채권 | ₩24,000,000 | 전기이월 | ₩30,000,000 |
| 차기이월 | 30,000,000 | 보통예금 | 3,000,000 |
| | | 대손상각비 | 21,000,000 |
| | ₩54,000,000 | | ₩54,000,000 |

(1) (주)A(중소기업이 아님)의 어음으로 20×7년 6월 30일 부도발생으로 인한 부도어음 ₩1,200,000(채무자의 재산에 저당권이 설정되지 않았음)을 대손충당금과 상계하였다.

(2) 20×7년 3월 10일에 파산한 거래처에 대한 매출채권 ₩5,500,000(부가가치세 매출세액 ₩500,000 포함)을 대손충당금과 상계하였다. 부가가치세 매출세액 ₩500,000은 제1기 부가가치세 확정신고서상 매출세액에서 대손세액공제로 차감하고 이를 기타수익으로 처리하였다.

(3) 거래처의 부도(부도발생일:20×7. 4. 4)에 따른 외상매출금 ₩3,500,000(부도발생일 이전의 것임)과 거래처와 거래관계를 개선하기 위하여 포기한 외상매출금 ₩1,800,000을 대손충당금과 상계하였다.

(4) 회수기일을 6월 이상 경과한 (주)부실에 대한 외상매출금 ₩330,000(당기 2월 1일 매출:₩150,000, 당기 3월 2일 매출 ₩180,000)을 대손충당금과 상계하였다.

(5) 관계회사의 차입금에 대한 보증으로 발생한 대여금 ₩1,670,000과 당기에 퇴직한 전무이사에 대한 대여금 ₩700,000을 대손충당금과 상계하였다.

(6) 관계회사의 파산으로 외상매출금 ₩1,300,000을 대손충당금과 상계하였다. 기타의 대손충당금상계액 중 ₩2,000,000은 회수기일이 2년 이상 경과한 외상매출금이며, 나머지 ₩6,000,000 세법상 대손요건을 구비한 것이다.

4. 당기말 재무상태표상 채권총액 ₩1,200,000,000이며, 그 내역은 다음과 같다.
   (1) 외상매출금: ₩600,000,000
      ① 20×7년 중 소멸시효 완성분 ₩2,500,000이 포함되어 있음
      ② (주)소망에 대한 외상매출금 ₩5,000,000이 포함되어 있으며 동사에 대한 채무 ₩3,000,000을 상계하고 그 잔액만을 지급하는 약정이 있음
      ③ 특수관계인에 대한 외상매출금 ₩8,000,000이 포함되어 있음
   (2) 받을어음 ₩300,000,000(매각거래 성격의 배서양도어음 ₩5,000,000과 차입거래 성격의 할인어음 ₩3,000,000이 포함되어 있음)
   (3) 대여금: ₩200,000,000(채무보증으로 인한 구상채권 ₩20,000,000과 대표이사에 대한 대여금 ₩10,000,000이 포함되어 있음. 구상채권은 「독점규제 및 공정거래에 관한 법률」 등의 채무보증에 해당하지 않음)
   (4) 미수금: ₩100,000,000(비품처분대금 ₩15,000,000과 공사진행률에 의한 공사미수금 ₩20,000,000 및 특수관계인에게 20×7년 6월 20일에 장부가액 ₩30,000,000, 시가 ₩40,000,000인 기계장치를 ₩50,000,000에 외상으로 매각한 금액이 포함되어 있음)

5. 기타 고려할 사항
   (1) 회사의 직전기 대손실적률은 2%이었으며, 당기 대손실적률 산정시 소수점 셋째 미만은 버릴것 0.12345는 0.123으로 계산함)
   (2) 회사의 접대비는 이미 세법상 접대비한도액을 초과하고 있다.

**해답**

### 소득금액조정합계표

| 익금산입 및 손금불산입 | | | 손금산입 및 익금불산입 | | |
|---|---|---|---|---|---|
| 과 목 | 금 액 | 처 분 | 과 목 | 금 액 | 처 분 |
| 매출채권 | ₩1,200,000 | 유 보 | 대손충당금 | ₩5,000,000 | 유 보 |
| VAT예수금 | 500,000 | 유 보 | 매출채권 | 3,000,000 | 유 보 |
| 매출채권 | 1,000 | 유 보 | 매출채권 | 1,999,000 | 유 보 |
| 접대비한도초과액 | 1,800,000 | 기타사외유출 | 매출채권 | 4,000,000 | 유 보 |

| | | | | | |
|---|---|---|---|---|---|
| 매출채권 | 330,000 | 유보 | VAT예수금 | 500,000 | 유보 |
| 대여금 | 1,670,000 | 유보 | 매출채권 | 2,500,000 | 유보 |
| 대여금 | 700,000 | 유보 | | | |
| 대손충당금 | 5,807,328 | 유보 | | | |

[계산근거]

1. 대손충당금한도액

    (1) 설정대상채권

    외상매출: ₩600,000,000−₩2,500,000−₩3,000,000=     ₩594,500,000

    받을어음: ₩300,000,000−₩5,000,000=     295,000,000

    대 여 금: ₩200,000,000−₩20,000,000−₩10,000,000=     170,000,000

    미 수 금: ₩100,000,000−₩10,000,000=     90,000,000

    대손금부인액: ₩10,000,000−₩3,000,000−₩5,999,000+₩1,200,000+₩1,000
        +₩330,000=     2,532,000

    계     ₩1,152,032,000

    (2) 대손실적률: $\dfrac{₩5,999,000+₩5,000,000+₩3,499,000+₩9,300,000+₩2,500,000}{(₩30,000,000−₩5,000,000)÷2\%}$ =2.1%

    (3) 대손충당금한도액: ₩1,152,032,000×2.1%=₩24,192,672

2. 대손충당금한도초과액: ₩30,000,000−₩24,197,672=₩5,807,328

### 해설

1. 전기대손금부인액

    (1) 당기에 회수하여 대손충당금의 증가로 처리한 ₩3,000,000은 익금불산입하여 △유보로 처분하고, 나머지 ₩2,000,000은 당기말에는 부도 후 6개월이 경과한 것이므로 1천원을 제외한 잔액을 손금에 산입한다.

    (2) 당기에 소멸시효가 완성된 전기대손금부인액 ₩4,000,000은 손금산입한다.

    (3) 나머지 ₩1,000,000은 당기말에도 대손금부인액으로 보아 채권잔액에 가산한다.

2. 당기대손금

    (1) (주)A의 부도어음은 20×7년 6월 30일에 부도가 발생하였으므로 그 다음날인 20×7년 7월 1일이 기산일이 되고 6개월이 되는 날인 20×8년 1월 1일부터 대손처리할 수 있다.

    (2) 매출채권에서 VAT예수금을 제외한 금액을 대손상각비로 회계처리하여야 하지만 회사는 매출채권 전액을 대손상각비로 처리하고 VAT예수금을 기타수익으로 회계처리하였다.

(3) ① 부도발생일로부터 6개월 이상 지난 중소기업의 외상매출금(부도발생일 이전의 것에 한함)은 미회수금액에서 ₩1,000을 공제한 금액을 대손처리할 수 있다.
　　② 거래관계를 개선하기 위한 채권포기액은 접대비로 본다.

(4) 회수기일을 6개월 이상 경과한 30만원 이하(채무자별 채권가액 합계기준)의 채권을 손금에 계상할 수 있으므로 (주)부실에 대한 외상매출금 ₩330,000은 부당상계액이다.

(5) 채무보증으로 인한 구상채권 ₩1,670,000과 특수관계인에 대한 업무무관가지급금 ₩700,000은 대손처리할 수 없다.

(6) 관계회사에 대한 외상매출금 ₩1,300,000은 세법상 대손요건을 구비한 경우 대손처리할 수 있으며, 중소기업의 외상매출금·미수금으로 회수기일이 2년이상 경과한 외상매출금·미수금도 대손처리할 수 있다.

3. 기말 대손충당금 설정대상채권

(1) 동일인에 대한 매출채권과 매입채무는 상계하지 아니하고 매출채권 전액에 대해서 대손충당금을 설정할 수 있다. 그러나 당사자간에 상계하기로 약정한 경우에는 상계한 잔액에 대해서만 설정하여야 한다.

(2) 특수관계인에 대한 외상매출금과 차입거래 성격의 할인어음은 대손충당금 설정대상채권에 포함된다.

(3) 특수관계인에 대한 업무무관가지급금(종업원에 대한 주택구입자금 대여금), 매각거래로 처리된 배서양도어음, 채무보증으로 인한 구상채권 및 부당행위계산의 부인규정을 적용받는 시가초과채권 ₩10,000,000은 대손충당금 설정대상채권에서 제외된다.

4. 회계처리비교

| 회사장부 | 법인세법 | 세무조정 |
|---|---|---|
| ① 기초대손충당금환입시 | | |
| 대손충당금 30,000,000 | 대손충당금 25,000,000 | 〈손금산입〉 |
| 　　대손충당금환입 30,000,000 | 　　대손충당금환입 25,000,000 | 5,000,000(△유보) |
| ② 전기대손금부인액 | | |
| 현　금 3,000,000 | 현　금 3,000,000 | 〈손금산입〉 |
| 　　금융자산손상차손환입 3,000,000 | 　　매출채권 3,000,000 | 3,000,000(△유보) |
| | 대손상각비 1,999,000 | 〈손금산입〉 |
| | 　　매출채권 1,999,000 | 1,999,000(△유보) |
| | 대손상각비 4,000,000 | 〈손금산입〉 |
| | 　　매출채권 4,000,000 | 4,000,000(△유보) |

③ 당기대손충당금상계액

| | | |
|---|---|---|
| 대손상각비 1,200,000 | – | 〈익금산입〉 |
| 　　매출채권 1,200,000 | | 1,200,000(유보) |
| 대손상각비 5,500,000 | 대손상각비 5,000,000 | 〈익금산입〉 |
| 　　매출채권 5,500,000 | VAT예수금 500,000 | 500,000(유보) |
| | 　　매출채권 5,500,000 | |
| VAT예수금 500,000 | | 〈손금산입〉 |
| 　　기타수익 500,000 | | 500,000(△유보) |
| 대손상각비 3,500,000 | 대손상각비 3,499,000 | 〈익금산입〉 |
| 　　매출채권 3,500,000 | 　　매출채권 3,499,000 | 1,000(유보) |
| 대손상각비 1,800,000 | 접대비 1,800,000 | 〈익금산입〉 |
| 　　매출채권 1,800,000 | 　　매출채권 1,800,000 | 1,800,000(기타사외유출) |
| 대손상각비 330,000 | – | 〈익금산입〉 |
| 　　매출채권 330,000 | | 330,000(유보) |
| 대손상각비 1,670,000 | – | 〈익금산입〉 |
| 　　대여금 1,670,000 | | 1,670,000(유보) |
| 대손상각비 700,000 | – | 〈익금산입〉 |
| 　　대여금 700,000 | | 700,000(유보) |
| 대손상각비 9,300,000 | 대손상각비 9,300,000 | |
| 　　매출채권 9,300,000 | 　　매출채권 9,300,000 | |

④ 기말결산시

| | | |
|---|---|---|
| – | 대손상각비 2,500,000 | 〈손금산입〉 |
| | 　　매출채권 2,500,000 | 2,500,000(△유보) |
| 대손상각비 30,000,000 | 대손상각비 24,192,672 | 〈익금산입〉 |
| 　　대손충당금 30,000,000 | 　　대손충당금 24,192,672 | 5,807,328(유보) |

## Question 09. 대손금 및 대손충당금 ■2017. CPA

다음은 제조업을 영위하는 중소기업 (주)동해(일반기업회계기준 적용)의 제7기 사업연도(20×7년 1월 1일 ~ 20×7년 12월 31일) 법인세 신고 관련 자료이다.

1. 전기말 자본금과 적립금조정명세서(을)상 기말잔액의 내역

| 과 목 | 기말잔액 | 비 고 |
|---|---|---|
| 대손충당금 한도초과액 | ₩3,000,000 | |
| 소멸시효 완성채권 | △12,000,000 | ① |
| 단기대여금 대손부인액 | 9,000,000 | ② |

① 소멸시효 완성채권은 제6기에 상법상 소멸시효가 완성된 외상매출금(A)을 신고조정에 의하여 손금산입한 것이다.
② 단기대여금 대손부인액은 제5기에 종업원에 대한 주택자금 대여액을 대손 부인한 것이다.

2. 재무상태표상 채권 및 대손충당금 내역

| 과 목 | 제7기 | 제6기 | 비 고 |
|---|---|---|---|
| 매출채권 | ₩1,000,000,000 | ₩978,500,000 | ① |
| (대손충당금) | (25,000,000) | (17,000,000) | |
| 미수수익 | 12,000,000 | 10,000,000 | ② |
| 미 수 금 | 100,000,000 | 150,000,000 | ③ |
| 장기대여금 | 300,000,000 | 300,000,000 | ④ |
| (대손충당금) | (10,000,000) | (10,000,000) | |

① 당기말 매출채권에는 채무자의 파산으로 회수할 수 없는 채권 ₩4,500,000과 외국환거래에 관한 법령에 따라 외국환은행의 장으로부터 채권회수의무를 면제받은 수출채권 ₩7,000,000이 포함되어 있다.
② 미수수익은 정기예금 미수이자이다.
③ 미수금은 비품 매각대금으로 대손가능성이 없다고 판단되어 대손충당금을 설정하지 않았다.
④ 장기대여금은 해외현지법인(특수관계인)에 회사의 영업활동과 관련하여 시설 및 운영자금을 대여한 것이다.

3. 제7기의 손익계산서상 대손상각비는 ₩27,500,000이다.

4. 대손충당금 당기상계액의 내역
   ① 제6기에 상법상 소멸시효가 완성되어 전기에 신고조정에 의하여 손금산입한 외상매출금(A): ₩12,000,000
   ② 부도발생일부터 6개월 이상 지난 받을어음 2매(부도발생일 이전의 것으로 저당권이 설정되어 있지 않음)에 대한 외상매출금 전액: ₩7,700,000
   ③ 채무자의 사업폐지로 회수할 수 없는 외상매출금: ₩2,300,000

5. 회사는 전기에 대손금으로 손금 인정된 매출채권 ₩2,500,000을 당기 중 회수하여 대손충당금의 증가로 회계처리하였다.
6. 전기 이전의 세무조정은 적법하며, 세부담 최소화를 가정한다.

### 요구사항

1. 당기의 대손실적률을 다음의 답안양식에 따라 제시하시오. 단, 대손실적률은 %로 제시하며, 소수점 셋째 자리에서 절사한다(예: 1.2345% → 1.23%).

[답안양식]

| 당기 대손금(Ⓐ) | |
|---|---|
| 전기말 채권잔액(Ⓑ) | |
| 당기 대손실적률(=Ⓐ÷Ⓑ) | |

2. 당기의 대손충당금 한도초과액을 계산하시오. 단, [요구사항1]에 의한 당기의 대손실적률은 0.70%로 가정한다.

### 해답

[요구사항1]

| 당기 대손금(Ⓐ) | ₩16,998,000 |
|---|---|
| 전기말 채권잔액(Ⓑ) | 1,416,500,000 |
| 당기 대손실적률(=Ⓐ÷Ⓑ) | 1.2% |

[계산근거]

1. 당기대손금: ₩7,000,000* + (₩7,700,000 − ₩2,000) + ₩2,300,000 = ₩16,998,000
   * 법령에 따라 채권회수의무를 면제받은 수출채권은 신고조정사항임.

2. 전기말 채권잔액: ₩978,500,000+₩150,000,000+₩300,000,000−₩12,000,000=₩1,416,500,000

   * 종업원에 대한 주택자금대여액은 대손충당금 설정제외 채권임.

3. 당기 대손실적률: ₩16,998,000÷₩1,416,500,000=1.2%

[요구사항2]

| 당기 대손충당금 한도초과액 | ₩21,069,980 |
|---|---|

[계산근거]

1. 설정대상채권: ₩1,000,000,000+₩100,000,000+₩300,000,000−₩7,000,000+₩2,000
   =₩1,393,002,000

2. 대손충당금 기말잔액: ₩25,000,000+₩10,000,000=₩35,000,000

3. 대손충당금 한도초과액: ₩35,000,000−₩1,393,002,000×1%=₩21,069,980

## 재고자산의 평가 ■2017. 세무사

다음은 제조업을 영위하는 영리내국상장법인으로서 중소기업이 아닌 (주)한국의 제7기 사업연도 (20×7년 1월 1일 ~ 20×7년 12월 31일)의 재고자산에 관한 세무조정을 위한 자료이다. 전기까지 세무조정은 적법하게 이루어졌다고 가정한다

1. (주)한국의 제7기 사업연도 말 현재 재무상태표상 재고자산 금액과 법인세법상 평가금액은 다음과 같다.

| 구 분 | 재무상태표상 금액 | 법인세법상 평가금액 | |
| --- | --- | --- | --- |
| | | 선입선출법 | 총평균법 |
| 재 품 | ₩10,000,000 | ₩15,000,000 | ₩10,000,000 |
| 재공품 | 4,000,000 | 4,000,000 | 3,200,000 |
| 원재료 | 1,800,000 | 1,900,000 | 1,500,000 |

2. (주)한국은 제6기 사업연도까지 제품의 평가방법을 선입선출법으로 신고하고 평가하여 왔으나, 제7기 사업연도부터 총평균법으로 변경하기로 하고, 제7기 10.31. 재고자산 평가방법 변경신고를 하였다.

3. (주)한국은 제6기 사업연도까지는 재공품의 평가방법을 신고하지 아니하였으나, 제7기 8. 4. 재공품의 평가방법을 신입선출법으로 신고하였다.

4. (주)한국은 원재료의 평가방법을 총평균법으로 신고하여 전기 사업연도 이전부터 적용하여 오고 있다. 따라서 한국은 제7기 사업연도에 신고한 방법(총평균법)에 의하여 평가하였으나 계산상의 착오로 실제금액과 다른 금액으로 평가하였다.

5. 한국의 제7기 사업연도말의 재고자산에 대한 실사결과, 저장품의 부족금액 ₩160,000을 발견하여 이를 손익계산서상의 기타비용으로 처리하였으며, 부족금액이 발생한 사유별 내역은 다음과 같다.

| 부족사유 구분 | 시가 | 원가 |
| --- | --- | --- |
| 정상적인 파손 | ₩100,000 | ₩78,000 |
| 대주주*의 개인적 사용 | 80,000 | 50,000 |
| 사유를 알 수 없음 | 30,000 | 23,000 |
| 합계 | ₩210,000 | ₩151,000 |

* (주)한국의 임원 또는 직원이 아닌 개인임

### 요구사항

(주)한국의 제7기 사업연도 세무조정을 다음의 [답안양식]에 따라 수행하시오.

[답안양식]

| 조정유형 | 과 목 | 금 액 | 소득처분 |
|---|---|---|---|
| 익금산입 | 토지A | ××× | 유보 |
| 손금산입 | 토지B | ××× | △유보 |

### 해답

| 조정유형 | 과 목 | 금 액 | 소득처분 |
|---|---|---|---|
| 익금산입 | 제 품 | ₩5,000,000 | 유보 |
| 손금산입 | 원 재 료 | 300,000 | △유보 |
| 익금산입 | 부당행위 | 80,000 | 배당 |
| 익금산입 | 매출누락 | 30,000 | 상여 |

[계산근거]

| | 회사장부 | 법인세법 | 차 이 |
|---|---|---|---|
| 제 품 | ₩10,000,000 | Max{₩15,000,000, ₩15,000,000} | ₩5,000,000 |
| 재 공 품 | 4,000,000 | 4,000,000 | |
| 원 재 료 | 1,800,000 | 1,500,000 | (300,000) |

## Question 11. 손익의 귀속시기 ■2018. 세무사

다음은 제조업을 영위하는 중소기업인 (주)대한(사업연도: 1. 1. ~ 12. 31.)의 제품과 토지의 판매 등에 관한 자료이다.

1. (주)대한은 제7기 사업연도 8. 5.에 제품 A를 ₩20,000,000(원가율 70%)에 판매하면서 다음과 같이 대금을 수령하는 조건으로 계약을 체결하였다.

| 제7기 9. 5. (계약금) | 제7기 10. 5. (중도금) | 제8기 10. 5. (잔금) |
|---|---|---|
| ₩2,000,000 | ₩8,000,000 | ₩10,000,000 |

   (1) (주)대한은 제7기 9. 5. 계약금 ₩2,000,000을 수령하면서 제품 A를 인도하였으며, 제7기 10. 5. 중도금 중 7,000,000을 수령하였고, 제8기 10. 5. 나머지 잔금인 ₩11,000,000을 수령하였다.
   (2) (주)대한은 제품 A의 판매에 대해 실제 회수한 대금을 기준으로 수익과 비용을 계상하였다.

2. (주)대한은 제7기 7. 1.에 토지(장부가액 ₩80,000,000)를 다음과 같이 양도하기로 계약하였다.
   (1) 토지의 양도대금은 ₩200,000,000이며 대금의 수령 계약조건은 다음과 같다.

| 제7기 7. 1. (계약금) | 제7기 10. 1. (중도금) | 제8기 9. 1. (잔금) |
|---|---|---|
| ₩30,000,000 | ₩70,000,000 | ₩100,000,000 |

   (2) 토지의 사용수익일은 중도금 수령일이고, 토지의 소유권이전등기일은 잔금 수령일이다.
   (3) (주)대한은 토지 양도의 계약금과 중도금을 수령하면서 모두 선수금으로 계상하였으며, 제8기 9. 1. 잔금을 수령하면서 토지처분이익 120,000,000을 계상하였다.

### 요구사항

1. (주)대한의 제품 A 판매에 대한 제7기 사업연도와 제8기 사업연도의 세무조정을 하시오.
2. (주)대한의 토지 양도에 대한 제7기 사업연도와 제8기 사업연도의 세무조정을 하시오.

[답안양식]

| 물음번호 | 조정유형 | 과목 | 금액 | 소득처분 |
|---|---|---|---|---|
| | 〈익금산입〉 | 토지 A | ×××× | (유보) |
| | 〈손금산입〉 | 토지 B | ×××× | (△유보) |

### ▼ 해답

| 물음번호 | 조정유형 | 과 목 | 금 액 | 소득처분 |
|---|---|---|---|---|
| 1. 제7기 | 〈익금산입〉 | 매출채권 | ₩1,000,000 | 유보 |
|  | 〈손금산입〉 | 재고자산 | 700,000 | △유보 |
| 제8기 | 〈손금산입〉 | 매출채권 | ₩1,000,000 | △유보 |
|  | 〈익금산입〉 | 재고자산 | 700,000 | 유보 |
| 2. 제7기 | 〈익금산입〉 | 선 수 금 | ₩100,000,000 | 유보 |
|  | 〈익금산입〉 | 미 수 금 | 100,000,000 | 유보 |
|  | 〈손금산입〉 | 토 지 | 80,000,000 | △유보 |
| 제8기 | 〈손금산입〉 | 선 수 금 | ₩100,000,000 | △유보 |
|  | 〈손금산입〉 | 미 수 금 | 100,000,000 | △유보 |
|  | 〈익금산입〉 | 토 지 | 80,000,000 | 유보 |

[계산근거]

1. 중소기업의 경우 장기할부매출의 법인세법상 손익의 귀속시기는 회수기일도래기준임.

2. ① 부동산 양도손익의 법인세법상 귀속시기는 대금청산일, 소유권이전등기일, 사용수익일 중 빠른 날임.

② 

| 구 분 | 회사장부 | 법인세법 |
|---|---|---|
| 제7기 | 현 금 100,000,000<br>　　선 수 금 100,000,000 | 현 금 100,000,000<br>미 수 금 100,000,000<br>　　토 지 80,000,000<br>　　유형자산처분이익 120,000,000 |
| 제8기 | 선 수 금 100,000,000<br>현 금 100,000,000<br>　　토 지 80,000,000<br>　　유형자산처분이익 120,000,000 | 현 금 100,000,000<br>　　미 수 금 100,000,000 |

## 대손금 및 대손충당금 ■2019. 세무사

다음은 제조업을 영위하는 영리내국법인 (주)국세(중소기업임)의 제7기 (1. 1. ~ 12. 31.) 대손금 및 대손충당금 관련 자료이다.

1. 제6기 자본금과 적립금조정명세서(을) 기말잔액의 내역은 다음과 같다.

| 과목 또는 사항 | 기말잔액 |
|---|---|
| 미수금 대손부인액 | ₩8,000,000 |
| 대손충당금 한도초과액 | 1,603,200 |
| ㈜A 외상매출금 대손부인액 | 3,000,000 |
| ㈜B 받을어음 대손부인액 | 2,000,000 |
| ㈜C 매출채권 소멸시효 완성분 신고조정액 | △3,200,000 |

   (1) 제6기의 미수금 대손부인액 중 ₩2,500,000은 제7기에 회수하여 대손충당금의 증가로 처리하였으며, ₩1,000,000은 제7기 5. 31 민사소송법에 의한 화해로 회수불능채권으로 확정되었다.
   (2) ㈜A 외상매출금 대손부인액 중 제7기에 소멸시효가 완성된 채권금액은 ₩2,000,000이다.
   (3) ㈜B 받을어음 대손부인액은 제6기 7. 25. 부도가 발생한 어음(2매, 저당권을 설정하지 않음)이다.

2. 제7기 재무상태표상 대손충당금 계정의 내역은 다음과 같다.

### 대손충당금
(단위: 원)

| | | | |
|---|---|---|---|
| 당기상계액 | 9,000,000 | 기초잔액 | 12,000,000 |
| | | 상각채권추심 | 2,500,000 |
| 기말잔액 | 19,500,000 | 당기설정액 | 14,000,000 |
| 합  계 | 28,500,000 | 합  계 | 28,500,000 |

   (1) 당기상계액 중 ₩7,800,000은 부도발생일부터 6개월이 지난 ㈜D 외상매출금(부도발생일 이전의 것)으로 채무자의 재산에 충분한 저당권을 설정하고 있다.
   (2) 당기상계액 중 ₩1,200,000은 ㈜C 매출채권으로 제6기에 상법상 소멸시효 완성에 따라 신고조정으로 손금산입한 금액의 일부이다.

3. 제7기 중 외상으로 판매한 제품(원가 ₩2,000,000, 시가 ₩2,600,000(부가가치세 제외금액))에 대하여 회계처리를 하지 않았다.

4. 제7기말 재무상태표상 채권잔액의 내역은 다음과 같다.

| 과 목 | 금 액 | 비 고 |
|---|---|---|
| 외상매출금 | ₩70,000,000 | 당기 중 상법상 소멸시효가 완성된 채권 ₩1,500,000 포함 금액임 |
| 받을어음 | 60,000,000 | 부도발생일로부터 6개월 이상 지난 어음상 채권 ₩20,000,000 (저당권을 설정하고 있지 않음) 포함 금액임 |
| 미 수 금 | 120,000,000 | 대손세액공제를 받은 부가가치세 매출세액 미수금 ₩24,000,000 과 부당행위계산에 해당하는 고가양도에 따른 시가초과 상당금액 ₩16,000,000 포함 금액임 |
| 대 여 금 | 133,700,000 | 채무보증대위변제로 인한 구상채권 ₩5,000,000 및 종업원에 대한 주택구입자금 대여금 ₩30,0000,000 포함 금액임 |
| 합 계 | ₩383,700,0000 | |

5. 전기의 대손실적률은 2.4%이다.

### 요구사항

1. (주)국세의 당기 대손실적률을 다음 양식에 따라 제시하시오.

| 당기 대손금(①) | |
|---|---|
| 전기말 채권잔액(②) | |
| 당기 대손실적률(=①÷②) | |

2. (주)국세의 대손충당금 한도초과액을 다음 양식에 따라 제시하시오.

| 당기말 채권잔액 | |
|---|---|
| 당기 대손충당금 한도액 | |
| 당기 대손충당금 한도초과액 | |

### 해답

[요구사항1]

| 당기 대손금(①) | ₩6,498,000 |
|---|---|
| 전기말 채권잔액(②) | 433,200,000 |
| 당기 대손실적률(①÷②) | 1.5% |

[계산근거]

1. 당기대손금: ₩1,000,000+₩2,000,000+₩1,998,000+₩1,500,000=₩6,498,000
2. 전기말 채권잔액: (₩12,000,000−₩1,603,200)÷2.4%=₩433,200,000
3. 당기 대손실적률: ₩6,498,000÷₩433,200,000=1.5%

**[요구사항2]**

| | |
|---|---|
| 당기말 채권잔액 | ₩321,362,000 |
| 당기 대손충당금 한도액 | ₩4,820,430 |
| 당기 대손충당금 한도초과액 | ₩14,679,570 |

[계산근거]

1. 당기말 채권잔액

| | |
|---|---|
| B/S상 채권잔액 | ₩383,700,000 |
| 외상매출금누락: ₩2,600,000+₩260,000= | 2,860,000 |
| 외상매출금 중 소멸시효 완성분 | (1,500,000) |
| 대손세액공제를 받은 부가가치세 매출세액 | (24,000,000) |
| 부당행위 시가초과액 | (16,000,000)* |
| 채무보증 구상채권 | (5,000,000) |
| 업무무관가지급금 | (30,000,000) |
| 당기대손금부인액 | 7,800,000 |
| 전기대손금부인액 | |
|   미수금: ₩8,000,000−₩2,500,000−₩1,000,000= | 4,500,000 |
|   (주)A 외상매출금: ₩3,000,000−₩2,000,000= | 1,000,000 |
|   (주)B 받을어음 | 2,000 |
|   (주)C 매출채권 | (2,000,000) |
| 계 | ₩321,362,000 |

2. 대손충당금 한도액: ₩321,362,000×1.5%=₩4,820,430
3. 대손충당금 한도초과액: ₩19,500,000−₩4,820,430=₩14,679,570

\* 대손세액공제를 받은 부가가치세 매출세액은 정상적으로 회계처리했을 때 장부상 채권이 남아있지 않아야 하므로 법인세법상 대손처리한 경우 대손금으로 인정하지 않고 있다. 따라서 법인세법상 기말채권잔액에도 이를 제외하는 것이 타당하다.

## Question 13. 손익의 귀속시기 · 2020. 세무사

다음은 제조업을 영위하는 중소기업인 (주)내국의 제20기 (1. 1. ~ 12. 31.) 토지 매각과 관련된 자료이다.

1. (주)내국은 제20기 5. 1.에 토지를 ₩50,000,000(장부가액은 양도가액의 60%임)에 매각하면서 아래의 표와 같이 대금을 수령하는 조건으로 계약을 체결하였다.

| 제20기 5. 1.<br>(계약금) | 제20기 8. 1.<br>(1차 중도금) | 제21기 9. 1.<br>(2차 중도금) | 제22기 9. 1.<br>(잔 금) |
|---|---|---|---|
| ₩5,000,000 | ₩5,000,000 | ₩10,000,000 | ₩30,000,000 |

2. 토지의 사용수익일은 제20기 8. 1. 이고, 토지의 소유권이전등기일은 잔금수령일이다.
3. (주)내국은 제20기 5.1.에 계약금 ₩2,000,000을 수령하고, 제20기 8.1.에 ₩8,000,000을 수령하였다. 그리고 나머지 금액은 제22기 9.1.에 수령하기로 하였다.
4. (주)내국은 토지 매각과 관련하여 인도기준으로 수익과 비용을 계상하였다.
5. (주)내국은 제21기 8.1.에 폐업하였다.

### 요구사항

1. 제20기와 제21기 사업연도의 세무조정을 다음의 양식에 따라 하시오.

| 사업연도 | 조정유형 | 과 목 | 금 액 | 소득처분 |
|---|---|---|---|---|
| 제20기 | | | | |
| 제21기 | | | | |

2. (주)내국이 폐업하지 않았다고 가정하고, 제20기와 제21기 사업연도의 세무조정을 다음의 양식에 따라 하시오.

| 사업연도 | 조정유형 | 과 목 | 금 액 | 소득처분 |
|---|---|---|---|---|
| 제20기 | | | | |
| 제21기 | | | | |

### [요구사항1]

| 사업연도 | 조정유형 | 과 목 | 금 액 | 소득처분 |
|---|---|---|---|---|
| 제20기 | 손금산입 | 미 수 금 | 40,000,000 | △유보 |
|  | 익금산입 | 토 지 | 24,000,000 | 유보 |
| 제21기 | 익금산입 | 미 수 금 | 40,000,000 | 유보 |
|  | 손금산입 | 토 지 | 24,000,000 | △유보 |

[계산근거]

| 구 분 | 회사장부 | | 법인세법 | |
|---|---|---|---|---|
| 제 20기 | 현 금 | 10,000,000 | 현 금 | 10,000,000 |
|  | 미 수 금 | 40,000,000 | 토 지 | 6,000,000 |
|  | 토 지 | 30,000,000 | 유형자산처분이익 | 4,000,000 |
|  | 유형자산처분이익 | 20,000,000 | | |
| 제 21기 | – | | 미 수 금 | 40,000,000 |
|  | | | 토 지 | 24,000,000 |
|  | | | 유형자산처분이익 | 16,000,000 |

\* 1. 중소기업의 경우 장기할부매매는 회수기일도래기준을 적용할 수 있음.
 2. 장기할부기간 중 법인이 폐업한 경우에는 그 폐업일 현재 익금에 산입하지 아니한 금액과 이에 대응하는 비용을 폐업일이 속하는 사업연도의 익금과 손금에 산입함.

### [요구사항2]

| 사업연도 | 조정유형 | 과 목 | 금 액 | 소득처분 |
|---|---|---|---|---|
| 제20기 | 손금산입 | 미 수 금 | 40,000,000 | △유보 |
|  | 익금산입 | 토 지 | 24,000,000 | 유보 |
| 제21기 | 익금산입 | 미 수 금 | 10,000,000 | 유보 |
|  | 손금산입 | 토 지 | 6,000,000 | △유보 |

[계산근거]

| 구 분 | 회사장부 | 법인세법 | |
|---|---|---|---|
| 제 21기 | – | 미 수 금 | 10,000,000 |
|  | | 토 지 | 6,000,000 |
|  | | 유형자산처분이익 | 4,000,000 |

## Question 14. 자산의 취득가액결정 ■2020. CPA

다음은 제조업을 영위하는 (주)백두의 제20기 사업연도(1월 1일 ~ 12월 31일) 법인세 신고 관련 자료이다.

1. (주)백두는 제20기 3월 1일에 대표이사로부터 토지A를 ₩100,000,000에 매입하고, 매입가액을 취득원가로 회계처리하였다. 매입 당시 토지A의 시가는 불분명하며, 감정평가법인의 감정가액은 ₩70,000,000 개별공시지가는 ₩80,000,000 지방세시가표준액은 ₩60,000,000이다.

2. 백두는 제20기 5월 5일에 최대주주(지분율 5%)인 갑(개인)으로부터 비상장주식B 1,000주를 1주당 ₩5,000에 매입하고, 매입가액을 취득원가로 회계처리하였다. 비상장주식B의 시가는 불분명하며, 감정평가법인의 감정가액은 1주당 ₩6,000, 상속세 및 증여세법의 보충적 평가방법을 준용한 평가가액은 1주당 ₩7,000이다.

3. (주)백두는 제19기에 전무이사로부터 토지C(시가 ₩70,000,000)를 ₩100,000,000에 매입하고, 매입가액을 취득원가로 회계처리하였다. 이에 대한 전기의 세무조정은 적법하게 이루어졌다. (주)백두는 제20기 12월 1일에 토지C를 ₩150,000,000에 매각하고 다음과 같이 회계처리하였다.

  (차) 현　　금　　　　　　150,000,000　　(대) ┌ 토　지C　　　　　　100,000,000
  　　　　　　　　　　　　　　　　　　　　　　└ 유형자산처분이익　　50,000,000

4. (주)백두는 전기말에 비상장주식D 1,000주를 주당 ₩7,000에 매입하고, 매입가액을 취득원가로 회계처리하였다. 당기 중 제3자간에 비상장주식D가 주당 ₩12,000에 거래된 것을 확인하고 이를 시가로 간주하여 제20기 12월 31일에 다음과 같이 회계처리하였다.

  (차) 기타포괄손익 -　　　　5,000,000　　(대) 금융자산평가이익　　5,000,000
  　　　공정가치 측정 금융자산　　　　　　　　　　(기타포괄손익)

### 요구사항

(주)백두의 제20기 세무조정 및 소득처분을 다음의 [답안양식]에 따라 제시하시오.

[답안양식]

| 자료 번호 | 익금산입 및 손금불산입 | | | 손금산입 및 익금불산입 | | |
|---|---|---|---|---|---|---|
| | 과목 | 금액 | 소득처분 | 과목 | 금액 | 소득처분 |

> **해답**

| 자료번호 | 익금산입 및 손금불산입 | | | 손금산입 및 익금불산입 | | |
|---|---|---|---|---|---|---|
| | 과 목 | 금 액 | 소득처분 | 과 목 | 금 액 | 소득처분 |
| 1 | 부당행위 | 30,000,000 | 상 여 | 토지A | 30,000,000 | △유보 |
| 2 | B주식 | 2,000,000 | 유 보 | | | |
| 3 | 토지C | 30,000,000 | 유 보 | | | |
| 4 | 금융자산평가이익 | 5,000,000 | 기 타 | D주식 | 5,000,000 | △유보 |

[계산근거]

1.

| 회사장부 | | 법인세법 | | 세무조정 |
|---|---|---|---|---|
| 토 지A 100,000,000 | | 토 지A 70,000,000 | | 〈손금산입〉토지A |
| 　현　금　 | 100,000,000 | 사외유출 30,000,000 | | 30,000,000(△유보) |
| | | 　현　금　 | 10,000,000 | 〈익금산입〉부당행위 |
| | | | | 30,000,000(상여) |

2.

| 회사장부 | | 법인세법 | | 세무조정 |
|---|---|---|---|---|
| B주식 5,000,000 | | B주식 7,000,000* | | 〈익금산입〉B주식 |
| 　현　금　 | 5,000,000 | 　현　금　 | 5,000,000 | 2,000,000(유보) |
| | | 자산수증이익 | 2,000,000 | |

*1. 특수관계가 있는 개인으로부터 유가증권을 저가로 구입한 경우 시가를 취득원가로 함.
  2. 주식은 시가가 불분명한 경우 감정가액의 적용을 배제하고 상속세 및 증여세법 상의 평가액을 준용함.

3.

| 회사장부 | | 법인세법 | | 세무조정 |
|---|---|---|---|---|
| 현　금 150,000,000 | | 현　금 150,000,000 | | 〈익금산입〉토지C |
| 　토　지C | 100,000,000 | 　토　지C | 70,000,000 | 30,000,000(△유보) |
| 　유가자산처분이익 | 50,000,000 | 　유가자산처분이익 | 80,000,000 | |

4.

| 회사장부 | | 법인세법 | 세무조정 |
|---|---|---|---|
| D주식 5,000,000 | | | 〈익금산입〉금융자산평가이익 |
| 　금융자산평가이익 | 5,000,000 | － | 5,000,000(기타) |
| | | | 〈손금산입〉D주식 |
| | | | 5,000,000(△유보) |

## Question 15. 대손금 및 대손충당금 ■2020. CPA

다음은 제조업과 도매업을 영위하는 (주)설악 (중소기업 아님)의 제20기 사업연도(1월 1일 ~ 12월 31일) 법인세 신고 관련 자료이다.

1. (주)설악의 전기말 재무상태표상 채권잔액은 ₩12,460,000,000이며, 전기말 「자본금과 적립금 조정명세서(을)」의 기말잔액은 다음과 같다.

| 과 목 | 기말잔액 |
|---|---|
| 대손충당금 한도초과액 | ₩25,000,000 |
| 매출채권 대손부인액[*1] | 48,000,000 |
| 소멸시효 완성채권 | △ 8,000,000 |

   *1 전기에 대손부인된 매출채권은 모두 당기에 소멸시효가 완성되었다.

2. (주)설악의 제20기 대손충당금 계정의 변동내역은 다음과 같다.

대손충당금

| 당기상계 | ₩200,000,000 | 전기이월 | ₩250,000,000 |
|---|---|---|---|
| 차기이월 | 280,000,000 | 당기설정 | 230,000,000 |
| 합 계 | ₩180,000,000 | 합 계 | ₩480,000,000 |

3. 대손충당금 당기 상계 내역은 다음과 같다.
   ① 전기에 소멸시효가 완성된 채권: ₩5,000,000
   ② 당기 3월 1일에 부도가 발생하여 받을 수 없게 된 외상매출금: ₩25,000,000
   ③ 당기에 채무자의 강제집행으로 회수할 수 없게 된 미수금: ₩12,000,000
   ④ 당기에 소멸시효가 완성된 채권: ₩155,000,000

4. 당기말 재무상태표상 채권 내역은 다음과 같다.

| 구 분 | 금 액 |
|---|---|
| 거래처에 대한 외상매출금 | ₩12,700,000,000 |
| 수탁판매한 물품의 판매대금미수금 | 500,000,000 |
| 원재료 매입을 위한 선급금 | 1,100,000,000 |
| 토지 양도 미수금[*2] | 600,000,000 |

| | |
|---|---|
| 무주택 종업원에 대한 주택자금대여금 | 100,000,000 |
| 합    계 | ₩15,000,000,000 |

*2 특수관계인 (주)A에게 시가 ₩400,000,000인 토지를 ₩600,000,000에 양도한 것이다.

### 요구사항

1. 설악의 당기 대손실적률을 다음의 답안양식에 따라 제시하시오. 단, 대손실적률 계산시 소수점 셋째 자리에서 절사하여 제시하시오(예: 2.567% 2.56%).

[답안양식]

| 당기 대손금 | |
|---|---|
| 전기말 대손충당금 설정대상 채권잔액 | |
| 당기 대손실적률 | |

2. (주)설악의 당기 대손충당금 한도초과액을 다음의 답안양식에 따라 제시하시오. 단, 당기 대손실적률은 1.60%로 가정한다.

[답안양식]

| 당기말 대손충당금 설정대상 채권잔액 | |
|---|---|
| 당기 대손충당금 한도액 | |
| 당기 대손충당금 한도초과액 | |

### 해답

[요구사항1]

| 당기 대손금 | ₩215,000,000 |
|---|---|
| 전기 말 대손충당금 설정대상 채권 잔액 | ₩12,500,000,000 |
| 당기 대손실적률 | 1.72% |

[계산근거]

1. 당기대손금: ₩48,000,000+₩12,000,000+₩155,000,000=₩215,000,000

   *1. 전기에 소멸시효가 완성된 채권은 당기 대손금이 될 수 없음.
   2. (주)설악은 중소기업이 아니므로 부도가 발생하여 받을 수 없게 된 외상매출금은 대손금이 될수 없음.

2. 전기말 대손충당금 설정대상 채권잔액: ₩12,460,000,000+₩48,000,000−₩8,000,000

   =₩12,500,000,000

3. 대손실적률: 1÷2=1.72%

[요구사항2]

[답안양식]

| 당기말 대손충당금 설정대상 채권 잔액 | ₩14,222,000,000 |
|---|---|
| 당기 대손충당금 한도액 | ₩227,552,000 |
| 당기 대손충당금 한도초과액 | ₩52,448,000 |

[계산근거]

1. 당기말 대손충당금 설정대상 채권잔액:

    ₩15,000,000,000−₩500,000,000−₩200,000,000−₩100,000,000+₩25,000,000−₩3,000,000

    =₩14,222,000,000

    *1. 수탁판매한 경우 수수료수익만을 인식해야 하므로 수탁판매한 물품의 판매대금미수금은 설정대상채권에서 제외함.
    2. 토지양도 미수금 중 부당행위계산부인의 규정을 적용받는 시가초과액에 상당하는 채권은 설정대상채권에서 제외됨.
    3. 무주택 종업원에 대한 주택자금대여금은 특수관계인에 대한 업무무관가지급금이므로 설정대상채권에서 제외됨.
    4. 전기 소멸시효완성채권 ₩8,000,000 중 당기말까지 조정되지 않은 채권은 ₩5,000,000임.

2. 당기 대손충당금 한도액: ₩14,222,000,000×1.6%=₩227,552,000
3. 당기 대손충당금 한도초과액: ₩280,000,000−₩227,552,000=₩52,448,000

## 손익의 귀속시기  ■2021. CPA

제조업을 영위하는 (주)한국(영리내국법인)의 제21기 사업연도(1. 1. ~ 12. 31.) 법인세 관련 자료이다.

[자료]

1. (주)한국은 판매 후 3개월 이내에 반품가능한 조건으로 제품을 판매하고 있으며 인도기준으로 회계처리하고 있다. 매출원가율은 60%를 유지하고 있으며, 전기말 반품추정액의 회계처리에 대한 세무조정은 다음과 같다.

   | 구　　분 | 익금산입·손금불산입 | 손금산입·익금불산입 |
   |---|---|---|
   | 매　　출 | ₩30,000,000 | - |
   | 매출원가 | - | ₩7,500,000 * |

   * 반품자산 예상가치는 ₩30,000,000 × 25%임

2. 제21기 반품내역은 다음과 같다.

   ① 전기 매출 중 당기 반품액: ₩18,000,000

   ② 당기 매출 중 당기 반품액: ₩120,000,000

3. 제21기 12월 31일 현재 당기 매출 중 반품추정액은 ₩35,000,000이며, 반품자산의 예상가치는 매출액의 25%이다.

4. (주)한국의 제21기 반품관련 회계처리는 다음과 같다.

   ① 전기말 반품추정액의 반품기간 종료

   　가. 환불충당부채 회계처리

   | (차) 환불충당부채 | 30,000,000 | (대) 매출채권 | 18,000,000 |
   |---|---|---|---|
   |  |  | 매　출 | 12,000,000 |

   　나. 반환제품회수권 회계처리

   | (차) 제　품 | 4,500,000 | (대) 반환제품회수권 | 7,500,000 |
   |---|---|---|---|
   | 매출원가 | 3,000,000 |  |  |

   ② 당기 매출 중 당기 반품액

   　가. 반품의 매출 및 매출원가 회계처리

   | (차) 매　출 | 120,000,000 | (대) 매출채권 | 120,000,000 |
   |---|---|---|---|
   | 제　품 | 72,000,000 | 매출원가 | 72,000,000 |

나. 반품된 제품의 평가손실 회계처리

(차) 제품평가손실　42,000,000　　　(대) 제　품　42,000,000

③ 당기말 반품추정액 회계처리

(차) ｛ 매　출　35,000,000　　　(대) ｛ 환불충당부채　35,000,000
　　　 반환제품회수권　8,750,000　　　　　 매출원가　8,750,000

5. (주)한국은 재고자산의 평가방법을 원가법으로 적법하게 신고하였다.

**요구사항**

(주)한국의 반품조건부 판매 관련 세무조정 및 소득처분을 다음의 답안 양식에 따라 제시하시오.

[답안양식]

| 익금산입 및 손금불산입 | | | 손금산입 및 익금불산입 | | |
|---|---|---|---|---|---|
| 과　목 | 금　액 | 처　분 | 과　목 | 금　액 | 처　분 |

**해답**

| 익금산입 및 손금불산입 | | | 손금산입 및 익금불산입 | | |
|---|---|---|---|---|---|
| 과　목 | 금　액 | 소득처분 | 과　목 | 금　액 | 소득처분 |
| 매출채권 | ₩2,000,000 | 유　보 | 환불충당부채 | ₩30,000,000 | 유　보 |
| 반환제품회수권 | 7,500,000 | 유　보 | 제　품 | 4,500,000 | 유　보 |
| 평가손실 | 42,000,000 | 유　보 | 반환제품회수권 | 8,750,000 | 유　보 |
| 환불충당부채 | 35,000,000 | 유　보 | | | |

[계산근거]

법인세법은 환불충당부채의 설정을 인정하지 않으므로 관련 회계처리를 모두 부인하여야 함

## 재고자산의 평가 ■2022. CPA

제조업을 영위하는 ㈜한국의 제22기 사업연도(1. 1. ~ 12. 31.) 법인세 관련 자료이다. 전기까지의 세무조정은 적법하게 이루어졌고 재고자산에 대한 유보사항은 없다.

[자료]

1. 제22기 사업연도 말 현재 재무상태표상 재고자산 금액과 각 평가방법에 따른 평가 금액은 다음과 같다. 회사는 재고자산 평가방법을 원가법으로 신고하였다.

| 구 분 | 장부금액 | 총평균법 | 선입선출법 | 후입선출법 |
|---|---|---|---|---|
| 제 품 | ₩86,000,000 | ₩86,000,000 | ₩84,000,000 | ₩88,000,000 |
| 재 공 품 | 64,000,000 | 65,000,000 | 61,000,000 | 64,000,000 |
| 원 재 료 | 50,000,000 | 56,000,000 | 50,000,000 | 45,000,000 |
| 저 장 품 | 15,000,000 | 13,000,000 | 14,000,000 | 12,000,000 |

2. 제품은 회사 설립시부터 총평균법으로 신고하여 적용하였으며, 당기에 제품의 판매가 하락으로 인한 저가법 평가에 따라 다음과 같이 재고자산평가손실을 계상하였다.
   (차) 재고자산평가손   10,000,000   (대) 재고자산평가충당금   10,000,000

3. 재공품은 평가방법을 신고한 바 없으며 당기에는 후입선출법으로 평가하였다.
4. 원재료는 제21기 사업연도까지 총평균법으로 신고하여 평가하였으나, 제22기부터 선입선출법으로 변경하기로 결정하고 제22기 10월 1일에 재고자산평가방법 변경신고를 하였다.
5. 저장품은 총평균법으로 신고하여 전기 이전부터 적용하고 있다. 당기말에 저장품에 대해 신고한 총평균법으로 평가하였으나, 계산 착오로 실제 금액과 다른 금액으로 평가하였다.

### 요구사항

〈자료〉와 관련하여 ㈜한국이 해야 하는 제22기 세무조정 및 소득처분을 답안 양식에 따라 제시하시오.

[답안양식]

| 익금산입 및 손금불산입 | | | 손금산입 및 익금불산입 | | |
|---|---|---|---|---|---|
| 과 목 | 금 액 | 처 분 | 과 목 | 금 액 | 처 분 |

> **해답**

| 익금산입 및 손금불산입 | | | 손금산입 및 익금불산입 | | |
|---|---|---|---|---|---|
| 과 목 | 금 액 | 소득처분 | 과 목 | 금 액 | 소득처분 |
| 제 품 | ₩10,000,000 | 유 보 | 재 공 품 | ₩3,000,000 | 유 보 |
| 원 재 료 | 6,000,000 | 유 보 | 저 장 품 | 2,000,000 | 유 보 |

[계산근거]

1. 제품 : 저가법으로 신고하지 않았으므로 평가손실은 법인세법상 인정되지 않음
2. 재공품 : 무신고이므로 법인세법상 선입선출법으로 평가해야 함
3. 원재료 : 2022년 9월 30일 이후에 변경신고를 하였으므로 임의변경임. Max{총평균법, 선입선출법}
4. 저장품 ; 계산착오이므로 법인세법상 평가액은 총평균법임

## 대손금 및 대손충당금 ■2022. CPA

제조업을 영위하는 중소기업인 (주)한국의 제22기 사업연도(1. 1. ~ 12. 31.) 법인세 신고 관련 자료이다.

[자료]

1. 전기말 재무상태표상 채권잔액은 ₩9,500,000,000이며, 전기「자본금과적립금조정명세서(을)」의 기말잔액은 다음과 같다.

| 과 목 | 기말잔액 |
|---|---|
| 대손충당금 한도초과액 | ₩30,000,000 |
| 외상매출금 대손부인액* | 65,000,000 |
| 소멸시효 완성채권 | △20,000,000 |

\* 대손부인된 외상매출금 중 40,000,000원은 제22기에 소멸시효가 완성됨

2. 제22기 대손충당금계정의 변동내역은 다음과 같다.

대손충당금

| 당기상계 | ₩120,000,000 | 전기이월 | ₩150,000,000 |
|---|---|---|---|
| 차기이월 | 230,000,000 | 당기설정 | 200,000,000 |
| 합 계 | ₩350,000,000 | 합 계 | ₩350,000,000 |

3. 대손충당금의 당기상계 내역은 다음과 같다.

   ① 당기에 소멸시효가 완성된 대여금: ₩45,000,000
   ② 제2022기 3월 1일에 매출한 거래처가 제2022기 5월 1일에 부도가 발생하여 받을 수 없게 된 외상매출금: ₩25,000,000
   ③ 법원의 면책결정에 따라 회수불능으로 확정된 채권: ₩10,000,000
   ④ 물품의 수출로 발생한 채권으로 법정 대손사유에 해당하여 한국무역보험공사로부터 회수불능으로 확인된 채권: ₩30,000,000
   ⑤ 특수관계법인의 파산으로 회수불가능한 업무무관 대여금: ₩10,000,000

4. 당기말 재무상태표상 채권 내역은 다음과 같다.

| 구 분 | 금 액 |
|---|---|
| 외상매출금 | ₩8,700,000,000 |
| 할부판매 미수금 | 500,000,000 |
| 원재료 매입을 위한 선급금 | 300,000,000 |
| 채무보증으로 인하여 발생한 구상채권 | 2,000,000,000 |
| 금전소비대차에 따라 대여한 금액 | 1,000,000,000 |
| 전기 소멸시효 완성채권 | 200,000,000 |
| 합 계 | ₩12,520,000,000 |

### 요구사항

1. ㈜한국의 당기 대손실적률을 답안 양식에 따라 제시하시오. 단, 대손실적률 계산시 소수점 둘째 자리에서 반올림하시오(예: 2.57% → 2.6%).

[답안양식]

| 당기 대손금 | |
|---|---|
| 전기말 대손충당금 설정대상 채권잔액 | |
| 당기 대손실적률 | |

2. 대손금 및 대손충당금과 관련하여 ㈜한국이 해야 하는 제22기 세무조정과 소득처분을 답안 양식에 따라 제시하시오. 단, 당기 대손실적률은 1.5%로 가정한다.

[답안양식]

| 익금산입 및 손금불산입 ||| 손금산입 및 익금불산입 |||
|---|---|---|---|---|---|
| 과 목 | 금 액 | 처 분 | 과 목 | 금 액 | 처 분 |

## 해답

**[요구사항1]**

| 당기 대손금 | ₩149,990,000 |
|---|---|
| 전기말 대손충당금 설정대상 채권잔액 | ₩9,545,000,000 |
| 당기 대손실적률 | 1.57% |

[계산근거]

1. 당기 대출금 : ₩40,000,000+₩45,000,000+₩25,000,000−₩1,000+₩10,000,000+₩30,000,000
 =₩149,990,000

2. 전기말 대손충당금 설정대상 채권잔액 : ₩9,500,000,000+₩65,000,000−₩20,000,000
 =₩9,545,000,000

3. 당기 대손실적률 : $\dfrac{₩149,990,000}{₩9,545,000,000}$ =1.57%


**[요구사항2]**

| 익금산입 및 손금불산입 | | | 손금산입 및 익금불산입 | | |
|---|---|---|---|---|---|
| 과 목 | 금 액 | 소득처분 | 과 목 | 금 액 | 소득처분 |
| 부도채권 | 1,000 | 유 보 | 대손충당금 | 30,000,000 | 유 보 |
| 업무무관가지급금 | 10,000,000 | 유 보 | 외상매출금 | 40,000,000 | 유 보 |
| 대출충당금 | 72,142,985 | 유 보 | | | |

[계산근거]

1. 당기말 법인세법상 채권잔액 : ₩12,520,000,000−₩2,000,000,000−₩20,000,000+₩25,000,000+
 ₩1,000=₩10,525,001,000

2. 대선충당금 한도초과액 : ₩230,000,000−₩10,525,001,000×1.5%=₩72,142,985

# CHAPTER 3

## 익금

# 채권·채무조정

국민은행은 20×7년초에 채무자인 부실기업에 대하여 다음과 같은 경영정상화계획의 이행을 위한 협약을 체결하였다.

1. 대출일자는 20×3년 1월 1일이며, 대출금액은 ₩20,000,000이다. 동 차입금의 만기는 20×6년 12월 31일이며, 액면이자율은 연 10%이다(연도말 후급조건임).
2. 20×7년초에 국민은행과 부실기업의 경영정상화계획을 위한 협약 내용은 다음과 같다.
   (1) 원금 ₩5,000,000을 감면하고, 원금 ₩10,000,000은 부실기업의 주식으로 출자전환하는데, 출자전환한 주식의 액면가액은 ₩5,000,000, 시가는 ₩8,000,000이다.
   (2) 나머지 원금 ₩5,000,000은 당초 만기를 9년 연장하고 이자율도 연 4%(연도말 후급조건이며)로 하향조정하였다. 동 채권의 현재가치는 ₩3,200,000으로 평가되었으며, 20×7년의 현재가치할인차금 상각액은 ₩150,000이다.
3. 국민은행은 부실기업에 대한 채권에 대하여 금융감독원장으로부터 대손금으로 승인을 받았다.
4. 부실기업은 이월된 세법상 이월결손금잔액 ₩4,000,000이 있으며 채무면제이익이 발생할 경우 이를 이후 각사업연도에 발생할 결손금보전에 충당하고자 한다. 세법상 이월결손금 잔액과 장부상 이월결손금 잔액은 일치하며, 회사는 원금감면에 관한 채무면제이익을 이월결손금과 상계하는 회계처리를 하였다.

### 요구사항

이 내용을 토대로 제시된 [답안양식]에 따라 국민은행과 부실기업의 소득금액조정합계표를 작성하시오. 단, 국민은행과 부실기업은 기업회계기준에 따라 회계처리하고, 법인세부담을 최소화한다고 가정할 것

[답안양식]

| 구 분 | 익금산입 및 손금불산입 | | | 손금산입 및 익금불산입 | | |
|---|---|---|---|---|---|---|
| | 과 목 | 금 액 | 처 분 | 과 목 | 금 액 | 처 분 |

### 해답

**소득금액조정합계표**

| 구 분 | 익금산입 및 손금불산입 | | | 손금산입 및 익금불산입 | | |
|---|---|---|---|---|---|---|
| | 과 목 | 금 액 | 처 분 | 과 목 | 금 액 | 처 분 |
| 1. 국민은행 출자전환 | 금융자산 | ₩2,000,000 | 유보 | | | |
| 2. 부실기업 출자전환 | | | | 채무면제이익 | ₩2,000,000 | 기타 |
| 조건변경 | 차 입 금 | 150,000 | 유보 | 차 입 금 | 1,800,000 | 유보 |

[계산근거]

1. 국민은행

| 회사장부 | 법인세법 | 세무조정 |
|---|---|---|

① 원금감면

| 회사장부 | | 법인세법 | | 세무조정 |
|---|---|---|---|---|
| 대손상각비 5,000,000 | | 대손상각비 5,000,000 | | |
|     대출채권 | 5,000,000 |     대출채권 | 5,000,000 | |

② 출자전환

| 회사장부 | | 법인세법 | | 세무조정 |
|---|---|---|---|---|
| 금융자산 8,000,000 | | 금융자산 10,000,000 | | ⟨익금산입⟩ |
| 대손상각비 2,000,000 | |     대출채권 | 10,000,000 | 2,000,000(유보) |
|     대출채권 | 10,000,000 | | | |

③ 조건변경

| 회사장부 | | 법인세법 | | 세무조정 |
|---|---|---|---|---|
| 대손상각비 1,800,000 | | 대손상각비 1,800,000 | | |
|     대출채권 | 1,800,000 |     대출채권 | 1,800,000 | |
|     (현재가치할인차금) | | | | |
| 대출채권 150,000 | | 대출채권 150,000 | | |
|     (현재가치할인차금) | |     이자수익 | 150,000 | |
|     이자수익 | 150,000 | | | |

2. 부실기업

| 회사장부 | 법인세법 | 세무조정 |
|---|---|---|
| ① 원금감면 | | |
| 차 입 금　　5,000,000 | 차 입 금　　5,000,000 | |
| 　　채무면제이익　　5,000,000 | 　　채무면제이익　　5,000,000 | |
| 채무면제이익　　4,000,000 | 채무면제이익　　4,000,000 | |
| 　　이월결손금　　4,000,000 | 　　이월결손금　　4,000,000 | |
| ② 출자전환 | | |
| 차 입 금　　10,000,000 | 차 입 금　　10,000,000 | 〈손금산입〉 |
| 　　자 본 금　　5,000,000 | 　　자 본 금　　5,000,000 | 2,000,000(기타) |
| 　　주식발행초과금　3,000,000 | 　　주식발행초과금　3,000,000 | |
| 　　채무면제이익　　2,000,000 | 　　세무상잉여금　　2,000,000 | |
| ③ 조건변경 | | |
| 차 입 금　　1,800,000 | | 〈손금산입〉 |
| (현재가치할인차금) | | 1,800,000(△유보) |
| 　　채무조정이익　　1,800,000 | | |
| 이자비용　　150,000 | | 〈익금산입〉 |
| 　　차 입 금　　150,000 | | 150,000(유보) |
| 　　(현재가치할인차금) | | |

### 해설

1. 국민은행

   (1) 원금감면: 금융회사의 채권으로서 금융회사가 금융감독원장으로부터 대손금으로 승인받은 것은 결산조정사항으로서 대손금요건을 충족한다.

   (2) 출자전환: 과세이연요건을 충족한 법인의 출자전환으로 취득한 주식은 출자전환된 채권의 장부가액을 취득가액으로 한다.

   (3) 조건변경: 기업회계기준에 의한 채권의 조정에 따라 채권의 장부가액과 현재가치의 차액을 대손금으로 계상한 경우에는 이를 손금에 산입하며, 손금에 산입된 금액은 기업회계기준의 환입방법에 따라 이를 익금에 산입한다. 이 경우 손금으로 인정된 금액은 대손실적률 계산시 대손금으로 보지 않는다. 손금산입액은 그 후에 유효이자율법에 따라 환입하여 수익으로 계상되므로 대손실적률 계산에 포함되는 대손금으로 볼 수 없기 때문이다.

2. 부실기업
    (1) 원금감면: 채무면제이익은 법인세법상 익금에 해당하지만 이를 이월결손금(세무상 결손금으로서 각 사업연도의 과세표준계산에 있어 공제되지 않은 금액을 말하며, 발생시점에 제한이 없음)의 보전에 충당한 경우에는 그 금액을 익금불산입한다.
    (2) 출자전환: 채무의 출자전환시 발생한 채무면제이익은 법인세법상 익금에 해당하지만 과세이연요건을 충족한 법인이 그 이후 각사업연도에 발생할 결손금 보전에 충당하고자 하는 경우에는 그 금액을 익금불산입(기타)한다.
    (3) 조건변경: 채무자의 채무조정이익과 이자비용은 법인세법상 인정되지 않는다. 채무자의 채무조정이익에 대해서 이를 익금으로 보아 과세한다면 조정의 의미가 희석되기 때문이다.

3. 과세이연조건을 충족하지 못한 일반법인의 경우에 출자전환에 관한 회계처리를 비교하면 다음과 같다.
    (1) 국민은행

| 회사장부 | | 법인세법 | | 세무조정 |
|---|---|---|---|---|
| 금융자산 | 8,000,000 | 금융자산 | 8,000,000 | |
| 대손상각비 | 2,000,000 | 대손상각비 | 2,000,000* | — |
| 　매출채권 | 10,000,000 | 　매출채권 | 10,000,000 | |

*1. 출자전환한 목적이 채권의 일부를 회수하기 위한 불가피한 경우에는 대손상각비, 거래처와의 우의를 두텁게 하기 위한 것이면 접대비, 업무와 관련이 없으면 기부금으로 처리한다. 그러나 특수관계인에게 부당하게 이익을 분여하기 위한 것이면 부당행위로 본다.
  2. 채권을 조기에 회수하기 위하여 당해 채권의 일부를 불가피하게 포기한 경우 동 채권의 일부를 포기하거나 면제한 행위에 객관적으로 정당한 사유가 있는 때에는 동 채권포기액을 손금에 산입한다.

(2) 부실기업

| 회사장부 | | 법인세법 | | 세무조정 |
|---|---|---|---|---|
| 차 입 금 | 10,000,000 | 차 입 금 | 10,000,000 | |
| 　자 본 금 | 5,000,000 | 　자 본 금 | 5,000,000 | |
| 　주식발행초과금 | 3,000,000 | 　주식발행초과금 | 3,000,000 | — |
| 　채무면제이익 | 2,000,000 | 　채무면제이익 | 2,000,000 | |

4. 채권·채무조정의 세무조정

|  | 채 권 자 | 채 무 자 |
|---|---|---|
| (1) 원금감면(대손요건충족) | 기업회계=법인세법<br>(대손상각비: 손금) | 기업회계=법인세법<br>(채무조정이익: 익금) |
| (2) 조건변경<br>(이자율완화, 만기연장) | 기업회계=법인세법 | 기업회계≠법인세법<br>(채무조정이익: 익금불산입)<br>이자비용:손금불산입 |
| (3) 출자전환 |  |  |
| ① 일반법인 | 기업회계=법인세법<br>(대손상각비:손금 )<br>취득한 주식:시가 | 기업회계=법인세법<br>(채무조정이익:익금) |
| ② 특정법인<br>(과세이연요건 충족) | 기업회계≠법인세법<br>(대손상각비:손금불산입)<br>취득한 주식:장부가액 | 기업회계≠법인세법<br>(채무조정이익:익금불산입) |

## 임대보증금 등에 대한 간주임대료

(주)웅지의 제7기 사업연도(20×7. 1. 1~12. 31) 임대사업과 관련된 자료는 다음과 같다.

| 구 분 | 임대면적 | 임대보증금 | 계약기간 |
|---|---|---|---|
| (1) 사무실 | 100평 | ₩50,000,000 | 20×6. 7. 1~20×7. 6. 30 |
| (2) 주 택 | 50 | 100,000,000 | 20×7. 4. 1~20×8. 3. 31 |

1. 해당 부동산은 20×6년 5월 1일에 ₩300,000,000에 매입한 것으로서 이 중 토지가액은 ₩240,000,000이며, 제7기 사업연도 종료일 현재 건물의 장부가액은 ₩52,000,000이다.
2. 주택임대보증금은 차입금상환에 사용되었으며, 사무실임대보증금의 운용으로 당기에 이자수익 ₩100,000, 배당금수익 ₩50,000 및 유가증권처분손실 ₩200,000이 발생하였다.
3. 정기예금이자율은 8%이고, 1년은 365일이라고 가정한다.

### 요구사항

다음의 각 상황별로 간주임대료를 계산하시오.
1. 장부를 기장하지 않아 추계결정하는 경우
2. 부동산임대업이 주업이며 차입금과다법인인 경우
3. 이 외의 일반법인인 경우

### 해답

| 장부를 기장하지 않아 추계결정하는 경우 | ₩8,000,000 |
|---|---|
| 부동산임대업이 주업이며 차입금과 다법인인 경우 | ₩244,520 |
| 이외의 일반법인인 경우 | 해당없음 |

[계산근거]

1. 추계결정하는 경우

    (1) 임대보증금의 적수: ₩50,000,000×180일(1. 1~6. 29)+₩100,000,000×275일(4. 1~12. 31)
      =₩36,500,000,000

    (2) 간주임대료: ₩36,500,000,000×1/365×8%=₩8,000,000

2. 부동산임대업이 주업이고 차입금과다법인인 경우

   (1) 임대보증금의 적수: ₩50,000,000×180일(1. 1~6. 29)=₩9,000,000,000

   (2) 건설비상당액의 적수: ₩60,000,000× $\dfrac{100평}{150평}$ ×180일=₩7,200,000,000

   (3) 금융수익: ₩100,000+₩50,000=₩150,000

   (4) 간주임대료: (₩9,000,000,000−₩7,200,000,000)× $\dfrac{1}{365}$ ×8%−₩150,000=₩244,520

3. 이 외의 일반법인인 경우

   위의 상황 1, 2에 해당하지 않은 법인은 간주임대료를 계산하지 않음

### 해설

1. 임대보증금의 적수계산시 임대개시일은 일수에 산입하고 임대종료일은 일수에 불산입한다.
2. 부동산임대업이 주업이며 차입금과다법인인 경우
   (1) 주택임대부분에 대해서는 간주임대료를 계산하지 아니한다.
   (2) 건설비상당액은 건축물의 취득가액(자본적지출 포함)을 말하므로 감가상각누계액은 고려하지 아니하며, 건물 중 상가부분에 대하여만 간주임대료를 계산하므로 건축물의 취득가액을 면적비율로 안분계산한다. 그리고 임대일수에 해당하는 기간만 적수계산에 포함한다.
   (3) 간주임대료계산시 금융수익은 기업회계기준에 의해 발생기준으로 계산된 금액을 의미하며, 유가증권처분이익을 초과하는 유가증권처분손실은 없는 것으로 한다..

# 03 의제배당

다음은 비상장중소기업인 (주)진리의 제7기(20×7. 1. 1~12. 31)와 제8기(20×8. 1. 1~12. 31) 사업연도의 주식과 관련된 자료이다.

1. (주)A의 주식

   (1) 회사는 20×7년 2월에 대주주인 이갑부로부터 내국법인인 (주)A의 주식 1,000주(1주당 액면가액 ₩5,000, 지분율 5%)를 주당 ₩8,200(매입 당시 시가 ₩9,800)에 매입하고 매입금액을 당기손익-공정가치금융자산으로 회계처리하였다.

   (2) (주)A는 20×7년 3월에 정기주주총회를 개최하여 주당 ₩500의 현금배당을 지급하기로 결의하였다. (주)진리는 수령한 현금배당금 ₩500,000을 배당금수익으로 처리하였다.

   (3) 20×7년 결산시 (주)A의 공정가치는 주당 ₩8,800이었으며 회사는 동 주식을 공정가치로 평가하고 평가손익을 당기손익으로 인식하였다.

   (4) 20×8년 2월에 (주)A로부터 무상주 500주를 수령하고 기업회계기준에 따라 처리하였다. (주)A가 무상증자를 위하여 자본에 전입한 잉여금은 주식발행초과금 60%, 자기주식처분이익 40%로 구성되었다.

   (5) 20×8년 8월에 (주)A가 유상감자를 실시함에 따라 보유주식의 20%를 반납하고 감자대가(1주당 ₩10,000)를 수령하였다. 회사는 기업회계기준에 따라 회계처리하였다.

   (6) 20×8년 11월에 (주)A의 주식 1,200주를 대표이사인 김똘똘에게 주당 ₩8,300에 매각하고 처분손익을 인식하였는데, 이 주식을 처분할 당시 시가는 주당 ₩9,700이었다.

2. (주)B의 주식

   (1) (주)진리는 20×7년 1월에 비상장내국법인인 (주)B의 의결권 있는 보통주식 4,000주(1주당 액면가액 ₩5,000)를 주당 ₩6,500에 취득하고 기타포괄손익-공정가치측정금융자산으로 분류하였다. (주)B의 보통주식을 취득할 당시 (주)B의 주주현황은 다음과 같다.

   | 구 분 | 보유주식수 | 지 분 율 |
   |---|---|---|
   | (주)진리 | 4,000주 | 40% |
   | 기타주주 | 4,000 | 40 |
   | 자기주식 | 2,000 | 20 |
   | 계 | 10,000주 | 100% |

(2) 20×7년 11월에 (주)B는 주식배당과 무상증자를 실시하여 5,000주의 무상주를 교부하였는데(배당기준일 20×7. 10. 31), (주)진리는 2,500주의 무상주를 수령하고 기업회계기준에 따라 회계처리하였다. (주)B의 주식배당 및 무상증자의 재원은 다음과 같다.

〈주식배당〉
① 미처분이익잉여금                                                                      ₩2,000,000
〈무상증자〉
② 주식발행초과금                                                                        6,000,000
　(이 중 ₩2,750,000은 채무를 출자전환하는 과정에서 발생한 채무조정이익이다)
③ 감자차익                                                                              6,000,000
　(이 중 ₩4,400,000은 전기 7월 10일에 발생한 자기주식소각이익이다)
④ 자기주식처분이익                                                                      2,000,000
⑤ 토지에 대한 재평가적립금(재평가세 1% 과세되었음)                                      5,000,000
⑥ 건물에 대한 재평가적립금(재평가세 3% 과세되었음)                                      1,400,000
⑦ 상법상의 이익준비금                                                                   2,600,000
　　　　계                                                                             ₩25,000,000

(3) (주)B의 주식에 대하여 원가법으로 평가하였으며, 20×8년 4월에 (주)B의 주식 중 1,000주를 주당 ₩7,000에 매각하고 기업회계기준에 따라 회계처리하였다.

**요구사항**

이를 이용하여 법인세부담을 최소화하는 방법으로 제7기와 제8기의 세무조정사항을 다음 [답안양식]에 따라 제시하시오. 단, (주)진리는 무차입경영으로 지급이자가 없다.

[답안양식]

| 구 분 | 익금산입 및 손금불산입 | | | 손금산입 및 익금불산입 | | |
|---|---|---|---|---|---|---|
| | 과 목 | 금 액 | 처 분 | 과 목 | 금 액 | 처 분 |

▼ **해답**

1. (주)A의 주식

<table>
<tr><td colspan="6" align="center">소득금액조정합계표</td></tr>
<tr><td colspan="3" align="center">익금산입 및 손금불산입</td><td colspan="3" align="center">손금산입 및 익금불산입</td></tr>
<tr><td>과 목</td><td>금 액</td><td>처 분</td><td>과 목</td><td>금 액</td><td>처 분</td></tr>
<tr><td colspan="6">〈20×7년〉</td></tr>
<tr><td>금융자산</td><td>₩1,600,000</td><td>유 보</td><td>금융자산</td><td>₩600,000</td><td>유 보</td></tr>
<tr><td colspan="6">〈20×8년〉</td></tr>
<tr><td>금융자산</td><td>1,000,000</td><td>유 보</td><td>금융자산</td><td>3,760,000</td><td>유 보</td></tr>
<tr><td>금융자산</td><td>1,760,000</td><td>유 보</td><td>수입배당금</td><td>1,200,000</td><td>기 타</td></tr>
<tr><td>금융자산처분이익</td><td>1,680,000</td><td>상 여</td><td></td><td></td><td></td></tr>
</table>

[계산근거]

1. 20×7년

    (1) 취득시: 1,000주×(₩9,800-₩8,200)=₩1,600,000

    (2) 기말평가시: 1,000주×(₩8,800-₩8,200)=₩600,000

    (3) 3월에 수취한 현금배당금은 배당기준일 전 3월 이내에 취득한 것이므로 수입배당금익금불산입 규정을 적용하지 않는다.

2. 20×8년

    (1) 무상주 취득시: 500주×40%×₩5,000=₩1,000,000

    (2) 유상감자시 배당금수익

       ① 회사장부: 300주×₩10,000-₩8,800,000×20%=₩1,240,000

       ② 법인세법: 300주×₩10,000-300주×₩0*=₩3,000,000

       *단기소각주식(주식발행초과금의 자본전입으로 취득한 무상주를 먼저 소각한 것으로 봄)임

    (3) 처분시 유보잔액: ₩1,600,000-₩600,000+₩1,000,000+₩1,760,000=₩3,760,000

    (4) 처분시 사외유출: 1,200주×(₩9,700-₩8,300)=₩1,680,000

    (5) 수입배당금익금불산입: (₩1,000,000+₩3,000,000)×30%=₩1,200,000

2. (주)B의 주식

소득금액조정합계표

| 익금산입 및 손금불산입 | | | 손금산입 및 익금불산입 | | |
|---|---|---|---|---|---|
| 과 목 | 금 액 | 처 분 | 과 목 | 금 액 | 처 분 |
| 〈20×7년〉 | | | | | |
| 금융자산 | ₩10,000,000 | 유 보 | 수입배당금 | ₩3,000,000 | 기 타 |
| 〈20×8년〉 | | | | | |
| | | | 금융자산 | 1,538,462 | 유 보 |

[계산근거]

1. 20×7년

 (1) 무상주취득시

  ① 본래의 지분비율에 따른 무상주취득분

  $2,000주 \times \dfrac{₩2,000,000 + ₩2,750,000 + ₩4,400,000 + ₩2,000,000 + ₩5,000,000 + ₩2,600,000}{25,000,000} \times ₩5,000 =$ ₩7,500,000

  ② (주)B 자기주식보유분에 대한 무상주취득분: 500주 × ₩5,000 = 2,500,000

  계 ₩10,000,000

 (2) 수입배당금 익금불산입: ₩10,000,000 × 80% = ₩8,000,000

2. 20×8년

 (1) (주)B 주식 처분직전 보유현황

| 취 득 일 | 주 식 수 | 주식변동내역 |
|---|---|---|
| 20×7년 1월 | 4,000주 | ₩6,500 유상취득 |
| 20×7년 11월 | 1,500 | 5,000 무상취득(의제배당) |
| | 500 | 0 무상취득(의제배당) |
| | 500 | 5,000 무상취득((주)B 자기주식 보유분) |
| 계 | 6,500주 | |

 (2) 처분이익

  ① 회사장부: $1,000주 \times ₩7,000 - (4,000주 \times ₩6,500) \times \dfrac{1,000주}{6,500주} = ₩3,000,000$

  ② 법인세법

  $1,000주 \times ₩7,000 - \left(\dfrac{4,000주 \times ₩6,500 + 1,500주 \times ₩5,000 + 500주 \times ₩0 + 500주 \times ₩5,000}{6,500주}\right) \times 1,000주$

  $= ₩1,461,538$

**해설**

1. (주)A주식

| 회사장부 | 법인세법 | 세무조정 |
|---|---|---|
| ⟨20×7년⟩ | | |
| 금융자산  8,200,000 | 금융자산  9,800,000 | ⟨익금산입⟩ |
|    현　금　　8,200,000 |    현　금　　　8,200,000 | 1,600,000(유보) |
| |    자산수증이익　1,600,000 | |
| 현　금　　500,000 | 현　금　　500,000 | |
|    배당금수익　　500,000 |    배당금수익　　500,000 | |
| 금융자산　　600,000 | － | ⟨손금산입⟩ |
|    금융자산평가이익　600,000 | | 600,000(△유보) |
| ⟨20×8년⟩ | | |
| － | 금융자산　　1,000,000 | ⟨익금산입⟩ |
| |    배당금수익　　1,000,000 | 1,000,000(유보) |
| 현　금　　3,000,000 | 현　금　　3,000,000 | ⟨익금산입⟩ |
|    금융자산　　1,760,000 |    금융자산　　　　0 | 1,760,000(유보) |
|    배당금수익　　1,240,000 |    배당금수익　　3,000,000 | |
| 현　금　　9,960,000 | 현　금　　11,640,000 | ⟨손금산입⟩ |
|    금융자산　　7,040,000 |    금융자산　　10,800,000 | 3,760,000(△유보) |
|    금융자산처분이익　2,920,000 |    금융자산처분이익　840,000 | |
| | 사외유출　1,680,000 | ⟨익금산입⟩ |
| |    현　금　　1,680,000 | 1,680,000(상여) |
| | 배당금수익　1,200,000 | ⟨손금산입⟩ |
| － |    세무상잉여금　1,200,000 | 1,200,000(기타) |

2. (주)B주식

| 회사장부 | 법인세법 | 세무조정 |
|---|---|---|
| ⟨20×7년⟩ | | |
| 금융자산　26,000,000 | 금융자산　26,000,000 | |
|    현　금　　26,000,000 |    현　금　　26,000,000 | |
| － | 금융자산　10,000,000 | ⟨익금산입⟩ |
| |    배당금수익　10,000,000 | 10,000,000(유보) |

|  |  | 배당금수익 | 8,000,000 | 〈손금산입〉 |
|---|---|---|---|---|
|  |  | 세무상잉여금 | 8,000,000 | 8,000,000(기타) |
| 〈20×8년〉 |  |  |  |  |
| 현 금 | 7,000,000 | 현 금 | 7,000,000 | 〈손금산입〉 |
| 금융자산 | 4,000,000 | 금융자산 | 5,538,462 | 1,538,462(△유보) |
| 금융자산처분이익 | 3,000,000 | 금융자산처분이익 | 1,461,538 |  |

3. (주)B가 20×8년 4월에 1,000주를 주당 ₩7,000에 소각한 경우 의제배당액은 다음과 같다.

   (1) 회사장부: $1,000주 \times ₩7,000 - (4,000주 \times ₩6,500) \times \dfrac{1,000주}{6,500주} = ₩3,000,000$

   (2) 법인세법

   $1,000주 \times ₩7,000 - \left(500주 \times ₩0 + \dfrac{4,000주 \times ₩6,500 + 1,500주 \times ₩5,000 + 500주 \times ₩5,000}{6,000주} \times 500주\right)$

   $= ₩4,000,000$

4. (주)B가 주식배당과 무상증자시 자기주식에 배정된 주식 1,000주 (5,000주×20%)를 다른 주주에게 재배정하지 않고 실권시킨 경우 의제배당액은 다음과 같다.

   (1) 본래의 지분비율에 따른 무상주취득분

   $1,600주 \times \dfrac{₩2,000,000 + ₩2,750,000 + ₩4,400,000 + ₩2,000,000 + ₩5,000,000 + ₩2,600,000}{25,000,000} \times ₩5,000 =$ ₩6,000,000

   (2) (주)B 자기주식보유분에 대한 무상주취득분: 400주* × ₩5,000 =    2,000,000

   계     ₩8,000,000

   *1. 본래의 지분비율에 따른 무상주취득분: 4,000주(총무상주교부분)×40%(지분율)=1,600주
     2. (주)B 자기주식보유분에 대한 무상주취득분: 2,000주-1,600주=400주

## 04 수입배당금의 이중과세조정

다음은 도매업을 영위하고 있는 (주)웅지의 제10기(20×7. 1. 1. ~ 12. 31.) 사업연도 법인세신고를 위한 자료이다.

1. (주)웅지가 보유하고 있는 주식 및 배당금관련 자료는 다음과 같다. 다만, 아래의 A(주)와 B(주)는 모두 내국법인이다.

    | 구 분 | A(주)(상장사) | B(주)(비상장사) |
    |---|---|---|
    | 취득일(지분율) | 20×6. 7. 2(30%) | 20×6. 10. 9(60%) |
    | 취득일(지분율) | 20×6. 11. 5(20%) | 20×7. 1. 1(무상주취득분임) |
    | 처분일(지분율) | 20×6. 12. 8(20%) | |
    | 배당금수입 | ₩240,000,000 | ₩20,000,000 |
    | 배당기준일 | 20×7. 1. 1 | 20×7. 7. 10 |
    | 주식의 장부가액 | ₩100,000,000 | ₩40,000,000 |

2. 손익계산서상 배당금수익은 위의 표와 같이 ₩260,000,000이며, 이자비용은 채권자불분명사채이자 ₩1,500,000과 기업구매자금대출이자 ₩500,000 및 사채할인발행차금상각액 ₩1,000,000을 포함하여 ₩12,000,000이다. B(주)는 20×7. 1. 1 이익준비금을 자본전입하였으며, (주)웅지가 수령한 주식주는 2,000주(액면가액 ₩5,000)이다.

3. 당기말 현재 재무상태표상 자산총액 적수는 ₩100,000,000,000이며, 업무와 관련없이 특수관계회사에 대여한 금액에 대한 적수는 ₩2,400,000,000이다.

4. 기말 현재 자기자본은 ₩250,000,000이고, 업무무관자산에 대한 지급이자손금불산입계산대상이 되는 차입금의 적수는 ₩9,000,000,000이다. 다만, 특수관계회사에 대여한 금액에 대한 인정이자는 세법에서 정하는 대로 손익계산서에 이자수익으로 적절히 반영되어 있다.

5. 법인세법에서 정한 일반법인의 수입배당금에 대한 익금불산입비율은 다음과 같다.

    | 지 분 율 | 익금불산입비율 |
    |---|---|
    | ① 50%이상 | 100% |
    | ② 20%이상 50%미만 | 80% |
    | ③ 20%미만 | 30% |

### 요구사항

이 자료를 기초로 (주)웅지의 제10기 사업연도에 대한 세무조정(계산내역 포함)과 소득처분을 다음의 [답안양식]에 따라 제시하시오. 다만, (주)웅지는 지주회사가 아니다.

[답안양식]

| 구 분 | 조정내역 | 금 액 | 소득처분 |
|---|---|---|---|
| 손금불산입 | 임원상여금한도초과액 | ₩1,000 | 상여 |
| 익금불산입 | 자산의 임의평가차익 | 2,000 | △유보 |

### 해답

| 구 분 | 조정내역 | 금 액 | 소득처분 |
|---|---|---|---|
| 손금불산입 | 채권자불분명사채이자 | ₩1,500,000 | 상여 |
| 손금불산입 | 업무무관자산 관련이자 | 2,800,000 | 기타사외유출 |
| 익금불산입 | 수입배당금액 익금불산입액 | 90,346,350 | 기 타 |

[계산근거]

1. 업무무관자산 관련이자

$$(₩12,000,000 - ₩1,500,000^*) \times \frac{₩2,400,000,000}{₩9,000,000,000} = ₩2,800,000$$

*채권자불분명사채이자임.

2. 수입배당금 익금불산입액

A: $\left(₩240,000,000 \times \frac{10\%^{*1}}{30\%} - ₩7,700,000^{*2} \times \frac{100,000,000 \times 365}{1,000억원}\right) \times 80\% =$ ₩61,751,600

B: $\left((₩20,000,000 + 2,000주 \times ₩5,000^{*3}) - ₩7,700,000 \times \frac{50,000,000^{*4} \times 365}{1,000억원}\right) \times 100\% =$ 28,594,750

계 ₩90,346,350

*1. 배당기준일 전 3개월 이상 보유한 주식에 대해서만 적용하며, 주식의 보유기간을 계산함에 있어서 동일 종목 주식의 일부를 양도한 경우에는 먼저 취득한 주식을 먼저 양도한 것으로 봄(선입선출법).

2. ₩12,000,000 - ₩1,500,000 - ₩2,800,000 = ₩7,700,000 손금불산입된 지급이자·현재가치할인차금상각액·연지급수입이자·상업어음할인료·지급보증료 등의 차입부대비용은 제외되지만, 사채할인발행차금상각액과 기업구매자금대출금이자는 포함됨.

3. 이익준비금의 자본전입에 따른 의제배당액임.

4. ₩40,000,000 + 2,000주 × ₩5,000 = ₩50,000,000 주식의 적수는 세무상 장부가액을 기준으로 산정하므로 이익준비금의 자본전입에 따른 의제배당액을 고려해야 함.

# 05 수입배당금의 이중과세조정 ■2017. CPA

다음은 제조업을 영위하는 영리내국법인 (주)한국(지주회사 아님)의 제7기 사업연도(20×7년 1월 1일 ~ 20×7년 12월 31일) 법인세신고 관련자료이다.

**[자료]**

1. 당기말 투자주식 명세

| 구 분 | (주)한국의 지분율 | 당기 수령 현금배당금 | 당기말 결산서상 장부가액 |
|---|---|---|---|
| (주)갑(상 장) | 40% | ₩1,500,000 | ₩300,000,000 |
| (주)을(상 장) | 60% | 10,000,000 | 65,000,000 |
| (주)병(비상장) | 70% | 1,200,000 | 210,000,000 |

① (주)갑과 을은 제조업을 영위하는 영리내국법인이고, (주)병은 해외현지법인이다.
② 피투자회사 중 법인세 감면을 받은 기업은 없다.

2. 당기에 수취한 현금배당금(배당기준일 : 20×6년 12월 31일)에 대한 회사의 회계처리는 다음과 같다.

| (차) 현 금 | 12,700,000 | (대) 관계기업투자(갑주식) | 1,500,000 |
|---|---|---|---|
| | | 종속기업투자(을주식) | 10,000,000 |
| | | 종속기업투자(병주식) | 1,200,000 |

3. 투자주식의 취득 및 처분내역은 다음과 같다. 단, 주식의 취득과 처분은 시가로 이루어진 것으로 가정한다.

| 일 자 | 취득처분내역 | 취득금액 |
|---|---|---|
| 20×4. 2. 1. | (주)병주식 70% 취득 | ₩200,000,000 |
| 20×5. 8. 10. | (주)갑주식 40% 취득 | 100,000,000 |
| 20×5. 11. 22. | (주)을주식 60% 취득 | 50,000,000 |
| 20×6. 10. 20. | (주)갑주식 30% 취득 | 180,000,000 |
| 20×6. 11. 2. | (주)갑주식 30% 처분 | - |

4. 회사는 (주)을로부터 무상주 600주(1주당 액면가 ₩5,000, 무상주 배정기준일 20×7년 1월 1일)를 교부받았다. 동 무상주는 건물의 재평가잉여금 ₩3,000,000과 이익준비금 ₩2,000,000을 자본에 전입하여 발행된 것이다.

5. 손익계산서상 이자비용 명세

(단위: 원)

| 내 역 | 금 액 |
|---|---|
| 사채표시이자 | ₩10,000,000 |
| 사채할인발행차금상각액 | 1,500,000 |
| 장기미지급금의 현재가치할인차금상각액 | 2,500,000 |
| 기업구매자금대출이자 | 500,000 |
| 합 계 | ₩14,500,000 |

6. 제7기말 현재 재무상태표상의 자산총액은 ₩1,000,000,000이다.

7. 수입배당금 익금불산입 비율

| 지분율 | 익금불산입비율 |
|---|---|
| ① 50%이상 | 100% |
| ② 20%이상 50%미만 | 80% |
| ③ 20%미만 | 30% |

▶ 요구사항

한국의 제7기 수입배당금 익금불산입액을 다음의 답안양식에 따라 제시하시오.

〈답안양식〉

| 구 분 | 익금불산입 대상금액(Ⓐ) | 지급이자관련 익금불산입배제금액(Ⓑ) | 익금불산입액(Ⓒ=Ⓐ-Ⓑ) |
|---|---|---|---|
| (주)갑 | | | |
| (주)을 | | | |
| (주)병 | | | |

▶ 해답

| 구 분 | 익금불산입 대상금액(Ⓐ) | 지급이자관련 익금불산입배제금액(Ⓑ) | 익금불산입액(Ⓒ=Ⓐ-Ⓑ) |
|---|---|---|---|
| (주)갑 | ₩112,500 | ₩90,000 | ₩22,500 |
| (주)을 | 11,200,000 | 614,400 | 10,585,600 |
| (주)병 | 1,200,000 | 2,280,000 | 0 |

[계산근거]

1. 익금불산입대상금액

    (1) (주)갑: $₩1,500,000 \times \dfrac{10\%^*}{40\%} \times 30\% = ₩112,500$

    　　* 배당기준일 전 3개월 이상 보유한 주식에 대해서만 적용하며, 주식의 보유기간을 계산함에 있어서 동일 종목 주식의 일부를 양도한 경우에는 먼저 취득한 주식을 먼저 양도한것으로 봄(선입선출법).

    (2) (주)을: $\{₩10,000,000 + ₩600주 \times \dfrac{₩2,000,000}{₩5,000,000} \times ₩5,000\} \times 100\% = ₩11,200,000$

    (3) (주)병: ₩1,200,000

2. 지급이자관련 익금불산입배제금액

    (1) (주)갑: $\left\{(₩14,500,000 - ₩2,500,000^*) \times \dfrac{1억원 \times \frac{10\%}{40\%}}{10억원}\right\} \times 30\% = ₩90,000$

    　　* 현재가치할인차금상각액은 제외함.

    (2) (주)을: $\left\{₩12,000,000 \times \dfrac{(₩50,000,000 + ₩1,200,000^*)}{10억원}\right\} \times 100\% = ₩614,400$

    　　* 배당금수익을 발생시킨 주식의 세무상 장부가액임.

    (3) (주)병: $\left\{₩12,000,000 \times \dfrac{2억원}{10억원}\right\} \times 95\% = ₩2,280,000$

## 06 의제배당 ■2017. 세무사

다음은 제조업을 영위하는 영리내국 상장법인으로서 중소기업의 아닌 (주)한국의 제7기 사업연도 (20×7. 1.1~ 20×7. 12. 31) 주식취득 및 처분에 관한 세무조정을 위한 자료이다. 전기까지 세무조정은 적법하게 이루어졌다고 가정한다.

1. (주)한국은 20×5. 1. 1. (주)고려의 주식 1,500주를 특수관계인이 아닌 자로부터 주당 ₩5,000에 매입하여, 매입가격을 동 주식의 취득원가로 계상하였다. (주)고려는 법인세법상 지급배당에 대한 소득공제를 적용받는 법인에 해당한다.

2. (주)한국은 20×6. 1. 1. (주)고려가 준비금을 자본에 전입함에 따라 1,875주의 무상주를 수령하였다. (주)고려가 발행한 주식의 1주당 액면금액은 ₩5,000이고, (주)고려의 무상주 교부내역은 다음과 같다.

| 주주구분 | 무상주 교부 직전 | | 무상주 교부 수량 |
|---|---|---|---|
| | 보유수량 | 보유지분율 | |
| | 1,500주 | 30% | 1,875주 |
| 기타 주주 | 2,500주 | 50% | 3,125주 |
| 자기주식 | 1,000주 | 20% | - |
| 합계 | 5,000주 | 100% | 5,000주 |

3. 상기 무상주 자본전입의 재원은 다음과 같으며, (주)한국은 무상주의 수령시 회계처리를 하지 않았다.
   (1) 주식발행액면초과액 ₩10,000,000
   (2) 자기주식소각이익(소각일 : 20×5. 2. 25.) ₩5,000,000
   (3) 이익잉여금 ₩10,000,000

4. (주)한국은 20×7. 3. 15. (주)고려의 주식 675주를 주당 ₩4,000 에 처분하고, 다음과 같이 회계처리하였다.

   (차) 현　금　　　　　2,700,000　　　(대) 금융자산　　　　　2,160,000
   　　　　　　　　　　　　　　　　　　　　금융자산처분이익　　 540,000

5. (주)한국은 20×7. 10. 1. 고려가 유상감자를 실시함에 따라 (주)고려의 주식 1,350 주에 대한 감자대가로 주당 ₩4,000 을 수령하고, 다음과 같이 회계처리하였다.

   (차) 현　금　　　　　5,400,000　　　(대) 금융자산　　　　　4,320,000
   　　　　　　　　　　　　　　　　　　　　금융자산처분이익　　1,080,000

6. (주)한국은 (주)고려의 주식을 매 사업연도말 시가로 평가하고 이에 따라 발생하는 평가손익을 당기손익으로 인식하고 있다. (주)고려 주식의 각 사업연도말 1주당 시가는 다음과 같다.

| 20×5년말 | 20×6년말 | 20×7년말 |
|---|---|---|
| ₩7,000 | ₩3,200 | ₩3,500 |

### 요구사항

(주)한국의 제7기 사업연도 세무조정을 다음의 [답안양식]에 따라 수행하시오.

[답안양식]

| 조정유형 | 과목 | 금액 | 소득처분 |
|---|---|---|---|
| 익금산입 | 토지 A | ××× | 유보 |
| 손금산입 | 토지 B | ××× | △유보 |

### 해답

| 조정유형 | 과목 | 금액 | 소득처분 |
|---|---|---|---|
| 손금산입 | 금융자산 | ₩615,000 | △유보 |
| 손금산입 | 금융자산 | 30,000 | △유보 |
| 손금산입 | 금융자산 | 405,000 | △유보 |

[계산근거]

1. 주식취득내역

| 취득일 | 주식수 | 주당 취득원가 | 비 고 |
|---|---|---|---|
| 20×5. 1. 1. | 1,500주 | ₩5,000 | 유상취득 |
| 20×6. 1. 1. | 900 | 5,000 | 무상취득 |
| | 600 | 0 | 무상취득(단기소각주식) |
| | 375 | 5,000 | 무상취득(자기주식) |
| 20×7. 3. 15. | (675) | | 20% 처분 |
| 10. 1. | (1,350) | | 50% 감자 |
| 20×7. 12. 31. | 1,350주 | | |

2. 처분시

| 회사장부 | | 법인세법 | |
|---|---|---|---|
| 현 금 2,700,000 | | 현 금 2,700,000 | |
|     금융자산 | 2,160,000 |     처분손실 | 75,000 |
|     처분이익 | 540,000 |     금융자산 | 2,775,000* |

$$* \ 675주 \times \left( \frac{1,500주 \times ₩5,000 + 900주 \times ₩5,000 + 600주 \times ₩0 + 375주 \times ₩5,000}{1,500주 + 900주 + 600주 + 375주} \right) = ₩2,775,000$$

3. 감자시

| 회사장부 | | 법인세법 | |
|---|---|---|---|
| 현 금 5,400,000 | | 현 금 5,400,000 | |
|     금융자산 | 4,320,000 |     금융자산 | 4,350,000* |
|     처분이익 | 1,080,000 |     처분이익 | 1,050,000 |

$$* \ 480주 \times ₩0 + 870주 \times \left( \frac{1,200주 \times ₩5,000 + 720주 \times ₩5,000 + 300주 \times ₩5,000}{1,200주 + 720주 + 300주} \right) = ₩4,350,000$$

4. 평가손익: $1,350주 \times (₩3,500 - ₩3,200) = ₩405,000$

5. 수입배당금 익금불산입: 소득공제를 적용받는 법인이므로 수입배당금 익금불산입을 적용하지 아니함.

# 07 출자전환과 의제배당 ■2018. CPA

다음은 (주)동해의 제18기 사업연도(20×7년 1월 1일 ~ 20×7년 12월 31일) 법인세신고 관련자료이다.

1. (주)동해는 20×7년 3월 6일 특수관계인이 아닌 A은행과 채무를 출자로 전환하는 내용이 포함된 경영정상화계획 이행을 위한 협약을 체결하였다.

2. 동해는 20×7년 4월 6일 A은행 차입금 ₩100,000,000을 출자로 전환하면서 신주 10,000주(주당 액면가액: ₩5000, 주당 시가: ₩6,000)를 A은행에 교부하고 다음과 같이 회계처리하였다.

    (차) 차 입 금　　　　　100,000,000　　(대) ┌ 자 본 금　　　　　50,000,000
    　　　　　　　　　　　　　　　　　　　　　└ 주식발행초과금　　50,000,000

3. (주)동해의 제18기말 현재 세무상 이월결손금 잔액의 내역은 다음과 같다.
    ① 제 5기 발생분:　　　₩10,000,000
    ② 제10기 발생분:　　　₩5,000,000 (합병시 승계받은 결손금임)
    ③ 제18기 발생분:　　　₩20,000,000

4. 동해는 20×7년 5월 6일 A은행 차입금의 출자전환으로 인해 발생한 주식발행초과금 ₩50,000,000을 재원으로 하여 무상증자를 실시하였다. 무상증자 직전의 (주)동해 발행주식총수는 10,000주이며, 자기주식은 없다.

5. A은행은 (주)동해가 20×7년 7월 6일 주당 ₩9,000에 유상감자를 실시함에 따라 동해 주식 2,200주를 반납하고 다음과 같이 회계처리하였다.

    (차) 현　금　　　　　19,800,000　　(대) 금융자산　　　　　19,800,000

### 요구사항

1. 1번~3번을 이용하여 (주)동해의 제 18기 세무조정 및 소득처분을 다음의 [답안양식]에 따라 제시하시오. 단, 각사업연도소득금액의 최소화를 가정한다.

[답안양식]

| 익금산입·손금불산입 | | | 손금산입·익금불산입 | | |
|---|---|---|---|---|---|
| 과 목 | 금 액 | 소득처분 | 과 목 | 금 액 | 소득처분 |

2. 4번과 5번의 무상증자 및 유상감자와 관련하여 A은행이 행하여야 할 세무조정 및 소득처분을 다음의 [답안양식]에 따라 제시하시오. 단, 수입배당금액 익금불산입에 대한 세무조정은 제외하시오..

[답안양식]

| 익금산입·손금불산입 | | | 손금산입·익금불산입 | | |
|---|---|---|---|---|---|
| 과 목 | 금 액 | 소득처분 | 과 목 | 금 액 | 소득처분 |

### 해답

**[요구사항1]**

| 익금산입·손금불산입 | | | 손금산입·익금불산입 | | |
|---|---|---|---|---|---|
| 과 목 | 금 액 | 소득처분 | 과 목 | 금 액 | 소득처분 |
| 채무조정이익 | ₩40,000,000 | 기타 | 이월결손금보전 | ₩30,000,000 | 기타 |
| | | | 세무상잉여금 | 10,000,000 | 기타 |

[계산근거]

| 회사장부 | | 법인세법 | | 세무조정 |
|---|---|---|---|---|
| 차 입 금 | 100,000,000 | 차 입 금 | 100,000,000 | 〈익금산입〉채무조정이익 |
| 자 본 금 | 50,000,000 | 자 본 금 | 50,000,000 | 40,000,000(기타) |
| 주식발행초과금 | 50,000,000 | 주식발행초과금 | 10,000,000 | |
| | | 채무조정이익 | 40,000,000 | 〈손금산입〉이월결손금보전 |
| | | 채무조정이익 40,000,000 | | 30,000,000(기타) |
| | | 이월결손금 | 30,000,000* | 〈손금산입〉세무상잉여금 |
| | | 세무상잉여금 | 10,000,000 | 10,000,000(기타) |

*합병과 분할시 승계받은 결손금은 제외하며, 결손금의 발생연도에 제한 없음.

**[요구사항2]**

| 익금산입·손금불산입 | | | 손금산입·익금불산입 | | |
|---|---|---|---|---|---|
| 과 목 | 금 액 | 소득처분 | 과 목 | 금 액 | 소득처분 |
| 의제배당 | ₩40,000,000 | 유보 | | | |
| 의제배당 | 540,741 | 유보 | | | |

[계산근거]

1. 주식취득내역

| 취득일 | 주식수 | 취득원가* | 비 고 |
|---|---|---|---|
| 4. 6. | 10,000주 | ₩10,000 | 출자전환 |
| 5. 6. | 200 | 0 | 무상증자 |
|  | 800 | 5,000 | 무상증자 |

* 1. 과세이연요건을 충족한 법인의 출자전환의 경우 출자전환된 채권의 장부금액을 취득가액으로 함.
  2. 주식발행초과금이 자본전입된 경우 의제배당으로 보지 않음.
  3. 채무조정이익이 자본전입된 경우 의제배당으로 봄.

2. 법인세법상 회계처리

5. 6. : (차) 금융자산　　　　40,000,000　　(대) 배당금수익　　　40,000,000
　　　　*800주×₩5,000=₩40,000,000

7. 6. : (차) 현　금　　　　　19,800,000　　(대) 금융자산　　　　19,259,259*
　　　　　　　　　　　　　　　　　　　　　　 금융자산처분이익　　540,741

$$* \ 200주 \times ₩0 + 2,000주 \times \frac{10,000주 \times ₩10,000 + 800주 \times ₩5,000}{10,000주 + 800주} = ₩19,259,259$$

## 08 의제배당과 수입배당금의 이중과세조정  ■2018. 세무사

다음은 (주)한국의 제20기 사업연도 (20×7. 1. 1. ~ 20×7. 12. 31.)와 관련된 자료이다. (주)한국은 지주회사가 아닌 내국상장법인으로 제조업을 영위하고 있다. (주)한국은 20×7년말 재무상태표상 자산 총액이 1,000,000,0000이고, 차입경영을 하지 않는 무부채기업이며 법인세법상 지급이자에 해당하는 금액도 없다고 가정한다. (주)한국으로부터 출자를 받은 회사는 모두 내국상장법인으로 제조업을 영위 하고 있으며, 지급배당에 대한 소득공제와 「조세특례제한법」상 감면규정 및 동업기업과세특례를 적용 받지 않는다.

다음의 각 자료는 서로 독립적이며, 주어진 자료 이외의 사항은 고려하지 않는다. 같은 자료에 2개 이상의 세무조정이 있는 경우, 상계하지 말고 모두 표시하시오.

[자료1]

1. (주)한국은 (주)대한(발행주식총수 200,000주, 1주당 액면가액 ₩5,000)의 주식을 보유하고 있으며, 취득내역은 아래와 같다. (주)한국은 유상취득한 주식에 대해서만 20×3년에 회계처리하였으며, 20×3년 주식의 취득과 무상주 수령에 대한 세무조정은 20×3년에 적정하게 이루어졌다. (주)한국이 보유하고 있는 (주)대한 주식의 20×7년 기초 장부가액은 원가법을 적용하여 ₩63,400,000이다.

| 취득일 | 주식수 | 취득내역 | 1주당 취득가액 | 장부가액 |
|---|---|---|---|---|
| 20×3. 4. 20. | 4,000 | 유상취득 | 7,500 | ₩30,000,000 |
| 20×3. 8. 20. | 4,000 | 유상취득 | 18,350 | 33,400,000 |
| 20×3. 10. 20. | 1,000 | 주식발행초과금 자본전입으로 무상주 수령 | | |
| 20×3. 12. 10. | 1,000 | 이익준비금 자본전입으로 무상주 수령 | | |
| 계 | 10,000 | | | ₩63,400,000 |

2. (주)대한은 20×7. 4. 1.에 1주당 ₩20,000의 현금을 지급하고 발행주식총수의 20%(40,000주)를 감자하였다. (주)대한은 이와 관련하여 아래와 같이 회계처리하였다.

(차) 자 본 금  200,000,000    (대) 현  금  800,000,000
    감자차손  600,000,000

3. (주)한국은 20×7. 4. 1.에 (주) 대한으로부터 감자대가를 수령하고 아래와 같이 회계처리하였다.

(차) 현  금  40,000,000    (대) 유가증권  12,680,000
                              유가증권처분이익  27,320,000

[자료2]

1. (주)한국은 20×6. 10. 10.에 (주)민국(발행주식총수 10,000주, 1주당 액면가액 ₩5,000)의 주식 2,000주를 1주당 ₩15,000에 취득하였다. (주)한국의 (주)민국에 대한 지분율은 20%이며, 주식의 장부가액은 원가법을 적용하여 20×7년 기초 재무상태표에 ₩30,000,000으로 계상하고 있다.

2. (주)민국은 20×7. 4. 1. 현재 자기주식을 2,000주 보유하고 있다. (주)민국은 20×7. 4. 1.에 잉여금을 자본전입하여 10,000주의 무상주를 배부하려고 하였으나, 기존 주주에게 8,000주를 배정하고 자기주식 배정분을 기존 주주에게 추가 배정하지 않았다. 당초 무상주 10,000주의 배정재원과 8,000주 배정에 따른 회계처리는 아래와 같다.

(1) 배정재원

| 잉여금 구분 | 금액 | 비 고 |
|---|---|---|
| 주식발행초과금 | ₩15,000,000 | 주식의 액면초과 발행금액임 |
| 자기주식소각이익 | 15,000,000 | 주식소각일은 20×5. 7. 10. 임 |
| 자기주식처분이익 | 10,000,000 | 자기주식처분일은 20×6. 9. 10. 임 |
| 이익준비금 | 10,000,000 | |
| 계 | ₩50,000,000 | |

(2) 배정에 따른 회계처리

| (차) | 주식발행초과금 | 12,000,000 | (대) | 자 본 금 | 40,000,000 |
|---|---|---|---|---|---|
| | 자기주식소각이익 | 12,000,000 | | | |
| | 자기주식처분이익 | 8,000,000 | | | |
| | 이익준비금 | 8,000,000 | | | |

3. (주)한국은 무상주 2,000주를 수령하고 회계처리를 하지 않았다.

[자료3]

1. (주)한국은 20×7. 1. 1. 현재 (주)서울(발행주식총수 20,000주, 1주당 액면가액 ₩5,000)의 주식 47.5%를 보유하고 있으며, 장부가액은 원가법을 적용하여 ₩59,000,000이다. (주)한국이 보유하고 있는 (주)서울 주식의 취득내역은 다음과 같으며, 20×7년 중에 보유하고 있는 (주)서울의 주식수는 변동이 없었다.

| 취득일 | 주식수 | 취득단가<br>(처분단가) | 지분율 | 장부가액 | 비고 |
|---|---|---|---|---|---|
| 20×7. 4. 11. | 5,500 | ₩5,500 | 27.5% | ₩30,250,000 | 1주당 시가가 ₩6,000이나 (주)한국의 대표이사인 김국한으로부터 1주당 ₩5,500에 취득하였다. |

| 20×7. 10. 26. | 4,500 | ₩17,000 | 22.5% | ₩31,500,000 | 제3자로부터 1주당 시가인 ₩7,000에 정상적으로 유상취득한 것이다. |
| 20×7. 12. 18. | △500 | (₩5,500) | -2.5% | △₩2,750,000 | 1주당 시가인 ₩7,500에 정상적으로 매각한 것이다. 회사는 선입선출법을 적용한 원가를 장부가액에서 차감하였다. |
| 계 | 9,500 | | 47.5% | ₩59,000,000 | |

2. (주)서울은 20×7. 12. 31.을 배당기준일로 하여 20×8. 1. 15.에 1주당 ₩500의 현금배당결의를 하였다. 실제로 배당금은 20×8. 1. 25에 지급되었고, 아래와 같이 회계처리하였다.

   (차) 미지급배당금     10,000,000     (대) 현 금     10,000,000

3. (주)한국은 20×8년 배당금 수령을 기업회계기준에 따라 적정하게 회계처리하였다.

### 요구사항

1. [자료1]을 이용하여 다음 물음에 답하시오.
   (1) (주)한국의 ① 의제배당금액(감자대가, 소멸하는 주식가액을 표시)을 제시하고 ② 감자와 관련된 세무조정을 하시오.
   (2) (주)한국이 인식한 수입배당금의 이중과세조정과 관련한 세무조정을 하시오.

2. [자료2]를 이용하여 다은 물음에 답하시오.
   (1) (주)한국의 ① 의제배당금액을 제시하고 ② 무상주 수령과 관련된 세무조정을 하시오.
   (2) (주)한국이 인식한 수입배당금의 이중과세조정과 관련한 세무조정을 하시오.

3. [자료3]을 이용하여 아래 물음에 답하시오.
   (1) (주)한국이 20×7년에 수행한 ① 주식 취득 관련 세무조정과 ② 주식 처분 관련 세무조정을 각각 제시하시오.
   (2) (주)한국의 ① 수입배당금 총액을 제시하고, 수입배당금에 대한 이중과세조정과 관련된 ② 익금불산입 대상 배당금액을 제시하시오.

### 해답

[요구사항1]

(1)
| ① 의제배당금액 | ₩26,320,000 | |
|---|---|---|
| ② 감자시 세무조정 | 〈손금산입〉 투자주식 | ₩1,000,000 (△유보) |

[계산근거]

1. 법인세법상 소멸주식의 장부금액

    $2,000주 \times \dfrac{₩30,000,000+₩33,400,000+₩0+₩5,000,000}{4,000주+4,000주+1,000주+1,000주} = ₩13,680,000$

    * 의제배당으로 과세되지 않은 무상주를 수령한지 2년이 경과하였으므로 단기소각주식의 특례는 적용되지 않음.

2. 의제배당: ₩27,320,000 − ₩1,000,000 = ₩26,320,000

| (2) | 수입배당금 세무조정 | 〈손금산입〉 수입배당금 | ₩7,896,000 (기타) |

[계산근거]

₩26,320,000 × 30% = ₩7,896,000

### [요구사항2]

| (1) | ① 의제배당금액 | | ₩7,600,000 |
| | ② 무상주관련 세무조정 | 〈익금산입〉투자주식 | ₩7,600,000 (유보) |

[계산근거]

의제배당금금액: (1) + (2) = ₩7,600,000

(1) 본래 지분비율: $1,600주 \times \dfrac{₩15,000,000+₩10,000,000+₩10,000,000}{₩50,000,000} \times ₩5,000$

  $= ₩5,600,000$

(2) 피투자회사 자기주식보유분: (2,000주 − 1,600주) × ₩5,000 = ₩2,000,000

| (2) | 수입배당금 세무조정 | 〈손금산입〉 수입배당금 | ₩2,280,000 (기타) |

[계산근거]

₩7,600,000 × 30% = ₩2,280,000

### [요구사항3]

| (1) | ① 주식취득관련 세무조정 | 〈익금산입〉 투자주식 | ₩2,750,000 (유보) |
| | ② 주식처분관련 세무조정 | 〈손금산입〉 투자주식 | ₩475,000 (△유보) |

[계산근거]

1. 취득시 법인세법상 장부금액

    5,500주 × ₩6,000 = ₩33,000,000

2. 처분시 법인세법상 장부금액

$$500주 \times \frac{₩33,000,000 + ₩31,500,000}{5,500주 + 4,500주} = ₩3,225,000$$

* 법인세법은 평균법만을 인정함.

(2)
| ① 수입배당금 총액 | ₩4,750,000 |
|---|---|
| ② 익금불산입대상 배당금액 | ₩750,000 |

[계산근거]

1. 수입배당금 총액: ₩10,000,000 × 47.5% = ₩4,750,000

2. 익금불산입대상 배당금액: $₩4,750,000 \times \frac{5,000주}{9,500주} \times 30\% = ₩750,000$

## 의제배당  ■2019. CPA

다음은 제조업을 영위하는 (주)투자 (지주회사아님)의 제7기 사업연도(20×7년 1월 1일 ~ 20×7년 12월 31일) 법인세신고 관련자료이다. 단, 전기까지의 세무조정은 적법하게 이루어진 것으로 가정한다.

1. 보유주식 (주)A

   ① 20×2년 5월 1일에 (주)투자는 비상장법인 (주)A의 주식 1,800주(주당 액면가액: ₩5,000)를 주당 ₩10,000에 취득하였다. (주)A에 대한 지분율은 10%이다.

   ② (주)투자는 20×6년에 (주)A의 잉여금 자본전입으로 인한 무상주 500주를 수령하였으며, 그 내역은 다음과 같다.

   | 자본전입결의일 | 무상주식수 | 무상주 재원 |
   |---|---|---|
   | 20×6. 7. 1. | 300주 | 건물의 재평가적립금(재평가세 : 3%) |
   | 20×6. 9. 1. | 200주 | 자기주식처분이익 |

   ③ (주)A가 유상감자를 실시함에 따라 (주)투자는 보유주식 중 400주를 반환하고, 감자대가로 주당 ₩21,000의 현금을 20×7년 3월 15일 (자본감소 결의일: 20×7년 3월 2일)에 수령하였다. 이에 대한 (주)투자의 회계처리는 다음과 같다. (주)A의 주식취득 이후 해당 주식에 대한 공정가치평가는 없었다.

   (차) 현  금        8,400,000    (대) 금융자산        8,400,000

2. 보유주식 (주)B

   ① 20×6년 2월 1일에 (주)투자는 비상장법인 (주)B의 주식 20,000 주를 취득하였다. (주)B에 대한 지분율은 10%이다.

   ② 20×7년 7월 1일에 (주)투자는 잉여금 자본전입으로 인한 무상주 10,000주를 수령하였다. 잉여금 자본전입결의일은 20×7년 6월 1일이다.

   ③ 자본전입결의일 현재 (주)B의 발행주식총수는 200,000주(주당 액면가액: 5,000)이며, 자기주식수는 40,000 주이다.

   ④ (주)B의 주주 중에 (주)투자와 특수관계인은 없다. 무상증자 시 자기주식에 배정할 무상주는 (주)투자를 포함한 다른 주주들에게 지분비율에 따라 배정하였다.

   ⑤ (주)B의 무상주 재원은 다음과 같다.

| 구 분 | 금 액 |
|---|---|
| 주식발행초과금 | ₩40,000,000 |
| 자기주식소각이익 (소각일: 20×6. 6. 5.) | 20,000,000 |
| 자기주식처분이익 | 60,000,000 |
| 이익잉여금 | 280,000,000 |
| 합 계 | ₩400,000,000 |

⑥ (주) 투자는 무상주 수령에 대해 회계처리를 하지 않았다.

3. (주)투자는 제7기에 차입금과 지급이자가 없다.
4. 피출자법인이 비상장법인인 경우의 수입배당금액 익금불산입률은 다음과 같다.

| 출자비율 | 익금불산입률 |
|---|---|
| 20% 미만 | 30% |

### 요구사항

1. (주)투자의 제 7기 법인세법상 의제배당액을 피출자법인별로 제시하시오.
2. (주)투자의 제7기 세무조정 및 소득처분을 제시하시오.

### 해답

[요구사항1]

| (주)A 의제배당액 | ₩7,450,000 |
|---|---|
| (주)B 의제배당액 | ₩46,000,000 |

[계산근거]

1. (주)A

   (1)
   
   | 취득일 | 주식수 | 주당 취득원가 | 비고 |
   |---|---|---|---|
   | 20×2. 5. 1. | 1,800주 | ₩10,000 | 유상취득 |
   | 20×6. 7. 1. | 300 | 0 | 무상증자 |
   | 9. 1. | 200 | 5,000 | 의제배당 |

   (2) 의제배당

   $$₩8,400,000 - \left(300주 \times ₩0 + 100주 \times \frac{1,800주 \times ₩10,000 + 200주 \times ₩5,000}{1,800주 + 200주}\right)$$
   
   $$= ₩7,450,000$$

2. ㈜ B

(1)

| 주주 | 무상증자 전 | 무상증자 | 무상증자 후 |
|---|---|---|---|
| ㈜투자 | 20,000주 | 8,000+2,000 | 30,000주 |
| 기타주주 | 140,000 | 56,000+14,000 | 210,000 |
| 자기주식 | 40,000 | | 40,000 |
| 계 | 200,000주 | 80,000주 | 280,000주 |

(2) 의제배당

① 본래의 의제배당소득: $8,000주 \times \dfrac{₩360,000,000}{₩400,000,000} \times ₩5,000 =$ ₩36,000,000

② 자기주식 보유분: 2,000주×₩5,000=     10,000,000

계     ₩46,000,000

[요구사항2]

| 〈익금산입〉 | ㈜A주식 | ₩7,450,000 | (유보) |
|---|---|---|---|
| 〈익금산입〉 | ㈜B주식 | ₩46,000,000 | (유보) |
| 〈익금불산입〉 | 수입배당금 | 16,035,000* | (기타) |

[계산근거]

수입배당금 익금불산입액: (₩7,450,000+₩46,000,000)×30%=₩16,035,000

# Question 10. 이자소득과 배당소득 ■2019. CPA

다음은 제조업을 영위하는 (주)제조(지주회사 아님)의 제7기 사업연도(20×7년 1월 1일 ~ 20×7년 12월 31일) 법인세신고 관련자료이다. 단, 전기까지의 세무조정은 적법하게 이루어진 것으로 가정한다.

1. 이자수익

    (주)제조는 20×6년 1월 2일 국내은행에 2년 만기 정기예금을 가입하였다. 동 이자는 매년 1월 2일에 지급된다. 이자수익과 관련된 (주)제조의 회계처리는 다음과 같다.

    [제6기]

    20×6. 12. 31: (차) 미수이자    7,000,000    (대) 이자수익    7,000,000

    [제7기]

    20×7. 1. 2: (차) 현 금          6,020,000    (대) 미수이자    7,000,000
                   선급법인세
                   (원천징수세액)   980,000

    20×7. 12. 31: (차) 미수이자    6,000,000    (대) 이자수익    6,000,000

2. 배당금수익

    ① (주)제조는 20×6년 1월 27일에 상장법인 (주)생산의 주식 10%를 취득하였다.
    ② (주)제조는 (주)생산으로부터 현금배당금 ₩3,000,000과 주식배당 200주(주당 액면가액: ₩5,000, 주당 발행가액: ₩9,000)를 수령하였다. 동 배당의 배당기준일은 20×6년 12월 1일, 배당결의일은 20×7년 12월 23일, 배당지급일은 20×8년 1월 2일이다.
    ③ (주)제조 현금배당에 대해 제7기에 다음과 같이 회계처리하였으나, 주식배당에 대해서는 회계처리를 하지 않았다.

    (차) 미수배당금    3,000,000    (대) 배당금수익    3,000,000

3. (주)제조는 제7기에 차입금과 지급이자가 없다.

4. 피출자법인이 비상장법인인 경우의 수입배당금액 익금불산입률은 다음과 같다.

| 출자비율 | 익금불산입률 |
|---|---|
| 20% 미만 | 30% |

### 요구사항

1. (주)제조의 제7기 이자수익과 관련된 세무조정 및 소득처분을 다음의 [답안양식]에 따라 제시하시오.

[답안양식]

| 익금산입 및 손금불산입 | | | 손금산입 및 익금불산입 | | |
|---|---|---|---|---|---|
| 과 목 | 금 액 | 소득처분 | 과 목 | 금 액 | 소득처분 |

2. (주)제조의 제7기 배당금수익과 관련된 세무조정 및 소득처분을 다음의 [답안양식]에 따라 제시하시오.

[답안양식]

| 익금산입 및 손금불산입 | | | 손금산입 및 익금불산입 | | |
|---|---|---|---|---|---|
| 과 목 | 금 액 | 소득처분 | 과 목 | 금 액 | 소득처분 |

### 해답

**[요구사항1]**

| 익금산입 및 손금불산입 | | | 손금산입 및 익금불산입 | | |
|---|---|---|---|---|---|
| 과 목 | 금 액 | 소득처분 | 과 목 | 금 액 | 소득처분 |
| 미수이자 | ₩7,000,000 | 유보 | 미수이자 | ₩6,000,000 | △유보 |

**[요구사항2]**

| 익금산입 및 손금불산입 | | | 손금산입 및 익금불산입 | | |
|---|---|---|---|---|---|
| 과 목 | 금 액 | 소득처분 | 과 목 | 금 액 | 소득처분 |
| 투자주식 | ₩1,800,000 | 유보 | 수입배당금 | ₩1,440,000 | 기타 |

[계산근거]

1. 의제배당액: 200주×₩9,000=₩1,800,000 발행가액이 제시된 경우 발행가액을 의제배당으로 함.

2. 수입배당금 익금불산입액: (₩3,000,000+₩1,800,000)×30%=₩1,440,000

## 의제배당 ■2020. CPA

다음은 제조업을 영위하는 (주)한라의 제20기 사업연도(1월 1일 ~ 12월 31일) 법인세신고 관련자료이다. 전기까지의 세무조정은 적법하게 이루어졌다.

1. 보유주식 (주)A

   ① (주)한라는 비상장법인 (주)A의 주식 6,000주(액면가액 ₩1,000)를 보유하고 있으며, 그 구체적인 내역은 다음과 같다.

   | 취득일 | 주식수 | 비 고 |
   |---|---|---|
   | 제14기 6. 5. | 3,000주 | 1주당 ₩10,000에 유상 취득 |
   | 제16기 9. 8. | 2,000주 | (주)A의 이익준비금 자본전입으로 취득 |
   | 제18기 5. 22. | 1,000주 | (주)A의 주식발행초과금 자본전입으로 취득 |
   | 합  계 | 6,000주 | |

   ② (주)A는 제20기 4월 11일에 총발행주식의 20%를 1주당 ₩15,000의 현금을 지급하고 소각하였다.

2. 보유주식 (주)B

   ① (주)한라는 제19기 5월 29일에 비상장법인 (주)B의 주식 10,000주(액면가액 ₩5,000)를 취득하였다. 이는 (주)B 총발행주식의 20%에 해당한다.

   ② 제20기 9월 1일 (주)B가 잉여금을 자본전입함에 따라 (주)한라는 무상주 1,000주를 수령하였다. 잉여금 자본전입결의일은 제20기 8월 1일이다.

   ③ 자본전입결의일 현재 (주)B가 보유하고 있는 자기주식은 10,000주이다.

   ④ (주)B의 주주 중 (주)한라의 특수관계인은 없으며, 자본전입에 사용된 재원은 다음과 같다.

   | 구 분 | 금 액 |
   |---|---|
   | 주식발행초과금 | ₩6,000,000 |
   | 자기주식처분이익(처분일 제17기 3. 1.) | 2,000,000 |
   | 자기주식소각이익(소각일 제18기 10. 15.) | 4,000,000 |
   | 이익준비금 | 8,000,000 |
   | 합  계 | ₩20,000,000 |

### 요구사항

(주)한라의 제20기 법인세법상 의제배당액을 다음의 [답안양식]에 따라 제시하시오.

[답안양식]

| 구 분 | 의제배당액 |
|---|---|
| (주)A | |
| (주)B | |

### 해답

| 구 분 | 의제배당액 |
|---|---|
| (주)A | ₩16,720,000 |
| (주)B | ₩3,800,000 |

[계산근거]

1. (주)A

$$6,000주 \times 20\% \times ₩15,000 - \left(1,000주 \times ₩0 + 200주 \times \frac{3,000주 \times ₩10,000 + 2,000주 \times ₩1,000}{3,000주 + 2,000주}\right) = ₩16,720,000$$

2. (주)B

　(1) 본래의 지분비율에 따른 무상주취득분

$$800주^{*1} \times \frac{₩2,000,000 + ₩4,000,000 + ₩8,000,000}{₩20,000,000} \times ₩5,000 = \qquad ₩2,800,000$$

　(2) (주)B 자기주식보유분에 대한 무상주취득분

$$200주^{*2} \times ₩5,000 = \qquad 1,000,000$$

　　　　　　　　　　　계　　　　　　　　　　₩3,800,000

*1. ₩20,000,000 ÷ ₩5,000 × 20% = 800주
 2. 1,000주 − 800주 = 200주

CHAPTER 4

# 손금 I
(세금과 공과금, 인건비, 퇴직급여충당금)

# 업무용승용차 관련비용

다음은 제조업을 영위하는 (주)독도(지주회사 아님)의 제16기 사업연도(20×7년 1월 1일 ~ 20×7년 12월 31일) 법인세신고 관련자료이다.

1. (주)독도가 장기투자목적으로 취득한 주식의 내역은 다음과 같다.

   | 피투자회사 | 지분율 | 취득일 | 주식수(주당취득가액) |
   |---|---|---|---|
   | (주)금강(상장) | 10% | 20×7. 1. 10 | 800주(₩20,000) |
   | (주)설악(비상장) | 70% | 20×7. 1. 15 | 900주(₩30,000) |

2. (주)독도는 (주)금강으로부터 무상주 100주(1주당 액면가액 ₩5,000, 배정기준일 20×7년 5월 4일)를 교부받았다. 무상주는 재평가세가 1% 과세된 재평가적립금 ₩5,000,000을 자본에 전입하여 발행된 것이다.

3. (주)독도는 (주)설악으로부터 무상주 300주(1주당 액면가액 ₩5,000, 배정기준일 20×7년 3월 2일)를 교부받았다. 동 무상주 중 60%는 자기주식처분이익을, 40%는 주식발행초과금을 자본에 전입하여 발행된 것이다.

4. (주)독도는 제16기 사업연도에 노동조합전임자 B에게 ₩50,000,000의 급여를 지급하였고, 이를 손익계산서에 비용으로 계상하였다. (주)독도가 B에게 지급한 급여는 노동조합 및 노동관계조정법 위반에 해당한다.

5. (주)독도는 20×7년 1월 1일에 개별소비세 과세대상인 업무용승용차A(배기량 3,000cc) 1대를 ₩100,000,000에 구입하였다. (주)독도가 제16기 손익계산서에 계상한 감가상각비는 ₩15,000,000이며, 차량유지비는 ₩10,000,000이다. 해당 차량에 대하여 총무부에서 관리하고 있는 내용은 다음과 같다.

   ① 사용자: 대표이사
   ② 업무전용자동차보험 가입
   ③ 운행기록 미작성

6. (주)독도는 리스회사인 (주)B로부터 제17기 초에 운용리스(리스기간 3년)로 임원전용 업무용승용차B를 임차하였다.

   ① 제17기 사업연도에 발생한 업무용승용차 관련비용은 다음과 같다.

   | 항목 | 금액 |
   |---|---|
   | - 리스료 | ₩30,000,000* |
   | - 기타유지비 | 3,000,000 |
   | 계 | ₩33,000,000 |

   * 상기 리스료에는 자동차보험료 ₩3,000,000, 자동차세 ₩2,000,000, 수선유지비 ₩1,750,000이 포함되어 있음

② 제17기 사업연도 운행기록: 총 주행거리 2,000km, 업무용 사용거리 15,000km

7. (주)독도는 차입금 및 지급이자가 없으며, 무상주 수령과 관련하여 회계처리를 하지 않았다.

▶ **요구사항**

1. 제16기 세무조정 및 소득처분을 다음의 [답안양식]에 따라 제시하시오.

[답안양식]

| 익금산입 및 손금불산입 | | | 손금산입 및 익금불산입 | | |
|---|---|---|---|---|---|
| 과 목 | 금 액 | 처 분 | 과 목 | 금 액 | 처 분 |

2. (주)독도가 업무용승용차A를 제17기 초에 ₩60,000,000에 처분한 경우 세무조정 및 소득처분을 제시하시오. 단, [요구사항1]의 [답안양식]을 참조할 것.

▶ **해답**

[요구사항1]

| 익금산입 및 손금불산입 | | | 손금산입 및 익금불산입 | | |
|---|---|---|---|---|---|
| 과 목 | 금 액 | 처 분 | 과 목 | 금 액 | 처 분 |
| 투자주식(금강) | ₩500,000 | 유 보 | 수입배당금 | ₩150,000 | 기 타 |
| 투자주식(설악) | 900,000 | 유 보 | 감가상각누계액 | 5,000,000 | 유 보 |
| 노조전임자 급여 | 50,000,000 | 상 여 | | | |
| 차량유지비 | 15,000,000 | 상 여 | | | |
| 감가상각누계액 | 2,000,000 | 유 보 | | | |
| 차량유지비 | 8,250,000 | 상 여 | | | |
| 차량유지비 | 9,437,500 | 기타사외유출 | | | |

[계산근거]

1. 무상주의제배당(금강): 100주×₩5,000=₩500,000

2. 수입배당금익금불산입(금강): ₩500,000×30%=₩150,000

3. 무상주의제배당(설악): 300주×60%×₩5,000=₩900,000

4. 수입배당금익금불산입(설악): 배당기준일 현재 3개월 미만 보유 주식에서 발생한 배당액이므로 익금불산입규정을 적용하지 아니한다.

5. 노조전임자급여: 법을 위반하여 노동조합 전임자에게 지급한 급여는 손금으로 인정되지 않는다.

6. 업무용승용차 A

(1) 감가상각시부인

　　① 회사계상액: ₩15,000,000

　　② 상각범위액: ₩100,000,000÷5년=₩20,000,000

　　③ 세무조정: 〈손금산입〉　　감가상각누계액　　₩5,000,000(△유보)

(2) 업무미사용금액 손금불산입

　　① 업무용승용차 관련비용: ₩20,000,000+₩10,000,000=₩30,000,000

　　② 업무사용비율: ₩15,000,000÷₩30,000,000=50%

　　③ 손금불산입액: ₩30,000,000×(1-50%)=₩15,000,000

　　④ 세무조정: 〈익금산입〉　　차량유지비　　₩15,000,000(상여)

(3) 업무사용 감가상각비 중 800만원 초과분 손금불산입

　　① 손금불산입액: ₩20,000,000×50%-₩8,000,000= ₩2,000,000

　　② 세무조정: 〈익금산입〉　　감가상각누계액　　₩2,000,000(유보)

7. 업무용승용차 B

(1) 업무미사용금액 손금불산입

　　① 손금불산입액: ₩33,000,000×25%=₩8,250,000

　　② 세무조정: 〈익금산입〉 차량유지비　₩8,250,000(상여)

(2) 업무사용 차량유지비 손금불산입

　　① 손금불산입액: (₩33,000,000-₩6,750,000)×75%-₩8,000,000=₩9,437,500

　　　*시설대여업자로부터 임차한 승용차의 임차료에서 보험료, 자동차세, 수선유지비를 차감한 금액을 감가상각비 상담액으로 봄

　　② 세무조정: 〈익금산입〉 차량유지비 ₩9,437,500(기타사외유출)

[요구사항2]

| 익금산입 및 손금불산입 | | | 손금산입 및 익금불산입 | | |
|---|---|---|---|---|---|
| 과　목 | 금　액 | 처　분 | 과　목 | 금　액 | 처　분 |
| 감가상각누계액 | 3,000,000 | 유 보 | | | |
| 차량처분손실 | 14,000,000 | 기타사외유출 | | | |

[계산근거]

(1) 처분시 유보추인

　① 유보(△유보) 잔액 : △₩5,000,000+₩2,000,000=△₩3,000,000

　② 세무조정 : 〈익금산입〉 감가상각누계액　　₩3,000,000(유보)

(2) 처분손실 추가조정

　① 법인세법상 처분손실 : 기업회계상 처분손실 (25,000,000)+처분시 유보 추인 ₩3,000,000
　　　　　　　　= (22,000,000)

　② 손금불산입액 : ₩22,000,000−₩8,000,000 = ₩14,000,000

　③ 세무조정 : 〈익금산입〉 차량처분손실　　₩14,000,000(기타사외유출)

▼ 해설

제 17기초 차량처분시 익금산입된 차량처분손실 ₩14,000,000은 제18기에 〈손금산입〉 차량처분손실 ₩8,000,000(기타), 제19기에 〈손금산입〉 차량처분손실 ₩6,000,000(기타)으로 조정된다.

# 세금과 공과금

다음은 (주)웅지의 제7기 사업연도(1. 1. ~ 12. 31.) 손익계산서에 계상된 세금과공과금계정의 내역이다.

| 내 역 | 금 액 |
|---|---|
| (1) 인지세 | ₩1,000,000 |
| (2) 주민세 균등분 | 1,500,000 |
| (3) 주민세 재산분 | 2,000,000 |
| (4) 비업무용토지에 대한 재산세 | 4,000,000 |
| (5) 부가가치세 매입세액 | |
| ① 세금계산서 부실기재분 매입세액 | 700,000 |
| ② 영수증수취분 매입세액 | 500,000 |
| ③ 접대비관련 매입세액 | 2,000,000 |
| (6) 증자관련 등록면허세 | 1,000,000 |
| (7) 폐기물처리부담금 | 1,000,000 |
| (8) 폐수배출부담금 | 1,800,000 |
| (9) 교통사고벌과금(업무와 관련된 것임) | 500,000 |
| (10) 교통유발부담금 | 800,000 |
| (11) 산재보험료가산금 | 700,000 |
| (12) 산재보험료연체금 | 1,200,000 |
| (13) 중소기업중앙회(특별회비 ₩500,000 포함) | 2,000,000 |
| (14) 동업자조합(법인)협회비(특별회비 ₩300,000 포함) | 1,000,000 |

### 요구사항

(주)웅지의 제7기 사업연도 세금과 공과금에 대한 손금불산입액은 얼마인가?

| 세금과 공과금 손금불산입액 | ₩9,600,000 |
|---|---|

[계산근거]

| 항 목 | 세무조정 | 근 거 |
|---|---|---|
| (1) 인지세 | – | 인지세, 주민세 균등분, 주민세 재산분, 자동차세 등은 전액 손금으로 인정되는 조세이다. |
| (2) 주민세 균등분 | – | |
| (3) 주민세 재산분 | – | |
| (4) 비업무용토지에 대한 재산세 | 손금불산입 ₩4,000,000 (기타사외유출) | 업무무관자산에 대한 유지·관리비용이므로 손금불산입항목이다. |
| (5) 부가가치세 매입세액 | | |
| ① 세금계산서 부실기재분 매입세액 | 손금불산입 ₩700,000 (기타사외유출) | 불공제매입세액이면서 손금불산입항목이다. |
| ② 영수증수취분 매입세액 | – | 불공제매입세액이나 손금항목이다. |
| ③ 접대비관련 매입세액 | – | 불공제매입세액이나 손금항목이다. 단, 접대비한도규정에 대한 제재는 받는다. |
| (6) 증자관련 등록면허세 | 손금불산입 ₩1,000,000 (기타사외유출) | 신주발행비로서 주식발행가액에서 차감하므로 손금불산입항목이다. |
| (7) 폐기물처리부담금 | – | 공과금으로서 손금항목이다. |
| (8) 폐수배출부담금 | 손금불산입 ₩1,800,000 (기타사외유출) | 법령에 의한 의무불이행에 대한 것이므로 손금불산입항목이다. |
| (9) 교통사고벌과금 | 손금불산입 ₩500,000 (기타사외유출) | 벌과금이므로 손금불산입항목이다. |
| (10) 교통유발부담금 | – | 공과금으로서 손금항목이다. |
| (11) 산재보험료가산금 | 손금불산입 ₩700,000 (기타사외유출) | 벌과금이므로 손금불산입항목이다. |
| (12) 산재보험료연체금 | – | 벌과금에 해당하지 않으므로 손금항목이다. |
| (13) 중소기업중앙회비 | 손금불산입 ₩500,000 (기타사외유출) | 일반회비는 전액 손금으로 인정되지만 특별회비는 비지정기부금이므로 손금불산입항목이다. |
| (14) 동업자조합(법인)협회비 | 손금불산입 ₩300,000 (기타사외유출) | |

## 03 인건비

다음은 (주)웅지의 제7기 사업연도(1. 1. ~ 12. 31.) 손익계산서에 계상된 인건비의 내역이다. (주)웅지의 제7기 사업연도 인건비에 대한 세무조정을 하시오.

| 구 분 | 급 여 | 상 여 금 | 복리후생비 | 주식보상비용 |
|---|---|---|---|---|
| 대표이사 | ₩80,000,000 | ₩50,000,000 | ₩5,000,000 | ₩20,000,000 |
| 전무이사 | 70,000,000 | 30,000,000 | 3,000,000 | 10,000,000 |
| 상무이사 | 30,000,000 | 10,000,000 | 1,500,000 | 5,000,000 |
| 사외이사 | 50,000,000 | - | - | 3,000,000 |
| 감 사 | 50,000,000 | 30,000,000 | 1,000,000 | 2,000,000 |
| 기타사용인 | 370,000,000 | 120,000,000 | 20,000,000 | 10,000,000 |
| 계 | ₩650,000,000 | ₩240,000,000 | ₩30,500,000 | ₩50,000,000 |

[추가자료]

1. 사외이사의 적정한 급여수준은 ₩30,000,000으로 판단되며 기타사용인 중 지배주주와 특수관계에 있는 A씨는 동일 직위의 다른 사용인보다 정당한 사유없이 급여 ₩10,000,000과 상여금 ₩4,000,000을 추가로 지급받았다.

2. (1) 이사회결의에 의한 급여규정에 의하여 임원과 사용인의 상여금은 급여의 30%를 지급하기로 되어 있다.

   (2) (주)웅지의 제7기 사업연도 이익잉여금처분계산서(처분예정일:제8기 2. 25)에 의하면 다음과 같이 이익처분에 의한 성과급을 지급하기로 되어 있다.

| 내 용 | 금 액 임 원 | 사 용 인 |
|---|---|---|
| ① 사전서면약정에 의한 성과배분상여금 | ₩10,000,000 | ₩25,000,000 |
| ② 우리사주조합을 통하여 자기주식으로 지급하는 성과급 | - | 10,000,000 |
| ③ 주식매수선택권의 행사로 인한 주가차액보상액 | 5,000,000 | 15,000,000 |
| 계 | ₩15,000,000 | ₩50,000,000 |

3. (1) 대표이사에 지급된 복리후생비 중 ₩3,000,000은 대표이사 자녀의 결혼축의금이다. 단, 사회통념상 타당한 범위의 금액은 ₩1,000,000으로 판단된다.

   (2) 나머지 복리후생비는 우리사주조합의 운영비와 건강보험료·고용보험료의 회사부담분이다.

4. 임원에게 부여한 주식선택권은 주식결제형으로서 권리행사가능일은 20×9년 이후이며, 기타사용인에게 부여한 주식선택권은 현금결제형으로서 권리행사가능일은 20×8년 이후이다.

**해답**

| ⟨손금불산입⟩ | 비상근임원 보수 | ₩20,000,000 (상여) |
|---|---|---|
| ⟨손금불산입⟩ | 지배주주임직원 보수 | 14,000,000 (상여) |
| ⟨손금불산입⟩ | 임원상여금 한도초과액 | 51,000,000 (상여) |
| ⟨손금산입⟩ | 대표이사 결혼축의금 | 2,000,000 (상여) |
| ⟨손금불산입⟩ | 주식결제형 주식선택권 | 40,000,000 (기타) |
| ⟨손금불산입⟩ | 현금결제형 주식선택권 | 10,000,000 (△유보) |

[계산근거]

임원상여금 한도초과액

| 대표이사: ₩50,000,000−₩80,000,000×30%= | ₩26,000,000 |
|---|---|
| 전무이사: ₩30,000,000−₩70,000,000×30%= | 9,000,000 |
| 상무이사: ₩10,000,000−₩30,000,000×30%= | 1,000,000 |
| 감　　사: ₩30,000,000−₩50,000,000×30%= | 15,000,000 |
| 계 | ₩51,000,000 |

**해설**

1. 이익처분에 의한 상여금은 손금에 산입할 수 없다.

2. 복리후생비

    (1) 사회통념상 범위를 초과하여 지급한 결혼축의금 ₩2,000,000(₩3,000,000−₩1,000,000)은 손금불산입하고 상여로 소득처분한다.

    (2) 우리사주조합운영비와 건강보험료·고용보험료의 회사부담분은 법정복리후생비이므로 손금에 산입된다.

3. 주식선택권은 법인세법상 행사시 손금으로 인정된다. 따라서 다음과 같이 세무조정한다. (숫자는 저자가 임의로 제시한 금액임.)

(1) 주식결제형

| 구 분 | 회사장부 | 법인세법 | 세무조정 |
|---|---|---|---|
| 가득기간 | 주식보상비용 300<br>　　　주식선택권 300 | – | 〈익금산입〉 주식선택권<br>300(기타) |
| 행사시 | 현　금 700<br>주택선택권 300<br>　　　자 본 금 500<br>　　　주식발행초과금 500 | 현　금 700<br>주식보상비용 300<br>　　　자 본 금 500<br>　　　주식발행초과금 500 | 〈익금산입〉 주식선택권<br>300(기타) |

(2) 현금결제형

| 구 분 | 회사장부 | 법인세법 | 세무조정 |
|---|---|---|---|
| 가득기간 | 주식보상비용 300<br>　　　미지급비용 300 | – | 〈익금산입〉 주식선택권<br>300(기타) |
| 행사시 | 미지급비용 300<br>　　　현　금 300 | 주식보상비용 300<br>　　　현　금 300 | 〈손금산입〉 장기미지급비용<br>30(△유보) |

# 퇴직급여충당금

다음은 영리내국법인 (주)진리의 제7기 사업연도(1. 1. ~ 12. 31.)의 퇴직급여충당금에 관한 자료이다. 이 자료를 기초로 (주)진리의 제7기 사업연도의 세무조정(계산내역 포함)과 소득처분, 「자본금과 적립금조정명세서(을)」상 퇴직급여충당금의 증감 및 기말잔액을 다음의 양식에 따라 제시하시오.

[소득금액조정합계표]

| 구 분 | 조정내역 | 금 액 | 소득처분 |
|---|---|---|---|
| 손금불산입 | 임원상여금한도초과액 | ₩1,000 | 상 여 |

[자본금과 적립금조정명세서(을)]

| 과목 또는 사항 | 기초잔액 | 당기 중 증감 | | 기말잔액 |
|---|---|---|---|---|
| | | 감 소 | 증 가 | |
| 퇴직급여충당금 | ₩12,000,000 | | | |

[추가자료]

1. 당기말 현재 근무 중인 임원과 사용인에 대하여 비용으로 계상한 인건비는 다음과 같다.

| 구 분 | 1년 이상 계속근로자 | 1년 미만 근무자 | 합 계 |
|---|---|---|---|
| 임원 급여 및 상여금 | ₩150,000,000 | ₩50,000,000 | ₩200,000,000 |
| 사용인 급여 및 상여금 | 750,000,000 | 250,000,000 | 1,000,000,000 |
| 급여 및 상여금 계 | ₩900,000,000 | ₩300,000,000 | ₩1,200,000,000 |

(1) 1년 이상 계속 근무한 임원의 상여금에는 주주총회의 결의에 의하여 정해진 급여규정상 한도를 초과하여 지급한 금액 ₩10,000,000이 포함되어 있으며, 1년 이상 계속 근무한 사용인의 상여금에는 급여기준을 초과하여 지급한 금액 ₩6,000,000이 포함되어 있다.

(2) 1년 이상 계속 근무한 사용인의 상여금에는 연차수당 지급액 ₩8,000,000과 확정기여형 퇴직연금에 가입한 사용인에게 지급한 금액 ₩40,000,000이 포함되어 있다. 회사의 연차수당지급에 관한 규정에 의하면 직전연도 9월부터 당해연도 8월에 해당하는 연차수당을 당해연도 9월에 지급하도록 되어 있다.

(3) 1년 미만 근무한 사용인의 급여에는 「근로자퇴직급여보장법」에 의하여 퇴직금을 중간정산한 사용인(전체 근속기간은 1년 이상임)의 중간정산기준일 다음날부터 사업연도종료일까지의 급여액 ₩150,000,000이 포함되어 있다.

(4) (주)진리의 제7기 사업연도 이익잉여금처분계산서(처분예정일:제8기 2. 25)에 의하면 1년 이상 근무한 임원 및 사용인에 대하여 다음과 같이 이익처분에 의한 성과급을 지급하기로 되어 있다.

| 내 용 | 금 액 | |
|---|---|---|
| | 임 원 | 사 용 인 |
| ① 사전서면약정에 의한 성과배분상여금 | ₩10,000,000 | ₩25,000,000 |
| ② 우리사주조합을 통하여 자기주식으로 지급하는 성과급 | - | 10,000,000 |
| ③ 주식매수선택권의 행사로 인한 주가차액보상액 | 5,000,000 | 15,000,000 |
| 계 | ₩15,000,000 | ₩50,000,000 |

2. 퇴직급여충당금 관련자료는 다음과 같다.

(1) 재무상태표상 퇴직급여충당금 계정의 변동내역

퇴직급여충당금

| 퇴직급여충당금환입 | ₩12,000,000 | 전기이월 | ₩300,000,000 |
|---|---|---|---|
| 당기상계액 | 260,000,000 | 현금예금 | 30,000,000 |
| 차기이월 | 258,000,000 | 이익잉여금 | 13,000,000 |
| | | 당기설정액 | 187,000,000 |
| | ₩530,000,000 | | ₩530,000,000 |

(2) 퇴직급여충당금 기초잔액에는 세무상 한도초과 부인액 ₩12,000,000이 포함되어 있는데, 기중에 퇴직급여충당금 ₩12,000,000을 환입하여 영업외수익으로 회계처리하였다.

(3) 당해연도 1분기에 관계회사인 (주)정의로부터 일부 직원이 전입되면서 퇴직급여충당금 ₩30,000,000(부인액 ₩18,000,000 포함)을 현금으로 인계받았다. 회사는 (주)정의로부터 전입한 종업원에 대하여 근무시간을 통산하여 퇴직금을 지급하였다.

(4) 임원에 대해서는 이사회결의에 의하여 결정된 금액을 퇴직금으로 지급하고 있는데 당기 6월 20일에 퇴직한 상무이사에게 ₩12,000,000을 지급하고 퇴직급여충당금과 상계하였다. 상무이사의 근속연수는 6년 3개월 27일이며, 퇴직 전 1년간 급여총액은 ₩20,000,000이고 이 중 ₩5,000,000은 제6기 사업연도의 임원상여금한도초과액이다. 회사는 임원퇴직금에 대한 별도규정이 없다.

(5) 퇴직급여충당금상계액에는 당기에 연임된 전무이사에게 지급한 퇴직금 ₩22,000,000이 포함되어 있으며, 퇴사자 중 직원 일부가 회사의 구조조정과 관련하여 퇴직함에 따라 예상하지 못했던 ₩25,000,000의 명예퇴직금을 추가로 지급하고 이를 영업외비용으로 회계처리하였다.

(6) 퇴직급여충당금의 당기설정액 ₩187,000,000 중에는 전기의 퇴직급여충당금 과소설정액에 대하여 전기오류수정손실(기초이익잉여금에서 차감)로 처리한 금액 ₩13,000,000이 포함되어 있지 않는다.

(7) 당기말 현재 퇴직금추계액(일시퇴직기준과 보험수리기준 중 큰 금액)은 ₩1,800,000,000이며, 이 금액에는 1년 미만 근무한 중간정산퇴직자의 퇴직금추계액 ₩68,000,000이 포함되어 있다.

(8) 당기말 현재 재무상태표상 퇴직금전환금은 ₩9,000,000이다. 회사는 확정급여형 퇴직연금에 가입하고 있지 않으며 회사의 퇴직급여지급규정에는 1년 이상 근속자에게 퇴직급여를 지급하도록 하고 있다.

(9) 회사는 무차입 경영을 하고 있다.

### ▼ 해답

1. 소득금액조정합계표

| 구 분 | 조정내역 | 금 액 | 소득처분 |
|---|---|---|---|
| 익금산입 | 임원상여금한도초과액 | ₩10,000,000 | 상 여 |
| 손금산입 | 전기 퇴직급여충당금부인액 환입 | 12,000,000 | △유보 |
| 손금산입 | 퇴직급여충당금 | 2,625,000 | △유보 |
| 익금산입 | 임원퇴직금 한도초과액 | 2,625,000 | 상 여 |
| 손금산입 | 퇴직급여충당금 | 22,000,000 | △유보 |
| 익금산입 | 업무무관가지급금 | 22,000,000 | 유 보 |
| 손금산입 | 전기오류수정손실 | 13,000,000 | 기 타 |
| 익금산입 | 퇴직급여충당금 한도초과액 | 200,000,000 | 유 보 |

[계산근거]

1. 임원퇴직금 한도초과액 : ₩12,000,000 − (₩20,000,000 − ₩5,000,000) × 10% × $6\dfrac{3}{12}$년$^*$ = ₩2,625,000

   *임원퇴직금 한도액계산시 1개월 미만의 기간은 근속연수에 산입하지 않음

2. 퇴직급여충당금 세무조정

   (1) 회사계상액 : ₩13,000,000 + ₩187,000,000 = ₩200,000,000

   (2) 한도액 : Min[①, ②] = ₩0

   ① 급여액기준 : (₩900,000,000 − ₩10,000,000 − ₩40,000,000 + ₩150,000,000) × 5%
      = ₩50,000,000

   ② 추계액기준 : Max[₩1,800,000,000 × 0% + ₩9,000,000 − (₩288,000,000 + ₩30,000,000
      − ₩9,375,000 − ₩226,000,000), 0] = ₩0

   ③ 한도초과액 : ₩200,000,000 − ₩0 = ₩200,000,000

2. 자본금과 적립금조정명세서(을)

| 과목 또는 사항 | 기초잔액 | 당기 중 증감 | | 기말잔액 |
|---|---|---|---|---|
| | | 감소 | 증가 | |
| 기초퇴직급여충당금부인액 | ₩12,000,000 | | | |
| 기초퇴직급여충당금부인액 환입 | | ₩12,000,000 | | |
| 임원퇴직금 한도초과액 | | | △₩2,625,000 | △₩2,625,000 |
| 연임임원 퇴직금 | | | △22,000,000 | △22,000,000 |
| 당기퇴직급여충당금한도초과액 | | | 200,000,000 | 200,000,000 |
| 퇴직급여충당금 | ₩12,000,000 | ₩12,000,000 | ₩175,375,000 | ₩175,375,000 |

▼ 해설

1. 인건비
    (1) 임원의 상여금한도초과액은 손금불산입항목이지만, 사용인의 상여금한도초과액은 손금항목이다.
    (2) 연차수당의 지급대상기간이 2개 사업연도에 걸쳐 있는 경우에는 당해 사업연도에 지급의무가 확정된 연차수당을 퇴직급여충당금 한도액 계산시 총급여액에 포함한다.
    (3) 확정기여형 퇴직연금에 가입한 종업원에게 지급한 급여액은 퇴직급여충당금 한도액 계산시 총급여액에서 제외한다.
    (4) 퇴직금의 중간정산일 이후 근속기간이 1년 미만인 경우에도 전체 근속기간이 1년 이상인 사용인은 퇴직급여지급대상자이므로 중간정산일 다음날부터 사업연도종료일까지의 급여를 퇴직급여충당금한도액 계산시 총급여액에 포함하고 중간정산자의 퇴직금추계액을 퇴직금추계액에 포함한다.
    (5) 이익처분에 의한 상여금은 손금에 산입되지 않는다.

2. 퇴직급여충당금
    (1) 퇴직급여충당금환입시 해당 금액은 부당환입액으로 보므로 퇴직급여충당금환입액을 익금불산입(△유보)한다.
    (2) 관계회사로부터 전입된 종업원에 대한 퇴직급여충당금승계액은 기초잔액에 가산하지만 퇴직급여충당금부인액은 승계되지 않는다. 관계회사로부터 직원 전입시 퇴직급여충당금을 승계하였으므로 (주)진리가 근무기간을 통산하여 퇴직금을 지급한 것은 적법하다.
    (3) 임원퇴직금은 정관 또는 정관에 위임된 규정에 의한 금액을 퇴직금한도액으로 하며, 그 외의 경우에는 법인세법상 손금한도식을 사용한다.
    (4) 임원이 연임된 경우에는 비현실적 퇴직에 해당하므로 전무이사에게 지급한 퇴직금은 업무무관가지급금이다.

(5) 구조조정과 관련하여 지급한 명예퇴직금은 지급한 사업연도의 비용으로 처리할 수 있다.

(6) 전기오류수정손실로 처리한 퇴직급여충당금증가액은 당기설정액으로 보므로 손금산입(기타)한다.

3. 회계처리비교

| 회사장부 | 법인세법 | 세무조정 |
|---|---|---|
| 기초 퇴직급여충당금  300,000,000 | 기초 퇴직급여충당금  288,000,000 | 유보잔액  12,000,000 |
| ① 퇴직급여충당금 환입시 | | |
|    퇴직급여충당금  12,000,000 | — | 〈손금산입〉퇴직급여충당금 |
|       영업외수익  12,000,000 | | 12,000,000(△유보) |
| ② 관계회사직원 전입시 | | |
|    현　　금  30,000,000 | 현　　금  30,000,000 | |
|       퇴직급여충당금  30,000,000 |    퇴직급여충당금  30,000,000 | |
| ③ 상무이사 퇴직금지급시 | | |
|    퇴직급여충당금  12,000,000 | 퇴직급여충당금  9,375,000 | 〈손금산입〉퇴직급여충당금 |
|       현　　금  12,000,000 | 사외유출  2,625,000 | 2,625,000(△유보) |
| |    현　　금  12,000,000 | 〈익금산입〉임원퇴직금 |
| | | 2,625,000(상여) |
| ④ 전무이사 퇴직금지급시 | | |
|    퇴직급여충당금  22,000,000 | 업무무관가지급금  22,000,000 | 〈손금산입〉퇴직급여충당금 |
|       현　　금  22,000,000 |    현　　금  22,000,000 | 22,000,000(△유보) |
| ⑤ 기타 퇴직금지급시 | | |
|    퇴직급여충당금 226,000,000 | 퇴직급여충당금 226,000,000 | 〈익금산입〉업무무관가지급금 |
|       현　　금 226,000,000 |    현　　금 226,000,000 | 22,000,000(유보) |
| ⑥ 전기오류수정손실 | | |
|    이익잉여금  13,000,000 | | 〈손금산입〉이익잉여금 |
|       퇴직급여충당금  13,000,000 | | 13,000,000(기타) |
| | | 〈손금불산입〉 |
| | | 13,000,000(유보) |
| ⑦ 기말결산시 | | |
|    퇴직급여  187,000,000 | 퇴직급여  0 | 〈익금산입〉퇴직급여충당금 |
|       퇴직급여충당금 187,000,000 |    퇴직급여충당금  0 | 187,000,000(유보) |
| 기말 퇴직급여충당금  258,000,000 | 기말 퇴직급여충당금  82,625,000 | 유보잔액  175,375,000 |

# 퇴직연금충당금

다음은 확정급여형 퇴직연금제도를 운용하고 있는 (주)웅지의 제7기 사업연도(1. 1. ~ 12. 31.) 퇴직급여충당금에 대한 세무조정자료이다.

1. 퇴직급여충당금 총급여액기준한도액은 ₩30,000,000이고, 퇴직금추계액은 일시퇴직기준에 의한 경우 ₩200,000,000, 보험수리기준에 의한 경우 ₩180,000,000이다.

2. (1) 퇴직급여충당금의 계정내역은 다음과 같다.

퇴직급여충당금

| 당기감소 | 25,000,000 | 기초잔액 | 80,000,000 |
|---|---|---|---|
| 기말잔액 | 200,000,000 | 당기증가 | 145,000,000 |
| | 225,000,000 | | 225,000,000 |

\*기초잔액 중에는 전기에 한도초과로 부인된 금액 ₩69,000,000이 포함되어 있다.

(2) 당기에 퇴직한 종업원에게 퇴직금 ₩25,000,000이 확정되었는데, 이 중 회사가 지급한 금액은 ₩5,000,000이고 잔액은 금융회사에 지급요청을 하여 지급되었다. 회사는 이를 다음과 같이 회계처리 하였다.

(차) 퇴직급여충당금　　25,000,000　　(대) ┌ 퇴직연금운용자산　20,000,000
　　　　　　　　　　　　　　　　　　　　　　└ 현　　　　금　　　5,000,000

3. (1) 기초 퇴직연금운용자산은 ₩69,000,000이고 당기에 퇴직한 종업원에 대한 금융회사 지급분은 ₩20,000,000이며 당기에 불입한 퇴직연금기여금은 ₩30,000,000이다.

(2) 회사는 신고조정에 의하여 퇴직연금충당금을 설정하고 있으며, 전기말까지 신고조정에 의해 손금산입된 금액은 ₩69,000,000이다.

▼ 요구사항

1. 제7기 퇴직금지급, 퇴직급여충당금 및 퇴직연금충당금에 관한 세무조정 및 소득처분을 다음의 [답안양식]에 따라 제시하시오.

[답안양식]

| 익금산입 및 손금불산입 | | | 손금산입 및 익금불산입 | | |
|---|---|---|---|---|---|
| 과 목 | 금 액 | 처 분 | 과 목 | 금 액 | 처 분 |

2. 퇴직급여충당금 및 퇴직연금충당금과 관련된 자본금과 적립금조정명세서(을)를 다음의 [답안양식]에 따라 제시하시오.

[답안양식]

| 과 목 | 기 초 | 당기중 증감 | | 처 분 |
|---|---|---|---|---|
| | | 감 소 | 증 가 | |

[요구사항1]

| 익금산입 및 손금불산입 | | | 손금산입 및 익금불산입 | | |
|---|---|---|---|---|---|
| 과 목 | 금 액 | 처 분 | 과 목 | 금 액 | 처 분 |
| 퇴직연금충당금 | ₩20,000,000 | 유 보 | 퇴직급여충당금 | ₩20,000,000 | 유 보 |
| 퇴직급여충당금 | 145,000,000 | 유 보 | 퇴직연금충당금 | 30,000,000 | 유 보 |

[계산근거]

1. 퇴직급여충당금

   (1) 회사계상액: ₩145,000,000

   (2) 한도액: Min[①, ②]=₩0

   ① 총급여액기준: ₩30,000,000

   ② 추계액기준: Max[₩200,000,000×0%−₩6,000,000*, 0]=₩0

   *(₩80,000,000−₩69,000,000)−(₩25,000,000−₩20,000,000)=₩6,000,000

2. 퇴직연금충당금

   (1) 한도액: Min[①, ②]=₩30,000,000

   ① 추계액기준: (₩200,000,000*1−₩6,000,000*2)−₩49,000,000*3=₩145,000,000

   *1. 퇴직금 추계액:Max[₩200,000,000, ₩180,000,000]=₩200,000,000

   2. 세법상 퇴직급여충당금잔액:₩200,000,000−(₩69,000,000−₩20,000,000+₩145,000,000)= ₩6,000,000

3. 퇴직연금충당금설정전잔액: ₩69,000,000 - ₩20,000,000 = ₩49,000,000

② 예치금기준: ₩79,000,000* - ₩49,000,000 = ₩30,000,000

*₩69,000,000 - ₩20,000,000 + ₩30,000,000 = ₩79,000,000

(2) 세무조정: 〈손금산입〉 퇴직연금충당금 30,000,000(△유보)

[요구사항2]

| 과 목 | 기 초 | 당기중 증감 | | 처 분 |
| --- | --- | --- | --- | --- |
| | | 감 소 | 증 가 | |
| 퇴직연금충당금 | ₩69,000,000 | ₩20,000,000 | ₩145,000,000 | ₩194,000,000 |
| 퇴직연금충당금 | △69,000,000 | △20,000,000 | △30,000,000 | △79,000,000 |

### 해설

| 회사장부 | 법인세법 | 세무조정 |
| --- | --- | --- |
| 기초 퇴직급여충당금 80,000,000 | 기초 퇴직급여충당금 11,000,000 | 유보잔액 69,000,000 |
| | 기초 퇴직연금충당금 69,000,000 | △유보잔액 69,000,000 |

① 퇴직금지급시

| 회사장부 | 법인세법 | 세무조정 |
| --- | --- | --- |
| 퇴직급여충당금 25,000,000 | 퇴직급여충당금 5,000,000 | 〈손금산입〉 퇴직급여충당금 |
|   현 금 5,000,000 | 퇴직연금충당금 20,000,000 | 20,000,000(△유보) |
|   퇴직연금운용자산 20,000,000 |   현 금 5,000,000 | 〈손금불산입〉 퇴직연금충당금 |
| |   퇴직연금운용자산 20,000,000 | 20,000,000(유보) |

② 퇴직연금예치시

| 회사장부 | 법인세법 | 세무조정 |
| --- | --- | --- |
| 퇴직연금운용자산 30,000,000 | 퇴직연금운용자산 30,000,000 | - |
|   현 금 30,000,000 |   현 금 30,000,000 | |

③ 기말결산시

| 회사장부 | 법인세법 | 세무조정 |
| --- | --- | --- |
| 퇴직급여 145,000,000 | 퇴직급여 0 | 〈손금불산입〉 퇴직급여충당금 |
|   퇴직급여충당금 145,000,000 |   퇴직급여충당금 0 | 145,000,000(유보) |
| | 퇴직연금급여 30,000,000 | 〈손금산입〉 퇴직연금충당금 |
| |   퇴직연금충당금 30,000,000 | 30,000,000(△유보) |
| 기말 퇴직급여충당금 200,000,000 | 기말 퇴직급여충당금 6,000,000 | 유보잔액 194,000,000 |
| | 기말 퇴직연금충당금 79,000,000 | △유보잔액 79,000,000 |

## Question 06. 업무용승용차 관련비용 ■2017 CPA

다음은 제조업을 영위하는 한국채택국제회계기준 적용기업 (주)세계 (중소·중견기업 아님)의 제7기 사업연도 (20×7년 1월 1일 ~ 20×7년 12월 31일)의 법인세신고 관련자료이다.

1. 회사는 20×6년 1월 1일에 임직원 사용목적의 업무용승용차 D와 E를 취득하였으며, 제6기 관련비용은 다음과 같다.

(단위 : 원)

| 구 분 | 업무용승용차 D | 업무용승용차 E |
|---|---|---|
| 취득가액 | ₩100,000,000 | ₩20,000,000 |
| 감가상각비 | 20,000,000 | 6,000,000 |
| 기타 관련비용 | 2,000,000 | 1,000,000 |

2. 기타 관련비용은 유류비, 보험료, 수선비, 자동차세, 통행료의 합계금액이다.
3. 회사는 업무전용자동차보험에 가입하였다.
4. 회사는 업무용승용차 D에 대해서만 운행기록을 작성·비치하였으며, 운행기록부상 확인된 업무용승용차 D의 업무사용비율은 100%이다.
5. 회사는 20×7년 1월 1일에 업무용승용차 D와 E를 매각하고 다음과 같이 회계처리하였다.

| (차) | 감가상각누계액 | 20,000,000 | (대) | 차량운반구(D) | 100,000,000 |
|---|---|---|---|---|---|
| | 현　　금 | 50,000,000 | | | |
| | 유형자산처분손실 | 30,000,000 | | | |
| (차) | 감가상각누계액 | 6,000,000 | (대) | 차량운반구(E) | 20,000,000 |
| | 현　　금 | 10,000,000 | | | |
| | 유형자산처분손실 | 4,000,000 | | | |

6. 전기 이전의 세무조정은 적법하며, 세부담 최소화를 가정한다.

### 요구사항

회사가 업무용승용차 D, E의 매각과 관련하여 제7기에 하여야 할 세무조정 및 소득처분을 다음의 [답안양식]에 따라 제시하시오.

[답안양식]

| 익금산입 및 손금불산입 | | | 손금산입 및 익금불산입 | | |
|---|---|---|---|---|---|
| 과 목 | 금 액 | 소득처분 | 과 목 | 금 액 | 소득처분 |

**해답**

| 익금산입 및 손금불산입 | | | 손금산입 및 익금불산입 | | |
|---|---|---|---|---|---|
| 과 목 | 금 액 | 소득처분 | 과 목 | 금 액 | 소득처분 |
| 승용차(D)처분손실 | ₩34,000,000 | 기타사외유출 | 감가상각누계액(D) | ₩12,000,000 | 유보 |
| | | | 감가상각누계액(E) | 2,000,000 | 유보 |

[계산근거]

1. 업무용승용차D

    [제6기]

    (1) 감가상각비시부인

    ① 회사계상액: ₩20,000,000

    ② 상각범위액: ₩100,000,000÷5년=₩20,000,000

    ③ 시 부 인 액: ₩0

    (2) 업무미사용금액 손금불산입: 없음.

    (3) 업무사용 감가상각비 손금불산입

    〈손금불산입액〉: ₩20,000,000−₩8,000,000=₩12,000,000(유보)

    [제7기]

    (1) 전기말 유보추인: 〈손금산입〉 감가상각누계액 ₩12,000,000(△유보)

    (2) 처분손실 손금불산입

    ① 손금불산입액: (₩30,000,000+₩12,000,000)−₩8,000,000=₩34,000,000

    ② 세무조정: 〈손금불산입〉   차량처분손실   ₩34,000,000(기타사외유출)

2. 업무용승용차E

    [제6기]

    (1) 감가상각비시부인

    ① 회사계상액: ₩6,000,000

    ② 상각범위액: ₩20,000,000÷5년=₩4,000,000

③ 세금조정: 〈손금불산입〉　　감가상각누계액　　₩2,000,000(유보)

(2) 업무미사용금액 손금불산입: 없음.

　　* 업무용승용차 관련비용이 1,500만원 이하이므로 업무사용비율은 100%임.

(3) 업무사용 감가상각비 손금불산입: 없음.

[제7기]

(1) 전기말 유보추인: 〈손금산입〉 감가상각누계액 ₩2,000,000(△유보)

(2) 처분손실 손금불산입: 없음.

# 주식선택권 ■2017. 세무사

다음을 제조업을 영위하는 영리내국 상장법인으로서 중소기업이 아닌 (주)한국의 제7기 사업연도 (20×7. 1. 1. ~ 20×7. 12. 31.) 주식선택권 등에 관한 세무조정을 위한 자료이다. 전기까지 세무조정은 적법하게 이루어졌다고 가정한다.

1. (주)한국은 20×6. 1. 1. 영업부서 임직원 100명에게 1인당 100개의 현금결제형 주가차액보상권을 부여하였으며, 관련내용은 다음과 같다.

   (1) 부여된 주가차액보상권은 권리부여일로부터 2년간 근로용역제공을 전제로 약정된 시기에 권리행사시점의 (주)한국주식의 시가와 행사가격(₩3,000)의 차액을 현금으로 보상받을 수 있으며, 해당 임직원은 20×7년말부터 향후 2년간 부여된 권리를 행사할 수 있다.

   (2) 20×7. 12. 31. 당초 부여된 주가차액보상권의 40%인 4,000개의 권리가 행사되었다.

   (3) (주)한국은 부여한 주가차액보상권과 관련하여 한국채택국제회계기준에 따라 회계처리하고 있으며 20×7. 12. 31. 다음과 같이 회계처리 하였다.

   | (차) | 주식보상비용 | 8,500,000 | (대) | 장기미지급비용 | 8,500,000 |
   |---|---|---|---|---|---|
   | (차) | 장기미지급비용 | 4,800,000 | (대) | 현 금 | 4,000,000 |
   | | | | | 주식보상비용 | 800,000 |

2. (주)한국은 20×5. 1. 1. 생산부서 임직원 50명에게 1인당 100개의 주식선택권을 부여하였으며, 관련내용은 다음과 같다.

   (1) 부여된 주식선택권은 권리무여일로부터 2년간 근로용역제공을 전제로 약정된 시기에 (주)한국의 주식을 행사가격(₩3,000)에 매수할 수 있는 것이며, 해당 임직원은 20×7년 초부터 향후 3년간 부여된 권리를 행사할 수 있다.

   (2) 20×7. 12. 31. 당초 부여된 주식선택권 전부인 5,000개의 권리가 행사되었다.

   (3) (주)한국은 부여한 주식선택권과 관련하여 한국채택국제회계기준에 따라 회계처리하고 있으며, 권리부여일 현재 주식선택권의 단위당 공정가치는 ₩240이다.

   (4) (주)한국은 20×7. 12. 31. 주식선택권과 관련하여 다음과 같이 회계처리하였다.

   | (차) | 현 금 | 15,000,000 | (대) | 자 본 금 | 5,000,000 |
   |---|---|---|---|---|---|
   | | 주식선택권 | 1,200,000 | | 주식발행초과금 | 11,200,000 |

3. 각 시점별 (주)한국주식의 1주당 시가와 부여된 주가차액보상권 및 주식선택권의 단위당 공정가치는 다음과 같다.

| 구 분 | 20×6. 1. 1. | 20×6. 12. 31 | 20×7. 12. 31 |
|---|---|---|---|
| 주식의 시가 | ₩3,000 | ₩3,600 | ₩4,000 |
| 주가차액보상권의 공정가치 | 200 | 17,000 | 12,000 |

4. 주가차액보상권 또는 주식선택권을 부여받은 한국의 모든 임직원은 20×7. 12. 31.까지 계속 근무하였고, 부여한 주식선택권 등은 세법에서 정하는 손금산입요건을 충족한다.

▼ 요구사항

(주)한국의 제 7기 사업연도 세무조정을 다음의 [답안양식]에 따라 수행하시오.

[답안양식]

| 조정유형 | 과 목 | 금 액 | 소득처분 |
|---|---|---|---|
| 익금산입 | 토지 A | ××× | 유보 |
| 손금산입 | 토지 B | ××× | △유보 |

▼ 해답

| 조정유형 | 과 목 | 금 액 | 소득처분 |
|---|---|---|---|
| 익금산입 | 장기미지급비용 | ₩3,700,000 | 유보 |
| 손금산입 | 주식선택권 | 800,000 | 기타 |

[계산근거]

1. 현금결제형

   법인세법: (차) 주식보상비용    4,000,000    (대) 현 금    4,000,000

2. 주식결제형

   법인세법: ① (차) 주식보상비용    1,200,000    (대) 주식선택권    1,200,000
   (20×7년)
        ② (차) ┌ 현 금    15,000,000    (대) ┌ 자 본 금    5,000,000
              └ 주식선택권    1,200,000        └ 주식발행초과금    11,200,000

   회사장부

     20×5년 (차) 주식보상비용    400,000    (대) 주식선택권    400,000
     20×6년 (차) 주식보상비용    400,000    (대) 주식선택권    400,000
     20×7년 (차) 주식보상비용    400,000    (대) 주식선택권    400,000
            (차) ┌ 현 금    15,000,000      ┌ 자 본 금    5,000,000
               └ 주식선택권    1,200,000      └ 주식발행초과금    11,200,000

## 퇴직연금충당금  ■ 2019. CPA

다음은 (주)퇴직의 제7기 사업연도(20×7년 1월 1일 ~ 20×7년 12월 31일) 법인세신고 관련자료이다.

1. 제7기 확정급여형 퇴직연금과 관련된 퇴직연금운용자산의 변동내역은 다음과 같다. 당기지급액은 현실적으로 퇴직한 임직원에게 지급된 금액이다.

| | | | |
|---|---|---|---|
| 전기이월 | ₩800,000,000 | 당기지급 | ₩160,000,000 |
| 당기예치 | 450,000,000 | 기말잔액 | 1,090,000,000 |
| 합 계 | ₩1,250,000,000 | 합 계 | ₩1,250,000,000 |

2. (주)퇴직의 보험수리적기준 퇴직급여추계액은 ₩960,000,000이며, 일시퇴직기준 퇴직급여추계액은 ₩880,000,000이다.

3. (주)퇴직은 제7기말 현재 퇴직급여충당금과 퇴직금전환금이 없다.

4. (주)퇴직은 결산조정에 의하여 퇴직연금충당금을 설정하고 있으며, 퇴직연금충당금의 제7기 변동내역은 다음과 같다.

| | | | |
|---|---|---|---|
| 당기감소 | ₩160,000,000 | 기초잔액 | ₩800,000,000 |
| 기말잔액 | 1,090,000,000 | 당기증가 | 450,000,000 |
| 합 계 | ₩1,250,000,000 | 합 계 | ₩1,250,000,000 |

5. 전기말 현재 퇴직연금충당금에 대한 손금불산입 유보잔액은 ₩100,000,000이다.

### 요구사항

1. (주)퇴직의 제7기 세무조정 및 소득처분을 다음의 [답안양식]에 따라 제시하시오.

[답안양식]

| 익금산입 및 손금불산입 | | | 손금산입 및 익금불산입 | | |
|---|---|---|---|---|---|
| 과 목 | 금 액 | 소득처분 | 과 목 | 금 액 | 소득처분 |

2. (주)퇴직이 퇴직연금충당금을 신고조정한다고 가정할 경우 (주)퇴직의 제7기 세무조정 및 소득처분을 다음의 [답안양식]에 따라 제시하시오. 단, 전기까지 신고조정에 의해 손금산입된 퇴직연금충당금은 ₩800,000,000이다. (자료상의 4번 사항과 5번 사항은 무시한다).

[답안양식]

| 익금산입 및 손금불산입 | | | 손금산입 및 익금불산입 | | |
|---|---|---|---|---|---|
| 과 목 | 금 액 | 소득처분 | 과 목 | 금 액 | 소득처분 |

3. [요구사항2]에 따라 퇴직연금충당금을 신고조정하는 경우 (주)퇴직의 제7기 자본금과 적립금조정명세서(을)를 다음의 [답안양식]에 따라 제시하시오.

[답안양식]

| 과 목 | 기 초 | 당기 중 증감 | | 기 말 |
|---|---|---|---|---|
| | | 감 소 | 증 가 | |

### 해답

**[요구사항1]**

| 익금산입 및 손금불산입 | | | 손금산입 및 익금불산입 | | |
|---|---|---|---|---|---|
| 과 목 | 금 액 | 소득처분 | 과 목 | 금 액 | 소득처분 |
| 퇴직연금충당금 | ₩30,000,000 | 유보 | | | |

[계산근거]

(1) 설정한도: Min{①, ②} = ₩420,000,000

① 추계액기준: ₩960,000,000 − ₩0 − ₩540,000,000* = ₩420,000,000

 *(₩800,000,000 − ₩100,000,000) − ₩160,000,000 = ₩540,000,000

② 예치금기준: ₩1,090,000,000 − ₩540,000,000 = ₩550,000,000

(2) 회사계상액: ₩450,000,000

(3) 세무조정: 〈익금산입〉 퇴직연금충당금 ₩30,000,000(유보)

**[요구사항2]**

| 익금산입 및 손금불산입 | | | 손금산입 및 익금불산입 | | |
|---|---|---|---|---|---|
| 과 목 | 금 액 | 소득처분 | 과 목 | 금 액 | 소득처분 |
| 퇴직연금충당금 | ₩160,000,000 | 유보 | 퇴직연금충당금 | ₩320,000,000 | 유보 |

[계산근거]

(1) 설정한도: Min{①, ②} = ₩320,000,000

  ① 추계액기준: ₩960,000,000 − ₩0 − ₩640,000,000* = ₩320,000,000

    *₩800,000,000 − ₩160,000,000 = ₩640,000,000

  ② 예치금기준: ₩1,090,000,000 − ₩640,000,000 = ₩450,000,000

(2) 세무조정: 〈익금산입〉 퇴직연금충당금 ₩160,000,000(유보)
  〈손금산입〉 퇴직연금충당금 ₩320,000,000(△유보)

[요구사항2]

| 과 목 | 기 초 | 당기 중 증감 감 소 | 당기 중 증감 증 가 | 기 말 |
|---|---|---|---|---|
| 퇴직연금충당금 | △ ₩800,000,000 | △ ₩160,000,000 | △ ₩320,000,000 | △ ₩960,000,000 |

▼ 해설

[요구사항2]의 경우 회사가 퇴직급여충당금을 설정하지 않았다고 하였으나, 문제를 풀이할 때에는 퇴직급여충당금을 설정한 것으로 가정하여 접근하는 것이 바람직하다.

| 회사장부 | 법인세법 | 세무조정 |
|---|---|---|
| 기초 퇴직급여충당금  800,000,000 | 기초 퇴직급여충당금  0 | 유보잔액  800,000,000 |
| | 기초 퇴직연금충당금  800,000,000 | △유보잔액  800,000,000 |

① 퇴직금지급시
  퇴직급여충당금 160,000,000      퇴직연금충당금 160,000,000      〈손금산입〉 퇴직급여충당금
    퇴직연금운용자산 160,000,000      퇴직연금운용자산 160,000,000      160,000,000(△유보)
                                                                 〈익금산입〉 퇴직연금충당금
                                                                 160,000,000(유보)

② 퇴직연금예치시
  퇴직연금운용자산 450,000,000      퇴직연금운용자산 450,000,000
    현  금        450,000,000        현  금        450,000,000

③ 기말결산시
  퇴직급여      450,000,000      퇴직급여              0      〈익금산입〉 퇴직급여충당금
    퇴직급여충당금 450,000,000      퇴직급여충당금        0      450,000,000(유보)

|  |  |  |  |  |  |
|---|---|---|---|---|---|
|  |  | 퇴직연금급여 | 320,000,000 | 〈손금산입〉 퇴직연금충당금 |  |
|  |  | 퇴직연금충당금 | 320,000,000 | 320,000,000(△유보) |  |
| 기말 퇴직급여충당금 | 1,090,000,000 | 기말 퇴직급여충당금 | 0 | 유보잔액 | 1,090,000,000 |
|  |  | 기말 퇴직연금충당금 | 960,000,000 | △유보잔액 | 960,000,000 |

## 업무용승용차 관련비용 ■2019. CPA

다음은 제조업을 영위하는 (주)주행의 제7기 사업연도 (20×7년 1월 1일 ~ 20×7년 12월 31일)법인세 신고 관련자료이다.

1. (주)주행은 20×7년 1월 1일에 임직원 사용목적의 업무용승용차 1대를 ₩50,000,0000(취득세 등 부대비용 포함)에 취득하여 업무에 사용하고 있다.
2. 동 업무용승용차는 임직원이 직접 운전하는 경우 보상하는 업무전용자동차보험에 20×7년 1월 1일 가입되었다.
3. 제7기 사업연도에 발생한 업무용승용차 관련비용은 다음과 같으며 기업회계기준에 따라 손익계산서에 계상되었다.

| 항 목 | 금 액 |
|---|---|
| 감가상각비 | 8,000,000 |
| 유류비 | 3,500,000 |
| 보험료 | 800,000 |
| 자동차세 | 1,0000,000 |
| 그 밖의 유지비용 | 700,0000 |
| 합 계 | ₩14,000,000 |

4. 회사가 작성한 운행기록부상의 총주행거리와 업무상 주행거리는 다음과 같다.

| 구 분 | 주행거리 |
|---|---|
| 총주행거리 | 20,000km |
| 업무상 주행거리 | 19,000km |

### 요구사항

1. (주)주행의 제7기 세무조정 및 소득처분을 다음의 [답안양식]에 따라 제시하시오.

[답안양식]

| 익금산입 및 손금불산입 | | | 손금산입 및 익금불산입 | | |
|---|---|---|---|---|---|
| 과 목 | 금 액 | 소득처분 | 과 목 | 금 액 | 소득처분 |

2. (주)주행이 운행기록을 작성·비치하지 않았다고 가정할 경우 (주)주행의 제7기 세무조정 및 소득처분을 다음의 [답안양식]에 따라 제시하시오.

[답안양식]

| 익금산입 및 손금불산입 | | | 손금산입 및 익금불산입 | | |
|---|---|---|---|---|---|
| 과 목 | 금 액 | 소득처분 | 과 목 | 금 액 | 소득처분 |

### 해답

**〈요구사항1〉**

| 익금산입 및 손금불산입 | | | 손금산입 및 익금불산입 | | |
|---|---|---|---|---|---|
| 과 목 | 금 액 | 소득처분 | 과 목 | 금 액 | 소득처분 |
| 차량유지비 | ₩800,000 | 상여 | 감가상각누계액 | ₩2,000,000 | 유보 |
| 감가상각누계액 | 1,500,000 | 유보 | | | |

[계산근거]

(1) 감가상각시부인

　① 회사계상액: ₩8,000,000

　② 상각범위액: ₩50,000,000÷5년=₩10,000,000

　③ 세무조정: 〈손금산입〉　　감가상각누계액　₩2,000,000(△유보)

(2) 업무미사용금액 손금불산입

　① 업무용승용차 관련비용: ₩14,000,000+₩2,000,000=₩16,000,000

　② 업무사용비율: 19,000km/20,000km=95%

　③ 손금불산입액: ₩16,000,000×(1-95%)=₩800,000

　④ 세무조정: 〈익금산입〉　　차량유지비　　₩800,000(상여)

(3) 업무사용감가상각비 손금불산입

　① 손금불산입액: ₩10,000,000×95%-₩8,000,000=₩1,500,000

　② 세무조정: 〈익금산입〉 감가상각누계액 ₩1,500,000(유보)

<요구사항2>

| 익금산입 및 손금불산입 | | | 손금산입 및 익금불산입 | | |
|---|---|---|---|---|---|
| 과 목 | 금 액 | 소득처분 | 과 목 | 금 액 | 소득처분 |
| 차량유지비 | ₩1,000,000 | 상여 | 감가상각누계액 | ₩2,000,000 | 유보 |
| 감가상각누계액 | 1,375,000 | 유보 | | | |

[계산근거]

(1) 감가상각시부인

　① 회사계상액: ₩8,000,000

　② 상각범위액: ₩50,000,000÷5년=₩10,000,000

　③ 세무조정: 〈손금산입〉 감가상각누계액 ₩2,000,000(△유보)

(2) 업무미사용금액 손금불산입

　① 업무용승용차 관련비용: ₩14,000,000+₩2,000,000=₩16,000,000

　② 업무사용비율: ₩15,000,000/₩16,000,000=93.75%

　③ 손금불산입액: ₩16,000,000×(1-93.75%)=₩1,000,000

　④ 세무조정: 〈익금산입〉　　차량유지비　　₩1,000,000(상여)

(3) 업무사용감가상각비 손금불산입

　① 손금불산입액: ₩10,000,000×93.75%-₩8,000,000=₩1,375,000

　② 세무조정: 〈익금산입〉　　감가상각누계액　　₩1,375,000(유보)

# 인건비 ■2020 CPA

다음은 제조업을 영위하는 (주)태백의 제20기 사업연도(1월 1일 ~ 12월 31일) 법인세 신고 관련 자료이다.

1. 손익계산서상 인건비

   ① 이사회 결의에 의한 급여지급기준에 따르면 상여금은 일반급여의 30%이며, 인건비의 내역은 다음과 같다.

   | 구 분 | 일반급여 | 상 여 금 | 퇴직급여 |
   |---|---|---|---|
   | 대표이사 | ₩150,000,000 | ₩40,000,000 | - |
   | 상무이사[*1] | 100,000,000 | 50,000,000 | ₩100,000,000 |
   | 회계부장 | 50,000,000 | 100,000,000 | - |
   | 기타직원 | 450,000,000 | 250,000,000 | 300,000,000[*2] |
   | 합 계 | ₩750,000,000 | ₩440,000,000 | ₩400,000,000 |

   *1. 상무이사는 제17기 6월 15일부터 근무하기 시작하여 제20기 12월 31일에 퇴사하였으며, 당사는 임원에 대한 퇴직급여 규정이 없다.

   *2. 기타 직원의 퇴직급여 중 ₩200,000,000은 실제 퇴직한 자에게 지급한 것이며, ₩100,000,000은 「근로자퇴직급여보장법」의 규정에 따라 퇴직금을 중간정산하여 지급한 것이다.

   ② 노동조합의 업무에만 종사하는 전임자의 급여로 지급한 금액은 ₩40,000,000이며, 이는 「노동조합 및 노동관계조정법」을 위반한 것이다.

2. 손익계산서상 기타경비

   ① (주)태백의 지배주주인 갑(지분율 5%, 임직원 아님)에게 지급한 여비 ₩5,000,000을 비용으로 계상하였다.

   ② 비출자공동사업자인 (주)A(특수관계인 아님)와 수행하고 있는 공동사업의 경비는 각각 50%를 부담하기로 약정되어 있으나, 당기에 발생한 공동경비 ₩20,000,000을 (주)태백이 전액 부담하고 비용으로 계상하였다.

   ③ 환경미화 목적으로 구입한 미술품(취득가액 ₩6,000,000)을 복도에 전시하고 소모품비로 계상하였다.

   ④ 대표이사(지분율 10%)가 사용하고 있는 사택유지비 ₩9,000,000과 회계부장(지분율 0.5%)이 사용하고 있는 사택유지비 ₩3,000,000만을 비용으로 계상하였다.

### 요구사항

1. (주)태백의 제20기 인건비와 관련된 세무조정 및 소득처분을 다음의 [답안양식]에 따라 제시하시오.

[답안양식]

| 익금산입 및 손금불산입 | | | 손금산입 및 익금불산입 | | |
|---|---|---|---|---|---|
| 과 목 | 금 액 | 소득처분 | 과 목 | 금 액 | 소득처분 |

2. (주)태백의 제20기 기타경비와 관련된 세무조정 및 소득처분을 다음의 [답안양식]에 따라 제시하시오.

[답안양식]

| 익금산입 및 손금불산입 | | | 손금산입 및 익금불산입 | | |
|---|---|---|---|---|---|
| 과 목 | 금 액 | 소득처분 | 과 목 | 금 액 | 소득처분 |

### 해답

〈요구사항1〉

| 익금산입 및 손금불산입 | | | 손금산입 및 익금불산입 | | |
|---|---|---|---|---|---|
| 과 목 | 금 액 | 소득처분 | 과 목 | 금 액 | 소득처분 |
| 상무이사 상여금 | ₩20,000,000 | 상여 | | | |
| 상무이사 퇴직금 | ₩54,500,000 | 상여 | | | |
| 노동조합 전임자급여 | ₩40,000,000 | 상여 | | | |

[계산근거]

1. 상무이사 상여금 한도초과액: ₩50,000,000−₩100,000,000×30%=₩20,000,000

2. 상무이사 퇴직금
   (1) 한도: ₩130,000,000×10%×42/12=₩45,500,000
   (2) 한도초과액: ₩100,000,000−45,500,000=₩54,500,000

〈요구사항2〉

| 익금산입 및 손금불산입 | | | 손금산입 및 익금불산입 | | |
|---|---|---|---|---|---|
| 과 목 | 금 액 | 소득처분 | 과 목 | 금 액 | 소득처분 |
| 지배주주 여비 | ₩5,000,000 | 배당 | | | |
| 공동경비 | ₩10,000,000 | 기타사외유출 | | | |
| 사택유지비 | ₩9,000,000 | 상여 | | | |

[계산근거]
1. 임직원이 아닌 지배주주에 대한 여비는 손금으로 인정되지 않음
2. 공동사업의 공동경비는 출자비율을 초과한 부분은 손금불산입함.
3. 환경미화 등의 목적으로 구입한 미술품은 건별 1,000만원 이하의 경우 손금으로 인정함.
4. 출자임원에 대한 사택유지비는 손금으로 인정되지 않음.

▼ 해설

공동경비 중 법정기준을 초과한 금액은 손금불산입하는데, 법정기준은 다음과 같다.
(1) 공동사업인 경우: 출자비용
(2) 공동사업이 아닌 경우
    ① 특수관계인 경우: 매출액비율과 자산비율중 선택
    ② 특수관계가 아닌 경우: 약정비율

## Question 11. 퇴직연금충당금 ■2021. CPA

다음은 제조업을 영위하는 (주)설악의 제21기 사업연도(1. 1. ~ 12. 31.) 법인세 관련 자료이다.

[자료]

1. (주)설악은 결산조정에 의하여 퇴직연금충당금을 설정하고 있으며 퇴직연금충당금 계정의 당기 중 변동내역은 다음과 같다.

퇴직급여충당금

| 당기상계 | ₩200,000,000 | 전기이월* | ₩450,000,000 |
|---|---|---|---|
| 차기이월 | 570,000,000 | 당기설정 | 320,000,000 |
| | ₩770,000,000 | | ₩770,000,000 |

*전기말 세무상 퇴직연금충당금의 부인누계액(유보)은 ₩50,000,000임

2. 당기 중 종업원 퇴직으로 인한 퇴직금은 사외에 적립한 퇴직연금운용자산에서 지급되었으며 다음과 같이 회계처리하였다.

(차) 퇴직연금충당금  200,000,000  (대) 퇴직연금운용자산  230,000,000
    퇴직급여충당금   30,000,000

3. (주)설악의 당기말 퇴직급여추계액은 다음과 같다.
   ① 보험수리적기준: ₩910,000,000
   ② 일시퇴직기준: ₩900,000,000

4. 확정급여형 퇴직연금과 관련하여 사외에 적립한 퇴직연금운용자산 계정의 변동내역은 다음과 같다.

퇴직연금운용자산

| 전기이월 | ₩450,000,000 | 당기지급* | ₩230,000,000 |
|---|---|---|---|
| 당기예치 | 410,000,000 | 기말잔액 | 630,000,000 |
| | ₩860,000,000 | | ₩860,000,000 |

*당기지급액은 모두 현실적으로 퇴직한 임직원에게 지급됨

5. 기말 현재 재무상태표상 퇴직급여충당금 기말잔액은 ₩100,000,000이며, 세무상 퇴직급여충당금 부인누계액(유보)은 ₩20,000,000이다.

▶ 요구사항

1. (주)설악의 퇴직금 관련 세무조정 및 소득처분을 다음의 답안 양식에 따라 제시하시오.

[답안양식]

| 익금산입 및 손금불산입 | | | 손금산입 및 익금불산입 | | |
|---|---|---|---|---|---|
| 과 목 | 금 액 | 소득처분 | 과 목 | 금 액 | 소득처분 |

2. (주)설악은 신고조정에 의하여 퇴직연금충당금을 손금에 산입하고 있다고 가정한다. 〈자료〉중 1번은 고려하지 않으며, 2번의 분개 중 '퇴직연금충당금'을 '퇴직급여'로 한다. 전기말 현재 신고조정에 의한 퇴직연금충당금의 손금산입액(△유보)이 ₩400,000,000일 때 퇴직금 관련 세무조정 및 소득처분을 다음의 답안 양식에 따라 제시하시오.

[답안양식]

| 익금산입 및 손금불산입 | | | 손금산입 및 익금불산입 | | |
|---|---|---|---|---|---|
| 과 목 | 금 액 | 소득처분 | 과 목 | 금 액 | 소득처분 |

▶ 해설

**〈요구사항1〉**

| 익금산입 및 손금불산입 | | | 손금산입 및 익금불산입 | | |
|---|---|---|---|---|---|
| 과 목 | 금 액 | 소득처분 | 과 목 | 금 액 | 소득처분 |
| 퇴직연금충당금 | ₩30,000,000 | 유보 | 퇴직급여충당금 | ₩30,000,000 | 유보 |
| | | | 퇴직연금충당금 | 140,000,000 | 유보 |

[계산근거]

| 회사장부 | | 법인세법 | | 세무조정 |
|---|---|---|---|---|
| 퇴직연금충당금 200,000,000 | | 퇴직연금충당금 230,000,000 | | 〈손금산입〉 퇴직급여충당금 |
| 퇴직급여충당금 30,000,000 | |   퇴직연금운용자산 230,000,000 | | 30,000,000(△유보) |
|   퇴직연금운용자산 230,000,000 | | | | 〈익금산입〉 퇴직연금충당금 |
| | | | | 30,000,000(유보) |
| 퇴직연금급여 320,000,000 | | 퇴직연금급여 460,000,000 | | 〈손금산입〉 퇴직급여충당금 |
|   퇴직연금충당금 320,000,000 | |   퇴직연금충당금 460,000,000 | | 140,000,000 (△유보) |

설정한도: Min{①, ②} = ₩460,000,000

① 추계액기준: ₩910,000,000 − (₩100,000,000 − ₩20,000,000) − ₩170,000,000) = ₩660,000,000

　＊₩450,000,000 − ₩50,000,000 − ₩230,000,000 = ₩170,000,000

② 예치금기준: ₩630,000,000 − ₩170,000,000 = ₩460,000,000

〈요구사항2〉

| 익금산입 및 손금불산입 | | | 손금산입 및 익금불산입 | | |
|---|---|---|---|---|---|
| 과 목 | 금 액 | 소득처분 | 과 목 | 금 액 | 소득처분 |
| 퇴직연금충당금 | ₩230,000,000 | 유보 | 퇴직급여충당금 | ₩30,000,000 | 유보 |
| | | | 퇴직연금충당금 | 460,000,000 | 유보 |

[계산근거]

| 회사장부 | 법인세법 | 세무조정 |
|---|---|---|
| 퇴직급여　　　　　200,000,000 | 퇴직연금충당금　　230,000,000 | 〈익금산입〉 퇴직연금충당금 |
| 　퇴직급여충당금　　　30,000,000 | 　퇴직연금운용자산　　230,000,000 | 20,000,000(유보) |
| 　퇴직연금운용자산　　230,000,000 | | 〈손금산입〉 퇴직급여충당금 |
| | | 30,000,000(△유보) |
| | 퇴직연금급여　　　460,000,000 | 〈손금산입〉 퇴직연금충당금 |
| | 　퇴직연금충당금　　　460,000,000 | 460,000,000 (△유보) |

# Question 12. 인건비 ■2022. CPA

제조업을 영위하는 (주)한국(영리내국법인)의 제22기 사업연도(1. 1. ~ 12. 31.) 법인세 관련 자료이다. 전기까지의 세무조정은 적법하게 이루어졌다.

[자료]

1. 전기말 현재 「자본금과적립금조정명세서(을)」는 다음과 같다.

| 과 목 | 기초잔액 | 당기 중 증감 | | 기말잔액 |
|---|---|---|---|---|
| | | 감 소 | 증 가 | |
| 퇴직급여충당금 | ₩2,000,000 | ₩2,000,000 | ₩7,000,000 | ₩7,000,000 |
| 미수이자 | △3,000,000 | - | △5,000,000 | △8,000,000 |
| 토 지 | - | - | 10,000,000 | 10,000,000 |
| 건설중인 자산 | - | - | 8,000,000 | 8,000,000 |

(1) 미수이자는 제20기 5월 15일에 가입한 원본전입 특약이 없는 2년 만기 정기적금에서 발생한 것이다. (주)한국은 당기에 정기적금 이자를 국내에서 수령하고 다음과 같이 회계처리하였다.

(차) 현 금　　　　　11,000,000　　(대) 미수수익　　　　　8,000,000
　　　　　　　　　　　　　　　　　　　　 이자수익　　　　　3,000,000

(2) 제21기에 토지 매입시 개발부담금을 손익계산서상 세금과공과로 처리하였고, (주)한국은 제22기에 오류를 수정하여 다음과 같이 회계처리하였다.

(차) 토 지　　　　　10,000,000　　(대) 전기오류수정이익(잉여금)　10,000,000

(3) 건설중인자산은 공장건설(제23기 10월 준공예정)을 위한 차입금이자를 자본화한 것이다. 제21기부터 차입금 변동은 없으며, 제22기 손익계산서상 지급이자의 세부 내역은 다음과 같다.

| 이자율 | 지급이자 | 비 고 |
|---|---|---|
| 5% | ₩9,000,000 | 공장건설을 위한 차입금이자 |
| 4% | 10,000,000 | 용도 미지정의 일반차입금이자 |

2. 제21기에 15,000,000원의 업무무관자산을 취득하여 제22기말 현재 보유하고 있다.

3. 제22기에 대표이사로부터 시가 ₩300,000,000의 특허권을 ₩200,000,000에 매입하여 다음과 같이 회계처리하였다.

(차) 특허권　　　　　200,000,000　　(대) 현 금　　　　　200,000,000

4. 단기투자목적으로 (주)금강(비상장)의 주식을 제22기 11월 11일에 취득하였다. (주)금강은 자기주식처분이익 30%, 주식발행초과금 70%를 재원으로 하는 무상주를 지급하였다. ㈜한국은 무상주 100주를 수령하여 액면가액으로 평가한 후 다음과 같이 회계처리하였다.

   (차)  매도가능증권   9,000,000   (대)  배당금수익   9,000,000

5. (주)한국에서 8년 6개월간 근무하다가 제22기 12월 31일에 현실적 퇴직을 한 상무이사의 상여 및 퇴직금은 다음과 같다.

| 구 분 | 일반급여 | 상 여 금 | 퇴직급여 |
|---|---|---|---|
| 비 용 | ₩90,000,000 | ₩30,000,000 | ₩100,000,000 |
| 이익처분 | - | 10,000,000 | 10,000,000 |

① (주)한국은 이사회의 결의에 따라 연간 급여액의 30%를 상여로 지급하는 상여지급규정을 두고 있다.
② (주)한국은 퇴직급여지급규정이 없으며, 퇴직급여충당금도 설정하고 있지 않다.

▼ 요구사항

〈자료〉와 관련하여 (주)한국이 해야 하는 제22기 세무조정 및 소득처분을 답안 양식에 따라 제시하시오.

[답안양식]

| 익금산입 및 손금불산입 ||| 손금산입 및 익금불산입 |||
|---|---|---|---|---|---|
| 과 목 | 금 액 | 소득처분 | 과 목 | 금 액 | 소득처분 |

▼ 해답

| 익금산입 및 손금불산입 ||| 손금산입 및 익금불산입 |||
|---|---|---|---|---|---|
| 과 목 | 금 액 | 소득처분 | 과 목 | 금 액 | 소득처분 |
| 미수이자 | ₩8,000,000 | 유 보 | 전기 대손충당금 | ₩7,000,000 | 유 보 |
| 이익잉여금 | 10,000,000 | 기 타 | 토 지 | 10,000,000 | 유 보 |
| 건설중인자산 | 9,000,000 | 상 여 | 매도가능증권 | 6,300,000 | 유 보 |
| 업무무관자산 관련이자 | 600,000 | 기타사외유출 | | | |
| 임원상여금 한도초과액 | 3,000,000 | 상 여 | | | |
| 임원퇴직금 한도초과액 | 550,000 | 상 여 | | | |

[계산근거]

1. 업무무관자산 관련이자 : $₩10,000,000 \times \dfrac{₩15,000,000 \times 365}{₩10,000,000 \div 4\% \times 365} = ₩600,000$

2. 매도가능증권 : ₩9,000,000×70%= ₩6,300,000

3. 임원상여금 한도초과액 : ₩30,000,000−₩90,000,000×30%= ₩3,000,000

4. 임원 퇴직금 한도초과액 : (1)−(2)= ₩550,000

   (1) 임원퇴직금 : ₩100,000,000

   (2) 한도 : (₩90,000,000+₩30,000,000−₩3,000,000)$^*$×10%×8.5년= ₩99,450,000

   *임원퇴직금 세법상 한도액 계산시 총급여액에는 손금에 산입하지 아니한 금액(이익처분 및 임원상여금 한도초과액)은 포함하지 아니함

## 퇴직연금충당금 ■2021. 세무사

다음은 제조업을 영위하는 (주)만세의 제22기 사업연도(1. 1. ~ 12. 31.) 법인세 관련 자료이다.

[자료]

1. (주) 만세가 제 22기에 손익계산서상 인건비로 계상한 총급여액 ₩1,150,000,000에는 다음의 금액이 포함되어 있다.

   ① 당기 중에 퇴직한 직원의 급여: ₩40,000,000
   ② 당기 중에 입사한 직원의 급여: ₩10,000,000 (회사의 퇴직급여지급규정에는 1년 미만 근속자에게도 퇴직급여를 지급하도록 규정하고 있음)
   ③ 확정기여형 퇴직연금 설정자에 대한 급여: ₩50,000,000
   ④ 임원상여금 한도초과액: ₩6,000,000
   ⑤ (주)만세의 지배주주와 특수관계에 있는 총무과장이 동일 직위에 있는 다른 직원보다 정당한 사유없이 초과 지급받은 급여: ₩10,000,000

2. 제22기 퇴직급여충당금 계정의 증감내역은 다음과 같다.

   퇴직급여충당금

   | 당기감소액 | ₩260,000,000 | 기초잔액 | ₩800,000,000* |
   |---|---|---|---|
   | 기말잔액 | 1,000,000,000 | 당기설정액 | 460,000,000 |

   *한도 초과로 손금불산입된 금액 ₩650,000,000이 포함되어 있음.

3. 당기 중 퇴직급여 ₩260,000,000을 지급하고 회사는 다음과 같이 회계처리하였다.

   (차) 퇴직급여충당금   260,000,000   (대) 퇴직연금운용자산   140,000,000
                                              현       금   120,000,000

4. 회사는 확정급여형 퇴직연금과 확정기여형 퇴직연금을 동시에 운용하고 있으며, 제22기 확정급여형 퇴직연금과 관련된 퇴직연금운용자산의 변동내역은 다음과 같다.

   퇴직연금운용자산

   | 전기이월액 | ₩850,000,000 | 당기지급액 | ₩140,000,000 |
   |---|---|---|---|
   | 당기증가액 | 230,000,000 | 차기이월액 | 940,000,000 |

5. (주)만세는 퇴직연금을 신고조정하고 있으며, 전기까지 ₩850,000,000이 손금에 산입되었다.

6. 퇴직급여추계액은 다음과 같다.

① 퇴직급여지급규정에 따라 당기말 현재 재직하는 임직원의 전원이 퇴직할 경우에 퇴직급여로 지급되어야 할 금액의 추계액(확정기여형 퇴직연금으로 손금에 산입된 금액 ₩30,000,000은 제외되어 있음)

| 구 분 | | 일시퇴직기준 추계액 |
|---|---|---|
| 확정급여형 퇴직연금가입자 | 확정급여형 퇴직연금 가입기간 추계액 | ₩755,000,000 |
| | 확정급여형 퇴직연금 미가입기간 추계액 | 25,000,000 |
| 확정급여형 퇴직연금 미가입자 | | 40,000,000 |
| 계 | | ₩820,000,000 |

② 근로자퇴직급여보장법 제16조 제1항 제1호에 따른 금액(당기말 현재를 기준으로 산정한 확정급여형 퇴직연금제도 가입자의 보험수리적기준 퇴직급여추계액)은 ₩820,000,000(확정기여형 퇴직연금으로 손금에 산입된 금액 30,000,000 포함)이다.

7. 제22기말 퇴직금전환금 잔액은 ₩8,000,000이다.

**요구사항**

1. (주)만세의 당기 퇴직급여충당금 한도액과 퇴직연금 손금산입 한도액을 다음의 양식에 따라 제시하시오.

[답안양식]

| 구 분 | 금 액 |
|---|---|
| 퇴직급여충당금 한도액 | ① |
| 퇴직연금 손금산입 한도액 | ② |

2. (주)만세의 제22기 세무조정과 소득처분을 다음의 양식에 따라 제시하시오.

[답안양식]

| 익금산입 및 손금불산입 | | | 손금산입 및 익금불산입 | | |
|---|---|---|---|---|---|
| 과 목 | 금 액 | 소득처분 | 과 목 | 금 액 | 소득처분 |

**해설**

〈요구사항1〉

| 구 분 | 금 액 |
|---|---|
| 퇴직급여충당금 한도액 | ₩0 |
| 퇴직연금 손금산입 한도액 | ₩115,000,000 |

[계산근거]

1. 퇴직급여충당금 한도액: Min[①, ②] = ₩0

   ① 총급여액기준: (₩1,150,000,000 − ₩40,000,000 − ₩50,000,000 − ₩6,000,000 − ₩10,000,000)
   × 5% = ₩52,200,000

   ② 추계액기준: ₩855,000,000$^{*1}$ × 0% + ₩8,000,000 − ₩30,000,000$^{*2}$ = ₩0

   *1. Max[a, b] = ₩855,000,000
   a. 일시퇴직기준 추계액: ₩820,000,000
   b. 보험수리기준 추계액: (₩820,000,000 − ₩30,000,000) + ₩25,000,000 + ₩40,000,000 = ₩855,000,000

   *2. 퇴직급여충당금 설정전 잔액: ₩800,000,000 − ₩650,000,000 − ₩120,000,000 = ₩30,000,000

2. 퇴직연금 손금산입 한도액: Min[①, ②] = ₩115,000,000

   ① 추계액기준: ₩855,000,000 − ₩30,000,000(₩850,000,000 − ₩140,000,000) = ₩115,000,000

   ② 예치금기준: ₩940,000,000 − (₩850,000,000 − ₩140,000,000) = ₩230,000,000

〈요구사항2〉

| 익금산입 및 손금불산입 | | | 손금산입 및 익금불산입 | | |
|---|---|---|---|---|---|
| 과 목 | 금 액 | 소득처분 | 과 목 | 금 액 | 소득처분 |
| 임원상여금한도초과 | ₩600,000 | 상여 | 퇴직급여충당금 | ₩140,000,000 | 유보 |
| 총무과장초과보수 | 10,000,000 | 상여 | 퇴직연금충당금 | 115,000,000 | 유보 |
| 퇴직급여충당금 | 460,000,000 | 유보 | | | |
| 퇴직연금충당금 | 140,000,000 | 유보 | | | |

[계산근거]

| 회사장부 | | 법인세법 | | 세무조정 | |
|---|---|---|---|---|---|
| 기초 퇴직급여충당금 | ₩800,000,000 | 기초 퇴직급여충당금 | ₩150,000,000 | 유보잔액 | ₩650,000,000 |
| | | 퇴직연금충당금 | 850,000,000 | △유보잔액 | ₩850,000,000 |

① 퇴직금지급시

퇴직급여충당금 260,000,000   퇴직급여충당금 120,000,000   〈손금산입〉 퇴직급여충당금
  현   금    120,000,000   퇴직연금충당금 140,000,000       140,000,000(△유보)
  퇴직연금운용자산 140,000,000     현   금   120,000,000   〈익금산입〉 퇴직연금충당금
                        퇴직연금운용자산 140,000,000       140,000,000(유보)

② 퇴직연금예치시

  퇴직연금운용자산 230,000,000  퇴직연금운용자산 230,000,000
   현　　금  230,000,000   현　　금  230,000,000  —

③ 기말결산시

  퇴직급여  460,000,000  퇴직급여     0  〈익금불산입〉퇴직급여충당금
   퇴직급여충당금 460,000,000   퇴직급여충당금   0   460,000,000(유보)
             퇴직연금급여 115,000,000  〈손금산입〉퇴직연금충당금
               퇴직연금충당금 115,000,000   115,000,000(△유보)

  기말 퇴직급여충당금 ₩1,000,000,000  기말 퇴직급여충당금 ₩30,000,000  유보잔액 ₩970,000,000
               퇴직연금충당금 ₩825,000,000  △유보잔액 ₩825,000,000

# CHAPTER 5

## 손금 II
## (접대비, 기부금, 지급이자)

# 접대비

중소기업이면서 제조업을 경영하고 있는 내국법인 (주)진리의 제10기 사업연도(20×7. 1. 1. ~ 12. 31.) 접대비와 관련된 자료이다. 이를 이용하여 법인세부담을 최소화하는 방법으로 접대비관련 소득금액조정합계표를 작성하시오.

1. 손익계산서상 접대비계정의 금액은 ₩64,000,000이며, 그 구체적인 내역은 다음과 같다.

   (1) 법정증빙서류 이외 증명서류 수취분
   
   ① 건당 ₩30,000 초과분(총 8건): ₩450,000
   
   ② 거래처 직원 조의금 1건: ₩300,000
   
   ③ (주)진리의 직원 조의금 1건: ₩250,000
   
   ④ 현금 외에 다른 지출 수단이 없는 국외지역에서 지출한 금액: ₩2,000,000
   
   ⑤ 농·어민으로부터 직접 재화를 공급받고 금융기관을 통해 지출한 금액: ₩1,000,000
   
   ⑥ 특수관계가 없는 거래처에 사전약정 없이 지급된 판매장려금: ₩3,000,000

   (2) 현물접대비는 다음과 같이 3건이며, 이에 대한 부가가치세 신고는 적법하게 이루어졌다.
   
   ① 시가 ₩4,000,000, 원가 ₩5,000,000의 제품을 거래처에 증정한 회계처리

   | (차) | 접 대 비 | 4,400,000 | (대) | 제 품 | 5,000,000 |
   |---|---|---|---|---|---|
   | | 잡 손 실 | 1,000,000 | | 부가가치세예수금 | 400,000 |

   ② 시가 ₩9,000,000, 원가 ₩6,000,000의 제품을 거래처에 증정한 회계처리

   | (차) | 접 대 비 | 9,000,000 | (대) | 매 출 | 9,000,000 |
   |---|---|---|---|---|---|
   | | 세금과공과 | 900,000 | | 부가가치세예수금 | 900,000 |
   | (차) | 매출원가 | 6,000,000 | (대) | 제 품 | 6,000,000 |

   ③ 시가 ₩5,000,000, 원가 ₩3,000,000의 제품을 거래처에 증정한 회계처리. 단, 이와 관련된 부가가치세 매출세액은 거래처가 부담하였음

   | (차) | 접 대 비 | 3,000,000 | (대) | 제 품 | 3,000,000 |
   |---|---|---|---|---|---|
   | | 현 금 | 500,000 | | 부가가치세예수금 | 500,000 |

   (3) 기타 관련자료
   
   ① 신용카드매출전표 수취분 중에는 대표이사명의의 신용카드사용액 ₩8,000,000(전액 건당 3만원 초과분)이 포함되어 있는데, 이는 모두 업무와 관련된 것이다.

② 20×7년 12월 26일에 법인명의의 신용카드를 사용하여 접대가 이루어졌으나, 20×8년 1월 20일에 카드대금 ₩4,000,000이 결제될 때 접대비로 회계처리하였다.

③ 20×6년 12월 15일에 신용카드로 ₩2,800,000을 지출하였으나 회계처리하지 아니하였으며, 신용카드 대금 결제일인 20×7년 1월 27에 이를 접대비로 회계처리하였다.

④ 법 소정의 문화비로 지출한 접대비는 ₩7,200,000인데, 이 금액에는 미술품을 각각 ₩800,000과 ₩1,200,000에 구입하여 거래처에 증정한 금액이 포함되어 있다.

2. 손익계산서상 접대비계정 이외의 계정과목으로 회계처리된 접대비관련 지출액의 내역은 다음과 같다.
   (1) 손익계산서상의 복리후생비에는 종업원이 조직한 단체(법인)에 지출한 복리시설비 ₩1,200,000이 포함되어 있다.
   (2) 정당한 사유없이 거래관계를 개선하기 위하여 포기한 매출채권 ₩4,500,000을 대손처리하였다. 이 거래처는 특수관계인이 아니다.
   (3) 광고선전비에는 5만원 상당의 견본품을 불특정다수에게 기증하기 위하여 지출한 금액 ₩20,000,000이 포함되어 있다.
   (4) 건설중인자산(당기말 현재 공사가 진행중임)에 배부된 접대비 ₩15,000,000 중에는 대표이사가 개인적인 용도로 사용한 접대비 ₩1,800,000이 포함되어 있다.

3. 손익계산서상 매출액은 ₩11,000,000,000이며, 이 금액에는 다음과 같은 특이사항이 있다(매출액과 관련된 세무조정은 답안에 표시하지 말 것).
   (1) 특수관계인에 대한 매출액 ₩5,000,000,000이 포함되어 있는데, 특수관계인에 대한 매출액과 관련하여 부당행위계산부인규정에 의해 ₩1,000,000,000을 익금산입하였다.
   (2) 20×7년에 대금은 받았으나 실제 제품인도는 20×8년에 이루어진 거래금액 ₩2,000,000,000이 매출액에 포함되어 있다. 거래상대방은 특수관계자가 아니다.
   (3) 중단영업과 관련된 매출액 ₩4,000,000,000이 중단영업손익에 포함되어 있으며, 작업폐물과 부산물매각액 ₩300,000,000이 영업외수익에 포함되어 있다.

4. 접대비한도액 계산시 100억원 이하와 100억원 초과 500억원 이하의 일반수입금액에 적용되는 율은 각각 0.3%와 0.2%이다.

### 해답

#### 소득금액조정합계표

| 익금산입 및 손금불산입 | | | 손금산입 및 익금불산입 | | |
|---|---|---|---|---|---|
| 과 목 | 금 액 | 처 분 | 과 목 | 금 액 | 처 분 |
| 영수증수취분 | ₩750,000 | 기타사외유출 | 미지급접대비 | ₩4,000,000 | 유 보 |
| 타인명의신용카드수취분 | 8,000,000 | 기타사외유출 | 건설중인자산 | 1,800,000 | 유 보 |
| 선급접대비 | 2,800,000 | 유 보 | | | |
| 대표이사사용접대비 | 1,800,000 | 상 여 | | | |
| 접대비한도초과액 | 7,956,100 | 기타사외유출 | | | |

[계산근거]

1. 접대비해당액

   (1) 비용계상액: ₩64,000,000 − ₩450,000 − ₩300,000 − ₩250,000 − ₩3,000,000
   
   　　　　　　　+ ₩1,000,000 + ₩900,000 + ₩2,000,000 − ₩8,000,000 + ₩4,000,000
   
   　　　　　　　− ₩2,800,000 + ₩1,200,000 + ₩4,500,000 = 　　　　　　　　₩62,800,000

   (2) 건설중인자산계상액: ₩15,000,000 − ₩1,800,000 = 　　　　　　　　　　13,200,000
   
   　　　　　　　계　　　　　　　　　　　　　　　　　　　　　　　　　　　₩76,000,000

2. 접대비한도액

   (1) 수입금액

   ① 일반수입금액: ₩11,000,000,000 − ₩9,000,000 − ₩5,000,000,000
   
   　　　　　　　− ₩2,000,000,000 + ₩4,000,000,000 + ₩300,000,000 = 　₩8,291,000,000
   
   ② 특정수입금액　　　　　　　　　　　　　　　　　　　　　　　　　5,000,000,000
   
   　　　계　　　　　　　　　　　　　　　　　　　　　　　　　　　₩13,291,000,000

   (2) 접대비한도액: ①+②+③ = ₩68,043,900

   ① 기초금액: $₩36,000,000 \times \dfrac{12}{12} = ₩36,000,000$

   ② 수입금액기준: $₩8,291,000,000 \times \dfrac{3}{1,000} + ₩1,709,000,000 \times \dfrac{3}{1,000} \times 10\% + ₩3,291,000,000$
   
   　　　　　　　$\times \dfrac{2}{1,000} \times 10\% = ₩26,043,900$

   ③ 문화접대비: Min[a, b] = ₩6,000,000

　　　　a. ₩6,000,000

　　　　b. (₩36,000,000+₩26,043,900)×20%=₩12,408,780

3. 접대비한도초과액: ₩76,000,000−₩68,043,900=₩7,956,100

> **해설**

1. 손익계산서상 접대비
   (1) 법정증빙서류 이외 증명서류 수취분
   ① 건당 3만원을 초과한 접대비 ₩450,000과 건당 ₩200,000을 초과한 거래처 경조금은 손금불산입(기타사외유출)한다.
   ② (주)진리의 직원 조의금은 복리후생비이므로 전액 손금으로 인정된다.
   ③ 국외지역에서 지출한 금액과 농·어민으로부터 직접 재화를 공급받는 경우에는 법정증빙서류를 수취할 수 없으므로 한도계산의 적용을 받는다.
   ④ 특수관계인 외의 자에게 지급되는 판매장려금은 접대비로 보지 않고 손금으로 인정된다.
   (2) 현물접대비
   ① 현물접대비는 시가와 장부가액 중 큰 금액으로 하며, 부가가치세매출세액을 포함한다.
   ② 당사 제품을 거래처에 증정한 금액을 매출로 계상해서는 안된다. 따라서 올바른 회계처리에는 다음 두가지 방법이 있다.

   | | | | | | |
   |---|---|---|---|---|---|
   | 제1법: (차) | 접 대 비 | 6,900,000 | (대) | 제　품 | 6,000,000 |
   | | | | | 부가가치세예수금 | 900,000 |
   | 제2법: (차) | 접 대 비 | 9,900,000 | (대) | 제　품 | 6,000,000 |
   | | | | | 부가가치세예수금 | 900,000 |
   | | | | | 잡 이 익 | 3,000,000 |

   제1법에 의할 경우 회사계상접대비를 ₩9,900,000으로 하여 접대비한도계산을 한다(접대비 과소계상액 ₩3,000,000을 손금산입하고 잡이익 과소계상액 ₩3,000,000을 익금산입한 후 회사계상접대비를 ₩9,900,000으로 하여 접대비한도계산을 할 수도 있음). 그리고 이 경우 매출로 계상한 금액을 접대비한도액계산시 수입금액에서 차감해야 한다.
   ③ 현물접대비에 대한 부가가치세를 거래처에서 부담한 경우 동 금액은 접대비에서 제외된다. 따라서 ₩2,000,000만 접대비에 가산한다.

(3) 기타 관련자료

① 법인명의로 발급받지 않은 신용카드사용분과 위장가맹점에 대한 신용카드사용분은 법정증빙서류로 보지 않는다.

② 접대비의 귀속시기는 접대행위가 이루어진 날을 기준으로 한다. 즉, 발생기준에 의한다.

③ 증정용 미술품의 경우 건당 ₩1,000,000 이하는 문화접대비로 보지만 이를 초과한 것은 일반접대비로 본다.

2. 접대비계정 이외의 계정과목으로 회계처리된 금액

(1) 사용인이 조직한 단체에 지출한 복리후생비는 해당 조합이나 단체가 법인인 경우에는 이를 접대비로 보며, 법인이 아닌 경우에는 경리의 일부로 본다.

(2) 정당한 사유없이 업무와 관련하여 약정에 의해 채권의 일부 또는 전부를 포기한 경우에는 이를 대손금으로 보지 않고 접대비로 본다.

(3) 법인이 광고선전목적으로 견본품 등을 불특정다수인에게 기증하기 위하여 지출한 비용은 광고선전비로 보아 전액 손금으로 인정된다.

(4) 대표이사가 개인적인 용도로 사용한 접대비 ₩1,800,000은 대표자에 대한 상여로 처분한다. 따라서 건설중인자산으로 계상된 접대비 ₩1,800,000에 대한 손금산입(△유보)하는 소득처분이 선행되어야 한다.

3. 손익계산서상의 매출액

(1) 접대비한도액 계산시 수입금액은 기업회계기준에 의한 매출액이므로 부당행위계산에 의한 익금산입액과 선수금 수령분은 수입금액에 포함되어서는 안된다.

(2) 접대비한도액 계산시 수입금액에는 중단사업부분에 대한 매출액과 작업폐물 및 부산물 매출액이 포함된다.

4. (주)진리가 법 소정의 한도축소법인(중소기업이 아님)인 경우 접대비한도액은 다음과 같이 계산된다.

접대비한도액: {①+②}×50%+③=₩22,826,340

① 기초금액: ₩12,000,000

② 수입금액기준: ₩26,043,900

③ 문화접대비: Min{a, b}=₩3,804,390

  a. ₩6,000,000

  b. (₩12,000,000+₩26,043,900)×50%×20%=₩3,804,390

# 기부금

다음은 (주)웅지(중소기업)의 제7기 사업연도(1. 1. ~ 12. 31.)의 기부금에 대한 세무조정자료이다. 이 자료를 토대로 [요구사항]에 답하시오.

1. (1) 손익계산서상 비용으로 계상된 기부금의 내역은 다음과 같다.

   ① 이재민 구호금품          ₩10,000,000
   ② 사회복지법인에 대한 기부금(일반)   7,000,000
   ③ 대표이사 동창회 기부금     3,000,000

   (2) 위의 금액에는 당사 제품을 증정한 금액이 포함되어 있는데, 이는 전부 원가로 평가된 것이었다.

   | 구 분 | 원 가 | 시 가 |
   |---|---|---|
   | 이재민 구호금품 | ₩10,000,000 | ₩18,000,000 |
   | 대표이사 동창회 기부금 | 3,000,000 | 4,000,000 |
   | 계 | ₩13,000,000 | ₩22,000,000 |

   (3) 재무상태표상 선급비용 ₩7,000,000은 사립대학에 연구비로 지급한 것을 이연처리한 것이다.

   (4) 당기 중 서울특별시로부터 정당한 사유없이 ₩140,000,000(시가 ₩100,000,000)에 토지를 매입하고 매입가액을 자산으로 계상하였다.

   (5) 사회복지법인(일반기부금 단체)에 고유목적사업용으로 장부가액 ₩30,000,000, 시가 ₩50,000,000의 토지를 ₩32,000,000에 처분하고 유형자산처분이익 ₩2,000,000을 계상하였다.

   (6) 제5기 사업연도에 지출한 법정기부금의 한도초과액 ₩6,000,000이 있으며, 제 6기 사업연도에 지출한 일반기부금의 한도초과액 ₩4,000,000이 있다.

2. 손익계산서상의 당기순이익은 ₩82,000,000이며 기부금에 대한 세무조정을 제외한 세무조정사항은 다음과 같다.

   (1) 손익계산서상 법인세비용      ₩20,000,000
   (2) 접대비 한도초과액           16,000,000
   (3) 자기주식처분손실             5,000,000

3. 당기말 현재 남아 있는 세법상 이월결손금은 제2기 사업연도 발생분 ₩60,000,000이다.

### 요구사항

1. 제7기 사업연도의 소득금액조정합계표를 다음의 [답안양식]에 따라 작성하시오.

[답안양식]

| 익금산입 · 손금불산입 | | | 손금산입 · 익금불산입 | | |
|---|---|---|---|---|---|
| 과 목 | 금 액 | 소득처분 | 과 목 | 금 액 | 소득처분 |

2. 제7기 사업연도의 기부금관련 세무조정을 다음의[답안양식]에 따라 작성하시오. 단, 차가감소득금액은 ₩100,000,000으로 가정한다.

[답안양식]

| 조정유형 | 과 목 | 금 액 | 소득처분 |
|---|---|---|---|
| 익금산입 | 재고자산 | ××× | 유 보 |

3. 제7기 사업연도의 각사업연도소득금액을 제시하시오. 단, 차가감소득금액은 ₩100,000,000으로 가정한다.

### 해답

**[요구사항1]**

| 익금산입 · 손금불산입 | | | 손금산입 · 익금불산입 | | |
|---|---|---|---|---|---|
| 과 목 | 금 액 | 소득처분 | 과 목 | 금 액 | 소득처분 |
| 법인세비용 | 20,000,000 | 기타사외유출 | 자기주식처분손실 | 5,000,000 | 기타 |
| 접대비한도초과액 | 16,000,000 | 기타사외유출 | 선급기부금 | 7,000,000 | 유보 |
| 비지정기부금 | 4,000,000 | 기타사외유출 | 의제기부금 | 10,000,000 | 유보 |

[계산근거]

1. 의제기부금(특례기부금): ₩140,000,000−₩100,000,000×130%=₩10,000,000
2. 저가양도에 따른 의제기부금 및 현금기부금의 원가와 시가의 차액에 대한 세무조정은 손익에 차이가 없으므로 생략한다.

**[요구사항2]**

| 조정유형 | 과 목 | 금 액 | 소득처분 |
|---|---|---|---|
| 손금산입 | 특례기부금 한도초과이월액 | ₩6,000,000 | 기 타 |

| 손금산입 | 일반기부금 | 한도초과이월액 | 4,000,000 | 기 타 |
| 손금불산입 | 일반기부금 | 한도초과이월액 | 9,600,000 | 기타사외유출 |

[계산근거]

1. 기부금의 분류

    (1) 특례기부금: ₩10,000,000+₩7,000,000+₩10,000,000=₩27,000,000

    (2) 일반기부금: ₩7,000,000+₩3,000,000*=₩10,000,000

      * ₩50,000,000×(1−30%)−₩32,000,000=₩3,000,000

2. 기준소득금액: ₩100,000,000+₩27,000,000+₩10,000,000−₩60,000,000=₩77,000,000

3. 특례기부금

    (1) 한도: ₩77,000,000×50%=₩38,500,000

    (2) 한도초과이월액 손금산입: ₩6,000,000

4. 일반기부금

    (1) 한도: (₩77,000,000−₩6,000,000−₩27,000,000)×10%=₩4,400,000

    (2) 한도초과이월액 손금산입: ₩4,000,000

    (3) 한도초과액: ₩10,000,000−(₩4,400,000−₩4,000,000)=₩9,600,000

[요구사항3]

| 각사업연도소득금액 | ₩99,600,000 |

[계산근거]

| 차가감소득금액 | ₩100,000,000 |
| 기부금 한도초과이월액 손금산입 | (10,000,000) |
| 기부금 한도초과액 | 9,600,000 |
| 각사업연도소득금액 | ₩99,600,000 |

▼ 해설

1. 현물기부금

    (1) 법정기부금과 특수관계인이 아닌 자에 대한 지정기부금은 장부가액으로 평가한다.

    (2) 특수관계인에 대한 지정기부금과 비지정기부금은 시가와 장부가액 중 큰 금액으로 평가하며, 세무조정에는 다음 두 가지 방법이 있다.

| 제1법: | (차) | 기 부 금 | 3,000,000 | (대) | 제 품 | 3,000,000 |
|---|---|---|---|---|---|---|
| 제2법: | (차) | 기 부 금 | 4,000,000 | (대) | 제 품 | 3,000,000 |
| | | | | | 잡 이 익 | 1,000,000 |

제1법에 의할 경우 회사계상기부금을 ₩4,000,000으로 하여 기부금한도계산을 한다(기부금 과소계상액 ₩1,000,000을 손금산입하고 잡이익 과소계상액 ₩1,000,000을 익금산입한 후 회사계상기부금을 ₩4,000,000으로 하여 기부금한도계산을 할 수 있음).

2. 선급기부금

   기부금은 그 지출한 날이 속하는 사업연도의 손금으로 한다. 즉, 현금기준에 의한다.

3. 의제기부금

   (1) 특례기부금

   | 회사장부 | | 법인세법 | | 세무조정 |
   |---|---|---|---|---|
   | 토 지 | 140,000,000 | 토 지 | 130,000,000 | 〈손금산입〉 |
   | 현 금 | 140,000,000 | 기 부 금 | 10,000,000 | 10,000,000(△유보) |
   | | | 현 금 | 140,000,000 | |

   (2) 일반기부금

   | 회사장부 | | 법인세법 | | 세무조정 |
   |---|---|---|---|---|
   | 현 금 | 32,000,000 | 현 금 | 32,000,000 | 손익에 차이가 없으므로 세무조정을 생략하고 회사계상 기부금을 ₩3,000,000으로 하여 한도계산을 함 |
   | 토 지 | 30,000,000 | 기 부 금 | 3,000,000 | |
   | 토지처분이익 | 2,000,000 | 토 지 | 30,000,000 | |
   | | | 토지처분이익 | 5,000,000 | |

4. 이월결손금

   (1) 기준소득금액에서 차감하는 이월결손금은 과세표준계산시 공제대상 이월결손금(2019년 이전에 개시한 사업연도에서 발생한 이월결손금은 10년, 2020년 이후에 개시한 사업연도에서 발생한 이월결손금은 15년)이다.

   (2) 각사업연도소득의 60%를 한도로 이월결손금을 적용받는 법인(중소기업과 구조조정이행 법인 외의 내국법인)은 기준소득금액의 60%를 한도로 이월결손금을 공제한다.

# 03 기부금

다음은 (주)금강의 제14기 사업연도(20×7년 1월 1일 ~ 20×7년 12월 31일) 법인세신고 관련자료이다. (주)금강은 중소기업이 아니며, 구조조정을 이행하고 있지 않다.

1. 손익계산서상 당기순이익은 ₩170,000,000이고 법인세비용은 ₩20,000,000이며, 접대비한도초과액은 ₩10,000,000이다.

2. 특수관계인이 아닌 비영리법인으로부터 정당한 사유없이 시가 ₩50,000,000인 기계장치(원가 ₩30,000,000)를 20×7년 12월 10일 ₩80,000,000에 취득하였다. 그 대금 중 ₩70,000,000은 취득일에 지급하였고, 잔금 ₩10,000,000은 20×8년 1월 5일에 지급하였다.

3. 손익계산서상 기부금 내역은 다음과 같다. 단, 근로복지진흥기금에 대한 기부금은 20×7년 11월에 기부약정을 하고 20×8년 3월에 지급한 것이다.
   ① 수해이재민 구호금품        ₩20,000,000   (자사 제품이며 시가는 ₩25,000,000임)
   ② 국방헌금                  30,000,000
   ③ 근로복지진흥기금           10,000,000*

4. 제13기(20×6년 1월 1일~20×6년 12월 31일)에 불우이웃돕기성금 ₩5,000,000을 어음으로 지급(결제일: 20×7. 2. 8)하고 손익계산서에 비용으로 계상하였으며, 아동복지시설기부금 ₩8,000,000(당기에 손익계산서상 비용으로 계상됨)을 가지급금으로 재무상태표에 자산계상하였다. 전기의 세무조정은 적법하게 이루어졌다.

5. 제13기에 발생한 특례기부금 한도초과액은 ₩25,000,000이며, 제12기에 발생한 일반기부금 한도초과액은 ₩3,000,000이다.

6. 제14기말 세무상 이월결손금 잔액은 ₩170,000,000(제5기 발생분 ₩120,000,000, 제9기 발생분 ₩50,000,000)이다.

7. (주)금강은 사회적기업이 아니며, 다른 법인의 우리사주조합에 기부한 금액도 없다.

### 요구사항

1. 제14기 소득금액조정합계표상 세무조정 및 소득처분을 다음의 [답안양식]에 따라 작성하시오.

[답안양식]

| 익금산입 · 손금불산입 | | | 손금산입 · 익금불산입 | | |
|---|---|---|---|---|---|
| 과 목 | 금 액 | 소득처분 | 과 목 | 금 액 | 소득처분 |

2. 제14기 기부금해당액을 다음의 [답안양식]에 따라 작성하시오.

[답안양식]

| 특례기부금 해당액 | |
|---|---|
| 일반기부금 해당액 | |

3. 제14기 차가감소득금액이 ₩150,000,000, 특례기부금 해당액 ₩80,000,000, 일반기부금 해당액 ₩20,000,000이라고 가정하고, 기부금관련 세무조정을 다음의 [답안양식]에 따라 작성하시오.

[답안양식]

| 조정유형 | 과 목 | 금 액 | 소득처분 |
|---|---|---|---|
| 손금산입 | 기 부 금 | ××× | 유 보 |

4. [요구사항3]의 자료로 제14기 사업연도의 각사업연도소득금액을 제시하시오. 단, 차가감소득금액은 ₩150,000,000으로 가정한다.

### 해답

**[요구사항1]**

| 익금산입 및 손금불산입 | | | 손금산입 및 익금불산입 | | |
|---|---|---|---|---|---|
| 과 목 | 금 액 | 소득처분 | 과 목 | 금 액 | 소득처분 |
| 법인세비용 | ₩20,000,000 | 기타사외유출 | 기계장치 | ₩15,000,000 | 유 보 |
| 접대비한도초과액 | 10,000,000 | 기타사외유출 | 전기어음기부금 | 5,000,000 | 유 보 |
| 미지급금 | 10,000,000 | 유 보 | | | |
| 미지급기부금 | 10,000,000 | 유 보 | | | |
| 가지급금 | 8,000,000 | 유 보 | | | |

[계산근거]

1. 의제기부금

| 회사장부 | | 법인세법 | |
|---|---|---|---|
| 기계장치 | 80,000,000 | 기계장치 | 65,000,000 |
|     현　　금 | 70,000,000 | 기 부 금 | 5,000,000 |
|     미지급금 | 10,000,000 |     현　　금 | 70,000,000 |

2. 선급기부금

| 회사장부 | | 법인세법 | |
|---|---|---|---|
| 〈제13기〉 | | | |
| 가지급금 | 8,000,000 | 기 부 금 | 8,000,000 |
|     현　　금 | 8,000,000 |     현　　금 | 8,000,000 |
| 〈제14기〉 | | | |
| 기 부 금 | 8,000,000 | | |
|     가지급금 | 8,000,000 | | |

[요구사항2]

| 특례기부금 해당액 | ₩50,000,000 |
|---|---|
| 일반기부금 해당액 | 10,000,000 |

[계산근거]

1. 특례기부금: 수재민구호금품 ₩20,000,000+국방헌금 ₩30,000,000=₩50,000,000
2. 일반기부금: 비영리법인 의제기부금 ₩5,000,000+불우이웃돕기성금 ₩5,000,000=₩10,000,000

[요구사항3]

| 조정유형 | 과　목 | 금　액 | 소득처분 |
|---|---|---|---|
| 손금산입 | 특례기부금 한도초과이월액 | ₩25,000,000 | 기　타 |
| 익금산입 | 특례기부금 한도초과액 | 55,000,000 | 기타사외유출 |
| 손금산입 | 일반기부금 한도초과이월액 | 3,000,000 | 기　타 |
| 익금산입 | 일반기부금 한도초과액 | 18,000,000 | 기타사외유출 |

[계산근거]

1. 기준소득금액: ₩150,000,000+₩80,000,000+₩20,000,000−Min{₩250,000,000×60%, ₩170,000,000}
   =₩100,000,000

2. 특례기부금

   (1) 한도: ₩100,000,000×50%=₩50,000,000

   (2) 한도초과이월액 손금산입: ₩25,000,000

   (3) 한도초과액: ₩80,000,000−(₩50,000,000−₩25,000,000)=₩55,000,000

3. 일반기부금

   (1) 한도: (₩100,000,000−₩50,000,000)×10%=₩5,000,000

   (2) 한도초과이월액 손금산입: ₩3,000,000

   (3) 한도초과액: ₩20,000,000−(₩5,000,000−₩3,000,000)=₩18,000,000

[요구사항4]

| 각사업연도소득금액 | ₩195,000,000 |
|---|---|

[계산근거]

| | |
|---|---|
| 차가감소득금액 | ₩150,000,000 |
| 기부금 한도초과이월액 손금산입 | (28,000,000) |
| 기부금 한도초과액 | 73,000,000 |
| 각사업연도소득금액 | ₩195,000,000 |

▼ 해설

1. 현물기부금은 다음과 같이 평가하되, 별도의 세무조정 없이 기부금액만 조정한다.

   (1) 법정기부금과 특수관계없는 지정기부금: 장부가액

   (2) 특수관계있는 지정기부금과 비지정기부금: Max{시가, 장부가액}

2. 사회적 기업인 경우 일반기부금의 한도는 법 소정 기준소득금액의 20%이다.

3. 법인이 다른 법인의 우리사주조합에 기부한 금액은 법 소정 기준소득금액의 30%를 한도로 손금에 산입하며, 한도초과액은 이월되지 않고 소멸한다.

# 지급이자

다음은 제조업을 영위하는 영리내국법인인 (주)지리산(비상장, 비중소기업)의 제5기 사업연도(20×7. 1. 1. ~ 12. 31.) 차입금 및 유가증권과 관련된 자료이다. 이 자료를 이용하여 (주)지리산의 세무조정과 소득처분을 행하여 소득금액조정합계표를 작성하시오. 단, 1년은 365일로 가정한다.

1. 제5기에 발생한 지급이자의 내역은 다음과 같다. 건설차입금이자를 제외한 모든 차입금은 전기부터 존재했던 것으로 당기말까지 변화가 없다.

| 구 분 | 이 자 율 | 지급이자 | 차입금적수 |
|---|---|---|---|
| 사채(私債)이자 | 24% | ₩30,000,000 | ₩45,625,000,000 |
| 회사채(會社債)이자 | 6 | 40,000,000 | 243,333,333,333 |
| 일반은행차입금이자 | 8 | 24,000,000 | 109,500,000,000 |
| 현재가치할인차금상각액 | 8 | 1,000,000 | 4,562,500,000 |
| 금융리스료 중 이자상당액 | 7 | 2,000,000 | 10,428,571,428 |
| 어음할인료 | 6 | 3,000,000 | 18,250,000,000 |
| 건설차입금이자 | 5 | 62,500,000 | 456,250,000,000 |
| 기업구매자금대출금이자 | 4 | 4,000,000 | 36,500,000,000 |

(1) 사채(私債)이자는 채권자가 불분명한 사채에 대한 이자이며, 이에 대하여 원천징수를 하지 않았다.
(2) 회사채(會社債)이자의 이자율과 지급이자는 액면이자율을 기준으로 계산한 것이며, 유효이자율 9%로 계산한 이자비용은 ₩56,200,000이다. 회사가 손익계산서에 계상한 회사채와 관련된 이자비용은 ₩40,000,000이다.
(3) 현재가치할인차금상각액은 장기할부매입에 따른 현재가치할인차금의 상각액이다.
(4) 어음할인료의 60%는 매각거래에 해당하는 상업어음할인료이며 나머지는 금융어음할인료이다.
(5) 건설차입금이자는 건물 공사비로 직접 사용하기 위해 20×7. 4. 1에 차입한 15억원에 대한 이자이다.

2. 제5기의 사옥신축과 관련한 자료는 다음과 같다.
(1) 건축공사비와 관련된 지출액과 차입금의 일시예금에서 발생한 이자수익의 내역이다. 건물은 20×7년 4월 1일에 착공하여 20×8년 9월 30일에 완공예정이다.

|  | 일 자 | 지 출 액 | 비 고 |
|---|---|---|---|
| 계약금지급 | 20×7. 4. 1 | ₩1,400,000,000 | 20×7. 4. 1~9. 30까지 건설자금 |
| 중도금지급 | 20×7. 7. 1 | 1,000,000,000 | 차입금의 일시예치에 따른 이자 |
| 잔금지급 | 20×7. 9. 30 | 600,000,000 | 수익은 ₩3,000,000임. |

(2) 회사는 일반차입금에 대한 이자도 자본화한 것으로 선택하였으며, 장부상 자산으로 처리한 건물분 차입원가는 ₩40,000,000이다. 일반차입금에 대한 자본화이자율 계산시 소수점 넷째자리까지 구한다.

3. 회사는 해당 법인의 대표이사에게 별장취득자금으로 ₩80,000,000(가지급금적수 ₩26,880,000,000)을 대여하고 적정이자를 수령하였다.

4. 투자주식의 보유현황 및 수입배당금에 관한 자료는 다음과 같다. 회사의 제5기 사업연도말 재무상태표상 자산총계는 45억원이다.

| 피투자회사 | 장부가액 | 지분율 | 수입배당금 | 주식취득일 | 배당기준일 |
|---|---|---|---|---|---|
| A회사(상장법인) | ₩70,000,000 | 25% | ₩7,000,000 | 20×5. 7. 1 | 20×7. 6. 30 |
| B회사(비상장법인) | 20,000,000 | 4% | 4,000,000 | 20×7. 3. 15 | 20×7. 6. 30 |
| 계 | ₩90,000,000 |  | ₩11,000,000 |  |  |

### 해답

소득금액조정합계표

| 익금산입 및 손금불산입 | | | 손금산입 및 익금불산입 | | |
|---|---|---|---|---|---|
| 과 목 | 금 액 | 처 분 | 과 목 | 금 액 | 처 분 |
| 채권자불분명사채이자 | ₩30,000,000 | 상 여 | 사채할인발행차금상각 | ₩16,200,000 | 유 보 |
| 건 물 | 58,074,616 | 유 보 | 수입배당금 | 3,061,996 | 기 타 |
| 업무무관자산 관련이자 | 6,313,083 | 기타사외유출 |  |  |  |

[계산근거]

1. 건물분 건설자금이자

    (1) 평균지출액: $₩1,400,000,000 \times \dfrac{91}{365} + ₩2,400,000,000 \times \dfrac{91}{365} + ₩3,000,000,000 \times \dfrac{93}{365}$
    $= ₩1,711,780,822$

(2) 자본화이자율(일반차입금)

① 지급이자와 차입금적수

| 구 분 | 이 자 율 | 지급이자 | 차입금적수 |
|---|---|---|---|
| 회사채이자 | 9% | ₩56,200,000 | ₩227,922,222,222 |
| 일반은행차입금이자 | 8 | 24,000,000 | 109,500,000,000 |
| 금융리스료 중 이자상당액 | 7 | 2,000,000 | 10,428,571,428 |
| 금융어음할인료 | 6 | 1,200,000 | 7,300,000,000 |
| 계 | | ₩83,400,000 | ₩355,150,793,650 |

② 자본화이자율: $\dfrac{₩83,400,000}{₩355,150,793,650 \div 365} = 8.57\%$

(3) 건설자금이자

① 특정차입금: ₩62,500,000−₩3,000,000=           ₩59,500,000

② 일반차입금: $\left(₩1,711,780,822 - ₩456,250,000,000 \times \dfrac{1}{365}\right) \times 8.57\% =$   39,574,616

계           ₩99,074,616

(4) 세무조정: ₩99,074,616−₩40,000,000=₩59,074,616 손금불산입(유보)

2. 업무무관자산 관련이자

(1) 손금불산입액

$(₩83,400,000 - ₩39,574,616) \times \dfrac{\text{Min}\begin{cases}₩355,150,793,650 - ₩39,574,616 \div 8.57\% \times 365 \\ ₩26,880,000,000\end{cases}}{₩355,150,793,650 - ₩39,574,616 \div 8.57\% \times 365}$

=₩6,313,083

(2) 세무조정: ₩6,313,083 손금불산입(기타사외유출)

3. 수입배당금 익금불산입액

(1) 지급이자 해당액: ₩83,400,000+₩4,000,000−₩39,574,616−₩6,313,083=₩41,512,301

(2) 익금불산입액

A법인주식: $\left(₩7,000,000 - ₩41,512,301 \times \dfrac{₩70,000,000 \times 365}{₩4,500,000,000 \times 365}\right) \times 30\% =$   ₩1,906,276

B법인주식: $\left(₩4,000,000 - ₩41,512,301 \times \dfrac{₩20,000,000 \times 292}{₩4,500,000,000 \times 365}\right) \times 30\% =$   1,155,720

계           ₩3,061,996

(3) 세무조정: ₩3,061,996 익금불산입(기타)

> 해설

1. 법인세법상 사채할인발행차금상각액과 금융리스료 중 이자상당액 및 금융어음할인료는 지급이자에 포함되지만, 현재가치할인차금상각액, 상업어음할인료, 기업구매자금대출금이자 등은 손금불산입대상 지급이자에 포함되지 않는다.
2. 특정차입금의 일시예금에서 발생하는 수입이자는 건설자금이자에서 차감한다. 특정차입금에 대한 건설자금이자에는 지급이자뿐만 아니라 금융회사로부터 차입하는 때에 지급하는 지급보증료 등의 차입부대비용이 포함된다.
3. 법인세법상 일반차입금에 대한 건설자금이자는 적격자산 연평균지출액에서 차감하는 특정차입금의 연평균지출액 계산시 일시투자수익에 대한 지출액을 차감하지 않는다.
4. 적정한 이자를 수령하고 있는 업무무관가지급금도 지급이자 손금불산입규정을 적용한다.
5. 기업구매자금대출금이자는 지급이자 손금불산입대상은 아니지만 수입배당금 익금불산입액 계산시 지급이자에는 포함된다. 그리고 수입배당금 익금불산입액 계산시 지급이자에는 손금불산입된 지급이자는 제외된다.

## 접대비　2017 CPA

다음은 (주)한강 (중소기업 아님)의 제17기 사업연도(20×7년 1월 1일 ~ 20×7년 12월 31일) 법인세 신고 관련자료이다.

[자료]

1. 손익계산서상 매출액은 ₩10,560,000,000 이며, 세부내역은 다음과 같다.

| 과　목 | 손익계산서상 매출액 | 비　고 |
|---|---|---|
| 제품매출 | ₩10,000,000,000 | ①, ② |
| 용역매출 | 560,000,000 | ③ |
| 합　계 | ₩10,560,000,000 | |

① 20×7년 12월 31일에 제품을 인도하였으나, 당기 제품매출로 계상하지 않아 익금산입한 금액 ₩12,000,000 이 있다.

② 기업회계기준과 법인세법과의 손익귀속시기 차이로 당기 제품매출로 계상하지 않은 금액 ₩15,000,000 을 익금산입하였다.

③ 용역매출의 세부내역은 다음과 같다. 기타의 용역매출은 특수관계인 외의 자에게 제공한 유사한 용역 제공거래에서 발생한 것이며, 용역제공의 시가는 불분명하다.

| 과　목 | 특수관계인 용역매출 | 기타의 용역매출 |
|---|---|---|
| 용역매출액 | ₩280,000,000 | ₩280,000,000 |
| 용역매출원가 | 250,000,000 | 200,000,000 |

④ 손익계산서상 중단사업부문손익에는 중단한 사업부문의 제품매출 ₩23,0000,000이 포함되어 있다.

⑤ 회사의 제품매출은 전액 특수관계 없는 자와의 거래에서 발생한 것이다.

2. 손익계산서상 접대비 계정의 총액은 ₩50,000,000이며, 이 중에는 다음의 사항이 포함되어 있다.

① 문화예술공연입장권을 ₩5,000,000에 구입하여 거래처에 제공하였다.

② 거래처 (특수관계 없음)에 업무상 접대목적으로 제품(시가 ₩1,500,000, 제조원가 ₩1,250,000)을 무상 제공하고, 다음과 같이 회계처리하였다.

　　(차) 접 대 비　　　1,400,000　　　(대) ┌ 제　품　　　　1,250,000
　　　　　　　　　　　　　　　　　　　　　└ 부가세예수금　　150,000

③ (주)한강은 판촉을 위하여 임의단체(우수고객이 조직한 법인 아닌 단체)에 복리시설비로 ₩20,000,000을 지급하였다.

3. 회사는 현물접대비를 제외한 모든 지출건에 대하여 신용카드 등 적격증명서류를 수취하였다.
4. 접대비 수입금액 적용률

| 수입금액 | | 적용률 |
|---|---|---|
| | 100억원 이하 | 0.3% |
| 100억원 초과 | 500억원 이하 | 0.2% |
| 500억원 초과 | | 0.03% |

**요구사항**

1. 법인세법에 따라 계산한 회사의 제7기 특수관계인에 대한 용역매출금액을 제시하시오.
2. 제7기 시부인대상 접대비, 접대비 한도액 및 접대비 한도초과(미달)액을 다음의 답안양식에 따라 제시하시오.

[답안양식]

| 시부인대상 접대비 | |
|---|---|
| 접대비 한도액 | |
| 접대비 한도초과 (미달)액 | |

**해답**

[요구사항1]

| 특수관계인 용역매출 | ₩350,000,000 |
|---|---|

[계산근거]

$$₩250,000,000 \times \frac{₩280,000,000}{₩200,000,000} = ₩350,000,000$$

[요구사항2]

| 시부인대상 접대비 | ₩50,250,000 |
|---|---|
| 접대비 한도액 | 47,686,000 |
| 접대비 한도초과 (미달)액 | 2,564,000 |

[계산근거]

1. 시부인대상 접대비: ₩50,000,000+(₩1,500,000×1.1−₩1,400,000)=₩50,250,000

2. 접대비한도액: (1)+(2)+(3)=₩47,686,000

   (1) 기초금액: ₩12,000,000

   (2) 수입금액기준: ₩10,000,000,000×$\frac{3}{1,000}$+₩315,000,000×$\frac{2}{1,000}$+₩280,000,000×$\frac{2}{1,000}$

   ×10%=₩30,686,000

   *1. 일반매출액: ₩10,560,000,000+₩12,000,000−₩280,000,000+₩23,000,000=₩10,315,000,000
    2. 특수관계인매출액: ₩280,000,000

   (3) 문화접대비: Min{①, ②}=₩5,000,000

   ① ₩5,000,000

   ② (₩12,000,000+₩30,686,000)×20%=₩8,537,200

3. 접대비한도초과액: 1−2=₩2,564,000

## 접대비 ■2017. 세무사

다음은 제조업을 영위하는 영리내국 상장법인으로서 중소기업이 아닌 (주)한국의 제7기 사업연도 (20×7. 1. 1. ~ 20×7. 12. 31.)의 접대비 등에 관한 세무조정을 위한 자료이다. 전기까지 세무조정은 적법하게 이루어졌다고 가정한다.

1. (주)한국의 제7기 사업연도 접대비 지출액은 ₩7,000,000으로 (주)한국은 이 중 ₩5,800,000을 손익계산서에 비용으로 계상하였으며, 나머지 ₩1,200,000은 모두 건물(당기 중 완공됨)의 원가로 계상하였다. 이러한 회계처리는 한국채택국제회계기준에 따른 것이다.

2. 손익계산서상 비용으로 계상한 접대비 ₩5,800,000 중에는 법정증명서류를 수취하지 못한 금액 ₩1,000,000이 포함되어 있다. 동 금액 중 영수증을 수취한 금액은 ₩700,000이며, 나머지 ₩300,000에 대해서는 어떠한 증명서류도 수취하지 못하였다. (주)한국의 모든 접대비지출은 지출 건당 3만원을 초과하였다.

3. 상기 건물은 20×7. 4. 1. 준공과 동시에 사용되기 시작하였으며, 당해 사업연도의 감가상각비로 ₩3,600,000을 손익계산서상 비용으로 인식하였다. 동 건물의 취득원가는 ₩72,000,000 (접대비 지출액 ₩1,200,000 포함)이고, 신고한 내용연수는 20년(상각률 0.050)이다.

4. (주)한국의 제7기 사업연도의 법인세법상 접대비한도액은 ₩1,000,000으로 가정한다.

### 요구사항

(주)한국의 제7기 사업연도 세무조정을 다음의 [답안양식]에 따라 수행하시오.

[답안양식]

| 조정유형 | 과 목 | 금 액 | 소득처분 |
|---|---|---|---|
| 익금산입 | 토지A | ××× | 유보 |
| 손금산입 | 토지B | ××× | △유보 |

### 해답

| 조정유형 | 과 목 | 금 액 | 소득처분 |
|---|---|---|---|
| 익금산입 | 영수증수취분 | ₩700,000 | 기타사외유출 |
| 익금산입 | 증빙누락 | 300,000 | 상여 |
| 손금산입 | 건 물 | 200,000 | △유 보 |

| 익금산입 | 접대비한도초과 | 5,000,000 | 기타사외유출 |
| --- | --- | --- | --- |
| 익금산입 | 건물상각부인액 | 907,500 | 유보 |

[계산근거]

1. 접대비해당액: ₩7,000,000−₩700,000−₩300,000=₩6,000,000
2. 접대비한도초과: ₩6,000,000−₩1,000,000=₩5,000,000
3. 건물계상 접대비

| 회사장부 | | 법인세법 | |
| --- | --- | --- | --- |
| 접 대 비 | 5,800,000 | 건  물 | 1,000,000 |
| 건  물 | 1,200,000 | 사외유출 | 6,000,000 |
| 현  금 | 7,000,000 | 현  금 | 7,000,000 |

4. 감가상각시부인

   (1) 회사계상액: ₩3,600,000

   (2) 상각범위액: (₩72,000,000−₩200,000)÷20년×9/12=₩2,692,500

   (3) 상각부인액: ₩907,500

## 지급이자 ■2018. CPA

다음은 (주)서해의 제7기 사업연도 (20×7년 1월 1일 ~ 20×7년 12월 31일) 법인세신고 관련자료이다.

1. 손익계산서상 이자비용의 내역은 다음과 같다.

| 구 분 | 이자율 | 이자비용 | 차입금 | 차입금적수 |
|---|---|---|---|---|
| ① | 8% | 16,000,000 | 2억원 | 730억 원 |
| ② | 6% | 8,926,027 | 3억원 | 543억 원 |
| ③ | 4% | 6,049,315 | 3억원 | 552억 원 |

① 회사채이자로서 금융회사를 통해 채권자에 지급되었으며, 이자비용에는 사채할인발행차금상각액 ₩4,000,000이 포함되어 있다. (차입기간: 20×5년 7월 1일 ~ 20×9년 6월 30일)

② A은행 차입금으로 당기에 상환한 운영자금 차입금이다. (차입기간: 20×5년 7월 1일 ~ 20×7년 6월 30일)

③ B은행 차입금으로 당기에 신규로 차입한 운영자금 차입금이며, 이자비용에는 기간경과분 미지급이자 ₩1,000,000이 포함되어 있다. (차입기간: 20×7년 7월 1일 ~ 20×9년 6월 30일)

2. (주)서해는 20×6년 10월 1일 업무에 직접 사용하지 않는 자동차를 특수관계인으로부터 ₩100,000,000(시가 ₩60,000,000)에 취득하여 보유하고 있다. 동 자동차와 관련하여 당기 중 감가상각비 ₩20,000,000(내용연수 5년, 정액법 상각)을 비용으로 계상하였다.

3. 가지급금의 내역은 다음과 같다.

| 구 분 | 대여일 | 가지급금 | 가지급금적수 |
|---|---|---|---|
| ① | 20×7. 3. 7. | ₩100,000,000 | 300억원 |
| ② | 20×7. 6. 15. | 30,000,000 | 60억원 |
| ③ | 20×7. 9. 23. | 36,000,000 | 36.5억원 |

① 대표이사 대여금으로 대표이사에게 업무와 무관하게 무상으로 대여한 금액이다. 한편 당기말 현재 대표이사로부터 별도의 상환약정 없이 차입한 차입금 (가수금 적수는 154억원임)이 있다.

② 학자금 대여액으로 사용인에게 자녀 학자금을 무상으로 대여한 금액이다.

③ 주택자금 대여액으로 무주택사용인에게 국민주택 취득자금으로 대여한 금액이다. 동 대여금과 관련하여 약정에 의한 이자수익 ₩400,000을 손익계산서에 이자수익으로 계상하였다.

4. (주)서해는 가중평균차입이자율을 적용하여 인정이자를 계산한다.

5. (주)서해는 A은행 및 B은행과 특수관계가 없다.

### 요구사항

(주)서해의 제7기 세무조정 및 소득처분을 다음의 [답안양식]에 따라 제시하시오.

[답안양식]

| 익금산입 및 손금불산입 | | | 손금산입 및 익금불산입 | | |
|---|---|---|---|---|---|
| 과 목 | 금 액 | 소득처분 | 과 목 | 금 액 | 소득처분 |

### 해답

| 익금산입 및 손금불산입 | | | 손금산입 및 익금불산입 | | |
|---|---|---|---|---|---|
| 과 목 | 금 액 | 소득처분 | 과 목 | 금 액 | 소득처분 |
| 감가상각누계액 | 20,000,000 | 유보 | | | |
| 업무무관자산이자 | 9,292,602 | 기타사외유출 | | | |
| 인정이자(대표이사) | 2,720,000 | 상여 | | | |
| 인정이자(직원) | 160,000 | 상여 | | | |

[계산근거]

1. 업무무관자산 관련이자.

    (1) 업무무관자산적수: 1억원×365+300억원−154억원+36.5억원=547.5억원

    (2) 지급이자손금불산입

    $$(₩16,000,000+₩8,926,027+₩6,049,315) \times \frac{547.5억원}{730억원+543억원+552억원} = ₩9,292,602$$

2. 가지급금인정이자

    (1) 대표이사

    ① 가중평균차입이자율: $\frac{2억원 \times 8\% + 3억원 \times 6\%}{2억원 + 3억원} = 6.8\%$

    ② 인정이자: (300억원−154억원)×6.8%×1/365=₩2,720,000

    (2) 무주택직원

    ① 가중평균차입이자율: $\frac{2억원 \times 8\% + 3억원 \times 4\%}{2억원 + 3억원} = 5.6\%$

    ② 시가: 36.5억원×5.6%×1/365=₩560,000

③ 중요성: $\dfrac{\text{\textwon}560,000-\text{\textwon}400,000}{\text{\textwon}560,000} \geq 5\%$

④ 인정이자: ₩560,000-₩400,000=₩160,000

## 기부금 ■ 2018. CPA

다음은 (주)남해의(비상장, 비중소기업) 제7기 사업연도(20×7년 1월 1일 ~ 20×7년 12월 31일) 법인세신고 관련자료이다.

1. 손익계산서상 기부금 내역은 다음과 같다.

| 일 자 | 구 분 | 금 액 |
|---|---|---|
| 20×7. 3. 15. | 이재민 구호금품 | ₩20,000,000 |
| 20×7. 5. 10. | 사립대학교 장학금 | 15,000,000 |
| 20×7. 7. 20. | 사회복지법인 기부금 | 30,000,000 |
| 20×7. 9. 12. | 영업자단체 협회비 | 10,000,000 |

① 이재민 구호금품은 천재지변에 의한 이재민에게 자사제품(시가 ₩30,000,000)으로 기부한 것이다.
② 사립대학교 장학금은 대표이사의 모교인 사립대학교에 약속어음 (결제일 20×8년 1월 20일)으로 기부한 것이다.
③ 사회복지법인 기부금은 사회복지법인의 고유목적사업비를 현금으로 기부한 것이다.
④ 영업자단체 협회비는 영업자가 조직한 단체로서 주무관청에 등록된 단체에 납부한 회비이며, 특별회비 ₩3,000,000이 포함되어 있다.

2. (주)남해는 20×7년 10월 1일 보유하고 있던 건물(취득가액 4억원, 감가상각누계액 2억원, 상각부인액 1억원)을 10년간 회사가 사용수익하는 조건으로 대표이사의 향우회에 기부하고 건물의 시가인 5억원을 무형자산으로 계상하였다. (주)남해는 동 무형자산에 대한 상각비 ₩10,000,000을 비용으로 계상하였다.

3. (주)남해의 결산서상 당기순이익은 ₩450,000,000, 법인세비용은 ₩52,000,000이다.

4. 세무상 이월결손금은 없으며, 위에서 제시한 것 외에 다른 세무조정사항은 없다고 가정한다.

### 요구사항

1. 제7기 차가감소득금액을 다음의 [답안양식]에 따라 제시하시오.

[답안양식]

| 당기순이익 | | ××× |
|---|---|---|
| 익금산입 및 손금불산입 | | ××× |
| 1) …… | ××× | |
| 2) …… | ××× | |
| ⋮ | ⋮ | |
| 손금산입 및 익금불산입 | | ××× |
| 1) …… | ××× | |
| 2) …… | ××× | |
| ⋮ | ⋮ | |
| 차가감소득금액 | | ××× |

2. 제7기 차가감소득금액이 ₩250,000,0000이라고 가정할 경우 기부금 해당액과 기부금 한도초과(미달 액)을 다음의 [답안양식]에 따라 제시하시오.

[답안양식]

| 특례기부금 해당액 | |
|---|---|
| 일반기부금 해당액 | |
| 특례기부금 한도초과 (미달) 액 | |
| 일반기부금 한도초과 (미달) 액 | |

### 해답

**[요구사항1]**

| 당기순이익 | | ₩450,000,000 |
|---|---|---|
| 익금산입 및 손금불산입 | | 72,500,000 |
|   법인세비용 | ₩52,000,000 | |
|   미지급기부금 | 15,000,000 | |
|   영업자단체특별회비 | 3,000,000 | |
|   상각부인액(무형자산) | 2,500,000 | |
| 손금산입 및 익금불산입 | | 300,000,000 |
|   상각부인액(건물) | ₩100,000,000 | |

| | |
|---|---|
| 무형자산 | 200,000,000 |
| 차가감소득금액 | ₩225,500,000 |

[계산근거]

| 회사장부 | | 법인세법 | | 세무조정 |
|---|---|---|---|---|
| 무형자산 5억원 | | 무형자산 3억원 | | 〈손금산입〉상각부인액 |
| 건 물(순) | 2억원 | 건 물(순) | 3억원 | 1억원(△유보) |
| 유형자산처분이익 | 3억원 | | | 〈손금산입〉무형자산 |
| | | | | 2억원(△유보) |
| 무형자산상각비 10,000,000 | | 무형자산상각비 7,500,000* | | 〈익금산입〉상각부인액 |
| 무형자산 | 10,000,000 | 무형자산 | 7,500,000 | 2,500,000(유보) |

* ₩300,000,000÷10년×3/12=₩7,500,000

[요구사항2]

| 특례기부금 해당액 | ₩20,000,000 |
|---|---|
| 일반기부금 해당액 | 30,000,000 |
| 특례기부금 한도초과 (미달) 액 | 0 |
| 일반기부금 한도초과 (미달) 액 | 2,000,000 |

[계산근거]

1. 기준소득금액: ₩250,000,000+₩20,000,000+₩30,000,000=₩300,000,000

2. 특례기부금

   (1) 한도액: ₩300,000,000×50%=₩150,000,000

   (2) 한도미달액: ₩130,000,000

3. 일반기부금

   (1) 한도액: (₩300,000,000−₩20,000,000)×10%=₩28,000,000

   (2) 한도초과액: ₩30,000,000−₩28,000,000=₩2,000,000

## 접대비 ■2018. 세무사

다음은 제조업 및 부동산임대업을 영위하며 중소기업인 (주)대한의 제7기 사업연도 (20×7. 1. 1. ~ 20×7. 12. 31.)의 접대비 등에 관한 자료이다.

1. 손익계산서상 수익내역은 다음과 같다.
   ① 매출액 ₩10,000,000,000(제품매출액 ₩9,800,000,000, 본사건물의 임대료수입 ₩200,000,000)이며, 제품매출액 중 ₩1,000,000,000은 특수관계인에 대한 매출액이다.
   ② 영업외수익 ₩700,000,000(기계장치의 임대료수입 ₩500,000,000, 부산물매각대 ₩200,000,000)

2. 손익계산서상 접대비 계정 총액은 ₩50,000,000이며 다음의 항목이 포함되어 있다.
   ① 임직원의 단합을 위하여 지출한 회식비 ₩2,000,000
   ② 거래처 임원 자녀의 결혼축의금 지급액 ₩500,000 (1회, 적격증명서류 미수취)
   ③ 임원 개인명의 신용카드를 사용한 거래처 접대액 ₩3,000,000 (거래건당 3만원 초과분)
   ④ 거래처에게 접대용으로 제공한 생산제품의 시가 ₩1,000,000 (적격증명서류 미수취)

3. 접대비 이외의 비용 계정에는 다음의 사항이 포함되어 있다.
   ① 종업원이 구성한 노동조합으로서 법인인 단체에 지출한 운영비 ₩5,000,000
   ② 약정에 따라 포기한 거래처 매출채권에 대한 대손상각비 ₩10,000,000
   ③ 접대비관련 부가가치세 불공제매입세액 ₩400,000
   ④ 생산한 제품으로 거래처에게 제공한 접대비에 대한 부가가치세 매출세액 ₩100,000
   ⑤ 사전 약정없이 특정거래처에게 지급한 판매장려금 ₩1,200,000

### 요구사항

1. (주)대한의 제7기 사업연도 접대비에 대한 세무조정을 하시오.

[답안양식]

| 조정유형 | 과 목 | 금 액 | 소득처분 |
|---|---|---|---|
| 익금산입 | 토지A | ××× | 유보 |
| 손금산입 | 토지B | ××× | △유보 |

2. (주)대한이 중소기업이 아니며 부동산임대업을 주된 사업으로 하는 법령으로 정한 접대비한도액 축소대상 특정내국법인인 경우 (주)대한의 제7기 사업연도 접대비 한도초과액을 계산하시오. (단, 접대

비 한도초과액 계산시 접대비 해당액은 ₩50,000,000(문화접대비 ₩1,000,000 포함)이고 수입금액은 ₩5,000,000,000으로 한다.)

 해답

[요구사항1]

| 조정유형 | 과 목 | 금 액 | 소득처분 |
| --- | --- | --- | --- |
| 〈익금산입〉 | 영수증수취분 | ₩500,000 | 기타사외유출 |
| 〈익금산입〉 | 영수증수취분 | 3,000,000 | 기타사외유출 |
| 〈익금산입〉 | 접대비 한도초과 | 6,120,000 | 기타사외유출 |

[계산근거]

1. 접대비해당액: ₩60,000,000−₩2,000,000−₩500,000−₩3,000,000+₩5,000,000+₩10,000,000
   +₩400,000+₩100,000=₩70,000,000

2. 접대비한도액: (1)+(2)=₩63,880,000

   (1) 기초금액: ₩36,000,000

   (2) 수입금액기준: ₩9,200,000,000×$\frac{3}{1,000}$+{₩800,000,000×$\frac{3}{1,000}$+₩200,000,000×$\frac{2}{1,000}$}

   ×10%=₩27,880,000

   *1 일반매출액: 98억+2억+2억−10억=92억
   2 특수관계인 매출액: 10억

3. 접대비한도초과: 1−2=₩6,120,000

[요구사항2]

| 접대비 한도초과액 | ₩35,500,000 |
| --- | --- |

[계산근거]

1. 접대비해당액: ₩50,000,000

2. 접대비한도액: {(1)+(2)}×50%+(3)=₩14,500,000

   (1) 기초금액: ₩12,000,000

   (2) 수입금액기준: ₩5,000,000,000×3/1,000=₩15,000,000

   (3) 문화접대비: Min{①, ②}=₩1,000,000

   ① ₩1,000,000

   ② {(1)+(2)}×50%×20%=₩2,700,000

3. 접대비한도초과액: 1−2=₩35,500,000

# 접대비 ■ 2019. CPA

다음은 제조업을 영위하는 (주)접대 (중소기업아님)의 제7기 사업연도 (20×7년 1월 1일 ~ 20×7년 12월 31일) 법인세신고 관련자료이다. [자료 1]과 [자료 2]는 각각 독립적 상황이다.

[자료 1]

1. 손익계산서상 매출액은 ₩10,780,000,000(특수관계인 매출 없음)이며, 관련 세부내역은 다음과 같다.

    ① 20×7년 12월 31일에 제품 A를 인도하였으나, 당기 매출로 계상하지 않아 익금산입한 금액 ₩15,000,000이 있다.

    ② 매출할인 ₩20,000,000 및 매출환입 ₩10,000,000을 영업외비용으로 회계처리하였다.

    ③ 20×7년 12월 28일에 대금을 선수령 (인도일: 20×8년 2월 3일)하고 전자세금계산서를 발행한 공급가액 ₩30,000,000이 매출액에 포함되어 있다.

2. 손익계산서상 판매비와관리비에 계상된 접대비는 ₩49,700,000이며 이에 대한 내역은 다음과 같다.

| 구 분 | 건당 3만원이하 | 건당 3만원초과 | 합 계 |
|---|---|---|---|
| 신용카드매출전표 수취건 | – | ₩42,000,000 | ₩42,000,000 |
| 영수증 수취건 | ₩700,000 | 2,500,000 | 3,200,000 |
| 현물접대비 | – | 4,500,000 | 4,500,000 |
| 합계 | ₩700,000 | ₩49,000,000 | ₩49,700,000 |

위의 접대비 중 현물접대비는 업무상 접대목적으로 (주)접대의 제품(원가: ₩4,000,000, 시가: ₩5,000,000)을 제공한 것으로 회사는 다음과 같이 회계처리하였다.

(차) 접 대 비    4,500,000    (대) ┌ 제  품       4,000,000
                                    └ 부가세예수금   500,000

3. (주)접대는 접대비와 관련하여 매입세액불공제된 금액 ₩5,000,000을 세금과공과(비용)로 회계처리하였다. 동 비용은 신용카드를 사용하여 지출되었다.

4. 문화접대비 및 경조사비로 지출된 금액은 없다.

5. 접대비 한도액 계산시 수입금액에 대한 비율은 다음과 같다.

| 수입금액 | 적용률 |
|---|---|
| 100억원 이하 | 30/10,000 |
| 100억원 초과 500억원 이하 | 20/10,000 |

[자료 2]

1. 시부인대상 접대비는 ₩39,000,000이고, 접대비한도액은 ₩12,000,000이다.
2. 접대비는 다음과 같이 계상되었다.
   ① 판매비와 관리비: ₩21,000,000
   ② 건물: ₩18,000,000
3. 접대비를 포함한 건물 (20×7년초 취득)의 취득가액은 ₩200,000,000이며, 제7기에 감가상각비로 ₩20,000,000(법인세법상 감가상각 손금한도 내 금액임)을 계상하였다.

### 요구사항

1. [자료1]를 이용하여 (주)접대의 제7기 적격증명서류미수취 손금불산입 접대비, 시부인대상 접대비 및 접대비 한도액을 다음의 [답안양식]에 따라 제시하시오.

[답안양식]

| 적격증명서류 미수취 손금불산입 접대비 | |
|---|---|
| 시부인대상 접대비 | |
| 접대비 한도액 | |

2. [자료2]를 이용하여 (주)접대의 제7기 사업연도 접대비와 건물 감가상각비 관련 세무조정 및 소득처분을 다음의 [답안양식]에 따라 제시하시오.

[답안양식]

| 익금산입 및 손금불산입 | | | 손금산입 및 익금불산입 | | |
|---|---|---|---|---|---|
| 과 목 | 금 액 | 소득처분 | 과 목 | 금 액 | 소득처분 |

### 해답

[요구사항1]

| 적격증명서류 미수취 손금불산입 접대비 | ₩2,500,000 |
|---|---|
| 시부인대상 접대비 | 53,200,000 |
| 접대비 한도액 | 43,470,000 |

[계산근거]

(1) 시부인대상접대비: ₩49,700,000−₩2,500,000+₩1,000,000+₩5,000,000=₩53,200,000

(2) 접대비한도액: ①+②=₩43,470,000

　① 기초금액: ₩12,000,000

　② 수입금액기준: ₩10,000,000,000×3/1,000+₩735,000,000×2/1,000=₩31,470,000

　　*매출액: ₩10,780,000,000+₩15,000,000−₩20,000,000−₩10,000,000−₩30,000,000
　　　　　=₩10,735,000,000

[요구사항2]

| 익금산입 및 손금불산입 | | | 손금산입 및 익금불산입 | | |
|---|---|---|---|---|---|
| 과 목 | 금 액 | 소득처분 | 과 목 | 금 액 | 소득처분 |
| 접 대 비 | 27,000,000 | 기타사외유출 | 건 물 | 6,000,000 | △유보 |
| 감가상각누계액 | 600,000 | 유 보 | | | |

[계산근거]

| 회사장부 | | 법인세법 | | 세무조정 |
|---|---|---|---|---|
| 접 대 비　21,000,000 | | 건 물　12,000,000 | | 〈손금산입〉건물 |
| 건 물　18,000,000 | | 사외유출　27,000,000 | | 6,000,000(△유보) |
| 　현 금　　39,000,000 | | 　현 금　　39,000,000 | | 〈익금산입〉접대비 |
| | | | | 27,000,000(기타사외유출) |
| 감가상각비　20,600,000 | | 감가상각비　19,400,000* | | 〈익금산입〉감가상각누계액 |
| 　감가상각누계액　20,600,000 | | 　감가상각누계액　19,400,000 | | 600,000(유보) |

　*(₩200,000,000−₩6,000,000)× $\dfrac{₩20,000,000}{₩200,000,000}$ =₩19,400,000

# 기부금 ■2019. 세무사

다음은 제조업을 영위하는 (주)한국(사회적기업 아님)의 제17기 (20×7. 1. 1. ~ 20× 7. 12. 31.) 기부금과 관련된 자료이다.

1. 법인세비용차감전순이익: ₩20,000,000

2. 손익계산서상 기부금 내역

   (1) 당기 중 사립학교법에 따른 사립대학교에 시설비로 지출한 기부금 ₩10,000,000(20×8. 1. 2. 만기어음으로 지급)에 대하여 다음과 같이 회계처리하였다.

   (차) 기 부 금    10,000,000    (대) 미지급금    10,000,000

   (2) 전기에 국방헌금으로 납부한 현금기부금에 대하여 선급금으로 회계처리한 것을 당기 중 다음과 같이 회계처리하였다.

   (차) 기 부 금    5,000,000    (대) 선 급 금    5,000,000

   (3) 당기 중 회사의 제품(장부가액 ₩15,0000,000, 시가 ₩20,000,000)을 불우이웃돕기성금으로 특수관계 있는 일반기부금 단체에 기증하고 다음과 같이 회계처리하였다.

   (차) 매출원가    15,000,000    (대) 제 품    15,000,000

   (4) 20×7. 12. 31.에 특수관계 없는 일반기부금 단체로부터 건물(시가 ₩80,000,000)을 ₩110,000,000에 매입하고 매입금액을 취득원가로 회계처리하였다. 건물을 시가보다 고가로 매입한 정당한 사유는 없다.

   (5) 당기 중 지방자치단체에 토지(장부가액 ₩50,000,000, 시가 ₩80,000,000)를 ₩55,000,000에 매각하고 장부가액과 처분가액과의 차이를 처분이익으로 회계처리하였다. 토지를 시가보다 저가로 매각한 정당한 사유는 없다.

   (6) 당기 중 (주)한국이 피투자법인의 우리사주조합에 지출한 현금기부금 ₩15,000,000에 대하여 손익계산서상 기부금으로 회계처리하였다.

3. 과세표준을 계산할 때 공제대상이 되는 이월결손금은 ₩5,0000,000이다.

4. 기부금 손금한도초과액의 내역은 다음과 같다.

| 발생사업연도 | 법정기부금 | 우리사주조합기부금 | 지정기부금 |
|---|---|---|---|
| 제4기 (20×4. 1. 1.~20×4. 12. 31.) | ₩2,500,000 | – | ₩2,000,000 |
| 제3기 (20×3. 1. 1.~20×3. 12. 31.) |  | ₩3,000,000 | 450,000 |

5. 위 자료 이외의 추가적인 세무조정사항은 없다고 가정한다.

### 요구사항

1. 기부금 한도계산을 제외한 세무조정을 다음 양식에 따라 작성하시오. (단, 세무조정란은 가산조정이면 'A', 차감조정이면 'B'로 기입할 것)

| 세무조정 | 과목 | 금액(단위: 원) | 소득처분 |
|---|---|---|---|
| A | ××× | ××× | ××× |
| . | | | |
| . | | | |
| . | | | |

2. 기부금 세무조정을 다음 양식에 따라 작성하시오. (단, 세무조정란은 가산조정이면 'A', 차감조정이면 'B'로 기입할 것)

| 세무조정 | 과목 | 금액(단위: 원) | 소득처분 |
|---|---|---|---|
| A | ××× | ××× | ××× |
| . | | | |
| . | | | |
| . | | | |

### 해답

[요구사항1]

| 세무조정 | 과목 | 금액(단위: 원) | 소득처분 |
|---|---|---|---|
| A | 미지급금 | 10,000,000 | 유보 |
| A | 전기 선급금 | 5,000,000 | 유보 |
| B | 건물 | 6,000,000 | △유보 |

[계산근거]

1. 의제기부금(지정기부금)

| 회사장부 | | 법인세법 | |
|---|---|---|---|
| 건 물  110,000,000 | | 건 물  104,000,000 | |
| | 현 금  110,000,000 | 기 부 금  6,000,000 | |
| | | | 현 금  110,000,000 |

2. 의제기부금(법정기부금)

| 회사장부 | | 법인세법 | |
|---|---|---|---|
| 현 금  55,000,000 | | 현 금  56,000,000 | |
| | 토 지  50,000,000 | | 토 지  50,000,000 |
| | 유형자산처분이익  5,000,000 | | 유형자산처분이익  6,000,000 |
| | | 기 부 금  1,000,000 | |
| | | | 현 금  1,000,000 |

[요구사항2]

| 세무조정 | 과 목 | 금액(단위: 원) | 소득처분 |
|---|---|---|---|
| B | 특례기부금 한도초과이월액 | ₩2,500,000 | 기 타 |
| B | 일정기부금 한도초과액이월액 | 2,450,000 | 기 타 |
| A | 지정기부금 한도초과액 | 23,700,000 | 기타사외유출 |

[계산근거]

1. 기부금의 분류

   (1) 특례기부금: ₩1,000,000

   (2) 우리사주조합기부금: ₩15,000,000

   (3) 일반기부금: ₩20,000,000+₩6,000,000=₩26,000,000

2. 차기감소득금액: ₩20,000,000+₩10,000,000+₩5,000,000−₩6,000,000=₩29,000,000

3. 기준소득금액: ₩29,000,000+₩1,000,000+₩15,000,000+₩26,000,000−₩5,000,000=₩66,000,000

4. 특례기부금

   (1) 한도: ₩66,000,000×50%=₩33,000,000

   (2) 한도초과이월액 손금산입: ₩2,500,000

   (3) 한도미달액: ₩1,000,000−(₩33,000,000−₩2,500,000)=₩29,500,000

5. 우리사주조합기부금

   (1) 한도: (₩66,000,000-₩1,000,000-₩2,500,000)×30%=₩18,750,000

   (2) 한도미달액: ₩3,750,000

       \* 우리사주조합기부금 한도초과액은 이월되지 않음.

6. 일반기부금

   (1) 한도: (₩66,000,000-₩2,500,000-₩1,000,000-₩15,000,000)×10%=₩4,750,000

   (2) 한도초과이월액 손금산입: ₩2,450,000

   (3) 한도초과액: ₩26,000,000-(₩4,750,000-₩2,450,000)=₩23,700,000

## Question 12. 접대비 ■ 2020. CPA

다음은 제조업을 영위하는 소백(중소기업 아님)의 제20기 사업연도(1월 1일 ~ 12월 31일) 법인세 신고 관련 자료이다. 전기까지의 세무조정은 적법하게 이루어졌다.

1. 손익계산서상 매출액은 ₩15,000,000,000이며, 이 중 ₩3,000,000,000은 특수관계인에 대한 매출액이다.

2. 손익계산서상 판매비와관리비에 계상된 접대비는 ₩105,300,000이며, 그 내역은 다음과 같다.

| 구 분 | 건당 3만원 이하 | 건당 3만원 초과 | 합 계 |
|---|---|---|---|
| 영수증 수취건 | ₩2,500,000 | ₩12,800,000 | ₩15,300,000 |
| 신용카드 매출전표 수취건*1 | 15,000,000 | 75,000,000 | 90,000,000 |
| 합 계 | ₩17,500,000 | ₩87,800,000 | ₩105,300,000 |

*1 음반 및 음악영상물을 구입하여 거래처에 제공한 금액 ₩5,000,000과 미술품 1점을 구입하여 거래처에 제공한 금액 ₩7,000,000이 포함되어 있다.

3. 손익계산서상 잡손실로 계상된 접대비 ₩15,000,000은 건당 3만원을 초과하며, 적격증명서류가 없다. 이 중 지출사실이 객관적으로 명백한 경우로서 국외지역에서 지출되어 적격증명서류를 구비하기 어려운 것으로 확인되는 금액은 ₩6,000,000이다.

4. 거래처인 (주)A에 직접 생산한 제품(원가 ₩5,000,000, 시가 ₩6,000,000)을 접대목적으로 무상제공하고 다음과 같이 회계처리하였다.

| (차) | 광고선전비 | 5,000,000 | (대) | 제 품 | 5,000,000 |
|---|---|---|---|---|---|
| | 세금과공과 | 600,000 | | 부가세예수금 | 600,000 |

5. 접대비 수입금액 적용률

| 수입금액 | 적용률 |
|---|---|
| 100억원 이하 | 30/10,000 |
| 100억원 초과 500억원 이하 | 20/10,000 |
| 500억원 초과 | 3/10,000 |

**요구사항**

(주)소백의 제20기 접대비 한도초과액을 다음의 [답안양식]에 따라 제시하시오.

[답안양식]

| 시부인대상 | | |
|---|---|---|
| 접대비 한도액 | 일반접대비 한도액 | |
| | 문화접대비 한도액 | |
| 접대비 한도초과액 | | |

### 해답

| 시부인대상 | | ₩105,100,000 |
|---|---|---|
| 접대비 한도액 | 일반접대비 한도액 | ₩46,600,000 |
| | 문화접대비 한도액 | ₩5,000,000 |
| 접대비 한도초과액 | | ₩53,500,000 |

[계산근거]

1. 시부인대상 접대비 해당액: ₩105,300,000 − ₩12,800,000(건당 3만원 초과 영수증수취분)
   + ₩6,000,000(해외접대비) + ₩6,600,000(현물접대비) = ₩105,100,000

2. 일반접대비 한도액: (1)+(2) = ₩46,600,000

   (1) 기초금액: ₩12,000,000 × 12/12 = ₩12,000,000

   (2) 수입금액기준: $100억 \times \dfrac{30}{10,000} + 20억 \times \dfrac{20}{10,000} + 30억 \times \dfrac{20}{10,000} \times 10\%$ = ₩34,600,000

3. 문화접대비 한도액: Min{(1), (2)} = ₩5,000,000

   (1) ₩5,000,000*

   (2) ₩46,600,000 × 20% = ₩9,320,000

   * 건당 취득가액이 100만원을 초과하는 미술품 구입액은 일반접대비에 해당함.

3. 한도초과액: ₩105,100,000 − ₩(46,600,000 + ₩5,000,000) = ₩53,500,000

## 접대비 2020. 세무사

다음은 제조업을 영위하는 내국영리법인(중소기업이 아님)인 (주)내국의 제20기 (1. 1. ~ 12. 31.) 접대비와 관련된 자료이다.

1. 손익계산서상 매출액은 ₩28,000,000,000(특수관계자와의 거래는 없음)이며, 이외의 사항은 다음과 같다.
   ① 부산물 매출액 ₩500,000,000 이 영업외수익으로 계상되어 있다.
   ② 중단사업부문의 매출액 ₩350,000,000이 포함되어 있다.
   ③ 임대보증금에 대한 간주익금 ₩220,000,000이 포함되어 있다.
   ④ 반제품 매출 ₩130,000,000이 누락되어 있다.

2. 손익계산서상 접대비 계정의 금액은 ₩150,000,000이며, 이와 관련된 사항은 다음과 같다.
   ① 대표이사의 동창회비로 지출한 금액을 접대비로 계상한 금액이 ₩6,000,000 있다.
   ② 건당 ₩30,000 초과 적격증빙 수취분(문화접대비 ₩17,000,000 포함)은 ₩45,000,000이다.
   ③ 건당 ₩30,000 초과 영수증 수취분은 ₩23,000,000이다.
   ④ 위의 ①, ②, ③을 제외한 나머지는 건당 ₩30,000 이하이며, 모두 적격증빙을 수취하였다.

### 요구사항

1. 제20기 사업연도의 접대비 한도액 계산의 기준이 되는 수입금액과 접대비손비 한도액을 다음의 양식에 따라 제시하시오.

| 구 분 | 해 답 |
|---|---|
| 접대비 한도액 계산상 수입금액 | |
| 접대비손비한도액 | |

2. 제20기 사업연도의 접대비 관련 세무조정을 다음 양식의 예시에 따라 하시오. (단, 접대비손비한도액은 [요구사항1])의 결과를 이용할 것)

| 조정유형 | 과 목 | 금 액 | 소득처분 |
|---|---|---|---|
| 익금산입 | 제 품 | ××× | 유 보 |
| … | … | … | … |

[요구사항1]

| 구 분 | 해 답 |
|---|---|
| 접대비 한도액 계산상 수입금액 | ₩28,410,000,000 |
| 접대비손비한도액 | ₩94,584,000 |

[계산근거]

1. 접대비한도액 계산상 수입금액: ₩28,000,000,000+₩500,000,000-₩220,000,000+₩130,000,000
   =₩28,410,000,000

2. 접대비손비한도액: (1)+(2)+(3)=₩94,584,000

   (1) 기초금액: ₩12,000,000

   (2) 수입금액기준: $₩10,000,000,000 \times \dfrac{3}{1,000} + ₩18,410,000,000 \times \dfrac{2}{1,000} = ₩66,820,000$

   (3) 문화접대비: Min{①, ②}=₩15,764,000

   ① ₩17,000,000

   ② {(1)+(2)}×20%=₩15,764,000

[요구사항2]

| 조정유형 | 과 목 | 금 액 | 소득처분 |
|---|---|---|---|
| 손금불산입 | 대표이사 동창회비 | ₩6,000,000 | 상 여 |
| 손금불산입 | 적격증명서류 미수취 | ₩23,000,000 | 기타사외유출 |
| 손금불산입 | 접대비한도초과액 | ₩26,416,000 | 기타사외유출 |

[계산근거]

1. 접대비해당액: ₩150,000,000-₩6,000,000-₩23,000,000=₩121,000,000

2. 접대비한도초과액: ₩94,584,000-₩121,000,000=₩26,416,000

# 14 기부금 ■2020. 세무사

다음은 제조업을 영위하는 내국영리법인(사회적 기업은 아님)인 (주)내국의 제 20기 (1. 1. ~ 12. 31.) 법인세신고 관련자료이다.

1. 제20기의 손익계산서상 당기순이익은 ₩255,000,000이다.

2. 제20기 세무조정사항은 다음과 같다.
   ① 법인세비용 ₩36,000,000 이 비용으로 계상되어 있다.
   ② 손익계산서상 기부금 내역서를 보면, 특례기부금으로 지출한 금액은 ₩30,000,000, 일반기부금으로 지출한 금액은 ₩20,000,000이다.
   ③ 특례기부금과 일반기부금의 사업연도별 한도초과액을 살펴보면 다음 표와 같다.

   | 사업연도 | 법정기부금 한도초과액 | 우리사주조합기부금 한도초과액 | 일반기부금 한도초과액 |
   | --- | --- | --- | --- |
   | 제14기 (1. 1. ~ 12. 31.) | 5,000,000 | - | 4,000,000 |
   | 제16기 (1. 1. ~ 12. 31.) | 10,000,000 | - | - |
   | 제18기 (1. 1. ~ 12. 31.) | 12,000,000 | - | 1,000,000 |

   ④ 회사의 손익계산서상 이자비용 ₩80,000,000이 계상되어 있으며, 이 중 ₩10,000,000은 본사건물 건설 관련 특정차입금의 건설자금이자이며, 제20기 말 현재 동 건물은 완공되지 아니하였다.
   ⑤ 영업외수익에는 자산수증이익 ₩40,000,000이 계상되어 있다.
   ⑥ 주식의 포괄적 교환차익 ₩30,000,000을 주식발행초과금으로 계상하였다.

3. 사업연도별 이월결손금 내역은 다음과 같다.

   | 사업연도 | 발생액 | 잔액 |
   | --- | --- | --- |
   | 제12기 (1. 1. ~ 12. 31.) | ₩100,000,000 | ₩50,000,000 |
   | 제13기 (1. 1. ~ 12.31.) | 80,000,000 | 80,000,000 |
   | 제14기 (1. 1. ~ 12. 31.) | 70,000,000 | 70,000,000 |

4. (주)내국은 조세특례제한법상 중소기업이 아니며, 회생계획을 이행 중인 기업 등의 범위에 포함되지 않는다.

### 요구사항

1. 제20기 사업연도의 소득금액조정합계표를 다음의 양식에 따라 작성하시오.

| 익금산입 및 손금불산입 | | | 손금산입 및 익금불산입 | | |
|---|---|---|---|---|---|
| 과 목 | 금 액 | 소득처분 | 과 목 | 금 액 | 소득처분 |
| 제 품 | ××× | 유 보 | 제 품 | ××× | 유 보 |
| … | … | … | … | … | … |

2. 제20기 사업연도의 기부금관련 세무조정을 다음의 양식에 따라 하시오.

| 익금산입 및 손금불산입 | | | 손금산입 및 익금불산입 | | |
|---|---|---|---|---|---|
| 과 목 | 금 액 | 소득처분 | 과 목 | 금 액 | 소득처분 |
| 제 품 | ××× | 유 보 | 제 품 | ××× | 유 보 |
| … | … | … | … | … | … |

3. 제20기 사업연도의 각사업연도소득금액과 과세표준을 다음의 양식에 따라 제시하시오.

| 구 분 | 금 액 |
|---|---|
| 각사업연도소득금액 | |
| 과세표준 | |

### 해답

**[요구사항1]**

| 익금산입 및 손금불산입 | | | 손금산입 및 익금불산입 | | |
|---|---|---|---|---|---|
| 과 목 | 금 액 | 소득처분 | 과 목 | 금 액 | 소득처분 |
| 법인세비용 | 36,000,000 | 기타사외유출 | 자산수증이익 | 40,000,000 | 기 타 |
| 건설중인자산 | 10,000,000 | 유 보 | | | |

**[요구사항2]**

| 조정유형 | 과 목 | 금 액 | 소득처분 |
|---|---|---|---|
| 손금산입 | 특례기부금 한도초과이월액 | ₩27,000,000 | 기 타 |
| 손금산입 | 일반기부금 한도초과이월액 | ₩5,000,000 | 기 타 |
| 손금불산입 | 일반기부금 한도초과액 | ₩18,260,000 | 기타사외유출 |

[계산근거]

1. 기부금의 분류

    (1) 특례기부금: ₩30,000,000

    (2) 일반기부금: ₩20,000,000

2. 차가감소득금액: ₩255,000,000+₩46,000,000-₩40,000,000=₩261,000,000

3. 기준소득금액: ₩261,000,000+₩30,000,000+₩20,000,000-Min{₩311,000,000×60%, ₩200,000,000}
    =₩124,400,000

4. 특례기부금

    (1) 한도액: ₩124,400,000×50%=₩62,200,000

    (2) 한도초과이월액 손금산입: ₩27,000,000

    (3) 한도미달액: ₩30,000,000-(₩62,000,000-₩27,000,000)=₩5,000,000

5. 일반기부금

    (1) 한도액: (₩124,400,000-₩27,000,000-₩30,000,000)×10%=₩6,740,000

    (2) 한도초과이월액 손금산입: ₩5,000,000

    (3) 한도초과액: ₩20,000,000-(₩6,740,000-₩5,000,000)=₩18,260,000

[요구사항3]

| 구 분 | 금 액 |
|---|---|
| 각사업연도소득금액 | ₩249,950,000 |
| 과세표준 | ₩99,980,000 |

[계산근거]

1. 각사업연도소득금액: ₩261,000,000+₩18,260,000-(₩27,000,000+₩5,000,000)=₩247,260,000

2. 과세표준: ₩247,260,000-Min{₩200,000,000, ₩247,260,000×60%}=₩98,904,000

## 접대비  ■2021. CPA

다음은 제조업을 영위하는 (주)소백(중소기업)의 제21기 사업연도(1월 1일 ~ 12월 31일) 법인세 관련 자료이다. 전기까지의 세무조정은 적법하게 이루어졌다.

1. 손익계산서상 매출액은 ₩35,000,000,000이며 매출과 관련된 자료는 다음과 같다.

    ① 영업외손익에 부산물 판매액 ₩1,500,000,000이 계상되어 있다.
    ② 당기말에 수탁자가 판매한 ₩10,000,000,000을 제22기 초 대금회수시 매출액으로 회계처리하였다.
    ③ 손익계산서상 매출액에는 특수관계인에 대한 매출액 ₩10,000,000,000이 포함되어 있다.

2. 손익계산서상 판매비와관리비에 계상된 접대비는 ₩189,000,000이다. 이 중 증빙이 없는 접대비는 ₩2,500,000이며 그 외의 접대비 내역은 다음과 같다.

| 구 분 | 건당 3만원 이하 | 건당 3만원 초과 | 합 계 |
|---|---|---|---|
| 영수증 수취건 | ₩1,500,000 | ₩12,000,000 | ₩13,500,000 |
| 신용카드 매출전표 수취건* | 16,000,000 | 85,000,000* | 101,000,000 |
| 세금계산서 수취건 | 10,000,000 | 62,000,000 | 72,000,000 |
| 합 계 | ₩27,500,000 | ₩159,000,000 | ₩186,500,000 |

    * 임원 개인명의의 신용카드를 사용하여 거래처에 접대한 금액 ₩5,000,000이 포함됨

3. 손익계산서에는 다음의 사항이 포함되어 있다.

    ① 상시 거래관계에 있는 거래처 100곳에 개당 ₩80,000(부가가치세 포함)의 시계를 광고선전품으로 제공한 금액 ₩8,000,000을 광고선전비로 회계처리하였다.
    ② 자체 생산한 제품(원가 ₩3,000,000, 시가 ₩5,000,000)을 거래처에 제공하고 다음과 같이 회계처리하였다.

4. 거래처인 (주)A에 직접 생산한 제품(원가 ₩5,000,000, 시가 ₩6,000,000)을 접대목적으로 무상제공하고 다음과 같이 회계처리하였다.

    (차) 복리후생비    5,000,000    (대) 제  품       3,000,000
         세금과공과      500,000         잡 이 익     2,000,000
                                         부가세예수금   500,000

    ③ 거래관계 개선을 위해 약정에 따라 매출채권 ₩15,000,000을 대손상각비로 회계처리하였다.

5. 접대비 수입금액 적용률

| 수입금액 | 적용률 |
|---|---|
| 100억원 이하 | 0.3% |
| 100억원 초과 500억원 이하 | 0.2% |
| 500억원 초과 | 0.03% |

▼ 요구사항

1. (주)소백의 접대비 한도초과액을 계산하기 위한 시부인대상 접대비 해당액을 다음의 답안양식에 따라 제시하시오.

[답안양식]

| 시부인대상 접대비 해당액 | |
|---|---|

2. [요구사항1]의 정답과 관계없이 시부인대상 접대비 해당액을 ₩200,000,000으로 가정하고 (주)소백의 접대비 한도초과액을 다음의 답안양식에 따라 제시하시오.

[답안양식]

| 접대비 한도액 계산 | 수입금액 | |
| | 접대비 한도액 | |
| 접대비 한도초과액 | | |

▼ 해답

[요구사항1]

| 시부인대상 접대비 해당액 | ₩193,000,000 |
|---|---|

[계산근거]

₩189,000,000 − ₩2,500,000 − ₩12,000,000 − ₩5,000,000 + ₩8,000,000 + ₩5,500,000 + ₩15,000,000 = ₩198,000,000

[요구사항2]

| 접대비 한도액 계산 | 수입금액 | ₩46,500,000,000 |
|---|---|---|
| | 접대비 한도액 | 121,000,000 |
| 접대비 한도초과액 | | 79,000,000 |

[계산근거]

1. 수입금액 : ₩35,000,000,000 + ₩1,500,000,000 + ₩10,000,000,000 = ₩46,500,000,000

2. 접대비한도액 : (1) + (2) = ₩121,000,000

   (1) ₩36,000,000

   (2) 100억원×0.3% + 265억원×0.2% + 100억원×0.2%×10% = ₩85,000,000

3. 접대비한도초과액 : ₩200,000,000 - ₩121,000,000 = ₩79,000,000

# 기부금 ■2021. CPA

다음은 제조업을 영위하는 (주)한라(중소기업 아님)의 제21기 사업연도(1월 1일 ~ 12월 31일) 기부금과 관련된 법인세 관련 자료이다. 전기까지의 세무조정은 적법하게 이루어졌다.

1. (주)한라의 손익계산서상 기부금 내역은 다음과 같다.

   ① A사립대학 장학금: ₩100,000,000*

   　*장학금은 약속어음으로 지급되었으며 어음의 결제일은 제22기 3월 1일임

   ② 무료로 이용할 수 있는 아동복지시설에 지출한 기부금: ₩50,000,000

   ③ 사회복지법인 고유목적사업비: ₩6,000,000*

   　*생산한 제품을 사회복지법에 의한 사회복지법인(특수관계 없음)의 고유목적사업비로 기부한것으로, (주)한라는 동 제품의 원가 ₩6,000,000(시가 ₩10,000,000)을 손익계산서상 기부금으로 계상함

   ④ 천재지변에 따른 이재민구호금품: ₩25,000,000

   ⑤ 새마을금고에 지출한 기부금: ₩4,000,000

2. (주)한라는 의료법에 의한 의료법인(특수관계 없음)으로부터 정당한 사유없이 시가 ₩10,000,000인 비품을 ₩15,000,000에 매입하고 매입가액을 취득원가로 회계처리하였다.

3. 제20기의 세무조정시 기부금과 관련된 세무조정사항은 다음과 같다.

   ① 일반기부금 한도초과액: ₩10,000,000

   ② 비지정기부금 부인액: ₩5,000,000

4. 제19기에 발생한 세무상 결손금은 ₩120,000,000이다.

### 요구사항

1. (주)한라의 제21기 기부금 관련 세무조정 및 소득처분을 다음의 답안양식에 따라 제시하시오. 단, 기부금 한도초과액에 대한 세무조정은 제외하시오.

[답안양식]

| 익금산입 및 손금불산입 | | | 손금산입 및 익금불산입 | | |
|---|---|---|---|---|---|
| 과 목 | 금 액 | 소득처분 | 과 목 | 금 액 | 소득처분 |

2. (주)한라의 제21기 차가감소득금액이 ₩400,000,000이라고 가정하고 당기의 법정기부금 및 지정기부금 한도초과(미달)액을 다음의 답안양식에 따라 제시하시오.

[답안양식]

| 특례기부금 해당액 | |
|---|---|
| 일반기부금 해당액 | |
| 특례기부금 한도초과(미달)액 | |
| 일반기부금 한도초과(미달)액 | |

### 해답

[요구사항1]

| 익금산입 및 손금불산입 | | | 손금산입 및 익금불산입 | | |
|---|---|---|---|---|---|
| 과 목 | 금 액 | 처 분 | 과 목 | 금 액 | 처 분 |
| 미지급기부금 | ₩100,000,000 | 유보 | 비 품 | ₩2,000,000 | 유보 |
| 비지정기부금 | 4,000,000 | 기타사외유출 | | | |

[계산근거]

| 회사장부 | | 법인세법 | | 세무조정 |
|---|---|---|---|---|
| 비 품 15,000,000 | | 비 품 13,000,000 | | 〈손금산입〉 비품 |
| 현 금 | 15,000,000 | 기 부 금 2,000,000 | | 2,000,000 (△유보) |
| | | 현 금 | 15,000,000 | |

[요구사항2]

| 시부인대상 접대비 해당액 | ₩193,000,000 |
|---|---|
| 일반기부금 해당액 | 58,000,000 |
| 특례기부금 한도초과(미달)액 | (156,500,000) |
| 일반기부금 한도초과(미달)액 | 34,200,000 |

[계산근거]

1. 특례기부금 : ₩25,000,000

2. 일반기부금 : ₩50,000,000 + ₩6,000,000 + ₩2,000,000 = ₩58,000,000

3. 특례기부금 한도초과(미달)액

   (1) 소득금액 : ₩400,000,000 + ₩25,000,000 + ₩58,000,000 − Min{₩483,000,000×60%, ₩120,000,000} = ₩363,000,000

   (2) 한도 : ₩363,000,000×50% = ₩181,500,000

   (3) 한도미달액 : ₩25,000,000 − ₩181,500,000 = (₩156,500,000)

4. 일반기부금 한도초과(미달)액

   (1) 한도 : (₩363,000,000 − ₩25,000,000)×10% = ₩33,800,000

   (2) 한도초과이월액 손금산입 : ₩10,000,000

   (3) 한도초과 : ₩58,000,000 − (₩33,800,000 − ₩10,000,000) = ₩34,200,000

## 접대비 ■2022. 세무사

다음은 제조업을 영위하는 (주)민국(중소기업 아님)의 제22기 사업연도(1. 1. ~ 12. 31.) 법인세 신고 관련 자료이다.

1. 손익계산서상 매출액은 ₩20,000,000,000(중단된 사업부분의 매출액 ₩3,000,000,000이 포함되어 있으며, ₩5,000,000,000은 특수관계인과의 거래에서 발생한 것임)이며, 관련 세부내역 중 일부는 다음과 같다.

   ① 위탁자인 (주)민국은 수탁자가 제2기에 특수관계인 외의 자에 대하여 판매한 위탁매출액 ₩1,000,000,000을 제23기의 매출로 회계처리하였다.

   ② 영업외수익 중에는 부산물 매각대금 ₩400,000,000이 포함되어 있으며, 영업외비용에는 매출할인액 ₩50,000,000이 포함되어 있다. 이는 모두 특수관계인외의 자에 대한 것이다.

   ③ 특수관계인 외의 자에 대한 임대보증금에 대한 간주임대료 ₩80,000,000이 매출액에 포함되어 있다.

2. 해당 사업연도의 접대비 계상내역은 다음과 같다.

| 항 목 | 금 액 |
|---|---|
| ① 판매비와 관리비로 계상된 접대비 | ₩50,000,000 |
| ② 건설중인 자산으로 계상된 접대비 | 500,000 |
| ③ 건물로 계상된 접대비 | 65,000,000 |
| 합 계 | ₩120,000,000 |

3. 손익계산서에 판매비와 관리비로 계상된 접대비의 내역은 다음과 같다.

| 구 분 | 건당 3만원이하 | 건당 3만원초과 | 합 계 |
|---|---|---|---|
| 신용카드매출 전표 수취 | ₩1,000,000 | ₩15,000,000[*1] | ₩16,000,000 |
| 세금계산서 수취 | - | 18,900,000[*2] | 18,900,000 |
| 영수증 수취 | 600,000 | 3,400,000[*3] | 4,000,000 |
| 적격증명서류 수취 | - | 11,100,000[*4] | 11,100,000 |
| 합계 | ₩1,600,000 | ₩48,000,000 | ₩50,000,000 |

*1. 신용카드사용액으로서 제23기에 결제일이 도래하는 금액 ₩1,000,000과 임원이 개인명의 신용카드를 사용하여 거래처에 접대한 금액 ₩2,500,000이 포함되어 있음.

 2. 거래처에 접대목적으로 증정할 제품 구입액 ₩2,2000,000(부가가치세 포함)이 포함되어 있음.

 3. 이 중 ₩2,400,000은 농어민으로부터, 나머지 ₩1,000,000은 영농조합법인으로부터 직접 재화를 공급받아 거래처에 증정한 것임. (주)민국은 그 대가를 금융회사를 통하여 지급하였으며 법인세 신고서 송금명세서를 첨부하여 납세지 관할세무서장에게 제출할 예정임.

4. 특수관계가 없는 거래처인 주태백에 직접 생산한 제품(원가 ₩10,000,000, 시가 ₩11,000,000)을 접대목적으로 증정하고 다음과 같이 회계처리한 금액임.

| | | | | | |
|---|---|---|---|---|---|
| (차) | 접대비 | 11,100,000 | (대) | 매 출 | 10,000,000 |
| | | | | 부가가치세예수금 | 1,100,000 |
| (차) | 매출원가 | 10,000,000 | (대) | 제 품 | 10,000,000 |

4. 건물은 제22기 7. 1. 완공되었고 당기말 현재 재무상태표상 취득원가는 ₩500,000,000이며, 회사는 당기에 ₩50,000,000의 감가상각비를 계상하였다. (신고내용연수: 20년, 신고한 감가상각방법: 정액법)

5. 수입금액에 대한적용률은 다음과 같다

| 수입금액 | 적용률 |
|---|---|
| 100억원 이하 | 0.3% |
| 100억원 초과 500억원 이하 | 3천만원+(수입금액-100억원)×0.2% |

### 요구사항

1. ㈜민국의 22기 사업연대 접대비한도액 계산의 기준이 되는 수입금액과 시부인대상 접대비, 그리고 접대비 한도액을 다음의 양식에 따라 제시하시오.

[답안양식]

| 항 목 | 금 액 |
|---|---|
| 접대비한도액 계산상 수입금액 | ① |
| 시부인대상 접대비 | ② |
| 접대비한도액 | ③ |

2. ㈜민국의 제22기 사업연도의 세무조정을 다음의 양식에 따라 제시하시오. (단, 간주임대료에 대한 세무조정은 고려하지 않는다.)

[답안양식]

| 익금산입 및 손금불산입 | | | 손금산입 및 익금불산입 | | |
|---|---|---|---|---|---|
| 과 목 | 금 액 | 소득처분 | 과 목 | 금 액 | 소득처분 |

[요구사항1]

| 항 목 | 금 액 |
|---|---|
| 접대비한도액 계산상 수입금액 | ₩21,260,000,000 |
| 시부인대상 접대비 | ₩117,500,000 |
| 접대비한도액 | ₩55,520,000 |

[계산근거]

1. 수입금액: ①+②=₩21,260,000,000

   (1) 일반수입금액 : ₩15,000,000,000+₩1,000,000,000+₩400,000,000−₩50,000,000−₩80,000,000−₩10,000,000=₩16,260,000,000

   (2) 특정수입금액 : ₩5,000,000,000

2. 시부인대상 접대비: ①+②+③=₩117,500,000

   (1) 비용계상액: ₩50,000,000−₩2,500,000−₩1,000,000+₩1,000,000=₩47,500,000

   (2) 건설중인자산: ₩5,000,000

   (3) 건물: ₩65,000,000

3. 접대비한도액: ①+②=₩55,520,000

   (1) ₩12,000,000

   (2) ₩10,000,000,000×$\frac{3}{1,000}$+₩6,260,000,000×$\frac{2}{1,000}$+₩5,000,000,000×$\frac{2}{1,000}$×10%

   =₩43,520,000

[요구사항2]

| 익금산입 및 손금불산입 | | | 손금산입 및 익금불산입 | | |
|---|---|---|---|---|---|
| 과 목 | 금 액 | 소득처분 | 과 목 | 금 액 | 소득처분 |
| 매출채권 | 1,000,000,000 | 유 보 | 건 물 | 9,480,000 | 유 보 |
| 임원명의 신용카드 | 2,500,000 | 기타사외유출 | 건설중인자산 | 5,000,000 | 유 보 |
| 영수증수취분 | 1,000,000 | 기타사외유출 | | | |
| 접대비한도초과 | 61,980,000 | 기타사외유출 | | | |
| 감가상각누예액 | 37,737,000 | 유 보 | | | |

[계산근거]

| 회사장부 | | 법인세법 | | 세무조정 |
|---|---|---|---|---|
| 접 대 비 50,000,000 | | 건 물 55,520,000 | | 〈손금산입〉건물 |
| 건설중인자산 5,000,000 | | 사외유출 64,480,000 | | 9,480,000(△유보) |
| 건 물 65,000,000 | | 현 금 120,000,000 | | 〈손금산입〉건설중인자산 |
| 　　　현 금 120,000,000 | | | | 5,000,000(△유보) |
| 감가상각비 50,000,000 | | 감가상각비 12,263,000* | | 〈익금산입〉감가상각누계액 |
| 　　　감가상각누계액 50,000,000 | | 　　　감가상각누계액 12,263,000 | | 37,737,000(유보) |

\* 상각범위액: (₩500,000,000 − ₩9,480,000) ÷ 20년 × 6/12 = ₩12,263,000

# 접대비 ■2022. CPA

제조업을 영위하는 (주)태백(중소기업 아님)의 제22기 사업연도(1. 1. ~ 12. 3. 31.) 법인세 관련 자료이다.

1. 손익계산서상 매출액은 ₩15,000,000,000이며, 이 중 ₩8,000,000,000은 특수관계인과의 거래에서 발생한 것이다.

2. (주)태백의 제22기 사업연도 접대비 지출액은 ₩128,000,000으로 이 중 ₩23,500,000은 손익계산서에 비용으로 계상하였으며, ₩4,500,000은 건설중인자산(차기 완공예정)의 원가로 계상하였고, 나머지 ₩100,000,000은 건물(당기 완공)의 원가로 계상하였다.

3. 손익계산서상 비용으로 계상한 접대비의 내역은 다음과 같다.

| 구 분 | 건당 3만원이하 | 건당 3만원초과 | 합 계 |
|---|---|---|---|
| 영수증수취 | ₩500,000 | ₩2,500,000 | ₩3,000,000 |
| 신용카드매출전표 수취건 | 200,000 | 11,300,000[*1] | 11,500,000 |
| 현물접대비 | - | 9,000,000[*2] | 9,000,000 |
| 합계 | ₩700,000 | ₩22,800,000 | ₩23,500,000 |

[*1] 문화예술공연 입장권 ₩6,000,000을 신용카드로 구입하여 거래처에 제공한 금액이 포함됨.
[*2] (주)태백의 제품(원가 ₩8,000,000, 시가 ₩10,000,000)을 제공한 것으로 회사는 다음과 같이 회계처리함.
(차) 접 대 비     9,000,000    (대) 제  품        8,000,000
                                  부가세예수금    1,000,000

4. 제22기에 취득한 건물의 원가는 ₩300,000,000(접대비 포함)이며, 감가상각비로 ₩15,000,000을 계상하였고 이는 법인세법상 상각범위액을 초과하지 않는다.

5. 접대비 수입금액 적용률

| 수입금액 | 적용률 |
|---|---|
| 100억원 이하 | 0.3% |
| 100억원 초과 500억원 이하 | 0.2% |

**요구사항**

〈자료〉와 관련하여 (주)태백이 해야 하는 제22기 세무조정 및 소득처분을 답안 양식에 따라 제시하시오.

[답안양식]

| 익금산입 및 손금불산입 | | | 손금산입 및 익금불산입 | | |
|---|---|---|---|---|---|
| 과 목 | 금 액 | 소득처분 | 과 목 | 금 액 | 소득처분 |

### 해답

**[요구사항1]**

| 익금산입 및 손금불산입 | | | 손금산입 및 익금불산입 | | |
|---|---|---|---|---|---|
| 과 목 | 금 액 | 처 분 | 과 목 | 금 액 | 처 분 |
| 영수증 수취분 | ₩2,500,000 | 기타사외유출 | 건설중인자산 | ₩4,500,000 | 유보 |
| 접대비한도초과액 | 86,600,000 | 기타사외유출 | 건 물 | 59,100,000 | 유보 |
| 건물감가상각누계액 | 2,955,000 | 유보 | | | |

**[계산근거]**

1. 접대비해당액: ₩128,000,000 − ₩2,500,000 + ₩2,000,000 = ₩127,500,000

2. 접대비한도액: (1)+(2)+(3) = ₩40,900,000

   (1) 기초금액: ₩12,000,000

   (2) 수입금액기준: ₩7,000,000,000 × $\dfrac{3}{1,000}$ + (₩3,000,000,000 × $\dfrac{3}{1,000}$ + ₩5,000,000,000 × $\dfrac{2}{1,000}$)

   × 10% = ₩22,900,000

   (3) 문화접대비 : Min{①, ②} = ₩6,000,000

   ① ₩6,000,000

   ② {(1)+(2)}×20% = ₩6,980,000

3. 접대비관련 회계처리

| 회사장부 | | 법인세법 | |
|---|---|---|---|
| 접 대 비 | 23,000,000 | 건 물 | 40,900,000 |
| 건설중인자산 | 4,500,000 | 사외유출 | 86,600,000 |
| 건 물 | 100,000,000 | 현 금 | 127,500,000 |
| 현 금 | 127,500,000 | | |

4. 건물감액분상각비 : ₩15,000,000 × $\dfrac{₩59,100,000}{₩300,000,000}$ = ₩2,955,000

CHAPTER 6

손금 III
(감가상각비, 일시상각충당금)

# 재평가 및 영업권

제조업을 영위하는 비상장중소기업인 (주)희망의 제7기 사업연도(20×7. 1. 1. ~ 12. 31.)의 유형자산 및 영업권에 관한 자료이다.

1. 회사는 20×7년 7월 1일에 (주)소망(특수관계인이 아님)으로부터 내용연수가 14년 경과한 공장을 ₩676,000,000(부가가치세 포함)에 구입하였는데, 동 공장의 감정평가가액은 토지 ₩300,000,000, 건물 ₩200,000,000이었다.

2. 회사는 (주)소망으로부터 매입한 공장을 장부에 토지 ₩300,000,000, 건물 ₩376,000,000으로 계상하였다. 건물의 기준내용연수는 20년이지만 조세부담을 최소화하기 위하여 내용연수를 세법이 허용하는 한 최대한 짧게 신고하였다.

3. 회사는 재평가모형을 적용하고 있는데 20×7년 결산에 반영한 감가상각과 재평가회계처리는 다음과 같다.

    ① 감가상각: (차) 감가상각비       15,000,000   (대) 감가상각누계액   15,000,000
    ② 재 평 가: (차) ┌ 건    물        10,000,000   (대) 재평가잉여금     25,000,000
                    └ 감가상각누계액   15,000,000

4. 회사는 당해 자산과는 별도로 (주)소망의 신용·명성 등 영업상의 이점 등을 감안하여 ₩50,000,000을 현금으로 추가지급하였다. 영업권의 시가는 불분명하며, 감정평가법인의 감정가액은 ₩30,000,000, 상속세 및 증여세법상 평가액은 ₩35,000,000이다. 회사는 영업권을 상각하지 않았으며 손상차손 ₩7,000,000을 인식하였다. 세법상 영업권의 내용연수는 5년이다.

### 요구사항

이 자료와 관련하여 (주)희망의 법인세부담을 최소화하는 방향으로 제7기 세무조정과 소득처분을 아래 [답안양식]에 따라 제시하시오.

[답안양식]

| 익금산입 및 손금불산입 | | | 손금산입 및 익금불산입 | | |
|---|---|---|---|---|---|
| 과  목 | 금  액 | 처  분 | 과  목 | 금  액 | 처  분 |

▼ **해답**

<table>
<tr><td colspan="6" align="center">소득금액조정합계표</td></tr>
<tr><td colspan="3" align="center">익금산입 및 손금불산입</td><td colspan="3" align="center">손금산입 및 익금불산입</td></tr>
<tr><td align="center">과 목</td><td align="center">금 액</td><td align="center">처 분</td><td align="center">과 목</td><td align="center">금 액</td><td align="center">처 분</td></tr>
<tr><td>토 지</td><td>₩90,000,000</td><td>유 보</td><td>건 물</td><td>₩116,000,000</td><td>유 보</td></tr>
<tr><td>VAT대급금</td><td>26,000,000</td><td>유 보</td><td>건 물</td><td>10,000,000</td><td>유 보</td></tr>
<tr><td>감가상각누계액</td><td>2,000,000</td><td>유 보</td><td>감가상각누계액</td><td>15,000,000</td><td>유 보</td></tr>
<tr><td>재평가잉여금</td><td>25,000,000</td><td>기 타</td><td>영 업 권</td><td>11,000,000</td><td>유 보</td></tr>
<tr><td>영업권초과지급</td><td>11,000,000</td><td>기타사외유출</td><td></td><td></td><td></td></tr>
<tr><td>영 업 권</td><td>3,100,000</td><td>유 보</td><td></td><td></td><td></td></tr>
</table>

[계산근거]

1. 토지 및 건물의 취득가액

   (1) 토지: $₩676,000,000 \times \dfrac{₩300,000,000}{₩300,000,000+₩200,000,000 \times 1.1} = ₩390,000,000$

   (2) 건물: $₩676,000,000 \times \dfrac{₩200,000,000}{₩300,000,000+₩200,000,000 \times 1.1} = ₩260,000,000$

2. 건물의 감가상각

   (1) 회사계상액: ₩15,000,000

   (2) 상각범위액: $₩260,000,000 \div 10년 \times \dfrac{6}{12} = ₩13,000,000$

   (3) 상각부인액: ₩2,000,000

3. 영업권

   (1) 회사계상액: ₩7,000,000

   (2) 상각범위액: $₩39,000,000 \div 5년 \times \dfrac{6}{12} = ₩3,900,000$

   (3) 상각부인액: ₩3,100,000

▼ **해설**

1. 토지와 건물

   (1) 토지와 건물을 함께 취득하여 가액의 구분이 불분명한 경우에는 시가 → 감정평가법인의 감정가액 → 「상속세및증여세법」상의 보충적 평가방법에 따라 안분계산한다.

(2) 건물은 중고자산으로서 기준내용연수의 50% 이상 경과하였으므로 기준내용연수의 50%를 적용한다.

(3) 토지와 건물 취득시 회계처리비교

| 회사장부 | | 법인세법 | | 세무조정 |
|---|---|---|---|---|
| 토 지 300,000,000 | | 토 지 390,000,000 | | 〈익금산입〉 |
| 건 물 376,000,000 | | 건 물 260,000,000 | | 토지 90,000,000(유보) |
| 현 금 | 676,000,000 | VAT대급금 26,000,000 | | 〈손금산입〉 |
| | | 현 금 | 676,000,000 | 건물 116,000,000(△유보) |
| | | | | 〈익금산입〉 |
| | | | | VAT대급금 26,000,000(유보) |

(4) 법인세상 기업회계기준에 의한 자산재평가는 인정되지 않는다.

2. 영업권

(1) 법인세법에서는 자산을 시가보다 고가로 매입한 경우에 거래상대방이 특수관계인이 아닌 경우 정상가액(시가의 130%까지)을 취득가액으로 한다.

(2) 영업권 취득시 회계처리비교

| 회사장부 | | 법인세법 | | 세무조정 |
|---|---|---|---|---|
| 영 업 권 50,000,000 | | 영 업 권 39,000,000 | | 〈손금산입〉 |
| 현 금 | 50,000,000 | 사외유출 11,000,000 | | 영업권 11,000,000(△유보) |
| | | 현 금 | 50,000,000 | 〈익금산입〉 |
| | | | | 영업권초과지급 11,000,000(기타사외유출) |

3. 감가상각시부인

고정자산(유형자산, 무형자산)의 취득가액이 회사장부와 법인세법의 금액이 다른 경우 다음과 같이 세무조정을 할 수 있다. 이 문제의 영업권을 예로 들어 설명한다.

(1) 회사계상액: ₩7,000,000 − ₩1,540,000 = ₩5,460,000

*직부인액: $₩7,000,000 \times \dfrac{₩11,000,000}{₩50,000,000} = ₩1,540,000$

(2) 상각범위액: ₩39,000,000 ÷ 5년 × 6/12 = ₩3,900,000

(3) 상각부인: ₩1,540,000 + (₩5,600,000 − ₩3,900,000) = ₩3,100,000

즉, 취득가액의 차액에 대한 감가상각비를 직부인하고 나머지 회사계상액과 상각범위액을 비교하여 시부인하는 방법이다. 그러나 이 문제의 해답에 제시된 방법과 차이가 없으므로 본서에서는 이 문제의 해답에 제시된 방법으로 풀이하였음을 부언해둔다.

## 감가상각시부인계산

다음은 제조업을 경영하고 있는 내국법인 (주)진리의 제7기 사업연도(20×7. 1. 1. ~ 12. 31.)의 유형자산에 관한 자료이다. 이를 이용하여 법인세부담을 최소화하는 방법으로 소득금액조정합계표를 작성하시오.

1. 회사가 신고한 세무조정계산서상 전기 이전부터 계속 보유해 온 자산의 감가상각명세는 다음과 같다. 단, 건물은 전기부터 건설하기 시작하여 당기에 완성되었다.

|  | 건 물 | 기계장치 A | 기계장치 B |
|---|---|---|---|
| 취득일자 | 20×7. 4. 30 | 20×5. 7. 1 | 20×6. 2. 1 |
| 당기말 재무상태표상 취득가액 | ₩300,000,000 | ₩125,000,000 | ₩105,000,000 |
| 당기말 재무상태표상 감가상각누계액 | 4,000,000 | 100,000,000 | 81,000,000 |
| 기준내용연수 | 20년 | 10년 | 5년 |
| 결산상 당기 감가상각비 | 4,000,000 | 10,000,000 | 48,000,000 |
| 신고 감가상각방법(상각률) | 정액법(0.05) | 정률법(0.259) | 정률법(0.451) |

(1) 건물에 대한 추가자료
① 전기와 당기에 발생한 이자비용 중에서 세법상 동 건물의 건설자금이자에 해당하는 금액은 각각 ₩8,000,000과 ₩3,000,000이다. 회사는 이 금액을 모두 각사업연도의 비용으로 처리하였으며 전기 건설자금이자에 대하여 적법하게 세무조정하였다.
② 건물의 취득시 발생한 취득세 ₩3,000,000을 지출하고 이를 비용으로 계상하였다. 또한 당기 6월 10일에 냉난방설치비 ₩7,000,000과 11월 20일 파손유리대체비 ₩6,000,000을 지출하고 이를 모두 비용으로 계상하였다.

(2) 기계장치 A에 대한 추가자료
① 기초 감가상각누계액에는 ₩27,000,000의 상각부인액이 포함되어 있으며, 당기 10월 1일 자본적 지출 성격의 수선비 ₩8,000,000을 지출하고 이를 비용으로 처리하였다.
② 회사의 손익계산서에는 유형자산처분손실 ₩25,000,000이 계상되어 있으며, 이는 기술낙후된 기계장치 A에 대한 것으로 실제로는 당해 사업연도말 현재 폐기되지 아니하고 회사의 창고에 보관되어 있다. 회사는 동 기계장치를 다음 사업연도 중에 처분할 예정이다.

(3) 기계장치 B에 대한 추가자료
① 기초 재무상태표상 취득가액은 ₩150,000,000, 감가상각누계액은 ₩60,000,000, 상각부인액은 ₩12,000,000이다.

② 기초에 상각부인액 중 ₩3,000,000을 환입하고 이익잉여금의 증가로 회계처리하였으며, 당기 9월 20일에 취득가액 중 ₩45,000,000에 해당하는 기계장치를 양도하였다.
③ 당기 1월 10일에 자본적지출 ₩7,000,000을 지출하고 이를 제조경비의 수선비로 계상하였다.
④ 당기에 비용으로 계상한 감가상각비는 ₩48,000,000이며, 이 중 ₩9,000,000은 당기 9월 20일에 양도한 기계장치에 대한 감가상각비이다.

2. 회사가 당기에 취득한 고정자산에 관한 자료는 다음과 같다.
  (1) 당기 4월 15일에 특수관계가 없는 (주)희망이 기준내용연수가 12년이고 취득 후 5년간 사용한 시가 ₩20,000,000인 기계장치 C를 ₩30,000,000에 취득하고 즉시 사업에 사용하였다. (주)진리의 기계장치(업종별자산)의 기준내용연수는 10년이다. 회사는 당기에 기계장치 C에 대해서 ₩9,000,000의 감가상각비를 계상하였다. 내용연수 5년과 6년의 정률법 상각률은 각각 0.451과 0.394이다.
  (2) 회사는 당기초에 개발비를 ₩200,000,000(접대비 해당액 ₩30,000,000 포함)에 취득하고 개발비 상각비 ₩40,000,000을 비용으로 계상하였다. 개발비의 신고내용연수는 5년이며 정액법으로 상각한다. 회사가 해당 사업연도에 비용으로 계상한 접대비는 ₩35,000,000이며 당기 접대비한도액은 ₩29,000,000이다.

### 해답

| 익금산입 및 손금불산입 | | | 손금산입 및 익금불산입 | | |
|---|---|---|---|---|---|
| 과 목 | 금 액 | 처 분 | 과 목 | 금 액 | 처 분 |
| 이익잉여금 | ₩3,000,000 | 기 타 | 감가상각누계액(건물) | ₩1,475,000 | 유 보 |
| 감가상각누계액(기계 B) | 3,641,600 | 유 보 | 감가상각누계액(기계 A) | 26,999,000 | 유 보 |
| 감가상각누계액(기계 C) | 205,500 | 유 보 | 감가상각누계액(기계 B) | 3,000,000 | 유 보 |
| 비지정기부금 | 4,000,000 | 유 보 | 감가상각누계액(기계 B) | 3,600,000 | 유 보 |
| 접대비한도초과액 | 36,000,000 | 기타사외유출 | 기계 C(의제기부금) | 4,000,000 | 유 보 |
| 개 발 비 | 200,000 | 유 보 | 개 발 비 | 1,000,000 | 유 보 |

[계산근거]

1. 건 물

  (1) 회사계상액: ₩4,000,000+₩3,000,000+₩3,000,000=₩10,000,000

  (2) 상각범위액: (₩300,000,000+₩3,000,000+₩3,000,000)×0.05×$\frac{9}{12}$=₩11,475,000

  (3) 시인부족액: ₩1,475,000

  (4) 세무조정: 〈손금산입〉   전기 상각부인액 손금추인   ₩1,475,000(△유보)

2. 기계장치 A

    세무조정: 〈손금산입〉　　전기 상각부인액 손금추인　　₩26,999,000(△유보)

    * 유보잔액 ₩27,000,000에서 ₩1,000을 공제한 금액임

3. 기계장치 B

    (1) 회사계상액: ₩48,000,000+₩7,000,000−₩9,000,000=₩46,000,000

    (2) 상각범위액: (₩105,000,000+₩7,000,000−₩42,000,000$^{*1}$+₩8,400,000$^{*2}$)×0.451=₩35,358,400

    　　*1. 기초감가상각누계액: $₩60,000,000×\dfrac{₩105,000,000}{₩150,000,000}=₩42,000,000$

    　　 2. 전기이월상각부인액: $₩12,000,000×\dfrac{₩105,000,000}{₩150,000,000}=₩8,400,000$

    (3) 상각부인액: ₩10,641,600

    (4) 세무조정: 〈익금산입〉　　이익잉여금　　　₩3,000,000(기타)

    　　　　　　〈손금산입〉　　상각부인액　　　3,000,000(△유보)

    　　　　　　〈익금산입〉　　상각부인액　　　10,641,600(유보)

    　　　　　　〈손금산입〉　　상각부인액　　　3,600,000*(△유보)

    　　*양도자산에 대한 상각부인액임. $₩12,000,000×\dfrac{₩45,000,000}{₩150,000,000}=₩3,600,000$

4. 기계장치 C

    (1) 회사계상액: ₩9,000,000

    (2) 상각범위액: $(₩30,000,000−₩4,000,000^{*})×0.451×\dfrac{9}{12}=₩8,794,500$

    　　*의제기부금: ₩30,000,000−₩20,000,000×130%=₩4,000,000

    (3) 상각부인액: ₩205,500

    (4) 세무조정: 〈손금산입〉　　기계 C(의제기부금)　　₩4,000,000(△유보)

    　　　　　　〈익금산입〉　　비지정기부금　　　　　4,000,000(기타사외유출)

    　　　　　　〈익금산입〉　　상각부인액　　　　　　205,500(유보)

5. 개발비

    (1) 회사계상액: ₩40,000,000

    (2) 상각범위액: (₩200,000,000−₩1,000,000)÷5년=₩39,800,000

    (3) 상각부인액: ₩200,000

(4) 세무조정: 〈손금산입〉　　개 발 비　　　　　₩1,000,000(△유보)

　　　　　　〈익금산입〉　　접대비한도초과액　 36,000,000(기타사외유출)

　　　　　　〈익금산입〉　　상각부인액　　　　　  200,000(유보)

### 해설

1. 건물
   (1) 건설중인 사업연도의 건설자금이자(특정차입금)과소계상액은 건설이 완료되면 상각부인액으로 보아 시인부족액의 범위에서 손금산입한다. 그리고 건설이 완료된 사업연도의 건설자금이자(특정차입금)과소계상액은 즉시상각의제로 본다.
   (2) 취득세는 즉시상각의제로 보며, 당해연도 수선비의 합계액 ₩13,000,000이 전기말 재무상태표상 미상각잔액의 5%(₩300,000,000×5%=₩15,000,000)에 미달하므로 즉시 손금으로 인정된다.

2. 기계장치 A
   (1) 시설개체 또는 기술낙후로 인하여 생산설비의 일부를 폐기한 경우 해당 자산의 장부가액에서 ₩1,000을 공제한 금액을 폐기일이 속하는 사업연도에 손금에 산입할 수 있다(결산조정사항임).
   (2) 폐기처분시 당기 감가상각비에 대한 시부인을 생략하고 전기상각부인액 ₩27,000,000에서 ₩1,000을 공제한 금액을 손금에 산입한다.

3. 기계장치 B
   (1) 세법상 과거에 손금산입한 감가상각비를 취소하는 것은 인정되지 않는다.
   (2) 수선비 ₩7,000,000이 ₩6,000,000 이상이며, 전기말 재무상태표상 미상각잔액의 5%{(₩150,000,000−₩60,000,000)×5%=₩4,500,000} 이상이므로 즉시상각의제에 해당한다.
   (3) 당기중에 양도한 자산의 감가상각비는 시부인대상에서 제외하며, 양도자산의 상각부인액은 손금산입한다.

4. 기계장치 C와 개발비
   (1) 기계장치 C
   ① 취득가액 ₩30,000,000 중 ₩4,000,000(₩30,000,000−₩20,000,000×130%)은 의제기부금이므로 손금산입하고, 이를 비지정기부금으로 보아 손금불산입한다.
   ② 기계장치 C 취득 당시 당해 법인의 기준내용연수인 10년의 50%를 경과하였으므로 기준내용연수의 50%인 5년의 상각률을 적용한다.
   (2) 개발비
   　자산으로 처리한 접대비가 있는 경우에는 그 금액을 회사계상 접대비에 포함하여 한도초과여부를 검토하여야 하며, 이 경우 한도초과액은 ①비용계상분 → ②건설중인자산계상분 → ③유형자산·무형자산 계상분 순서에 따라 발생한 것으로 본다. 회계처리를 비교하면 다음과 같다.

| 회사장부 | | 법인세법 | | 세무조정 |
|---|---|---|---|---|
| 접 대 비 | 35,000,000 | 사외유출 | 36,000,000 | 〈손금산입〉 |
| 개 발 비 | 30,000,000 | 개 발 비 | 29,000,000 | 1,000,000(△유보) |
| 　　현　금 | 65,000,000 | 　　현　금 | 65,000,000 | 〈손금불산입〉 |
| | | | | 36,000,000(기타사외유출) |

즉, 세법상 접대비한도까지의 금액은 ①유형자산·무형자산계상분 → ②건설중인자산계상분 → ③ 비용계상분 순으로 구성된다.

## 03 회계변경과 감가상각의제

다음은 제조업을 영위하는 중소기업인 (주)영산강의 제7기 사업연도(20×7. 1. 1. ~ 12. 31.) 감가상각 관련 자료이다.

1. (주)영산강은 조세특례제한법에 의한 법인세감면대상사업을 영위하고 있으며 설립이후 계속 감면을 받았다. 회사는 제3기말까지 기계장치에 대한 감가상각방법 및 내용연수를 신고하지 아니하였으며, 기계장치(업종별자산)에 대한 기준내용연수는 10년이다.

2. 20×3. 10. 20에 기계장치 A(취득가액 ₩15,000,000, 감가상각누계액 ₩3,000,000)를 특수관계가 없는 (주)나주가 취득 후 6년간 사용한 기계장치 B와 교환하고 즉시 사업에 사용하였다. 회사는 동 기계장치 A와 B의 시가가 모두 ₩10,000,000이지만 상업적 실질이 없는 거래로 보아 다음과 같이 회계처리하였다.

   (차) ┌ 기계장치(B)         12,000,000      (대)   기계장치(A)        15,000,000
        └ 감가상각누계액       3,000,000

3. 회사가 제1기부터 제3기까지 장부에 계상한 기계장치 B에 대한 감가상각비는 다음과 같다.
   (1) 제3기(20×3. 1. 1~12. 31): ₩2,000,000
   (2) 제4기(20×4. 1. 1~12. 31):       ₩0
   (3) 제5기(20×5. 1. 1~12. 31): ₩3,000,000

4. 제6기에 감가상각방법을 정률법에서 정액법으로 변경하고 감가상각비를 ₩1,500,000 계상하였다. 회사의 회계처리를 나타내면 다음과 같다.

   (차) ┌ 감가상각누계액       2,000,000      (대) ┌ 이익잉여금         2,000,000
        └ 감가상각비           1,500,000           └ 감가상각누계액     1,500,000

5. 제7기 7월 1일에 기계장치를 매각하고 기업회계기준에 따라 회계처리하였다. 회사가 매각일까지 인식한 제7기 감가상각비는 ₩800,000이다.

6. 감각상각방법 및 내용연수별 상각률은 다음과 같다.

| 구 분 | 2년 | 3년 | 4년 | 5년 | 6년 |
|---|---|---|---|---|---|
| 정액법 | 0.500 | 0.333 | 0.250 | 0.200 | 0.166 |
| 정률법 | 0.777 | 0.632 | 0.528 | 0.451 | 0.394 |

### 요구사항

제3기부터 제7기까지 법인세부담을 최소화하는 방법으로 다음의 [답안양식]에 따라 세무조정과 소득처분을 행하시오.

[답안양식]

| 사업연도 | 조정유형 | 과 목 | 금 액 | 소득처분 |
|---|---|---|---|---|
| 제3기 | 익금산입 | 감가상각누계액 | ××× | 유보 |

### 해답

| 사업연도 | 조정유형 | 과 목 | 금 액 | 소득처분 |
|---|---|---|---|---|
| 제3기 | 손금산입 | 기계장치 | ₩2,000,000 | △유보 |
|  | 손금불산입 | 감가상각누계액 | 872,500 | 유보 |
| 제4기 | 손금산입 | 감가상각누계액 | 4,001,497 | △유보 |
| 제5기 | 손금산입 | 감가상각누계액 | 803,178 | 유보 |
| 제6기 | 익금산입 | 이익잉여금 | 2,000,000 | 기타 |
|  | 손금산입 | 감가상각누계액 | 2,000,000 | △유보 |
|  | 익금산입 | 감가상각누계액 | 965,164 | 유보 |
| 제7기 | 익금산입 | 감가상각누계액 | 1,360,656 | 유보 |

[계산근거]

1. 제3기

   (1) 회사계상액: ₩2,000,000

   (2) 상각범위액: $₩10,000,000 \times 0.451 \times \dfrac{3}{12} = ₩1,127,500$

   (3) 상각부인액: ₩872,500

2. 제4기

   (1) 회사계상액: ₩0

   (2) 상각범위액: (₩10,000,000 − ₩2,000,000 + ₩872,500) × 0.451 = ₩4,001,497

   (3) 감가상각의제: ₩4,001,497

3. 제5기

   (1) 회사계상액: ₩3,000,000

   (2) 상각범위액: (₩10,000,000 − ₩2,000,000 − ₩3,128,998$^*$) × 0.451 = ₩2,196,822

   $^*$ 감가상각누계액에 대한 △유보잔액임: ₩872,500 − ₩4,001,498 = △₩3,128,998

(3) 상각부인액: ₩803,178

4. 제6기

   (1) 회사계상액: ₩1,500,000

   (2) 상각범위액: (₩10,000,000−₩5,000,000−₩2,325,820$^*$)×0.200=₩534,836

       * 감가상각누계액에 대한 △유보잔액임: △₩3,128,998+₩803,178=△₩2,325,820

   (3) 상각부인액: ₩965,164

5. 제7기

   감가상각누계액에 대한 △유보잔액임: △₩2,325,820+₩965,164=△₩1,360,656

### 해설

1. 기계장치 B는 중고자산으로서 기준내용연수의 50% 이상 경과하였으므로 기준내용연수의 50%를 적용한다.
2. 기계장치 B는 회사가 법인세를 감면받고 있으므로 법인세를 감면받은 기간에 상각범위액만큼 감가상각하지 않은 경우에도 감가상각한 것으로 의제하여 그 이후의 상각범위액을 계산한다.
3. 감가상각방법을 변경한 경우 세무상 미상각잔액에 변경 후 방법에 의한 상각률을 곱하여 상각범위액을 계산한다. 이때 상각률은 잔존내용연수가 아니라 당초에 신고한 내용연수(신고하지 않은 경우 기준내용연수)의 상각률을 적용함에 유의해야 한다.
4. 세법상 과거에 손금산입한 감가상각비를 취소하는 것은 인정되지 않는다.
5. 기계장치를 양도한 경우 당기 감가상각비에 대한 시부인계산을 할 필요가 없지만, 감가상각의제에 따른 △유보를 익금산입해야 한다.

## 04 일시상각충당금

다음은 제조업을 영위하는 중소기업인 (주)북한강의 제7기(1. 1. ~ 12. 31.) 기계장치와 관련된 자료이다. 기계장치의 감가상각방법은 정액법이며 내용연수는 5년으로 가정한다.

1. 기계장치 A
   (1) 제7기 4월 10일에 기계장치 A(재무상태표상 취득가액 ₩60,000,000, 감가상각누계액 ₩40,000,000, 상각부인액 ₩1,000,000)에 화재가 발생하여 전소됨에 따라 제7기 5월 8일에 보험회사로부터 ₩25,000,000을 수령하고 보험차익 ₩5,000,000을 인식하였다.
   (2) 제7기 7월 1일에 소실된 기계장치 A와 동종의 기계장치를 ₩23,000,000에 취득하였는데, 회사가 동 기계장치에 대하여 제7기와 제8기의 결산에 반영한 감가상각비는 각각 ₩2,500,000과 ₩5,500,000이다.

2. 기계장치 B
   (1) 회사는 제7기초에 국고보조금 ₩10,000,000을 받아 기계장치 B를 ₩30,000,000에 취득하였는데, 회사가 동 기계장치에 대해서 제7기와 제8기의 결산에 반영한 감가상각비는 각각 ₩9,000,000과 ₩6,000,000이다.
   (2) 회사는 국고보조금을 기계장치에 차감하는 형식으로 표시하고 있으며, 국고보조금을 감가상각비와 상계하는 회계처리를 하고 있다. 제7기와 제8기에 감가상각비와 상계한 국고보조금은 각각 ₩3,000,000과 ₩2,000,000이다.

### 요구사항
법인세부담을 최소화하는 방향으로 다음의 [답안양식]에 따라 제7기와 제8기의 세무조정을 행하시오.

[답안양식]

| 조정유형 | 과 목 | 금 액 | 소득처분 |
|---|---|---|---|
| 손금산입 | 감가상각누계액 | ××× | △유보 |

> 해답

1. 기계장치 A

    (1) 제7기

    | 조정유형 | 과 목 | 금 액 | 소득처분 |
    |---|---|---|---|
    | 손금산입 | 상각부인액 | ₩1,000,000 | △유보 |
    | 손금산입 | 일시상각충당금 | 2,000,000 | △유보 |
    | 익금산입 | 상각부인액 | 200,000 | 유보 |
    | 익금산입 | 일시상각충당금 | 200,000 | 유보 |

    [계산근거]

    1. 일시상각충당금: ₩5,000,000−₩1,000,000−(₩25,000,000−₩23,000,000)=₩2,000,000

    2. 감가상각시부인

        (1) 회사계상액: ₩2,500,000

        (2) 상각범위액: $₩23,000,000÷5년× \frac{6}{12} =₩2,300,000$

        (3) 상각부인액: ₩200,000

    3. 일시상각충당금환입

        $₩2,300,000× \frac{₩2,000,000}{₩23,000,000} =₩200,000$

    (2) 제8기

    | 조정유형 | 과 목 | 금 액 | 소득처분 |
    |---|---|---|---|
    | 익금산입 | 상각부인액 | ₩900,000 | 유보 |
    | 익금산입 | 일시상각충당금 | 400,000 | 유보 |

    [계산근거]

    1. 감가상각시부인

        (1) 회사계상액: ₩5,500,000

        (2) 상각범위액: ₩23,000,000÷5년=₩4,600,000

        (3) 상각부인액: ₩900,000

    2. 일시상각충당금환입

        $₩4,600,000× \frac{₩2,000,000}{₩23,000,000} =₩400,000$

2. 기계장치 B

   (1) 제7기

   | 조정유형 | 과 목 | 금 액 | 소득처분 |
   |---|---|---|---|
   | 익금산입 | 국고보조금 | ₩10,000,000 | 유보 |
   | 손금산입 | 국고보조금 | 3,000,000 | △유보 |
   | 익금산입 | 상각부인액 | 3,000,000 | 유보 |
   | 손금산입 | 일시상각충당금 | 10,000,000 | △유보 |
   | 익금산입 | 일시상각충당금환입 | 2,000,000 | 유보 |

   [계산근거]

   1. 감가상각시부인

      (1) 회사계상액: ₩9,000,000

      (2) 상각범위액: ₩30,000,000÷5년=₩6,000,000

      (3) 상각부인액: ₩3,000,000

   2. 일시상각충당금환입

      $$₩6,000,000 \times \frac{₩10,000,000}{₩30,000,000} = ₩2,000,000$$

   (2) 제8기

   | 조정유형 | 과 목 | 금 액 | 소득처분 |
   |---|---|---|---|
   | 손금산입 | 국고보조금 | ₩2,000,000 | △유보 |
   | 익금산입 | 일시상각충당금환입 | 2,000,000 | 유보 |

   [계산근거]

   1. 감가상각시부인

      (1) 회사계상액: ₩6,000,000

      (2) 상각범위액: ₩30,000,000÷5년=₩6,000,000

      (3) 상각부인액: ₩0

   2. 일시상각충당금환입

      $$₩6,000,000 \times \frac{₩10,000,000}{₩30,000,000} = ₩2,000,000$$

## 해설

1. 기계장치 A

   (1) 상각부인액 ₩1,000,000을 손금산입한다. 따라서 세법상 보험차익은 ₩4,000,000이다.
   (2) 해당 고정자산의 가액이 지급받은 보험금에 미달하는 경우에는 보험금 중 보험차익 외의 금액을 먼저 사용한 것으로 본다.
   (3) 익금에 산입할 일시상각충당금은 다음과 같이 계산한다.

   $$일시상각충당금환입 = 손금산입\ 감가상각비 \times \frac{일시상각충당금}{자산의\ 취득원가}$$

   (4) 회계처리비교

| 회사장부 | | 법인세법 | | 세무조정 |
|---|---|---|---|---|
| ⟨제7기⟩ | | | | |
| 감가상각누계액 40,000,000 | | 감가상각누계액 39,000,000 | | |
| 현　금 25,000,000 | | 현　금 25,000,000 | | |
| 　　기계장치 | 60,000,000 | 　　기계장치 | 60,000,000 | ⟨손금산입⟩ |
| 　　보험차익 | 5,000,000 | 　　보험차익 | 4,000,000 | 1,000,000(△유보) |
| 기계장치 23,000,000 | | 기계장치 23,000,000 | | |
| 　　현　금 | 23,000,000 | 　　현　금 | 23,000,000 | |
| 감가상각비 2,500,000 | | 감가상각비 2,300,000 | | ⟨익금산입⟩ |
| 　　감가상각누계액 | 2,500,000 | 　　감가상각누계액 | 2,300,000 | 200,000(유보) |
| | | 일시상각충당금전입액 2,000,000 | | ⟨손금산입⟩ |
| | | 　　일시상각충당금 | 2,000,000 | 2,000,000(△유보) |
| | | 일시상각충당금 200,000 | | ⟨익금산입⟩ |
| | | 　　일시상각충당금환입액 | 200,000 | 200,000(유보) |
| ⟨제8기⟩ | | | | |
| 감가상각비 5,500,000 | | 감가상각비 4,600,000 | | ⟨익금산입⟩ |
| 　　감가상각누계액 | 5,500,000 | 　　감가상각누계액 | 4,600,000 | 900,000(유보) |
| | | 일시상각충당금 400,000 | | ⟨익금산입⟩ |
| | | 　　일시상각충당금환입액 | 400,000 | 400,000(유보) |

2. 기계장치 B
    (1) 국고보조금은 익금항목이며 회사가 자산의 차감항목으로 처리하였으므로 유보로 소득처분하고 감가상각비와 상계할 때 △유보로 소득처분한다.
    (2) 회계처리비교

| 회사장부 | 법인세법 | 세무조정 |
|---|---|---|
| 〈제7기〉 | | |
| 현　금　10,000,000 | 현　금　10,000,000 | 〈익금산입〉 |
| 　　국고보조금　10,000,000 | 　　국고보조금　10,000,000 | 10,000,000(유보) |
| 기계장치　30,000,000 | 기계장치　30,000,000 | |
| 　　현　금　30,000,000 | 　　현　금　30,000,000 | |
| 감가상각비　9,000,000 | 감가상각비　6,000,000 | 〈익금산입〉 |
| 　　감가상각누계액　9,000,000 | 　　감가상각누계액　6,000,000 | 3,000,000(유보) |
| 국고보조금　3,000,000 | | 〈손금산입〉 |
| 　　감가상각비　3,000,000 | | 3,000,000(△유보) |
| | 일시상각충당금전입액　10,000,000 | 〈손금산입〉 |
| | 　　일시상각충당금　10,000,000 | 10,000,000(△유보) |
| | 일시상각충당금　2,000,000 | 〈익금산입〉 |
| | 　　일시상각충당금환입액　2,000,000 | 2,000,000(유보) |
| 〈제8기〉 | | |
| 감가상각비　6,000,000 | 감가상각비　6,000,000 | |
| 　　감가상각누계액　6,000,000 | 　　감가상각누계액　6,000,000 | |
| 국고보조금　2,000,000 | | 〈손금산입〉 |
| 　　감가상각비　2,000,000 | | 2,000,000(△유보) |
| | 일시상각충당금　2,000,000 | 〈익금산입〉 |
| | 　　일시상각충당금환입액　2,000,000 | 2,000,000(유보) |

## 개발비상각시부인계산 ■2017. 세무사

다음은 제조업을 영위하는 영리내국 상장법인으로서 중소기업이 아닌 (주)한국의 제7기 사업연도(20×7. 1. 1. ~ 20×7. 12. 31.)의 개발비 등에 관한 세무조정을 위한 자료이다.

1. (주)한국은 20×3. 1. 1. 부터 신제품을 개발하기 시작하여 20×7. 10. 1. 제품개발을 완료하였으며, 동 일자부터 신제품의 판매를 시작하였다.
2. (주)한국은 신제품 개발기간에 지출한 ₩1,200,000,000을 개발비(무형자산 계정으로 처리하였으며, 이 중에는 해당 신제품 개발부서의 임원으로 근무해 오다 20×7. 9. 30. 퇴직한 갑의 인건비 ₩235,000,000 이 포함되어 있다. 동 인건비는 당해 사업연도 중 임원 갑의 9개월분(20×7. 1. 1.~20×7. 9. 30)의 급여와 상여금 그리고 퇴직시 지급한 퇴직금으로 구성된다.
3. 임원 갑의 퇴직 직전 1년간 지급한 급여는 ₩120,000,000(매월 ₩10,000,000 지급)이고, 퇴직 직전 1년간 별도로 상여금 ₩60,000,000(매월 ₩5,000,000 지급)을 지급하였으며, 퇴직시점(20×7. 9. 30)에 지급한 퇴직금은 ₩100,000,000 이다. 해당 임원의 입사일은 20×0. 7. 1. 이고, 20×3. 9. 10.에 임원으로 승진되었으며, 임원으로 승진하던 시점에 퇴직금을 수령한 바 있다.
4. (주)한국의 이사회 결의사항에 따르면, 임원의 상여금 지급한도는 급여총액의 40%이고, 퇴직급여와 관련된 별도의 규정은 없다. 한편, (주)한국은 퇴직급여충당금을 설정하지 않으므로 퇴직시에 지급한 퇴직금을 모두 퇴직급여(당기비용)로 회계처리하거나 필요한 경우 적절한 자산의 원가로 배분하고 있다. 그리고 임원 갑에 대해 지급한 급여총액은 주주총회에서 승인된 금액이다.
5. (주)한국의 개발비 상각기간은 5년으로 신고하였고, ₩240,000,000을 개발비상각비 계정으로 당해 사업연도의 손익계산서상 당기비용으로 계상하였다.

### 요구사항

(주) 한국의 제7기 사업연도 세부조정을 다음의 [답안양식]에 따라 수행하시오.

[답안양식]

| 조정유형 | 과 목 | 금 액 | 소득처분 |
|---|---|---|---|
| 익금산입 | 토지A | ××× | 유보 |
| 손금산입 | 토지B | ××× | △유보 |

> **해답**

| 조정유형 | 과목 | 금액 | 소득처분 |
|---|---|---|---|
| 익금산입 | 임원상여금한도초과 | ₩9,000,000 | 상여 |
| 익금산입 | 임원퇴직금한도초과 | 52,000,000 | 상여 |
| 손금산입 | 개발비 | 61,000,000 | △유보 |
| 익금산입 | 개발비상각부인액 | 183,050,000 | 유보 |

[계산근거]

1. 임원상여금 한도초과액: ₩5,000,000×9−₩10,000,000×9×40%=₩9,000,000

2. 임원퇴직금 한도초과액

   (1) 임원퇴직금: ₩100,000,000

   (2) 한도: ₩120,000,000×10%×4년* =₩48,000,000

   　* 월 미만은 절사함.

   (3) 한도초과액: (1)−(2)=₩52,000,000

3. 개발비상각시부인

   (1) 회사계상액: ₩240,000,000

   (2) 상각범위액: (₩1,200,000,000−₩9,000,000−₩52,000,000)÷5년×$\dfrac{3}{12}$=₩56,950,000

   (3) 상각부인액: (1)−(2)=₩183,050,000

## 06 감가상각시부인계산 ■2018. CPA

다음은 (주)백두의 제7기 사업연도(20×7년 1월 1일 ~ 20×7년 12월 31일) 법인세신고 관련자료이다.

1. (주)백두는 20×6년 4월 1일 착공한 본사사옥을 당기 중 준공하고 20×7년 7월 1일부터 사업에 사용하기 시작하였다. 본사사옥에 대한 사용승인서 교부일은 20×7년 10월 1일이다.

   ① 본사사옥의 건설을 위하여 20×6년 3월 1일 A은행으로부터 ₩500,000,000을 연 이자율 6%로 차입하였으며, 20×7년 12월 31일 전액 상환하였다. 동 차입금에 대한 지급이자를 전액 각사업연도의 이자비용으로 각각 계상하였다.

   ② 20×7년 중 운영자금이 일시적으로 부족하여 위 차입금 중 ₩100,000,000을 20×7년 3월 1일부터 5월 31일까지 운영자금으로 전용하여 사용하였다.

   ③ 건설기간 중 건설자금의 일시예치로 인한 수입이자는 제6기 ₩5,000,000, 제7기 ₩3,500,000으로 이를 각 사업연도의 이자수익으로 각각 계상하였다.

   ④ 본사사옥의 건설원가 10억원을 장부상 취득가액으로 계상하였으며, 본사사옥에 대한 당기 감가상각비 ₩15,000,000을 비용으로 계상하였다.

   ⑤ 본사사옥에 대한 내용연수를 20년으로 신고하였으며, 감가상각방법은 신고하지 않았다.

2. (주)백두는 20×4년 1월부터 신제품 개발을 시작하여 20×7년 10월 1일 제품 개발을 완료하였으며, 20×7년 12월 1일부터 신제품의 판매를 시작하였다.

   ① 개발비 지출액 전액(5억원)을 무형자산(개발비)으로 계상하였으며, 개발비 지출액의 내역은 다음과 같다.

   | 구 분 | 개발비 지출액 |
   | --- | --- |
   | 개발부서 인건비 | ₩250,000,000 |
   | 개발관련 재료비 | 100,000,000 |
   | 개발부서 관리비 | 150,000,000 |

   ② 개발부서 재료비에는 판매비와 관리비로 처리되어야 할 소모품비 ₩5,000,000이 포함되어 있다.

   ③ 개발부서 관리비에는 개인정보보호법의 규정에 따라 지급한 손해배상액 ₩30,000,000이 포함되어 있다. 동 손해배상액은 신제품 개발과 무관한 일반관리비이며, 손해배상액과 관련하여 실제 발생한 손해액이 분명하지 않다.

   ④ 개발비의 상각기간을 5년으로 신고하였으며, 개발비상각비 ₩14,000,000을 비용으로 계상하였다.

> 요구사항

1. [자료] 1번을 이용하여 (주)백두의 제7기 세무조정 및 소득처분을 다음의 답안양식에 따라 제시하시오. 단, 건설자금이자의 계산은 편의상 월할계산하는 것으로 하며, 전기의 세무조정은 적법하게 이루어진 것으로 가정한다.

[답안양식]

| 익금산입 및 손금불산입 | | | 손금산입 및 익금불산입 | | |
|---|---|---|---|---|---|
| 과 목 | 금 액 | 처 분 | 과 목 | 금 액 | 처 분 |

2. [자료] 2번을 이용하여 (주)백두의 제7기 세무조정 및 소득처분을 다음의 답안양식에 따라 제시하시오.

[답안양식]

| 익금산입 및 손금불산입 | | | 손금산입 및 익금불산입 | | |
|---|---|---|---|---|---|
| 과 목 | 금 액 | 처 분 | 과 목 | 금 액 | 처 분 |

> 해답

[요구사항1]

| 익금산입 및 손금불산입 | | | 손금산입 및 익금불산입 | | |
|---|---|---|---|---|---|
| 과 목 | 금 액 | 처 분 | 과 목 | 금 액 | 처 분 |
| | | | 전기상각부인액 | ₩250,000 | △유보 |

[계산근거]

1. 제6기 건설자금이자: ₩500,000,000×6%×9/12−₩5,000,000=₩17,500,000(상각부인액)

2. 제7기 건설자금이자: ₩500,000,000×6%×6/12−₩100,000,000×6%×3/12−₩3,500,000
   =₩10,000,000(즉시상각의제)

3. 감가상각시부인

   (1) 회사계상액: ₩15,000,000+₩10,000,000=₩25,000,000

   (2) 상각범위액: (₩1,000,000,000+₩10,000,000)÷20년×6/12=₩25,250,000

   (3) 시인부족액: ₩250,000

   (4) 세무조정: 〈손금산입〉　　　전기상각부인액　　　₩250,000(△유보)

[요구사항2]

| 익금산입 및 손금불산입 ||| 손금산입 및 익금불산입 |||
|---|---|---|---|---|---|
| 과 목 | 금 액 | 처 분 | 과 목 | 금 액 | 처 분 |
| 손해배상금 | ₩20,000,000 | 기타사외유출 | 개발비 | ₩35,000,000 | △유보 |
| 상각부인액(개발비) | 6,250,000 | 유보 | | | |

[계산근거]

1. 법인세법상 무형자산: ₩500,000,000 − ₩5,000,000 − ₩30,000,000 = ₩465,000,000

2. 개발비상각시부인

   (1) 회사계상액: ₩14,000,000

   (2) 상각범위액: ₩465,000,000 ÷ 5년 × 1/12 = ₩7,750,000

   (3) 상각부인액: ₩6,250,000

   (4) 세무조정: 〈익금산입〉    상각부인액    ₩6,250,000(유보)

3. 회계처리 비교

| 회사장부 | | | 법인세법 | |
|---|---|---|---|---|
| 무형자산 | 500,000,000 | | 무형자산 | 465,000,000 |
|   현  금 | | 500,000,000 | 판매비와 관리비 | 5,000,000 |
| | | | 기타비용 | 10,000,000 |
| | | | 사외유출 | 20,000,000* |
| | | | 　현　금 | 500,000,000 |
| 무형자산상각비 | 14,000,000 | | 무형자산상각비 | 7,750,000 |
|   무형자산 | | 14,000,000 |   무형자산 | 7,750,000 |

*징벌적성격의 손해배상금임.

## 사용수익기부자산 ■2018. 세무사

다음은 (주)대한의 제7기 사업연도(20×7. 1. 1. ~ 20×7. 12. 31)의 사용수익기부자산 등에 관한 자료이다.

1. (주)대한은 서울특별시가 보유하고 있는 토지에 건물을 신축하여 무상으로 기부하고 완공 후 10년 간 동 건물을 무상으로 사용하기로 하였다.

2. (주)대한이 20×7. 7. 1. 건물의 완공시점까지 투입한 건설자금의 장부가액은 ₩200,000,000이며, 완공 건물에 대한 취득세는 ₩20,000,000이다.

3. (주)대한은 동 건물을 20×7. 7. 1. 완공시점에 서울특별시에 기부하였으며, 건물의 시가인 ₩300,000,000을 사용수익기부자산으로 계상하고 다음과 같이 회계처리하였다.

   (1) 건물 완공 회계처리

   (차) 건　　물　　　　　　220,000,000　　(대) ┌ 건설중인자산　　　200,000,000
   　　　　　　　　　　　　　　　　　　　　　　└ 현　　금　　　　　20,000,000

   (2) 사용수익기부자산 회계처리

   (차) 사용수익기부자산　　300,000,000　　(대) ┌ 건　　물　　　　　220,000,000
   　　　　　　　　　　　　　　　　　　　　　　└ 유형자산처분이익　80,000,000

4. (주)대한은 제7기 사업연도 사용수익기부자산의 감가상각비로 ₩30,000,000을 계상하였다.

### 요구사항

1. (주)대한의 제7기 사업연도 사용수익기부자산에 대한 세무조정을 다음의[답안양식]에 따라 제시하시오.

[답안양식]

| 조정유형 | 과　목 | 금　액 | 소득처분 |
|---|---|---|---|
| 익금산입 | 건　물 | ××× | 유보 |

2. (주)대한이 사용수익기부자산에 대하여 20×7. 10. 31. 건물 피난시설에 대한 설치비 ₩10,000,000을 수선비로 계상한 경우 (주)대한의 제7기 사업연도 사용수익기부자산 상각부인액을 계산하시오. (단, 사용수익기부자산 상각부인액 계산시 사용수익기부자산의 취득가액은 ₩200,000,000이고 회계상 감가상각비는 ₩20,000,000으로 한다.)

[요구사항1]

| 조정유형 | 과 목 | 금 액 | 소득처분 |
|---|---|---|---|
| 손금산입 | 사용수익기부자산 | ₩80,000,000 | △유보 |
| 익금산입 | 상각부인액 | 19,000,000 | 유보 |

[계산근거]

1. 사용수익기부자산: ₩220,000,000
2. 감가상각시부인
   (1) 회사계상액: ₩30,000,000
   (2) 상각범위액: ₩220,000,000÷10년×6/12=₩11,000,000
   (3) 상각부인액: ₩19,000,000

[요구사항2]

| 상각부인액 | ₩19,500,000 |
|---|---|

[계산근거]

1. 회사계상액: ₩20,000,000+₩10,000,000=₩30,000,000
2. 상각범위액: (₩200,000,000+₩10,000,000)÷10년×6/12=₩10,500,000
3. 상각부인액: ₩19,500,000

## Question 08 · 일시상각충당금 ■2019. 세무사

다음은 제조업을 영위하는 (주)대한(상장내국법인이며 중소기업이 아님)의 보조금 관리에 관한 법률에 따른 국고보조금 관련 자료이다.

1. (주)대한은 20×8. 3. 1. 국고보조금 ₩20,000,000을 현금으로 수령하고 다음과 같이 회계처리 하였다.

    (차) 현    금    20,0000,000    (대) 이연국고보조금수익    20,000,000

2. (주)대한은 수령한 국고보조금으로 20×8. 4. 30에 취득가액 40,000,000의 기계장치를 구입하여 사업에 사용하고 다음과 같이 회계처리하였다.

    (차) 기계장치    40,000,000    (대) 현    금    40,000,000

3. 20×8. 12. 31. (주)대한은 위 기계장치에 대해 감가상각을 하고 다음과 같이 회계처리하였다. 기계장치의 잔존가치는 없으며 신고내용연수는 5년, 감가상각방법은 정액법으로 신고하였다.

    (차) ┌ 감가상각비            6,000,000    (대) ┌ 감가상각누계액        6,000,000
         └ 이연국고보조금수익    3,000,000         └ 국고보조금수령이익    3,000,000

4. (주)대한은 20×9. 1. 1. 위 기계장치를 25,000,000에 처분하고 다음과 같이 회계처리하였다.

    (차) ┌ 현    금            25,000,000    (대) 기계장치    40,000,000
         │ 감가상각누계액       6,000,000
         └ 유형자산처분손실     9,000,000
    (차) 이연국고보조금수익    17,000,000    (대) 국고보조금수령이익    17,000,000

**[요구사항]**

위의 자료를 이용하여 (주)대한의 법인세부담이 최소화되도록 제8기(20×8. 1. 1. ~ 20×8. 12. 31)와 제9기 (20×9. 1. 1. ~ 20×9. 12. 31.)의 세무조정을 다음 양식에 따라 작성하시오.

| 구 분 | | 익금산입 및 손금불산입 ||| 손금산입 및 익금불산입 |||
|---|---|---|---|---|---|---|---|
| | | 과 목 | 금 액 | 처 분 | 과 목 | 금 액 | 처 분 |
| 제8기 | 3. 1. | | | | | | |
| | 4. 30. | | | | | | |
| | 12. 31. | | | | | | |
| 제9기 | 1. 1. | | | | | | |

### 해답

| 구 분 | | 익금산입 및 손금불산입 ||| 손금산입 및 익금불산입 |||
|---|---|---|---|---|---|---|---|
| | | 과 목 | 금 액 | 처 분 | 과 목 | 금 액 | 처 분 |
| 제8기 | 3. 1. | 국고보조금 | 20,000,000 | 유보 | | | |
| | 4. 30. | | | | 일시상각충당금 | 20,000,000 | △유보 |
| | 12. 31. | 일시상각충당금환입 | 3,000,000 | 유보 | 이연국고보조금수익 | 3,000,000 | △유보 |
| 제9기 | 1. 1. | 일시상각충당금환입 | 17,000,000 | 유보 | 이연국고보조금수익 | 17,000,000 | △유보 |

[계산근거]

| 구 분 | 회사장부 | 법인세법 |
|---|---|---|
| 〈제8기〉 | | |

〈제8기〉

3. 1  현 금      20,000,000          현 금      20,000,000
         이연국고보조금수익  20,000,000        국고보조금    20,000,000

4. 30  기계장치    40,000,000          기계장치    40,000,000
         현 금          40,000,000        현 금        40,000,000

12. 31  감가상각비   6,000,000          감가상각비   6,000,000
         감가상각누계액    6,000,000        감가상각누계액   6,000,000
       이연국고보조금수익  3,000,000
         국고보조금수령이익  3,000,000

                                      일시상각충당금전입액  20,000,000
                                        일시상각충당금    20,000,000
                                      일시상각충당금    3,000,000
                                        일시상각충당금환입액  3,000,000

⟨제9기⟩

1. 1    현   금    25,000,000         현   금    25,000,000
       감가상각누계액    6,000,000         감가상각누계액    6,000,000
       유형자산처분손실    9,000,000         유형자산처분손실    9,000,000
          기계장치        40,000,000            기계장치        40,000,000
       이연국고보조금수익    17,000,000
          국고보조금수령이익    17,000,000
                                                   일시상각충당금    17,000,000
                                                       일시상각충당금환입액    17,000,000

## 감가상각시부인계산 ■2019. 세무사

다음은 제조업을 영위하는 영리내국법인 (주)대한(중소기업)의 제7기(20×7. 12. 31.) 감가상각과 관련된 자료이다.

1. (주)대한은 20×6. 5. 1. 개인주주(지분율 3%)가 취득 후 3년간 사용하던 기계장치를 ₩500,000,000(시가 ₩400,000,000)에 매입하여 즉시 사업에 사용하고, 취득원가를 매입가액으로 계상하였다.

   (1) 동 기계장치와 관련하여 손익계산서상 수선비로 계상한 내역은 다음과 같다.

   | 구 분 | 제6기 | 제7기 |
   |---|---|---|
   | 자본적지출액* | ₩50,000,000 | ₩20,000,000 |
   | 수익적지출액 | 10,000,000 | 2,000,000 |

   \* 자본적지출액은 주기적인 수선을 위한 지출이 아님

   (2) 동 기계장치의 손익계산서상 감가상각비로 제6기 ₩40,000,000, 제7기 ₩20,000,000을 계상하였다.

   (3) 기계장치의 법정내용연수는 10년이며 상각률은 다음과 같다.

   | 구 분 | 8년 | 10년 | 12년 |
   |---|---|---|---|
   | 정액법 | 0.125 | 0.100 | 0.083 |
   | 정률법 | 0.313 | 0.259 | 0.221 |

   (4) 동 기계장치는 조세특례제한법에 의한 중소기업특별세액감면을 적용받는 사업에 사용하고 있으며 당기에 해당 세액감면을 받았다.

2. (주)대한은 20×6. 1. 1. 회사보유 토지 위에 제1공장 건물의 건설에 착공하여 20×7. 4. 1. 완공하고 즉시 사업에 사용하기 시작하였다.

   (1) 건물의 취득가액은 ₩1,000,000,000이다.

   (2) 공장건설을 위해 20×6. 7. 1. ₩800,000,000(이자율 10%)을 차입하고, 당기말 현재 상환하지 않고 있다.

   (3) (주)대한은 차입금으로부터 전기 및 당기에 발생한 모든 이자비용을 장부상 비용으로 처리하였다.

   (4) 당기에 장부상 감가상각비로 계상한 금액은 ₩30,000,000이다.

   (5) 건물에 대한 법정내용연수는 20년으로 가정한다.

3. (주)대한은 기계장치 및 건물에 대한 감가상각방법을 신고하지 않았다.

4. (주)대한은 한국채택국제회계기준을 적용하지 않으며, 설비투자자산의 감가상각비 손금산입 특례를 적용하지 않는 것으로 한다.

### 요구사항

위의 자료를 이용하여 (주)대한의 세무조정을 다음 양식에 따라 작성하시오. (세무조정은 가산조정이면 'A' 차감조정이면 'B'로 표시할 것)

| 구 분 | 세무조정 | 과 목 | 금액(단위: 원) | 소득처분 |
|---|---|---|---|---|
| | A | ××× | ××× | ××× |
| 제6기 | · | | | |
| | · | | | |
| | · | | | |
| 제7기 | · | | | |
| | · | | | |

### 해답

| 구 분 | 세무조정 | 과 목 | 금액(단위: 원) | 소득처분 |
|---|---|---|---|---|
| 제6기 | B | 기계장치 | ₩100,000,000 | △유보 |
| | A | 부당행위계산부인 | 100,000,000 | 배당 |
| | A | 감가상각누계액 | 12,300,000 | 유보 |
| | A | 건설중인자산(상각부인액) | 40,000,000 | 유보 |
| 제7기 | B | 감가상각누계액(기계장치) | 12,300,000 | △유보 |
| | B | 감가상각의제(기계장치) | 49,305,700 | △유보 |
| | A | 감가상각누계액(건물) | 11,750,000 | 유보 |

[계산근거]

1.
| 구 분 | 회사장부 | | 법인세법 | |
|---|---|---|---|---|
| 〈제6기〉 | 기계장치 | 500,000,000 | 기계장치 | 400,000,000 |
| | | | 사외유출 | 100,000,000 |
| | 현 금 | 500,000,000 | 현 금 | 500,000,000 |

2. 제6기 기계장치 감가상각시부인

    (1) 회사계상액: ₩40,000,000+₩50,000,000=₩90,000,000

    (2) 상각범위액: (₩400,000,000+₩50,000,000)×0.259×8/12=₩77,700,000

    (3) 상각부인액: ₩12,300,000

3. 제6기 건설자금이자: ₩800,000,000×10%×6/12=₩40,000,000

4. 제7기 기계장치 감가상각시부인

    (1) 회사계상액: ₩20,000,000+₩20,000,000=₩40,000,000

    (2) 상각범위액: (₩400,000,000+₩20,000,000-₩40,000,000+₩12,300,000)×0.259
        =₩101,605,700

    (3) 시인부족액: ₩61,605,700

5. 제7기 건물 감가상각시부인

    (1) 회사계상액: ₩30,000,000+₩20,000,000*=₩50,000,000

       * ₩800,000,000×10%×3/12=₩20,000,000

    (2) 상각범위액: (₩1,000,000,000+₩20,000,000)÷20년×9/12=₩38,250,000

    (3) 상각부인액: ₩11,750,000

## Question 10. 감가상각시부인계산 ■2020. CPA수정

다음은 제조업을 영위하는 (주)한국의 제19기 사업연도(1월 1일 ~ 12월 31일) 및 제20기 사업연도(1월 1일 ~ 12월 31일) 법인세 신고 관련 자료이다.

1. (주)한국은 제19기 1월 10일 사용하고 있던 기계장치A를 다른 기업의 동종 기계장치B와 교환하고, 다음과 같이 회계처리하였다. 교환당시 기계장치B의 시가는 ₩20,000,000이다.

    (차) 기계장치B           25,000,000      (대) 기계장치A            28,000,000
         감가상각누계액        4,000,000           기계장치처분이익       1,000,000

2. 기계장치B에 대한 수선비(자본적지출이며 주기적 수선에 해당하지 않음)로 지출한 금액은 다음과 같으며, 이를 모두 손익계산서상 비용으로 회계처리하였다.

    | 구 분 | 금 액 |
    |---|---|
    | 제19기 | ₩7,000,000 |
    | 제20기 | 5,000,000 |

3. 제20기말 기계장치B에 대한 회수가능가액을 검토하여 ₩3,000,000의 손상차손을 손익계산서상 비용으로 계상하였다. 해당 손상차손은 물리적 손상에 따른 시장가치 급락을 반영한 것이다.

4. 제19기와 제20기에 손익계산서에 계상한 감가상각비는 각각 ₩5,000,000이다.

5. 회사는 기계장치에 대한 감가상각방법 및 내용연수를 신고하지 않았으며, 기계장치의 기준내용연수는 8년이다. 내용연수별 상각률은 다음과 같다.

    | 감가상각방법 | 6년 | 8년 | 10년 |
    |---|---|---|---|
    | 정액법 | 0.166 | 0.125 | 0.100 |
    | 정률법 | 0.394 | 0.313 | 0.259 |

### 요구사항

(주)한국의 세무조정 및 소득처분을 다음의 [답안양식]에 따라 제시하시오.

[답안양식]

| 구 분 | 익금산입 및 손금불산입 | | | 손금산입 및 익금불산입 | | |
|---|---|---|---|---|---|---|
| | 과 목 | 금 액 | 처 분 | 과 목 | 금 액 | 처 분 |
| 제19기 | | | | | | |
| 제20기 | | | | | | |

### 해답

| 구 분 | 익금산입 및 손금불산입 | | | 손금산입 및 익금불산입 | | |
|---|---|---|---|---|---|---|
| | 과 목 | 금 액 | 처 분 | 과 목 | 금 액 | 처 분 |
| 제19기 | 감가상각누계액 | ₩3,549,000 | 유보 | 기계장치B | ₩5,000,000 | △유보 |
| 제20기 | 감가상각누계액 | ₩2,194,163 | 유보 | | | |

[계산근거]

1. 제19기

    (1) 취득가액 조정

    세무조정: 〈손금산입〉    기계장치 5,000,000(△유보)

    (2) 감가상각시부인

    ① 회사계상액: ₩5,000,000+₩7,000,000* = ₩12,000,000

    ② 상각범위액: (₩20,000,000+₩7,000,000*)×0.313 = ₩8,451,000

    ③ 세무조정:〈손금불산입〉    감가상각누계액    3,549,000(유보)

    * 수선비가 ₩6,000,000을 초과하므로 즉시상각의제에 해당함.

2. 제20기

    (1) 회사계상액: ₩5,000,000+₩3,000,000=₩8,000,000*

    (2) 상각범위액: (₩20,000,000−₩5,000,000+₩3,549,000)×0.313=₩5,805,837

    세무조정:  〈손금불산입〉    감가상각누계액    2,194,163    (유보)

    * 수선비가 ₩6,000,000에 미달하므로 자본지출액 ₩5,000,000은 전액 손금으로 인정됨.

> **해설**

이 문제의 제19기 감가상각시부인은 다음과 같이 세무조정을 할 수도 있지만 해답에 제시된 방법과 차이가 없다.

(1) 회사계상액: ₩5,000,000 − ₩1,000,000$^*$ + ₩7,000,000 = ₩11,000,000

    *직부인액: $₩5,000,000 \times \dfrac{₩5,000,000}{₩25,000,000} = ₩1,000,000$

(2) 상각범위액: (₩20,000,000 + ₩7,000,000) × 0.313 = ₩8,451,000

(3) 상각부인액: ₩1,000,000 + (₩11,000,000 − ₩8,451,000) = ₩3,549,000

## 감가상각시부인계산 ■2022. CPA

제조업을 영위하는 (주)한국의 제22기 사업연도(1월 1일 ~ 12월 31일)의 감가상각 관련 법인세 신고 자료이다.

1. 제22기 7월 1일에 특수관계가 없는 (주)동해로부터 정당한 사유 없이 시가 ₩300,000,000인 기계장치A를 ₩450,000,000에 매입하였다.
2. 제22기 9월 1일에 기계장치A에 대한 수선비 (자본적 지출이며 주기적 수선에 해당하지 않음)로 ₩25,000,000을 지출하였으며, 이를 손익계산서상 비용으로 계상하였다.
3. 제22기말 기계장치A가 진부화됨에 따라 시장가치가 급락하여, 이에 대한 회수가능가액을 검토하여 ₩5,000,000의 손상차손을 손익계산서상 비용으로 계상하였다.
4. 손익계산서상 감가상각비는 ₩22,500,000이다.
5. 회사는 기계장치에 대한 감가상각방법으로 정액법을 신고하였으나 내용연수는 신고하지 아니하였다. 기준내용연수는 8년이며, 내용연수별 정액법 상각률은 다음과 같다.

| 내용연수 | 6년 | 8년 | 10년 |
|---|---|---|---|
| 상각률 | 0.166 | 0.125 | 0.100 |

### 요구사항

〈자료〉와 관련하여 (주)한국이 해야 하는 제22기 세무조정 및 소득처분을 답안 양식에 따라 제시하시오.

[답안양식]

| 익금산입 및 손금불산입 | | | 손금산입 및 익금불산입 | | |
|---|---|---|---|---|---|
| 과 목 | 금 액 | 소득처분 | 과 목 | 금 액 | 소득처분 |

## [요구사항1]

| 익금산입 및 손금불산입 | | | 손금산입 및 익금불산입 | | |
|---|---|---|---|---|---|
| 과 목 | 금 액 | 소득처분 | 과 목 | 금 액 | 소득처분 |
| 비지정기부금 | ₩60,000,000 | 기타사외유출 | 기계장치 A | ₩60,000,000 | 유보 |
| 감가상각누계액 | 26,562,500 | 유보 | | | |

[계산근거]

1. 기계장치 A 구입관련 회계처리

| 회사장부 | | 법인세법 | |
|---|---|---|---|
| 기계장치  450,000,000 | | 건 물  390,000,000 | |
|    현  금  450,000,000 | | 사외유출  60,000,000 | |
| | |    현  금  450,000,000 | |

2. 감가상각시부인

  (1) 회사계상액: ₩22,500,000+₩25,000,000+₩5,000,000= ₩52,500,000

  (2) 상각범위액: $(₩390,000,000+₩25,000,000)\times0.125\times\dfrac{6}{12}$ = ₩25,937,500

  (3) 상각부인액: ₩26,562,500

# CHAPTER 7

## 부당행위계산의 부인

 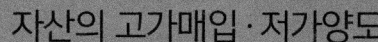

## 자산의 고가매입·저가양도

다음은 건설업을 영위하는 중소기업인 (주)금강산의 제7기 사업연도(1. 1. ~ 12. 31.)세무조정을 위한 자료이다.

1. 회사는 제7기초에 대주주인 대표이사로부터 공장부지용으로 토지를 ₩200,000,000에 매입하여 동 금액을 자산으로 계상하였다. 이 토지의 상속세및증여세법상 보충적 평가액은 ₩140,000,000이며, 감정가액은 ₩150,000,000이다. 회사는 매입대금 ₩200,000,000 중 80%는 현금으로 지급하고 나머지 20%는 다음 사업연도초에 지급하기로 하였다.

2. 회사는 사택으로 사용하던 주택 A를 회사의 지분 1%를 보유한 주주에게 ₩300,000,000에 양도하였다. 동 주택의 취득가액은 ₩450,000,000이고 장부가액은 ₩250,000,000이며 세무상 유보금액(상각부인액) ₩20,000,000이 있다. 동 주택의 감정평가법인의 감정가액은 ₩500,000,000이다.

3. 회사는 당기 4월 1일부터 대주주인 대표이사에게 사택을 제공하고 임대보증금 ₩100,000,000에 매월 ₩1,000,000의 임대료를 받고 있다. 동 사택의 취득가액은 ₩400,000,000이며, 감정평가법인의 감정가액은 ₩500,000,000이다. 동 사택의 당기 유지관리비용은 ₩3,000,000이며, 당기말 현재 세법이 정하는 1년 만기 정기예금이자율은 연 10%이고, 당좌대출이자율은 연 12%이다.

4. 회사는 제7기 7월 1일에 관계회사인 (주)설악산에 건설용역을 제공하는 계약을 체결하고 제7기 12월 8일에 용역제공을 완료하였다. 용역대가는 ₩110,000,000이며, 용역원가는 ₩100,000,000이다. 일반적인 건설용역의 이익률은 원가의 20%이다.

5. 회사는 특수관계인인 (주)B에게 건설용역(계약기간: 제7기 3. 1. ~ 제7기 10. 31.)을 제공하고 받은 용역대가 ₩240,000,000을 매출로 계상하였으며, 해당 용역의 원가 ₩200,000,000을 매출원가로 계상하였다. 동 건설용역의 시가는 불분명하며, 회사가 당기 중 특수관계인이 아닌 자에게 제공한 유사용역의 매출액은 ₩500,000,000, 매출원가는 ₩400,000,000이다.

### 요구사항

다음은 [답안양식]에 따라 필요한 세무조정과 소득처분을 제시하시오. 단, 1년은 365일로 가정한다.

[답안양식]

| 자료번호 | 조정유형 | 과목 | 금액 | 소득처분 |
|---|---|---|---|---|
| 1 | 익금산입 | 제품 | ××× | 유보 |

▼ **해답**

| 자료번호 | 조정유형 | 과목 | 금액 | 소득처분 |
|---|---|---|---|---|
| 1 | 손금산입 | 토지 | ₩50,000,000 | △유보 |
|   | 익금산입 | 부당행위계산부인 | 10,000,000 | 상여 |
|   | 익금산입 | 미지급금 | 40,000,000 | 유보 |
| 2 | 손금산입 | 감가상각누계액 | 20,000,000 | △유보 |
|   | 익금산입 | 부당행위계산부인 | 200,000,000 | 배당 |
| 3 | 익금산입 | 부당행위계산부인 | 2,301,369 | 상여 |
|   | 익금산입 | 사택유지비 | 3,000,000 | 상여 |
| 4 | 익금산입 | 부당행위계산부인 | 10,000,000 | 기타사외유출 |

[계산근거]

1.

| 회사장부 | | 법인세법 | |
|---|---|---|---|
| 토 지 200,000,000 | | 토 지 150,000,000 | |
| 　현 금 | 160,000,000 | 사외유출 10,000,000 | |
| 　미지급금 | 40,000,000 | 　현 금 | 160,000,000 |

* 법인이 특수관계인에게 자산을 시가보다 높은 금액으로 매입하였는데, 시가와 양도금액의 차액이 3억원 이상 또는 시가의 5%이상 $\left(\dfrac{₩50,000,000}{₩150,000,000}=33.3\%\right)$ 이므로 부당행위계산의 부인을 적용하다.

2.

| 회사장부 | | 법인세법 | |
|---|---|---|---|
| 현 금 300,000,000 | | 현 금 500,000,000 | |
| 　건 물 | 250,000,000 | 　건 물 | 270,000,000 |
| 　유형자산처분이익 | 50,000,000 | 　유형자산처분이익 | 230,000,000 |
| | | 사외유출 200,000,000 | |
| | | 　현 금 | 200,000,000 |

* 법인이 특수관계인에게 자산을 시가보다 낮은 금액으로 양도하였으며, 시가와 양도가액의 차액이 3억원 이상 또는 시가의 5%이상 $\left(\dfrac{₩500,000,000-₩300,000,000}{₩500,000,000}=40\%\right)$ 이므로 부당행위계산의 부인을 적용하다.

3. (1) 임대료의 시가: $(₩500,000,000 \times 275일 \times 50\% - ₩100,000,000 \times 275일) \times \dfrac{1}{365} \times 10\% = ₩11,301,369$

   (2) 수령한 임대료: ₩1,000,000 × 9개월 = ₩9,000,000

(3) 중요성 판단: $\dfrac{\text{₩}11,301,369-\text{₩}9,000,000}{\text{₩}11,301,369}=20.4\%\geq 5\%$

* 법인이 특수관계인인 대주주 대표이사에게 사택을 임대하고 임대료의 시가와 실제임대료의 차액이 시가의 5% 이상이므로 부당행위계산의 부인을 적용한다.

4. (1) 시가: ₩100,000,000×(1+20%)=₩120,000,000

   (2) 제공가액: ₩110,000,000

   (3) 중요성 판단: $\dfrac{\text{₩}120,000,000-\text{₩}110,000,000}{\text{₩}120,000,000}=8.3\%\geq 5\%$

   * 법인이 특수관계인에게 용역을 시가보다 낮은 금액으로 제공하였으며 시가와 제공가액의 차액이 3억원 이상 또는 시가의 5% 이상이므로 부당행위계산의 부인을 적용한다.

5. (1) 시가: ₩200,000,000×(1+25%*)=₩250,000,000

   * 이익률 ₩100,000,000/₩400,000,000=25%

   (2) 세부조정: 없음

   * 법인이 특성관계인에게 용역을 시가보다 높은 금액으로 제공하였으므로 부당행위계산의 부인을 적용하지 않는다.

# 가지급금인정이자

다음은 제조업을 영위하고 있는 (주)웅지의 제7기 사업연도(20×7. 1. 1. ~12. 31.) 지급이자와 관련된 사항이다. 이 자료를 이용하여 법인세부담을 최소화하는 방법으로 소득금액조정합계표를 작성하시오. 단, 1년은 365일로 가정한다.

1. 손익계산서상 지급이자와 차입금의 내역은 다음과 같다.

| 구 분 | 차입기간 | 차 입 금 | 이 자 율 | 지급이자 |
|---|---|---|---|---|
| 사채(私債) | 20×6. 7. 1 ~ 20×8. 6. 30 | ₩20,000,000 | 20% | ₩4,000,000 |
| 시설자금차입금 | 20×7. 4. 1 ~ 20×9. 3. 30 | 700,000,000 | 8 | 42,000,000 |
| 일반차입금 | 20×5. 1. 1 ~ 20×8. 12. 31 | 200,000,000 | 12 | 24,000,000 |
| 관계회사차입금 | 20×7. 10. 1 ~ 20×8. 9. 30 | 120,000,000 | 10 | 3,000,000 |
| 기업구매자금대출금 | 20×6. 9. 1 ~ 20×7. 8. 31 | 60,000,000 | 5 | 2,000,000 |

(1) 사채(私債)이자 ₩4,000,000에는 채권자가 불분명한 차입금이자 ₩1,600,000이 포함되어 있으며, 동 채권자가 불분명한 차입금이자에 대한 원천징수세액(지방소득세 포함) ₩668,800은 적법하게 원천징수하였다.

(2) 시설자금차입금은 회사 소유 토지에 공장 건물을 짓기 위하여 차입한 것인데, 동 차입금에 대한 지급보험료 ₩200,000(지급이자에 포함되지 않았음)이 발생하였으며 동 차입금을 일시예치함에 따른 이자 ₩1,000,000을 이자수익으로 계상하였다. 회사는 일반차입금에 대한 건설자금이자도 자본화하는 회계정책을 채택하고 있으며 당기에 자본화한 건설자금이자는 ₩41,500,000이다. 공장 건물에 소요된 평균지출액은 ₩550,000,000이며, 일반차입금 자본화에 적용할 특정차입금(시설자금차입금)의 평균지출액은 ₩525,000,000이다. 공장건물은 1월 1일 착수하여 내년에 준공이 될 예정이다.

2. 특수관계인에 대한 가지급금과 가수금의 내역은 다음과 같다.

| 구 분 | 대 여 일 | 가지급금적수 | 가수금적수 |
|---|---|---|---|
| 대표이사 | 20×7. 5. 1 | ₩9,125,000,000 | ₩1,299,400,000 |
| 사 용 인 | 20×7. 11. 1 | 32,850,000,000 | - |
| (주)신촌 | 20×7. 3. 1 | 21,900,000,000 | - |
| 계 | | ₩63,875,000,000 | ₩1,299,400,000 |

(1) 대표이사에 대한 가지급금과 가수금은 상환기간 및 이자율에 대한 별도의 약정이 없으며, 이자수령액 및 장부상 미수이자 계상액도 없다.

(2) 사용인에 대한 가지급금은 무주택자에 대한 국민주택규모 이하의 주택임차자금의 대여액이며, 만기는 5년이고 연 4%의 이자를 매년 12월 31일에 수취하기로 약정하였다. 회사는 당기에 수령한 이자 ₩3,600,000을 이자수익으로 회계처리하였다.

(3) (주)신촌에 대한 대여금은 20×8년말이 만기이고, 연 7%의 이자율로 매월말에 이자를 수취하기로 약정하였다. 회사는 당기에 수령한 이자 ₩4,200,000을 이자수익으로 회계처리하였다. (주)신촌의 가중평균차입이자율은 연 15%이다.

3. 세법이 정한 당좌대출이자율은 연 9%로 가정하며, 회사는 금전대차거래의 시가로 가중평균차입이자율을 선택하였다.

4. 자본화이자율 및 가중평균차입이자율 계산시 소숫점 다섯 자리에서 반올림하시오(예를 들어 0.0912412는 9.12%로 함).

### 해답

#### 소득금액조정합계표

| 익금산입 및 손금불산입 | | | 손금산입 및 익금불산입 | | |
|---|---|---|---|---|---|
| 과 목 | 금 액 | 처 분 | 과 목 | 금 액 | 처 분 |
| 채권자불분명사채이자 | ₩931,200 | 상 여 | | | |
| 원천징수세액 | 668,800 | 기타사외유출 | | | |
| 건설자금이자 | 2,737,500 | 유 보 | | | |
| 업무무관자산 관련이자 | 20,827,590 | 기타사외유출 | | | |
| 가지급금인정이자(대표이사) | 1,884,576 | 상 여 | | | |
| 가지급금인정이자(사용인) | 4,536,000 | 상 여 | | | |
| 가지급금인정이자((주)신촌) | 2,286,000 | 기타사외유출 | | | |

[계산근거]

1. 지급이자

(1) 건설자금이자

1) 평균지출액: ₩550,000,000

2) 자본화이자율(일반차입금)

① 지급이자와 차입금적수

| 구 분 | 이 자 율 | 지급이자 | 차입금적수 |
|---|---|---|---|
| 사채(私債) | 20% | ₩2,400,000 | ₩4,380,000,000 |
| 일반차입금 | 12 | 24,000,000 | 73,000,000,000 |
| 관계회사차입금 | 10 | 3,000,000 | 10,950,000,000 |
| 계 | | ₩29,400,000 | ₩88,330,000,000 |

② 자본화이자율: $\dfrac{₩29,400,000}{₩88,330,000,000 \div 365}=12.15\%$

3) 건설자금이자

① 특정차입금: ₩42,000,000+₩200,000−₩1,000,000=　　₩41,200,000
② 일반차입금: (₩550,000,000−₩525,000,000)×12.15%=　　3,037,500
　　　　계　　　　　　　　　　　　　　　　　　　　　　　₩44,237,500

4) 세무조정: 〈손금불산입〉　　건설자금이자　　2,737,500*(유보)

＊₩44,237,500−₩41,500,000=₩2,737,500

(2) 업무무관자산 관련이자

1) 손금불산입액: $(₩29,400,000-₩3,037,500) \times \dfrac{₩63,875,000,000-₩1,299,400,000}{₩88,330,000,000-₩3,037,500 \div 0.1215 \times 365}$

$=₩20,827,590$

2) 세무조정: 〈손금불산입〉　　업무무관자산 관련이자　　₩20,827,590(기타사외유출)

2. 가지급금인정이자

(1) 대표이사

1) 인정이자율

| 구 분 | 이 자 율 | 지급이자(1년) | 차입금잔액 |
|---|---|---|---|
| 사채(私債) | 20% | ₩2,400,000 | ₩12,000,000 |
| 시설자금차입금 | 8 | 56,000,000 | 700,000,000 |
| 일반차입금 | 12 | 24,000,000 | 200,000,000 |
| 기업구매자금대출금 | 5 | 3,000,000 | 60,000,000 |
| 계 | | ₩85,400,000 | ₩972,000,000 |

∴ 가중평균차입이자율: $\dfrac{₩85,400,000}{₩972,000,000}=8.79\%$

2) 인정이자: $(₩9,125,000,000-₩1,299,400,000) \times 8.79\% \times \dfrac{1}{365}=₩1,884,576$

3) 세무조정: 〈익금산입〉　　　인정이자　₩1,884,576(상여)

(2) 사용인

  1) 인정이자율

| 구 분 | 이 자 율 | 지급이자(1년) | 차입금잔액 |
|---|---|---|---|
| 사채(私債) | 20% | ₩2,400,000 | ₩12,000,000 |
| 시설자금차입금 | 8 | 56,000,000 | 700,000,000 |
| 일반차입금 | 12 | 24,000,000 | 200,000,000 |
| 계 |  | ₩82,400,000 | ₩912,000,000 |

$$\therefore 가중평균차입이자율: \frac{₩82,400,000}{₩912,000,000} = 9.04\%$$

  2) 인정이자: $₩32,850,000,000 \times 9.04\% \times \frac{1}{365} = ₩8,136,000$

  3) 중요성 판단: $\frac{₩8,136,000 - ₩3,600,000}{₩8,136,000} = \frac{₩4,536,000}{₩8,136,000} = 55.7\% \geq 5\%$

  4) 세무조정: 〈익금산입〉　　　인정이자　₩4,536,000(상여)

(3) (주)신촌

  1) 인정이자율

| 구 분 | 이 자 율 | 지급이자(1년) | 차입금잔액 |
|---|---|---|---|
| 사채(私債) | 20% | ₩2,400,000 | ₩12,000,000 |
| 일반차입금 | 12 | 24,000,000 | 200,000,000 |
| 기업구매자금대출금 | 5 | 3,000,000 | 60,000,000 |
| 계 |  | ₩29,400,000 | ₩272,000,000 |

$$\therefore 가중평균차입이자율: \frac{₩29,400,000}{₩272,000,000} = 10.81\%$$

  2) 인정이자: $₩21,900,000,000 \times 10.81\% \times \frac{1}{365} = ₩6,486,000$

  3) 중요성 판단: $\frac{₩6,486,000 - ₩4,200,000}{₩6,486,000} = \frac{₩2,286,000}{₩6,486,000} = 35.2\% \geq 5\%$

  4) 세무조정: 〈익금산입〉　　　인정이자　₩2,286,000(기타사외유출)

### 해설

1. 지급이자 손금불산입
   (1) 기업구매자금대출금이자는 지급이자 손금불산입대상은 아니지만 수입배당금익금불산입 계산시와 인정이자율(가중평균차입이자율) 계산시에는 포함된다.
   (2) 특정차입금의 일시예금에서 발생하는 수입이자는 건설자금이자에서 차감한다. 특정차입금에 대한 건설자금이자에는 지급이자뿐만 아니라 금융회사로부터 차입하는 때에 지급하는 지급보증금 등의 차입부대비용이 포함된다.
   (3) 일반차입금 및 업무무관자산관련이자 계산시 지급이자에는 시설자금차입금은 제외하지만 특수관계인에 대한 차입금은 포함한다.
   (4) 적정한 이자를 수령하고 있는 업무무관가지급금도 지급이자손금불산입규정을 적용한다.

2. 인정이자
   (1) 법인이 임직원에게 주택구입(임차)자금을 대여하는 것은 무조건 업무무관가지급금에 해당한다.
   (2) 가중평균차입이자율에는 특수관계인에 대한 차입금은 제외하지만 시설자금차입금은 포함되며, 대여 당시 존재하는 차입금만을 대상으로 한다.

# 03 불공정자본거래-합병

(주)태백은 20×7년 7월 1일에 특수관계인인 (주)한라를 흡수합병하였다. 아래의 [답안양식]에 제시된 각 법인별로 법인세부담의 최소화를 가정하여 20×7년의 세무조정을 하시오. 모든 법인은 영리내국법인으로서 사업연도는 매년 1월 1일부터 12월 31일까지로 동일하다.

[답안양식]

| 기업명 | 익금산입 및 손금불산입 | | | 손금산입 및 익금불산입 | | |
|---|---|---|---|---|---|---|
| | 과 목 | 금 액 | 처 분 | 과 목 | 금 액 | 처 분 |
| (주)설악 | | | | | | |
| (주)백두 | | | | | | |
| (주)금강 | | | | | | |
| (주)월악 | | | | | | |

1. (주)태백과 (주)한라는 비상장법인이며, 합병직전 1주당 평가액과 주식발행현황은 다음과 같다.

| 구 분 | (주)태백 | (주)한라 |
|---|---|---|
| 발행주식총수 | 30,000주 | 20,000주 |
| 1주당 평가액 | ₩25,000 | ₩5,000 |
| 주주구성 | (주)설악(24,000주 보유) | (주)금강(15,000주 보유) |
| | (주)백두( 3,000주 보유) | (주)월악( 5,000주 보유) |
| | (주)독도( 3,000주 보유) | |

2. (주)태백은 (주)금강과 (주)월악에게 (주)태백의 주식 10,000주(1주당 액면가액 ₩5,000)를 지분비율에 따라 교부했다.

3. (주)금강은 (주)설악과 (주)백두의 주식을 각각 1%와 1.5%씩 보유하고 있고, (주)월악은 (주)설악과 (주)백두의 주식을 각각 0.5%와 1%씩 보유하고 있다.

**[해답]**

| 기업명 | 익금산입 및 손금불산입 | | | 손금산입 및 익금불산입 | | |
|---|---|---|---|---|---|---|
| | 과목 | 금액 | 처분 | 과목 | 금액 | 처분 |
| (주)설악 | 부당행위계산부인 | ₩67,500,000 | 기타사외유출 | | | |
| (주)백두 | 부당행위계산부인 | 11,250,000 | 기타사외유출 | | | |
| (주)금강 | 투자주식 | 75,937,500 | 유보 | | | |
| (주)월악 | 투자주식 | 2,812,500 | 유보 | | | |

[계산근거]

1. (주)설악

   (1) 요 건

   ① 특수관계에 있는 법인간의 합병임

   ② 현저한 이익분여 여부: $\dfrac{₩21,250^* - ₩5,000 \times 2주}{₩21,250^*} = 52.9\% \geq 30\%$

   * 합병후 1주당 평가액: $\dfrac{30,000주 \times ₩25,000 + 20,000주 \times ₩5,000}{30,000주 + 10,000주} = ₩21,250$

   (2) 이익분여액

   ① (주)금강에 분여한 이익

   $(₩25,000 - ₩21,250) \times 24,000주 \times \dfrac{7,500주}{10,000주} =$ ₩67,500,000

   ② (주)월악에 분여한 이익(보유지분율이 1% 미만이므로 특수관계인이 아님)    0

   계    ₩67,500,000

2. (주)백두

   (1) (주)금강에 분여한 이익

   $(₩25,000 - ₩21,250) \times 3,000주 \times \dfrac{7,500주}{10,000주} =$ ₩8,437,500

   (2) (주)월악에 분여한 이익

   $(₩25,000 - ₩21,250) \times 3,000주 \times \dfrac{2,500주}{10,000주} =$ 2,812,500

   계    ₩11,250,000

3. (주)금강

   (1) (주)설악으로부터 분여받은 이익

   $$(₩25,000-₩21,250)×24,000주×\frac{7,500주}{10,000주}= ₩67,500,000$$

   (2) (주)백두로부터 분여받은 이익

   $$(₩25,000-₩21,250)×3,000주×\frac{7,500주}{10,000주}= 8,437,500$$

   계  ₩75,937,500

4. (주)월악

   (1) (주)설악으로부터 분여받은 이익  ₩0
   (2) (주)백두로부터 분여받은 이익

   $$(₩25,000-₩21,250)×3,000주×\frac{2,500주}{10,000주}= 2,812,500$$

   계  ₩2,812,500

**해설**

상속세 및 증여세법에서는 불공정합병의 경우 대주주{지분율 1%(특수관계인 포함)이거나 액면가액 3억 이상인 주주}인 경우에만 과세한다.

## 04 불공정자본거래-저가신주발행 ■2007. CPA 수정

다음은 (주)동해의 제7기 사업연도(1. 1. ~12. 31.) 유상증자와 관련된 자료이다. 이 자료를 기초로 하여 [요구사항]에 답하시오.

1. (주)동해는 유상증자를 위하여 100,000주의 주식을 1주당 ₩20,000에 발행하였다. 유상증자 전 (주)동해 주식의 1주당 평가액은 ₩40,000이며 액면가액은 ₩5,000이다. 유상증자 전 (주)동해의 주주별로 지분비율은 다음과 같다.

| 주 주 | 주 식 수 | 지분비율 |
|---|---|---|
| (주)태평양 | 50,000주 | 50% |
| (주)대서양 | 10,000 | 10 |
| (재단법인)한강 | 10,000 | 10 |
| 갑(거주자) | 20,000 | 20 |
| 을(거주자) | 10,000 | 10 |
| 계 | 100,000주 | 100% |

2. (주)태평양 및 (주)대서양은 주권상장법인 또는 코스닥상장법인에 해당하지 않으며, (주)태평양, (주)대서양 및 '갑(거주자)'은 법인세법상 특수관계인에 해당한다.

### 요구사항

1. (주)태평양이 신주인수를 포기하고 당해 실권주를 다른 주주들에게 각자의 지분비율에 비례하여 재배정한 경우 다음 물음에 답하시오.
   (1) (주)태평양 및 (주)대서양의 유상증자에 관한 세무조정 및 소득처분을 행하시오.
   (2) 유상증자와 관련하여 증여세 납세의무자가 누구인지 밝히고, 각각의 증여재산가액을 구하시오.

2. (주)태평양이 신주인수를 포기하고 당해 실권주를 재배정하지 않은 경우 [요구사항1]에 답하시오. 단, 유상증자시 1주당 발행가액이 ₩10,000이라고 가정할 것

> **해답**

**〈요구사항1〉**

(1) (주)태평양과 (주)대서양의 세무조정과 소득처분

| ① (주)태평양: 〈익금산입〉 | 부당행위계산부인 | ₩300,000,000 (기타사외유출) |
|---|---|---|
| ② (주)대서양: 〈익금산입〉 | 투자주식 | 100,000,000 (유보) |

[계산근거]

1. 주주변동

| 주 주 | 증 자 전 | 증 자 | 증 자 후 |
|---|---|---|---|
| (주)태평양 | 50,000주 | – | 50,000주 |
| (주)대서양 | 10,000 | 20,000주 | 30,000 |
| (재단법인)한강 | 10,000 | 20,000 | 30,000 |
| 거주자 갑 | 20,000 | 40,000 | 60,000 |
| 거주자 을 | 10,000 | 20,000 | 30,000 |
| 계 | 100,000주 | 100,000주 | 200,000주 |
| 1주당 평가액 | ₩40,000 | ₩20,000 | ₩30,000* |

$$* \frac{100,000주 \times ₩40,000 + 100,000주 \times ₩20,000}{100,000주 + 100,000주} = ₩30,000$$

2. (주)태평양의 이익분여액

   (1) (주)대서양에게 분여한 금액: $50,000주 \times (₩40,000 - ₩30,000) \times \frac{20,000주}{100,000주} =$ ₩100,000,000

   (2) 거주자 갑에게 분여한 금액: $50,000주 \times (₩40,000 - ₩30,000) \times \frac{40,000주}{100,000주} =$ 200,000,000

   계 ₩300,000,000

(2) 증여세 납세의무자

| ① (재단법인)한강: ₩100,000,000 |
|---|
| ② 거주자 갑: ₩200,000,000 |
| ③ 거주자 을: ₩100,000,000 |

[계산근거]

저가발행주식의 실권주를 재배정한 경우에는 특수관계에 관계없이 증여세를 과세한다.

⟨요구사항2⟩

(1) (주)태평양과 (주)대서양의 세무조정과 소득처분

| | | | |
|---|---|---|---|
| ① (주)태평양: ⟨익금산입⟩ | 부당행위계산부인 | ₩300,000,000 | (기타사외유출) |
| ② (주)대서양: ⟨익금산입⟩ | 투자주식 | 100,000,000 | (유보) |

[계산근거]

1. 주주변동

| 주 주 | 증 자 전 | 증 자 | 증 자 후 |
|---|---|---|---|
| (주)태평양 | 50,000주 | − | 50,000주 |
| (주)대서양 | 10,000 | 10,000주 | 20,000 |
| (재단법인)한강 | 10,000 | 10,000 | 20,000 |
| 거주자 갑 | 20,000 | 20,000 | 40,000 |
| 거주자 을 | 10,000 | 10,000 | 20,000 |
| 계 | 100,000주 | 50,000주 | 150,000주 |
| 1주당 평가액 | ₩40,000 | ₩10,000 | ₩30,000* |

$$* \frac{100,000주 \times ₩40,000 + 50,000주 \times ₩10,000}{100,000주 + 50,000주} = ₩30,000$$

2. 현저한 이익요건: $\frac{₩25,000^* - ₩10,000}{₩25,000^*} \geq 30\%$

   * 균등증자시 1주당 평가액: $\frac{100,000주 \times ₩40,000 + 100,000주 \times ₩10,000}{100,000주 + 100,000주} = ₩25,000$

3. (주)태평양의 이익분여액

   (1) (주)대서양에게 분여한 금액: $50,000주 \times (₩40,000 - ₩30,000) \times \frac{10,000주}{50,000주} =$ ₩100,000,000

   (2) 거주자 갑에게 분여한 금액: $50,000주 \times (₩40,000 - ₩30,000) \times \frac{20,000주}{50,000주} =$ 200,000,000

   계 ₩300,000,000

(2) 증여세 납세의무자

| 거주자 갑 | ₩200,000,000 |
|---|---|

[계산근거]

저가발행주식의 실권주를 재배정하지 않은 경우에는 현저한 이익분여요건(균등증자시 주가기준)을 충족하고 특수관계가 성립해야 증여세가 과세된다. 따라서 거주자 갑에 대해서만 증여세가 과세된다.

> 해설

1. 저가로 신주를 발행하고 실권주를 재배정하는 경우
   (1) 법인세법: 현저한 이익분여요건을 충족하지 않더라도 특수관계만 성립하면 부당행위계산의 부인규정을 적용한다.
   (2) 상속세및증여세법: 현저한 이익분여요건 및 특수관계에 관계없이 증여세를 과세한다.
2. 저가로 신주를 발행하고 실권주를 재배정하지 않은 경우
   (1) 법인세법: 현저한 이익분여요건(균등증자시 주가기준)을 충족하고 특수관계가 성립하면 부당행위계산의 부인규정을 적용한다.
   (2) 상속세및증여세법: 현저한 이익분여요건(균등증자시 주가기준)을 충족하고 특수관계가 성립하면 증여세를 과세한다.

## 05 Question 불공정자본거래-고가신주발행

다음은 (주)서해의 제7기 사업연도 유상증자와 관련된 자료이다. 이 자료를 기초로 하여 [요구사항]에 답하시오.

1. (주)서해는 유상증자를 위하여 100,000주의 주식을 1주당 ₩80,000에 발행하였다. 유상증자 전 (주)서해 주식의 1주당 평가액은 ₩40,000이며, 액면가액은 ₩5,000이다. 유상증자 전 (주)서해의 주주별 지분비율은 다음과 같다.

| 주 주 | 주 식 수 | 지분비율 |
|---|---|---|
| (주)A | 40,000주 | 40% |
| (주)B | 30,000 | 30 |
| 거주자 甲 | 20,000 | 20 |
| 거주자 乙 | 10,000 | 10 |
| 계 | 100,000주 | 100% |

2. (주)A와 (주)B는 주권상장법인 또는 코스닥상장법인에 해당하지 않으며, (주)A, (주)B 및 거주자 甲은 법인세법상 특수관계인에 해당한다.

### 요구사항

1. (주)B와 거주자 甲이 신주인수를 포기하고 당해 실권주를 다른 주주들에게 각자의 지분비율에 비례하여 재배정한 경우 다음 물음에 답하시오.
   (1) (주)A 및 (주)B의 유상증자에 관한 세무조정 및 소득처분을 행하시오.
   (2) 유상증자와 관련하여 증여세 납세의무자가 누구인지 밝히고 각각의 증여재산가액을 구하시오.
2. (주)B와 거주자 甲이 신주인수를 포기하고 당해 실권주를 재배정하지 않은 경우 [요구사항1]에 답하시오. 단, 1주당 발행가액은 ₩85,000으로 가정한다.

### [요구사항1]

(1) (주)A와 (주)B의 세무조정과 소득처분

| ① (주)A: 〈손금산입〉 | 투자주식 | ₩800,000,000 (△유보) |
|---|---|---|
| 〈익금산입〉 | 부당행위계산부인 | 800,000,000 (기타사외유출) |
| ② (주)B: 〈익금산입〉 | 투자주식 | 480,000,000 (유보) |

[계산근거]

1. 주주변동

| 주 주 | 증 자 전 | 증 자 | 증 자 후 |
|---|---|---|---|
| (주)A | 40,000주 | 80,000주 | 120,000주 |
| (주)B | 30,000 | – | 30,000 |
| 거주자 甲 | 20,000 | – | 20,000 |
| 거주자 乙 | 10,000 | 20,000 | 30,000 |
| 계 | 100,000주 | 100,000주 | 200,000주 |
| 1주당 평가액 | ₩40,000 | ₩80,000 | ₩60,000* |

$$* \frac{100,000주 \times ₩40,000 + 100,000주 \times ₩80,000}{100,000주 + 100,000주} = ₩60,000$$

2. (주)A의 이익분여액

(1) (주)B에게 이익분여한 금액

$$\{(40,000주 \times ₩40,000 + 80,000주 \times ₩80,000) - 120,000주 \times ₩60,000\} \times \frac{30,000주}{50,000주} = ₩480,000,000$$

(2) 거주자 甲에게 이익분여한 금액

$$\{(40,000주 \times ₩40,000 + 80,000주 \times ₩80,000) - 120,000주 \times ₩60,000\} \times \frac{20,000주}{50,000주} = 320,000,000$$

계 ₩800,000,000

(2) 증여세 납세의무자

고가발행주식의 실권주를 재배정한 경우에는 특수관계가 성립하면 증여세를 과세한다. 따라서 거주자 甲에 대해서만 증여세가 과세되며 증여재산가액은 ₩320,000,000이다.

2. 재배정하지 않은 경우
   (1) ㈜A와 ㈜B의 세무조정과 소득처분

   ① ㈜A: 〈손금산입〉 투자주식　　　　　₩600,000,000 (△유보)
   　　　　〈익금산입〉 부당행위계산부인　　600,000,000 (기타사외유출)
   ② ㈜B: 〈익금산입〉 투자주식　　　　　360,000,000 (유보)

   [계산근거]
   1. 주주변동

   | 주 주 | 증자 전 | 증 자 | 증자 후 |
   |---|---|---|---|
   | ㈜A | 40,000주 | 40,000주 | 80,000주 |
   | ㈜B | 30,000 | – | 30,000 |
   | 거주자 甲 | 20,000 | – | 20,000 |
   | 거주자 乙 | 10,000 | 10,000 | 20,000 |
   | 계 | 100,000주 | 50,000주 | 150,000주 |
   | 1주당 평가액 | ₩40,000 | ₩85,000 | ₩55,000* |

   $$* \frac{100,000주 \times ₩40,000 + 50,000주 \times ₩85,000}{100,000주 + 50,000주} = ₩55,000$$

   2. 현저한 이익분여 여부: $\frac{₩85,000 - ₩55,000}{₩55,000} = 54.54\% \geq 30\%$

   3. ㈜A의 이익분여액
      (1) ㈜B에게 이익분여한 금액

      $$\{40,000주 \times ₩40,000 + 40,000주 \times ₩85,000\} - 80,000주 \times ₩55,000\} \times \frac{30,000주}{50,000주} = ₩360,000,000$$

      (2) 거주자 甲에게 이익분여한 금액

      $$\{40,000주 \times ₩40,000 + 40,000주 \times ₩85,000\} - 80,000주 \times ₩55,000\} \times \frac{20,000주}{50,000주} = 240,000,000$$

      　　　　　　　　　　　　　　계　　₩600,000,000

(2) 증여세 납세의무자

고가발행주식의 실권주를 재배정하지 않은 경우에는 현저한 이익분여요건(증자후 주가기준)을 충족하고 특수관계가 성립해야 증여세가 과세된다. 따라서 거주자 甲에 대해서만 증여세가 과세되며 증여재산가액은 ₩240,000,000이다.

> **해설**

1. 고가로 신주를 발행하고 실권주를 재배정하는 경우
   (1) 법인세법: 현저한 이익분여요건을 충족하지 않더라도 특수관계만 성립하면 부당행위계산의 부인규정을 적용한다.
   (2) 상속세및증여세법: 현저한 이익분여요건에 관계없이 특수관계만 성립하면 증여세를 과세한다.
2. 고가로 신주를 발행하고 실권주를 재배정하지 않은 경우
   (1) 법인세법: 현저한 이익분여요건(증자후 주가기준)을 충족하고 특수관계가 성립하면 부당행위계산의 부인규정을 적용한다.
   (2) 상속세및증여세법: 현저한 이익분여요건(증자후 주가기준)을 충족하고 특수관계가 성립하면 증여세를 과세한다.

## 06 불공정자본거래-감자  ■2013. CPA수정

다음은 비상장법인인 (주)혜인의 제7기 사업연도(1. 1. ~12. 31.)의 유상감자에 관한 자료이다. 이 자료를 토대로 [요구사항]에 답하시오.

1. (주)혜인의 주식 1주당 액면가액은 ₩10,000이고 감자 전 1주당 평가액은 ₩5,000이었다.
2. (주)혜인의 감자내역은 다음과 같다. (주)혜인의 주주 중 갑법인과 을법인은 법인세법상 특수관계인에 해당되며, 그 외 특수관계인은 없다.

| 주 주 | 감자 전 주식수 | 감자주식수 | 감자 후 주식수 |
|---|---|---|---|
| 갑 법 인 | 500주 | 250주 | 250주 |
| 을 법 인 | 200 | – | 200 |
| 병 법 인 | 200 | 100 | 100 |
| 정 법 인 | 100 | 50 | 50 |
| 계 | 1,000주 | 400주 | 600주 |

### 요구사항

(주)혜인이 감자대가로 1주당 ₩2,000을 지급한 경우 각각의 주주에 대한 세무조정 및 소득처분을 하시오. 단, 세무조정이 없는 주주의 경우 "세무조정 없음"으로 표시할 것

### 해답

| 주 주 | 세무조정 | |
|---|---|---|
| 갑법인 | 〈익금산입〉 부당행위계산부인 | ₩250,000 (기타사외유출) |
| 을법인 | 〈익금산입〉 투자주식 | 250,000 (유보) |
| 병법인 | 세무조정 없음 | |
| 정법인 | 세무조정 없음 | |

[계산근거]

1. 현저한 이익분여요건: $\dfrac{₩5,000-₩2,000}{₩5,000}=60\% \geq 30\%$

2. 갑법인이 을법인에 분여한 이익: $(₩5,000-₩2,000) \times 250주 \times \dfrac{200주}{600주} = ₩250,000$

## 07 불공정자본거래-합병 ■2017. 세무사

비상장영리내국법인인 (주)갑은 특수관계인인 비상장영리내국법인인 (주)을을 흡수합병하고 20×7년 6월 5일 합병등기를 하였다. 아래의 자료를 이용하여 물음에 답하시오. 각 물음은 독립적이다.

[자료]
1. 합병 직전 (주)갑의 주식 1주당 평가액은 ₩500,000(액면가액 ₩100,000)이며, (주)을의 주식 1주당 평가액은 ₩100,000(액면가액 ₩50,000)이다.
2. 합병 직전 (주)갑과 (주)을의 주주구성은 다음과 같다.

| 회 사 | 주 주 | 주 식 수 | 지분비율 |
|---|---|---|---|
| (주)갑 | A | 1,400주 | 70% |
|  | B | 600주 | 30% |
|  | 합계 | 2,000주 | 100% |
| (주)을 | X | 1,125주 | 75% |
|  | Y | 363주 | 24.20% |
|  | Z | 12주 | 0.8% |
|  | 합계 | 1,500주 | 100% |

3. (주)갑은 ㈜을의 주주들에게 (주)을의 주식 3주당 (주)갑의 신주 1주를 교부하였다.
4. (주)갑의 주주 B와 (주)을의 주주 Y는 특수관계인이며, 그 이외에는 서로 특수관계인에 해당하는 주주가 없다.

### 요구사항

1. (주)갑의 주주 A, B와 (주)을의 주주 X, Y, Z가 모두 개인인 경우 각각의 과세문제(구체적인 금액 포함)를 [답안양식]에 따라 제시하시오. 만일 과세문제가 있다면 "없음"이라고 적고 그 이유를 기술하시오.

[답안양식]

| 구분 | 세무처리 내용 |
|---|---|
| A |  |
| B |  |
| X |  |

|   |   |
|---|---|
| Y |   |
| Z |   |

2. (주)갑의 주주 A, B와 (수)을의 주주 X, Y, Z가 모두 영리내국법인인 경우 각각의 과세문제(구체적인 금액 포함)를 [답안양식]에 따라 제시하시오. 만일 과세문제가 없다면 "없음"이라고 적고 그 이유를 기술하시오.

[답안양식]

| 구분 | 세무처리 내용 |
|---|---|
| A |   |
| B |   |
| X |   |
| Y |   |
| Z |   |

### 해답

[요구사항1]

| 구 분 | 세무처리 내용 |
|---|---|
| A | 없음(이익을 분여한 자임) |
| B | 없음(이익을 분여한 자임) |
| X | 증여세과세, 증여재산가액 ₩60,000,000 |
| Y | 증여세과세, 증여재산가액 ₩19,360,000 |
| Z | 없음(대주주가 아님) |

[계산근거]

1. 합병후 1주당 평가액

$$\frac{₩500,000 \times 2,000주 + ₩100,000 \times 1,500주}{2,000주 + 500주} = ₩460,000$$

2. 현저한 이익분여 요건: $\frac{₩460,000 - ₩100,000 \times 3주}{₩460,000} \geq 30\%$

3. 증여재산가액

X: 1,125주÷3 × ₩460,000 − 1,125주 × ₩100,000 = ₩60,000,000

Y: 363주÷3 × ₩460,000 − 63주 × ₩100,000 = ₩19,360,000

[요구사항2]

| 구 분 | 세무처리 내용 |
|---|---|
| A | 없음(특수관계인이 아님) |
| B | 법인세과세(부당행위), 익금산입 ₩5,808,000(기타사외유출) |
| X | 없음(특수관계임이 아님) |
| Y | 법인세과세(분여받은 이익), 익금산입 ₩5,808,000(유보) |
| Z | 없음(특수관계인이 아님) |

[계산근거]

이익분여액: (₩500,000 - ₩460,000) × 600주 × 24.2% = ₩5,808,000
　　　　　　　　　　　　B의 손실

# 08 자산의 저가매입 ■2017. 세무사

다음은 제조업을 영위하는 영리내국 상장법인으로서 중소기업이 아닌 ㈜한국의 제7기 사업연도(20×7. 1. 1. ~ 20×7. 12. 31.)의 주식취득 및 처분에 관한 세무조정을 위한 자료이다. 전기까지 세무조정은 적법하게 이루어졌다고 가정한다.

1. ㈜한국은 20×7. 4. 1.에 당사의 전무이사로부터 ㈜세종의 보통주 20,000주를 주당 ₩17,000에 매입하여 매입가격을 동 주식의 취득원가로 계상하였다.
2. ㈜세종의 보통주는 유가증권시장에 상장된 주식으로, ㈜세종의 총발행보통주식수는 200,000주이며, 20×7. 4. 1에 ㈜한국은 동 주식의 취득으로 인하여 ㈜세종의 최대주주가 되는 것은 아니다.
3. ㈜한국은 20×7. 6. 30.에 상기 주식 중 10,000주를 거주자인 당사의 대주주(당사의 임원 또는 사용인이 아님)에게 1주당 ₩16,000에 처분하였다.
4. ㈜세종 주식의 20×7. 4. 1.과 20×7. 6. 30.의 한국거래소 최종시세가액은 각각 주당 ₩20,000과 ₩21,000이다.

### 요구사항

㈜ 한국의 제7기 사업연도 세무조정을 다음의 [답안양식]에 따라 수행하시오.

[답안양식]

| 조정유형 | 과 목 | 금 액 | 소득처분 |
|---|---|---|---|
| 익금산입 | 토지A | ××× | 유보 |
| 손금산입 | 토지B | ××× | △유보 |

### 해답

| 조정유형 | 과 목 | 금 액 | 소득처분 |
|---|---|---|---|
| 익금산입 | 유가증권 | ₩60,000,000 | 유보 |
| 손금산입 | 유가증권 | 30,000,000 | △유보 |
| 익금산입 | 부당행위 | 50,000,000 | 배당 |

[계산근거]

1. 20×7. 4. 1 회계처리비교

| 회사장부 | | 법인세법 | |
|---|---|---|---|
| 유가증권 340,000,000 | | 유가증권 400,000,000 | |
|    현　금 | 340,000,000 |    현　금 | 340,000,000 |
| | |    자산수증이익 | 60,000,000* |

* (₩20,000−₩17,000)×20,000주=₩60,000,000 특수관계에 있는 개인으로부터 유가증권을 저가로 매입한 경우 시가를 취득가액으로 하며, 차액은 익금으로 처리한다.

2. 20×7. 6. 30 회계처리비교

| 회사장부 | | 법인세법 | |
|---|---|---|---|
| 현　금 160,000,000 | | 현　금 210,000,000 | |
| 처분손실 10,000,000 | |    유가증권 | 200,000,000 |
|    유가증권 | 170,000,000 |    처분이익 | 10,000,000 |
| | | 사외유출 50,000,000 | |
| | |    현　금 | 50,000,000 |

## 09 불공정자본거래-합병 ■2018. 세무사

다음은 (주)서울의 제7기 사업연도(20×7. 1. 1. ~ 20×7. 12. 31.)에 특수관계인인 (주)부산의 흡수합병 등에 관한 자료이다.

1. (주)서울과 (주)부산은 모두 비상장법인이며 합병 직전 각 법인의 발행주식총수와 1주당 평가액 및 액면가 액은 다음과 같다.

| 구 분 | (주)서울 | (주)부산 |
|---|---|---|
| 발행주식 총수 | 30,000주 | 20,000주 |
| 1주당 평가액 | ₩50,000 | ₩10,000 |
| 액면가액 | 5,000 | 5,000 |

2. (주)서울과 (주)부산의 주주현황은 다음과 같다.

| 구 분 | 주 주 | 지 분 율 |
|---|---|---|
| (주)서울 | (주)대한 | 75% |
| | (주)민국 | 15% |
| | 거주자 A | 10% |
| (주)부산 | (주)화성 | 40% |
| | (주)금성 | 55% |
| | 거주자 B | 5% |

3. (주)대한과 (주)화성은 특수관계인이고, (주)민국과 거주자 B는 특수관계인이며, 그 밖에 특수관계에 해당하는 주주는 없다.
4. (주)서울은 (주)부산을 흡수합병하면서 (주)부산의 주식 2주당 (주)서울의 주식 1주를 (주)부산의 주주에게 교부하였으며, 합병교부금은 지급하지 않았다

### 요구사항

1. (주)서울의 제7기 사업연도에 (주)부산의 흡수합병으로 인한 ① (주)대한의 세무조정과 ② (주)민국의 세무조정을 각각 하시오.
2. (주)서울의 제7기 사업연도에 (주)부산의 흡수합병으로 인한 (주)화성의 세무조정을 각각 하시오.

## 해답

**[요구사항1]**

| | | | |
|---|---|---|---|
| (주)대한: 〈익금산입〉 | 부당행위계산부인 | ₩67,500,000 | (기타사외유출) |
| (주)민국: 〈익금산입〉 | 부당행위계산부인 | 1,687,500 | (기타사외유출) |

[계산근거]

1. 합병후 1주당 평가액: $\dfrac{30,000주 \times ₩50,000 + 20,000주 \times ₩10,000}{30,000주 + 10,000주} = ₩42,500$

2. 현저한 이익분여요건: $\dfrac{₩42,500 - ₩10,000 \times 2}{₩42,500} \geq 30\%$

3. (주)대한 → (주)화성: 30,000주×75%×(₩50,000−₩42,500)×40%=₩67,500,000
4. (주)민국 → 거주자B: 30,000주×15%×(₩50,000−₩42,500)×5%=₩1,687,500

**[요구사항2]**

| | | | |
|---|---|---|---|
| (주)화성: 〈익금산입〉 | 투자주식 | ₩67,500,000 | (유보) |

## 불공정자본거래 ■2019. 세무사

다음은 ㈜민국 (비상장영리법인)의 유상증자와 관련된 자료이다.

1. ㈜민국은 유상증자를 위해 50,000주의 신주를 발행하기로 하였다. 증자 전 ㈜민국의 주주현황은 다음과 같다.

| 주 주 | 보유주식수 | 지분비율 |
|---|---|---|
| A법인주주 | 80,000주 | 40% |
| B개인주주 | 40,000주 | 20% |
| C법인주주 | 60,000주 | 30% |
| D개인주주 | 20,000주 | 10% |
| 합 계 | 200,000주 | 100% |

2. 주주 중 A법인주주와 B개인주주가 신주인수를 포기하였다.
3. A법인주주와 C법인주주는 비상장영리법인이며, B개인주주와 D개인주주는 거주자이다.
4. A법인주주, C법인주주, D개인주주는 특수관계인에 해당한다.
5. ㈜민국의 유상증자 전 1주당 평가액은 ₩20,000이다.

### 요구사항

위의 자료를 이용하여 각 경우별로 이익분여액에 대한 개별주주의 세법상 처리를 다음 양식에 따라 제시하시오.

1. 증자시 발행되는 신주 1주당 인수가액이 ₩35,000이고 A법인주주와 B개인주주가 포기한 신주를 증자 전의 지분비율대로 다른 주주에게 추가 배정하는 경우

| 구 분 | 익금산입 및 손금불산입 | | | 손금산입 및 익금불산입 | | |
|---|---|---|---|---|---|---|
| | 과 목 | 금액(단위: 원) | 처 분 | 과 목 | 금액(단위: 원) | 처 분 |
| A법인주주 | | | | | | |
| B개인주주 | | | | | | |
| C법인주주 | | | | | | |
| D개인주주 | | | | | | |

2. 증자시 발행되는 신주 1주당 인수가액이 ₩36,500이고 A법인주주와 B개인주주가 포기한 신주를 재배정하지 않는 경우

| 구 분 | 익금산입 및 손금불산입 | | | 손금산입 및 익금불산입 | | |
|---|---|---|---|---|---|---|
| | 과 목 | 금액(단위: 원) | 처 분 | 과 목 | 금액(단위: 원) | 처 분 |
| A법인주주 | | | | | | |
| B개인주주 | | | | | | |
| C법인주주 | | | | | | |
| D개인주주 | | | | | | |

### 해답

[요구사항1]

| 구 분 | 익금산입 및 손금불산입 | | | 손금산입 및 익금불산입 | | |
|---|---|---|---|---|---|---|
| | 과 목 | 금액(단위: 원) | 처 분 | 과 목 | 금액(단위: 원) | 처 분 |
| A법인주주 | 투자주식 | ₩240,000,000 | 유보 | | | |
| B개인주주 | | | | | | |
| C법인주주 | 부당행위계산부인 | 180,000,000 | 기타사외유출 | 투자주식 | ₩180,000,000 | △유보 |
| D개인주주 | | | | | | |

[계산근거]

1. 주주변동

| 주 주 | 증자 전 | 증 자 | 증자 후 |
|---|---|---|---|
| A법인주주 | 80,000주 | | 80,000주 |
| B개인주주 | 40,000 | | 40,000 |
| C법인주주 | 60,000 | 15,000+22,500주 | 97,500 |
| D개인주주 | 20,000 | 5,000+ 7,500주 | 32,500 |
| 계 | 200,000주 | 50,000주 | 250,000주 |
| 1주당 평가액 | ₩20,000 | ₩35,000 | ₩23,000* |

* 증자후 1주당 평가액: $\frac{200,000주 \times ₩20,000 + 50,000주 \times ₩35,000}{200,000주 + 50,000주} = ₩23,000$

2. 세무조정

 (1) C법인주주: 〈손금산입〉 투자주식 ₩180,000,000 (△유보)
 　　　　　　　〈익금산입〉 부당행위계산부인 180,000,000 (기타사외유출)

*1. 총손실: 97,500주×₩23,000-(60,000주×₩20,000+37,500주×₩35,000)=₩270,000,000

2. A법인주주에 이익분여액: ₩270,000,000× $\dfrac{80,000주}{80,000주+40,000주}$ =₩180,000,000

(2) D개인주주: 이익을 분여했으므로 과세문제 없음

*1. 총손실: 32,500주×₩23,000-(20,000주×₩20,000+12,500주×₩35,000)=₩90,000,000

2. A법인주주에 이익분여액: ₩90,000,000× $\dfrac{80,000주}{80,000주+40,000주}$ =₩60,000,000

(3) A법인주주: 〈익금산입〉　　　　투자주식　　　　　　　₩240,000,000 (유보)

* C법인주주에 이익분여받은 금액: ₩270,000,000× $\dfrac{80,000주}{80,000주+40,000주}$ = ₩180,000,000

　D개인주주에 이익분여받은 금액: ₩90,000,000× $\dfrac{80,000주}{80,000주+40,000주}$ = 60,000,000

　　　　　　　계　　　　　　　　　　　　　　　　　　　　　　₩240,000,000

(4) B개인주주: 특수관계가 없으므로 과세문제 없음.

[요구사항2]

| 구 분 | 익금산입 및 손금불산입 ||| 손금산입 및 익금불산입 |||
|---|---|---|---|---|---|---|
|  | 과 목 | 금액(단위: 원) | 처 분 | 과 목 | 금액(단위: 원) | 처 분 |
| A법인주주 | 투자주식 | ₩120,000,000 | 유보 | | | |
| B개인주주 | | | | | | |
| C법인주주 | 부당행위계산부인 | 90,000,000 | 기타사외유출 | 투자주식 | 90,000,000 | △유보 |
| D개인주주 | | | | | | |

[계산근거]

1. 주주변동

| 주 주 | 증자 전 | 증 자 | 증자 후 |
|---|---|---|---|
| A법인주주 | 80,000주 |  | 80,000주 |
| B개인주주 | 40,000 |  | 40,000 |
| C법인주주 | 60,000 | 15,000 | 75,000 |
| D개인주주 | 20,000 | 5,000 | 25,000 |
| 계 | 200,000주 | 20,000주 | 220,000주 |
| 1주당 평가액 | ₩20,000 | ₩36,500 | ₩21,500* |

* 증자후 1주당 평가액: $\dfrac{200,000주 \times ₩20,000 + 20,000주 \times ₩36,500}{200,000주 + 20,000주} = ₩21,500$

2. 현저한 이익분여 여부

$\dfrac{₩36,500 - ₩21,500}{₩21,500} = 69.7\% \geq 30\%$

3. 세무조정

 (1) C법인주주: 〈손금산입〉  투자주식      ₩90,000,000 (△유보)

       〈익금산입〉  부당행위계산부인   90,000,000 (기타사외유출)

  *1. 총손실: 75,000주×₩21,500 − (60,000주×₩20,000 + 15,000주×₩36,500) = ₩135,000,000

   2. A법인주주에 이익분여액: ₩135,000,000 × $\dfrac{80,000주}{80,000주 + 40,000주}$ = ₩90,000,000

 (2) D개인주주: 이익을 분여했으므로 과세문제 없음

  *1. 총손실: 25,000주×₩21,500 − (20,000주×₩20,000 + 5,000주×₩36,500) = ₩45,000,000

   2. A법인주주에 이익분여액: ₩45,000,000 × $\dfrac{80,000주}{80,000주 + 40,000주}$ = ₩30,000,000

 (3) A법인주주: 〈익금산입〉  투자주식      ₩120,000,000* (유보)

  * C법인주주에 이익분여받은 금액: ₩135,000,000 × $\dfrac{80,000주}{80,000주 + 40,000주}$ =  ₩90,000,000

   D개인주주에 이익분여받은 금액: ₩45,000,000 × $\dfrac{80,000주}{80,000주 + 40,000주}$ =  30,000,000

           계                   ₩120,000,000

 (4) B개인주주: 특수관계가 없으므로 과세문제 없음

## 부당행위계산의 부인

다음은 비상장 영리내국법인 (주)A의 제9기(1. 1. ~ 12. 31.)와 제10기(1. 1. ~ 12. 31.)의 자산 고가양수와 감자에 관한 자료이다. 각 물음에 답하시오.

[자료 1]

1. 제9기 1월 2일에 출자임원으로부터 기계장치를 ₩100,000,000(시가: ₩80,000,000)에 매입하고, 매입대금을 전액 현금 지급하였다. (주)A는 기계장치의 취득가액으로 ₩100,000,000을 계상하였다.
2. 기계장치의 내용연수는 5년, 감가상각방법은 정률법(상각률은 40 %로 가정함)으로 하여 납세지 관할세무서장에게 신고하고, 이를 기준으로 계산한 감가상각비를 손익계산서 반영하였다.
3. 제10기 12월 31일에 기계장치를 현금 ₩20,000,000에 양도하였다.

[물음 1]

[자료1]에서 기계장치와 관련된 제9기 및 제10기의 회계처리와 세무조정을 행하시오. (세무조정이 없는 경우 "세무조정 없음"으로 표시한다.)

[자료 2]

제10기에 (주)A는 주주 甲, 乙, 丁의 보유주식을 감자 목적으로 다음과 같이 일부 소각하였다. 주주 甲, 乙, 丙, 丁 모두 영리내국법인이며, 주주 甲과 丙은 법인세법상 특수관계에 있다. (그 외 특수관계는 없음) (주)A의 1주당 액면가액은 ₩5,000이며, 감자 전 1주당 평가액은 ₩10,000이다.

| 주 주 | 소각 전 주식수 | 주식소각 | 소각 후 주식수 |
|---|---|---|---|
| 甲 | 10,000주 | 4,000주 | 6,000주 |
| 乙 | 6,000 | 2,000 | 4,000 |
| 丙 | 8,000 | – | 8,000 |
| 丁 | 6,000 | 40,000 | 2,000 |
| 계 | 30,000주 | 10,000주 | 20,000주 |

[물음 2]

[자료2]에서 (주)A가 감자대가로 1주당 ₩4,000을 지급한 경우, 계산과정을 제시하고 [답안양식]을 이용하여 각 주주의 세무상 처리에 대한 설명과 세무조정 및 소득처분을 행하시오. (세무조정이 없는 경우 "세무조정 없음"으로 표시한다.)

[답안양식]

| 구분 | 세무상 처리에 대한 설명 |
|---|---|
| 주주 甲 | |
| 주주 乙 | |
| 주주 丙 | |
| 주주 丁 | |

| 구 분 | 익금산입 및 손금불산입 ||| 손금산입 및 익금불산입 |||
|---|---|---|---|---|---|---|
| | 과 목 | 금액(단위: 원) | 처 분 | 과 목 | 금액(단위: 원) | 처 분 |
| 주주 甲 | | | | | | |
| 주주 乙 | | | | | | |
| 주주 丙 | | | | | | |
| 주주 丁 | | | | | | |

[물음 3]

[자료2]에서 (주)A가 감자대가로 1주당 ₩8,000을 지급한 경우, 계산과정을 제시하고 [답안양식]을 이용하여 각 주주의 세무상 처리에 대한 설명과 세무조정 및 소득처분을 행하시오. (세무조정이 없는 경우 "세무조정 없음"으로 표시한다.)

[물음 4]

[자료2]에서 (주)A가 감자대가로 1주당 ₩13,000을 지급한 경우, 계산과정을 제시하고 [답안양식]을 이용하여 각 주주의 세무상 처리에 대한 설명과 세무조정 및 소득처분을 행하시오. (세무조정이 없는 경우 "세무조정 없음"으로 표시한다.)

▼ 해답

[물음 1]

1. 제9기

| 회사장부 | 법인세법 | 세무조정 |
|---|---|---|
| 기 계 100,000,000<br>　현 금 100,000,000 | 기 계 80,000,000<br>사외유출 200,000,000<br>　현 금 100,000,000 | 〈손금산입〉기 계<br>20,000,000(△유보)<br>〈익금산입〉부당행위<br>20,000,000(상여) |
| 감가상각비 40,000,000<br>　감가상각누계액 40,000,000 | 감가상각비 32,000,000<br>　감가상각누계액 32,000,000 | 〈익금산입〉감가상각누계액<br>8,000,000(유보) |

2. 제10기

| | | |
|---|---|---|
| 감가상각누계액 40,000,000<br>현 금 20,000,000<br>기계처분손실 40,000,000<br>　기 계 100,000,000 | 감가상각누계액 32,000,000<br>현 금 20,000,000<br>기계처분손실 28,000,000<br>　기 계 80,000,000 | 〈손금산입〉감가상각누계액<br>8,000,000(△유보)<br>〈익금산입〉기 계<br>2,000,000(△유보) |

[물음 2]

| 구분 | 세무상 처리에 대한 설명 |
|---|---|
| 주주 甲 | 특수관계인 丙에게 분여한 이익을 익금산입함 |
| 주주 乙 | 특수관계인이 아니므로 부당행위계산부인 적용대상이 아님 |
| 주주 丙 | 특수관계인 甲으로부터 분여받은 이익을 익금산입함 |
| 주주 丁 | 특수관계인에 아니므로 부당행위계산부인 적용대상이 아님 |

| 구분 | 익금산입 및 손금불산입 | | | 손금산입 및 익금불산입 | | |
|---|---|---|---|---|---|---|
| | 과목 | 금액 | 처분 | 과목 | 금액 | 처분 |
| 주주 甲 | 부당행위 | ₩9,600,000 | 기타사외유출 | | | |
| 주주 乙 | - 세무조정 없음 - | | | | | |
| 주주 丙 | 유가증권 | 9,600,000 | 유보 | | | |
| 주주 丁 | - 세무조정 없음 - | | | | | |

[계산근거]

1. 현저한 이익: $\dfrac{₩10,000 - ₩4,000}{10,000} = 60\% \geq 30\%$

2. 분여 받은 이익: $(₩10,000 - ₩4,000) \times 4,000주 \times \dfrac{8,000주}{20,000주} = ₩9,600,000$

[물음 3]

| 구분 | 세무상 처리에 대한 설명 |
|---|---|
| 주주 甲 | 현저한 이익분여요건에 해당하지 않으므로 부당행위계산부인을 적용하지 않음 |
| 주주 乙 | 특수관계가 아니므로 부당행위계산부인 적용대상이 아님 |
| 주주 丙 | 현저한 이익분여요건에 해당하지 않으므로 부당행위계산부인을 적용하지 않음 |
| 주주 丁 | 특수관계가 아니므로 부당행위계산부인 적용대상이 아님 |

| 구분 | 익금산입 및 손금불산입 | | | 손금산입 및 익금불산입 | | |
|---|---|---|---|---|---|---|
| | 과목 | 금액 | 처분 | 과목 | 금액 | 처분 |
| 주주 甲 | - 세무조정 없음 - | | | | | |
| 주주 乙 | - 세무조정 없음 - | | | | | |
| 주주 丙 | - 세무조정 없음 - | | | | | |
| 주주 丁 | - 세무조정 없음 - | | | | | |

[계산근거]

현저한 이익분여 여부: $\dfrac{₩10,000 - ₩8,000}{₩10,000} = 20\% \geq 30\%$

[물음 4]

| 구분 | 세무상 처리에 대한 설명 |
|---|---|
| 주주 甲 | 특수관계인 丙으로부터 분여받은 이익을 익금산입함 |
| 주주 乙 | 특수관계가 아니므로 부당행위계산부인 적용대상이 아님 |
| 주주 丙 | 특수관계인 甲에게 분여한 이익을 익금산입함 |
| 주주 丁 | 특수관계가 아니므로 부당행위계산부인 적용대상이 아님 |

| 구분 | 익금산입 및 손금불산입 | | | 손금산입 및 익금불산입 | | |
|---|---|---|---|---|---|---|
| | 과목 | 금액 | 처분 | 과목 | 금액 | 처분 |
| 주주 甲 | 부당행위 | ₩7,200,000 | 유보 | | | |
| 주주 乙 | - 세무조정 없음 - | | | | | |
| 주주 丙 | 유가증권 | 7,200,000 | 기타사외유출 | | | |
| 주주 丁 | - 세무조정 없음 - | | | | | |

[계산근거]

1. 현저한 이익: $\dfrac{₩13,000 - ₩10,000}{₩10,000} = 30\% \geq 30\%$

2. 분여 받은 이익 : $(₩10,000 - ₩4,000) \times 4,000주 \times \dfrac{6,000주}{20,000주} = ₩9,600,000$

## Question 12. 부당행위계산의 부인 ■2022. CPA

제조업을 영위하는 ㈜한국의 제22기 사업연도(1. 1. ~ 12. 31.) 법인세 관련 자료이다.

[자료 1]
1. 제22기 3월 1일에 자회사인 ㈜A에 ₩200,000,000을 3년 후 상환하는 조건으로 대여하고 약정이자율 1.2%로 계산한 ₩2,000,000을 이자수익으로 계상하였다. ㈜한국은 전기에 과세표준신고를 할 때 당좌대출이자율(연4.6%)을 시가로 선택하였으며, 제22기 3월 1일의 가중평균차입이자율은 4%이다.

2. 제22기 4월 1일에 대표이사로부터 토지B를 ₩150,000,000에 매입하고, 매입가액을 취득원가로 회계처리하였다. 매입당시 시가는 불분명하며, 감정평가법인의 감정가액은 ₩100,000,000, 개별공시지가는 ₩120,000,000이다.

3. 출자임원에게 임대기간에 대한 약정없이 사택C를 임대보증금 ₩100,000,000, 월임대료 ₩500,000에 제21기 7월 1일부터 임대 중이다. 사택C에 대한 적정임대료는 불분명하고, 사택 건물의 시가는 ₩800,000,000이며, 기획재정부령으로 정하는 정기예금이자율은 3%로 가정한다.

4. 제22기 10월 1일에 특수관계인인 대주주에게 제20기 3월 1일에 취득한 비사업용토지D(미등기)를 ₩350,000,000에 양도하였다. 양도 당시 시가는 ₩500,000,000(취득원가 ₩50,000,000)이었으며, 보유기간 동안 장부가액의 변동은 없었다.

[요구사항1]
〈자료〉와 관련하여 ㈜한국이 해야 하는 제22기 세무조정 및 소득처분을 답안 양식에 따라 제시하시오.

[답안양식]

| 익금산입 및 손금불산입 | | | 손금산입 및 익금불산입 | | |
|---|---|---|---|---|---|
| 과 목 | 금 액 | 소득처분 | 과 목 | 금 액 | 소득처분 |

[요구사항2]
㈜한국의 제22기 토지 등 양도소득에 대한 법인세를 제시하시오.

 해답

[요구사항1]

| 익금산입 및 손금불산입 | | | 손금산입 및 익금불산입 | | |
|---|---|---|---|---|---|
| 과 목 | 금 액 | 처 분 | 과 목 | 금 액 | 처 분 |
| 인정이자 | ₩5,712,876 | 기타사외유출 | 토지 B | 50,000,000 | △유보 |
| 부당행위계산부인 | 50,000,000 | 상여 | | | |
| 부당행위계산부인 | 3,000,000 | 상여 | | | |
| 부당행위계산부인 | 150,000,000 | 배당 | | | |

[계산근거]

1. 인정이자

   (1) 시가: ₩200,000,000×4.6%×306÷365 = ₩7,712,876

   (2) 중요성: $\dfrac{₩7,712,876 - ₩2,000,000}{₩7,712,876} \geq 5\%$

2. 토지 B

| 회사장부 | | 법인세법 | |
|---|---|---|---|
| 토지 B  150,000,000 | | 토지 B  100,000,000 | |
|    현 금  150,000,000 | | 사외유출  50,000,000 | |
| | |    현 금  150,000,000 | |

3. 사택 C

   (1) 시가: (₩800,000,000×50% − ₩100,000,000)×3% = ₩9,000,000

   (2) 중요성: $\dfrac{₩9,000,000 - ₩6,000,000}{₩9,000,000} \geq 5\%$

4. 토지 D

| 회사장부 | | 법인세법 | |
|---|---|---|---|
| 현 금  350,000,000 | | 현 금  500,000,000 | |
|    토지 D  50,000,000 | |    현 금  50,000,000 | |
|    처분이익  300,000,000 | |    처분이익  450,000,000 | |
| | | 사외유출  150,000,000 | |
| | |    현 금  150,000,000 | |

[요구사항2]

| 토지 등 양도소득에 대한 법인세 | ₩180,000,000 |
|---|---|

[계산근거]

토지 등 양도소득에 대한 법인세 : ₩450,000,000×40% = ₩180,000,000

CHAPTER 8

# 과세표준과 세액계산

# 01 결손금소급공제

다음은 제조업을 영위하는 비상장중소기업인 (주)진리의 제5기 사업연도(20×7. 1. 1. ~12. 31.)의 세무조정 관련자료이다. 다음 자료를 참고하여 아래 각 물음에 답하시오.

1. 제3기(20×5. 1. 1~12. 31)의 법인세과세표준은 ₩310,000,000, 산출세액 ₩50,900,000(토지 등 양도소득에 대한 법인세 ₩12,000,000 포함), 공제·감면세액 ₩25,000,000, 가산세액은 ₩1,000,000이다.
2. 제4기(20×6. 1. 1~12. 31)에 결손금 ₩100,000,000이 발생하였으며, 제5기의 각사업연도소득금액은 ₩240,000,000이고 비과세소득 및 소득공제액은 없다.
3. 회사는 법인세과세표준신고기한 내에 제3기와 제4기의 각사업연도에 대한 법인세과세표준 및 세액을 각각 신고하였으며, 법인세율은 2억까지 9%, 2억 초과분은 19%이다.

**요구사항**

1. 제4기의 결손금에 대하여 결손금소급공제를 신청한 경우 환급받을 법인세액을 계산하시오.
2. 제5기의 법인세산출세액을 계산하시오.
3. 제5기에 제4기에 대한 법인세의 과세표준과 세액이 경정됨으로써 당초의 결손금이 ₩60,000,000으로 감소된 경우 추징세액을 계산하시오. 단, 이자상당액 계산시 적용일수는 389일로 가정한다.

**해답**

[요구사항1]

| 제4기 법인세환급세액 | ₩13,900,000 |
|---|---|

[계산근거]

(1) 환급세액: (₩50,900,000−₩12,000,000)−(₩310,000,000−₩100,000,000)×세율=₩19,000,000

(2) 환급한도: (₩50,900,000−₩12,000,000)−₩25,000,000=₩13,900,000

∴ 제4기 법인세환급세액: ₩13,900,000

[요구사항2]

| 제5기 법인세산출세액 | ₩25,000,000 |
|---|---|

[계산근거]

(1) 제4기 결손금 중 소급공제분과 이월공제분

① 환급한도: ₩13,900,000

② 소급공제결손금: (₩54,000,000−₩12,000,000)−(₩310,000,000−$x$)×세율=₩13,900,000

∴ 소급공제결손금($x$)=₩73,157,895

③ 이월공제결손금: ₩100,000,000−₩73,157,895=₩26,842,105

(2) 제5기 과세표준: ₩240,000,000−₩26,842,105=₩213,157,895

(3) 제5기 법인세산출세액: ₩200,000,000×9%+₩13,157,895×19%=₩20,500,000

[요구사항3]

| 결손금감소로 인한 추징세액 | ₩2,286,050 |
|---|---|

[계산근거]

(1) 환급취소세액: $₩13,900,000 \times \dfrac{₩40,000,000 - ₩26,842,105}{₩73,157,895} =$  ₩2,500,000

(2) 이자상당액: $₩2,500,000 \times 389일 \times \dfrac{22}{100,000} =$  213,950

계  ₩2,286,050

## 외국납부세액공제

다음은 (주)웅지의 제7기 사업연도(1. 1. ~12. 31.) 외국납부세액공제와 관련된 자료이다. 이 자료를 기초로 하여 [요구사항]에 답하시오.

1. (주)웅지의 국내와 국외에서 발생한 소득 및 외국납부세액의 내역

   (1) 국가별 원천소득(세후)

   |  | 국 내 | A국지점 | B국지점 | C국 자회사 배당금 | 합 계 |
   |---|---|---|---|---|---|
   | 당기순이익 | ₩200,000,000 | ₩60,000,000 | ₩(40,000,000) | ₩104,000,000 | ₩324,000,000 |
   | 외국납부세액 | - | 20,000,000 | - | 4,000,000 | 24,000,000 |

   * 1. A국에서 발생한 소득에 대한 법인세 ₩24,000,000 중 ₩4,000,000을 감면받았다.
     2. B국에 소재한 지점은 결손이 발생하였다.
     3. C국에 소재한 자회사로부터 ₩108,000,000의 배당금수익이 발생하였으며 이를 송금받는 과정에서 ₩4,000,000을 원천징수당하였다.

   (2) (주)웅지는 국외에서 직접 납부한 세액은 기타비용으로 처리하였으며, A국과 B국 및 C국에 대해서는 외국납부세액과 관련된 조세조약이 체결되어 있다.

2. (주)웅지의 C국 소재 자회사관련 내역

   (1)
   
   | 투자비율 | 수입배당금<br>(국외원천징수세액) | C국 자회사의 해당<br>사업연도의 소득금액 | C국 자회사의 해당<br>사업연도의 법인세액 |
   |---|---|---|---|
   | 25% | ₩108,000,000<br>(₩4,000,000) | ₩2,000,000,000 | ₩200,000,000 |

   (2) C국 자회사의 주식은 전부 제5기 중에 취득한 것이다. 수입배당금은 원천징수세액을 포함한 금액이며 해당 원천징수세액은 기타영업비로 처리하였다.

3. 이월결손금, 비과세소득 및 소득공제는 없으며 외국납부세액에 대해서 세액공제방식을 적용하기로 한다. 또한 제시된 자료 이외의 세무조정사항은 없다고 가정한다.

### 요구사항

1. (주)웅지의 제7기 사업연도 외국납부세액에 대한 세무조정을 행하시오.
2. (주)웅지의 제7기 사업연도 법인세산출세액을 계산하시오.
3. (주)웅지의 제7기 사업연도의 외국납부세액공제액을 계산하시오.

## [요구사항1]

| 조정유형 | 과 목 | 금 액 | 소득처분 |
|---|---|---|---|
| 손금불산입 | 직접외국납부세액 | ₩24,000,000 | 기타사외유출 |
| 익금산입 | 간접외국납부세액 | 12,000,000 | 기타사외유출 |

[계산근거]

(1) 직접외국납부세액: ₩20,000,000(A국)+₩4,000,000(C국)=₩24,000,000

세무조정: 〈손금불산입〉 직접외국납부세액 　　₩24,000,000 (기타사외유출)

(2) 간접외국납부세액: $₩200,000,000 \times \dfrac{₩108,000,000}{₩2,000,000,000 - ₩200,000,000} = ₩12,000,000$ (C국)

세무조정: 〈익금산입〉 간접외국납부세액 　　₩12,000,000 (기타사외유출)

(3) 의제외국납부세액 ₩4,000,000(A국)에 대해서는 별도의 세무조정이 필요없다.

## [요구사항2]

| 법인세산출세액 | ₩52,000,000 |
|---|---|

[계산근거]

(1) 각사업연도소득금액

| 구 분 | 국내원천소득 | 국외원천소득 | | | | 합 계 |
|---|---|---|---|---|---|---|
| | | A국지점 | B국지점 | C국자회사 | 계 | |
| 조정전 소득금액 | ₩200,000,000 | ₩60,000,000 | ₩(40,000,000) | ₩104,000,000 | ₩124,000,000 | ₩324,000,000 |
| 직접외국납부세액 | | 20,000,000 | | 4,000,000 | 24,000,000 | 24,000,000 |
| 간접외국납부세액 | | | | 12,000,000 | 12,000,000 | 12,000,000 |
| 각사업연도소득금액 | ₩200,000,000 | ₩80,000,000 | ₩(40,000,000) | ₩120,000,000 | ₩160,000,000 | ₩360,000,000 |

(2) 법인세산출세액: ₩200,000,000×9%+₩160,000,000×19%=₩48,400,000

[요구사항3]

| 외국납부세액공제액 | ₩24,200,000 |
|---|---|

[계산근거]

(1) 과세표준의 국가별 구분

| 구 분 | 국 내 | A국지점 | B국지점 | C국자회사 | 합 계 |
|---|---|---|---|---|---|
| 각사업연도소득금액 | ₩200,000,000 | ₩80,000,000 | ₩(40,000,000) | ₩120,000,000 | ₩360,000,000 |
| 결손금의 배분 | (20,000,000)*1 | (8,000,000)*2 | 40,000,000 | (12,000,000) | |
| 과세표준 | ₩180,000,000 | ₩72,000,000 | ₩0 | ₩108,000,000 | ₩360,000,000 |

* 1. 국내에 배분할 결손금: $₩40,000,000 \times \dfrac{₩200,000,000}{₩200,000,000+₩80,000,000+₩120,000,000} = ₩20,000,000$

　2. A국에 배분할 결손금 $₩40,000,000 \times \dfrac{₩80,000,000}{₩200,000,000+₩80,000,000+₩120,000,000} = ₩8,000,000$

(2) 외국납부세액공제액

① A국지점: Min[a, b] = ₩9,680,000

　a. 외국납부세액: ₩24,000,000

　b. 한 도 액: $₩48,400,000 \times \dfrac{₩72,000,000}{₩360,000,000} = ₩9,680,000$

② C국자회사: Min[a, b] = ₩14,520,000

　a. 외국납부세액: ₩16,000,000

　b. 한 도 액: $₩48,400,000 \times \dfrac{₩108,000,000}{₩360,000,000} = ₩14,520,000$

∴ 외국납부세액공제액: ₩9,680,000 + ₩14,520,000 = ₩24,200,000

# 재해손실세액공제

다음은 (주)종로(중소기업)의 제7기 사업연도(1. 1. ~ 12. 31.) 재해손실세액공제와 관련된 자료이다. (주)종로의 제7기 사업연도 재해손실세액공제액을 계산하시오.

1. (주)종로는 8월 8일에 화재가 발생하였는데, 이로 인하여 소실된 자산가액의 내역은 다음과 같다.

| 자 산 | 화재직전 장부가액 | 화재손실액 | 보험금수취액 |
|---|---|---|---|
| 상품·제품 | ₩100,000,000 | ₩70,000,000 | ₩80,000,000 |
| 토 지 | 500,000,000 | – | – |
| 건 물 | 300,000,000 | 150,000,000 | 200,000,000 |
| 기계장치 | 160,000,000 | 100,000,000 | 120,000,000 |
| 계 | ₩1,060,000,000 | ₩320,000,000 | ₩400,000,000 |

화재로 인하여 인근 건물의 일부가 손상되었는데, 피해자와 합의 결과 ₩40,000,000을 보상해 주기로 하였다.

2. (1) 화재발생일 현재 제6기 사업연도에 대한 미납부된 법인세액은 ₩88,000,000(납부지연가산세 ₩4,000,000 제외)이다.

   (2) 제7기 사업연도의 법인세와 관련된 자료는 다음과 같다.
   
   ① 법인세산출세액         ₩100,000,000
   ② 최저한세              92,000,000
   ③ 연구및인력개발비세액공제    7,000,000
   ④ 중소기업투자세액공제     15,000,000
   ⑤ 외국납부세액공제        10,000,000
   ⑥ 법정증명서류미수취가산세   5,000,000

▼ 해답

| 재해손실세액공제액 | ₩106,200,000 |
|---|---|

[계산근거]

1. 재해상실비율

$$\frac{상실된\ 자산가액^*}{상실전의\ 사업용총자산가액} = \frac{₩320,000,000+₩40,000,000}{₩1,060,000,000-₩500,000,000+₩40,000,000} = 60\% \geq 20\%$$

\* 타인소유의 자산으로서 그 상실로 인한 변상책임이 해당 법인에게 있는 자산가액은 상실된 자산가액과 상실전의 사업용총자산가액에 각각 포함한다.

2. 재해손실세액공제액

    (1) 공제대상금액

    ① 미납된 법인세에 대한 세액공제액: (₩88,000,000+₩4,000,000)×60%=　　₩55,200,000

    ② 당기분 법인세에 대한 세액공제액: (₩92,000,000-₩7,000,000)×60%=　　51,000,000

    계　　₩106,200,000

    (2) 한　도　액: ₩360,000,000

    (3) 재해손실세액공제액: Min[(1), (2)]=₩106,200,000

▼ 해설

1. 재해손실세액공제는 재해상실비율*이 20% 이상인 경우에 한하여 적용한다.

    \* 재해상실비율: $\dfrac{상실된\ 자산가액(변상책임\ 타인소유\ 재산\ 포함)}{상실전\ 재산가액(토지\ 제외,\ 변상책임\ 타인소유\ 재산\ 포함)}$

2. 재해손실세액공제 계산시 공제대상법인세는 다음과 같다.

    (1) 미납된 법인세: 가산세를 포함함

    (2) 재해발생일이 속하는 사업연도의 법인세: 최저한세*(법인세산출세액-다른 법률에 의한 공제감면세액)+가산세(무기장, 신고·납부)

    \* 중소기업의 연구및인력개발비세액공제 등 최저한세 적용대상이 아닌 조세특례제한법상의 세액공제가 있는 경우 동 금액을 차감해야 함

# 04 최저한세와 차감납부할세액

다음은 제조업을 영위하고 있는 비상장중소기업인 (주)진리의 제7기 사업연도(20×7. 1. 1. ~ 12. 31.)의 법인세신고와 관련된 자료이다. 법인세부담 최소화를 가정하여 아래 물음에 답하시오.

1. 회사의 제7기 사업연도 법인세과세표준은 ₩220,000,000이며, 이 금액에는 조세특례제한법상 지방이전에 따른 양도차익 ₩80,000,000이 차감되어 있다.

2. 회사는 미국에 본점을 둔 국외자회사인 A회사 주식의 70%를 20×5년에 취득했고 20×7. 4. 15에 A회사로부터 ₩6,600,000의 배당금을 지급받아 실수령액만을 기타수익으로 회계처리하였다(동 배당금은 한미조세조약에 따른 12% 제한세율로 원천징수한 세액을 차감한 후의 금액임). 동 배당금은 A회사의 20×6년 과세기간의 이익처분에 의한 것인데, A회사의 동 과세기간의 소득금액과 법인세액은 각각 ₩350,000,000과 ₩100,000,000이다.

3. 회사는 20×6. 6. 25에 화재로 인하여 사업용자산의 일부가 상실되어 보험회사로부터 화재보험금 ₩50,000,000을 수령하였다. 관련자료는 다음과 같다.

   (1) 화재직전 자산의 장부가액은 ₩320,000,000(토지가액 ₩200,000,000 포함)이다. 화재손실액은 ₩36,000,000이고, 손실액 중 ₩20,000,000은 거래처로부터 수탁받은 상품에 대한 것으로서 이는 화재직전 장부가액에는 포함되어 있지 않다.

   (2) 제6기 사업연도에 대한 법인세 ₩2,000,000(납부지연가산세 ₩500,000과 신고불성실가산세 ₩300,000 포함)을 납부하지 않고 있다.

   (3) 제7기 사업연도의 법정증명서류미수취가산세는 ₩600,000이다.

4. 회사의 조세특례제한법상 세액공제의 내역은 다음과 같다.

   (1) 회사설립 후 각사업연도에 발생한 연구및인력개발비의 내역은 다음과 같다. 연구및인력개발비에는 신성장동력연구개발비와 원천기술연구개발비는 없다.

      ① 제6기(20×6. 1. 1~12. 31): ₩12,000,000
      ② 제7기(20×7. 1. 1~12. 31): ₩8,000,000

      *연구및인력개발비세액공제: 초과발생액의 50%와 당기발생액의 25% 중 큰 금액

   (2) 중소기업투자세액공제: ₩7,000,000
   (3) 전자신고세액공제: ₩20,000

5. 회사의 최저한세율은 7%이며, 전기에서 이월된 세액공제는 없고, 중간예납세액은 ₩2,000,000이며 원천납부세액은 ₩1,400,000이다.

### 요구사항

1. 연구및인력개발비에 대한 세액공제액을 계산하시오.
2. 최저한세 적용으로 인하여 배제되는 감면항목과 금액을 표시하시오. 단, 최저한세로 인한 감면배제는 경정시 순서에 따른다.
3. 최저한세로 인한 감면배제시 적용배제되는 감면항목을 농어촌특별세부담이 최소화되는 방향으로 결정하기로 한 경우 최저한세 적용으로 인하여 배재되는 감면항목과 금액을 표시하고, 농어촌특별세 부담액을 계산하시오.
4. [요구사항 3]을 가정하여 다음의 금액을 계산하시오.
   (1) 외국납부세액공제액
   (2) 재해손실세액공제액
   (3) 차감납부할세액

### 해답

[요구사항1]

| 연구및인력개발비세액공제 | ₩2,000,000 |
| --- | --- |

[계산근거]

연구및인력개발비세액공제: Max[(1), (2)]=₩2,000,000

(1) (해당 과세연도 발생액−직전 과세연도 발생액)×50%=(₩8,000,000−₩12,000,000)×50%=₩0
(2) 해당 과세연도 발생액×25%=₩8,000,000×25%=₩2,000,000

[요구사항2]

| 감면배제: 지방이전 양도차익 | ₩32,736,842 |
| --- | --- |

[계산근거]
(1) 최저한세액

| ① 과세표준 | ₩220,000,000 |
| --- | --- |
| ② 지방이전 양도차익 | 80,000,000 |
| ③ 감면전 과세표준 | ₩300,000,000 |

④ 세　　　율　　　　　　　　　　　　　　　　×7%
⑤ 최저한세액　　　　　　　　　　　　　　₩21,000,000

(2) 감면후세액

　① 산출세액: ₩220,000,000×세율=　　　₩21,800,000

　② 최저한세대상 세액감면·공제
　　　a. 중소기업투자세액공제　　　　　　(7,000,000)
　　　b. 전자신고세액공제　　　　　　　　　(20,000)

　③ 감면후세액　　　　　　　　　　　　　₩14,780,000

(3) 적용배제되는 조세특례

　① 적용배제세액: ₩21,000,000−₩14,780,000=₩6,220,000

　② 지방이전 양도차익 배제액

　　　Min[₩6,220,000÷0.19, ₩80,000,000]=₩32,736,842

[요구사항3]

| 감면배제: 중소기업투자세액공제 | ₩6,220,000 |
|---|---|
| 농어촌특별세 부담액 | ₩156,000 |

[계산근거]

(1) 적용배제되는 조세특례

　① 적용배제세액: ₩6,220,000

　② 감면배제액(중소기업투자세액공제): ₩6,220,000

(2) 농어촌특별세: (₩7,000,000−₩6,220,000)×20%=₩156,000

[요구사항4]

| (1) 외국납부세액 공제액 | ₩1,145,455 |
|---|---|
| (2) 재해손실세액 공제액 | ₩8,400,000 |
| (3) 차감납부할세액 | ₩6,654,545 |

[계산근거]

(1) 외국납부세액공제: Min[①, ②]=₩1,040,455

① 외국납부세액

    a. 직접외국납부세액: $₩6,600,000 \times \dfrac{12\%}{88\%}=$     ₩900,000

    b. 간접외국납부세액: $₩100,000,000 \times \dfrac{₩7,500,000}{₩350,000,000-₩100,000,000}=$     3,000,000

    계     ₩3,900,000

② 한 도 액

    a. 산출세액: ₩220,000,000×세율=₩21,800,000

    b. 한 도 액: $₩21,800,000 \times \dfrac{₩6,600,000+₩3,900,000}{₩220,000,000}=₩1,040,455$

(2) 재해손실세액공제: Min[①, ②]=₩8,400,000

  ① 공제대상법인세

    a. 미납된 법인세: ₩2,000,000×40%[*1]=     ₩800,000

    b. 당기분 법인세: (₩21,000,000−₩2,000,000)[*2]×40%=     7,600,000

    계     ₩8,400,000

    *1. 재해상실비율: $\dfrac{₩36,000,000+₩20,000,000}{₩320,000,000-₩200,000,000+₩20,000,000}=40\%$

    2. 최저한세 ₩21,000,000−최저한세 적용제외 조세특례제한법상 공제감면세액(중소기업의 연구및인력개발비세액공제) ₩2,000,000=₩19,000,000

  ② 한 도: 상실된 재산가액 ₩56,000,000

(3) 차감납부할세액

  ① 과세표준: ₩220,000,000

  ② 산출세액: ₩200,000,000×9%+₩20,000,000×19%=     ₩21,800,000

  ③ 최저한세 적용대상 공제감면세액

    a. 중소기업투자세액공제: ₩7,000,000−₩6,220,000=     780,000

    b. 전자신고세액공제     20,000     (800,000)

  ④ 최저한세     ₩21,000,000

  ⑤ 최저한세 적용제외 공제감면세액

    a. 연구및인력개발비세액공제     ₩2,000,000

    b. 외국납부세액공제     1,040,455

    c. 재해손실세액공제     8,400,000     (11,440,455)

|  |  |  |
|---|---|---|
| ⑥ 가 산 세 |  | 600,000 |
| ⑦ 총부담세액 |  | ₩10,159,545 |
| ⑧ 기납부세액 |  |  |
|    a. 중간예납세액 | ₩2,000,000 |  |
|    b. 원천납부세액 | 1,400,000 | (3,400,000) |
| ⑨ 차감납부할세액 |  | ₩6,759,545 |

> **해설**

1. 중소기업의 연구및인력개발비세액공제는 최저한세 적용대상이 아니며, 나머지 조세특례제한법에 의한 세액공제는 최저한세 적용대상이다.
2. 연구및인력개발, 중소기업, 지방이전, 농어촌지원을 위한 감면, 전자신고세액공제 등에 대해서는 농어촌특별세가 비과세되지만, 중소기업투자세액공제에 대해서는 농어촌특별세가 과세된다. 따라서 조세부담을 최소화하기 위해서는 농어촌특별세가 과세되는 중소기업투자세액공제를 배제해야 한다.

# 가산세

다음은 비상장 영리내국법인인 (주)엉터리의 제6기와 제7기 사업연도(1. 1. ~ 12. 31.)의 법인세와 관련된 자료이다.

1. 제6기

    (1) 손익계산서상의 매출액은 10억원이고 각사업연도소득금액은 ₩25,000,000이지만, 실수로 제6기 법인세신고를 법정신고기한 내에 하지 못하고 제7기 4월 25일에 기한후 신고·납부하였다.

    (2) 중간예납세액은 ₩200,000이며, 중간예납관련 수입금액은 4억원이다. 중간예납세액은 적정하게 신고·납부되었다.

    (3) 제5기 사업연도말 자본금과적립금조정명세서(갑)상의 이월결손금 잔액은 ₩15,000,000이며, 이는 제3기에 발생한 것이다.

2. 제7기

    (1) 제7기의 신고된 과세표준은 △₩20,000,000이었으나, 새로 취임한 경리담당이사는 다음과 같은 사항들이 누락되어 있음을 발견하였다.

        ① 이중장부를 작성하여 누락한 매출액은 ₩90,000,000이고, 이에 대한 매출원가는 ₩50,000,000임
        ② 기타 과소신고한 금액은 ₩60,000,000임

    (2) 제7기 법인세의 신고납부일은 3월 25일이며 수정신고하여 납부하고자 하는 날은 8월 24일이다.

▶ 요구사항

기한후신고 및 수정신고시 추가로 납부해야 할 세액과 신고 및 납부관련 가산세의 합계는 얼마인가? 단, 경정이 있을 것을 미리 알고 기한후신고 및 수정신고를 한 것은 아니라고 가정한다.

▶ 해답

| 제6기(기한후신고) | ₩1,015,000 |
|---|---|
| 제7기(수정신고) | ₩9,256,960 |

[계산근거]

1. 제6기(기한후신고)

    (1) 산출세액: (₩25,000,000−₩15,000,000)×9%=₩900,000

    (2) 가 산 세: ①+②=₩214,400

    ① 신고불성실가산세: Max[a, b]×(1−50%)*=₩210,000

    a. (₩900,000−₩200,000)×20%=₩140,000

    b. (10억−4억)×$\frac{7}{10,000}$=₩420,000

    *법정신고기한이 지난 후 1개월 이내에 기한후신고한 경우 50%를 감면함

    ② 납부지연가산세: (₩900,000−₩200,000)×25일(4. 1~4. 25)×$\frac{22}{100,000}$=₩4,400

    (3) 추가납부세액과 가산세의 합계액: (₩900,000−₩200,000)+₩214,400=₩1,014,400

2. 제7기(수정신고)

    (1) 과소신고금액의 구분

    | 구 분 | 일반과소신고 과세표준 | 부정과소신고 과세표준 |
    |---|---|---|
    | 이중장부에 의한 매출누락 | | ₩90,000,000 |
    | 이중장부로 인한 매출원가누락 | | (50,000,000) |
    | 기타 과소신고한 금액 | ₩60,000,000 | − |
    | 계 | ₩60,000,000 | ₩40,000,000 |

    (2) 수정신고시 산출세액: (△₩20,000,000+₩60,000,000+₩40,000,000)×9%=₩7,200,000

    (3) 가산세: ①+②=₩1,131,264

    ① 신고불성실가산세 : ₩1,800,000×(1−50%)*=₩900,000

    $$\text{Max}\begin{bmatrix} ₩7,200,000 \times \frac{₩40,000,000}{₩80,000,000} \times 40\% \\ ₩90,000,000 \times \frac{14}{10,000} \end{bmatrix} + ₩7,200,000 \times \frac{₩80,000,000 - ₩40,000,000}{₩80,000,000} \times 10\%$$

    =₩1,800,000

    *법정신고기한이 지난 후 6개월 이내에 수정신고한 경우 50% 감면함

    ② 납부지연가산세: ₩7,200,000×146일(4. 1~8. 24)×$\frac{22}{100,000}$=₩231,264

    (4) 추가납부세액과 가산세의 합계액: ₩7,200,000+₩1,131,264=₩8,331,264

 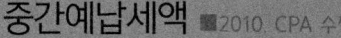

## 중간예납세액

다음은 (주)웅지의 제10기 사업연도 중간예납기간(20×7. 1. 1. ~ 6. 30.)을 대상으로 하는 중간예납을 위한 자료이다. 이를 참고하여 (주)웅지의 중간예납세액과 납부부담을 최소화할 수 있는 방법을 제시하시오.

1. (주)웅지의 제9기(20×6년 1월 1일~ 12월 31일) 사업연도에 대한 법인세 신고 및 납부내역은 다음과 같다.

    (1) 과세표준: ₩300,000,000

    (2) 산출세액: ₩37,000,000

    (3) 원천징수세액: ₩5,000,000

    (4) 중간예납세액: ₩15,000,000

    (5) 가산세: ₩1,000,000

    (6) 세액감면 및 공제액: ₩2,000,000

2. (주)웅지의 제10기 중간예납기간(20×7. 1. 1~6. 30)에 대한 자료는 다음과 같다.

    (1) 손익계산서상 당기순이익: ₩200,000,000

    (2) 손익계산서상 법인세비용: ₩20,000,000

    (3) 원천징수세액: ₩2,500,000

    (4) 생산성향상시설투자세액공제: ₩30,000,000

    (5) 상기 외 세무조정, 비과세소득, 소득공제, 수시부과세액, 세액공제 및 세액감면 등: 해당 없음

3. (주)웅지는 제조업을 영위하고 있으며, 중소기업에 해당하는 내국법인이다.

4. 20×6년과 20×7년 과세표준 200억원 이하에 대한 법인세율은 다음과 같다.

| 과세표준 | 법인세율 |
|---|---|
| 2억원 이하 | 9% |
| 2억원 초과 200억원 이하 | 1천8백만원+2억원을 초과하는 금액의 19% |

5. 20×7년 1월 1일 이후 개시하는 사업연도에 대한 법인세 신고분(중간예납 포함)부터 중소기업에 적용하는 최저한세 세율은 7%이다.

### 해답

| 중간예납세액 | | ₩12,900,000 |
|---|---|---|
| 납부방법 | 신고기한( 8. 31)납부 | ₩10,000,000 |
| | 분납기한(10.31) 납부 | 2,900,000 |

[계산근거]

중간예납세액: Min[(1), (2)]=₩12,900,000

(1) 전년도 납부실적기준

$$(₩37,000,000+₩1,000,000-₩2,000,000-₩5,000,000)\times\frac{6}{12}=₩15,500,000$$

(2) 중간예납기간의 실적기준

① 산출세액: $\left\{(₩200,000,000+₩20,000,000)\times\frac{12}{6}\right\}\times세율\times\frac{6}{12}=₩31,800,000$

② 총부담세액: ₩31,800,000-₩30,000,000=₩1,800,000

③ 최저한세: ₩220,000,000×7%=₩15,400,000

④ 차감납부세액: Max[②, ③]-기납부세액

= ₩15,400,000-₩2,500,000

= ₩12,900,000

### 해설

1. 법인세부담을 최소화하기 위해 전년도 납부실적기준과 중간예납기간의 실적기준 중 작은 것을 선택한다. 또한 중간예납세액이 1천만원을 초과하는 경우에는 분납한다.
2. 중간예납세액을 전년도 납부실적기준으로 계산할 경우 직전사업연도 법인세산출세액에 가산세는 포함하며, 중간예납세액은 차감하지 않는다.

## 중간예납세액 ■2016 세무사

다음은 제조업을 영위하는 (주)한강(중소기업이 아님)의 제16기 사업연도(20×7년 1월 1일 ~ 20×7년 12월 31일) 법인세신고관련자료이다.

1. (주)한강의 제15기 사업연도(20×6년 1월 1일~20×6년 12월 31일) 법인세 신고납부내역은 다음과 같다.
   ① 산출세액: ₩40,000,000(토지 등 양도소득에 대한 법인세 ₩5,000,000 포함)
   ② 공제감면세액: ₩4,000,000
   ③ 중간예납세액: ₩15,000,000
   ④ 원천징수세액: ₩2,000,000
   ⑤ 가산세: ₩1,000,000

2. (주)한강의 제16기 중간예납기간(20×6년 1월 1일~20×6년 7월 30일)에 대한 자료는 다음과 같다.
   ① 손익계산서상 당기순이익: ₩250,000,000
   ② 20×7년 4월 1일에 대표이사에게 ₩100,000,000을 업무와 관련 없이 무상으로 대여하였다.
   ③ 차입금은 모두 제15기 중 차입한 것으로서 중간예납기간 중 변동은 없으며, 지급이자의 내역은 다음과 같다.

   | 구 분 | 차 입 금 | 이 자 율 | 지급이자 |
   |---|---|---|---|
   | 차입금 A | ₩600,000,000 | 6% | ₩18,000,000 |
   | 차입금 B | 400,000,000 | 4.725% | 9,450,000 |

   ④ 중간예납기간 중 내국법인 현금배당(수입배당금액 익금불산입 대상이 아님) ₩20,000,000과 국내은행 정기예금이자 ₩10,000,000을 수령하였다.
   ⑤ 외국납부세액공제: ₩8,600,000
   ⑥ 연구·인력개발비에 대한 세액공제: ₩25,000,000
   ⑦ 적격증명서류미수취가산세: ₩300,000
   ⑧ 위에 제시된 자료 이외의 세무조정, 비과세소득, 소득공제, 수시부과세액, 세액공제 및 세액감면은 없다.

3. (주)한강에 적용되는 최저한세율은 10%이다.

### 요구사항

1. [자료]의 1번을 이용하여 직전 사업연도 실적기준에 의한 중간예납세액을 제시하시오.
2. [자료]의 2번과 3번을 이용하여 아래 [요구사항]에 답하시오. 단, 1년은 366일로 한다.
   (1) 제16기 중간예납기간의 세무조정 금액을 다음의 [답안양식]에 따라 제시하시오. 단, 인정이자 계산 시 가중평균차입이자율을 적용한다.

   [답안양식]

   | 지급이자 손금불산입액 | |
   |---|---|
   | 인정이자 익금산입액 | |

   (2) 제16기 중간예납기간의 과세표준이 ₩300,000,000이라고 가정하고, 중간예납기간의 실적기준(가결산)에 의한 중간예납세액을 제시하시오.

   [법인세율]

   | 과세표준 | | 법인세율 |
   |---|---|---|
   | | 2억원 이하 | 과세표준×9% |
   | 2억원 초과 | 200억원 이하 | 2천만원+(과세표준-2억원)×19% |
   | | 200억원 초과 | 39억8천만원+(과세표준-200억원)×21% |

### 해답

**[요구사항1]**

| 직전 사업연도 실적기준에 의한 중간예납세액 | ₩15,000,000 |
|---|---|

[계산근거]

(₩40,000,000-₩5,000,000-₩4,000,000-₩2,000,000+₩1,000,000)×50%=₩15,000,000

**[요구사항2]**

(1)

| 지급이자 손금불산입액 | ₩1,380,083 |
|---|---|
| 인정이자 익금산입액 | 1,368,740 |

[계산근거]

1. 지급이자 손금불산입액

$$₩27,450,000 \times \frac{₩100,000,000 \times 91일}{₩1,000,000,000 \times 181일} = ₩1,380,083$$

2. 인정이자 익금산입액

  (1) 가중평균차입이자율

$$\frac{₩18,000,000+₩9,450,000}{₩600,000,000×6/12+₩400,000,000×6/12}=5.49\%$$

  (2) 인정이자 익금산입액

$$₩100,000,000×91일×\frac{1}{365}×5.49\%=₩1,368,740$$

| (2) | 중간예납세액 | ₩20,000,000 |
|---|---|---|

[계산근거]

① 감면후세액: {₩300,000,000×12/6×기본세율}×6/12−₩25,000,000=₩22,000,000

② 최저한세액: {₩300,000,000×12/6×10%}×6/12=₩30,000,000

③ 중간예납세액: ₩30,000,000−₩8,600,000−₩1,400,000=₩20,000,000

## 최저한세 ■2017. CPA

다음은 제조업을 영위하는 (주)동백(중소기업이며, 사회적기업 아님)의 제7기 사업연도 (20×7년 1월 1일 ~ 20×7년 12월 31일) 법인세신고관련 자료이다.

1. 회사의 결산서상 당기순이익은 ₩433,400,000이며, 아래 제시된 내역을 제외하고 세무조정사항은 없는 것으로 가정한다.
   ① 손익계산서상 법인세비용 : 10,000,000
   ② 영업외수익으로 계상한 자산수증이익 ₩25,000,000을 이월결손금 보전에 사용하였다.
   ③ 20×7년 12월 5일에 사회복지법인의 고유목적사업비로 ₩20,000,000을 지출하였다. 회사는 제6기 과세표준 및 세액신고 시 지정기부금 한도초과액 ₩50,000,000이 있었다.
   ④ 회사는 20×7년 2월 2일에 의결권 있는 지분 80%(지분취득일: 20×6.1.20.)를 보유하고 있는 중국소재 자회사 (주)상해로부터 배당금을 수취하였다. 회사는 배당금 ₩20,000,000 중 중국 정부에 납부한 원천징수세액 ₩1,000,000을 차감한 잔액을 송금 받고, 다음과 같이 회계처리하였다. 동 수입배당금에 대응되는 과세기간의 (주)상해의 소득금액과 법인세액은 각각 ₩27,000,000과 ₩2,000,000이다.

   (차) 현  금           19,000,000    (대) 배당금수익    20,000,000
        법인세비용        1,000,000

2. 결손금 발생내역

   (단위 : 원)

   | 발생 사업연도 | 발생액 | 전기까지 과세표준 계산상 공제된 금액 |
   |---|---|---|
   | 20×3년 | ₩100,000,000 | ₩85,000,000 |
   | 20×6년 | 80,000,000 | 30,000,000 |

3. 회사는 사업용자산의 구입을 위하여 20×7년 12월에 계약금으로 ₩30,000,000을 지출하였다. 잔금 ₩20,000,000은 사업용자산의 인도일인 20×8년 1월 10일에 지급한다.

4. 회사는 중소기업 등 투자세액공제 (공제율: 3%)를 신청하였으며, 외국법인세액에 대해 세액공제방법을 선택하였다.

5. 회사는 수도권과밀억제권역 외에 소재하며, 기타의 공제·감면세액은 없다.

6. 법인세율

| 과세표준 | 세 율 |
|---|---|
| 2억원 이하 | 과세표준의 100분의 9 |
| 2억원 초과 200억원 이하 | 2천만원 + (2억원을 초과하는 금액의 100분의 19) |

7. 중소기업의 최저한세율은 100분의 7이다.

### 요구사항

1. (주)동백의 제7기 사업연도 차가감소득금액과 각사업연도소득금액 및 과세표준금액을 계산하시오.
2. (주)동백의 제7기 사업연도 공제·감면세액과 총부담세액을 계산하시오. 단, 제7기 사업연도 과세표준은 3억원으로 가정한다.

### 해답

[요구사항1]

| 차가감소득금액 | ₩420,000,000 |
|---|---|
| 각사업연도소득금액 | ₩400,000,000 |
| 과세표준금액 | ₩360,000,000 |

[계산근거]

1. 차가감소득금액: ₩433,400,000+₩10,000,000−₩25,000,000+₩1,600,000*=₩420,000,000

    * 간접외국납부세액: $₩2,000,000 \times \dfrac{₩20,000,000}{₩27,000,000-₩2,000,000}=₩1,600,000$

2. 각사업연도소득금액

    (1) 일반기부금

    ① 한 도 액: (₩420,000,000+₩20,000,000−₩40,000,000*)×10%=₩40,000,000

    * 20×3년: ₩100,000,000−₩85,000,000−₩15,000,000(자산수증이익 보전)=₩0
      20×6년: ₩80,000,000−₩30,000,000−₩10,000,000(자산수증이익 보전)=₩40,000,000

    ② 한도초과이월액 손금산입: ₩40,000,000

    ③ 한도초과액: ₩20,000,000−(₩40,000,000−₩40,000,000)=₩20,000,000

    (2) 각사업연도소득금액: ₩420,000,000−₩40,000,000+₩20,000,000=₩400,000,000

3. 과세표준금액: ₩400,000,000−₩40,000,000=₩360,000,000

[요구사항2]

| 공제·감면세액 | ₩3,500,000 |
|---|---|
| 총부담세액 | ₩36,500,000 |

[계산근거]

1. 공제·감면세액

   (1) 중소기업 등 투자세액공제: ₩30,000,000×3%=₩900,000

   (2) 외국납부세액공제: Min{①, ②}=₩2,600,000

   ① 외국납부세액: ₩1,000,000+₩1,600,000=₩2,600,000

   ② 한 도 액: $₩37,000,000 \times \dfrac{₩20,000,000+₩1,600,000}{₩300,000,000} = ₩2,664,000$

   (3) 감면후세액: ₩37,000,000−₩900,000=₩36,100,000

   (4) 최저한세: ₩300,000,000×7%=₩21,000,000

   (5) 공제·감면세액: ₩900,000+₩2,600,000=₩3,500,000

2. 총부담세액: ₩37,000,000−₩3,500,000=₩33,500,000

# Question 09. 외국납부세액공제 ■2019. CPA

다음은 내국법인인 A법인 ~ D법인의 법인세신고 관련 자료이다. 4개 법인의 사업연도는 모두 제7기 사업연도(20×7년 1월 1일 ~ 20×7년 12월 31일)로 동일하다.

1. 사회적기업인 A법인의 제7기 차가감소득금액은 1억원이다. 제7기에 지출한 기부금 내역은 다음과 같으며, 제6기 특례기부금 한도초과액 ₩10,000,000이 있다(세무상 공제가능한 이월결손금 없음).
   ① 이재민구호금품 (특례기부금): ₩20,000,000
   ② 어음지급 지정기부금(어음만기일 20×8년 2월 10일): ₩5,000,000
   ③ 사회복지법인 지정기부금(현금): ₩30,000,000

2. 제조업을 영위하는 B법인은 20×6년 6월 1일에 국고보조금 ₩20,000,000을 수령하고, 20×6년 7월 1일에 기계장치를 ₩50,000,000에 취득하여 사업에 사용하기 시작하였다. 회사는 국고보조금을 기계장치에서 차감하는 형식으로 표시하고 있으며, 국고보조금을 감가상각비와 상계처리하고 있다.
   ① 회사는 기계장치에 대하여 정액법(법인세법상 신고한 상각방법)을 적용하여 5년 (신고내용연수) 동안 상각하고 있다. (잔존가액 없음).
   ② 제6기에 세법 규정에 따라 일시상각충당금을 설정하였으며, 제6기와 제7기에 기계장치에 대한 상각 부인 또는 시인부족액은 없다.

3. 건설업을 영위하는 C법인은 20×7년 7월 1일 법정기부금 해당 단체에 건물(취득가액: ₩200,000,000, 감가상각누계액: ₩140,000,000 시가: ₩100,000,000)을 기부하고 이후 20년간 사용수익하기로 하였다.
   ① 사용수익에 대한 회계처리는 다음과 같다.

   (차) 사용수익기부자산    100,000,000    (대) 건    물           200,000,000
       감가상각누계액       140,000,000        유형자산처분이익     40,000,000

   ② 제7기 사용수익기부자산에 대한 결산서상 감가상각비 계상액은 ₩2,500,000이다.

4. 제조업을 영위하는 D법인은 20×7년 4월 20일에 외국자회사(배당확정일 현재 1년 간 의결권 있는 발행주식총수의 50%를 보유함)인 E법인으로부터 현금배당금 ₩18,000,000 (E법인 소재지국 원천징수세액 ₩2,000,000을 제외한 금액임)을 수령하였다.
   ① E법인의 각사업연도소득금액은 ₩50,000,000 이며, 소재지국에서 납부한 법인세액은 ₩10,000,000이다.
   ② 현금배당에 대한 원천징수세액은 세금과공과(비용)로 회계처리하였으며, 회사는 외국납부세액공제를 적용하고자 한다.

▶ 요구사항

각 법인의 제7기 세무조정 및 소득처분을 다음의 [답안양식]에 따라 제시하시오. 단, 세부담 최소화를 가정한다.

[답안양식]

| 구 분 | 익금산입 및 손금불산입 | | | 손금산입 및 익금불산입 | | |
|---|---|---|---|---|---|---|
| | 구분 | 과목 | 소득처분 | 구분 | 과목 | 소득처분 |
| A법인 | | | | | | |
| B법인 | | | | | | |
| C법인 | | | | | | |
| D법인 | | | | | | |

▶ 해답

| 구 분 | 익금산입 및 손금불산입 | | | 손금산입 및 익금불산입 | | |
|---|---|---|---|---|---|---|
| | 구분 | 과목 | 소득처분 | 구분 | 과목 | 소득처분 |
| A법인 | 미지급기부금 | 5,000,000 | 유보 | 특례기부금 | 10,000,000 | 기타 |
| | 일반기부금 | 6,000,000 | 기타사외유출 | | | |
| B법인 | 일시상각충당금 | 4,000,000 | 유보 | 국고보조금 | 4,000,000 | 유보 |
| C법인 | 감가상각누계액 | 1,000,000 | 유보 | 사용수익기부자산 | 40,000,000 | 유보 |
| D법인 | 직접외국납부세액 | 2,000,000 | 기타사외유출 | | | |
| | 간접외국납부세액 | 5,000,000 | 기타사외유출 | | | |

[계산근거]

1. A법인

    (1) 기부금의 분류

        ① 특례기부금: ₩20,000,000

        ② 일반기부금: ₩30,000,000

    (2) 기준소득금액: ₩100,000,000+₩20,000,000+₩30,000,000=₩150,000,000

    (3) 특례기부금

        ① 한 도 액: ₩150,000,000×50%=₩75,000,000

        ② 한도초과이월액 손금산입: ₩10,000,000

        ③ 한도미달: ₩20,000,000-(₩75,000,000-₩10,000,000)=₩45,000,000

(4) 일반기부금

① 한 도 액: (₩150,000,000-₩10,000,000-₩20,000,000)×20%*=₩24,000,000

② 한도초과액: ₩24,000,000-₩30,000,000=₩6,000,000

    * 사회적기업이므로 지정기부금은 20%를 적용함.

∴ 세무조정:  〈손금불산입〉 미지급기부금    ₩5,000,000 유보
             〈손금산입〉    특례기부금     10,000,000 기타
             〈손금불산입〉 일반기부금     6,000,000 기타사외유출

## 2. B법인

| 회사장부 | 법인세법 | 세무조정 |
|---|---|---|
| 〈6기〉 | | |
| 현　금　　20,000,000<br>　　국고보조금　　20,000,000 | 현　금　　20,000,000<br>　　국고보조금　　20,000,000 | 〈익금산입〉국고보조금<br>20,000,000(유보) |
| 기　계　　50,000,000<br>　　현　금　　50,000,000 | 기　계　　50,000,000<br>　　현　금　　50,000,000 | |
| 감가상각비　5,000,000<br>　　감가상각누계액　5,000,000 | 감가상각비　5,000,000<br>　　감가상각누계액　5,000,000 | |
| 국고보조금　2,000,000<br>　　감가상각비　2,000,000 | | 〈손금산입〉국고보조금<br>2,000,000(유보) |
| | 일시상각충당금전입액　20,000,000<br>　　일시상각충당금　20,000,000 | 〈손금산입〉일시상각충당금<br>20,000,000(유보) |
| | 일시상각충당금　2,000,000<br>　　일시상각충당금환입액　2,000,000 | 〈익금산입〉일시상각충당금<br>2,000,000(유보) |
| 〈7기〉 | | |
| 감가상각비　10,000,000<br>　　감가상각누계액　10,000,000 | 감가상각비　10,000,000<br>　　감가상각누계액　10,000,000 | |
| 국고보조금　4,000,000<br>　　감가상각비　4,000,000 | | 〈손금산입〉국고보조금<br>4,000,000(유보) |
| | 일시상각충당금　4,000,000<br>　　일시상각충당금환입액　4,000,000 | 〈익금산입〉일시상각충당금<br>4,000,000(유보) |

∴ 세무조정　〈익금산입〉　일시상각충당금　₩4,000,000 유보
　　　　　　〈손금산입〉　국고보조금　　　₩4,000,000 (△유보)

## 3. C법인

| 회사장부 | 법인세법 | 세무조정 |
|---|---|---|
| 사용수익기부자산 100,000,000 | 사용수익기부자산 60,000,000 | 〈손금산입〉사용수익기부자산 |
| 감가상각누계액 140,000,000 | 감가상각누계액 140,000,000 | 40,000,000(△유보) |
| 　건　물　　 200,000,000 | 　건　물　　 200,000,000 | |
| 유형자산처분이익 40,000,000 | | |
| 감가상각비 2,500,000 | 감가상각비 1,500,000 | 〈익금산입〉감가상각누계액 |
| 　감가상각누계액 2,500,000 | 　감가상각누계액 1,500,000 | 1,000,000(유보) |

∴ 세무조정　　〈손금산입〉　사용수익기부자산　₩40,000,000 (△유보)
　　　　　　　〈익금산입〉　감가상각누계액　　1,000,000 (유보)

## 4. D법인

세무조정　　〈익금산입〉　직접외국납부세액　　₩2,000,000 (기타사외유출)
　　　　　　　　　　　　　간접외국납부세액　　5,000,000 (기타사외유출)

$$*₩10,000,000 \times \frac{₩20,000,000}{₩50,000,000 - ₩10,000,000} = ₩5,000,000$$

## 최저한세 ■2018. 세무사

다음은 제조업을 영위하는 영리내국법인 (주)세무의 제7기 사업연도(20×7. 1. 1. ~ 20×7. 12. 31.)의 법인세 과세표준 및 세액계산 관련자료이다.

1. 손익계산서상 당기순이익은 ₩150,000,000이며 아래 주어진 자료 이외의 세무조정사항은 없다.

2. 이월결손금의 내역은 다음과 같으며 모두 국내소득에서 발생하였다.

| 발생사업연도 | 발생액 |
|---|---|
| 제5기 (20×5. 1. 1.~20×5. 12. 31.) | ₩20,000,000 |
| 제2기 (20×2. 1. 1.~20×2. 12. 31.) | 40,000,000* |

   * 이 중 ₩10,000,000은 제3기에 자산수증이익으로 충당되었고, ₩15,000,000은 제4기 법인세 과세표준계산에서 공제함.

3. 외국에 본점을 둔 해외투자처인 C사(지분율 30%, 취득일 20×6. 1. 1.)로부터 지급받은 배당금관련 내용은 다음과 같다. (주)세무는 외국납부세액공제방식을 선택하였으며, 직접 납부한 국외원천징수세액은 손익계산서상 비용으로 회계처리하였다.

| 구 분 | 수입배당금<br>(원천징수세액 포함) | 수입배당금<br>국외원천징수세액 | C사 소득금액 | C사 법인세액 |
|---|---|---|---|---|
| 금액 | ₩20,000,000 | ₩2,000,000 | ₩300,000,000 | ₩50,000,000 |

4. 연구및인력개발비 관련자료는 다음과 같다.

   (1) 연구 및 인력개발비 발생액

   | 사업연도 | 7기 | 6기 | 5기 | 4기 | 3기 |
   |---|---|---|---|---|---|
   | 발생액 | ₩20,000,000 | ₩19,000,000 | ₩16,000,000 | ₩18,000,000 | ₩15,000,000 |

   (2) 연구 및 인력개발비에는 신성장동력·원천기술연구개발비는 없다.

   (3) (주)세무는 전기에 중소기업유예기간이 종료되었으며, 20×7년부터 중견기업에 해당한다.

5. 당기 중에 납부한 중간예납세액은 ₩2,500,000이다.

6. (주)세무는 법에서 정하는 회생계획, 기업개선계획 및 경영정상화계획을 이행 중에 있지 않다.

### 요구사항

위의 자료를 이용하여 다음 물음에 답하시오.

1. 연구및인력개발비세액공제액을 계산하시오. (단, 적용 공제율은 당기 발생분은 15%, 전기 대비 초과발생분은 40%로 한다.)
2. 외국납부세액공제액에 대한 세무조정을 하시오.
3. 최저한세를 계산하시오. (단, 최저한세율은 8%로 한다.)
4. 차감납부할세액을 계산하시오.

### 해답

**[요구사항1]**

| 연구및인력개발비 세액공제 | ₩3,000,000 |
|---|---|

[계산근거]

연구및인력개발비세액공제액: Max{①, ②}=₩3,000,000

① 증가분기준: (₩20,000,000-₩19,000,000)×40%=₩400,000

  * 전기발생액 ₩19,000,000의 소급 4년 평균발생액 ₩17,000,000보다 크기 때문에 증가분기준을 적용할수 있음.

② 당기분기준: ₩20,000,000×15%=₩3,000,000

**[요구사항2]**

| 〈익금산입〉 | 직접외국납세액 | ₩2,000,000 기타사외유출 |
|---|---|---|
| 〈익금산입〉 | 간접외국납세액 | 4,000,000 기타사외유출 |

[계산근거]

간접외국납부세액: $₩50,000,000 \times \dfrac{₩20,000,000}{₩300,000,000 - ₩50,000,000} = ₩4,000,000$

**[요구사항3]**

| 최저한세 | ₩9,680,000 |
|---|---|

[계산근거]

① 감면후세액
  a. 당기순이익　　　　　₩150,000,000
    익금산입　　　　　　　　6,000,000

| | |
|---|---|
| 각사업연도소득금액 | ₩156,000,000 |
| 이월결손금 | (35,000,000)* |
| 과세표준 | ₩121,000,000 |

　　* 공제가능 이월결손금 Min{①, ②}=₩35,000,000

　　　① ₩20,000,000+(₩40,000,000−₩10,000,00−₩15,000,000)=₩35,000,000

　　　② ₩156,000,000×80%=₩124,800,000

　b. 산출세액: ₩121,000,000×9%=₩10,890,000

　c. 감면후세액: ₩10,890,000−₩3,000,000(연구및인력개발비세액공제)=₩7,890,000

② 최저한세: ₩121,000,000×8%=₩9,680,000

[요구사항4]

| 차감납부할세액 | ₩5,020,000 |
|---|---|

[계산근거]

| | |
|---|---|
| 최저한세 | ₩9,680,000 |
| 외국납부세액공제 | (2,160,000)* |
| 총부담세액 | ₩7,520,000 |
| 중간예납세액 | (2,500,000) |
| 차감납부할세액 | ₩5,020,000 |

* 외국납부세액공제: Min{①, ②}=₩2,160,000

　① 외국납부세액: ₩2,000,000+₩4,000,000=₩6,000,000

　② 한 도 액: $₩10,890,000 \times \dfrac{₩20,000,000+₩4,000,000}{₩121,000,000} = ₩2,160,000$

## 최저한세와 총부담세액 ■2021. CPA

제조업을 영위하는 ㈜한국(중소기업)의 제21기 사업연도(1월 1일 ~ 12월 31일) 법인세 관련 자료이다.

[자료 1]

1. ㈜한국의 각사업연도소득금액은 다음과 같다.

| 구 분 | 금 액 |
|---|---|
| 당기순이익 | ₩250,000,000 |
| (+) 익금산입·손금불산입 | 200,000,000 |
| (−) 제손금산입·익금불산입 | 120,000,000* |
| 각사업연도소득금액 | 330,000,000 |

* 조세특례제한법 상 최저한세 대상금액 ₩20,000,000이 포함됨

2. ㈜한국의 법인세법 상 비과세소득은 ₩45,000,000이다.

3. 세무상 이월결손금은 전액 국내원천소득에서 발생한 것이며, 제15기에 발생한 ₩25,000,000이다.

4. ㈜한국은 외국에 본점을 둔 A사에 해외투자(투자지분 30%, 투자일 제18기 1월 1일)로 당기 중 배당금을 수령하였으며 그 내용은 다음과 같다.

| 구 분 | 금 액 |
|---|---|
| 수입배당금 | ₩50,000,000* |
| A사의 소득금액 | 350,000,000 |
| A사의 법인세액 | 100,000,000 |

* 원천징수 전 금액이며, 이에 대한 국외원천징수세액 ₩5,000,000과 간접외국납부세액은 세무조정 시 가산조정 되었음

5. 조세특례제한법 상 세액공제내역은 다음과 같다.

| 구 분 | 금 액 |
|---|---|
| 통합투자세액공제 | ₩18,000,000 |
| 연구·인력개발비 세액공제 | 3,600,000 |

6. 중소기업에 대한 최저한세율은 7%이다.

> 요구사항

1. ㈜한국의 외국납부세액공제액을 다음의 답안 양식에 따라 제시하시오.

[답안양식]

| 간접외국납부세액 | |
|---|---|
| 외국납부세액공제 한도액 | |
| 외국납부세액공제액 | |

2. [요구사항1]의 정답과 관계없이 외국납부세액공제액을 ₩5,000,000으로 가정하고 ㈜한국의 총부담세액을 다음의 답안 양식에 따라 제시하시오.

[답안양식]

| 감면후 세액 | |
|---|---|
| 최저한세 | |
| 총부담세액 | |

> 해답

[요구사항1]

| 간접외국납부세액 | ₩20,000,000 |
|---|---|
| 외국납부세액공제 한도액 | 7,915,385 |
| 외국납부세액공제액 | 7,915,385 |

[계산근거]

1. 간접외국납부세액 : $₩100,000,000 \times \dfrac{₩5,000,000}{₩350,000,000+₩100,000,000} = ₩20,000,000$

2. 외국납부세액공제 한도액

    (1) 국외원천소득 : ₩50,000,000 + ₩20,000,000 = ₩70,000,000

    (2) 과세표준 : ₩330,000,000 − ₩25,000,000 − ₩45,000,000 = ₩260,000,000

    (3) 산출세액 : ₩260,000,000×세율 = ₩29,400,000

    (4) 외국납부세액공제액 한도 : $₩29,400,000 \times \dfrac{₩70,000,000}{₩260,000,000} = ₩7,915,385$

3. 외국납부세액공제액 : 한도액: Min[(1), (2)]=₩8,613,385

    (1) 외국납부세액: ₩20,000,000

    (2) 한 도 액 : ₩7,915,385

[요구사항2]

| 감면후세액 | ₩15,400,000 |
|---|---|
| 최저한세 | 19,600,000 |
| 총부담세액 | 11,000,000 |

[계산근거]

1. 감면후세액 : ₩29,400,000 - ₩18,000,000 = ₩15,400,000
2. 최저한세 : (₩260,000,000 + ₩20,000,000)×7% = ₩19,600,000
3. 총부담세액 : ₩19,600,000 - ₩3,600,000 - ₩5,000,000 = ₩11,000,000

# 결손금소급공제 ■2021. 세무사

다음은 제조업을 영위하는 (주)국세(중소기업에 해당함)의 제12기(1. 1. ~ 12. 31.)와 제12기(1. 1. ~ 12. 31.)에 관한 자료이다. 각 물음에 답하시오.

1. (주)한국의 각사업연도소득금액은 다음과 같다.

| 항 목 | 금 액 |
|---|---|
| 과세표준 | ₩500,000,000 |
| 산출세액 | 75,000,000 |
| 공제감면세액 | (38,000,000) |
| 가산세액 | 3,000,000 |
| 총부담세액 | 40,000,000 |
| 기납부세액 | (20,000,000) |
| 차감납부세액 | 20,000,000 |

2. 제13기에 경기상황의 악화로 인해 (주)국세는 불가피하게 사업부를 축소함에 따라 일부 임직원을 제13기 7월 1일에 명예퇴직 시키면서 다음과 같이 퇴직금을 지급하였다. (단, (주)국세는 모든 임직원에게 확정급여형 퇴직연금제도를 적용하고 있으며, 퇴직금에 대한 중간정산은 실시하지 않았다.)

| 퇴직자성명<br>(직책)<br>근속연월 | 제12기7.1. ~<br>제12기12.31.<br>비용 계상한<br>일반급여 | 제12기7.1. ~<br>제12기12.31.<br>비용 계상한<br>상여금 | 제13기1.1. ~<br>제13기6.30.<br>비용 계상한<br>일반급여 | 제13기1.1. ~<br>제13기6.30.<br>비용 계상한<br>상여금 | 제13기7.1.<br>지급한 퇴직금 |
|---|---|---|---|---|---|
| 김세무<br>(전무이사)<br>5년 8개월 | ₩60,000,000 | ₩15,000,000 | ₩75,000,000 | - | ₩105,000,000 |
| 김세무<br>(전무이사)<br>5년 8개월 | 55,000,000 | 12,000,000 | 47,000,000 | 6,000,000 | 112,000,000 |
| 김세무<br>(전무이사)<br>5년 8개월 | 37,000,000 | 8,000,000 | 33,000,000 | 2,000,000 | 64,000,000 |

(1) 제12기에 비용 계상한 임직원의 일반급여와 상여금은 세법의 규정에 의해 지급한 것으로 전액 손금에 산입되었다.

(2) (주)국세는 임직원에 대한 퇴직급여지급규정을 별도로 두고 있지 않으며, 퇴직급여충당금을 설정하지 않는다.

3. (주)국세는 경기상황의 악화에 따른 재무구조 개선과 퇴직금 재원을 마련하기 위해 제13기에 보유하고 있던 비사업용 토지를 다음과 같이 양도하였다. (단, 비사업용 토지의 양도와 취득은 특수관계인이 아닌 제3자와 정상적인 금액으로 이루어진 것이다.)

   (1) 양도와 관련된 자료는 다음과 같다.
   
   ① 양도 시점 : 제13기 4. 15. (잔금청산일)
   
   ② 양도 당시 실지거래가액 : ₩600,000,000
   
   ③ 양도에 따른 양도비용(중개수수료 등) : ₩10,000,000
   
   (2) 양도 당시의 장부가액과 관련된 자료는 다음과 같다.
   
   ① 취득 시점 : 제8기 5. 10. (소유권이전등기일)
   
   ② 취득 당시 실지거래가액 : ₩245,000,000
   
   ③ 취득에 따른 부대비용(취득세 등) : ₩5,000,000
   
   ④ 제9기 1. 15. 발생한 자본적 지출액 : ₩10,000,000

4. 제13기 7월 1일에 임직원에게 현금으로 지급한 퇴직금을 전액 손금산입하여 계산된 (주)국세의 제13기 세법상 결손금은 ₩220,000,000이다. 제13기 세법상 결손금은 퇴직금 지급에 대한 세무조정을 제외한 금액이고, 익금항목·손금항목 및 비사업용 토지의 양도 등에 관한 세무조정은 법인세법에 따라 처리되었다.

5. 제12기와 제13기에 적용되는 법인세율은 다음과 같다.

| 과세표준 | 법인세율 |
|---|---|
| 2억원 이하 | 과세표준×9% |
| 2억원 초과 200억원 이하 | 2천만원 + (과세표준 − 2억원)×19% |

[물음]

1. 임직원의 퇴직금 지급에 대한 세무조정을 하고, 퇴직금 지급에 대한 세무조정을 반영한 (주)국세의 제13기 세법상 결손금을 계산하시오.

2. 결손금소급공제를 신청할 경우 최대한 소급공제 받을 수 있는 결손금과 (주)국세가 제12기 납부한 법인세액 중 최대로 환급받고자 할 경우 제13기 소급공제 받을 수 있는 결손금을 각각 계산하시오.

3. (주)국세는 결손금에 대한 소급공제를 최대한 받기 위해 제13기 법인세 신고기한 내에 소급공제법인세액환급신청서를 제출하였다면, 제13기 환급받을(납부할) 세액을 계산하시오. (단, 제13기 기중에 납부한 세액(원천납부, 수시납부, 중간예납 등)은 없었으며, 제12기에 납부한 세액은 금전으로 일시납입 하였다고 가정한다.)

### 해답

**[물음 1]**

| (1) 임직원퇴직금 세무조정 : 〈손금불산입〉 ₩20,000,000 (상여) |
|---|
| (2) 제13기 세법상 결손금 : ₩200,000,000 |

[계산근거]

1. 임원퇴직금

   (1) 한 도 액 : $(₩60,000,000 + ₩15,000,000 + ₩75,000,000) \times 10\% \times 5\frac{8}{12} = ₩85,000,000$

   (2) 한도초과액 : ₩105,000,000 - ₩85,000,000 = ₩25,000,000

2. 제13기 세법상 결손금 : △₩220,000,000 + ₩20,000,000 = △₩200,000,000

**[물음 2]**

| (1) 최대한 소급공제받을 수 있는 결손금 : ₩194,736,842 |
|---|
| (2) 제13기 소급공제받을 수 있는 결손금 : ₩194,736,842 |

[계산근거]

1. 최대한 소급공제받을 수 있는 결손금 :

   (1) 환급한도 : ₩75,000,000 - ₩38,000,000 = ₩37,000,000

   (2) 최대한 소급공제받을 수 있는 결손금 : ₩37,000,000 ÷ 19% = ₩194,736,842

2. 제13기 소급공제받을 수 있는 결손금 : 제13기 결손금

**[물음 3]**

| 제13기 환급받을 세액 : ₩40,000,000 |
|---|

[계산근거]

₩75,000,000 - (₩500,000,000 - ₩194,736,842) × 세율 = ₩37,000,000

# Question 13. 재해손실세액공제 ■2022. CPA

제조업을 영위하는 ㈜한국(중소기업 아님)의 제22기 사업연도(1. 1. ~ 12. 31.) 법인세 관련 자료이다.

[자료1]

1. 제22기 6월 1일에 발생한 화재로 인해 다음과 같이 자산의 일부가 소실되었다.

| 구 분 | 화재 전 자산가액 | 화재 후 자산가액 |
|---|---|---|
| 토 지 | ₩500,000,000 | ₩450,000,000 |
| 건 물 | 300,000,000 | 50,000,000 |
| 기계장치 | 80,000,000 | 50,000,000 |
| 재고자산 | 150,000,000 | 58,000,000 |
| 합 계 | ₩1,030,000,000 | ₩608,000,000 |

① 건물과 기계장치에 대해서 각각 ₩100,000,000과 ₩20,000,000의 보험금을 수령하였다.
② 기계장치는 자회사의 자산이며, 화재로 인해 상실된 가치에 대해 ㈜한국이 변상할 책임은 없다.
③ 재고자산의 재해손실에는 거래처로부터 수탁받은 상품의 소실액 ₩12,000,000이 포함되어 있으며, 동 상품에 대한 변상책임은 ㈜한국에 있다.

2. 재해발생일 현재 미납된 법인세 및 재해가 발생한 당해연도의 법인세와 관련된 사항은 다음과 같다.
① 재해발생일 현재 미납된 법인세액은 ₩21,200,000(납부지연가산세 ₩1,200,000 포함)이다.
② 당해연도의 법인세 산출세액은 ₩12,000,000이며, 외국납부세액공제액 ₩2,000,000과 「조세특례제한법」에 의한 투자세액공제액 ₩1,000,000이 있다.

[요구사항]

㈜한국의 제22기 사업연도 재해손실세액공제액을 답안양식에 따라 제시하시오. 단, 재해상실비율 계산 시 소수점 둘째 자리에서 반올림하시오(예: 2.57% → 2.6%).

[답안양식]

| 구 분 | 금 액 |
|---|---|
| 재해상실비율 | |
| 공제대상 법인세액 | |
| 재해손실세액공제액 | |

> **해답**

| 구 분 | 금 액 |
|---|---|
| 재해상실비율 | 76% |
| 공제대상 법인세액 | ₩32,200,000 |
| 재해손실세액공제액 | ₩24,472,000 |

[계산근거]

1. 재해상실비율 : $\dfrac{₩250,000,000+₩92,000,000}{₩300,000,000+₩150,000,000}=76\%$

2. 공제대상법인세 : (1) + (2) = ₩32,200,000

   (1) 재해발생일 현재 미납법인세 : ₩21,200,000

   (2) 당해연도 법인세액 : ₩12,000,000−₩1,000,000 = ₩11,000,000

3. 재해손실세액공제액 : Min{(1), (2)} = ₩24,472,000

   (1) ₩32,200,000×76% = ₩24,472,000

   (2) ₩342,000,000

## Question 14. 최저한세와 외국납부세액공제 ■2022. 세무사

다음은 중소기업인 (주)대한의 제22기(1. 1. ~ 12. 31.) 법인세과세표준 및 세액계산 자료이다.

[자료1]

1. 제22기 6월 1일에 발생한 화재로 인해 다음과 같이 자산의 일부가 소실되었다.

| 구 분 | 금 액 |
|---|---|
| 당기순이익 | ₩400,000,000 |
| (+)익금산입 및 손금불산입 | 250,000,000 |
| (−)손금산입 및 익금불산입 | 270,000,000[*1] |
| 각사업연도소득금액 | ₩380,000,000 |

*1. 조세특례제한법 제28조의2에 규정하고 있는 중소·중견기업 설비투자자산의 감가상각비 손금산입 특례에 따라 손금산입한 금액 ₩150,000,000이 포함되어 있음

2. 세무상 이월결손금은 전액 국내원천소득에서 발생한 것으로 제10기에 발생한 ₩20,000,000과 제16기에 발생한 ₩30,000,000으로 구성되어 있다.

3. (주) 대한은 미국에 소재하는 A사와 B사에 2021년 초부터 출자하고 있으며, 당기에 지급받는 배당금 관련 내용은 다음과 같다(동 배당금은 제22기 당기순이익에 포함되어 있음). 직접 납부한 국외원천징수세액과 간접외국납부세액은 익금산입 및 손금불산입으로 세무조정되었으며, 제20기 외국납부세액 중 한도초과로 공제받지 못하여 이월된 금액 ₩2,000,000이 있다.

| 자 산 | 출자 비율 | 수입배당금 (국외원천징수 세액포함) | 수입배당금 국외원천징수 세액 | 소득금액 | 법인세액 |
|---|---|---|---|---|---|
| A사 | 28% | ₩24,000,000 | ₩5,000,000 | ₩5,000,000 | ₩5,000,000 |
| B사 | 4% | 40,000,000 | 2,500,000 | 600,000,000 | 100,000,000 |

* A사와 B사는 해외자원개발사업을 영위하는 법인이 아님.

4. 제22기 5월10일에 발생한 화재와 관련된 자료는 다음과 같다. (주)대한은 제21기에 대한법인세 ₩25,000,000(납부지연가산세 ₩5,000,000포함)을 납부하지 않고 있다.

| 자 산 | 화재 전 가액 | 화재 후 가액 | 화재손실액 |
|---|---|---|---|
| 건 물 | ₩500,000,000 | ₩300,000,000 | ₩200,000,000[*1] |
| 토 지 | 300,000,000 | 300,000,000 | − |
| 제품 및 상품 | 500,000,000 | 345,000,000 | 155,000,000[*2] |

| 기계장치 | 300,000,000 | 200,000,000 | 100,000,000 |
|---|---|---|---|
| 계 | ₩1,600,000,000 | ₩1,145,000,000 | ₩455,000,000 |

*1 건물 소실액에 대하여 보험사로부터 ₩150,000,000의 보험금을 수령함
*2 제품 및 상품의 화재손실액 중에는 거래처로부터 수탁받은 상품소실액 ₩60,000,000(계약상 배상책임이 (주)대한에 있음)이 포함되어 있음

5. 제22기에 연구 및 인력개발비 세액공제액 ₩8,000,000, 통합투자세액공제 ₩25,000,000, 장부의 기록·보관불성실가산세 ₩2,000,000, 중간예납세액 ₩12,000,000이 있다.
6. 중소기업에 대한 최저한세율은 7%이다.

[물음]

(1) (주)대한의 감면 후 세액(최저한세 적용대상 조세감면 등을 적용받은 후의 세액을 말함)과 최저한세를 다음의 양식에 따라 제시하시오.

| 구 분 | 금 액 |
|---|---|
| 감면 후 세액 | ① |
| 최저한세 | ② |

(2) 최저한세로 인하여 적용 배제되는 조세감면 항목과 당기에 손금산입한 설비투자자산에 대한 감가상각비 중 실제 손금으로 인정되는 금액을 다음의 양식에 따라 제시하시오. (단, 최저한세 적용으로 인한 조세감면의 배제는 경정시 배제순서에 따른다.)

| 구 분 | 금 액 |
|---|---|
| 최저한세로 인하여 적용 배제되는 조세감면 항목 | ① |
| 설비투자자산에 대한 감가상각비 중 손금인정액 | ② |

(3) (1)에서 계산된 최저한세를 고려하여 (주)대한의 제22기 사업연도 ①~③의 금액을 다음의 양식에 따라 제시하시오.

| 구 분 | 금 액 |
|---|---|
| 간접외국납부세액 | ① |
| 외국납부세액공제 한도액 | ② |
| 외국납부세액공제액 | ③ |

(4) (1)에서 계산된 최저한세를 고려하여 (주)대한의 제22기 사업연도 재해손실세액공제액을 계산하시오. (단, 재해상실비율 계산시 소수점 첫째자리에서 반올림한다.)

(5) '(3) 및 (4)'의 정답과 관계없이 한도 내에서 공제받을 수 있는 외국납부세액공제액이 ₩3,000,000, 재해손실세액공제액이 ₩4,000,000이라고 가정할 때 (주)대한의 제22기 사업연도 차감 납부할 세액을 계산하시오.

> 해답

(1)

| 구 분 | 금 액 |
|---|---|
| 감면 후 세액 | ₩21,500,000 |
| 최저한세 | ₩35,000,000 |

[계산근거]

1. 과세표준: ₩380,000,000 − ₩30,000,000 = ₩350,000,000
2. 감면후세액: ₩350,000,000 × 세율 − ₩25,000,000 = ₩21,500,000
3. 최저한세액: (₩350,000,000 + ₩150,000,000) × 7% = ₩35,000,000

(2)

| 구 분 | 금 액 |
|---|---|
| 최저한세로 인하여적용 배제되는 조세감면 항목 | 설비투자자산의 감가상각비 손금산입 |
| 설비투자자산에 대한 감가상각비 중 손금인정액 | ₩78,947,368 |

[계산근거]

1. 감면배제세액: ₩35,000,000 − ₩21,500,000 = ₩13,500,000
2. 감면배제액: ₩13,500,000 ÷ 19% = ₩71,052,632
3. 설비투자자산에 대한 감가상각비 중 손금인정액: ₩150,000,000 − ₩71,052,632 = ₩78,947,368

(3)

| 구 분 | 금 액 |
|---|---|
| 간접외국납부세액 | ₩16,000,000 |
| 외국납부세액공제 한도액 | ₩11,200,000 |
| 외국납부세액공제액 | ₩11,200,000 |

[계산근거]

1. 간접외국납부세액공제

$$₩80,000,000 \times \frac{₩24,000,000}{₩200,000,000 - ₩80,000,000} = ₩16,000,000$$

2. 외국납부세액공제액: Min[①, ②] = ₩12,000,000

   ① 외국납부세액: ₩2,000,000 + ₩2,500,000 + ₩16,000,000 = ₩25,500,000

   ② 한도: $₩56,000,000^{*} \times \dfrac{₩24,000,000 + ₩40,000,000 + ₩16,000,000}{₩400,000,000} = ₩11,200,000$

   *. 법인세산출세액: (₩350,000,000 + ₩50,000,000) × 세율 = ₩56,000,000

| (4) | 재해손실세액공제 | ₩18,900,000 |
|---|---|---|

[계산근거]

1. 재해상실비율: $\dfrac{₩200,000,000+₩155,000,000+₩100,000,000}{₩500,000,000+₩500,000,000+₩300,000,000} = 35\%$

2. 공제대상법인세: (1)+(2)= ₩54,000,000

　(1) 미납법인세: ₩25,000,000

　(2) 해당 사업연도 법인세: ₩35,000,000+₩2,000,000−₩8,000,000= ₩29,000,000

3. 재해손실세액공제액: Min[①, ②]=₩18,900,000

　① 공제대상법인세: (₩25,000,000+₩20,000,000)×35%= ₩18,900,000

　② 한도: ₩455,000,000

| (5) | 차감납부할세액 | ₩10,000,000 |
|---|---|---|

[계산근거]

| | |
|---|---:|
| 총부담세액: ₩35,000,000−₩8,000,000−₩3,000,000−₩4,000,000+₩2,000,000 | ₩22,000,000 |
| 기납부세액(중간예납세액) | (12,000,000) |
| 차감납부할세액 | ₩10,000,000 |

*외국납부세액공제는 공제대상법인세에서 차감하지 않음.

CHAPTER 9

합병 및 분할의
과세특례

# 합병종합

甲법인은 20×7년 3월 15일에 乙법인을 흡수합병하였다. 합병당시 법인은 모두 제조업을 영위하고 있으며 정관상 사업연도는 매년 1월 1일부터 12월 31일까지이다. 이와 관련된 다음의 자료를 이용하여 [요구사항]에 답하시오.

1. 합병등기일 현재 乙법인의 재무상태표 및 자산·부채와 관련된 자료는 다음과 같다.

재무상태표

| | | | |
|---|---|---|---|
| 금융자산 | 80,000,000 | 부 채 | 100,000,000 |
| 재고자산 | 120,000,000 | 자 본 금 | 250,000,000 |
| 토 지 | 200,000,000 | 주식발행초과금 | 100,000,000 |
| 건 물 | 100,000,000 | 이익잉여금 | 50,000,000 |
| | 500,000,000 | | 500,000,000 |

(1) 합병등기일 현재 乙법인의 세무상 유보잔액은 재고자산 ₩10,000,000과 건물 ₩20,000,000이다.
(2) 합병등기일 현재 토지와 건물의 시가는 각각 ₩220,000,000과 ₩150,000,000이었으며, 나머지 자산과 부채는 장부가액과 시가가 일치하였다.
(3) 건물의 기준내용연수는 20년이며, 乙법인은 12년간 사용하였다. 건물의 감가상각방법은 정액법이다.
(4) 乙법인의 발행주식수는 50,000주이고, 1주당 액면가액은 ₩5,000이다. A법인은 20×4년에 乙법인의 주식 30,000주를 주당 ₩6,000에 취득하여 乙법인의 지배주주가 되었으며, 무차입경영을 하고 있다.

2. 甲법인이 합병과 관련하여 乙법인의 주주에게 지불한 금액은 다음과 같다.
(1) 甲법인은 乙법인의 주주(보유주식 50,000주)에게 甲법인의 주식 62,500주(1주당 액면가액 ₩5,000, 1주당 시가 ₩7,000)와 합병교부금 ₩80,000,000을 지급하였다.
(2) 합병대가 중 사업장 가치가 있어 지급한 금액의 구분은 불분명하다.

3. 甲법인과 乙법인은 모두 합병등기일 현재 1년 이상 계속하여 사업을 영위하던 내국법인이다. 甲법인은 乙법인으로부터 승계받은 사업을 계속할 예정이며, 乙법인의 근로자들을 계속 고용할 계획이다.

4. 甲법인은 K-IFRS에 의하여 합병에 관한 회계처리를 하였으며, 甲법인이 乙법인으로부터 승계받은 건물에 대하여 20×7년에 계상한 감가상각비는 ₩15,000,000이다.

### 요구사항

1. 위의 합병이 적격합병의 요건을 구비했는지 여부와 그 판단근거를 기술하시오. 단, 특정지배주주에 대한 지분비율요건은 충족하였다.
2. 적격합병의 요건을 충족했지만, 과세특례를 적용하지 않은 경우 乙법인의 양도손익과 甲법인 및 A법인이 합병과 관련하여 행할 세무조정을 나타내시오. 단, 법인세부담의 최소화를 가정하며, 합병매수차손이 발생할 경우 해당 금액은 영업권에 해당한다.
3. 적격합병의 요건을 충족하고 과세특례를 적용하는 경우 [요구사항 2]에 답하시오.

### 해답

**[요구사항1]**

1. 甲법인이 乙법인 합병시 적격합병의 요건을 구비했음
2. 판단근거
    (1) 합병등기일 현재 1년 이상 사업을 계속한 내국법인인지 여부: 충족
    (2) 합병대가 중 합병법인 주식가액의 비율이 80% 이상인지 여부: 충족*

    $$* \frac{62,500주 \times ₩7,000}{62,500주 \times ₩7,000 + ₩80,000,000} = 84.54\%$$

    (3) 합병시 승계한 사업을 합병등기일이 속하는 사업연도말까지 계속하는지 여부: 충족
    (4) 합병등기일 1개월 전 현재 근로자의 80%이상 승계 여부: 충족

**[요구사항2]**

| 乙법인 양도손익 | | | ₩87,500,000 | |
|---|---|---|---|---|
| 甲법인 세무조정 | 〈손금산입〉 | 영업권 | ₩47,500,000 | (△유보) |
| | 〈익금산입〉 | 임시자산 | 47,500,000 | (유보) |
| | 〈손금산입〉 | 임시자산 | 7,916,667 | (△유보) |
| A법인 세무조정 | 〈익금산입〉 | 투자주식 | ₩130,500,000 | (유보) |
| | 〈손금산입〉 | 수입배당금 | ₩65,250,000 | (기타) |

[계산근거]

(1) 乙법인(피합병법인)의 양도손익

양도손익 = 양도가액 − 피합병법인의 순자산장부가액
= (62,500주 × ₩7,000 + ₩80,000,000) − (₩400,000,000 + ₩30,000,000) = ₩87,500,000

(2) 甲법인(합병법인)의 세무조정

① K-IFRS

| (차) | 금융자산 | 80,000,000 | (대) | 부　　채 | 100,000,000 |
|---|---|---|---|---|---|
| | 재고자산 | 120,000,000 | | 자 본 금 | 312,500,000 |
| | 토　　지 | 220,000,000 | | 주식발행초과금 | 125,000,000 |
| | 건　　물 | 150,000,000 | | 현　　금 | 80,000,000 |
| | 영 업 권 | 47,500,000 | | | |

② 법인세법-과세특례를 적용하지 않은 경우

| (차) | 금융자산 | 80,000,000 | (대) | 부　　채 | 100,000,000 |
|---|---|---|---|---|---|
| | 재고자산 | 120,000,000 | | 자 본 금 | 312,500,000 |
| | 토　　지 | 220,000,000 | | 주식발행초과금 | 125,000,000 |
| | 건　　물 | 150,000,000 | | 현　　금 | 80,000,000 |
| | 임시자산 | 47,500,000 | | | |
| (차) | 손　　금 | 7,916,667 | (대) | 임시자산 | 7,916,667 |

＊₩47,500,000×10/60=₩7,916,667

(3) A법인(피합병법인의 주주)의 의제배당

① 의제배당=(교부받은 주식의 시가+합병교부금)-종전주식의 장부가액

$$=(37,500주\times ₩7,000+₩80,000,000\times \frac{30,000주}{50,000주})-30,000주\times ₩6,000$$

$$=₩130,500,000$$

② 수입배당금 익금불산입액:　₩65,250,000 (기타)

＊ ₩130,500,000×50%(비상장법인에 대한 지분율이 50%를 초과하므로 익금불산입비율은 50%임)= ₩65,250,000

[요구사항3]

| 乙법인 양도손익 | ₩0 | | | |
|---|---|---|---|---|
| 甲법인 세무조정 | 〈익금산입〉 | 주식발행초과금 | ₩117,500,000 | (기타) |
| | 〈손금산입〉 | 영업권 | 47,500,000 | (△유보) |
| | 〈손금산입〉 | 자산조정계정(토지) | 20,000,000 | (△유보) |
| | 〈손금산입〉 | 자산조정계정(건물) | 50,000,000 | (△유보) |
| | 〈손금불산입〉 | 감가상각누계액(건물) | 5,000,000 | (유보) |
| | 〈손금불산입〉 | 감가상각누계액(건물) | 1,666,667 | (유보) |

| A법인 세무조정 | 〈익금산입〉 투자주식 | ₩48,000,000 (유보) |
|---|---|---|
| | 〈익금불산입〉 수입배당금 | 24,000,000 (기타) |

[계산근거]

(1) 乙법인(피합병법인)의 양도손익

　　양도손익=양도가액-피합병법인의 순자산장부가액

　　　　　　=₩430,000,000-(₩400,000,000+₩30,000,000)=₩0

(2) 甲법인(합병법인)의 세무조정

　① 법인세법-과세특례를 적용한 경우

| (차) | 금융자산 | 80,000,000 | (대) | 부　채 | 100,000,000 |
|---|---|---|---|---|---|
| | 재고자산 | 120,000,000 | | 자 본 금 | 312,500,000 |
| | 토　지 | 200,000,000 | | 주식발행초과금 | 7,500,000 |
| | 건　물 | 100,000,000 | | 현　금 | 80,000,000 |
| (차) | 토　지 | 20,000,000 | (대) | 자산조정계정(토지) | 20,000,000 |
| | 건　물 | 50,000,000 | | 자산조정계정(건물) | 50,000,000 |

　② 자산조정계정의 사후관리

　　a. 자산조정계정의 추인-감가상각비와 상계

　　　〈손금불산입〉 감가상각누계액(건물)　　₩5,000,000 (유보)

　　　*₩15,000,000×$\frac{₩50,000,000}{₩150,000,000}$=₩5,000,000

　　b. 감가상각시부인

　　　〈손금불산입〉 감가상각누계액(건물)　　₩1,666,667 (유보)

　　　*회사계상액: ₩15,000,000-₩5,000,000=₩10,000,000

　　　상각범위액: (₩150,000,000-₩50,000,000)÷10년×$\frac{10}{12}$=₩8,333,333

　　　상각부인액: ₩1,666,667

(3) A법인(피합병법인의 주주)의 의제배당

　① 의제배당=Min[종전주식의 장부가액, 교부받은 주식의 시가]+합병교부금-종전주식의 장부가액

　　　　　　=Min[30,000주×₩6,000, 37,500주×₩7,000]+₩80,000,000×$\frac{30,000주}{50,000주}$-30,000주×₩6,000

　　　　　　=₩48,000,000

　② 수입배당금 익금불산입액: ₩48,000,000×50%=₩24,000,000

### 해설

1. 합병대가 산정시 합병포합주식(합병법인 소유 피합병법인주식)에 대하여 합병법인이 주식을 교부한 것으로 보아 합병교부주식가액을 산정하므로 합병교부주식은 $50,000주 \times \dfrac{50,000주}{40,000주} = 62,500주$이다.

2. 乙법인의 대주주인 A법인이 합병대가로 받은 금액은 甲법인주식 $37,500주(30,000주 \times \dfrac{50,000주}{40,000주})$와 합병교부금 $₩60,000,000(₩80,000,000 \times \dfrac{30,000주}{40,000주})$이다.

3. 피합병법인의 주주에 대한 의제배당소득 계산시 과세이연요건을 충족하면, 합병대가로 주식과 교부금을 받은 경우 합병교부주식가액은 시가와 종전주식의 장부가액 중 낮은 금액으로 평가한다.

## 합병으로 인한 의제배당

A법인은 제7기 사업연도(1. 1. ~12. 31.)에 B법인을 흡수합병하였다. 이와 관련된 다음의 자료를 이용하여 [요구사항]에 답하시오.

1. 합병등기일 현재 B법인의 재무상태표 및 자산·부채와 관련된 자료는 다음과 같다.

재무상태표

| 금융자산 | 20,000,000 | 부 채 | 100,000,000 |
|---|---|---|---|
| 토 지 | 50,000,000 | 자 본 금 | 20,000,000 |
| 건 물 | 70,000,000 | 자본잉여금 | 15,000,000 |
| 기계장치 | 30,000,000 | 이익잉여금 | 35,000,000 |
|  | 170,000,000 |  | 170,000,000 |

(1) 합병등기일 현재 B법인의 세무상 유보잔액은 없으며, 토지의 시가는 ₩80,000,000이고 나머지 자산·부채는 장부가액과 시가가 일치하였다.

(2) B법인의 자본잉여금은 주식발행초과금 ₩7,000,000과 자기주식처분이익 ₩8,000,000으로 구성되어 있다.

2. A법인과 B법인은 모두 비상장법인이며, 특수관계인에 해당한다. 합병 직전 각 법인의 1주당 평가액과 발행주식의 현황은 다음과 같다.

| 구 분 | A법인 | B법인 |
|---|---|---|
| 1주당 평가액 | ₩35,000 | ₩5,000 |
| 발행주식총수 | 20,000주 | 20,000주 |
| 1주당 액면가액 | ₩4,000 | ₩1,000 |

3. 기타사항

(1) A법인의 주주인 갑법인(지분율 40%)과 B법인의 주주인 을법인(지분율 60%)은 특수관계인에 해당하며 그 외 주주들 간에는 특수관계가 없다.

(2) 갑법인은 A법인의 주식을 주당 ₩12,000에, 을법인은 B법인의 주식을 주당 ₩2,500에 취득하였다.

(3) A법인은 합병대가로 B법인의 주주들에게 B법인 주식 1주당 A법인의 주식 1/4주를 교부하였으며 합병 교부금은 지급하지 않았다.

### 요구사항

1. 합병시점에서 갑법인과 을법인이 행할 세무조정을 제시하시오.
2. 적격합병의 요건을 충족한 경우 을법인의 합병시점의 의제배당액과 합병으로 취득한 신주의 세무상 취득가액을 제시하시오. 단, 을법인은 의제배당에 관한 회계처리를 하지 않았다.
3. 적격합병의 요건을 충족하지 못한 경우 [요구사항 2]에 답하시오.
4. 적격합병의 요건을 충족한 경우 A법인이 합병시 발생한 주식발행초과금 ₩45,000,000을 자본에 전입하여 주주들의 지분비율에 따라 무상주를 배정하였다면, 무상주 배정에 대한 을법인의 세무조정을 제시하시오. 단, 을법인은 무상주에 관한 회계처리를 하지 않았으며, 합병후 을법인의 A법인 지분율은 15%로 가정한다.

### 해답

**[요구사항1]**

| (1) 갑법인:〈익금산입〉 | 부당행위계산부인 | ₩14,400,000 (기타사외유출) |
|---|---|---|
| (2) 을법인:〈익금산입〉 | 투자주식 | 14,400,000 (유보) |

[계산근거]

1. 현저한 이익분여 여부

    (1) 합병 후 1주당 평가액: $\dfrac{20,000주 \times ₩35,000 + 20,000주 \times ₩5,000}{20,000주 + 5,000주} = ₩32,000$

    (2) 1주당 평가차액: ₩32,000 − ₩5,000 × 4주 = ₩12,000

    (3) 비율: $\dfrac{₩12,000}{₩32,000} = 37.5\% > 30\%$

2. 이익분여액: 20,000주 × (₩35,000 − ₩32,000) × 40% × 60% = ₩14,400,000

**[요구사항2]**

| 의제배당액 | ₩0 |
|---|---|
| 신주의 취득가액 | ₩44,400,000 |

[계산근거]

(1) 의제배당액 = 합병대가(종전 주식의 장부가액) − 종전 주식의 장부가액
   = (12,000주 × ₩2,500) − (12,000주 × ₩2,500) = ₩0

(2) 신주의 취득가액 = 종전 주식의 장부가액 + 자본거래로 분여받은 이익 + 의제배당
   = ₩30,000,000 + ₩14,400,000 + ₩0 = ₩44,400,000

[요구사항3]

| 의제배당액 | ₩51,600,000 |
|---|---|
| 신주의 취득가액 | ₩96,000,000 |

[계산근거]

(1) 의제배당액=합병대가(시가)-종전 주식의 장부가액
   =(3,000주×₩32,000-₩14,400,000)-(12,000주×₩2,500)=₩51,600,000

(2) 신주의 취득가액=종전 주식의 장부가액+자본거래로 분여받은 이익+의제배당
   =₩30,000,000+₩14,400,000+₩51,600,000=₩96,000,000

[요구사항4]

| 〈익금산입〉 | 투자주식 | ₩5,700,000 | (유보) |
|---|---|---|---|

[계산근거]

1. 합병차익의 구성요소

| 구 분 | 금 액 | 의제배당 여부 |
|---|---|---|
| (1) 피합병법인의 자본잉여금승계분 | | |
| ① 자본전입시 의제배당에 해당하지 않는 부분 | ₩7,000,000 | × |
| ② 자본전입시 의제배당에 해당하는 부분 | 8,000,000 | ○ |
| (2) 피합병법인의 이익잉여금승계분 | 35,000,000 | ○ |
| (3) 자산조정계정 | 30,000,000 | ○ |
| 계 | ₩75,000,000 | |

2. 의제배당액: ₩38,000,000×15%=₩5,700,000

> **해설**

1. 합병시 의제배당의 합병대가를 계산하는 경우 특수관계인으로부터 분여받은 이익과 의제배당으로 인한 이중과세를 방지하기 위하여 본래의 시가에서 분여받은 이익을 차감한 것을 시가로 한다. 따라서 비적격합병시 의제배당은 다음과 같이 계산한다.

   의제배당(비적격합병)={합병대가(시가)-자본거래로 분여받은 이익}-종전 주식의 장부가액

2. 합병시 회계처리와 세무조정을 요약하면 다음과 같다.

(1) K-IFRS

| (차) | 금융자산 | 20,000,000 | (대) | 부 채 | 100,000,000 |
|---|---|---|---|---|---|
| | 토 지 | 80,000,000 | | 자 본 금 | 20,000,000 |
| | 건 물 | 70,000,000 | | 주식발행초과금 | 155,000,000 |
| | 기계장치 | 30,000,000 | | | |
| | 영업권 | 75,000,000 | | | |

(2) 법인세법-비적격합병

| (차) | 금융자산 | 20,000,000 | (대) | 부 채 | 100,000,000 |
|---|---|---|---|---|---|
| | 토 지 | 80,000,000 | | 자 본 금 | 20,000,000 |
| | 건 물 | 70,000,000 | | 주식발행초과금 | 155,000,000 |
| | 기계장치 | 30,000,000 | | | |
| | 임시자산 | 75,000,000 | | | |

〈세무조정〉

　〈손금산입〉 영 업 권　　　₩75,000,000 (△유보)
　〈익금산입〉 임시자산　　　 75,000,000 (유보)

(3) 법인세법-적격합병

| (차) | 금융자산 | 20,000,000 | (대) | 부 채 | 100,000,000 |
|---|---|---|---|---|---|
| | 토 지 | 50,000,000 | | 자 본 금 | 20,000,000 |
| | 건 물 | 70,000,000 | | 주식발행초과금 | 50,000,000 |
| | 기계장치 | 30,000,000 | | | |
| (차) | 토 지 | 30,000,000 | (대) | 자산조정계정(토지) | 30,000,000 |

〈세무조정〉

　〈익금산입〉 주식발행초과금　　　₩105,000,000 (기타)
　〈손금산입〉 영 업 권　　　　　　 75,000,000 (△유보)
　〈손금산입〉 자산조정계정(토지)　 30,000,000 (△유보)

3. A법인의 합병과 관련한 상법상 합병차익(주식발행초과금+염가매수차익-영업권)은 승계한 순자산의 시가 ₩100,000,000(₩200,000,000-₩100,000,000)에서 자본금 ₩20,000,000을 차감한 ₩80,000,000이다.

4. 자본전입된 합병차익 ₩50,000,000은 주식발행초과금 ₩7,000,000, 자기주식처분이익 승계분 ₩8,000,000과 이익잉여금 승계분 ₩30,000,000이다. 따라서 자본전입시 의제배당으로 과세되는 재원은 ₩38,000,000(이익잉여금과 자기주식처분이익 승계분)이고 을법인은 A법인의 15% 주주이므로 ₩38,000,000×15%인 ₩5,700,000이 의제배당소득이 된다.

## 물적분할

제7기 사업연도에 (주)웅지는 보유하던 A사업부와 B사업부 중 A사업부를 물적분할하여 甲법인을 설립하였다. 이 물적분할은 적격분할의 요건 모두를 충족한다.

1. (주)웅지의 분할 직전 재무상태표는 다음과 같다.

| 자 산 | A사업부 | B사업부 | 부채 및 자본 | A사업부 | B사업부 |
|---|---|---|---|---|---|
| 금융자산 | ₩20,000,000 | ₩50,000,000 | 부 채 | ₩50,000,000 | ₩100,000,000 |
| 유형자산 | 80,000,000 | 150,000,000 | 자 본 금 | 25,000,000 | 50,000,000 |
|  |  |  | 자본잉여금 | 15,000,000 | 30,000,000 |
|  |  |  | 이익잉여금 | 10,000,000 | 20,000,000 |
| 계 | ₩100,000,000 | ₩200,000,000 | 계 | ₩100,000,000 | ₩200,000,000 |

2. 甲법인은 분할대가로 (주)웅지에게 액면가액 ₩20,000,000(주식수 2,000주, 1주당 액면가액 ₩10,000), 시가 ₩53,000,000의 甲법인의 신주를 교부하였으며 분할교부금의 지급은 없었다. 분할시 회계처리는 다음과 같다.

(차) 부  채         50,000,000     (대) 금융자산            20,000,000
    투자주식     53,000,000         유형자산            80,000,000
                                    유형자산처분이익     3,000,000

3. (주)웅지의 자산·부채의 장부가액은 세법상의 금액과 차이가 없으며, (주)웅지의 A사업부 유형자산은 토지로서 공정가치는 ₩83,000,000이다.

4. 제7기에 (주)웅지는 물적분할로 인하여 甲법인으로부터 취득한 주식 2,000주 중 20%를 처분하였고, 제8기에는 미처분 주식 1,600주 중 25%를 처분하였다. 단, 당기 처분은 甲의 적격합병이나 적격분할로 인해 발생한 것이 아니라고 가정한다.

5. 제7기에 甲법인은 (주)웅지로부터 승계한 유형자산(토지) 10,000㎡ 중 25%를 처분하였고, 제8기에는 미처분 토지 7,500㎡ 중 30%를 처분하였다. 단, 당해 처분은 甲의 적격합병이나 적격분할로 인해 발생한 것이 아니라고 가정한다.

### 요구사항

1. 법인세부담 최소화를 가정할 경우 (주)웅지가 분할등기일에 손금에 산입할 압축기장충당금을 구하시오.

2. (주)웅지가 손금에 산입한 금액 중 제7기에 익금에 산입할 금액을 구하시오.
3. (주)웅지가 손금에 산입한 금액 중 제8기에 익금에 산입할 금액을 구하시오.

 해답

[요구사항1]

| 〈손금산입〉 | 압축기장충당금 | ₩3,000,000 (△유보) |

[계산근거]

투자주식의 시가 - 순자산 세무상 장부가액: ₩53,000,000 - ₩50,000,000 = ₩3,000,000

[요구사항2]

| 〈익금산입〉 | 압축기장충당금 | ₩1,200,000 (유보) |

[계산근거]

익금산입의 비율: [(20%+25%)-(20%×25%)]=40%

[요구사항3]

| 〈익금산입〉 | 압축기장충당금 | ₩1,425,000 (유보) |

[계산근거]

익금산입의 비율: [(25%+30%)-(25%×30%)]=47.5%

## 합병종합 ■2017. CPA

비상장내국법인인 (주)갑은 특수관계인이 아닌 비상장내국법인 (주)을을 흡수합병하였다(합병등기일: 20×7년 7월 5일). 합병당사법인은 모두 제조업을 영위하고 있다. 정관상 사업연도는 매년 1월 1일부터 12월 31일까지이며, 각 물음과 관련된 공통자료는 다음과 같다. 각 물음은 독립적이다.

[공통자료]

1. (주)을의 합병 직전 재무상태표

(단위: 원)

| 유동자산 | 50,000,000 | 부 채 | 80,000,000 |
|---|---|---|---|
| 구 축 물 | 50,000,000 | 자 본 금 | 20,000,000 |
| 토 지 | 100,000,000 | 주식발행초과금 | 30,000,000 |
|  |  | 이익잉여금 | 70,000,000 |
| 합 계 | 200,000,000 | 합 계 | 200,000,000 |

2. 합병 직전 (주)을이 보유한 자산의 시가는 다음과 같으며, 부채의 시가는 장부가액과 동일하다.

| 구 분 | 금 액 |
|---|---|
| 유동자산 | ₩50,000,000 |
| 구 축 물 | 100,000,000 |
| 토 지 | 150,000,000 |
| 합 계 | ₩300,000,000 |

3. 물음에서 별도의 언급이 없는 (주)을의 자산 및 부채와 관련된 유보(또는 △유보) 사항은 없다고 가정한다.

4. 물음에서 별도의 언급이 없는 한 (주)갑이 납부하는 (주)을의 법인세는 없다고 가정한다.

[추가자료 1]

1. 합병직전 (주)을의 주주관련 사항은 다음과 같다.

| 주 주 | 지분비율 | 취득가액 |
|---|---|---|
| (주)갑 | 30% | ₩10,000,000 |
| (주)병 | 70% | 40,000,000 |

(주)갑은 (주)을의 주식을 20×5년 7월 10일에 취득하였으며, (주)병과는 특수관계가 아니다.

2. (주)갑은 (주)병에게 합병대가로 액면가액 ₩20,000,000(시가 ₩42,000,000)의 (주)갑의 신주를 교부하고 ₩10,500,000의 합병교부금을 지급하였다. 합병포합주식에 대해서는 (주)갑의 주식과 합병교부금을 지급하지 않았다.

3. 합병대가 중 주식가액이 차지하는 비율이 80% 이상이어야 한다는 요건을 제외하고 다른 과세이연 요건은 모두 충족된다고 가정한다.

[추가자료 2]

1. 합병등기일 현재 (주)을의 토지 계정에는 취득세와 관련된 유보금액 ₩4,000,000이 있다.

2. (주)갑은 (주)을의 유일한 주주인 (주)병에게 합병대가로 액면가액 ₩50,000,000(시가 ₩150,000,0000의 (주)갑의 신주를 교부하고 ₩20,000,000의 합병교부금을 지급하였다. (주)병은 (주)을의 주식을 ₩50,000,000에 취득하였으며, (주)갑과 특수관계가 아니다.

3. (주)갑은 (주)을의 자산과 부채를 합병등기일 현재 시가로 취득하고 한국채택국제회계기준에 따라 아래와 같이 회계처리하였다.

| (차) | | | (대) | | |
|---|---|---|---|---|---|
| | 유동자산 | 50,000,000 | | 부채 | 80,000,000 |
| | 구축물 | 100,000,000 | | 현금 | 20,000,000 |
| | 토지 | 150,000,000 | | 자본금 | 50,000,000 |
| | | | | 주식발행초과금 | 100,000,000 |
| | | | | 염가매수차익(수익) | 50,000,000 |

### 요구사항

1. [추가자료1]를 이용하여 다음의 [요구사항]에 답하시오.
   (1) 합병대가 중 주식가액이 차지하는 비율이 80%이상인지 여부를 구체적으로 제시하시오.
   (2) 위 (1)의 결과에 따른 (주)병의 의제배당금액을 제시하시오.

2. [추가자료2]에서 합병이 비적격합병으로 간주될 경우 다음의 금액을 답안양식에 따라 제시하시오.
   (1) 합병으로 인한 (주)을의 양도손익

[답안양식]

| 양도가액 | |
|---|---|
| 순자산장부가액 | |
| 양도손익 | |

(2) 합병과 관련된 (주)갑의 20×7 사업연도의 세무조정

[답안양식]

| 익금산입 및 손금불산입 | | | 손금산입 및 익금불산입 | | |
|---|---|---|---|---|---|
| 과 목 | 금 액 | 소득처분 | 과 목 | 금 액 | 소득처분 |

(3) 합병으로 인해 발생하는 (주)병의 의제배당금액

[요구사항1]

(1) 합병대가 중 주식가액이 차지하는 비율: 76%

[계산근거]

1. 합병대가: ₩42,000,000 + ₩10,500,000 = ₩52,500,000

2. 합병포합주식 교부간주액: ₩52,500,000 ÷ 70% × 30% = ₩22,500,000

3. 2년이내 취득한 합병포합주식 금전지급간주액: $₩22,500,000 \times \dfrac{30\% - 20\%}{30\%} = ₩7,500,000$

4. 합병대가 중 주식가액이 차지하는 비율

$$\dfrac{₩42,000,000 + ₩22,500,000 - ₩7,500,000}{₩52,500,000 + ₩22,500,000} = 76\%$$

(2) (주)병의 의제배당금액: ₩12,500,000

[계산근거]

의제배당금액: (₩42,000,000 + ₩10,500,000)* − ₩40,000,000 = ₩12,500,000

*비적격합병이므로 시가로 평가함.

[요구사항2]

(1)
| 양도가액 | ₩170,000,000 |
|---|---|
| 순자산장부가액 | ₩124,000,000 |
| 양도손익 | ₩46,000,000 |

[계산근거]

1. 양도가액: ₩150,000,000 + ₩20,000,000 = ₩170,000,000

2. 순자산장부가액: (₩200,000,000 + ₩4,000,000) − ₩80,000,000 = ₩124,000,000

3. 양도손익: 1-2=₩46,000,000

(2)

| 익금산입 및 손금불산입 ||| 손금산입 및 익금불산입 |||
|---|---|---|---|---|---|
| 과 목 | 금 액 | 소득처분 | 과 목 | 금 액 | 소득처분 |
| 합병매수차익 | ₩5,000,000 | 유보 | 합병매수차익<br>(임시부채) | ₩50,000,000 | △유보 |

[계산근거]

합병매수차익: ₩50,000,000×6/60=₩5,000,000

(3) 의제배당금액: ₩120,000,000

[계산근거]

의제배당금액: (₩150,000,000+₩20,000,000)-₩50,000,000=₩120,000,000

### 해설

합병포합주식이 있는 경우 주식교부비율 계산 특례에 대해서 살펴보면 다음과 같다.

1. 합병포합주식(합병법인이 소유한 피합병법인주식)이 있는 경우에는 합병포합주식에 합병대가를 지급하지 않더라도 합병대가를 지급한 것으로 보아 주식교부비율을 산정한다.
2. 합병포합주식에 합병대가로 주식을 교부하거나 합병대가를 지급하지 않더라도 다음 금액을 금전으로 지급한 것으로 보아 주식교부비율을 산정함.
   (1) 합병법인이 합병등기일 현재 피합병법인의 지배주주인 경우: 합병등기일 전 2년 이내에 취득한 합병포합주식에 대하여 교부한 합병교부주식(합병대가를 지급한 것으로 보는 경우 그 합병대가 포함)의 가액
   (2) 합병법인이 합병등기일 현재 피합병법인의 지배주주가 아닌 경우: 합병등기일 전 2년 이내에 취득한 합병포합주식이 피합법인의 발행주식총수의 20%를 초과하는 경우 그 초과하는 합병포합주식에 대하여 교부한 합병교부주식(합병대가를 지급한 것으로 보는 경우 그 합병대가 포함)의 가액

   예) 甲법인이 乙법인(총발행주식 100주)을 합병하면서 합병포합주식 40주(2년 이내 취득분 30주)를 제외한 기타주주들에게 60주(시가 ₩600)를 지급한 경우 주식교부비율

   1. 甲법인이 지배주주인 경우
      (1) 합병대가: ₩600
      (2) 합병포합주식 교부간주액: ₩600÷60%×40%=₩400
      (3) 2년 이내 취득한 합병포합주식 금전지급간주액: ₩600÷60%×30%=₩300

(4) 합병대가 중 주식가액이 차지하는 비율: $\dfrac{\text{\textwon}600+\text{\textwon}400-\text{\textwon}300}{\text{\textwon}600+\text{\textwon}400}=70\%$

2. 甲법인이 지배주주가 아닌 경우

   (1) 합병대가: ₩600

   (2) 합병포합주식 교부간주액: ₩600÷60%×40%=₩400

   (3) 2년 이내 취득한 합병포합주식 금전지급간주액: ₩600÷60%×(30%−20%)=₩100

   (4) 합병대가 중 주식가액이 차지하는 비율: $\dfrac{\text{\textwon}600+\text{\textwon}400-\text{\textwon}100}{\text{\textwon}600+\text{\textwon}400}=90\%$

## 합병종합 ■2020. 세무사

제조업을 영위하는 비상장내국법인 (주)A는 20×7. 10. 10.(합병등기일)에 동종업종을 영위하는 특수관계인이 아닌 비상장내국법인 (주)B를 흡수합병하였다. (주)A와 (주)B의 정관상 사업연도는 매년 1. 1.부터 12. 31.까지이다. 각 물음은 서로 독립적이다.

[자료 1] 다음은 (주)B의 합병 직전 재무상태표와 시가 자료이다.

1. 합병 직전 (주)B의 재무상태표

재무상태표 (단위: 원)

| | | | | |
|---|---|---|---|---|
| 유동자산 | 40,000,000 | 부  채 | 50,000,000 |
| 토   지 | 100,000,000 | 자 본 금 | 20,000,000 |
| 건   물 | 20,000,000 | 주식발행초과금 | 30,000,000 |
| | | 이익잉여금 | 60,000,000 |
| 합   계 | 160,000,000 | 합   계 | 160,000,000 |

2. (주)B가 합병 직전 보유한 자산의 시가 자료는 아래와 같으며, 부채의 장부가액과 시가는 동일하다.

| 구  분 | 금   액 |
|---|---|
| 유동자산 | ₩40,000,000 |
| 토   지 | 120,000,000 |
| 건   물 | 40,000,000 |
| 합   계 | ₩200,000,000 |

3. (주)B의 자산 및 부채와 관련된 유보(또는 △유보)는 없다고 가정한다.

4. (주)A가 납부하는 (주)B의 법인세는 없다고 가정한다.

[자료 2] 다음은 (주)B의 주주관련 사항 및 합병대가와 관련된 자료이다.

1. 합병 직전 (주)B의 주주관련 사항은 다음과 같다.

| 주  주 | 취득가액 | 지분비율 |
|---|---|---|
| (주)A | ₩20,000,000 | 40% |
| (주)C | 30,000,000 | 60% |

2. (주)A는 (주)C와 특수관계가 아니며, (주)A는 (주)B의 주식을 20×6. 10. 15.에 취득하였다.

3. (주)A는 (주)C에게 합병대가로 시가 ₩40,000,000(액면가액 ₩20,000,000)인 (주)A의 신주를 교부하고, 추가적으로 합병교부금 ₩8,000,000을 지급하였다. 합병포합주식에 대해서는 (주)A의 주식과 합병교부금을 지급하지 않았다.

4. 과세를 이연하기 위한 조건은 피합병법인의 주주가 합병으로 인하여 받은 합병대가의 총합계액 중 합병법인의 주식가액이 80% 이상이어야 한다는 조건을 제외하고는 모두 충족하였다고 가정한다.

[요구사항1]

[자료 1]과 [자료 2]를 이용하여 다음 요구사항에 답하시오.

(1) 합병시 금전교부간주액은 얼마인지 구체적으로 제시하시오.

(2) 합병대가의 총합계액 중 합병법인의 주식가액이 차지하는 비율을 구체적으로 제시하고, 이에 따른 (주)C의 의제배당금액을 제시하시오.

[자료 3] 다음은 합병등기일 현재 (주)A와 (주)B의 합병 관련 자료이다.

1. 합병등기일 현재 (주)B의 「자본금과 적립금조정명세서(을)」에는 토지의 취득세와 관련된 세무조정사항 ₩2,000,000(△유보)이 있다.

2. (주)C는 유일한 (주)B의 주주이며, (주)A는 (주)B의 합병대가로, (주)C에게 시가 ₩150,000,000(액면가액 ₩80,000,000)인 (주)A의 신주를 교부하였다. 또한 (주)A는 합병교부금으로 ₩20,000,000을 (주)C에게 지급하였다. (주)C는 (주)B의 주식을 ₩40,000,000에 취득하였으며, (주)A와 (주)C는 특수관계가 아니다.

3. (주)A는 합병등기일 현재 시가로 (주)B의 자산과 부채를 취득하였으며 한국채택국제회계기준에 따라 아래와 같이 회계처리하였다.

| (차) | | | (대) | | |
|---|---|---|---|---|---|
| | 유동자산 | 40,000,000 | | 부채 | 50,000,000 |
| | 토지 | 120,000,000 | | 현금 | 20,000,000 |
| | 건물 | 40,000,000 | | 자본금 | 80,000,000 |
| | 영업권 | 20,000,000 | | 주식발행초과금 | 70,000,000 |

4. (주)B의 합병 직전 재무상태표상 자산의 장부가액은 ₩160,000,000이고 부채의 장부가액은 ₩50,000,000이다.

5. 위의 합병은 적격합병이 아니다.

[요구사항2]

[자료 3]을 이용하여 다음 요구사항에 답하시오. (단, 세부담 최소화를 가정함.)

(1) 합병과 관련된 (주)A의 세무조정을 하시오.

(2) (주)B의 합병으로 인한 양도손익을 제시하시오.
(3) (주)C의 합병으로 인한 의제배당금액을 제시하시오.

**해답**

[요구사항1]

(1)
| 합병시 금전교부간주액 | ₩16,000,000 |
|---|---|

[계산근거]

① 합병대가: ₩40,000,000+₩8,000,000=₩48,000,000

② 합병포합주식 교부간주액: ₩48,000,000÷60%×40%=₩32,000,000

③ 2년 이내 취득한 합병포합주식 금전교부간주액: ₩48,000,000÷60%×(40-20%)=₩16,000,000

(2)
| 합병대가 중 주식가액이 차지하는 비율 | 70% |
|---|---|
| (주) C의 의제배당액 | ₩18,000,000 |

[계산근거]

① 합병대가 중 주식가액이 차지하는 비율: $\dfrac{₩48,000,000+₩32,000,000-₩16,000,000}{₩48,000,000+₩32,000,000}=70\%$

② (주) C의 의제배당액: ₩48,000,000-₩30,000,000=₩18,000,000

[요구사항2]

(1)
| 〈손금산입〉 | 영업권 | ₩20,000,000 (△유보) |
|---|---|---|
| 〈손금산입〉 | 합병매수차손 | 20,000,000 (△유보) |
| 〈손금산입〉 | 합병매수차손 | 1,000,000 (△유보) |

[계산근거]

합병매수차손 손금산입액: ₩20,000,000×3/60=₩1,000,000

(2)
| (주)B의 합병으로 인한 양도소득 | ₩62,000,000 |
|---|---|

[계산근거]

① 양도가액: ₩150,000,000+₩20,000,000=₩170,000,000

② 순자산장부가액: ₩160,000,000-₩50,000,000-₩2,000,000=₩108,000,000

③ 양도손익: ₩170,000,000-108,000,000=₩62,000,000

| (3) | (주)C의 합병으로 인한 의제배당금액 | ₩130,000,000 |
|---|---|---|

[계산근거]

① 합병대가: ₩170,000,000

② (주)B주식의 장부가액: ₩40,000,000

③ 의제배당액: ₩170,000,000-₩40,000,000=₩130,000,000

## 합병종합  ■2022. 세무사

제조업을 영위하는 비상장내국법인 (주)A는 제22기 9월 1일(합병등기일)에 동종업종을 영위하는 특수관계인이 아닌 비상장내국법인 (주)B를 흡수합병하였다. (주)A와 (주)B의 사업연도는 매년 1. 1. ~ 12. 31.까지이다.

1. 합병 직전 (주)B의 재무상태표상 자본금 ₩100,000,000, 이익잉여금 ₩20,000,000으로 구성되어 있으며, 자산과 부채에 관한 자료는 다음과 같다.

| 구 분 | 재무상태표 상 금액 | 시 가 | 유 보 |
|---|---|---|---|
| 유동자산 | ₩100,000,000 | ₩100,000,000 | |
| 건물*1 | 40,000,000 | 50,000,000 | ₩5,000,000 |
| 기타 비유동자산 | 200,000,000 | 200,000,000 | |
| 자산합계 | ₩340,000,000 | | |
| 유동부채 | 800,000,000 | ₩140,000,000 | |
| 비유동부채 | 140,000,000 | | |
| 부채합계 | ₩220,000,000 | | |

*1. 건물의 취득일은 2017. 10. 1., 취득가액은 ₩60,000,000, 신고내용연수 및 기준내용연수는 20년, 유보는 상각부인액이며, 취득 이후 감가상각시부인계산은 적법하게 세무처리되었다고 가정함

2. (주)A는 합병대가로 (주)A의 신주(액면금액 ₩120,000,000, 시가 ₩160,000,000)를 교부하였다. 합병대가 중 ₩30,000,000에 해당되는 금액은 (주)B의 상호에 대하여 사업상 가치가 있다고 보아 지급한 대가이다. (주)A는 합병에 대하여 다음과 같이 회계처리 하였다.

| (차) | 유동자산 | 100,000,000 | (대) | 유동부채 | 80,000,000 |
|---|---|---|---|---|---|
| | 건 물 | 50,000,000 | | 비유동부채 | 140,000,000 |
| | 기타 비유동자산 | 200,000,000 | | 자 본 금 | 120,000,000 |
| | 영 업 권 | 30,000,000 | | 주식발행초과금 | 40,000,000 |

3. (주)A는 합병으로 승계한 건물의 상각범위액 계산방법으로 양도법인 상각범위액을 승계하는 방법을 선택하였다. 합병으로 승계한 건물의 제22기 감가상각비 계상액은 ₩1,000,000이다. 합병 전 (주)A의 기존 건물에 대한 신고내용연수는 기준내용연수와 동일한 20년이다.

4. (주)A의 제21기의 자본금과 적립금조정명세서(을) 상 자산조정계정(건물)과 합병매수차손의 기말잔액은 ₩0이다.

5. (주)A가 대납하는 (주)B의 법인세 등은 ₩8,000,000이다.

6. 합병 전 (주)B의 주식(취득가액 ₩40,000,000)을 소유하고 있던 (주)C는 지분율(30%)에 따라 합병대가로 (주)A의 신주(액면금액 ₩36,000,000, 시가 ₩48,000,000)를 받았다. (주)A와 (주)C는 특수관계가 아니다.

[물음]
(1) 자료의 합병이 적격합병인 경우 (주)A의 제22기의 자본금과 적립금조정명세서(을) 상 자산조정계정(건물)의 기말잔액을 제시하시오.
(2) 자료의 합병이 적격합병인 경우 (주)A의 제22기의 자본금과 적립금조정명세서(을) 상 합병으로 승계한 건물의 상각부인액의 기말잔액을 제시하시오.
(3) 자료의 합병이 비적격합병인 경우 합병으로 인한 (주)B의 양도손익을 제시하시오.
(4) 자료의 합병이 비적격합병인 경우 (주)A의 제22기의 자본금과 적립금조정명세서(을) 상 합병매수차손의 기말잔액을 제시하시오.
(5) 자료의 합병이 비적격합병인 경우 합병으로 인한 (주)C의 의제배당액을 제시하시오.

해설

| 항 목 | 금 액 |
|---|---|
| (1) 자산조정계정(건물)의 기말잔액 | ₩9,800,000 |
| (2) 건물의 상각부인액 기말잔액 | 4,800,000 |
| (3) (주)B의 양도손익 | 43,000,000 |
| (4) (주)A의 합병매수차손 기말잔액 | 35,466,667 |
| (5) (주)C의 의재배당액 | 8,000,000 |

[계산근거]
1. 자산조정계정(건물)의 기말잔액
   (1) 자산조정계정: ₩50,000,000 − ₩40,000,000 = ₩10,000,000
   (2) 기말잔액: ₩10,000,000 − ₩1,000,000 × $\dfrac{₩10,000,000}{₩50,000,000}$ = ₩4,800,000

2. 건물의 상각부인액 기말잔액
   (1) 감가상각비 시부인
   ① 회사계상액: ₩1,000,000 − ₩200,000 = ₩800,000
   ② 상각범위액: ₩60,000,000 × 1/20 × 4/12 = ₩1,000,000
   ③ 시인부족액: ₩200,000

(2) 상각부인액 기말잔액: ₩5,000,000-₩200,000= ₩4,800,000

3. (주)B의 양도손익: (1)-(2)=₩43,000,000

    (1) 양도가액: ₩160,000,000+₩8,000,000= ₩168,000,000

    (2) 손자산장부금액: ₩340,000,000-₩220,000,000+₩5,000,000= ₩125,000,000

4. (주)A의 합병매수차손 기말잔액

    (1) 합병매수차손: ₩168,000,000-(₩350,000,000-₩220,000,000)= ₩38,000,000

    (2) 기말잔액: ₩38,000,000 × $\frac{56}{60}$ = ₩35,466,667

5. (주)C의 의재배당액: ₩48,000,000-₩40,000,000= ₩8,000,000

[참고]

1. 법인세법-적격합병

    (1) (차) 유동자산        100,000,000    (대) 유동부채        80,000,000
            건 물            40,000,000         비유동부채     140,000,000
            기타비유동자산   200,000,000         자 본 금        120,000,000
            주식발행초과금((주)A)  8,000,000*      미지급법인세    80,000,000

    *. (주)A가 대납하는 (주)B의 법인세는 (주)A의 자본잉여금에서 감액하거나 기타비용으로 처리함

        (차) 건 물           10,000,000    (대) 자산조정계정    10,000,000

    (2) (차) 감가상각비       1,000,000    (대) 감가상각누계액   1,000,000
        (차) 자산조정계정      200,000     (대) 감가상각비        200,000

2. 법인세법-비적격합병

    (1) (차) 유동자산        100,000,000    (대) 유동부채        80,000,000
            건 물            50,000,000         비유동부채     140,000,000
            기타비유동자산   200,000,000         자 본 금        120,000,000
            합병매수차손     38,000,000*         주식발행초과금  40,000,000
                                                미지급법인세     8,000,000

    (2) (차) 손 금            2,533,333    (대) 합병매수차손     2,533,333

# CHAPTER 10

## 법인세법의 기타사항

# 청산소득

내국법인 甲법인은 제15기 사업연도(1. 1. ~ 12. 31.)말에 해산하기로 하고 청산절차에 착수하였다. 관련자료가 다음과 같은 경우 甲법인의 청산소득금액을 계산하시오.

1. 해산등기일의 재무상태표는 다음과 같으며, 해산등기일 전 2년 내에 자본전입한 자본잉여금은 ₩700,000이다.

재무상태표

| 토 지 | 3,000,000 | 부 채 | 3,000,000 |
|---|---|---|---|
| 건 물 | 7,000,000 | 자 본 금 | 5,000,000 |
|  |  | 자본잉여금 | 1,000,000 |
|  |  | 이익잉여금 | 1,000,000 |
|  | 10,000,000 |  | 10,000,000 |

2. 제15기말 현재 세무상 이월결손금 내역은 다음과 같다.
   (1) 제3기 발생분: ₩1,000,000(이 중 ₩400,000은 제4기 과세표준계산시 공제받았음)
   (2) 제12기 발생분: ₩3,800,000

3. 토지의 취득세를 기업회계상 비용으로 처리하여 "손금불산입 ₩1,200,000(유보)"로 처분한 세무조정사항이 있으며, 기계장치에 대한 감가상각비 시인부족액으로 ₩1,000,000이 있다.

4. 청산기간 중 국세기본법에 따라 ₩500,000의 법인세를 환급받았고, 토지와 건물은 각각 ₩6,000,000과 ₩9,000,000에 환가되었으며, 부채는 ₩3,000,000으로 상환하였다.

 해답

| 청산소득액 | ₩6,000,000 |
|---|---|

[계산근거]

1. 잔여재산가액: (₩6,000,000+₩9,000,000)-₩3,000,000=₩12,000,000
2. 세무상 자기자본총액
   (1) 자본금: ₩5,000,000-₩700,000=     ₩4,300,000
   (2) 잉여금: ₩1,700,000+₩1,000,000+₩1,200,000=     3,900,000

|  |  |  |
|---|---|---|
| (3) 법인세환급액 |  | 500,000 |
| (4) 이월결손금 |  | (3,900,000) |
| 계 |  | ₩4,800,000 |

∴ 청산소득금액: ₩12,000,000 − ₩4,800,000 = ₩7,200,000

> **해설**

1. 납입자본금: 해산등기일 전 2년 이내에 자본금에 전입한 잉여금이 있는 경우에는 해당 금액을 잉여금으로 보아 자기자본총액을 계상함
2. 잉 여 금: 자본잉여금 ₩1,700,000(2년 이내 자본전입분 포함) + 이익잉여금 ₩1,000,000 + 유보 ₩1,200,000 = ₩3,900,000
3. 유    보: 세무상 자기자본을 의미하므로 잉여금에 가산해야 하며, 기계장치 시인부족액은 소멸함
4. 이월결손금: 발생시점에 제한이 없으며, 잉여금을 초과하는 이월결손금은 없는 것으로 봄
5. 법인세환급액: 청산기간 중에 국세기본법에 따라 환급되는 법인세액은 그 법인의 해산등기일 현재 자기자본총액에 가산함.

## 청산소득 ■2018. CPA

다음은 제19기 사업연도(20×7년 1월 1일 ~ 20×7년 12월 31일) 말에 해산하기로 결의하고, 청산절차에 착수한 (주)한라의 청산소득 관련자료이다. (주)한라의 청산소득금액을 다음의 답안양식에 따라 제시하시오.

[답안양식]

| 잔여재산가액 | |
|---|---|
| 자기자본 | |
| 청산소득금액 | |

1. 해산등기일 현재의 재무상태표는 다음과 같다.

재무상태표 (단위: 원)

| 현 금 | 50,000,000 | 부 채 | 200,000,000 |
|---|---|---|---|
| 재고자산 | 200,000,000 | 자 본 금 | 100,000,000 |
| 기계장치 | 100,000,000 | 이익잉여금 | 50,000,000 |
| | 350,000,000 | | 350,000,000 |

2. (주)한라는 재고자산과 기계장치를 다음과 같이 환가하였으며, 부채는 ₩200,00,000에 상환하였다.

   ① 재고자산: ₩250,000,000

   ② 기계장치: ₩80,000,000

3. (주)한라의 제19기말 자본금과 적립금 조성명세서(을)의 유보 잔액은 다음과 같다.

   ① 재고자산 평가감: ₩10,000,000

   ② 기계장치 상각부인액: ₩20,000,000

4. (주)한라는 20×6년 10월 15일 자본잉여금 ₩20,0000,000을 자본금에 전입하고 무상주 4,000주를 발행하였다.

5. (주)한라의 제19기말 현재 세무상 이월결손금 잔액의 내역은 다음과 같다.

   ① 제6기 발생분: ₩50,000,000

   ② 제16기 발생분: ₩70,000,000

6. 위에서 제시한 것 외에 다른 사항은 고려하지 않는다.

### 해답

| 잔여재산가액 | ₩180,000,000 |
|---|---|
| 자기자본 | 80,000,000 |
| 청산소득금액 | 100,000,000 |

[계산근거]

1. 잔여재산가액: (₩50,000,000+₩250,000,000+80,000,000)−₩200,000,000=₩180,000,000

2. 자기자본

    (1) 자 본 금: ₩100,000,000−₩20,000,000$^{*1}$=      80,000,000

    (2) 잉 여 금: ₩20,000,000+₩50,000,000+₩30,000,000=     100,000,000$^{*1}$

    (3) 결 손 금:     (100,000,000)$^{*2}$

                  계      ₩80,000,000

\* 1. 자본잉영금 ₩20,000,000(2년이내 자본전입분)+이익잉여금 ₩50,000,000+유보 ₩30,000,000
   = ₩100,000,000

  2. 발생시점에 제한이 없으며, 잉여금을 초과하는 이월결손금은 없는것으로 봄.

## 청산소득 ■2020. CPA

(주)한국 (영리내국법인)은 제20기 사업연도 (1월 1일 ~ 12월 31일) 말에 해산등기하였고, 청산절차에 착수하였다.

1. (주)한국의 해산등기일 현재 재무상태표상 자산 및 환가내역은 다음과 같으며, 모든 부채는 재무상태표상 금액인 ₩565,000,000에 상환하였다.

| 구 분 | 장부가액 | 환 가 액 |
|---|---|---|
| 현금·예금 | ₩15,000,000 | ₩15,000,000 |
| 토 지 | 250,000,000 | 450,000,000 |
| 건 물 | 400,000,000 | 280,000,000 |
| 기계장치 | 100,000,000 | 60,000,000 |
| 합 계 | ₩765,000,000 | ₩805,000,000 |

2. 자본잉여금을 자본금에 전입한 내역은 다음과 같다.

| 전 입 일 | 금 액 |
|---|---|
| 제19기 2. 25. | ₩30,000,000 |
| 제17기 2. 28. | 50,000,000 |

3. 해산등기일 현재 재무상태표상 한국의 자본내역은 다음과 같다.

| 구 분 | 금 액 |
|---|---|
| 자 본 금 | ₩180,000,000 |
| 이익잉여금 | 20,000,000 |

4. 당기말「자본금과 적립금 조정명세서(갑)」의 이월결손금 잔액은 ₩50,000,000이다.

5. 당기말「자본금과 적립금 조정명세서(을)」의 기말 잔액은 다음과 같다.

| 구 분 | 기말 잔액 |
|---|---|
| 건물 감가상각비 한도초과액 | ₩5,000,000 |
| 토지 자본적지출 | 20,000,000 |

### 요구사항

(주)한국의 청산소득금액을 다음의 답안양식에 따라 제시하시오.

[답안양식]

| 구 분 | 금 액 |
|---|---|
| 잔여재산가액 | |
| 자기자본 | |
| 청산소득금액 | |

### 해답

| 구 분 | 금 액 |
|---|---|
| 잔여재산가액 | ₩240,000,000 |
| 자기자본 | ₩175,000,000 |
| 청산소득금액 | ₩65,000,000 |

[계산근거]

1. 잔여재산가액: ₩805,000,000 − ₩565,000,000 = ₩240,000,000

2. 자기자본:

    (1) 자 본 금: ₩180,000,000 − ₩50,000,000* = ₩130,000,000
    (2) 잉 여 금: ₩50,000,000* + ₩20,000,000 + ₩25,000,000 = 95,000,000
    (3) 결 손 금: (50,000,000)
    　　　　　　　　　　계 ₩175,000,000

   *해산등기일 전 2년 이내에 자본전입한 금액임.

3. 청산소득금액: ₩240,000,000 − ₩175,000,000 = ₩65,000,000

# 연결납세제도

제조업을 목적사업으로 하는 (주)신촌은 도매업을 영위하는 (주)파주를 완전지배(지분율 100%)하고 있으며, 20×7년부터 연결납세방식을 적용하고자 연결납세방식 적용신청서를 제출하여 납세지관할지방국세청장으로부터 연결납세방식적용의 승인을 얻었다.

1. (주)신촌과 (주)파주는 모두 1월 1일부터 12월 31일까지를 사업연도로 하고 있고, 중소기업이 아니며, 무차입경영을 하고 있다고 가정한다.
2. (주)파주는 (주)신촌에게 20×7년 7월 20일에 ₩15,000,000의 배당금을 지급하였다.
3. (주)신촌과 (주)파주는 모두 주권상장법인인 A법인의 주식을 취득(모두 배당기준일 전 3개월 이전에 취득함)하여 A법인으로부터 배당금을 수령하였는데 그 내역은 다음과 같다.

| 투자회사 | 지 분 율 | 수입배당금 |
|---|---|---|
| (주)신촌 | 16% | ₩10,000,000 |
| (주)파주 | 12 | 7,500,000 |

4. (주)신촌과 (주)파주의 접대비와 관련한 자료는 다음과 같으며, (주)파주의 손익계산서상 접대비 중에는 (주)신촌에게 지출한 접대비가 ₩6,000,000 포함되어 있다.

| | (주)신촌 | (주)파주 |
|---|---|---|
| 손익계산서상 접대비 | ₩39,500,000 | ₩27,000,000 |
| 수입금액 | 7,500,000,000 | 3,000,000,000 |

5. (주)신촌은 (주)파주에게 장부가액 ₩180,000,000인 토지(10,000㎡)를 ₩250,000,000(시가)을 받고 양도하였다. 이와 관련한 양도차익 ₩70,000,000은 (주)신촌의 기타수익에 포함되어 있으며, (주)파주는 (주)신촌으로 부터 양수한 토지 중 4,000㎡를 B법인에게 양도하였다.
6. (주)신촌과 (주)파주의 20×7년 사업연도의 각사업연도소득금액은 각각 ₩920,000,000과 ₩350,000,000이며, 장부상 처리는 기업회계기준을 준수하였고 각사업연도소득금액 계산시 세무조정도 세법에 따라 적절하게 이루어졌다고 가정한다.

### 요구사항

위 자료를 이용하여 20×7년도의 연결세무조정 완료 후 연결법인별 소득금액을 계산하시오.

### 해답

| (주)신촌 (연결모법인) | ₩882,425,620 |
|---|---|
| (주)파주 (연결자법인) | ₩354,574,380 |

[계산근거]

1. 연결세무조정 완료후 연결법인별 소득금액

| | (주)신촌(연결모법인) | (주)파주(연결자법인) |
|---|---|---|
| Ⅰ. 연결법인별 각사업연도소득금액 | ₩920,000,000 | ₩350,000,000 |
| Ⅱ. 연결세무조정사항 | | |
| (1) 연결조정항목 제거 | | |
| ① 수입배당금 익금불산입 → 익금산입(기타) | 18,000,000 | 2,250,000 |
| ② 접대비 손금불산입 → 손금산입(기타) | (5,000,000) | (6,000,000) |
| (2) 연결법인간 거래손익제거 | | |
| ① 다른 연결법인으로부터 받은 수입배당금 → 익금불산입(기타) | (15,000,000) | |
| ② 다른 연결법인에게 지급한 접대비 → 손금불산입(기타) | | 6,000,000 |
| (3) 연결법인간 자산양도차손익의 이연 | | |
| ① 토지 양도소득 → 손금산입(△유보) | (70,000,000) | |
| ② 토지 양도소득 실현분 → 익금산입(유보) | 28,000,000 | |
| (4) 연결조정항목의 연결법인별 배분 | | |
| ① 수입배당금 익금불산입 배분 → 익금불산입(기타) | (8,000,000) | (6,000,000) |
| ② 접대비 손금불산입액 배분 → 손금불산입(기타사외유출) | 11,425,620 | 6,074,380 |
| Ⅲ. 연결세무조정 완료후 연결법인별 소득금액 | ₩879,425,620 | ₩352,324,380 |

2. 연결세무조정사항 계산근거

   (1) 연결조정항목제거

   ① 수입배당금 익금불산입

   (주)신촌: ₩15,000,000[*1]×100%+₩10,000,000[*2]×30%=₩18,000,000

   *1. (주)파주로부터 수령한 배당금이다. 지분율이 100%이므로 익금불산입비율도 100%로 한다.
   2. A법인으로부터 수령한 배당금이다. 지분율이 16%이므로 익금불산입비율은 30%이다.

   (주)파주: ₩7,500,000×30%=₩2,250,000

② 접대비 손금불산입액

　　(주)신촌: ₩39,500,000-₩34,500,000*=₩5,000,000

　　　　*한도: ₩12,000,000+₩7,500,000,000×3/1,000=₩27,000,000

　　(주)파주: ₩27,000,000-₩21,000,000*=₩6,000,000

　　　　*한도: ₩12,000,000+₩3,000,000,000×3/1,000=₩21,000,000

(2) 연결법인간 거래손익제거

① (주)파주로부터 수령한 (주)신촌의 수입배당금 ₩15,000,000을 익금불산입한다.

② (주)파주의 접대비 지출액 중 (주)신촌에게 지출한 접대비 ₩6,000,000을 손금불산입한다.

(3) 연결법인간 자산양도차손익의 이연

① (주)신촌의 토지 양도소득 ₩70,000,000(₩250,000,000-₩180,000,000)을 익금불산입한다.

② B법인에게 양도한 부분에 해당하는 ₩28,000,000 $\left(₩70,000,000 \times \dfrac{4,000㎡}{10,000㎡}\right)$은 양도소득이 실현되었으므로 익금산입한다.

(4) 연결조정항목의 연결법인별 배분

① A법인에 대한 수입배당금 익금불산입액: ₩17,500,000×80%*=₩14,000,000

　　*(주)신촌과 (주)파주를 하나의 회사로 보아 수입배당금 익금불산입해야 한다. 두 회사의 지분율을 합하면 28%이므로 익금불산입율은 80%이다.

　　a. (주)신촌 배분액: ₩14,000,000× $\dfrac{16\%}{28\%}$ =₩8,000,000

　　b. (주)파주 배분액: ₩14,000,000× $\dfrac{12\%}{28\%}$ =₩6,000,000

② 접대비 손금불산입액: ₩60,500,000*1-₩43,000,000*2=₩17,500,000

　　*1. 접대비해당액은 (주)신촌의 접대비와 (주)파주의 접대비합계액에서 연결법인간에 접대비는 제외한 금액으로 한다.

　　접대비해당액: ₩39,500,000+(₩27,000,000-₩6,000,000)=₩60,500,000

　　2. 접대비 한도는 (주)신촌과 (주)파주를 하나의 회사로 보아 계산한다. 즉, 수입금액을 ₩10,500,000,000 (₩7,500,000,000+₩3,000,000,000)으로 한다.

　　한도: ₩12,000,000+(₩10,000,000,000×3/1,000)+(₩500,000,000×2/1,000)=₩43,000,000

　　a. (주)신촌 배분액: ₩17,500,000× $\dfrac{₩39,500,000}{₩60,500,000}$ =₩11,425,620

　　b. (주)파주 배분액: ₩17,500,000× $\dfrac{₩21,000,000}{₩60,500,000}$ =₩6,074,380

▼ 해설

각연결사업연도의 연결법인별 연결소득금액은 다음과 같은 방법으로 계산한다.

**1단계** 연결법인별 각사업연도소득금액계산

**2단계** 연결조정항목제거: 연결집단을 기준으로 다시 계산하기 위하여 다음의 세무조정을 취소한다.

· 수입배당금 익금불산입 → 익금산입(기타)

· 접대비 손금불산입 → 손금산입(기타)

· 기부금 손금불산입 → 손금산입(기타)

**3단계** 연결법인간 거래손익제거: 연결법인간 다음의 내부거래를 제거한다.

· 다른 연결법인으로부터 받은 수입배당금 → 익금불산입(기타)

· 다른 연결법인에 지급한 접대비 → 손금불산입(기타)

· 다른 연결법인채권 대손충당금 → 손금불산입(기타)

**4단계** 연결법인간 자산양도차손익의 이연 : 연결법인간 내부거래에 따른 양도손익을 제거하고 감가상각 및 양도에 따른 실현손익을 조정한다.

· 양도법인 양도손익: 익금불산입(유보), 손금불산입(유보)

· 양수법인 감가상각·양도: 소멸 비율만큼 익금산입, 손금산입

   \* 1. 양도손익의 이연자산 범위

      ① 건축물을 제외한 감가상각대상유형자산, 무형고정자산, 매출채권 등 수취채권

      ② 금융투자상품, 토지, 건축물

    2. 위 1.①의 경우, 거래건별 자산의 장부가액이 1억원 이하인 경우 해당 자산을 제외할 수 있음

**5단계** 연결조정항목의 연결법인별 배분: 연결집단을 하나의 내국법인으로 보아 2단계 세무조정사항을 다시 계산하여 각 연결법인에 다음의 비율로 배분한다.

· 수입배당금 익금불산입: 출자비율

· 접대비 손금불산입: 접대비지출비율

· 기부금 손금불산입: 기부금지출비율

**6단계** 연결법인별 소득금액계산

**7단계** 각연결사업연도 소득금액계산: 각연결법인별 소득금액의 합계액을 각연결사업연도의 소득금액으로 한다.

# 연결납세제도 ■2010. CPA

일진(주)과 이진(주)은 모두 중소기업이며 연결납세방식을 선택해도 중소기업에 해당된다. 일진(주)의 이진(주)에 대한 지분율은 100%이며, 20×7년부터 연결납세방식을 적용한다. 일진(주)의 사업연도는 제10기(20×7. 1. 1. ~ 12. 31.)이며, 이진(주)의 사업연도는 제8기(20×7. 1. 1. ~ 12. 31.)이다.

[자료 1]-연결납세 대상법인별 각사업연도소득금액과 관련된 자료

1. 연결납세 대상법인별 각사업연도소득금액

| 항　　목 | 일진(주) | 이진(주) |
|---|---|---|
| 당기순이익 | ₩20,000,000 | ₩40,000,000 |
| 법인세비용 | 1,000,000 | 1,500,000 |
| 증명서류불비 접대비 | 5,000,000 | - |
| 접대비한도초과액 | 5,792,000 | 1,800,000 |
| 감가상각비한도초과액 | - | 28,235,000 |
| 차가감소득금액 | 31,792,000 | 71,535,000 |
| 각사업연도소득금액 | 31,792,000 | 71,535,000 |

2. 일진(주)의 접대비지출액 ₩41,104,000 중 ₩5,000,000은 증명서류불비 접대비에 해당되며 나머지는 연결대상법인 이외의 법인에 정상적으로 지출한 것이다. 이진(주)의 접대비지출액 ₩32,100,000 중 ₩10,000,000은 일진(주)에 대한 접대와 관련하여 지출한 금액이며, 나머지는 연결대상법인 이외의 법인에 정상적으로 지출한 접대비이다.

3. 일진(주)의 매출액은 ₩104,000,000이고, 이진(주)의 매출액은 ₩100,000,000이다. 다만, 특수관계인에 대한 매출액은 없다.

[접대비한도액]

(1) 접대비한도액

　　₩12,000,000(중소기업은 ₩36,000,000)×사업연도 월수/12+기준수입금액×한도율

(2) 한도율

　　① 일반수입금액 100억원 이하: $\dfrac{30}{10,000}$

　　②특정수입금액(특수관계인 수입금액): 일반수입금액의 한도율을 적용하여 계산한 금액×10%

**[자료 2]-연결납세 대상법인 간 추가 거래내역**

1. 일진(주)은 연결대상법인이 아닌 삼진(주)에 대한 매출채권(장부가액 ₩75,000,000)을 20×7년 10월 1일 이진(주)에게 시가로 매각처분하고 처분손실 ₩3,000,000을 계상하였다. 이진(주)는 20×7년말 현재 해당 매출채권을 보유하고 있다.

2. 일진(주)은 20×7년 1월 1일 장부가액 ₩50,000,000인 건물을 이진(주)에 시가 ₩40,000,000에 매각하면서 유형자산처분손실 ₩10,000,000을 영업외비용으로 처리하였다. 이진(주)는 취득한 해당건물에 대해 신고내용연수 10년을 적용하여 정액법(잔존가치 없음)으로 상각하고 있다.

### 요구사항

위 [자료 1]과 [자료 2]를 이용하여 각연결사업연도 소득금액의 계산과정을 다음 [답안양식]에 따라 제시하시오. 단, 각사업연도소득금액에 가산될 경우 (+), 차감될 경우 (−) 부호를 반드시 금액 앞에 표시하시오.

[답안양식]

| 항 목 | 일진(주) | 이진(주) |
|---|---|---|
| 1. 각사업연도소득금액 | ₩31,792,000 | ₩71,535,000 |
| 2. 연결조정항목의 제거 | | |
| ① | | |
| ⋮ | | |
| 3. 연결법인 간 거래손익의 조정 | | |
| ① | | |
| ⋮ | | |
| 4. 연결조정항목의 연결법인별 배분 | | |
| ① | | |
| ⋮ | | |
| 5. 연결조정 후 연결법인별 소득금액 | | |

### 해답

| 항 목 | 일진(주) | 이진(주) |
|---|---|---|
| 1. 각사업연도소득금액 | ₩31,792,000 | ₩71,535,000 |
| 2. 연결조정항목의 제거 | | |
| ① 증빙불비접대비 | (−) 5,000,000 | |
| ② 접대비한도초과액 | (−) 5,792,000 | (−) 1,800,000 |

3. 연결법인 간 거래손익의 조정
　① 연결법인에 지출한 접대비　　　　　　　　　　－　　　　　　　(+)10,000,000
　② 건물처분미실현손실　　　　　　　　(+)10,000,000　　　　　　　－
　③ 건물처분실현손실　　　　　　　　　(−) 1,000,000
4. 연결조정항목의 연결법인별 배분
　① 증빙불비접대비　　　　　　　　　　(+) 5,000,000
　② 접대비한도초과액　　　　　　　　　(+)13,393,539　　　　　　　(+) 8,198,461
5. 연결조정후 연결법인별 소득금액　　　　₩48,393,539　　　　　　　₩87,933,461

[계산근거]

1. 건물처분손실

   (1) 미실현손실: ₩50,000,000−₩40,000,000=₩10,000,000

   (2) 실현손실: ₩10,000,000÷10년=₩1,000,000

2. 접대비한도초과액

   (1) 연결집단의 접대비한도초과액

   　① 접대비해당액

   　　　일진(주): ₩41,104,000−₩5,000,000=　　₩36,104,000
   　　　이진(주): ₩32,100,000−₩10,000,000=　　 22,100,000
   　　　　　　계　　　　　　　　　　　　　　　₩58,204,000

   　② 접대비한도액: $₩36,000,000 \times \frac{12}{12} + ₩204,000,000 \times \frac{3}{1,000} = ₩36,612,000$

   　③ 접대비한도초과액: ₩21,592,000

   (2) 연결법인별 접대비손금불산입액

   　① 일진(주)의 접대비한도초과액: $= ₩21,592,000 \times \frac{₩36,104,000}{₩58,204,000} = ₩13,393,539$

   　② 이진(주)의 접대비한도초과액: $₩21,592,000 \times \frac{₩22,100,000}{₩58,204,000} = ₩8,198,461$

▼ 해설

1. 매출채권은 거래 건별 자산의 장부가액이 1억원 이하인 경우 내부거래손익의 제거를 선택할 수 있으나 문제의 요구에 따라 내부거래를 제거하지 않는다.
2. 내부거래에 따른 미실현손익은 감가상각 또는 제3자에 매각함에 따라 실현손익으로 인식된다.

## 06 연결납세제도 ■2017. 세무사

20×6년부터 연결납세방식을 적용한 (주)대한(연결모법인, 지주회사가 아님)과 (주)민국(연결자법인)은 모두 중소제조업이며, 연결납세방식을 적용한 20×7년에도 중소기업에 해당된다. (주)대한의 (주)민국에 대한 지분율은 100%이며, 20×6년도 세무조정은 적법하게 이루어졌다. (주)대한의 사업연도는 제19기(20×7. 1. 1. ~ 20×7. 12. 31.)이며, (주)민국의 사업연도는 제8기(20×7. 1. 1. ~ 20×7. 12. 31.)이다.

[자료 1] (주)대한과 (주)민국의 각사업연도소득금액은 다음과 같다.

(단위 : ₩)

| 구 분 | (주)대한 | | (주)민국 | |
|---|---|---|---|---|
| 당기순이익 | | 322,620,000 | | 47,746,667 |
| 익금산입 및 손금불산입 | | 80,500,000 | | 20,380,000 |
| 법인세비용 | 44,000,000 | | 4,500,000 | |
| 적격증명서류 미수취 접대비 | 7,000,000 | | 3,000,000 | |
| 접대비한도초과액 | 19,500,000 | | 12,880,000 | |
| 대손충당금한도초과액 | 10,000,000 | | | |
| 손금산입 및 익금불산입 | | 38,820,000 | | 7,290,000 |
| 수입배당금액 익금불산입 | 38,820,000 | | 7,290,000 | |
| 차가감소득금액 | | 364,300,000 | | 60,836,667 |
| 지정기부금 한도초과액 | | – | | 16,591,000 |
| 각사업연도소득금액 | | 364,300,000 | | 77,427,667 |

[자료 2] (주)대한과 (주)민국의 접대비에 대한 세부내역은 다음과 같다.

| 구 분 | (주)대한 | (주)민국 |
|---|---|---|
| 접대비 총 지출액*1 | ₩97,500,000 | ₩61,060,000 |
| 적격증명서류 수취분*2 | 66,000,000 | 43,000,000 |
| 영수증 수취분 | 7,000,000 | 3,000,000 |
| 매출액 | ₩12,500,000,000*3 | 8,460,000,000*4 |

*1 접대비는 모두 건당 3만원(경조사비 20만원) 초과하여 발생한 것이며, 문화접대비는 없다.
*2 적격증명서류 수취분 중 (주)대한의 ₩4,000,000과 (주)민국의 ₩8,000,000은 연결법인에 대한 접대비이다.
*3 (주)대한의 매출액에는 연결법인과의 거래분은 없으며, 특수관계인과의 거래분도 없다.
*4 (주)민국의 매출액에는 특수관계인에 대한 매출액 ₩6,000,000,000이 포함되어 있다.

[자료 3] 연결납세 대상법인간 추가로 이루어진 거래내역은 다음과 같다.

1. (주)대한은 20×7. 7. 1. 건축물(장부가액 100,000,000)을 (주)민국에 ₩90,000,000에 매각하면서 유형자산처분손실을 정확하게 계상하였다. (주)민국은 취득한 해당 건축물에 대해 신고내용연수 10년을 적용하여 정액법(잔존가치 없음)으로 상각하였다.

2. (주)민국은 20×7. 8. 3. 금융투자상품(장부가액 ₩100,000,000)을 (주)대한에 시가 ₩105,000,000 매각하고 금융투자상품처분이익을 정확하게 계상하였다. (주)대한은 20×7. 9. 2. (주)민국으로부터 취득한 금융투자상품 중 30%를 (주)부산에 ₩35,000,000에 처분하면서 적절하게 회계처리를 하였고, 70%는 20×7. 12. 31. 현재 보유하고 있다.

3. (주)대한은 연결대상법인이 아닌 (주)국세에 대한 매출채권(장부가액 100,000,000)을 20×7. 9. 5. (주)민국에게 매각하면서 매출채권처분손실 ₩3,000,000을 계상하였다. (주)민국은 20×7.12. 31. 현재 해당 매출채권을 보유하고 있지 않다.

4. 법인세법 시행령에 따라 거래 건별 장부가액이 1억원 이하인 자산 중 양도손익이연자산에서 제외할 수 있는 자산의 경우에는 연결법인 간 거래손익의 조정을 하지 않기로 한다.

[자료 4] 20×7. 12. 31. 현재 재무상태표에 표시된 (주)대한과 (주)민국의 매출채권, 미수금 및 대손충당금은 다음과 같다.

| 구 분 | (주)대한 | (주)민국 |
|---|---|---|
| 매출채권 | ₩600,000,000 | ₩250,000,000 |
| 대손충당금 | (12,000,0000) | (2,500,000) |
| 미수금 | ₩400,000,000* | ₩130,000,000 |
| 대손충당금 | (8,000,0000) | (1,300,000) |

* (주)대한의 미수금 ₩400,000,000 중 ₩180,000,000은 (주)민국에 대한 미수금이며, 이것을 제외한 (주)대한의 다른 채권과 (주)민국의 채권은 특수관계가 없는 기업과의 거래에서 정상적으로 발생한 채권이다.

[자료 5] (주)대한은 (주)민국, (주)국세 및 (주)세무에, (주)민국은 국세와 (주)세무에 투자하고 있으며, 모든 투자는 최초 투자 후 20×7년 말까지 지분율 변동은 없었다.

| 구 분 | (주)대한의 투자내역 | | | (주)민국의 투자내역 | |
|---|---|---|---|---|---|
| 피투자회사 | (주)민국 | (주)국세 | (주)세무 | (주)국세 | (주)세무 |
| 주식취득일 | 20×4. 5. 31. | 20×4. 12. 5. | 20×5. 3. 20. | 20×5. 12. 5. | 20×5. 3. 20. |
| 주식장부가액 | ₩300,000,000 | ₩200,000,000 | ₩100,000,000 | ₩100,000,000 | ₩90,000,000 |
| 지분율 | 100% | 30% | 30% | 20% | 20% |
| 상장여부 | 비상장 | 상장 | 비상장 | 상장 | 비상장 |
| 배당금수익 | ₩30,000,000 | ₩30,000,000 | ₩15,000,000 | ₩20,000,000 | ₩10,000,000 |
| 배당기준일 | 20×6. 12. 31. | 20×6. 12. 31. | 20×6. 6. 30. | 20×7. 12. 31. | 20×7. 6. 30. |
| 배당확정일 | 20×7. 3. 23. | 20×7. 3. 11. | 20×7. 9. 24. | 20×7. 3. 11. | 20×7. 9. 24. |
| 자산총액 | ₩1,000,000,000 | ₩500,000,0000 | ₩400,000,000 | 500,000,000 | ₩400,000,000 |
| 지급이자 | ₩30,000,000 | ₩20,000,000 | ₩15,000,000 | ₩20,000,000 | ₩15,000,000 |

1. (주)대한과 (주)민국은 수입배당금액을 배당금수익으로 계상하였으며, 수입배당금액 익금불산입액은 출자비율에 따라 해당 연결법인에 배분한다.
2. (주)대한의 자산총액은 ₩5,000,000,000이며, 연결법인 간 수취채권과 연결법인의 주식으로 자산총액에서 상계할 금액은 ₩600,000,000이다.
3. (주)대한의 지급이자는 ₩60,000,000이며, (주)대한과 (주)민국의 지급이자는 모두 정상적인 차입거래를 통해 발생한 것이다. 한편, (주)대한과 ㈜민국 간 차입거래는 없다.

[자료 6] 금전기부를 통해 손익계산서상 비용으로 계상된 기부금은 (주)대한 ₩35,000,000과 (주)민국 ₩25,000,000으로 모두 지정기부금이다. (단, 전기까지 지정기부금 한도초과액은 없으며, 지정기부금 이외 다른 기부금은 없다.)

[자료 7]
1. 20×7. 12. 31. 현재 (주)대한과 민국의 공제가능한 이월결손금은 없다.
2. 20×7. 8. 19. (주)대한은 공익신탁의 신탁재산에서 발생한 소득 ₩5,000,000을 손익계산서상 수익으로 적절하게 계상하였다.
3. (주)대한과 (주)민국은 20×7. 12. 31. 현재 사회적기업 육성법에 따른 사회적기업에 해당하지 않는다.

▼ 요구사항

1. 20×7년 연결사업연도 소득금액의 계산과정을 다음 답안양식에 따라 제시하고, 계산근거는 별도로 간단명료하게 기술하시오.

| 항 목 | (주)대한 | (주)민국 |
|---|---|---|
| 1. 각사업연도소득금액 | ₩31,792,000 | ₩71,535,000 |
| 2. 연결조정항목의 제거 | | |
| ① | | |
| ⋮ | | |
| 3. 연결법인 간 거래손익의 조정 | | |
| ① | | |
| ⋮ | | |
| 4. 연결조정항목의 연결법인별 배분 | | |
| ① | | |
| ⋮ | | |
| 5. 연결차가감소득금액 | | |
| 6. 지정기부금 한도초과액 | | |
| 7. 연결조정 후 연결법인별 소득금액 | | |

* 각 사업연도소득금액에서 가산될 경우 (+), 차감될 경우 (-) 부호를 금액 앞에 반드시 표시하시오.

2. (주)대한과 (주)민국의 20×7년 연결조정 후 연결법인별 소득금액이 각각 ₩388,000,000과 ₩67,000,000이라고 가정할 경우, 연결법인별 산출세액과 연결세율을 계산하시오. (단, 세율은 반올림하여 0.00%와 같이 소수점 둘째자리까지 표시하시오.)

### 해답

[요구사항1]

| 항 목 | (주)대한 | (주)민국 |
|---|---|---|
| 1. 각사업연도소득금액 | ₩364,300,000 | ₩77,427,667 |
| 2. 연결조정항목의 제거 | | |
| ① 수입배당금 익금불산입 | (+)38,820,000 | (+) 7,290,000 |
| ② 접대비 손금불산입 | (-)26,500,000 | (-)15,880,000 |
| ③ 기부금 손금불산입 | - | (-)16,591,000 |
| 3. 연결법인간 거래손익의 조정 | | |
| ① 다른 연결법인으로부터 받은 수입배당금 | (-)30,000,000 | - |
| ② 다른 연결법인에게 지급한 접대비 | (+) 4,000,000 | (+) 8,000,000 |
| ③ 다른 연결법인에 대한 대손충당금 | (+) 1,800,000 | - |
| ④ 연결법인간 자산양도손익 | | |
| · 건축물 양도손실 손금불산입 | (+)10,000,000 | - |

|  |  |  |  |
|---|---|---|---|
| · 건축물 양도손실 실현분 손금산입 | (−) 500,000 | − |
| · 금융투자상품 양도소득 익금불산입 | − | (−) 5,000,000 |
| · 금융투자상품 양도소득 실현분 익금산입 | − | (+) 1,500,000 |
| 4. 연결조정항목의 연결법인별 배분 |  |  |
| ① 수입배당금 익금불산입* | (−)40,100,000 | (−)26,733,334 |
| ② 접대비 손금불산입* | (+)44,650,557 | (+)24,789,443 |
| 5. 연결차가감소득금액 | ₩386,520,557 | ₩68,169,443 |
| 6. 지정기부금 한도초과액 | (+) 4,976,417 | (+) 3,554,583 |
| 7. 연결조정 후 연결법인별 소득금액 | ₩371,446,974 | ₩58,357,359 |

[계산근거]

1. 연결법인간 거래손익의 조정

    (1) 다른 연결법인에 대한 대손충당금: $₩180,000,000 \times \dfrac{₩20,000,000 - ₩10,000,000}{₩1,000,000,000} = ₩1,800,000$

    (2) 건축물 양도손실 실현분: ₩10,000,000 ÷ 10년 × 6/12 = ₩500,000

    (3) 금융투자상품 양도소득 실현분: ₩5,000,000 × 30% = ₩1,500,000

    * 매출채권의 내부거래는 장부가액이 1억원 이하이므로 제거 여부를 선택할 수 있으나, 문제의 요구사항에 따라 제거하지 않는다.

2. 연결조정항목의 연결법인별 배분

    (1) 수입배당금 익금불산입

    ① (주)국세: $\left(₩50,000,000 - ₩90,000,000 \times \dfrac{3억원}{54억원}\right) \times 100\% = ₩45,000,000$

       *1. 지급이자: ₩60,000,000 + ₩30,000,000 = ₩90,000,000
        2. 자산총액: 50억원 + 10억원 − 6억원 = 54억원
        3. 주식가액: 2억원 + 1억원 = 3억원
        4. (주)국세(상장법인)에 대한 지분율 합계가 50%이므로 익금불산입률은 100%임.

    ② (주)세무: $\left(₩25,000,000 - ₩90,000,000 \times \dfrac{1.9억원}{54억원}\right) \times 100\% = ₩21,833,334$

       *1. 주식가액: ₩100,000,000 + ₩90,000,000 = ₩190,000,000
        2. (주)세무(비상장법인)에 대한 지분율 합계가 50%이므로 익금불산입률은 100%임.

    ③ 익금불산입액의 배분

       · (주)대한: $₩45,000,000 \times \dfrac{30\%}{50\%} + ₩21,833,334 \times \dfrac{30\%}{50\%} = ₩40,100,000$

· (주)민국: $\text{\textwon}45,000,000 \times \dfrac{20\%}{50\%} + \text{\textwon}21,833,334 \times \dfrac{20\%}{50\%} = \text{\textwon}26,733,334$

(2) 접대비 손금불산입

① 접대비해당액

| | |
|---|---|
| (주)대한: ₩97,500,000−₩7,000,000−₩4,000,000= | ₩86,500,000 |
| (주)민국: ₩61,060,000−₩3,000,000−₩8,000,000= | 50,060,000 |
| 계 | ₩136,560,000 |

② 접대비한도액: ₩36,000,000+100억×3/1,000+4,960,000,000×2/1,000+₩6,000,000,000
　　　　　　　×2/1,000×10%=₩77,120,000

　* 일반매출액: ₩12,500,000,000+₩8,460,000,000−₩6,000,000,000=₩14,960,000,000
　　특수관계인 매출액: ₩6,000,000,000

③ 접대비한도초과액: ₩59,440,000

④ 연결법인별 접대비 손금불산입액

(주)대한: $\text{\textwon}7,000,000 + \text{\textwon}59,440,000 \times \dfrac{\text{\textwon}86,500,000}{\text{\textwon}136,560,000} = \text{\textwon}44,650,557$

(주)민국: $\text{\textwon}3,000,000 + \text{\textwon}59,440,000 \times \dfrac{\text{\textwon}50,060,000}{\text{\textwon}136,560,000} = \text{\textwon}24,789,443$

3. 일반기부금한도초과액

(1) 일반기부금해당액: ₩35,000,000+₩25,000,000=₩60,000,000

(2) 연결기준소득금액: ₩386,520,557+₩68,169,443+₩60,000,000=₩514,690,000

(3) 일반기부금한도초과액: ₩60,000,000−₩514,690,000×10%=₩8,531,000

(4) 연결법인별 일반기부금한도초과액

① (주)대한: $\text{\textwon}8,531,000 \times \dfrac{\text{\textwon}35,000,000}{\text{\textwon}60,000,000} = \text{\textwon}4,976,417$

② (주)민국: $\text{\textwon}8,531,000 \times \dfrac{\text{\textwon}25,000,000}{\text{\textwon}60,000,000} = \text{\textwon}3,554,583$

[요구사항2]

| 연결법인별 산출세액 | (주)대한 59,577,777, (주)민국 10,422,222 |
|---|---|
| 연결세율 | 15.56% |

[계산근거]

(1) 연결과세표준: (₩388,000,000−₩5,000,000)+₩67,000,000=₩450,000,000

(2) 연결산출세액: ₩20,000,000+(₩450,000,000−₩200,000,000)×20%=₩70,000,000

(3) 연결법인별 산출세액

　① (주)대한: ₩70,000,000×$\dfrac{₩383,000,000}{₩450,000,000}$=₩59,577,777

　② (주)민국: ₩70,000,000×$\dfrac{₩67,000,000}{₩450,000,000}$=₩10,422,222

(4) 연결세율: $\dfrac{₩70,000,000}{₩450,000,000}$=15.56%

## 연결납세제도 ■2022. 세무사

(주)P(연결모법인, 지주회사가 아님)와 (주)S(연결자법인)로 구성된 연결집단은 2021년부터 연결납세방식을 적용하며, 모두 제조업을 영위하는 중소기업이다. (주)P의 제22기(1. 1. ~ 12. 31.) 사업연도와 (주)S의 제12기(1. 1. ~ 12. 31.)사업연도의 자료는 다음과 같다.

1. 연결집단의 재무상태표상 자산총액은 다음과 같다.

| 항 목 | 제22기 12월31일 | 제21기 12월31일 |
|---|---|---|
| (주)P의 자산총액 | ₩12,000,000,000 | ₩10,000,000,000 |
| (주)S의 자산총액 | 6,000,000,000 | 6,000,000,000 |
| (주)P와 (주)S의 자산총액의 합계액[*1] | ₩16,000,000,000 | ₩14,000,000,000 |

*1. 연결법인간 대여금, 매출채권, 미수금 등의 채권, 연결법인이 발행한 주식을 제거한 후의 금액임

2. (주)P의 제22기의 손익계산서 상 이자비용 ₩50,000,000은 차입금의 이자 ₩48,000,000과 현재가치할인차금상각 ₩2,000,000으로 구성되어 있으며 손금불산입 금액은 없다. (주)S의 제22기 손익계산서상 이자비용 ₩30,000,000은 차입금의 이자로 (주)P에게 지급한 이자 ₩10,000,000이 포함되어 있으며 손금불산입금액은 없다. (주)S와 (주)P 간의 차입거래에는 부당행위계산 부인이 적용되지 않는다.

3. (주)P와 (주)S가 제22기에 수령한 수입배당금은 다음과 같다.

| 배당수령법인 | 투자회사 | 수입배당금[*2] | 주식의 장부가액[*3] | 주식취득일 | 지 분 율 |
|---|---|---|---|---|---|
| (주)P | (주)S | ₩10,000,000 | ₩10,000,000 | 제12기 1. 1. | 100% |
| (주)P | (주)G[*1] | 30,000,000 | 800,000,000 | 제21기 8. 27. | 20% |
| (주)S | (주)G | 15,000,000 | 400,000,000 | 제21기 8. 27. | 10% |

*1. (주)G는 주권비상장내국법인임
 2. 배당기준일은 모두 제21기 12. 31. 이며 제22기의 당기순이익에 반영되었음
 3. 주식의 장부가액은 법인세법상 장부가액과 동일하며 제22기 중 변동 없음

4. 제22기 8. 1. (주)P는 장부가액 ₩120,000,000의 기계를 (주)S에게 ₩150,000,000에 매각하고 처분이익 ₩30,000,000을 2022년의 당기순이익에 반영하였다. (주)S는 해당 기계에 대해 신고내용연수 5년, 정액법, 잔존가치 0으로 감가상각 하였으며, 상각부인액은 없다.

5. 제22기 8. 7. (주)S는 장부가액 ₩60,000,000의 금융투자상품(파생상품)을 (주)P에게 ₩50,000,000에 매각하고 처분손실 ₩10,000,000을 제22기의 당기순이익에 반영하였다. 제22기 12. 17. (주)P는 (주)S로부터 양수한 금융투자상품 중 80%를 (주)D에게 매각하였고, 20%는 2022. 12. 31. 현재 보유 중이다.

[물음]

(1) 제22기의 연결법인별 법인세 과세표준 및 세액조정계산서에서 ① ~ ④에 기재할 금액을 다음의 양식에 따라 제시하시오.

| 항 목 | | (주)P | (주)S |
|---|---|---|---|
| 1. 연결전 각 사업연도 소득금액 | | | |
| 2. 연결법인별 연결조정항목 제거 | | | |
| (1) 수입배당금액 상당액 익금불산입액 익금산입 | | ① | |
| : | | | |
| 3. 연결집단내 연결법인간 거래손익의 조정 | | | |
| (1) 연결법인간 자산양도소득 | 익금불산입 | | |
| | 익금산입 | ② | |
| (2) 연결법인간 자산양도손실 | 손금불산입 | | |
| | 손금산입 | | ③ |
| : | | | |
| 4. 연결조정항목의 연결법인별 배분액 | | | |
| (1) 연결법인 수입배당금 익금불산입액 | | | ④ |
| : | | | |

> **해답**

| 항 목 | (주)P | (주)S |
|---|---|---|
| 1. 연결전 각 사업연도 소득금액 | | |
| 2. 연결법인별 연결조정항목 제거 | | |
|   (1) 수입배당금액 상당액 익금불산입액 익금산입 | ① 26,040,000 | |
|                 : | | |
| 3. 연결집단내 연결법인간 거래손익의 조정 | | |
|   (1) 연결법인간 자산양도소득    익금불산입 | | |
|   (1) 연결법인간 자산양도소득    익금산입 | ② 2,500,000 | |
|   (2) 연결법인간 자산양도소실    손금불산입 | | |
|   (2) 연결법인간 자산양도소실    손금산입 | | ③ 8,000,000 |
|                 : | | |
| 4. 연결조정항목의 연결법인별 배분액 | | |
|   (1) 연결법인 수입배당금 익금불산입액 | | ④ 3,990,000 |
|                 : | | |

[계산근거]

1. (주)P 수입배당금액 상당액 익금불산입액 익금산입: (1)+(2)=₩26,040,000

    (1) (주)S: $(₩20,000,000 - ₩48,000,000 \times \frac{5억}{120억}) \times 100\% = ₩18,000,000$

    (2) (주)G: $(₩30,000,000 - ₩48,000,000 \times \frac{8억}{120억}) \times 30\% = ₩8,040,000$

2. 연결법인간 자산양도소득 익금산입: $₩30,000,000 \times \frac{1}{5} \times \frac{5}{12} = ₩2,500,000$

3. 연결법인간 자산양도손실 손금산입: ₩10,000,000×80%=₩8,000,000

4. 연결법인 수입배당금 익금불산입액

   (1) ㈜G 수입배당금 익금불산입액:

   $\{₩30,000,000+₩15,000,000-(₩48,000,000+₩20,000,000)\times\dfrac{12억}{16억}\}\times30\%=₩11,970,000$

   (2) ㈜S 배분액: $₩11,970,000\times\dfrac{10\%}{30\%}=₩3,990,000$

# SECTION

# 2

# 소득세법

# CHAPTER 1

## 종합소득 I
### (이자소득, 배당소득)

# 이자소득

다음은 거주자 甲의 20×7년 금융소득자료이다. 제시된 금액은 원천징수하기 전의 금액이며, 원천징수는 적법하게 이루어졌다. 이 자료를 이용하여 거주자 甲의 20×7년 귀속분 이자소득을 계산하시오. 단, 1년은 365일로 가정한다.

1. 사업자금을 20×7년 11월 2일에 6개월 동안 정기예금에 가입하고 매월 1일에 ₩1,000,000의 이자를 수령하기로 하였는데, 최초 이자수령일은 20×7년 12월 1일이다.

2. 기명공채(20×7년 10월에 취득한 것으로 약정에 의할 경우 20×8년 1월에 최초로 이자를 받기로 되어 있음)에서 20×7년에 ₩500,000의 이자가 발생하였다.

3. A회사가 20×5년 12월 31일에 발행한 3년 만기 회사채(액면가액 ₩100,000,000, 발행금액 ₩82,000,000, 표시이자율 연 2%, 매년말 지급조건)를 발행일에 취득한 후 20×7년 6월 30일에 ₩98,000,000에 매도하였다.

4. 20×7년 중 A회사가 발행한 사채의 매매차익 외에 채권·증권의 매매차익이 ₩7,000,000 발생하였는데, 이 중 ₩3,000,000은 환매조건부채권의 매매차익이다.

5. 친구인 K에게 자금을 빌려주고 ₩800,000의 이자를 받았는데, 약정에 의할 경우 20×8년말까지 이자지급일이 도래한 부분 중 ₩400,000은 회수되지 않았다.

6. 보험기간이 4년인 저축성보험의 만기환급금 ₩15,000,000을 수령하였다. 해당 저축성보험의 불입보험료는 ₩10,000,000이다.

7. 법원 판결에 의하여 지급받은 손해배상금에 대한 이자는 ₩1,500,000인데, 이 금액 중 ₩1,000,000은 계약위반에 의한 것이며 나머지 ₩500,000은 물리적인 피해로 인한 것이다.

8. 사업자인 친구 L씨의 상업어음을 할인해주고 할인료로 ₩1,200,000을 받았다. 약정에 의할 경우 20×7년말까지 ₩1,700,000을 받기로 되어 있으나 나머지는 상업어음의 만기가 도래하는 20×8년에 받기로 하였다.

9. 할부판매대금에 포함된 이자 ₩900,000과 외상매출금의 회수지연에 따른 연체이자 ₩800,000을 회수하였으며, 미수금의 지급기일을 연장해주고 추가로 ₩300,000을 받았다. 단, 당해 미수금은 소비대차로 전환되지 않았다.

10. (주)파주에 자금을 대여하고 ₩28,000,000을 회수하였다. 이는 회수불능으로 판단된 금액 중 원금 ₩25,000,000과 대여기간 동안의 이자 ₩10,000,000 중 일부를 회수한 것이다.

11. 직장공제회초과반환금 ₩1,300,000을 수령하였다. 약정에 의할 경우 20×7년에 ₩1,500,000을 받아야 하지만 나머지 20×8년에 받기로 하였다.
12. 집합투자기구로부터 ₩10,000,000의 이익금을 분배받았다. 공·사채 50%, 주식 50%로 운영되는 투자신탁이며, 분배받은 이익에는 상장주식매매차익 ₩3,000,000과 채권매매차익 ₩4,000,000이 포함되어 있다.
13. 일정기간 후에 같은 종류로서 같은 양의 채권을 반환받는 조건으로 채권을 대여하고 해당 채권의 차입자로부터 지급받는 해당 채권에서 발생하는 이자에 상당하는 금액 ₩3,000,000과 채권대여수수료 ₩600,000을 받았다.
14. 2015. 12. 31 이전에 가입한 소기업·소상공인공제부금에 ₩4,500,000을 납부하였는데, 사업을 폐지함에 따라 ₩4,800,000을 환급받았다. 공제부금납부액 중 ₩3,000,000은 소득공제를 받은 금액이다.

### 해답

| 20×7년 귀속분 이자소득 | ₩29,667,122 |
|---|---|

[계산근거]

| 항 목 | | 이자소득 |
|---|---|---|
| 1. 정기예금이자 | | ₩1,000,000 |
| 2. 기명공채의 발생이자 | | − |
| 3. A회사의 회사채 | | |
| 할 인 료: (₩100,000,000−₩82,000,000)× $\dfrac{365일+181일}{365일×3년}$ = | ₩8,975,342 | |
| 액면이자: ₩100,000,000×2%× $\dfrac{181일}{365일}$ = | 991,780 | 9,967,122 |
| 4. 환매조건부채권의 매매차익 | | 3,000,000 |
| 5. 비영업대금의 이익 | | 1,200,000 |
| 6. 저축성보험의 보험차익: ₩15,000,000−₩10,000,000= | | 5,000,000 |
| 7. 손해배상금에 대한 법정이자 | | − |
| 8. 상업어음의 할인료 | | 1,700,000 |
| 9. 할부판매대금의 이자, 외상매출금·미수금의 연체이자 | | − |
| 10. 비영업대금의 이익 | | 3,000,000 |
| 11. 직장공제회초과반환금 | | 1,500,000 |
| 12. 집합투자기구로부터의 이익 | | − |
| 13. 채권대차거래의 이자상당액 | | 3,000,000 |

| | |
|---|---:|
| 14. 소기업·소상공인공제부금에서 발생한 소득 | 300,000 |
| 계 | ₩29,667,122 |

> **해설**

1. 사업자금을 정기예금에 일시 예치했다 하더라도 이자소득으로 분류된다. 정기예금이자의 귀속시기는 현금주의, 즉 실제로 이자를 지급받는 날이다.
2. 기명공채의 이자수입시기는 약정에 의한 지급개시일이다.
3. ① 채권 등의 보유기간 이자상당액의 귀속시기는 매도일 또는 이자 등의 지급일이다. 따라서 20×6년 1월 1일부터 20×7년의 6월 30일까지 발생한 할인료는 매도일인 20×7년의 이자소득으로 귀속되며 액면이자는 이자를 수령한 날이 속하는 20×7년의 이자소득으로 귀속된다.
   ② 20×7년의 할인료와 액면이자는 직전 이자지급일의 다음날(1월 1일)부터 매도일(6월 30일)까지의 일수인 181일로 계산한다.
4. 채권·증권의 매매차익은 과세대상에서 제외되지만 환매조건부채권의 매매차익은 이자소득으로 과세된다.
5. 비영업대금의 이익의 수입시기는 약정일과 실제지급일 중 빠른 날이다.
6. 저축성보험의 보험차익(보험기간이 10년 이상이고 납입보험료합계액이 1억원 이하·월적립식보험료합계액 150만원 이하, 종신형연금보험은 제외)은 이자소득으로 분류된다.
7. 계약위반·해약을 원인으로 하는 손해배상금과 법정이자는 기타소득으로 분류되며, 육체적·정신적·물리적인 피해와 관련하여 받는 손해배상금과 법정이자는 과세대상에서 제외된다.
8. 상업어음의 할인료는 비영업대금의 이익으로서, 수입시기는 약정일과 실제지급일 중 빠른 날이다.
9. 할부판매대금의 이자와 외상매출금·미수금의 연체이자는 사업소득으로 분류된다.
10. 비영업대금의 원금 및 이자를 일부 회수한 경우 원금을 먼저 회수한 것으로 본다.
11. 직장공제회초과반환금의 수입시기는 약정에 의한 반환금지급일이다.
12. 집합투자기구로부터의 이익은 배당소득으로 분류된다.
13. 채권대차거래에서 이자에 상당하는 금액은 유사이자소득으로 보지만, 그 채권의 대여에 대한 사용료로 받는 금품은 기타소득으로 본다.
14. 2015. 12. 31 이전 가입한 소기업·소상공인공제부금에서 발생한 소득으로서 폐업·해산·사망 등 법 소정 사유로 공제금수령시에는 환급금에서 납부액(소득공제 불문)을 차감한 금액을 이자소득으로 본다.

## 배당소득

다음은 거주자 甲의 20×7년 금융소득자료이다. 제시된 금액은 원천징수하기 전의 금액이며, 원천징수는 적법하게 이루어졌다. 이 자료를 이용하여 거주자 甲의 20×7년 귀속분 배당소득을 계산하시오.

1. 甲은 주권비상장법인인 A법인의 주식(주당 액면가액 ₩5,000)을 20×6년 9월 1일에 취득하였다. 관련자료는 다음과 같다.

   (1) A법인은 20×7년은 4월 1일 주식발행초과금 ₩90,000,000(채무의 출자전환과정에서 발생한 채무조정이익 ₩10,000,000 포함)과 감자차익 ₩20,000,000(20×6년에 발생한 자기주식소각이익 ₩5,000,000 포함) 및 재평가적립금 ₩100,000,000(1% 재평가세율이 적용된 토지의 재평가차액 ₩45,000,000 포함) 및 이익잉여금 ₩40,000,000을 재원으로 무상주를 교부하였다.

   (2) A법인의 무상주 교부 이전의 주식보유현황과 무상주 교부내역은 다음과 같다.

   | 구 분 | 무상주 교부 이전 보유주식수 | 무상주 교부 이전 지분율 | 교부된 무상주 |
   |---|---|---|---|
   | 甲 | 40,000주 | 40% | 25,000주 |
   | 기타주주 | 40,000 | 40 | 25,000 |
   | 자기주식 | 20,000 | 20 | - |
   | 계 | 100,000주 | 100% | 50,000주 |

2. 甲은 주권비상장법인인 B법인의 주식 1,000주(주당 액면가액 ₩5,000)를 20×6년 4월 7일에 주당 ₩8,000에 취득하였으며, 취득일 이후 주식변동내역은 다음과 같다.

   (1) 20×7년 3월 5일 : 현금배당 ₩1,000,000, 주식배당 200주 수령

   (2) 20×7년 4월 15일 : 주식발행초과금을 재원으로 한 자본전입에 의한 무상주 300주 수령

   (3) 20×7년 6월 8일 : 자기주식처분이익을 재원으로 한 자본전입에 의한 무상주 500주 수령

   (4) 20×7년 7월 27일 : 자본감소로 인해 주식 800주를 소각하면서 소각대가로 현금₩5,000,000을 수령

3. 주권비상장법인인 C법인의 세무조사과정에서 甲에서 배당으로 소득처분된 금액의 내역은 다음과 같다.

   (1) 20×5. 1. 1 ~ 20×5. 12. 31 기간 중 ₩7,000,000(결산확정일 20×6. 3. 22)

   (2) 20×6. 1. 1 ~ 20×6. 12. 31 기간 중 ₩8,000,000(결산확정일 20×7. 3. 15)

   (3) 20×7. 1. 1 ~ 20×7. 12. 31 기간 중 ₩5,000,000(결산확정일 20×8. 3. 7)

4. 甲이 출자한 현대상사의 소득금액은 다음과 같다. 甲은 현대상사의 출자공동사업자로서 지분비율은 60%이지만 손익분배비율은 30%이다. 현대상사는 과세기간종료일로부터 1개월이 되는 시점에 분배금을 지급한다.

| 과세기간 | 사업소득금액 | 이자소득금액 |
|---|---|---|
| 20×6년 | ₩70,000,000 | ₩20,000,000 |
| 20×7년 | 80,000,000 | 10,000,000 |

5. 甲은 20×7년에 두 건의 투자신탁계약을 환매하였다. 한 건의 투자신탁에서는 환매차익 ₩24,000,000(채권매매차익 ₩6,000,000, 상장주식매매차익 ₩2,000,000, 벤처기업주식매매차익 ₩14,000,000, 상장주식을 대상으로 하는 장내파생상품평가손실 ₩6,000,000, 비상장주식매매차익 ₩8,000,000으로 구성됨)이 발생하였으나, 다른 한 건에서는 ₩3,000,000(비상장주식매매차익 ₩1,000,000, 채권매매차손 ₩4,000,000)의 환매손실이 발생하였다.

6. 甲은 20×7년에 일정기간 후에 같은 종류로서 같은 양의 주식을 반환받는 조건으로 주식을 대여하고 해당 주식의 차입자로부터 해당 주식에서 발생하는 배당에 상당하는 금액 ₩4,000,000과 주식대여수수료 ₩800,000을 받았다.

7. 甲은 20×7년에 주가연계증권(ELS)과 상장지수증권(ETN)에서 각각 ₩9,000,000과 ₩7,000,000의 수익분배금을 받았다.

### 해답

| 20×7년 귀속 배당소득 | ₩135,900,000 |
|---|---|

[계산근거]

| 계산내역 | 금액 |
|---|---|
| 1. A법인주식 | |
| (1) 본래의 자본비율에 따른 무상주취득분 | |
| $20,000주 \times \dfrac{₩100,000,000}{₩250,000,000} \times ₩5,000 =$ | ₩40,000,000 |
| (2) A법인 자기주식보유분에 대한 무상주취득분: 5,000주×₩5,000= | 25,000,000 |
| 2. B법인주식 | |
| (1) 현금배당 및 주식배당: ₩1,000,000+200주×₩5,000= | 2,000,000 |
| (2) 주식발행초과금 자본전입에 따른 무상주취득분 | – |
| (3) 자기주식처분이익 자본전입에 따른 무상주취득분: 500주×₩5,000= | 2,500,000 |
| (4) 자본감소에 따른 의제배당 | |
| $₩5,000,000-800주\times\dfrac{1,000주\times ₩8,000+200주\times ₩5,000+300주\times ₩0+500주\times ₩5,000}{1,000주+200주+300주+500주}=$ | 400,000 |
| 3. C법인 인정배당 | 8,000,000 |

| | |
|---|---:|
| 4. 출자공동사업자 배당소득: ₩80,000,000×30%= | 24,000,000 |
| 5. 집합투자기구로부터의 이익: ₩6,000,000+₩8,000,000= | 14,000,000 |
| 6. 주식대차거래에서의 배당소득 | 4,000,000 |
| 7. 주가연계증권 및 상장지수증권에서 발생한 소득: ₩9,000,000+₩7,000,000= | 16,000,000 |
| 계 | ₩135,900,000 |

> **해설**

1. A법인주식

    (1) 다음의 잉여금 자본전입에 의한 무상주취득분은 의제배당소득이다.

    ① 주식발행초과금 중 출자전환시 채무조정이익에 해당하는 부분

    ② 자기주식소각이익 중 시가가 취득가액을 초과하거나 소각일로부터 2년 이내에 자본전입하는 부분

    ③ 재평가적립금 중 1%세율이 적용된 토지의 재평가차액

    ④ 피투자회사 자기주식보유시 자본전입에 따른 지분율 증가분

    (2) 이 문제의 경우 의제배당으로 보는 잉여금전입액은 ₩100,000,000(₩10,000,000+₩5,000,000+₩45,000,000+₩40,000,000)이다.

2. B법인주식

    (1) 주식배당과 자기주식처분이익의 자본전입에 따른 무상주취득분은 의제배당소득이지만 주식발행초과금의 자본전입에 따른 무상주취득분은 배당소득으로 보지 않는다.

    (2) 법인세법은 단기소각주식규정(의제배당으로 과세되지 않은 무상주를 취득한 후 2년 이내에 피투자회사의 자본감소가 있는 경우에는 자본감소로 인한 의제배당금액을 계산함에 있어서 과세되지 않은 무상주를 먼저 소각한 것으로 본다는 규정임. 이 문제의 경우 주식발행초과금의 자본전입에 의한 무상주취득분이 이에 해당함)을 적용하지만 소득세법은 주식발행초과금에 대해서는 단기소각주식규정을 적용하지 않는다. 만약, 법인세법의 규정을 적용한다면 자본감소에 따른 의제배당소득은 다음과 같이 계산된다.

    $$₩5,000,000 - \left\{300주×₩0 + 500주× \frac{1,000주×₩8,000 + 200주×₩5,000 + 500주×₩5,000}{1,000주+200주+500주}\right\}$$

    $$=₩1,617,647$$

3. 인정배당의 귀속시기는 해당 사업연도의 결산확정일이다.

4. 출자공동사업자 배당소득

    (1) 출자공동사업에서 발생한 소득은 손익분배비율(손익분배비율이 없으면 지분비율)에 따라 공동사업자에게 분배되며, 사업소득 외의 소득은 실제 발생된 소득별로 구분된다. 따라서 이 문제의 경우 사업소득에서 발생된 소득의 분배금은 배당소득으로 분류되지만, 이자소득에서 발생된 소득의 분배금은 이자소득으로 분류된다.

(2) 출자공동사업에서 발생한 소득의 귀속시기는 해당 공동사업의 총수입금액과 필요경비가 확정된 날이 속하는 과세기간종료일이다.

5. 집합투자기구로부터의 이익

   (1) 집합투자기구로부터의 이익 중 상장주식·벤처기업주식매매손익과 상장유가증권을 대상으로 하는 파생상품평가손익은 과세대상에서 제외한다.

   (2) 여러 개의 투자신탁에 투자한 경우 투자신탁의 손익을 통산할 수 없다. 따라서 투자신탁의 손실을 다른 투자신탁의 이익과 상계해서는 안된다.

6. 주식대차거래에서 발생하는 배당에 상당하는 금액은 배당소득이지만 주식대여수수료는 기타소득이다.

7. 주가연계증권과 상장지수증권에서 발생한 소득 및 주식대차거래에서 발생하는 배당에 상당하는 금액은 유사배당소득이다.

# 금융소득금액

다음은 거주자 甲의 20×7년 금융소득자료이다. 제시된 금액은 원천징수하기 전의 금액이며, 원천징수는 적법하게 이루어졌다. 이 자료를 이용하여 거주자 甲의 20×7년 귀속분 금융소득금액을 계산하시오. 단, 1년은 365일로 가정한다.

1. 사업자금을 20×7년 11월 2일에 6개월 동안 비실명으로 정기예금에 가입하고 매월 1일에 ₩1,000,000의 이자를 수령하기로 하였다. 최초 이자수령일은 20×7년 12월 1일이다.

2. 기명공채에서 20×7년에 ₩500,000의 약정이자가 발생하였다. 동 기명공채는 2016년 7월 1일에 발행된 장기채권으로서 분리과세를 신청하였다.

3. D회사가 20×5년 12월 31일에 발행한 3년 만기 회사채(액면가액 ₩20,000,000, 발행금액 ₩16,400,000, 표시이자율 연 2%, 매년말 지급조건)를 발행일에 취득한 후 20×7년 6월 30일에 ₩19,600,000에 매도하였다.

4. 20×7년 중 D회사가 발행한 사채의 매매차익 외에 채권·증권의 매매차익이 ₩7,000,000 발생하였는데, 이 중 ₩3,000,000은 환매조건부채권의 매매차익이다.

5. (주)파주에 자금을 대여하고 ₩28,000,000을 회수하였다. 이는 회수불능으로 판단된 금액 중 원금 ₩25,000,000과 대여기간 동안의 이자 ₩10,000,000 중 일부를 회수한 것이다.

6. 직장공제회초과반환금 ₩1,300,000을 수령하였다. 약정에 의할 경우 20×7년에 ₩1,500,000을 받아야 하지만 나머지 20×8년에 받기로 하였다.

7. 甲은 주권비상장법인인 A법인의 주식(주당 액면가액 ₩5,000)을 20×6년 9월 1일에 취득하였다. 관련자료는 다음과 같다.

    (1) A법인은 20×7년은 4월 1일 주식발행초과금 ₩9,000,000(채무의 출자전환과정에서 발생한 채무조정이익 ₩1,000,000 포함)과 감자차익 ₩2,000,000(20×6년에 발생한 자기주식소각이익 ₩500,000 포함) 및 재평가적립금 ₩10,000,000(1% 재평가세율이 적용된 토지의 재평가차액 ₩4,500,000 포함) 및 이익잉여금 ₩4,000,000을 재원으로 무상주를 교부하였다.

    (2) A법인의 무상주 교부 이전의 주식보유현황과 무상주 교부내역은 다음과 같다.

| 구 분 | 무상주 교부 이전 | | 교부된 무상주 |
|---|---|---|---|
| | 보유주식수 | 지분율 | |
| 甲 | 40,000주 | 40% | 2,500주 |
| 기타주주 | 40,000 | 40 | 2,500 |
| 자기주식 | 20,000 | 20 | - |
| 계 | 100,000주 | 100% | 5,000주 |

8. 甲은 주권비상장법인인 B법인의 주식 500주(주당 액면가액 ₩5,000)를 20×6년 4월 7일에 주당 ₩8,000에 취득하였으며, 취득일 이후 주식변동내역은 다음과 같다.

    (1) 20×7년 3월 5일: 현금배당 ₩500,000, 주식배당 100주 수령

    (2) 20×7년 4월 15일: 주식발행초과금을 재원으로 한 자본전입에 의한 무상주 150주수령

    (3) 20×7년 6월 8일: 자기주식처분이익을 재원으로 한 자본전입에 의한 무상주 250주수령

    (4) 20×7년 7월 27일: 자본감소로 인해 주식 400주를 소각하면서 소각대가로 현금₩2,500,000을 수령

9. 주권비상장법인인 C법인의 세무조사과정에서 甲에서 배당으로 소득처분된 금액의 내역은 다음과 같다.

    (1) 20×5. 1. 1~20×5. 12. 31 기간 중 ₩700,000(결산확정일 20×6. 3. 22)

    (2) 20×6. 1. 1~20×6. 12. 31 기간 중 ₩400,000(결산확정일 20×7. 3. 15)

    (3) 20×7. 1. 1~20×7. 12. 31 기간 중 ₩500,000(결산확정일 20×8. 3. 7)

10. 甲이 출자한 현대상사의 소득금액은 다음과 같다. 甲은 현대상사의 출자공동사업자로서 지분비율은 60%이지만 손익분배비율은 30%이다. 현대상사는 과세기간종료일로부터 1개월이 되는 시점에 분배금을 지급한다.

    | 과세기간 | 사업소득금액 |
    |---|---|
    | 20×6년 | ₩7,000,000 |
    | 20×7년 | 8,000,000 |

11. 甲은 20×7년에 두 건의 투자신탁계약을 환매하였다. 한 건의 투자신탁에서는 환매차익 ₩1,200,000(채권매매차익 ₩300,000, 상장주식매매차익 ₩100,000, 벤처기업주식매매차익 ₩700,000, 상장주식을 대상으로 하는 장내파생상품평가손실 ₩300,000, 비상장주식매매차익 ₩400,000으로 구성됨)이 발생하였으나, 다른 한 건에서는 ₩1,500,000의 상장주식의 매매차손으로 인한 환매손실이 발생하였다.

12. 甲은 20×7년에 주가연계증권(ELS)과 상장지수증권(ETN)에서 각각 ₩5,000,000과 ₩3,000,000의 수익분배금을 받았다.

### 해답

| 20×7년 귀속분 금융소득금액 | ₩29,031,924 |
|---|---|

[계산근거]

1. 금융소득의 분석

| 구 분 | 무조건 및 조건부종합과세 | 14%세율 | 기본세율 |
|---|---|---|---|
| 1. 비실명이자 | 무조건분리과세 | | |
| 2. 분리과세신청 장기채권이자 | 무조건분리과세 | | |
| 3. 채권의 이자와 할인액 | ₩1,993,424 | ₩1,993,424 | |
| 4. 환매조건부채권의 매매차익 | 3,000,000 | 3,000,000 | |
| 5. 비영업대금의 이익 | 3,000,000 | 3,000,000 | |
| 6. 직장공제회초과반환금 | 무조건분리과세 | | |
| 7. A법인주식 의제배당 | | | |
|   (1) 본래의 지분비율해당액 | | | |
|     ① gross-up 대상 × | 2,000,000 | 2,000,000 | |
|     ② gross-up 대상 ○ | 2,000,000* | | ₩2,000,000* |
|   (2) A법인 자기주식보유분 | | | |
|     ① gross-up 대상 × | 2,000,000 | 2,000,000 | |
|     ② gross-up 대상 ○ | 500,000* | | 500,000* |
| 8. B법인주식 | | | |
|   (1) 현금배당 및 주식배당 | 1,000,000* | | 1,000,000* |
|   (2) 주식발행초과금 자본전입 무상주취득분 | – | | |
|   (3) 자기주식처분이익 자본전입 무상주취득분 | 1,250,000* | | 1,250,000* |
|   (4) 자본감소에 따른 의제배당 | 200,000* | | 200,000* |
| 9. C법인 인정배당 | 400,000* | | 400,000* |
| 10. 출자공동사업자 배당소득 | 종합과세여부 판단시 제외함 | | |
| 11. 집합투자기구로부터의 이익 | 700,000 | 700,000 | |
| 12. 주가연계증권과 상장지수증권분배금 | 8,000,000 | 7,306,576 | 693,424 |
| 계 | ₩26,043,424 | ₩20,000,000 | ₩6,043,424 |

*gross-up 대상 배당소득임

∴ 무조건종합과세대상 및 조건부종합과세대상 금융소득 ₩26,043,424이 ₩20,000,000을 초과하므로 무조건종합과세대상과 조건부종합과세대상 전체를 종합과세함

*1. D회사의 회사채

할 인 료: $(₩20,000,000-₩16,400,000) \times \dfrac{365일+181일}{365일 \times 3년} =$ ₩1,795,068

액면이자: $₩20,000,000 \times 2\% \times \dfrac{181일}{365일} =$ 198,356

계 ₩1,993,424

2. A법인주식

(1) 본래의 지분비율에 따른 무상주취득분

① gross-up 대상 × : $2,000주 \times \dfrac{₩5,000,000}{₩25,000,000} \times ₩5,000 =$ ₩2,000,000

① gross-up 대상 ○ : $2,000주 \times \dfrac{₩5,000,000}{₩25,000,000} \times ₩5,000 =$ 2,000,000

(2) A법인 자기주식보유분에 대한 무상주취득분

① gross-up 대상 × : $500주 \times \dfrac{₩20,000,000}{₩25,000,000} \times ₩5,000 =$ 2,000,000

① gross-up 대상 ○ : $500주 \times \dfrac{₩5,000,000}{₩25,000,000} \times ₩5,000 =$ 500,000

계 ₩6,500,000

3. B법인주식

(1) 현금배당 및 주식배당: $₩500,000 + 100주 \times ₩5,000 =$ ₩1,000,000

(2) 주식발행초과금 자본전입에 따른 무상주취득분 —

(3) 자기주식처분이익 자본전입에 따른 무상주취득분: $250주 \times ₩5,000 =$ 1,250,000

(4) 자본감소에 따른 의제배당

$₩2,500,000 - 400주 \times \dfrac{500주 \times ₩8,000 + 100주 \times ₩5,000 + 150주 \times ₩0 + 250주 \times ₩5,000}{500주 + 100주 + 150주 + 250주} =$ 200,000

계 ₩2,450,000

2. 종합소득에 가산되는 금융소득금액

(1) 이자소득 ₩7,993,424

(2) 배당소득

| | |
|---|---:|
| ① 14%세율 적용분 | 12,006,576 |
| ② 기본세율 적용분 | |
|     gross-up 대상이 아닌 배당소득 | 693,424 |
|     gross-up 대상인 배당소득:₩5,350,000×1.11= | 5,938,500 |
| ③ 출자공동사업자에 대한 배당소득:₩8,000,000×30%= | 2,400,000 |
| 계 | ₩29,031,924 |

### 해설

1. 비실명이자와 분리과세를 신청한 장기채권의 이자 및 직장공제회초과반환금은 무조건분리과세대상 금융소득이다.

2. 다음의 잉여금 자본전입에 의한 무상주취득분은 의제배당소득이지만 이중과세조정대상에서는 제외된다.
   (1) 자기주식소각이익 중 시가가 취득가액을 초과하거나 소각일로부터 2년 이내에 자본전입하는 부분
   (2) 재평가적립금 중 1%세율이 적용된 토지의 재평가차액
   (3) 피투자회사 자기주식보유시 익금불산입 항목인 자본잉여금의 자본전입에 따른 지분율 증가분

3. A법인주식의 경우 의제배당으로 보는 잉여금전입액은 ₩10,000,000(₩1,000,000+₩500,000+₩4,500,000+₩4,000,000)이며, 이 중 채무조정이익과 이익잉여금전입액 ₩5,000,000만 이중과세조정대상이다.

4. 출자공동사업자에 대한 배당소득은 금융소득의 종합과세여부 판단시 판단대상에 포함하지 않으므로 무조건 종합과세하며, 법인세가 과세되지 않았으므로 이중과세조정대상에서도 제외한다.

5. 집합투자기구로부터의 이익 및 유사배당소득(주가연계증권과 상장지수증권분배금)은 이중과세조정대상에서 제외된다.

# 금융소득금액

다음은 거주자 甲의 20×7년에 발생한 이자소득과 배당소득에 관한 자료이다. 제시된 금액은 원천징수하기 전 금액이며 원천징수는 적법하게 이루어졌다. 이 자료를 이용하여 20×7년에 귀속분 금융소득금액을 계산하시오.

1. 이자소득
   - (1) 비영업대금의 이익 ₩3,000,000
   - (2) 외국은행으로부터 수취한 이자(원천징수되지 않았음) 5,000,000
   - (3) 국내은행으로부터 수취한 정기예금이자 4,000,000
   - (4) 직장공제회초과반환금 3,000,000
   - 계 ₩15,000,000

2. 배당소득
   - (1) 주권비상장회사인 A법인으로부터 받은 배당
     - ① 감자차익(자기주식 소각일로부터 2년 이내에 발생된 것임)의 자본전입에 따른 의제배당 ₩2,000,000
     - ② 현금배당 24,000,000
   - (2) 주권상장회사인 B법인으로부터 받은 배당
     - ① 재평가적립금(1%세율 적용분임)의 자본전입에 따른 의제배당 1,500,000
     - ② 주식배당 2,500,000
     - ③ 현금배당 13,000,000
   - (3) 주권상장회사인 C법인으로부터 받은 배당
     - ① 주식발행초과금의 자본전입시 피투자회사가 자기주식을 보유함에 따른 의제배당 1,000,000
     - ② C법인의 세무조정시 거주자 甲에게 소득처분된 금액
       - · 20×6년 사업연도(결산확정일: 20×7년 2월 27일) 1,000,000
       - · 20×7년 사업연도(결산확정일: 20×8년 2월 16일) 2,000,000
     - ③ 현금배당 14,000,000
   - (4) 외국법인인 D법인으로부터 받은 현금배당(원천징수되지 않았음) 9,000,000
   - (5) 집합투자기구로부터의 이익 3,000,000
   - (6) 익명조합의 출자공동사업자로써 배당받은 금액 5,000,000
   - 계 ₩78,000,000

### ▼ 해답

| 20×7년 귀속분 금융소득금액 | ₩93,995,000 |
|---|---|

[계산근거]

1. 금융소득의 분석

| 구　분 | 무조건 및 조건부 종합과세 | 14%세율 | 기본세율 |
|---|---|---|---|
| [이자소득] | | | |
| 　① 비영업대금의 이익 | ₩3,000,000 | ₩3,000,000 | |
| 　② 외국은행이자 | 5,000,000 | 5,000,000 | |
| 　③ 정기예금이자 | 4,000,000 | 4,000,000 | |
| [배당소득] | | | |
| (1) 주권비상장법인(A) | | | |
| 　① 무상증자(감자차익) | 2,000,000 | 2,000,000 | |
| 　② 현금배당 | 24,000,000* | | ₩24,000,000 |
| (2) 주권상장법인(B) | | | |
| 　① 무상증자(재평가적립금) | 1,500,000 | 1,500,000 | |
| 　② 주식배당 | 2,500,000* | | 2,500,000 |
| 　③ 현금배당 | 13,000,000* | | 13,000,000 |
| (3) 주권상장법인(C) | | | |
| 　① 무상증자(자기주식) | 1,000,000 | 1,000,000 | |
| 　② 인정배당 | 1,000,000* | | 1,000,000 |
| 　③ 현금배당 | 14,000,000* | | 14,000,000 |
| (4) 외국법인 | 9,000,000 | 3,500,000 | 5,500,000 |
| (5) 집합투자기구로부터의 이익 | 3,000,000 | | 3,000,000 |
| 계 | ₩83,000,000 | ₩20,000,000 | ₩63,000,000 |

*Gross-up대상(요건 1, 2 충족) 배당소득임. 인정배당의 귀속시기는 해당 사업연도의 결산확정일임

∴ 무조건종합과세대상 및 조건부종합과세대상 금융소득 ₩83,000,000이 ₩20,000,000을 초과하므로 무조건종합과세대상과 조건부종합과세대상 전체를 종합과세함

2. 종합소득에 가산되는 금융소득금액

   (1) 이자소득                                                                        ₩12,000,000

   (2) 배당소득

      ① 14%세율적용분                                        8,000,000

      ② 기본세율적용분

          { Gross-up대상이 아닌 배당소득                 8,500,000

            Gross-up대상인 배당소득: ₩54,500,000×1.11=   60,495,000

      ③ 출자공동사업자에 대한 배당소득*               5,000,000

                         계                                    ₩93,995,000

\* 금융소득의 종합과세여부 판단시 판단대상금액에 포함하지 않으므로 무조건 종합과세하며, 법인세가 과세되지 않았으므로 이중과세조정대상에서도 제외함

## 05 금융소득 ■2015 세무사

다음은 거주자 박이흠(비사업자)의 20×7년도 귀속 금융소득 관련자료이다.

1. 공동사업에 출자하여 출자공동사업자로서 ₩3,000,000의 배당소득을 수령하였다.
2. 국내에서 원천징수되지 않은 국외배당소득 ₩2,000,000이 있다.
3. 직장공제회를 탈퇴하면서 10년간 납입한 원금 ₩30,000,000에 대한 반환금으로 ₩36,000,000을 수령하였다.
4. 상환기간이 3년인 회사채의 만기 도래로 이자 ₩5,000,000을 수령하였다.
5. 20×1년에 가입하여 총불입액이 ₩46,000,000인 10년 만기 월적립식 저축성보험을 4월 15일에 해약하고 환급액 ₩50,000,000을 수령하였다.
6. 지인에게 빌려주었던 사채(私債) 원금 ₩300,000,000과 이자 ₩18,000,000을 회수하였다. 이 사채(私債)의 원금은 은행에서 차입한 것으로 이 차입금에 대한 은행이자는 ₩12,000,000이다.
7. 공사채에 50%, 주식에 50%를 투자하는 소득세법시행령 제26조의 2에 의한 집합투자기구에서 발생한 이익 ₩32,000,000이 있다. 그 내역은 상장주식으로부터의 배당금 ₩2,000,000, 상장주식처분이익 ₩12,000,000, 벤처기업주식처분이익 ₩8,000,000, 비상장주식처분이익 ₩5,000,000, 채권처분이익 ₩3,000,000, 채권이자 ₩2,000,000으로 구성되어 있으며, 이 금액은 집합투자기구에 대한 보수 ₩2,500,000을 지급한 후의 금액이다.
8. 보유하고 있는 거래소 상장법인 (주)백두의 주식에 대하여 현금배당 ₩8,000,000과 이익잉여금의 자본금전입에 의한 주식배당 12,000주(1주당 액면가액 ₩500, 시가 ₩8,000)를 수령하였다. 또 코스닥 상장법인인 (주)소백으로부터는 주식발행초과금을 자본금전입하여 발행한 무상주 40,000주(1주당 액면가액 ₩500, 시가 ₩12,000)를 수령하였다. 수령한 무상주 중에서 10,000주는 (주)소백의 자기주식 보유분 전체를 재배정함에 따라 거주자 박이흠이 추가로 수령한 것이다.

### ▼ 요구사항

거주자 박이흠의 종합소득금액에 합산될 금융소득을 다음 양식에 따라 제시하시오. 단, 별도의 언급이 없는 한 원천징수는 소득세법에 따라 적법하게 이루어졌다고 가정한다.

| 소득구분 | 내 역 | 금 액 |
|---|---|---|
| 이자소득 | 1.<br>2.<br>⋮ | |
| 소 계 | | |
| 배당소득 | 1.<br>2.<br>⋮ | |
| 소 계 | | |

### 해답

| 소득구분 | 내 역 | 금 액 |
|---|---|---|
| 이자소득 | 4. 상환기간 3년 회사채이자 | ₩5,000,000 |
| | 5. 10년 미만 저축성보험차익 | 4,000,000 |
| | 6. 비영업대금이익(私債이자) | 18,000,000 |
| 소 계 | | ₩27,000,000 |
| 배당소득 | 1. 출자공동사업자 배당소득 | ₩3,000,000 |
| | 2. 국외배당소득 | 2,000,000 |
| | 7. 집합투자기구이익: ₩32,000,000−₩12,000,000−₩8,000,000= | 12,000,000 |
| | 8. (주)백두 배당소득: ₩8,880,000(현금배당)+₩6,660,000(주식배당)= | 15,540,000 |
| | 8. (주)소백 배당소득: 10,000주×₩500(지분 초과 수령분) | 5,000,000 |
| 소 계 | | ₩37,540,000 |

*직장공제회 초과반환금은 무조건분리과세대상 금융소득이다.

## 금융소득금액 ■ 2016. CPA

거주자 갑의 20×7년 귀속 금융소득과 관련된 내역은 다음과 같다. 종합과세되는 이자소득 총수입금액, 배당소득 총수입금액 및 배당가산액(Gross-up금액)을 다음의 답안양식에 따라 제시하시오.

| 이자소득 총수입금액 | |
|---|---|
| 배당소득 총수입금액 | |
| 배당가산액(Gross-up 금액) | |

1. 일시적인 금전대여로 인한 비영업대금의 이익: ₩1,800,000
2. 민사집행법에 따라 법원에 납부한 보증금 및 경락대금에서 발생한 이자소득: ₩1,000,000
3. 이익준비금을 자본전입함에 따라 상장법인 (주)A로부터 수령한 무상주: 2,500주(1주당 액면가액 ₩5,000, 1주당 시가 ₩7,000)
4. 외국법인으로부터 받은 현금배당금: ₩5,000,000(국내에서 원천징수되지 않음)
5. 공익신탁법에 따른 공익신탁의 이익: ₩1,400,000
6. 출자공동사업자로서 받은 분배금: ₩10,000,000
7. 조세특례제한법상 동업기업과세특례를 적용받는 동업기업 B로부터 수동적동업자로서 배분받은 소득금액: ₩3,000,000

 해답

| 이자소득 총수입금액 | ₩1,800,000 |
|---|---|
| 배당소득 총수입금액 | 30,500,000 |
| 배당가산액(Gross-up 금액) | 253,000 |

[계산근거]

1. 금융소득의 분석

| 구 분 | 무조건 및 조건부 종합과세 | 14%세율 | 기본세율 |
|---|---|---|---|
| (1) 비영업대금의 이익 | ₩1,800,000 | ₩1,800,000 | |
| (3) 무상주 의제배당 | 12,500,000* | 10,200,000 | ₩2,300,000 |
| (4) 외국법인 배당 | 5,000,000 | 5,000,000 | |

|  |  |  |  |
|---|---:|---:|---:|
| (7) 동업기업 배당 | 3,000,000 | 3,000,000 | |
| 계 | ₩22,300,000 | ₩20,000,000 | ₩2,300,000 |

*Gross-up 대상(요건 1, 2 충족) 배당소득임

2. 금융소득금액

   (1) 이자소득 총수입금액: ₩1,800,000

   (2) 배당소득 총수입금액: ₩12,500,000+₩5,000,000+₩3,000,000+₩10,000,000=₩30,500,000

   (3) 배당가산액: ₩2,300,000×11%=₩253,000

# 금융소득금액 ■2020. 세무사

다음은 거주자 갑의 20×1년도 금융소득과 관련된 자료이다. 물음에 답하시오. (단, 제시된 금액은 원천징수되기 전의 금액이고 별도의 언급이 없는 한 원천징수는 적법하게 이루어졌으며 주어진 자료 이외에는 고려하지 말 것)

(1) 국내의 은행으로부터 받은 예금의 이자 ₩3,000,000이 있다.
(2) 비영업대금의 이익(원천징수되지 아니함) ₩5,000,000을 수령하였다.
(3) 비상장법인인 (주)A의 주주(지분율 40%)로서 받은 무상주의 액면가액은 ₩20,000,000이다. (주)A는 주식발행초과금 ₩50,000,000을 재원으로 무상증자를 실시하였는데 자기주식(지분율 20%)에 배정될 부분은 실권처리하였다.
(4) 상장법인 (주)B로 부터 받은 현금배당 ₩8,000,000이 있다.
(5) 출자공동사업자의 소득분배액 ₩30,000,000이 있다.
(6) 집합투자기구로부터의 이익(60%를 채권에 투자한 상태이고 전액 과세대상임) ₩3,000,000이 있다.

### 요구사항

금융소득과 관련하여 다음 양식에 따른 해답을 제시하시오.

| 구 분 | 해 답 |
|---|---|
| ① 종합소득금액에 합산할 이자소득금액 | |
| ② 배당가산액(Gross-Up 금액) | |
| ③ 종합소득금액에 합산할 배당소득금액 | |

### 해답

| 구 분 | 해 답 |
|---|---|
| ① 종합소득금액에 합산할 이자소득금액 | ₩8,000,000 |
| ② 배당가산액(Gross-Up 금액) | ₩330,000 |
| ③ 종합소득금액에 합산할 배당소득금액 | ₩45,330,000 |

[계산근거]

| 구 분 | 무조건 및 조건부종합과세 | 14%세율 | 기본세율 |
|---|---|---|---|
| (1) 예금이자 | ₩3,000,000 | ₩3,000,000 | |
| (2) 비영업대금의 이익 | 5,000,000 | 5,000,000 | |
| (3) 무상주의제배당 | 4,000,000 | 4,000,000[*1] | |
| (4) 현금배당 | 8,000,000 | 5,000,000 | ₩3,000,000[*2] |
| (6) 집합투자기구로부터 이익 | 3,000,000 | 3,000,000 | |
| 계 | ₩23,000,000 | ₩20,000,000 | ₩3,000,000 |

*1. ₩20,000,000 − ₩50,000,000 × (1−20%) × 40% = ₩4,000,000

2. Gross-up대상 배당소득임.

∴ ① 종합소득금액에 합산할 이자소득금액: ₩3,000,000 + ₩5,000,000 = ₩8,000,000

② 배당가산액 (Gross-up금액): ₩₩3,000,000 × 11% = ₩330,000

③ 종합소득금액에 합산할 배당소득금액: ₩4,000,000 + ₩8,000,000 + ₩3,000,000 + ₩330,000
　　　　　　　　　　　　　　　　　　　+ ₩30,000,000 = ₩45,330,000

# CHAPTER 2

## 종합소득 II
### (사업소득)

# 사업소득금액

거주자 甲은 20×7년 3월부터 중소기업체인 하나물산(도매업)을 운영하고 있다. 하나물산은 서울과 부산에 2개의 사업장이 있으며, 사업장별로 감면을 달리 적용받아 사업장별로 구분경리하였다. 다음 자료를 참조하여 거주자 甲의 20×7년 사업소득금액을 구하시오. 단, 조세부담을 최소화할 것

1. 하나물산의 2개 사업장의 손익을 합산한 요약손익계산서는 다음과 같다. 당기순이익은 소득세를 차감하기 전 금액이다.

### 요약손익계산서
20×7. 3. 1 ~ 20×7. 12. 31

| | | | |
|---|---:|---|---:|
| 매출원가 | 3,800,000,000 | 매출액 | 4,100,000,000 |
| 판매비와관리비 | 230,000,000 | 이자수익 | 7,000,000 |
| 이자비용 | 50,000,000 | | |
| 당기순이익 | 27,000,000 | | |
| | 4,107,000,000 | | 4,107,000,000 |

(1) 이자수익은 사업자금을 은행에 예치하고 받은 예금이자이며 원천징수를 차감하기 전 금액이다.

(2) 판매용으로 보유하던 상품(원가 ₩80,000,000, 시가 ₩100,000,000)을 가사용으로 사용하고 다음과 같이 회계처리하였다.

   (차) 판매비와관리비    80,000,000      (대) 상 품    80,000,000

(3) 판매비와관리비에는 甲의 급여 ₩20,000,000과 직장가입자로서 부담하는 甲의 건강보험료 ₩3,000,000이 포함되어 있다.

(4) 판매비와관리비에는 부산사업장에서 거래수량·금액에 따라 지급한 판매장려금 ₩100,000,000이 포함되어 있다.

2. 다음은 하나물산의 20×7년 차입금 및 이자비용과 관련된 자료이다.

  (1) 손익계산서에 반영된 지급이자와 차입금적수

| 연이자율 | 지급이자 | 차입금적수 | 비 고 |
|---:|---:|---:|---|
| 20% | ₩8,000,000 | ₩14,600,000,000 | 채권자불분명사채이자 |
| 18 | 27,000,000 | 54,750,000,000 | 은행차입금이자 |
| 15 | 15,000,000 | 36,500,000,000 | 은행차입금이자 |

(2) 월차결산결과 4월과 6월에 초과인출금이 발생하였다.

| 해 당 월 | 자산합계액 | 부채합계액<br>(충당금 및 준비금 포함) | 충당금 및 준비금 |
|---|---|---|---|
| 4월 | ₩1,000,000,000 | ₩2,500,000,000 | ₩30,000,000 |
| 6월 | 1,500,000,000 | 2,000,000,000 | 20,000,000 |

(3) 20×7년 10월 1일에 매입자금에 차입금이 사용되었는지 여부가 불분명한 업무무관자산의 매입에 ₩100,000,000이 사용되었다.

### 해답

| 20×7년 사업소득금액 | ₩180,321,917 |
|---|---|

[계산근거]

1. 세무조정

| 총수입금액산입 및 필요경비불산입 | | 필요경비산입 및 총수입금액불산입 | |
|---|---|---|---|
| 과 목 | 금 액 | 과 목 | 금 액 |
| 가사용재고자산 | ₩100,000,000 | 이자수익 | ₩7,000,000 |
| 대표자 급여 | 20,000,000 | | |
| 채권자불분명사채이자 | 8,000,000 | | |
| 초과인출금 관련이자 | 28,541,095 | | |
| 업무무관자산 관련이자 | 3,780,822 | | |
| 계 | ₩160,321,917 | 계 | ₩7,000,000 |

(1) 초과인출금 관련이자

① 초과인출금적수

- 4월: (₩2,500,000,000 − ₩1,000,000,000 − ₩30,000,000) × 30일 = ₩44,100,000,000
- 6월: (₩2,000,000,000 − ₩1,500,000,000 − ₩20,000,000) × 30일 = 14,400,000,000
- 계    ₩58,500,000,000

② 이자율별 초과인출금관련이자

- 18%이자율: ₩27,000,000

  *18%이자율 차입금의 적수가 초과인출금의 적수 이내에 금액이므로 전액 필요경비불산입한다.

- 15%이자율: ₩15,000,000 × $\dfrac{₩3,750,000,000^*}{₩36,500,000,000}$ = ₩1,541,095

  *₩58,500,000,000 − ₩54,750,000,000 = ₩3,750,000,000

③ 초과인출금관련이자: ₩27,000,000+₩1,541,095=₩28,541,095

(2) 업무무관자산 관련이자

① 업무무관자산적수: ₩100,000,000×92일=₩9,200,000,000

② 업무무관자산관련이자: $(₩15,000,000-₩1,541,095) \times \dfrac{₩9,200,000,000}{₩36,500,000,000-₩3,750,000,000}$

$= ₩3,780,822$

[참고] 법인세법의 지급이자손금불산입계산방법에 의할 경우 손금불산입액

$(₩27,000,000-₩15,000,000) \times \dfrac{₩9,200,000,000}{₩54,750,000,000-₩36,500,000} = ₩4,234,521$

2. 사업소득금액

| | |
|---|---:|
| 당기순이익 | ₩27,000,000 |
| 총수입금액산입 및 필요경비불산입 | 160,321,917 |
| 필요경비산입 및 총수입금액불산입 | (7,000,000) |
| 사업소득금액 | ₩180,321,917 |

### 해설

1. 재고자산의 자가소비
   (1) 소득세법에서는 재고자산을 자가소비한 경우 판매한 것으로 본다. 즉, 시가를 총수입금액에 산입하고 원가상당액은 필요경비에 산입한다.
   (2) 접대비한도액계산시 수입금액은 기업회계기준에 의한 매출액이므로 자기소비한 재고자산의 시가상당액을 기준수입금액에 포함하면 안된다.

2. 대표자의 인건비
   (1) 대표자의 인건비는 필요경비에 산입하지 않는다.
   (2) 직장가입자 또는 지역가입자로서 부담하는 대표자 본인의 건강보험료, 노인장기요양보험료는 필요경비에 산입한다.

3. 초과인출금 관련이자
   (1) 초과인출금 {부채(충당금과 준비금 제외)-자산} 관련이자 계산시 적수는 매월말 현재의 초과인출금 또는 차입금잔액에 경과일수를 곱하여 계산할 수 있다.
   (2) 서로 다른 이자율이 적용되는 이자가 함께 있는 경우에는 높은 이자율이 적용되는 것부터 먼저 필요경비에 산입하지 않는다.

[참고] 사회보험료 본인부담분 세금혜택

| 구 분 | 근로소득자 | 사업소득만 있는 자 |
|---|---|---|
| 1. 공적연금 | 연금보험료공제 | 연금보험료공제 |
| 2. 건강보험 | 특별소득공제 | 필요경비 |
| 3. 노인장기요양보험 | 특별소득공제 | 필요경비 |
| 4. 고용보험 | 특별소득공제 | 해당 없음 |
| 5. 산재보험 | 전액 회사부담 | 해당 없음 |

# 사업소득금액

다음은 제조업을 영위하는 거주자 甲의 20×7년 사업소득과 관련된 자료이다. 이 자료를 이용하여 거주자 甲의 20×7년 사업소득금액을 계산하시오.

1. 복식부기의무자인 거주자 甲의 20×7년 사업소득의 당기순이익은 ₩94,300,000이며, 동 금액은 소득세를 차감하기 전 금액이다.

2. 거주자 甲이 20×7년에 양도한 자산의 내역은 다음과 같다. 단, 기계장치 B는 20×7년 중 시설개체로 폐기 처분하였고, 기계장치 C는 기술낙후로 인하여 폐기후 창고에 보관하고 있으며, 손익계산서에 장부가액 ₩2,000,000이 폐기손실로 계상되어 있다.

| 양도자산 | 감가상각비 | 상각범위액 | 손익계산서상 처분손익 | 전기말 상각부인액 |
|---|---|---|---|---|
| 공장건물 | ₩5,000,000 | ₩2,000,000 | ₩500,000 손실 | ₩4,000,000 |
| 기계장치 A | 8,000,000 | 12,000,000 | 1,500,000 이익 | 3,300,000 |
| 기계장치 B | 10,000,000 | 8,000,000 | 3,000,000 손실 | 2,000,000 |
| 기계장치 C | 1,000,000 | 1,500,000 | 2,000,000 손실 | 800,000 |

3. 거주자 甲과 기본공제대상자인 배우자 및 부양가족이 20×7년에 지출한 기부금의 내역은 다음과 같다. 단, 기부금은 사업소득에서 필요경비에 산입하는 방법을 선택하며, 당기순이익에는 소득세법에 따른 기부금 평가액이 차감되어 있다. 甲의 배우자와 어머니는 소득이 없다.

| 기부금명의 | 기부금지출내역 | |
|---|---|---|
| 본 인 | 사립대학 시설비 | ₩3,000,000 |
| | 홍수로 인한 이재민 구호금품의 원가 | 4,000,000 (시가 ₩5,000,000) |
| | 사회복지법인 현물기부금의 원가 | 7,000,000 (시가 ₩10,000,000) |
| | 정치자금기부 | 1,000,000 |
| 甲의 배우자 | 종교단체기부 | 2,000,000 |
| | 정치자금기부 | 200,000 |
| 甲의 어머니 | 종교단체기부 | 600,000 |

4. 20×5년에 발생한 결손금 ₩20,000,000이 있으며, 20×6년에 법정기부금 ₩5,000,000이 한도초과로 필요경비불산입되었다.

### 해답

| 20×7년 사업소득금액 | ₩69,000,000 |
|---|---|

[계산근거]

1. 세무조정

| 총수입금액산입 및 필요경비불산입 | | 필요경비산입 및 총수입금액불산입 | |
|---|---|---|---|
| 과 목 | 금 액 | 과 목 | 금 액 |
| 공장건물 감가상각비 | ₩3,000,000 | 기계장치 A 상각부인액 | ₩3,300,000 |
| 공장건물처분손실 | 500,000 | | |
| 기계장치 B 감가상각비 | 2,000,000 | 기계장치 B 상각부인액 | 4,000,000 |
| 기계장치 C 폐기손실 | 2,000,000 | 기계장치 C 상각부인액 | 500,000 |
| 계 | ₩7,500,000 | 계 | ₩7,800,000 |

2. 차가감사업소득금액

| 당기순이익 | ₩94,300,000 |
|---|---|
| 총수입금액산입 및 필요경비불산입 | 7,500,000 |
| 필요경비산입 및 총수입금액불산입 | (7,800,000) |
| 차가감사업소득금액 | ₩94,000,000 |

3. 기부금세무조정

   (1) 기부금해당액

   ① 법정·정치자금기부금: ₩3,000,000+₩5,000,000+₩900,000=₩8,900,000

   ② 지정기부금: ₩10,000,000+₩2,000,000+₩600,000=₩12,600,000

   (2) 법정·정치자금기부금

   ① 한도액: ₩95,500,000*×100%=₩95,500,000

   *기준소득금액: ₩94,000,000+₩8,900,000+₩12,600,000−₩20,000,000=₩95,500,000

   ② 한도초과이월액 필요경비산입: ₩5,000,000

   ③ 한도미달: ₩8,900,000−(₩95,500,000−₩5,000,000)=₩81,600,000

   (3) 지정기부금

   ① 한도액: (₩95,500,000−₩8,900,000−₩5,000,000)×10%+Min[(₩95,000,000−₩8,900,000−₩5,000,000)×20%, ₩10,000,000]=₩18,160,000

   ③ 한도미달: ₩18,160,000−₩12,600,000=₩5,560,000

4. 사업소득금액

| | |
|---|---|
| 차가감소득금액 | ₩94,000,000 |
| 기부금한도초과액 | – |
| 기부금한도초과이월액 필요경비산입 | (5,000,000) |
| 이월결손금 | (20,000,000) |
| 사업소득금액 | ₩69,000,000 |

### ▼ 해설

1. 양도자산의 감가상각비와 폐기처분손실

    (1) 공장건물:양도자산의 해당연도 감가상각비는 시부인대상에 포함하며, 양도자산에 대한 처분손익을 인정하지 않으므로(양도소득으로 분류됨) 상각부인액은 소멸한다.

    (2) 기계장치 A:양도자산의 해당연도 감가상각비는 시부인대상에 포함하므로 시인부족액 범위 내에서 상각부인액을 필요경비에 산입하고, 복식부기의무자의 양도자산에 대한 처분이익은 사업소득에 포함되므로 별도의 세무조정은 없다.

    (3) 기계장치 B:시설개체나 기술낙후로 인한 생산설비의 폐기손실은 필요경비로 인정되므로 상각부인액을 추인한다.

    (4) 기계장치 C:생산설비를 폐기한 후 처분하지 않고 그대로 보유하고 있는 경우에는 폐기손실을 필요경비로 인정하지 않는다. 처분하기 전까지 해당연도의 감가상각비는 시부인대상에 포함하므로 시인부족액 범위내에서 상각부인액을 필요경비에 산입한다.

2. 기부금

    (1) 법정기부금과 지정기부금은 사업자 본인의 명의로 지출한 기부금뿐만 아니라 기본공제대상자인 배우자 및 부양가족이 지출한 기부금도 포함한다. 단, 정치자금과 우리사주조합기부금 및 자원봉사기부금은 본인 명의로 지출한 기부금만 공제한다.

    (2) 현물기부금은 시가와 장부가액 중 큰 금액으로 평가한다.

    (3) 정치자금은 10만원까지는 기부금액의 100/110 만큼 세액공제하며, 10만원 초과분은 법정기부금으로 보아 필요경비에 산입하거나 특별세액공제를 적용한다.

    (4) 기부금한도초과액의 10년간 이월공제한다.

    (5) 거주자 甲이 20×7년의 종합소득금액으로 이자소득금액 ₩20,000,000, 사업소득금액 ₩94,000,000 기타소득금액 ₩16,000,000이 있는 경우 기부금세액공제를 선택하였다면 기부금세액공제는 다음과 같이 계산된다. 단, 사업소득금액계산시 필요경비에 산입한 기부금은 없다고 가정한다.

① 기부금의 분류

    a. 법정기부금: ₩8,900,000

    b. 지정기부금: ₩12,600,000

② 지정기부금한도액: (₩110,000,000−₩8,900,000−₩5,000,000)×10%+Min[(₩110,000,000−₩8,900,000−₩5,000,000)×20%, ₩10,000,000]=₩19,610,000

③ 기부금세액공제대상금액: ₩8,900,000+₩5,000,000+₩12,600,000=₩26,500,000

④ 기부금세액공제액: ₩10,000,000×15%+₩16,500,000×30%=₩6,450,000

# 사업소득금액

다음은 웅지상사를 운영하고 있는 개인사업자(복식부기의무자)인 甲의 20×7년 손익계산서이다.

## 손익계산서

웅지상사    20×7년 1월 1일부터 20×7년 12월 31일까지

| | | |
|---|---:|---:|
| Ⅰ. 매 출 액 | | 800,000,000 |
| Ⅱ. 매출원가 | | 500,000,000 |
| Ⅲ. 매출총이익 | | 300,000,000 |
| Ⅳ. 기타수익 | | 7,000,000 |
|   1. 이자수익 | 2,000,000 | |
|   2. 배당금수익 | 1,000,000 | |
|   3. 금융자산처분이익 | 4,000,000 | |
| Ⅴ. 기타비용 | | 207,000,000 |
|   1. 이자비용 | 40,000,000 | |
|   2. 유형자산처분손실 | 7,000,000 | |
|   3. 인 건 비 | 120,000,000 | |
|   4. 대손상각비 | 1,200,000 | |
|   5. 수 선 비 | 15,000,000 | |
|   6. 감가상각비 | 20,000,000 | |
|   7. 기타영업비 | 3,800,000 | |
| Ⅵ. 당기순이익 | | 100,000,000 |

[추가자료]

1. 인건비 중에는 사업주 甲에 대한 급여 ₩30,000,000과 그의 장남에게 지급한 급여 ₩20,000,000이 포함되어 있다. 사업주의 장남은 해당 공장의 책임자이다.

2. 대손상각비
   (1) 당기말 미수채권잔액은 ₩138,000,000이고 이 금액에는 금전소비대차계약에 의한 대여금 ₩38,000,000과 차량매각에 따른 미수금 ₩10,000,000이 포함되어 있다.
   (2) 재무상태표상 대손충당금잔액은 당기말 미수채권잔액의 1%에 해당하는 ₩1,380,000이며, 당기 세무상 대손실적률은 0.7%이다.

3. 수선비 중에는 사업주 甲의 업무용 화물차량에 대한 수선비 ₩2,000,000과 주택에 대한 인테리어비용 ₩5,000,000이 포함되어 있다.

4. 감가상각비

   사업주 甲이 보유하고 있는 사업용유형자산·감가상각비내역은 다음과 같다.

   | 구 분 | 차량운반구<br>(화물차) | 기계장치(A) | 기계장치(B) | 기계장치(C) |
   |---|---|---|---|---|
   | 당기변동내역 | 7월 매각 | 기초에 폐기 | 5월 폐기처분 | 3월 신규구입 |
   | 회사계상 감가상각비 | ₩6,000,000 | – | ₩9,000,000 | ₩5,000,000 |
   | 상각범위액 | 5,000,000 | – | 7,000,000 | 5,000,000 |
   | 전기말 상각부인액 | 500,000 | ₩700,000 | 3,200,000 | – |

5. 기타영업비 중에는 사업주가 가사용으로 소비한 제품(원가 ₩3,000,000, 시가 ₩8,000,000)의 원가가 포함되어 있다.

6. 이자수익은 친구인 乙에게 사업자금을 대여하고 받은 이자이다.

7. 배당금수익은 주권상장회사인 A법인으로부터 받은 금전배당금이다.

8. 금융자산처분이익은 주권상장회사인 A법인주식의 처분이익이다.

9. 이자비용

   (1) 손익계산서에 계상된 이자비용의 내역은 다음과 같다.

   | 이 자 율 | 지급이자 | 차입금적수 | 비 고 |
   |---|---|---|---|
   | 20% | ₩10,000,000 | ₩18,250,000,000 | 채권자불분명사채이자 |
   | 15 | 12,000,000 | 29,200,000,000 | 은행차입금이자 |
   | 12 | 18,000,000 | 54,750,000,000 | 은행차입금이자 |
   | 계 | ₩40,000,000 | ₩102,200,000,000 | |

   (2) 매월말 사업용자산의 합계액이 부채의 합계액을 초과하였으나 6월말에는 부채(충당금과 준비금은 제외)의 합계액이 사업용자산의 합계액을 ₩50,000,000 초과하였다.

   (3) 해당연도 업무무관자산의 적수는 ₩36,500,000,000이다.

10. 유형자산처분손실

    (1) 화물차의 매각으로 인한 손실 ₩2,500,000이 포함되어 있다.

    (2) 기계장치(A)의 기술낙후로 인한 폐기손실 ₩1,500,000이 포함되어 있으며, 폐기한 기계장치를 기말 현재 계속 보유중이다.

    (3) 기계장치(B)를 생산시설의 개체계획에 따라 폐기처분함으로써 발생한 손실 ₩3,000,000이 포함되어 있다.

### 요구사항

거주자 甲의 20×7년 사업소득금액을 계산하시오. 단, 1년은 365일이라고 가정한다.

### 해답

| 20×7년 사업소득금액 | ₩159,073,150 |
|---|---|

[계산근거]

1. 결산서상 당기순이익                                                  ₩100,000,000

2. 총수입금액산입 · 필요경비불산입

| | | |
|---|---:|---:|
| (1) 사업주 甲의 급여 | ₩30,000,000 | |
| (2) 대손충당금 한도초과액*1 | 380,000 | |
| (3) 사업주 甲의 주택수선비 | 5,000,000 | |
| (4) 감가상각비 한도초과액 | 3,000,000 | |
| (5) 자가소비 | 8,000,000 | |
| (6) 채권자불분명사채이자 | 10,000,000 | |
| (7) 초과인출금 관련이자*2 | 616,438 | |
| (8) 업무무관자산 관련이자*3 | 14,276,712 | |
| (9) 기계장치(A)폐기손실 | 1,500,000 | 72,773,150 |

3. 필요경비산입 · 총수입금액불산입

| | | |
|---|---:|---:|
| (1) 이자수익 | ₩2,000,000 | |
| (2) 배당금수익 | 1,000,000 | |
| (3) 금융자산처분이익 | 4,000,000 | |
| (4) 차량운반구상각부인액 | 1,500,000 | |
| (5) 기계장치(B)상각부인액 | 5,200,000 | (13,700,000) |

4. 사업소득금액                                                   ₩159,073,150

*1. 대손충당금 한도초과액

   (1) 회사계상액: ₩1,380,000

   (2) 한 도 액: (₩138,000,000 − ₩38,000,000) × 1% = ₩1,000,000

   (3) 한도초과액: ₩1,380,000 − ₩1,000,000 = ₩380,000

2. 초과인출금 관련이자

   (1) 초과인출금적수: ₩50,000,000 × 30일 = ₩1,500,000,000

   (2) 초과인출금 관련이자: $₩12,000,000 \times \dfrac{₩1,500,000,000}{₩29,200,000,000} = ₩616,438$

> [참고] 법인세법의 지급이자 손금불산입계산방법에 의할 경우 손금불산입액
>
> $$(\text{₩}40,000,000 - \text{₩}10,000,000) \times \frac{\text{₩}50,000,000 \times 30일}{\text{₩}102,200,000,000 - \text{₩}18,250,000,000} = \text{₩}536,033$$

3. 업무무관자산 관련이자

    (1) 연 15%적용이자: ₩12,000,000 − ₩616,438 = ₩11,383,562(해당 차입금적수: ₩27,700,000,000)

    (2) 연 12%적용이자: $\text{₩}18,000,000 \times \dfrac{\text{₩}36,500,000,000 - \text{₩}27,700,000,000}{\text{₩}54,750,000,000} = \text{₩}2,893,150$

    (3) 업무무관자산 관련이자: ₩11,383,562 + ₩2,893,150 = ₩14,276,712

    > [참고] 법인세법의 지급이자 손금불산입계산방법에 의할 경우 손금불산입액
    >
    > $$(\text{₩}40,000,000 - \text{₩}10,000,000 - \text{₩}536,033) \times \frac{\text{₩}36,500,000,000}{\text{₩}102,200,000,000 - \text{₩}18,250,000,000 - \text{₩}1,500,000}$$
    > $$= \text{₩}13,043,478$$

### 해설

1. 대손충당금 설정대상채권에 대여금(금융업은 제외)과 미수금은 제외한다. 단, 복식부기의무자의 미수금은 포함된다.
2. 양도자산의 감가상각비와 생산설비의 폐기처분손실
    (1) 양도자산의 해당연도 감가상각비는 시부인대상에 포함된다.
    (2) 복식부기의무자의 차량운반구처분손익은 소득세과세대상에 포함되므로 차량운반구에 대한 상각부인액을 필요경비에 산입한다.
    (3) 기계장치(A)의 기술낙후로 인한 폐기손실은 필요경비불산입한다.
    (4) 기계장치(B)의 생산시설의 개체계획에 따른 폐기처분손실은 필요경비에 산입되므로 폐기처분된 자산의 상각부인액을 손금에 산입한다.

# 부동산임대소득금액

다음은 거주자 甲의 20×7년 부동산임대와 관련된 자료이다. 이 자료에 의하여 거주자 甲의 20×7년 사업소득금액을 계산하시오. 단, 1년은 365일로 가정한다.

1. 상가의 임대현황

    | 구 분 | 임대기간 | 보 증 금 | 임 대 료 |
    |---|---|---|---|
    | 상 가 | 20×7. 2. 15 ~ 20×8. 2. 14 | ₩150,000,000 | 월 ₩3,000,000 |

    (1) 임대보증금은 2월 10일에 수취하였고 임대료는 매월 15일(최초수취일 3월 15일)에 받기로 하였는데, 임차인의 사정으로 12월분 임대료를 수취하지 못하였다.
    (2) 상가임대와 관련하여 월 ₩400,000의 관리비(전기료 ₩100,000과 수도료 ₩50,000 포함)를 매월 15일에 추가로 받고 있다.
    (3) 상가는 20×6년 9월 10일에 ₩400,000,000(토지 ₩280,000,000, 건물 ₩120,000,000)에 취득하였는데, 상가 건물에 20×7년 7월 1일에 설비교체로 인한 자본적지출액 ₩10,000,000이 발생하였으며 20×7년말 상가 건물의 장부금액은 ₩95,000,000이다.
    (4) 상가의 임대보증금을 운용하여 수입이자 ₩200,000(기간경과분 미수이자 ₩50,000 포함)과 수입배당금 ₩300,000 및 상장주식처분이익 ₩100,000이 발생하였다.

2. 주택의 임대현황

    (1) 거주자 甲은 3채의 주택(소형주택 아님)을 보유하고 있으며 20×7년에 주택 2채를 다음과 같이 임대하였다.

    | 구 분 | 임대기간 | 전세보증금 | 임 대 료 |
    |---|---|---|---|
    | 주택 A | 20×7. 4. 26 ~ 20×9. 4. 25 | ₩200,000,000 | 연 ₩18,000,000 |
    | 주택 B | 20×7. 7. 1 ~ 20×9. 6. 30 | 500,000,000 | 연 6,000,000 |

    (2) 주택의 취득가액 중 건물분은 주택 A ₩100,000,000, 주택 B ₩300,000,000이며, 주택 A와 B의 1년치 임대료는 20×7년 4월 26일과 20×7년 7월 1일에 각각 수령하였다.

3. 기타사항
    (1) 상가와 주택의 필요경비는 장부에 의하여 ₩6,800,000으로 확인되며, 이는 시부인계산 후의 금액이다.
    (2) 금융회사 등의 정기예금이자율을 고려하여 기획재정부령으로 정하는 이자율은 연 3%이며, 장부를 적절히 기장하고 있다고 가정한다.

> 해답

| 20×7년 사업소득금액 | ₩46,618,356 |
|---|---|

[계산근거]

1. 총수입금액

   (1) 상가: ①+②+③=₩32,637,808

   ① 임 대 료: ₩3,000,000×10=₩30,000,000

   ② 간주임대료: {₩150,000,000×320일−(₩120,000,000×320일+₩10,000,000×184일)}×$\frac{1}{365}$
   ×3%−₩500,000=₩137,808

   ③ 관 리 비: (₩400,000−₩150,000)×10=₩2,500,000

   (2) 주택: ①+②=₩20,780,548

   ① 임 대 료

   주택 A: ₩18,000,000×$\frac{9}{12}$=       ₩13,500,000

   주택 B: ₩6,000,000×$\frac{6}{12}$=        3,000,000

   계                                      ₩16,500,000

   ② 간주임대료

   주택 B: (₩500,000,000−₩300,000,000)×184일×60%×$\frac{1}{365}$×3%=   ₩1,814,795

   주택 A: ₩200,000,000×250일×60%×$\frac{1}{365}$×3%=                    2,465,753

   계                                                                  ₩4,280,548

2. 필요경비: ₩6,800,000

3. 사업소득금액: (₩32,637,808+₩20,780,548)−₩6,800,000=₩46,618,356

> 해설

1. 임대보증금의 적수는 임대개시일부터 기산하며, 임대료수입시기는 약정일이므로 상가의 12월분 임대료도 포함한다.

2. 상가의 임대보증금에서 차감되는 건설비상당액은 건축물의 취득가액(자본적 지출포함)을 의미하므로 감가상각누계액은 고려하지 않으며, 임대일수에 해당하는 기간만 적수계산에 포함한다.
3. 간주임대료계산시 금융수익은 기업회계기준에 의해 발생기준으로 계산된 금액을 의미하며 저축성보험의 보험차익은 포함하지만, 유가증권처분이익은 제외한다.
4. 주택을 3채 이상 보유하고 임대보증금이 3억원을 초과하는 경우 주택에 대해서도 간주임대료를 계산하는데, 이 경우 보증금 등의 적수가 큰 것부터 3억원을 차감한다. 그리고 선세금의 경우 월수는 초월산입·말월불산입이므로 4월부터 월수를 계산한다.

## 05 추계신고시 사업소득금액

다음 자료를 이용하여 가구제조업을 영위하는 거주자 甲의 20×7년도 추계에 의한 사업소득금액을 계산하시오. 단, 거주자 甲은 복식부기의무자이며, 천재지변이나 그 밖의 불가항력으로 장부나 증명서류가 멸실되어 추계신고를 하는 경우는 아니다.

1. 제조업 매출액은 ₩90,000,000이며, 매출액과는 별도로 당해 사업과 관련하여 지방자치단체로부터 지급받은 보조금 ₩10,000,000이 있다.
2. 원재료매입 거래처로부터 지급받은 판매장려금 ₩6,000,000과 부가가치세 신고시 공제받은 신용카드매출전표 등 발행공제액 ₩4,000,000이 있다.
3. 당해 사업과 관련한 필요경비로서 증명서류에 의하여 지출한 것이 확인되는 것은 다음과 같다.
   (1) 인건비 ₩12,000,000(대표자급여 ₩3,000,000과 종업원 퇴직급여 ₩2,000,000 포함)
   (2) 재화 매입비용 ₩10,000,000(고정자산 매입비용 ₩5,000,000 포함)
   (3) 사업용고정자산(기계설비)에 대한 임차료 ₩3,000,000
4. 직전연도에 발생한 결손금 ₩30,000,000(미공제금액임)이 있으며, 직전연도에 설정한 대손충당금 중 당기에 환입한 금액 ₩800,000이 있다.
5. 기준경비율과 단순경비율은 각각 20%와 60%이며, 기획재정부령이 정하는 배율은 3.2배이다.

### 해답

20×7년 귀속 사업소득금액: Min[1, 2]=₩82,800,000
1. 사업소득금액: ₩110,000,000*−(₩9,000,000+₩5,000,000+₩3,000,000)−₩110,000,000×20%
   ×50%+₩800,000=₩82,800,000

   *수입금액: ₩90,000,000+₩10,000,000+₩6,000,000+₩4,000,000=₩110,000,000
2. 한도: (₩110,000,000−₩110,000,000×60%)×3.2배=₩140,800,000

### 해설

1. 사업과 관련하여 국가·지방자치단체·동업자단체·거래처로부터 받은 보조금과 장려금, 부가가치세법에 따라 공제받은 신용카드매출전표 등 발행공제액도 수입금액에 포함한다.

2. 대표자 인건비와 고정자산의 매입비용은 비용으로 인정되지 않으며, 복식부기의무자의 경우 기준경비율의 50%를 적용한다.
3. 해당 과세기간의 소득금액에 대하여 추계신고를 하거나 추계조사결정하는 경우에는 이월결손금을 공제하지 아니한다. 다만, 천재지변이나 그 밖의 불가항력으로 장부나 증명서류가 멸실되어 추계신고를 하거나 추계조사결정을 하는 경우에는 예외로 한다.

# CHAPTER 3

## 종합소득 III
(근로소득, 연금소득, 기타소득)

# 근로소득금액

다음은 거주자 甲의 20×8년 근로소득과 관련된 자료이다. 거주자 甲은 20×8년 7월까지 A기업(중소기업이 아님)의 생산직근로자로 근무하다가 20×8년 9월부터 B기업의 국외지점에서 근무하고 있다.

1. A기업으로부터의 수입내역

    (1) 기본급(월 ₩600,000×7)                              ₩4,200,000

    (2) 상여금                              1,200,000

    (3) 초과근로수당(20×7년 총급여액은 ₩28,000,000임)        2,500,000

    (4) 자가운전보조금(월 ₩100,000×7, 출·퇴근용임)            700,000

    (5) 식대(월 ₩100,000×7, 甲은 월 ₩120,000에 상당하는 식사를 제공받고 있음)    700,000

    (6) 연·월차수당                             200,000

    (7) 회사로부터 주택자금대출을 받아 법인세법에 의하여 상여로 소득처분된 금액(근로를 제공한 사업연도는 20×8년, 법인세신고일은 20×9년 3월 10일임)    300,000

    (8) 주주총회에서 잉여금처분에 의한 상여금(20×7년의 실적에 대한 상여금으로서 잉여금 처분결의일은 20×8년 3월 5일임)    400,000

    (9) 퇴직금                              5,000,000

    (10) 20×6년에 부여받은 주식매수선택권을 20×8년 12월에 행사하여 얻은 이익    1,000,000

2. B기업으로부터의 수입내역

    (1) 기본급(월 ₩2,800,000×4)                        ₩11,200,000

    (2) 상여금                              800,000

    (3) 자가운전보조금(월 ₩300,000×4, 본인명의 승용차를 업무수행에 사용하고 실제여비 대신 지급받은 금액임)    1,200,000

    (4) 장남교육비 보조금                         500,000

    (5) 식대(월 ₩230,000×4)                        920,000

    (6) 건강보험료·고용보험료의 회사대납액(₩600,000 중 50%는 본인이 부담하여야 하나 이를 회사가 대납해 주었음)    600,000

    (7) 일직료·숙직료(실비변상적인 금액임)                100,000

    (8) 사택을 무상으로 제공받음에 따라 얻은 이익             900,000

    (9) 사보에 가족여행 후기를 게재하고 받은 원고료           300,000

    (10) 모친회갑축의금(사회통념상 타당한 범위 내의 금액임)      500,000

    (11) 업무와 관련하여 회사 사규에 따라 지급받은 본인의 야간대학원 교육비 보조금(해당 교육기간을 초과하여 근무하지 아니한 때에는 지급받은 금액을 반납하는 조건임)    1,000,000

(12) 회사가 종업원을 위하여 가입한 단체순수보장성보험의 보험료로서 거주자 甲에게 귀속되는 금액       300,000
(13) 차녀(5세)의 보육과 관련하여 사용자로부터 지급받은 급여(월 ₩100,000×4)       400,000
(14) 발명진흥법에 따라 회사로부터 받은 직무발명보상금       4,000,000

3. 근로소득공제율은 다음과 같다.

| 총급여액 | | 근로소득공제 |
|---|---|---|
| 500만원 초과 | 1,500만원 이하 | 350만원+(총급여액− 500만원)×40% |
| 1,500만원 초과 | 4,500만원 이하 | 750만원+(총급여액−1,500만원)×15% |

▼ 요구사항

1. 자료의 각 항목별로 총급여액에 포함할 금액을 다음의 양식에 따라 제시하시오. 단, 근로소득에 해당하지 않을 경우에는 '0'의 금액을 기재할 것

| [자료의 항목번호] | 총급여액에 포함할 금액 |
|---|---|
| 1. A기업 | |
| (1) | |
| (2) | |
| ⋮ | |
| 계 | |
| 2. B기업 | |
| (1) | |
| (2) | |
| ⋮ | |
| 계 | |
| 합  계 | |

2. 거주자 甲의 20×8년 근로소득금액을 계산하시오.

▼ 해답

1. 총급여액

| [자료의 항목번호] | 총급여액에 포함할 금액 |
|---|---|
| 1. A기업 | |
| (1) 기본급 | ₩4,200,000 |

| | | |
|---|---|---:|
| | (2) 상여금 | 1,200,000 |
| | (3) 초과근로수당 | 100,000 |
| | (4) 자가운전보조금 | 700,000 |
| | (5) 식대 | 700,000 |
| | (6) 연·월차수당 | 200,000 |
| | (7) 인정상여 | 300,000 |
| | (8) 잉여금처분에 의한 상여금 | 400,000 |
| | (9) 퇴직금 | 0 |
| | (10) 주식매수선택권 행사이익 | 0 |
| | 계 | ₩7,800,000 |

 2. B기업
 (1) 기본급: ₩11,200,000−₩1,000,000×4개월= ₩7,200,000
 (2) 상여금 800,000
 (3) 자가운전보조금 400,000
 (4) 장남교육비보조금 500,000
 (5) 식대 120,000
 (6) 건강보험료 등의 회사대납액 300,000
 (7) 일직료·숙직료 0
 (8) 사택제공이익 0
 (9) 업무와 관련없는 사보게재원고료 0
 (10) 모친회갑축의금 0
 (11) 본인교육비보조금 0
 (12) 단체순수보장성 보험료 0
 (13) 7세 이하 자녀 보육수당 0
 계 ₩9,320,000
 거주자 甲의 총급여액 ₩17,120,000

2. 근로소득금액
 (1) 총급여액 ₩17,120,000
 (2) 근로소득공제: ₩7,500,000+(₩17,120,000−₩15,000,000)×15%= (7,818,000)
 계 ₩9,302,000

### 해설

1. 초과근로수당
   (1) 월정액급여 210만원 이하이며, 직전 과세기간의 총급여액이 3,000만원 이하인 생산직근로자가 받는 초과근로수당 중 연 240만원 이내의 금액(광산근로자와 일용근로자는 전액)은 비과세한다.
   (2) 월정액급여란 매월 받는 급여총액에서 상여 등 부정기적인 급여와 실비변상적 성질의 급여 및 초과근로수당을 제외한 금액이다. 이때 비과세소득 중 실비변상적 성질의 급여와 초과근로수당은 제외하지만 다른 비과세소득은 제외하지 않는다.
   (3) 이 문제의 경우 A기업에서의 월정액급여는 ₩920,000(기본금 ₩600,000+자가운전보조금 ₩100,000 +식대 ₩100,000+식사 ₩120,000)이다.

2. 자가운전보조금
   (1) 업무에 이용한 차량에 대한 자가운전보조금 중 월 20만원 이내의 금액은 비과세이다.
   (2) 개인용도로 사용한 차량에 대한 자가운전보조금은 근로소득이다.

3. 식 대
   (1) 근로자가 사내급식 등으로 제공받는 식사 기타 음식물과 식사를 제공받지 아니하는 근로자가 받는 월 20만원 이하의 식사대는 비과세이다.
   (2) 식사를 제공받는 경우에 받는 식사대는 근로소득이다.

4. 사택제공과 근로소득의 귀속시기
   (1) 비출자임원(소액주주 임원포함)과 종업원이 사택을 제공받음으로써 얻는 이익은 근로소득에 포함하지 않지만, 모든 임원·종업원이 주택의 구입·임차에 소요되는 자금을 저리 또는 무상으로 대여받음으로써 얻는 이익은 근로소득에 포함한다.
   (2) 인정상여의 수입시기는 해당 사업연도 중 근로를 제공한 날이며, 잉여금처분에 의한 상여는 해당 법인의 잉여금처분결의일이다.

5. 기 타
   (1) 주식매수선택권을 근로기간에 행사하여 얻은 이익은 근로소득이지만, 퇴직 후에 행사하여 얻은 이익은 기타소득이다.
   (2) 국외(원양어업선박·외국항행선박·항공기 포함)에서 근로를 제공하고 받는 보수 중 월 100만원(원양어업선박 또는 국외 등을 항행하는 선박 또는 국외의 건설현장에서 근로를 제공하고 받는 보수는 월 300만원) 이내의 금액은 비과세이다.
   (3) 본인의 교육비보조금은 비과세요건(업무와 관련된 교육이고 규정에 따라 지급되며 교육기간을 초과하여 근무한다는 약정)을 구비한 경우 비과세이지만, 회사에서 받는 자녀학자금은 근로소득으로 본다.

(4) 사용인 부담분을 회사가 대납한 건강보험료, 고용보험료 등은 근로소득으로 본다.
(5) 업무와 관련있는 사보게재원고료, 사내연수원 강사료, 신규채용시험 출제수당 등은 근로소득에 해당하지만, 업무와 관계없이 독립된 자격으로 용역을 제공한 경우 기타소득으로 분류된다. 사보에 가족여행 후기를 게재하고 받은 원고료는 업무와 관련이 없으므로 기타소득이다.
(6) 단체환급부보장성보험의 보험료는 연 70만원까지는 근로소득으로 보지 아니한다.
(7) 근로자 또는 그 배우자의 출산이나 7세 이하의 자녀의 보육과 관련하여 사용자로부터 지급받는 급여로서 월 10만원 이내의 금액은 근로소득으로 보지 아니한다.
(8) 발명진흥법에 따라 종업원 등이 사용자 등으로부터 받은 보상금은 연 500만원까지 근로소득으로 보지 아니한다.

 ## 연금소득금액

다음은 거주자 甲(62세)이 당기(1. 1. ~ 12. 31.)에 수령한 국민연금과 연금계좌에 대한 자료이다. 「소득세법」상 甲의 당기에 종합과세되는 총연금액은 얼마인가? 단, 甲이 종합과세와 분리과세 중 선택할 수 있는 경우에는 종합과세를 선택한 것으로 가정함

1. 당기 국민연금 수령액은 ₩30,000,000이고, 국민연금 환산소득누계액과 국민연금보험료 누계액 자료는 다음과 같음
   (1) 2002. 1. 1. 이후 국민연금 납입기간의 환산소득 누계액 : ₩450,000,000
   (2) 2001. 12. 31. 이전 국민연금 납입기간의 환산소득 누계액 : ₩900,000,000
   (3) 2002. 1. 1. 이후 납입한 국민연금보험료 누계액 : ₩60,000,000(소득공제 받지 않은 금액 ₩3,000,000)

2. 당기 연금계좌(가입일 : 20×8. 2. 10, 수령시작일 : 당기 3. 10)에서 연금으로 수령한 금액은 ₩25,000,000이고, 연금수령개시 신청일인 당기 3. 10. 현재 연금계좌평가액 ₩50,000,000의 내역은 다음과 같음
   (1) 甲이 납입한 연금보험료 합계액 : ₩33,000,000(소득공제 또는 세액공제 받지 않은 금액 ₩2,000,000)
   (2) 연금계좌 운용수익 : ₩10,000,000
   (3) 이연퇴직소득 : ₩7,000,000

 해답

| 종합과세되는 총연금액 | ₩10,000,000 |
|---|---|

[계산근거]

1. 공적연금

   총연금액 : $₩30,000,000 \times \dfrac{₩450,000,000}{₩900,000,000+₩450,000,000} - ₩3,000,000 = ₩7,000,000$

2. 사적연금

   (1) 연금수령한도 : $\dfrac{₩50,000,000}{11-6^*} \times 120\% = ₩12,000,000$

   * 2013년 2월 28일 이전에 가입한 연금계좌의 경우 연금을 최초로 수령한 해를 기산연차(6년차)로 함.

(2) 소득구분

| 연금계좌평가액 | 연금수령 | | 연금외수령 | |
|---|---|---|---|---|
| 과세제외금액 | ₩2,000,000 | | | |
| 이연퇴직소득 | 7,000,000 | (연금소득/분리과세) | | |
| 공제분과 운용수익 | 3,000,000 | (연금소득/종합과세) | ₩13,000,000 | (기타소득/분리과세) |
| 계 | ₩12,000,000 | | ₩13,000,000 | |

  *1. 연금계좌에서 일부 금액이 인출되는 경우 ①과세제외금액 → ②이연퇴직소득 → ③세액공제받은 금액과 운용수익의 순서로 인출된 것으로 봄
   2. 이연퇴직소득을 연금수령하는 경우 무조건 분리과세임

(3) 종합과세되는 연금소득: ₩3,000,000

∴ 총연금액: ₩7,000,000+₩3,000,000=₩10,000,000

## 기타소득금액

다음은 거주자 甲의 20×7년 기타소득에 관한 자료이다. 이 [자료]를 참고로 물음에 답하시오. 단, 별도로 언급한 것 이외의 것은 필요경비가 확인되지 않은 것이다.

1. 특허권(취득가액 ₩21,000,000)을 ₩30,000,000에 양도하면서 다음과 같은 조건으로 대금을 지급받았다. 단, 특허권은 계약금을 지급하면 사용할 수 있게 하였다.

    | 내역 | 대금지급일 | 금액 |
    |---|---|---|
    | 계 약 금 | 20×7년 12월 1일 | ₩10,000,000 |
    | 잔 금 | 20×8년 2월 25일 | 20,000,000 |

2. 공익목적의 지역권 설정대가로 ₩10,000,000을 받았는데, 입증되는 필요경비 ₩9,000,000이다.
3. 지상권을 양도하고 ₩6,000,000을 받았는데, 입증되는 필요경비는 ₩5,000,000이다.
4. 사업용고정자산과 함께 영업권을 양도하고 ₩15,000,000을 받았는데, 입증되는 필요경비는 ₩9,000,000이다.
5. 20×7년 12월 20일부터 20×7년 12월 24일까지 A대학에서 특강을 하고 이에 대한 대가 ₩3,000,000을 20×8년 1월 5일에 수령하였다.
6. 20×7년 2학기에 B대학의 시간강사로 출강하여 매월 25일에 ₩1,000,000씩 4개월 동안 수령하였다.
7. 로또복권 당첨권 ₩500,000,000인데, 복권의 취득금액은 ₩50,000(1매당 ₩5,000)으로 이 중 1매가 당첨되었다.
8. 승마투표권(권면 금액 ₩70,000)의 환급금으로 ₩7,000,000을 수령하였다.
9. 슬롯머신 당첨금(당첨 당시 투입금액 ₩10,000)으로 ₩6,000,000을 수령하였다.
10. 근무하고 있는 회사로부터 직무와 관련한 우수발명으로서 발명진흥법에 의한 직무발명에 대하여 ₩8,000,000의 보상금을 받았다.
11. 다수가 순위 경쟁하는 대회에서 입상하여 ₩250,000의 상금을 받았다.
12. (주)한국의 20×6년 사업연도소득 세무조정시(결산확정일: 20×7년 2월 25일) 거주자 甲에게 기타소득으로 처분된 금액은 ₩1,000,000이었다.
13. 상가매수자가 계약을 해약함에 따라 위약금으로 ₩12,000,000을 수령하였는데 이 중 ₩5,000,000은 계약상대방으로부터 기수령한 계약금이 위약금으로 대체된 것이다.
14. 교통사고가 발생하여 보험회사로부터 ₩4,000,000을 받았으며 가해자로부터 피해보상금으로 ₩2,000,000을 수령하였다.

15. 소기업·소상공인 공제부담을 특별한 사유없이 해지하고 ₩20,000,000을 수령하였는데, 총납입액은 ₩16,000,000, 공제부금으로 소득공제를 받은 금액은 ₩2,000,000이다.
16. 뇌물로 ₩8,000,000을 받았으나 전액 국가로부터 몰수되었다.
17. 아파트입주가 지체됨에 따라 건설회사로부터 ₩3,000,000의 보상금을 받았다.
18. 서화 1점을 양도하고 ₩80,000,000을 받는데, 원작자는 양도일 현재 사망하였으며 보유기간은 12년이고 취득가액은 ₩30,000,000이다.

### 요구사항

거주자 甲의 20×7년도의 기타소득금액을 다음의 [답안양식]에 따라 제시하시오. 단, 20×7년의 기타소득에 해당하지 않은 경우에는 총수입금액에 '0'으로 표시하며, 원천징수는 적법하게 이루어진 것으로 가정하고 지방소득세는 고려하지 마시오.

| [자료]의 항목번호 | 총수입금액 | 필요경비 | 기타소득금액 | 원천징수세액 | 종합소득에 합산될 금액 |
|---|---|---|---|---|---|
| 1 | | | | | |
| 2 | | | | | |
| 3 | | | | | |
| ⋮ | | | | | |
| 계 | | | | | |

### 해답

| [자료]의 항목번호 | 총수입금액 | 필요경비 | 기타소득금액 | 원천징수세액 | 종합소득에 합산될 금액 |
|---|---|---|---|---|---|
| 1 | ₩30,000,000 | ₩21,000,000 | ₩9,000,000 | ₩1,800,000 | ₩9,000,000 |
| 2 | 10,000,000 | 9,000,000 | 1,000,000 | 200,000 | 1,000,000 |
| 3 | 0 | | | | |
| 4 | 0 | | | | |
| 5 | 0 | | | | |
| 6 | 0 | | | | |
| 7 | 500,000,000 | 5,000 | 499,995,000 | 119,998,500 | |
| 8 | 7,000,000 | 70,000 | 6,930,000 | 1,386,000 | |
| 9 | 6,000,000 | 10,000 | 5,990,000 | 1,198,000 | |
| 10 | 0 | | | | |

| | | | | | |
|---|---|---|---|---|---|
| 11 | 0 | | | | |
| 12 | 1,000,000 | | 1,000,000 | 200,000 | 1,000,000 |
| 13 | 12,000,000 | | 12,000,000 | 1,400,000 | 12,000,000 |
| 14 | 0 | | | | |
| 15 | 6,000,000 | | 6,000,000 | 900,000 | 6,000,000 |
| 16 | | | | | |
| 17 | 3,000,000 | 2,400,000 | 600,000 | 120,000 | 600,000 |
| 18 | 80,000,000 | 72,000,000 | 8,000,000 | 1,600,000 | |
| 계 | ₩655,000,000 | ₩104,485,000 | ₩550,515,000 | ₩128,802,500 | ₩29,600,000 |

### 해설

1. 산업재산권(특허권)의 양도소득의 귀속시기는 대금청산일, 인도일, 사용·수익일 중 빠른 날이며, 필요경비는 확인된 금액과 총수입금액의 60% 중 큰 금액으로 한다. 일반적인 기타소득의 원천징수세율은 20%이다.

2. 공익목적의 지역권·지상권을 설정 또는 대여하고 받은 금품의 필요경비는 확인된 금액과 총수입금액의 60% 중 큰 금액으로 한다.

3. 지상권을 양도하고 받은 금액은 양도소득으로 분류된다.

4. 사업용고정자산과 함께 영업권을 양도하고 받은 금액은 양도소득으로 분류된다.

5. 기타소득의 일반적인 귀속시기는 지급을 받은 날, 즉 현금기준에 의한다. 따라서 A대학의 특강료는 20×8년의 기타소득이며, 인적용역을 일시적으로 제공하고 받은 대가의 필요경비는 확인된 금액과 총수입금액의 60% 중 큰 금액이므로 기타소득금액은 ₩1,200,000(₩3,000,000−₩3,000,000×60%)이다.

6. 4개월 동안 대학에서 강의를 하고 받은 시간강사료는 근로소득으로 분류된다.

7. 복권당첨권 등의 경우 복권구입액을 차감한 금액을 기타소득금액으로 하여 기타소득금액의 20%(3억 초과분은 30%)를 원천징수하고 무조건 분리과세한다.

8. 승마투표권 등의 환급금으로서 200만원을 초과하는 경우 원천징수하고 무조건 분리과세한다.

9. 슬롯머신 당첨금의 경우 해당 당첨 직전에 슬롯머신 등에 투입한 금액을 필요경비로 보며, 기타소득금액의 20%(3억 초과분은 30%)를 원천징수하고 무조건 분리과세한다.

10. 근무 중 수령하는 발명진흥법에 따른 직무발명 보상금은 근로소득에 해당하며, 연 500만원을 한도로 비과세한다.

11. 다수가 순위 경쟁하는 대회에서 입상자가 받는 상금의 필요경비는 확인된 금액과 총수입금액의 80% 중 큰 금액으로 한다. 따라서 기타소득금액은 ₩50,000(₩250,000−₩250,000×80%)이므로 과세최저한에 해당되어 비과세한다.

12. 법인세법에 의하여 기타소득으로 처분된 금액의 귀속시기는 법인의 해당 사업연도 결산확정일이다.
13. 계약의 위반·해약으로 인한 위약금 중 계약금이 위약금으로 대체된 금액에 대해서는 원천징수를 하지 않는다. 따라서 원천징수세액은 ₩1,400,000{(₩12,000,000−₩5,000,000)×20%}이다.
14. 육체적·정신적·물리적인 피해와 관련하여 받는 손해배상금과 그 이자는 과세대상에서 제외된다.
15. 소기업·소상공인 공제부금을 특별한 사유없이 해지함에 따라 발생한 소득은 기타소득으로 본다. 이 경우 기타소득으로 보는 금액은 환급금에서 소득공제받지 못한 납부액을 차감한 금액이다. 따라서 이 문제의 경우 기타소득으로 보는 금액은 ₩6,000,000{₩20,000,000−(₩16,000,000−₩2,000,000)}이며, 원천징수세율은 15%이다.
16. 뇌물은 원천징수를 하지 않으며 국가에 몰수된 경우 과세하지 않는다.
17. 주택입주지체상금의 필요경비는 확인된 금액과 총수입금액의 80% 중 큰 금액으로 한다.
18. 서화·골동품의 양도소득(개당 6천만원 미만, 양도일 현재 생존해 있는 국내 원작자 작품은 제외)의 필요경비는 양도가액 1억원 이하인 경우 총수입금액의 90%와 실제필요경비 중 큰 금액으로 하며, 무조건 분리과세한다.

# 종합소득금액 ■2017. CPA

다음은 거주자 갑의 20×7년 귀속 종합소득 신고를 위한 자료이다. 단, 제시된 금액은 원천징수하기 전의 금액이며, 원천징수는 적법하게 이루어졌다.

[자료 1] 갑의 금융소득 내역은 다음과 같다.

1. 물가연동국고채의 원금 증가분(발행일 20×6년 1월 2일) : ₩5,000,000
2. 상호저축은행법에 의한 신용부금으로 인한 이익 : ₩3,000,000
3. 법인세법에 따라 법인으로 보는 단체로부터 받은 현금배당 : ₩7,000,000
4. 파생결합사채로부터 발생한 수익의 분배금(상법상 파생결합사채의 요건을 충족함) : ₩4,000,000
5. 자기주식소각이익을 자본전입함에 따라 (주)C로부터 수령한 무상주의 액면가액(20×6년 12월 10일 소각하였으며 소각당시 자기주식의 시가가 취득가액을 초과함) : ₩20,000,000
6. 집합투자기구(사모투자전문회사 아님)로부터의 이익 : ₩2,000,000
7. 비상장법인인 (주)A로부터 받은 현금배당 (주)A는 중소기업에 해당함) : ₩8,000,000
8. 법인세법상 소득공제를 적용받은 유동화전문회사로부터 받은 현금배당 : ₩1,000,000

[자료 2] (20×7년 1월 1일 20×7년 6월 30일의 소득자료) : 갑은 (주)C(제조업)의 생산직근로자로 근무하였다.

1. (주)C로부터의 기본급여 수령액(월 ₩1,400,000) : ₩8,400,000
2. (주)C로부터의 상여금 수령액(1회 수령하였음) : ₩2,000,000
3. (주)C로부터의 식사대 수령액(월 ₩300,000) : ₩1,800,000
4. 산불재해로 인하여 (주)C가 지급한 급여(월 ₩400,000) : ₩2,400,000
5. 본인부담분 건강보험료를 (주)C가 대신하여 부담한 금액(월 ₩100,000) : ₩600,000
6. (주)C로부터 수령한 연장근로수당(월 ₩500,000) : ₩3,000,000
7. 전세권을 대여하고 받은 대가 : ₩8,000,000
8. 일시적으로 라디오에 출연하여 출연료로 받은 수당 : ₩7,000,000
9. (주)C를 퇴사한 후 운영할 예정인 치킨집 개업과 관련하여 (주)C에게서 지원받은 개업축하금: ₩5,000,000
10. (주)C의 사내장기자랑 행사에서 1등을 하여 수령한 상금 : ₩2,000,000
11. (주)C로부터 수령한 발명진흥법에 따른 직무발명보상금 : ₩6,000,000
12. (주)C로부터 수령한 휴일근로수당 : ₩1,000,000

[자료 3] (20×7년 7월 1일 ~ 20×7년 12월 31일의 소득자료). 갑은 20×7년 6월 30일에 (주)C에서 현실적으로 퇴사하였다.

1. 유가증권을 일시적으로 (주)D사(특수관계 없음)에게 대여하고 받은 금품 : ₩6,000,000
2. (주)C로부터 지급받기로 한 발명진흥법에 따른 직무발명보상금 미수금 수령액 : ₩2,000,000
3. 제작된 지 300년이 경과된 골동품을 A은행에 양도하고 받은 대가(보유기간: 13년, 확인되는 필요경비 금액 ₩82,000,000) : ₩90,000,000
4. 근로소득공제액표

| 총급여액 | | 공제액 |
|---|---|---|
| | 500만원 이하 | 총급여액 × 70% |
| 500만원 초과 | 1,5000만원 이하 | 350만원 (총급여액 500만원) × 40% |
| 1,500만원 초과 | 4500만원 이하 | 750만원 (총급여액 1,500만원) × 15% |
| 4,500만원 초과 | 1억원 이하 | 1,200만원 (총급여액 4,500만원) × 5% |
| 1억원 초과 | | 1,475 민원 (총급여액 1억원) × 20% |

▼ 요구사항

1. [자료1]을 이용하여 다음 물음에 답하시오.

    (1) 종합과세되는 이자소득 총수입금액, 배당소득 총수입금액을 다음의 [답안양식]에 제시하시오.

    [답안양식]

    | 이자소득 총수입금액 | |
    |---|---|
    | 배당소득 총수입금액 | |

    (2) 배당가산액(Gross-up금액)

    [답안양식]

    | 배당가산액(Gross-up금액) | |
    |---|---|
    | 종합과세대상 금융소득금액 | |

2. [자료 2,3]을 이용하여 다음 물음에 답하시오.

    (1) 생산직근로자로서 받은 초과근로수당의 비과세여부를 결정하기 위한 갑의 월정액급여와 과세대상 초과근로수당금액을 다음의 답안양식에 따라 제시하시오(직전 근로기간의 총급여액은 ₩24,000,000 이었음).

[답안양식]

| 월정액급여 | |
|---|---|
| 과세대상 초과근로수당금액 | |

(2) 근로소득 총수입금액 및 근로소득금액을 다음의 [답안양식]에 따라 제시하시오(단, 생산직 초과근로수당의 비과세요건을 충족한다고 가정함).

[답안양식]

| 근로소득 총수입금액 | |
|---|---|
| 근로소득금액 | |

(3) 종합과세되는 기타소득금액과 기타소득(분리과세대상 포함)에 대한 소득세 원천징수세액을 다음의 [답안양식]에 따라 제시하시오.

[답안양식]

| 기타소득금액 | |
|---|---|
| 기타소득 원천징수세액 | |

### 해답

[요구사항1]

(1)

| 이자소득 총수입금액 | ₩8,000,000 |
|---|---|
| 배당소득 총수입금액 | 42,000,000 |

[계산근거]

1. 이자소득총수입금액: ₩5,000,000+₩3,000,000=₩8,000,000

2. 배당소득총수입금액: (1)+(2)=₩42,000,000

   (1) Gross-up 대상 ×: ₩4,000,000+₩20,000,000+₩2,000,000+₩1,000,000=₩27,000,000

   (2) Gross-up 대상 ○: ₩7,000,000+₩8,000,000=₩15,000,000

(2)

| 배당가산액(Gross-up금액) | ₩1,650,000 |
|---|---|
| 종합과세대상 금융소득금액 | 51,650,000 |

[계산근거]

1. 배당가산액: ₩15,000,000×11%=₩1,650,000

2. 종합과세대상 금융소득금액: ₩8,000,000+₩42,000,000+₩1,650,000=₩51,650,000

[요구사항2]

(1)
| 월정액급여 | ₩1,700,000 |
|---|---|
| 과세대상 초과근로수당금액 | 1,600,000 |

[계산근거]

1. 월정액급여: ₩1,400,000+₩200,000+₩100,000=₩1,700,000
2. 과세대상 초과근로수당금액: (₩3,000,000+₩1,000,000)-₩2,400,000=₩1,600,000

(2)
| 근로소득 총수입금액 | ₩19,200,000 |
|---|---|
| 근로소득금액 | 11,070,000 |

[계산근거]

1. 근로소득총수입금액: ₩8,400,000+₩2,000,000+₩100,000×6+₩600,000+(₩3,000,000-₩2,400,000)+₩5,000,000+(₩6,000,000-₩5,000,000)+₩1,000,000=₩19,200,000

   * 산불재해로 받은 급여는 비과세소득임

2. 근로소득공제: ₩7,500,000+(₩19,200,000-₩15,000,000)×15%=₩8,130,000
3. 근로소득금액: 1-2=₩11,070,000

(3)
| 기타소득금액 | ₩10,800,000 |
|---|---|
| 기타소득 원천징수세액 | 3,760,000 |

[계산근거]

1. 기타소득금액: ₩7,000,000×(1-60%)+₩2,000,000+₩6,000,000=₩10,800,000

   *1. 전세권을 대여하고 받은 대가는 사업소득임.
   2. 직무발명보상금은 연 500만원을 비과세하며, 퇴사후에 받은 금액은 기타소득임.

2. 원천징수세액: ₩10,800,000×20%+(₩90,000,000-₩82,000,000)$^*$×20%=₩3,760,000

   * 골동품양도소득은 분리과세대상 기타소득임.

# 종합소득금액 ■2017. 세무사

다음은 거주자 갑(56세)의 20×7년도 귀속 소득과 관련된 자료이다. 제시된 금액은 원천징수 전의 금액이다. 각 물음은 독립적이다. 물음에 답하시오.

1. 금융소득 관련 자료
   (1) 개인종합자산관리계좌(ISA)에서 발생한 이자 ₩3,000,000이 있다. 갑 씨의 20×6년도 종합소득금액은 ₩35,000,000을 초과한다.
   (2) 소기업·소상공인공제부금(2015년 이전 가입분)의 이익 ₩6,000,000이 있다. 이와 관련하여 중소기업중앙회에 추가적인 신청을 한 적은 없다.
   (3) 외국에서 수령한 이자(국내 원천징수는 하지 않음)가 ₩2,000,000이 있다.
   (4) 비상장법인 (주)A로부터 받은 무상주의 내역은 다음과 같다.
      ① 주식발행초과금 자본전입으로 받은 무상주 가액 : ₩30,000,000(자기주식에 배정하지 않아서 지분율의 상승을 유발한 금액 ₩10,000,000 포함)
      ② 이익잉여금 자본전입에 따라 받은 무상주 가액 : ₩10,000,000

2. 사업소득 관련 자료
   (1) 갑 씨는 생계를 같이 하는 특수관계인과 공동으로 소유하는 상가용 빌딩(갑 씨의 지분율은 60%이며, 공동사업의 지분율은 사실과 합치된다.)을 20×6년도부터 임대하고 있는데, 20×7년의 연간 임대료는 ₩10,000,000이다. 임대보증금은 ₩200,000,000이며 임대보증금을 운용하여 이자 ₩300,000과 유가증권처분이익 ₩150,000을 얻었다. 간주임대료 계산에 적용되는 이자율은 연 3%로 가정한다.
   (2) 임대용 건물의 실제 취득가액은 토지가액 ₩200,000,000을 포함하여 ₩300,000,000이다.
   (3) 위 상가 임대에 따른 필요경비는 ₩5,000,000이며, 이 필요경비에는 공동사업용 건물의 취득을 위해 조달한 차입금의 이자 ₩700,000이 포함되어 있다.

3. 근로소득 관련 자료
   (1) 급여 수령 내역은 다음과 같다.

   | | |
   |---|---:|
   | ① 기본급 (₩1,650,000 × 12회) | ₩19,800,000 |
   | ② 상여금(연 8회) | 8,000,000 |
   | ③ 시간외근무수당 | 3,000,000 |
   | ④ 자녀 교육비 보조금 | 1,000,000 |

⑤ 식대보조비 (₩200,000 × 12회)  2,400,000*
                                    ─────────
                                    34,200,000
                                    ═════════

* 회사가 외부 음식업자와 계약을 체결하여 제공하는 식권으로 받은 것이다. 이 식권은 현금으로 환급 받을 수 없다.

(2) 회사는 갑 씨의 사회보장성 보험료 연간 총액 ₩960,000(매월 ₩80,000씩 12개월분이며, 이 금액은 종업원부담분과 회사부분이 각각 50%씩 구성된다고 가정한다.)을 전액 부담하였다.

(3) 회사는 20×7. 3. 10.에 잉여금처분 결의를 하면서 갑 씨에게 성과급 ₩10,000,000을 지급하였으며, 20×6년도분 법인세 신고(신고일 20×7. 3. 15.)를 하면서 갑 씨에게 인정이자로 ₩2,000,000을 처분하였다.

(4) 갑 씨는 생산직 근로자이고, 직전연도 총급여가 ₩25,000,000 이하이다.

4. 연금소득 관련 자료

(1) 갑 씨의 연금계좌는 2013. 2. 23. 이전에 가입한 것으로 20×6년부터 연금을 수령하고 있다. 갑씨가 20×6년에 수령한 연금은 ₩2,000,000이다.

① 20×7. 1. 1. 현재 연금계좌 평가액 : ₩150,000,000

② 연금계좌에 불입 시 연금계좌세액공제를 받지 못한 금액의 합계 : ₩8,000,000

③ 연금계좌에 포함된 이연퇴직소득 : ₩30,000,000

(2) 갑 씨는 20×7년도에 위 연금계좌에서 ₩50,000,000을 수령하였다.

(3) 갑 씨의 이연퇴직소득에 대하여 이연 당시에 산출한 퇴직소득세는 ₩400,000이다.

5. 소득금액 계산과 관련된 자료는 다음과 같다.

(1) 근로소득공제액은 다음과 같다.

| 총급여액 | | 근로소득공제액 |
|---|---|---|
| | 500만원 이하 | 총급여액 × 70% |
| 500만원 초과 | 1,500만원 이하 | 350만원(총급여 500만원) × 40% |
| 1,500만원 초과 | 4,500만원 이하 | 750만원+(총급여-1,500만원) × 15% |
| 4,500만원 초과 | 1억원 이하 | 1,200만원+(총급여-4,500만원) × 15% |
| 1억원 초과 | | 1,475만원+(총급여-1억원) × 2% |

(2) 연금소득공제액은 다음과 같다.

| 총급여액 | | 연금소득공제액 |
|---|---|---|
| | 350만원 이하 | 총연금액 |
| 350만원 초과 | 700만원 이하 | 350만원 (총연금액 ~ 350만원) × 400% |

| | |
|---|---|
| 700만원 초과 1,400만원 이하 | 490만원 + (총연금액 − 700만원) × 20% |
| 1,400만원 초과 | 630만원 + (총연금액 1,400만원) × 10% |

> **요구사항**

1. 종합과세할 금융소득을 다음의 구분별로 구하시오.

   (1) 금융소득의 종합과세 여부를 다음의 양식을 이용하여 판단하시오.

   | 항 목 | 금 액 | | |
   |---|---|---|---|
   | | 조건부 종합과세 | 무조건 종합과세 | 비과세·분리과세 등 |
   | ⋮ | | | |
   | 계 | | | |

   (2) 배당가산액(Gross-Up금액)을 구하시오.

   (3) 종합과세 금융소득금액을 구하시오.

2. 사업소득과 관련하여 다음을 구하시오.

   (1) 임대보증금에 대한 간주임대료를 구하시오.

   (2) 부동산임대와 관련된 공동사업장의 소득금액을 구하시오..

   (3) 갑 씨의 사업소득금액을 구하시오.

3. 근로소득과 관련하여 다음을 구하시오.

   (1) 시간외근무수당의 비과세 판단의 기준이 되는 월정액급여를 구하시오.

   (2) 근로소득 총수입금액(총급여액)을 구하시오.

   (3) 근로소득금액을 구하시오.

4. 연금소득과 관련하여 다음을 구하시오. (단, 종합소득금액 최소화를 가정한다.)

   (1) 연금수령한도를 구하시오.

   (2) 연금수령과 관련한 원천징수세액을 구하시오.

   (3) 종합과세할 연금소득금액을 구하시오.

▼ 해답

[요구사항1]

(1) 금융소득의 종합과세 여부

| 항 목 | 금 액 | | |
|---|---|---|---|
| | 조건부 종합과세 | 무조건 종합과세 | 비과세·분리과세 등 |
| 개인종합자산관리계좌 | | | ₩3,000,000 |
| 소기업·소상공인공제부금 | ₩6,000,000 | | |
| 외국에서 수령한 이자 | | ₩2,000,000 | |
| 무상주의제배당(자기주식) | 10,000,000 | | |
| 무상주의제배당(이익잉여금) | 10,000,000 | | |
| 계 | ₩26,000,000 | ₩2,000,000 | ₩3,000,000 |

(2) 배당가산액: ₩8,000,000×11%=₩880,000

(3) 종합과세 금융소득금액: ₩28,000,000+₩880,000=₩28,880,000

[요구사항2]

(1) 임대보증금에 대한 간주임대료

(₩200,000,000−₩100,000,000)×3%−₩300,000=₩2,700,000

(2) 공동사업장 소득금액

① 총수입금액: ₩10,000,000+₩2,700,000=  ₩12,700,000
② 필요경비  (5,000,000)
③ 사업소득금액  ₩7,700,000

(3) 갑 씨의 사업소득금액: ₩7,700,000×60%=₩4,620,000

[요구사항3]

(1) 월정액급여: ₩1,650,000+₩200,000+₩80,000×50%=₩1,890,000

(2) 총급여액: ₩19,800,000+₩8,000,000+(₩3,000,000−₩2,400,000)+₩1,000,000+₩960,000 × 50%+₩10,000,000=₩39,880,000

*식권으로 제공받는 식대는 비과세임

(3) 근로소득금액: ₩39,880,000−₩11,232,000*=₩28,648,000

*근로소득공제: ₩7,500,000+(₩39,880,000−₩15,000,000)×15%=₩11,232,000

[요구사항4]

(1) 연금수령한도: ₩45,000,000

(2) 연금수령과 관련한 원천징수세액: ₩630,000

(3) 종합과세할 연금소득금액: ₩0

[계산근거]

1. 연금수령한도: $\dfrac{₩150,000,000}{(11-7^*)} \times 120\% = ₩45,000,000$

   * 2013.2.28 이전에 가입한 연금계좌의 경우 연금을 최초로 수령한 해를 기산연차(6년차)로 하므로 올해 연금수령연차는 7년차임.

2. 소득구분

| 연금계좌평가액 | 연금수령 | | 연금외수령 | |
|---|---|---|---|---|
| 과세제외금액 | ₩8,000,000 | | | |
| 이연퇴직소득 | 30,000,000 | (연금소득/분리과세) | | |
| 공제분과 운용수익 | 7,000,000 | (연금소득/선택적분리과세) | ₩5,000,000 | (기타소득/분리과세) |
| 계 | ₩45,000,000 | | ₩5,000,000 | |

3. 원천징수세액: ①+②=₩630,000

   ① 이연퇴직소득분: $₩400,000 \times \dfrac{₩30,000,000}{₩30,000,000} \times 70\% = ₩280,000$

   ② 선택적 분리과세분: ₩7,000,000×5%=₩350,000

## 종합소득금액 ■2018. CPA

다음은 거주자 갑, 을, 병의 20×7년 귀속 종합소득신고를 위한 자료이다. 단, 제시된 금액은 원천징수하기 전의 금액이며, 별도의 언급이 없는 한 원천징수는 모두 적법하게 이루어졌다고 가정한다.

[자료 1]

1. 집합투자기구로부터 지급받은 이익 ₩4,500,000(이자 ₩2,000,000, 배당 ₩1,500,000, 상장주식처분이익 ₩1,000,000으로 구성됨)
2. 환매조건부채권의 매매차익: ₩5,000,000
3. 외국법인으로부터 받은 현금배당금: ₩3,000,000(국내에서 원천징수되지 않음)
4. (주)A의 20×6년 사업연도 법인세 신고시 법인세법에 따라 배당으로 처분된 금액(결산확정일: 20×7년 2월 20일): ₩1,600,000
5. (주)B가 자기주식소각이익 (20×7년 6월 5일에 소각하였으며, 소각당시 시가가 취득가액을 초과함)을 자본전입함에 따라 (주)B로부터 수령한 무상주의 액면가액: ₩10,000,000(시가는 ₩12,000,000임)
6. 사업목적이 아닌 일시적인 금전대여로 인해 수령한 원금 초과액 및 수수료: ₩2,000,000(원천징수되지 않음)
7. 매매계약의 위약으로 인해 받은 손해배상금액 대한 법정이자: ₩1,400,000
8. 20×2년에 가입한 저축성보험의 중도해지 환급금: ₩15,000,000(납입보험료 총액은 ₩12,000,000임)

[자료 2]

1. 거주자 을이 (주)A로부터 받은 소득내역은 다음과 같다.

    ① 기본급(월 ₩1,500,000): ₩9,000,000

    ② 자격수당(월 ₩100,000): ₩600,000

    ③ 상여금: ₩1,000,000

    ④ 식사대(월 ₩250,000)[*1]: ₩1,200,000

       *1. 식사 및 기타 음식물을 제공받지 않음

    ⑤ 잉여금처분에 의한 상여금[*2]: ₩800,000

       *2. 전년도 실적을 바탕으로 한 상여금으로서 잉여금 처분결의일은 20×7년 2월 25일임

    ⑥ 연장근로수당: ₩2,800,000

    ⑦ 을의 자녀를 수익자로 하는 교육보험의 보험료를 회사가 부담한 금액: ₩3,000,000

2. 거주자 을이 (주)B로부터 받은 소득내역은 다음과 같다.

   ① 기본급(월 ₩1,000,000): ₩6,000,000

   ② 영업수당: ₩5,000,000

   ③ 식사대(월 ₩200,000)[*3]: ₩1,200,000

   　　*3. 식사 및 기타 음식물을 제공받지 않음

   ④ 자가운전보조금(월 ₩250,000)[*4]: ₩1,500,000

   　　*4. 을의 소유 차량을 본인이 직접 운전하여 회사의 업무수행에 이용하고 시내출장 등에 소요된 실제 여비를 받는 대신에 그 소요경비를 회사의 지급기준에 따라 받은 금액임

   ⑤ 연장근로수당: ₩800,000

   ⑥ 사택을 무상으로 제공받음으로 인해 얻은 이익: ₩3,000,000

   ⑦ 건강보험 및 고용보험료의 본인 부담분을 회사가 납부한 금액(월 ₩80,000): ₩480,000

   ⑧ 발명진흥법에 따라 받은 직무발명보상금: ₩2,000,000

[자료 3]

1. 고려시대 골동품의 양도로 받은 금액: ₩80,000,000 (5년 보유 후 양도하였음)
2. 공익사업과 관련없는 지역권의 대여로 인해 받은 금품: ₩25,000,000 (지역권의 대여와 관련하여 실제 발생한 경비는 ₩22,000,000임)
3. (주)C의 20×6년 각사업연도소득금액에 대한 세무조정시 기타소득으로 병에게 처분된 금액: ₩6,000,000 (결산확정일: 20×7년 2월 24일)
4. 일시직으로 잡지에 원고를 기고하고 6월 30일에 받은 원고료: ₩2,500,000
5. 주택매수자가 계약을 해약함에 따라 계약금이 위약금으로 대체된 금액: ₩5,000,000
6. 연금계좌에서 이연퇴직소득의 일부를 일시금으로 연금외수령한 금액: ₩8,000,000

### 요구사항

1. 거주자 갑의 20×7년 금융소득과 관련된 내역이 [자료 1]과 같을 때 갑의 종합소득에 합산될 이자소득 총수입금액, 배당소득 총수입금액 및 배당가산액을 다음의 [답안양식]에 따라 제시하시오.

[답안양식]

| 이자소득 총수입금액 | |
|---|---|
| 배당소득 총수입금액 | |
| 배당가산액(Gross-up금액) | |

2. 거주자 을은 20×7년 6월 30일까지 (주)A의 생산직 사원으로 근무하다가 20×7년 7월 1일부터 (주)B의 영업직 사원으로 이직하여 근무하고 있다. 을의 20×7년 근로소득과 관련된 내역이[자료 2]와 같을 때 (주)A로부터 받은 총급여액, (주)B로부터 받은 총급여액을 제시하시오. 단, 을이 20×6년에 (주)A로부터 총급여액은 ₩20,000,000이다.

3. 거주자 병의 20×7년 소득과 관련된 내역이 [자료 3]과 같을 때 병의 종합과세되는 기타소득금액과 기타소득(분리과세대상 포함)에 대한 소득세 원천징수세액을 제시하시오.

[요구사항1]

| 이자소득 총수입금액 | ₩10,000,000 |
|---|---|
| 배당소득 총수입금액 | ₩18,100,000 |
| 배당가산액(Gross-up금액) | ₩176,000 |

[계산근거]

(1) 이자소득 총수입금액: ₩5,000,000+₩2,000,000+₩3,000,000=₩10,000,000

(2) 배당소득 총수입금액: ₩3,500,000+₩3,000,000+₩1,600,000+₩10,000,000=₩18,100,000

(3) 배당가산액: ₩1,600,000×11%=₩176,000

[요구사항2]

| (주)A 총급여액 | ₩15,100,000 |
|---|---|
| (주)B 총급여액 | ₩13,180,000 |

[계산근거]

(1) (주)A 총급여액: ₩9,000,000+₩600,000+₩1,000,000+(₩250,000-₩200,000)×6+₩800,000
  +(₩2,800,000-₩2,400,000)+₩3,000,000=₩15,100,000

(2) (주)B 총급여액: ₩6,000,000+₩5,000,000+(₩200,000-₩100,000)×6+(₩250,000-₩200,000)
  ×6+₩800,000+₩480,000=₩13,180,000

[요구사항3]

| 종합과세되는 기타소득금액 | ₩12,000,000 |
|---|---|
| 기타소득 원천징수세액 | ₩4,200,000 |

[계산근거]

(1) 종합과세되는 기타소득금액: ₩6,000,000+₩2,500,000×(1-60%)+₩5,000,000=₩12,000,000

　　*1. 골동품의 양도소득과 연금계좌에서 이연퇴직소득의 일부를 일시금으로 연금외수령한 경우 분리과세대상 기타소득임.
　　 2. 공익사업과 관련없는 지역권의 대여로 인한 소득은 사업소득임.

(2) 원천징수세액: ₩80,000,000×(1-90%)×20%+₩6,000,000×20%+₩2,500,000×(1-60%)×20%
　　　　　　　　 +₩8,000,000×15%=₩4,200,000

　　*계약금이 위약금·배상금으로 대체된 경우 원천징수하지 않음.

## 연금소득금액 및 사업소득금액 ■2019. CPA

제조업을 영위 (복식부기의무자)하는 거주자 을 (62세, 남성)의 연금소득 및 사업소득 내역이 다음과 같을 때 아래 요구사항에 답하시오.

〈연금소득 내역〉

1. 20×7년 1월 1일 현재 연금계좌 (2014년 1월 1일 가입) 평가액의 구성내역은 다음과 같다.

| 구 분 | 금 액 |
|---|---|
| 이연퇴직소득 | ₩10,000,000 |
| 이연퇴직소득 외 평가액 | 290,000,000 |
| 합 계 | ₩300,000,000 |

2. 이연퇴직소득 외 평가액에는 연금계좌불입시 연금세액공제를 받지 못한 금액 ₩20,000,000이 포함되어 있다.
3. 이연퇴직소득에 대하여 과세이연된 퇴직소득세는 ₩500,000이다.
4. 을은 연금을 20×7년 1월1일부터 신청하여 수령하기 시작하였고 20×7년 수령액은 ₩65,000,000이다.
   (의료목적, 천재지변이나 그 밖의 부득이한 사유로 인출한 금액은 없음).

〈사업소득 내역〉

1. 손익계산서상 당기순이익: ₩15,000,000
2. 손익계산서상 대표자 을의 급여: ₩2,000,000
3. 차입금(20×6년에 차입)에 대한 손익계산서상 이자비용의 세부내역은 다음과 같다.
    ① 채권자불분명사채이자: ₩2,0000,000(연이자율 14%)
    ② 저축은행차입금이자: ₩7,300,000(연이자율 10%)
4. 손익계산서상 접대비 지출액:₩500,000(증명서류를 분실함)
5. 손익계산서상 업무용승용차의 처분손실: ₩9,500,000
6. 재해로 인하여 발생한 재해손실: ₩4,000,000(손익계산서에 미계상됨)
7. 외화매출채권에 대한 외환차손: ₩3,000,000(손익계산서에 미계상됨)
8. 60일 동안 부채 합계가 사업용자산 합계를 초과하였으며, 초과인출금적수는 ₩532,900,000이다.

### 요구사항

1. 을의 연금계좌로부터의 연금수령한도를 제시하시오.
2. 을의 총연금액 및 사적연금소득 원천징수세액을 제시하시오. 단, 연금수령한도는 ₩50,000,000이라고 가정한다.
3. 을의 사업소득금액을 제시하시오. 단, 세부담 최소화를 가정한다.

### 해답

**[요구사항1]**

| 연금수령한도 | ₩120,000,000 |
|---|---|

[계산근거]

연금수령한도: $\dfrac{\text{₩}300,000,000}{11-8^*} \times 120\% = \text{₩}120,000,000$

*(62세-55세)+1=8, 만약, 2013.3.1전에 가입한 연금계좌라면 최초 연금수령한 날이 속하는 과세기간을 6년차로 하여 기산연차를 계산함

**[요구사항2]**

| 총연금액(연금계좌) | ₩30,000,000 |
|---|---|
| 사적연금소득 원천징수세액 | ₩1,350,000 |

[계산근거]

(1) 소득구분

| 연금계좌평가액 | 연금수령 | | 연금외수령 | |
|---|---|---|---|---|
| 과세제외금액 | ₩20,000,000 | | | |
| 이연퇴직소득 | 10,000,000 | (연금소득/분리과세) | | |
| 공제분과 운용수익 | 20,000,000 | (연금소득/종합과세) | ₩15,000,000 | (기타소득/분리과세) |
| 계 | ₩50,000,000 | | ₩15,000,000 | |

(2) 총연금액: ₩10,000,000+₩20,000,000=₩30,000,000

(3) 사적연금소득 원천징수세액

① 이연퇴직소득: ₩500,000×70%= ₩350,000
② 공재분과 운용수익: ₩20,000,000×5%= 1,000,000
계 ₩1,350,000

[요구사항3]

| 사업소득금액 | ₩18,146,000 |
|---|---|

[계산근거]

| | | |
|---|---:|---:|
| 손익계산서상 당기순이익 | | ₩15,000,000 |
| 총수입금액산입 · 필요경비불산입 | | |
|   대표자 급여 | ₩2,000,000 | |
|   채권자불분명사채이자 | 2,000,000 | |
|   증빙불비 접대비 | 500,000 | |
|   업무용승용차 처분손실 | 1,500,000 | |
|   초과인출금이자 | 146,000 | 6,146,000 |
| 총수입금액불산입 · 필요경비산입 | | |
|   외환차손 | ₩3,000,000 | (3,000,000) |
| 사업소득금액 | | ₩18,146,000 |

*1. 초과인출금이자: $₩7,300,000 \times \dfrac{₩532,900,000}{₩7,300,000 \div 10\% \times 365} = ₩146,000$

2. 재해손실은 결산조정사항이므로 손익계산서에 비용으로 계상하지 않은 경우 필요경비로 산입할 수 없음.

# 종합소득금액 ■2019. 세무사

다음은 거주자 갑의 20×7년도 귀속 소득에 대한 자료이다. 각 물음에 답하시오. (단, 제시된 금액은 원천징수 전의 금액이며 별도의 언급이 없는 한 원천징수는 모두 적법하게 이루어졌다고 가정한다.)

1. 갑의 금융소득 관련자료
   (1) 국내은행에 예치된 정기예금이자: ₩8,000,000
   (2) 상호저축은행법에 따른 신용부금으로 인한 이익: ₩6,000,000
   (3) 집합투자기구로부터의 이익(전액 이자수익으로 구성됨): ₩9,000,000
   (4) 발행일에 매입하여 계속 보유중인 장기채권의 이자 (2015. 11. 30. 발행, 만기 10년): ₩4,000,000
   (5) 출자공동사업자의 소득분배액: ₩12,000,000
   (6) 외국법인으로부터 받은 현금배당 (국내에서 원천징수한 금액은 없음): ₩5,000,000

2. 갑의 근로소득 및 기타소득 관련자료
   (1) 갑은 제조업을 영위하는 (주)A(중소기업 및 벤처기업이 아님)의 기업부설연구소의 비출자임원으로 근무하고 있으며 매월 ₩6,000,000의 급여를 12개월간 수령하였다.
   (2) 갑은 기업부설연구소에서 연구활동을 직접 수행하여 연구보조비를 매월 ₩500,000씩 12개월간 수령하였다.
   (3) 갑은 법인세법상 연간 적정임대료가 ₩30,000,000인 사택을 12개월간 무상으로 제공받았다.
   (4) 갑은 임원기밀비(업무를 위하여 사용하였는지 분명치 않음)로 매월 ₩1,000,000을 12개월간 수령하였다.
   (5) 갑이 ₩40,000(1매당 가격 ₩5,000)에 구입한 복권 중 1매가 3등에 당첨되어 ₩30,000,000의 당첨금을 수령하였다.
   (6) 갑은 5년간 소유하고 있던 특허권(취득가액이 확인되지 않음)을 ₩20,000,000에 양도하였다.
   (7) 갑은 (주)A가 조직한 지역사회봉사동아리 회장으로 봉사한 공적을 인정받아 지방자치단체로부터 봉사상과 부상으로 ₩3,000,000을 받았다.
   (8) 갑이 11년간 소유하고 있는 150년 전 제작된 골동품 1점을 양도하고 ₩120,000,000을 수령하였다. (골동품 소유로 실제 사용된 필요경비는 ₩100,000,000임)

3. 근로소득공제액의 계산식은 다음과 같다.

| 총급여액 | 근로소득공제액 |
|---|---|
| 500만원 이하 | 총급여액 × 70% |
| 500만원 초과 1,500만원 이하 | 350만원 + (총급여액 − 500만원) × 40% |

| | | |
|---|---|---|
| 1,500만원 초과 | 4,500만원 이하 | 750만원+(총급여액-500만원) × 15% |
| 4,500만원 초과 | 1억원 이하 | 1,200만원+(총급여액-4,500만원) × 5% |
| | 1억원 초과 | 1,475만원+(총급여액-1억원) × 2% |

4. 소득세 기본세율은 다음과 같다.

| 과세표준 | | 기본세율 |
|---|---|---|
| | 1,400만원 이하 | 과세표준 × 6% |
| 1,400만원 초과 | 5,000만원 이하 | 84만원 + (과세표준 - 1,400만원) × 15% |
| 5,000만원 초과 | 8,800만원 이하 | 624만원 + (과세표준 - 5,000만원) × 24% |
| 8,800만원 초과 | 1억5천만원 이하 | 1,536만원 + (과세표준 - 8,800만원) × 35% |
| 1억5천만원 초과 | 3억원 이하 | 3,706만원 + (과세표준 - 1억5천만원) × 38% |
| 3억원 초과 | 5억원 이하 | 9,406만원 (과세표준 - 3억원) × 40% |
| | 5억원 초과 | 1억 7,406만원 + (과세표준 - 5억원) × 42% |

▼ 요구사항

1. 종합소득금액에 합산될 ① 이자소득금액과 ② 배당소득금액 및 ③ 금융소득에 대한 소득세 원천징수세액(분리과세금액 포함)을 제시하시오. (단, 분리과세 신청이 가능한 경우 적법하게 분리과세 신청을 하였다고 가정한다.)

2. 종합소득과세표준에 포함될 ① 근로소득금액과 ② 기타소득금액 및 ③ 기타소득에 대한 소득세 원천징수세액(분리과세금액 포함)을 제시하시오.

▼ 해답

[요구사항1]

| | |
|---|---|
| 종합소득금액에 합산될 이자소득금액 | ₩14,000,000 |
| 종합소득금액에 합산될 배당소득금액 | 26,000,000 |
| 금융소득에 대한 소득세 원천징수세액(분리과세금액 포함) | 7,420,000 |

[계산근거]

(1) 종합소득금액에 합산될 이자소득금액: ₩8,000,000+₩6,000,000=₩14,000,000

*1. 2015년 발행된 장기채권의 이자는 무조건분리과세대상 이자소득임
 2. 무조건종합과세대상 금융소득과 조건부종합과세대상 금융소득의 합계액이 2,000만원을 초과하므로 조건부종합과세대상 금융소득을 종합과세함.

(2) 종합소득금액에 합산될 배당소득금액: ₩9,000,000+₩12,000,000+₩5,000,000=₩26,000,000

　　*Gross-up 배당소득은 없음

(3) 금융소득에 대한 원천징수세액: ₩8,000,000×14%+₩6,000,000×14%+₩9,000,000×14%+

　　₩4,000,000×30%+₩12,000,000×25%=₩7,420,000

[요구사항2]

| 종합소득과세표준에 포함될 근로소득금액 | ₩75,750,000 |
|---|---|
| 종합소득과세표준에 포함될 기타소득금액 | 8,000,000 |
| 기타소득에 대한 원천징수세액 | 9,999,000 |

[계산근거]

(1) 종합소득과세표준에 포함될 근로소득금액

　　① 총급여액: ₩6,000,000×12+₩500,000×12+₩1,000,000×12=₩90,000,000

　　② 근로소득공제: ₩12,000,000+(₩90,000,000−₩45,000,000)×5%=₩14,250,000

　　∴ 근로소득금액: ①−②=₩75,750,000

(2) 종합소득과세표준에 포함될 기타소득금액: ₩20,000,000×(1−60%)=₩8,000,000

　　*1. 복권당첨소득과 골동품양도소득은 무조건 분리과세대상 기타소득임.

　　 2. 지방자치단체로부터의 상금은 비과세임.

(3) 기타소득에 대한 소득세 원천징수세액: (₩30,000,000−₩5,000)×20% +{₩20,000,000×(1−60%)}

　　×20%+{₩120,000,000×(1−90%)}×20%=₩9,999,000

## 근로소득금액과 연금소득금액 ■2020. 세무사

다음은 거주자 갑의 20×1년도 귀속 소득과 관련된 자료이다. 물음에 답하시오. (단, 제시된 금액은 원천징수되기 전의 금액이고 별도의 언급이 없는 한 원천징수는 적법하게 이루어졌으며 주어진 자료 이외에는 고려하지 말 것)

1. 갑의 근로소득 및 연금소득 관련자료
   (1) 갑은 제조업을 영위하는 중소기업의 생산직 근로자로서 갑이 20×1년도에 수령한 시간외 근무수당은 ₩3,000,000이다 (월정액급여는 ₩2,050,000이며 직전연도 총급여는 ₩28,000,000이었음).
   (2) 갑은 회사로부터 주택구입자금을 무상으로 대여받고 있는데 그 이익은 ₩5,000,000이다.
   (3) 회사로부터 식권을 제공받은 가액 ₩1,800,000(=₩150,000 × 12월)이 있다(이 식권은 외부 음식업자와 계약에 의해 제공되며 현금으로 환급되지 아니함).
   (4) 자녀학비 보조금으로 ₩3,000,000과 본인의 직업능력개발훈련시설 수업료(업무와 관련된 교육으로 규정에 따라서 지급되었으며 교육기간이 6개월 미만임) ₩2,000,000을 수령하였다.
   (5) 위 항목 이외에 급여로 받은 금액 ₩20,000,000이 있다.
   (6) 갑은 연금저축계좌에 가입(2013년 전에 가입함)하여 약정대로 10년 동안 매년 ₩5,000,000씩 총 ₩50,000,000을 납입하였는데 이 금액 중 연금계좌세액공제를 받지 못한 금액 ₩4,000,000이 포함되어 있다고 가정한다.
   (7) 갑은 위 연금저축계좌로부터 연금수령 개시가 가능한 시기인 20×1. 1. 1.부터 연금을 수령하기 시작하였는데, 20×1년도 연금수령액은 ₩18,000,000이다 (의료목적이나 천재지변 등 부득이한 사유에 의한 인출은 없음).
   (8) 20×1. 1. 1. 현재 연금계좌평가액은 ₩70,000,000이며 갑은 20×1년 현재 60세이다.

2. 기타 관련 자료
   (1) 근로소득공제액 계산을 위한 자료는 다음과 같다.

| 총급여액 | 근로소득공제액 |
|---|---|
| 500만원 이하 | 총급여액 × 70% |
| 500만원 초과 1,500만원 이하 | 350만원 + (총급여액 − 500만원) × 40% |
| 1,500만원 초과 4,500만원 이하 | 750만원 + (총급여액 − 1,500만원) × 15% |
| 4,500만원 초과 1억원 이하 | 1,200만원 + (총급여액 − 4,500만원) × 5% |
| 1억원 초과 | 1,475만원 + (총급여액 − 1억원) × 2% |

(2) 연금소득공제액 계산을 위한 자료는 다음과 같다.

| 총급여액 | | 연금소득공제액 |
|---|---|---|
| | 350만원 이하 | 총연금액 |
| 350 만원 초과 | 700만원 이하 | 350만원 + (총연금액 − 350만원) × 40% |
| 700만원 초과 | 1,400만원 이하 | 490만원 + (총연금액 − 700만원) × 20% |
| 1,400만원 초과 | | 630 만원 + (총연금액 − 1,400만원) × 10% |

### 요구사항

근로소득 및 연금계좌 인출과 관련하여 다음 양식에 따른 해답을 제시하시오.

| 구 분 | 해 답 |
|---|---|
| ① 종합소득금액에 합산할 근로소득금액 | |
| ② 연금수령한도 | |
| ③ 연금계좌인출시 원천징수할 소득세액 | |
| ④ 종합소득금액에 합산할 연금소득금액 | |

### 해답

| 구 분 | 해 답 |
|---|---|
| ① 종합소득금액에 합산할 근로소득금액 | ₩14,810,000 |
| ② 연금수령한도 | ₩16,800,000 |
| ③ 연금계좌인출시 원천징수할 소득세액 | ₩820,000 |
| ④ 종합소득금액에 합산할 연금소득금액 | ₩6,740,000 |

[계산근거]

① 종합소득금액에 합산할 근로소득금액: a−b=₩14,810,000

  a. 총급여액: ₩3,000,000−₩2,400,000+₩3,000,000+₩20,000,000=₩23,600,000

  b. 근로소득공제: ₩7,500,000+(₩23,600,000−₩15,000,000)×15%=₩8,790,000

   *1. 월정액 금액 210만원이하로서, 직전 과세기간 총급여액이 3천만원 이하인 생산직 근로자의 연 240만원 이하 초과근로수당 등은 비과세함.
   2. 중소기업 종업원의 주택자금대여이익은 비과세함.
   3. 근로자가 사내급식 등으로 제공받는 식사는 비과세함.
   4. 업무관련 본인의 교육비부담금은 비과세함.

② 연금수령한도: $\dfrac{₩70,000,000}{11-6} \times 120\% = ₩16,800,000$

③ 연금계좌인출시 원천징수할 소득세액

| 연금계좌평가액 | 연금수령 | 연금외수령 |
|---|---|---|
| 과세제외금액 | ₩4,000,000 | |
| 공제분과 운용수익 | 12,800,000 (연금소득 분리과세) | ₩1,200,000 (기타소득 분리과세) |
| 계 | ₩16,800,000 | ₩1,200,000 |

∴ 12,800,000×5%+₩1,200,000×15%=₩820,000

④ 종합소득금액에 합산할 연금소득금액: a-b=₩6,740,000

   a. 총연금액: ₩12,800,000

   b. 연금소득공제: ₩4,900,000+(₩12,800,000-₩7,000,000)×20%=₩6,060,000

## 근로소득금액  ■2020. CPA

(주)A(중소기업)의 전무이사 갑과 영업부장 을의 20×1년 근로소득 관련 자료이다. 갑과 을은 5년 전부터 계속 근무하고 있다.

1. 갑과 을이 (주)A로부터 20×1년에 지급받은 내역은 다음과 같다(아래 금액은 매월 균등하게 지급받은 금액을 합산한 것임).

| 구 분 | 갑 | 을 |
| --- | --- | --- |
| 기본급 | ₩70,000,000 | 48,000,000 |
| 성과급 | 20,000,000 | 1,800,000 |
| 식사대[*1] | 2,760,000 | 1,560,000 |
| 자격증수당 | – | 240,000 |
| 판공비 | 2,000,000 | – |
| 자가운전보조금[*2] | 3,000,000 | 1,200,000 |

*1. 을은 구내식당에서 식사를 제공받았으나, 갑은 식사를 제공받지 않았다.
 2. 갑과 을은 본인 소유차량을 직접 운전하여 업무수행에 이용하고 실제여비를 받는 대신에 회사 사규에 정해진 지급기준에 따라 자가운전보조금을 받았다.

2. 갑과 을의 국민건강보험법에 따른 건강보험료의 내역은 다음과 같으나, 본인부담분을 포함한 전액을 (주)A가 부담하였다.

| 구 분 | 갑 | 을 |
| --- | --- | --- |
| 회사부담분 | ₩4,500,000 | ₩2,000,000 |
| 본인부담분 | 4,500,000 | 2,000,000 |

3. 갑과 을이 (주)A로부터 받은 보상금 등의 내역은 다음과 같다.

| 구 분 | 갑 | 을 |
| --- | --- | --- |
| 직무발명보상금[*3] | ₩6,000,000 | ₩4,000,000 |
| 주택구입·임차 자금 무상대여 이익 | 1,000,000 | 800,000 |

*3. 발명진흥법에 따라 받은 보상금이다.

### 요구사항

갑과 을의 총급여액을 다음의 [답안양식]에 따라 제시하시오.

[답안양식]

| 갑의 총급여액 | |
|---|---|
| 을의 총급여액 | |

### 해답

| 갑의 총급여액 | ₩99,460,000 |
|---|---|
| 을의 총급여액 | ₩53,600,000 |

[계산근거]

1. 갑의 총급여액

기본급 ₩70,000,000+성과급 ₩20,000,000+식사대 ₩360,000[*1]+판공비 ₩2,000,000+자가운전보조금 ₩600,000[*2]+건강보험료 회사부담분 ₩4,500,000+직무발명보상금 ₩1,000,000[*3]+주택구입·임차자금 무상대여이익 ₩1,000,000=₩99,460,000

*1. 월 ₩200,000이하의 식대는 비과세임.
 2. 월 ₩200,000이하의 자가운전보조금은 비과세임.
 3. 연 ₩5,000,000이하의 직무발명보상금은 비과세임.

2. 을의 총급여액

기본급 ₩48,000,000+성과급 ₩1,800,000+식사대 ₩1,560,000+자격증수당 ₩240,000+건강보험료 회사부담분 ₩2,000,000=₩53,600,000

* 중소기업 종업원의 주택구입·임차자금 무상대여이익은 비과세임

## 이자소득금액과 사업소득금액 ■ 2020. CPA

건설업을 영위하고 있는 병(복식부기의무자)의 20×7년 사업소득 손익계산서 자료이다. 병의 손익계산서상 당기순이익은 ₩100,000,000이며, 다음 항목이 수익 또는 비용에 포함되어 있다.

1. 이자수익

| 구 분 | 금 액 |
|---|---|
| 비영업대금의 이익[1] | ₩10,000,000 |
| 외상매출금[2] 회수지연에 따른 연체이자 | 500,000 |
| 국내은행 정기예금이자 | 20,000,000 |
| 공익신탁의 이익 | 1,500,000 |
| 비실명 이자소득[3] | 800,000 |
| 합 계 | ₩32,800,000 |

[1] 온라인투자연계금융업자를 통해 받은 이자가 아니다.
[2] 소비대차로 전환되지 아니하였다.
[3] 금융실명제 대상이 아니다.

2. 인건비

| 구 분 | 금 액 |
|---|---|
| 대표자 병의 급여 | ₩50,000,000 |
| 종업원 급여 | 300,000,000 |
| 합 계 | ₩350,000,000 |

3. 사업용 건설기계(굴삭기) 처분이익(20×5년 12월 31일 취득): ₩5,000,000
4. 산업재산권 양도이익: ₩3,000,000

### 요구사항

1. 병의 종합과세되는 이자소득 총수입금액과 이자소득(분리과세대상 포함)에 대한 소득세 원천징수세액을 다음의 [답안양식]에 따라 제시하시오..

[답안양식]

| 이자소득 총수입금액 | |
| --- | --- |
| 이자소득 원천징수세액 | |

2. 병의 사업소득금액을 다음의 답안양식에 따라 제시하시오.

[답안양식]

| 손익계산서상 당기순이익 | | |
| --- | --- | --- |
| 가산조정 | 총수입금액산입·필요경비 불산입 | |
| 차감조정 | 총수입금액불산입 ·필요경비산입 | |
| 사업소득금액 | | |

### 해답

[요구사항1]

| 이자소득 총수입금액 | ₩30,800,000 |
| --- | --- |
| 이자소득 원천징수세액 | ₩5,636,000 |

[계산근거]

1. 이자소득 총수입금액

    비영업대금의 이익 ₩10,000,000+국내은행 정기예금이자 ₩20,000,000+비실명 이자소득 ₩800,000

    =₩30,800,000

    *1 외상매출금 회수지연에 따른 연체이자는 사업소득임
     2 공익신탁의 이익은 비과세임

2. 이자소득 원천징수세액

    | | |
    | --- | --- |
    | 비영업대금의 이익 ₩10,000,000×25%= | ₩2,500,000 |
    | 국내은행 정기예금이자 ₩20,000,000×14%= | 2,800,000 |
    | 비실명 이자소득 ₩800,000×42%= | 336,000 |
    | 계 | ₩5,636,000 |

[요구사항2]

| 손익계산서상 당기순이익 | | ₩100,000,000 |
| --- | --- | --- |
| 가산조정 | 총수입금액산입·필요경비 불산입 | ₩50,000,000 |
| 차감조정 | 총수입금액불산입 ·필요경비산입 | ₩35,300,000 |
| 사업소득금액 | | ₩114,700,000 |

[계산근거]
1. 가산조정

    대표자 병의 급여: ₩50,000,000

2. 차감조정

    | | |
    |---|---:|
    | 비영업대금의 이익 | ₩10,000,000 |
    | 국내은행 정기예금이자 | 20,000,000 |
    | 공익신탁의 이익 | 1,500,000 |
    | 비실명 이자소득 | 800,000 |
    | 산업재산권 양도이익 | 3,000,000 |
    | 계 | ₩35,300,000 |

# 종합소득금액 ■2021. CPA

갑은 (주)A에 상시 근무하던 중 20×1년 6월 25일에 퇴직하였다.

[자료 1]

1. 재직 기간(20×1년 1월 1일 ~ 20×1년 6월 25일) 중 갑의 소득 자료

| 구 분 | 금 액 |
|---|---|
| ㈜A가 지급한 급여 | ₩30,000,000 |

*1. 직무발명보상금은 해당 과세기간에 500만원까지 비과세임.
 2. 200만원 이하 슬롯머신 당첨금은 비과세임

| 구 분 | 금 액 |
|---|---|
| ㈜A가 지급한 장기재직 공로금 | ₩5,000,000 |
| ㈜A가 지급한 직무발명보상금*1 | 6,000,000 |
| ㈜A가 지급한 사내 특강료 | 1,000,000 |
| ㈜A가 지급한 사내소식지 원고료*2 | 600,000 |
| 외부 거래처 특강료*3 | 2,500,000 |

*1.「발명진흥법」에 따른 보상금임
 2. 업무와 관련성이 있음
 3. 거래처가 갑에게 지급함

2. 퇴직 후(2021년 6월 26일 이후) 갑의 소득 자료

| 구 분 | 금 액 |
|---|---|
| ㈜A가 지급한 퇴직금 | ₩5,000,000 |
| ㈜A가 지급한 직무발명보상금*1 | 6,000,000 |
| ㈜A 직원재교육 강연료 | 1,000,000 |
| ㈜A 사원채용면접문제 출제 수당 | 600,000 |
| 차량판매 계약금이 대체된 위약금 | 2,500,000 |
| 슬롯머신 당첨금품*2 | |

*1.「발명진흥법」에 따른 보상금임
 2. 1건에 해당하며 투입금액은 ₩10,000임

3. 근로소득공제

| 총급여액 | | 근로소득공제액 |
|---|---|---|
| 1,500만원 초과 | 4,500만원 이하 | 750만원+1,500만원을 초과하는 금액의 15% |
| 4,500만원 초과 | 1억원 이하 | 1,200만원+4,500만원을 초과하는 금액의 5% |

### 요구사항

**〈요구사항1〉**

갑의 근로소득 총급여액과 종합소득에 합산되는 기타소득 총수입금액을 다음의 답안 양식에 따라 제시하시오.

[답안양식]

| 근로소득 총급여액 | |
|---|---|
| 기타소득 총수입금액 | |

**〈요구사항2〉**

갑의 기타소득 원천징수세액과 종합소득금액을 다음의 답안 양식에 따라 제시하시오.

[답안양식]

| 기타소득 원천징수세액 | |
|---|---|
| 종합소득금액 | |

### 해답

**〈요구사항1〉**

| 근로소득 총급여액 | ₩37,600,000 |
|---|---|
| 기타소득 총수입금액 | 13,000,000 |

[계산근거]

1. 근로소득 총급여액 : ₩30,000,000 + ₩5,000,000 + ₩1,000,000 + ₩1,000,000 + ₩600,000
 = ₩37,600,000

2. 기타소득 총수입금액 : ₩2,500,000 + ₩7,000,000 + ₩2,000,000 + ₩1,000,000 + ₩500,000
 = ₩13,000,000

〈요구사항1〉

| 기타소득 원천징수세액 | ₩1,840,000 |
|---|---|
| 기타소득 총수입금액 | 36,410,000 |

[계산근거]

1. 기타소득 원천징수세액 : {₩2,500,000×(1 − 60%) + ₩7,000,000 + ₩2,000,000×(1 − 60%) +
   ₩1,000,000×(1 − 60%)}×20% = ₩1,840,000

2. 종합소득금액 : (1) + (2) = ₩36,410,000

   (1) 근로소득금액 : ₩37,600,000 − {₩7,500,000 + (₩37,600,000 − ₩15,000,000)×15%}
       = ₩26,710,000

   (2) 기타소득금액 : ₩2,500,000×(1 − 60%) + ₩7,000,000 + ₩2,000,000×(1 − 60%) + ₩1,000,000×
       (1 − 60%) + ₩500,000 = ₩9,700,000

CHAPTER 4

종합소득과세표준의 계산

# 소득금액계산의 특례

거주자 甲은 동업자 3명과 함께 중소기업인 파주상사를 경영하고 있다. 다음은 20×7년에 발생한 파주상사와 거주자 甲의 소득금액계산과 관련된 자료이다.

1. 파주상사의 경리부장이 계산한 소득금액은 다음과 같다.

| | |
|---|---|
| 결산서상 당기순이익 | ₩70,000,000 |
| 세무조정사항 | |
| 　접대비한도초과액 | 6,000,000 |
| 　대표자 급여 | 20,000,000 |
| 　이자수익 | (10,000,000) |
| 사업소득금액 | ₩86,000,000 |

   (1) 접대비한도초과액의 계산내역

   ① 접대비해당액: ₩153,000,000

   ② 접대비한도: ₩36,000,000×4명 + ₩1,000,000,000(매출액) × $\dfrac{3}{1,000}$ = ₩147,000,000

   ③ 접대비한도초과액: ₩153,000,000 − ₩147,000,000 = ₩6,000,000

   (2) 세무조정금액 중 대표자 급여에는 거주자 甲의 급여만 포함되어 있으며, 나머지 동업자 3명의 급여 ₩60,000,000은 세무조정하지 않았다.

   (3) 이자수익은 사업자금을 특수관계있는 거래처에게 일시적으로 대여함에 따라 발생한 것인데, 당좌대출이자율로 계산한 이자수익은 ₩15,000,000이다.

2. 거주자 甲은 아들 B에게 파주상사의 신입사원 채용시험 출제수당으로 ₩8,000,000을 지급하여 필요경비로 처리하였으며, 사회통념상 정상적인 출제수당은 ₩1,000,000으로 파악되었다.

3. 동업자간 손익분배비율은 다음과 같지만, 조세를 회피하기 위해 공동으로 사업을 경영하는 것으로 확인되었다. 거주자 甲은 공동사업장에서 발생한 것 이외의 금융소득은 없다.

| 공동사업자 | 관 계 | 손익분배비율 | 비 고 |
|---|---|---|---|
| 甲 | 본 인 | 40% | 배우자 A는 동거가족이지만 아들 B와 조카 C는 동거가족이 아니다. |
| A | 처 | 30 | |
| B | 아 들 | 20 | |
| C | 조 카 | 10 | |
| 계 | | 100% | |

4. 거주자 甲은 공동사업과는 별도로 부동산임대업을 하고 있으며, 부모님과 동생에게 각각 주택 1채씩을 무상으로 임대하였는데, 주택 1채당 연 임대료의 시가는 ₩6,000,000이다. 거주자 甲은 동 주택에 대한 관리비 ₩3,000,000(₩1,500,000×2채)을 부동산임대업의 필요경비로 처리하였다. 부모님과 동생은 그 주택에서 실제로 거주하고 있다.
5. 거주자 甲의 부동산임대업의 상기 수정사항을 제외한 사업소득금액은 ₩10,000,000이다.

▶ 요구사항

20×7년 파주상사의 소득금액을 계산하고 해당 자료에 의해 거주자 甲에게 귀속될 20×7년의 종합소득금액을 구하시오.

▶ 해답

| 파주상사의 소득금액 | ₩261,000,000 |
|---|---|
| 거주자 甲의 종합소득금액 | ₩200,200,000 |

[계산근거]

1. 공동사업장(파주상사)의 소득금액

    (1) 결산서상 당기순이익                                     ₩70,000,000

    (2) 세무조정사항                                           191,000,000

        ① 접대비한도초과액[*1]       ₩114,000,000

        ② 대표자 급여[*2]              80,000,000

        ③ 이자수익                   (10,000,000)

        ④ 출제수당                     7,000,000

    (3) 사업소득금액                                          ₩261,000,000

*1. 접대비한도초과액
　① 접대비해당액: ₩153,000,000
　② 접대비한도액: ₩36,000,000+₩1,000,000,000×$\dfrac{3}{1,000}$=₩39,000,000
　③ 접대비한도초과액: ₩153,000,000-₩39,000,000=₩114,000,000

2. 대표자 급여: ₩20,000,000+₩20,000,000×3명=₩80,000,000

2. 부동산임대업의 소득금액

| | |
|---|---:|
| (1) 수정전 부동산임대업의 소득금액 | ₩10,000,000 |
| (2) 세무조정사항 | |
| 　① 동생 임대료 | 6,000,000 |
| 　② 부모님 주택관리비 | 1,500,000 |
| (3) 부동산임대소득금액 | ₩17,500,000 |

3. 甲의 20×7년 종합소득금액

₩261,000,000×70%+₩17,500,000=₩200,200,000

### 해설

1. 부당행위계산의 부인
   (1) 이자소득은 부당행위계산의 부인대상이 아니지만, 기타소득(출제수당)은 부당행위계산의 부인대상이다.
   (2) 직계존비속에게 주택을 무상으로 사용하게 하고 직계존비속이 해당 주택에 실제 거주하는 경우는 부당행위계산의 부인대상에서 제외하지만, 이러한 주택에 관련된 경비는 가사관련 경비로 보아 필요경비로 인정하지 않는다.

2. 공동사업합산과세
   (1) 주된 공동사업자는 특수관계인 중 손익분배비율이 큰 공동사업자인 甲이며, 생계를 같이하는 동거가족인 배우자의 소득만이 합산과세대상이다.
   (2) 이자소득은 손익분배비율이 허위로 정해진 경우에도 합산과세대상이 아니며, 신고된 손익분배비율에 따라 각 공동사업자에게 과세한다. 따라서 금융소득 ₩4,000,000(₩10,000,000×40%)이 2천만원을 초과하지 않으므로 분리과세한다.

## 02 결손금 및 이월결손금공제

다음은 거주자 甲의 20×7년과 20×8년의 종합소득에 관한 자료이다. 이들 소득은 모두 종합과세대상이며 결손금 및 이월결손금을 공제하기 전의 금액이다.

(1)

| 구 분 | 20×7년 귀속분 | 20×8년 귀속분 |
|---|---|---|
| 부동산임대업*에서 발생한 소득금액 | △₩1,500,000 | ₩5,000,000 |
| 사업소득금액(부동산임대업 제외) | ? | ? |
| 근로소득금액 | 7,000,000 | 7,000,000 |
| 기타소득금액 | 4,000,000 | 5,000,000 |

*부동산임대업은 주택임대업에 해당하지 아니한다.

(2) 거주자 甲과 그 배우자는 공동으로 호프집을 운영하고 있으며 20×7년과 20×8년의 소득금액은 각각 △₩25,000,000과 △₩20,000,000이었다. 거주자 甲과 그 배우자의 손익분배비율은 6:4이며, 허위로 정한 것으로 인정되지는 않는다.

### 요구사항

거주자 甲의 20×8년 종합소득금액을 구하시오.

### 해답

| 20×8년 종합소득금액 | ₩1,000,000 |
|---|---|

[계산근거]

1. 20×7년 종합소득금액

| 구 분 | 공동사업 합산후 소득 | 결손금의 공제 | 종합소득금액 |
|---|---|---|---|
| 부동산임대업에서 발생한 소득금액 | △₩1,500,000 | – | △₩1,500,000 (차기이월) |
| 사업소득금액(부동산임대업 제외) | △15,000,000* | ₩11,000,000 | △4,000,000 (차기이월) |
| 근로소득금액 | 7,000,000 | △7,000,000 | – |
| 기타소득금액 | 4,000,000 | △4,000,000 | – |
| 계 | △₩5,500,000 | – | △₩1,500,000<br>△₩4,000,000 |

\* △₩25,000,000×60%=△₩15,000,000. 거주자 甲과 그 배우자의 손익분배비율이 허위로 정한 것이 아니므로 공동사업합산과세규정이 적용되지 않는다.

2. 20×8년 종합소득금액

| 구 분 | 공동사업<br>합산후 소득 | 결손금의<br>공제 | 이월결손금의<br>공제 | 종합소득금액 |
|---|---|---|---|---|
| 부동산임대업에서 발생한 소득금액 | ₩5,000,000 | △₩5,000,000 | – | – |
| 사업소득금액(부동산임대업 제외) | △12,000,000* | 12,000,000 | – | – |
| 근로소득금액 | 7,000,000 | △7,000,000 | – | – |
| 기타소득금액 | 5,000,000 | – | △₩4,000,000 | ₩1,000,000 |
| 계 | ₩5,000,000 | – | △₩4,000,000 | ₩1,000,000 |

\*1. △₩20,000,000×60%=△₩12,000,000

2. 부동산임대업의 이월결손금은 사업소득(부동산임대업 제외)의 결손금을 공제한 후의 소득에서 공제하므로 20×7년에 발생한 부동산임대업의 이월결손금 ₩1,500,000은 차기로 이월된다.

# 종합소득과세표준

다음은 거주자 甲의 20×7년 종합소득과 인적사항에 관련된 자료이다. 거주자 甲의 20×7년 근로소득금액과 종합소득공제 및 종합소득과세표준을 계산하시오.

1. 거주자 甲(47세, 남성)은 (주)서울에 관리부장으로 근무하고 있으며 20×7년 귀속 근로소득과 관련된 자료는 다음과 같다.

   (1) 급여 및 상여금 ₩67,000,000
   (2) 자가운전보조금(월 ₩300,000, 자기소유의 승용차를 이용하여 업무를 수행하고 사규에 따라 월 30만원씩 지급받은 금액이며, 실제 여비는 지급받지 않고 있음) 3,600,000
   (3) 피복비(백화점 상품권으로 지급하며 통일된 피복이 아님) 1,000,000
   (4) 보육급여(5세 위탁아동에 대한 것이며 월 ₩150,000임) 1,800,000
   (5) 식사대(월 ₩300,000으로 식사는 제공받지 않음) 3,600,000
   (6) 근로소득공제

   | 총급여액 | 근로소득공제액 |
   |---|---|
   | 1,500만원 초과   4,500만원 이하 | 750만원+1,500만원 초과금액의 100분의 15 |
   | 4,500만원 초과   1억원 이하 | 1,200만원+4,500만원 초과금액의 100분의 5 |

2. 거주자 甲의 부양가족에 관련된 자료는 다음과 같다.

   (1) 부양가족현황

   | 관 계 | 연 령 | 소득자료 |  | 비 고 |
   |---|---|---|---|---|
   | 배우자 | 45세 | 양도소득금액 | ₩1,000,000 | 20×7년 3월에 이혼함 |
   | 모 친 | 74 | 사업소득금액 | 2,000,000 | 별거 중 |
   | 부 친 | 73 | – |  | 20×7년 8월에 사망함 |
   | 동 생 | 40 | – |  | 장애인임. 별거 중 |
   | 장 녀 | 20 | – |  | 별거 중 |
   | 차 녀 | 14 | 기타소득금액 | 4,000,000 | – |
   | 입양자 | 8 | – |  | – |
   | 위탁아동 | 5 | – |  | – |

(2) 아내와는 20×7년 중에 이혼한 상태이고, 동생은 장애인이었으나 20×7년 5월에 장애가 치유되었으며, 부친은 사망일 전일까지 동거하였다. 모친과 동생은 요양을 위하여 별거하고 있으며, 장녀는 학업상의 이유로 별거하고 있다.

(3) 입양자는 20×6년부터 입양되었고 20×6년에 입양공제 관련서류를 제출하였으며, 위탁아동은 아동복지법에 따른 가정위탁을 받아 양육하는 아동으로서 20×7년 5월 1일부터 직접 양육하고 있다.

3. 거주자 甲의 보험료지급액, 주택자금지출액, 연금보험료납입액과 신용카드사용액 등에 대한 자료는 다음과 같다.

(1) 보험료지급액

| | |
|---|---:|
| ① 국민건강보험료·고용보험료 중 거주자 甲의 부담분 | ₩400,000 |
| ② 장애인전용 보장성보험료(동생을 피보험자로 한 보험임) | 1,300,000 |
| ③ 생명보험료(장녀를 피보험자로 한 보장성보험임) | 300,000 |
| 계 | ₩2,000,000 |

(2) 주택자금지출액

20×5년에 기준시가가 4억원인 주택을 취득하기 위하여 그 주택에 저당권을 설정하고 금융회사로부터 장기주택저당차입금(상환기간 15년, 고정금리방식, 비거치식 분할상환)을 차입하고 20×7년에 원금 ₩5,000,000과 이자 ₩1,200,000을 상환하였다.

(3) 연금보험료납입액

| | |
|---|---:|
| ① 국민연금보험료 | ₩4,000,000 |
| ② 연금계좌납입액 | 5,000,000 |
| 계 | ₩9,000,000 |

(4) 신용카드 등 사용액

① 본인(신용카드사용분)

| | |
|---|---:|
| · 물품구입액(전통시장사용분) | ₩13,000,000 |
| · 물품구입액(외국에서의 사용액) | 1,000,000 |
| · 장녀의 대학등록금 | 2,000,000 |
| · 차녀의 학원비 | 2,800,000 |
| · 자동차보험료 | 1,200,000 |
| 계 | ₩20,000,000 |

② 장녀(직불카드사용분)

| | |
|---|---:|
| · 병원비 | ₩1,500,000 |
| · 대중교통이용액 | 3,800,000 |

|  |  |
|---|---|
| ·물품구입액 | 1,200,000 |
| 계 | ₩6,500,000 |

(5) 우리사주조합에 자사주를 취득하기 위하여 ₩5,000,000을 출자하였다.

▼ **해답**

| 근로소득금액 | ₩57,700,000 |
|---|---|
| 종합소득공제 | ₩24,420,000 |
| 종합소득과세표준 | ₩33,280,000 |

[계산근거]

1. 근로소득금액

    (1) 총급여액: ₩67,000,000+₩100,000×12+₩1,000,000+₩50,000×12+₩100,000×12=    ₩71,000,000

    (2) 근로소득공제: ₩12,000,000+(₩71,000,000−₩45,000,000)×5%=    (13,300,000)

    (3) 근로소득금액    ₩57,700,000

2. 종합소득공제

    (1) 인적공제

    ① 기본공제: ₩1,500,000×6=    ₩9,000,000

    ② 추가공제: ₩1,000,000+₩2,000,000+₩1,000,000=    4,000,000

    계    ₩13,000,000

    (2) 특별소득공제

    ① 보험료공제    ₩400,000

    ② 주택자금공제: ₩1,200,000×100%=    1,200,000

    계    ₩1,600,000

    (3) 연금보험료공제    ₩4,000,000

    (4) 신용카드 등 소득공제

    ① 신용카드 등 사용액

    · 전통시장사용분    ₩13,000,000

    · 대중교통이용분    3,800,000

    · 도서·공연비사용분    0

    · 직불카드사용분: ₩1,500,000+₩1,200,000=    2,700,000

    · 신용카드사용분    2,800,000

    계    ₩22,300,000

② 최저사용금액: ₩71,000,000×25%=₩17,750,000

③ 신용카드 등 소득공제: Min[a, b]=₩1,820,000

    a. 공제액: (₩22,300,000−₩17,750,000)×40%=₩1,820,000

    b. 한도: Min[₩71,000,000×20%, ₩2,500,000]+Min[₩13,000,000×40%+₩3,800,000×40%, ₩2,000,000]=₩4,500,000

(5) 우리사주조합출자소득공제: Min[₩5,000,000, ₩4,000,000]=      ₩4,000,000

3. 종합소득과세표준

  (1) 근로소득금액                        ₩57,700,000

  (2) 종합소득공제

| | | |
|---|---:|---:|
| ① 인적공제 | ₩13,000,000 | |
| ② 특별소득공제 | 1,600,000 | |
| ③ 연금보험료공제 | 4,000,000 | |
| ④ 신용카드 등 소득공제 | 1,820,000 | |
| ⑤ 우리사주조합출자소득공제 | 4,000,000 | (24,420,000) |
| 계 | | ₩33,280,000 |

▼ 해설

1. 근로소득금액

  (1) 자가운전보조금은 월 20만원을 한도로 비과세한다.

  (2) 통일된 피복비가 아닌 경우 피복비는 근로소득에 해당한다.

  (3) 7세 이하의 자녀에 대한 보육급여는 월 10만원을 한도로 비과세한다.

  (4) 식사를 제공받지 않은 경우의 식사대는 월 20만원을 한도로 비과세한다.

2. 인적공제

  (1) 기본공제

    ① 본인: 연령·소득금액에 관계없이 기본공제대상자이다.

    ② 배우자: 해당 과세기간 중에 이혼하였으므로 기본공제대상자가 아니다.

    ③ 모친: 소득금액이 100만원을 초과하므로 기본공제대상자가 아니다.

    ④ 부친: 해당 과세기간 중에 사망한 경우에는 사망일 전일의 상황에 따라 기본공제대상인지 판단하므로 기본공제대상자이다.

⑤ 동생 : 해당 과세기간 중에 장애가 치유된 경우에는 장애가 치유되기 전일의 상황에 따라 기본공제대상인지 판단하며, 장애인은 나이에 제한을 받지 않고, 취학·질병의 요양·근무상 또는 사업상 형편 등으로 일시퇴거한 경우 생계를 같이 한 것으로 보므로 기본공제대상자이다.

⑥ 장녀 : 해당 과세기간 중에 20세에 해당하는 날이 있는 경우에는 기본공제대상자이다.

⑦ 차녀 : 20세 이하이지만 소득금액이 100만원을 초과하므로 기본공제대상자가 아니다.

⑧ 입양자 : 20세 이하의 입양자도 기본공제대상자이다.

⑨ 위탁아동 : 해당 과세기간에 6개월 이상 직접 양육한 위탁아동도 부양가족으로 보므로 기본공제대상자이다.

(2) 추가공제

① 경로우대공제 : 기본공제대상자가 70세 이상인 경우에 해당하므로 부친만 해당되며, 1인당 100만원이다.

② 장애인공제 : 기본공제대상자가 장애인인 경우에 해당하므로 동생만 해당되며, 1인당 200만원이다.

③ 한부모소득공제 : 배우자가 없는 자로서 기본공제대상자인 직계비속 또는 입양자가 있는 경우에 해당되며, 1인당 100만원이다.

3. 특별소득공제

(1) 보험료공제 : 국민건강보험료, 고용보험료, 노인장기요양보험료 중 근로자 부담분을 의미하므로 ₩400,000만 대상이다. 장애인전용 보장성보험료와 생명보험료는 특별세액공제대상이다.

(2) 주택자금공제 : 장기주택저당차입금 이자상환공제는 이자상환액의 100%를 공제하며, 상환기간 15년 이상이고 고정금리방식이며 비거치식 분할상환의 경우 연 1,800만원을 한도로 한다.

4. 연금보험료공제

공적연금관련법에 의한 기여금 또는 개인부담금을 의미하므로 국민연금만 대상이다. 연금계좌납입액은 특별세액공제대상이다.

5. 신용카드 등 소득공제

(1) 외국에서의 사용액, 대학등록금, 보험료는 신용카드 등 사용금액에 대한 소득공제대상이 아니다.

(2) 최저사용금액(₩17,750,000)이 신용카드사용액(₩2,800,000)을 초과하므로 40% 공제율을 적용한다.

6. 우리사주조합출자소득공제

우리사주조합원이 우리사주를 취득하기 위하여 우리사주조합에 출자하는 경우에는 해당 연도 출자금액과 400만원 중 적은 금액을 공제한다.

7. 소득공제종합한도

소득공제종합한도대상은 주택자금공제 ₩1,200,000과 신용카드 등 소득공제 ₩1,365,000 및 우리사주조합출자소득공제 ₩4,000,000이므로 한도(₩25,000,000)이내이다.

# 종합소득과세표준

다음은 거주자 乙(38세, 여성)의 20×7년 종합소득과 인적사항 및 종합소득공제와 관련된 자료이다. 이 자료를 토대로 [요구사항]에 답하시오.

1. 거주자 乙의 20×7년 종합소득금액은 다음과 같다.

    | | | |
    |---|---|---|
    | (1) 근로소득(총급여액 ₩50,000,000) | ₩37,750,000 | |
    | (2) 사업소득 | 30,000,000 | |
    | 계 | ₩67,750,000 | |

2. 거주자 乙의 부양가족현황은 다음과 같다.

    | 관계 | 연령 | 비고 |
    |---|---|---|
    | 배우자 | 42세 | 장애인이며 근로소득금액 ₩2,000,000이 있음 |
    | 부친 | 72 | 사업소득금액 ₩3,000,000이 있음 |
    | 장남 | 10 | 장애인임 |
    | 차남 | 4 | |

3. 거주자 乙의 종합소득공제와 관련된 자료는 다음과 같다.

    (1) 보험료지급액

    | | | |
    |---|---|---|
    | ① 국민건강보험료·고용보험료 중 거주자 乙의 부담분 | ₩5,000,000 | |
    | ② 자동차보험료(보험기간:20×7. 9. 1~20×8. 8. 31) | 4,000,000 | |
    | 계 | ₩9,000,000 | |

    (2) 무주택자인 거주자 甲은 주택청약종합저축에 가입하고 당해연도에 총 ₩4,000,000을 불입하였으며, 국민주택규모의 주택을 임차하고 월세로 연간 1,200만원을 지출하였다.

    (3) 연금보험료지급액

    | | | |
    |---|---|---|
    | ① 국민연금보험료 | ₩3,000,000 | |
    | ② 연금계좌납입액 | 2,000,000 | |
    | 계 | ₩5,000,000 | |

(4) 신용카드 등 사용액 내역

| 사 용 자 | 구 분 | 사용내역 및 금액 | |
|---|---|---|---|
| 본 인 | 직불카드 | 국내물품구입액 | ₩12,000,000 |
| | 현금영수증 | 전통시장에서의 구입액 | 3,000,000 |
| | 신용카드 | 국내물품구입액(사업소득의 비용임) | 5,000,000 |
| | | 사설학원비 | 2,000,000 |
| | | 아파트관리비 | 2,500,000 |
| | | 병원치료비 | 4,000,000 |
| | | 대중교통이용분 | 1,000,000 |
| | | 신차구입액 | 7,000,000 |
| 배우자 | 직불카드 | 국내물품구입액 | 1,500,000 |
| | 신용카드 | 병원치료비 | 2,500,000 |

(5) 소기업·소상공인공제부금으로 ₩4,000,000을 지출하였다. (공제한도: ₩5,000,000임)

### 요구사항

1. 거주자 乙의 20×7년 종합소득과세표준을 계산하시오.
2. 거주자 乙의 20×7년 종합소득금액이 사업소득 ₩30,000,000뿐이라면 20×8년의 종합소득과세표준을 계산하시오.

### 해답

[요구사항1]

| 종합소득과세표준(근로소득자인 경우) | ₩45,040,000 |
|---|---|

[계산근거]

(1) 종합소득공제

  1) 인적공제

    ① 기본공제: ₩1,500,000×3=                               ₩4,500,000

    ② 추가공제                                                         2,000,000

        계                                                           ₩6,500,000

  2) 특별소득공제

    ① 보험료공제                                          ₩5,000,000

    ② 주택자금공제: Min[₩960,000*, ₩3,000,000]=         960,000

    *Min[₩2,400,000, ₩4,000,000]×40%=₩960,000
   계                                 ₩5,960,000
 3) 연금보험료공제                  ₩3,000,000
 4) 신용카드 등 소득공제
  ① 신용카드 등 사용액
   ·전통시장사용분                ₩3,000,000
   ·대중교통이용분                1,000,000
   ·도서·공연비사용분               0
   ·직불카드사용분                12,000,000
   ·신용카드사용분: ₩2,000,000+₩4,000,000=     6,000,000
   계                     ₩22,000,000

  ② 최저사용금액: ₩50,000,000×25%=₩12,500,000
  ③ 신용카드 등 소득공제: Min[a, b]=₩3,250,000
   a. 공제액: ₩3,000,000×40%+₩1,000,000×40%+(₩12,000,000−₩6,500,000)×30%
    =₩3,250,000
   b. 한도: Min[₩50,000,000×20%, ₩3,000,000]+Min[₩3,000,000×40%+₩1,000,000×40%,
    ₩3,000,000]=₩4,600,000
 5) 소기업·소상공인공제부금소득공제: Min[₩4,000,000, ₩5,000,000]=    ₩4,000,000

(2) 종합소득과세표준
 1) 종합소득금액                  ₩67,750,000
 2) 종합소득공제
  ① 인적공제           ₩6,500,000
  ② 특별소득공제          5,960,000
  ③ 연금보험료공제         3,000,000
  ④ 신용카드 등 소득공제      3,250,000
  ⑤ 소기업·소상공인공제부금소득공제   4,000,000     (22,710,000)
  계                      ₩45,040,000

[요구사항2]

| 종합소득과세표준(사업자인 경우) | ₩16,500,000 |
|---|---|

[계산근거]

| | | |
|---|---:|---:|
| (1) 종합소득금액 | | ₩30,000,000 |
| (2) 종합소득공제 | | |
|    ① 인적공제 | ₩6,500,000 | |
|    ② 연금보험료공제 | 3,000,000 | |
|    ③ 소기업·소상공인공제부금소득공제 | 4,000,000 | (13,500,000) |
|    계 | | ₩16,500,000 |

▼ 해설

1. 인적공제

    (1) 기본공제

        ① 본인: 연령·소득금액에 관계없이 기본공제대상자이다.

        ② 배우자: 장애인은 나이에 제한이 없으나 소득금액이 100만원을 초과하므로 기본공제대상자가 아니다.

        ③ 부친: 소득금액이 100만원을 초과하므로 기본공제대상자가 아니다.

    (2) 추가공제

        ① 경로우대공제: 부친이 70세 이상이나 기본공제대상자가 아니므로 해당사항 없다.

        ② 장애인공제: 기본공제대상자가 장애인인 경우에 해당하므로 장남만 해당되며, 1인당 200만원이다.

        ③ 부녀자공제: 종합소득금액이 3천만원을 초과하므로 해당사항 없다.

2. 특별소득공제: 근로소득자(일용근로자 제외)만 해당됨

    (1) 보험료공제: 국민건강보험료, 고용보험료, 노인장기요양보험료 중 근로자부담분을 의미하므로 ₩5,000,000만 대상이다. 자동차보험료는 특별세액공제대상이다.

    (2) 주택자금공제

        ① 주택청약종합저축공제*: Min[해당연도 저축불입액, 240만원]×40%

            *소득세법상 주택임차차입금의 원리금상환공제와 합하여 300만원을 한도로 함

        ② 월세지출액은 세액공제대상이다.

3. 연금보험료공제

    국민연금만 대상이며 연금계좌납입액은 특별세액공제대상이다.

4. 신용카드 등 소득공제: 근로소득자(일용근로자 제외)만 해당됨
   (1) 배우자의 소득금액이 100만원을 초과하므로 배우자의 신용카드 등 사용액은 공제대상이 아니다.
   (2) 신용카드 등 사용액 중 사업소득의 비용으로 처리된 금액과 아파트관리비, 중고자동차구입액은 공제대상이 아니다.
   (3) 최저사용금액(₩12,500,000)을 초과한 부분(₩9,500,000)중 전통시장사용분(₩3,000,000)은 40%, 대중교통이용분(₩1,000,000)은 40%, 직불카드사용분(₩5,500,000)은 30%를 적용한다.

5. 소기업·소상공인공제부금소득공제
   소기업·소상공인공제에 가입하여 납부하는 공제부금에 대해서는 공제부금납부액과 소득금액별 한도금액(4천만원 이하시 500만원) 중 적은 금액을 공제한다.

6. 소득공제종합한도
   소득공제종합한도대상은 주택자금공제 ₩960,000과 신용카드 등 소득공제 ₩2,850,000 및 소기업·소상공인공제부금소득공제 ₩3,000,000이므로 한도(₩25,000,000)이내이다.

7. 근로소득자(일용근로자 제외)가 아닌 경우
   종합소득공제 중 특별소득공제와 신용카드 등 소득공제는 적용받을 수 없다.

# CHAPTER 5

## 종합·퇴직소득세의 계산

## 금융소득이 있는 경우 결정세액계산

다음은 거주자 甲의 20×7년도 종합소득자료이다. 이를 이용하여 [요구사항]에 답하시오. 단, 원천징수는 적법하게 이루어졌으며, 모든 금액은 원천징수세액을 차감하기 전 금액이다.

1. 일시적 금전대여로 인한 비영업대금의 이익 ₩3,000,000
2. 15년 만기 월적립식 저축성보험의 중도해지에 따른 환급액 ₩1,000,000을 20×7년 1월 20일에 수령(동 저축성보험은 20×5년초에 가입하여 20×7년 1월 20일에 임의해지하였으며, 총불입액은 ₩800,000이다)
3. E사 발행 회사채에서 발생한 이자와 할인액 ₩5,000,000
4. 주권상장법인 A사의 주식(액면금액 ₩5,000) 15,000주를 보유하고 있으며, A사로 부터 주당 ₩2,000의 현금배당을 받았다. 甲은 A사의 지배주주 및 특수관계인이 아니다.
5. 주권상장법인 B사의 주식 (액면금액 ₩5,000) 10,000주를 보유하고 있으며, B사로부터 주당 ₩1,000의 현금배당을 받았다.
6. 집합투자기구로부터의 이익 ₩3,500,000(상장주식의 매매차익 ₩500,000과 상장채권매매차익 ₩1,000,000 포함)
7. 출자공동사업자에 대한 배당소득 ₩10,000,000
8. 사회기반시설채권의 이자(발행일부터 최종상환일까지의 기간이 7년 이상인 채권) ₩1,000,000
9. 정기예금이자 ₩10,000,000
10. 명예훼손소송에 대한 법원판결로 인하여 받은 손해배상금의 법정이자 ₩500,000
11. 사업소득금액 ₩23,000,000(중간예납세액 ₩1,500,000)이며, 甲은 조세특례제한법상 성실사업자이다.
12. 종합소득공제는 ₩5,000,000이고, 특별세액공제는 ₩2,000,000이다.
13. 기본세율

| 과세표준 | | 세율 |
|---|---|---|
| 1,200만원 초과 | 5,000만원 이하 | 84만원 + 1,400만원 초과분의 15% |
| 5,000만원 초과 | 8,800만원 이하 | 624만 원 + 5,000만원 초과분의 24% |
| 8,800만원 초과 | 1.5억원 이하 | 1,536만 원 + 8,800만원 초과분의 35% |

### 요구사항

거주자 甲의 20×7년 종합소득결정세액과 20×8년 종합소득확정신고시 자진납부할 세액(또는 환급받을 세액)을 계산하시오. 단, 환급받을 세액인 경우 숫자 앞에 (-)를 표시할것.

### 해답

| 종합소득결정세액 | ₩10,018,000 |
|---|---|
| 환급받을 세액 | (-)₩2,880,000 |

[계산근거]

1. 금융소득금액

| 구 분 | 무조건 및 조건부종합과세 | 14% 세율 | 기본세율 |
|---|---|---|---|
| 비영업대금의 이익 | ₩3,000,000 | 3,000,000 | |
| 저축성보험의 보험차익 | 200,000 | 200,000 | |
| E사 발행 회사채의 이자와 할인액 | 5,000,000 | 5,000,000 | |
| A사 현금배당금 | 30,000,000*1 | | ₩30,000,000 |
| B사 현금배당금 | 10,000,000*1 | | 10,000,000 |
| 집합투자기구로부터의 이익 | 3,000,000 | 1,800,000 | 1,200,000 |
| 정기예금이자 | 10,000,000 | 10,000,000 | |
| 계 | ₩61,200,000 | ₩20,000,000 | ₩41,200,000 |

1. Gross-up 대상 배당소득
2. 집합투자기구로부터의 이익 중 상장주식매매차익은 과세대상에서 제외됨
3. 출자공동사업자에 대한 배당소득은 금융소득의 종합과세여부 판단시 제외됨
4. 사회기반시설채권의 이자는 분리과세대상임
5. 명예훼손소송에 따른 손해배상금과 법정이자는 과세대상에서 제외됨

∴ ₩61,200,000 + ₩40,000,000 × 11% + ₩10,000,000 = ₩75,600,000

2. 종합소득금액

   (1) 금융소득금액  ₩75,600,000
   (2) 사업소득금액   23,000,000
       계           ₩98,600,000

3. 종합소득과세표준: ₩98,600,000 - ₩5,000,000 = ₩93,600,000

4. 종합소득산출세액: Max[(1), (2)]=₩14,704,000

   (1) 일반산출세액: (₩93,600,000-₩20,000,000)×기본세율+₩20,000,000×14%=₩14,704,000

   (2) 비교산출세액: Max[①, ②]= ₩11,838,000

   ① (₩93,600,000-₩65,600,000)×기본세율+₩3,000,000×25%+₩58,200,000×14%
     = ₩11,838,000

   ② (₩93,600,000-₩65,600,000-₩10,000,000)×기본세율+₩3,000,000×25%+₩58,200,000
     ×14%+₩10,000,000×14%=₩11,738,000

5. 종합소득결정세액: Max[(1), (2)]-₩2,000,000=₩9,838,000

   (1) ₩14,704,000-₩40,000,000×11%

   (2) ₩11,838,000

6. 자진납부할세액(환급받을 세액)

   (1) 종합소득결정세액                                                    ₩9,838,000
   (2) 기납부세액
       ① 원천징수세액: ₩3,000,000×25%+₩58,200,000×14%
                     +₩10,000,000×25%=            ₩11,398,000
       ② 중간예납세액:                              1,500,000      (12,898,000)
              계                                                 ₩(3,060,000)

 금융소득에 대한 사업소득의 결손금공제

다음은 거주자 甲의 20×7년 종합소득세를 계산하기 위한 자료이다. 세부담을 최소화한다는 가정하에 금융소득에서 공제할 사업소득의 결손금을 계산하시오.

1. 금융소득금액의 내역

    (1) 은행예금이자           ₩86,000,000
    (2) 비영업대금의 이익        4,000,000
    (3) 금전배당               11,100,000 (배당가산액 ₩1,100,000포함)
         계                   ₩101,100,000

2. 기타소득금액이 ₩20,000,000이고, 사업소득(부동산임대업이 아님) ₩50,000,000의 결손이 발생하였으며, 종합소득공제는 ₩3,000,000이다.

3. 20×7년 종합소득기본세율은 다음과 같다.

| 과세표준 | | 세율 |
|---|---|---|
| | 1,400만원 이하 | 6% |
| 1,400만원 초과 | 5,000만원 이하 | ₩840,000+1,400만원 초과액×15% |
| 5,000만원 초과 | 8,800만원 이하 | ₩6,240,000+5,000만원 초과액×24% |
| 8,800만원 초과 | 1억5천만원 이하 | ₩15,360,000+8,800만원 초과액×35% |
| 1억5천만원 초과 | 3억원 이하 | ₩37,060,000+1억5천만원 초과액×38% |

 해답

| 금융소득에서 공제할 사업소득의 결손금 | ₩1,016,667 |
|---|---|

[계산근거]

결손금공제액을 $x$라고 가정할 경우

(1) 비교산출세액: $\{(₩98,100,000-x)-₩101,100,000\}$×기본세율+(₩96,000,000×14%+₩4,000,000 ×25%)=₩14,440,000

(2) 일반산출세액: (₩98,100,000−$x$−₩20,000,000)×기본세율+₩20,000,000×14%−₩1,100,000
    =₩14,440,000

∴ 결손금공제액($x$)은 ₩1,016,667이다. 따라서 사업소득의 결손금 ₩30,000,000 중 ₩1,016,667은 공제하고 ₩28,983,333은 이월시킨다.

### 해설

1. 사업소득의 결손금 ₩30,000,000(₩50,000,000에서 기타소득금액 ₩20,000,000을 상계한 금액임)은 금융소득금액 중 기본세율이 적용되는 금액에 대해서만 공제가능하다. 그런데 금융소득금액에서 결손금을 공제하는 경우 기본세율이 적용되는 금액이 감소하므로 일반산출세액은 감소하지만, 비교산출세액은 결손금공제전 금액을 기준으로 산출되므로 감소하지 않는다. 따라서 甲에게 가장 유리한 결손금공제액은 결손금공제후의 일반산출세액에서 배당가산액을 차감한 금액이 비교산출세액과 동일하게 되는 금액이다.
2. 비교산출세액계산시 종합소득과세표준은 ₩101,100,000 $-x-$ ₩3,000,000이므로 ₩98,100,000 $-x$이다.
3. 비교산출세액계산시 종합소득과세표준에서 금융소득금액을 차감한 금액이 부(-)의 금액인 경우 이를 '0'으로 본다.

# 특별세액공제

다음은 거주자 甲의 20×7년 종합소득세를 계산하기 위한 자료이다. 이 자료를 참고하여 [요구사항]에 답하시오.

1. 거주자 甲과 생계를 같이 하는 부양가족현황은 다음과 같다.

| 관 계 | 연 령 | 비 고 |
|---|---|---|
| 본 인 | 38세 | 부녀자인 세대주임 |
| 배우자 | 42 | 장애인임 |
| 부 친 | 72 | 사업소득금액 ₩3,000,000이 있음 |
| 장 남 | 12 | 장애인임 |
| 차 남 | 9 | |

2. 보험료의 지급내역은 다음과 같다.

| | |
|---|---|
| (1) 국민건강보험료·고용보험료 중 거주자 甲의 부담분 | ₩400,000 |
| (2) 장애인전용 보장성보험료(배우자를 피보험자로 한 보험임) | 1,500,000 |
| (3) 자동차보험료(보험기간:20×7. 9. 1~20×8. 8. 31) | 600,000 |
| (4) 생명보험료(장남을 피보험자로 한 보장성보험임) | 300,000 |
| 계 | ₩2,800,000 |

3. 의료비의 지급내역은 다음과 같다.

| | |
|---|---|
| (1) 본인의 정밀건강진단비 | ₩600,000 |
| (2) 배우자의 장애인재활치료비 | 2,200,000 |
| (3) 부친의 입원치료비 | 1,300,000 |
| (4) 장남의 치료약품구입비 | 800,000 |
| (5) 차남의 입원치료비 | 1,000,000 |
| 계 | ₩5,900,000 |

4. 교육비의 지급내역은 다음과 같다. 단, 거주자 甲은 근무하고 있는 직장으로부터 장학금 ₩3,000,000을 지급받았으며 장남은 사회단체로부터 ₩500,000(비과세소득)의 장학금을 지급받았다.

| | |
|---|---|
| (1) 본인의 야간대학원등록금 | ₩3,000,000 |
| (2) 본인의 직업능력개발훈련비 | 1,000,000 |
| (3) 배우자의 장애인특수교육비(교육기관) | 1,800,000 |

(4) 부친의 노인학교 교육비 　　　　　　　　　　　　　　　　　　　　　　500,000
　　(5) 장남의 초등학교 교육비(학원비 ₩2,100,000 포함) 　　　　　　　　　 4,000,000
　　(6) 차남의 유치원비(학원비 ₩400,000 포함) 　　　　　　　　　　　　　 2,100,000
　　　　계 　　　　　　　　　　　　　　　　　　　　　　　　　　　　　　 ₩12,400,000

5. 무주택자인 거주자 甲은 주택청약종합저축에 가입하고 당해연도에 총 ₩4,000,000을 불입하였으며 국민주택규모의 주택을 임차하고 월세로 연간 1,200만원을 지출하였다.

6. 거주자 甲은 국민연금으로 ₩1,000,000을 납입하였으며, 사적연금인 연금저축계좌로 ₩6,000,000을 납입하였다.

7. 신용카드 등 사용액

| 사 용 자 | 구 분 | 사용내역 및 금액 | |
|---|---|---|---|
| 본 인 | 직불카드 | 국내물품구입액 | ₩12,000,000 |
| | 현금영수증 | 전통시장에서의 구입액 | 3,000,000 |
| | 신용카드 | 해외에서의 사용액 | 5,000,000 |
| | | 사설학원비 | 2,000,000 |
| | | 아파트관리비 | 2,500,000 |
| | | 병원치료비 | 4,000,000 |
| | | 대중교통이용분 | 1,000,000 |
| | | 신차구입액 | 7,000,000 |
| 배우자 | 직불카드 | 국내물품구입액 | 1,500,000 |
| | 신용카드 | 병원치료비 | 2,500,000 |

8. 종합소득기본세율은 다음과 같다.

| 과세표준 | 기본세율 |
|---|---|
| 1,200만원 초과 4,600만원 이하 | ₩720,000+1,200만원 초과액×15% |
| 4,600만원 초과 8,800만원 이하 | ₩5,820,000+4,600만원 초과액×24% |

▼ 요구사항

1. 거주자 甲이 근로소득자이며 20×7년의 총급여액이 ₩50,000,000이고 근로소득금액이 ₩37,750,000인 경우 거주자 甲의 20×7년 종합소득결정세액을 계산하시오. 단, 근로소득 외 다른 소득도 없으며 근로소득세액공제는 ₩660,000이라고 가정하며, 음수인 경우 숫자 앞에 (-)를 표시하시오.

2. 거주자 甲이 도·소매업을 영위하는 사업자(법 소정 성실사업자는 아님)이며 사업소득금액이 ₩40,000,000인 경우 거주자 甲의 20×7년 종합소득결정세액을 계산하시오. 단, 사업소득 외 다른 소득은 없다고 가정한다.

3. 거주자 甲이 제조업을 영위하는 사업자(조세특례제한법상 성실사업자이며 성실신고확인서를 제출하였음)이며, 사업소득금액이 ₩40,000,000인 경우 거주자 甲의 20×7년 종합소득결정세액을 계산하시오. 단, 사업소득 외 다른 소득은 없다고 가정한다.

▼ **해답**

**[요구사항1]**

| 종합소득결정세액(근로소득자인 경우) | (-)₩2,817,000 |
|---|---|

[계산근거]

(1) 종합소득공제

    1) 인적공제

| | |
|---|---:|
| ① 기본공제: ₩1,500,000×4= | ₩6,000,000 |
| ② 추가공제: ₩2,000,000×2= | 4,000,000 |
| 계 | ₩10,000,000 |

    2) 특별소득공제

| | |
|---|---:|
| ① 보험료공제 | ₩400,000 |
| ② 주택자금공제: Min[₩960,000* ₩3,000,000]= | 960,000 |
| *Min[₩2,400,000, ₩4,000,000]×40%=₩960,000 | |
| 계 | ₩1,360,000 |

    3) 연금보험료공제      ₩1,000,000

    4) 신용카드 등 소득공제

        ① 신용카드 등 사용액

| | |
|---|---:|
| · 전통시장사용분 | ₩3,000,000 |
| · 대중교통이용분 | 1,000,000 |
| · 도서·공연비사용분 | 0 |
| · 직불카드사용분: ₩12,000,000+₩1,500,000= | 13,500,000 |
| · 신용카드사용분: ₩2,000,000+₩4,000,000+₩2,500,000= | 8,500,000 |
| 계 | ₩26,000,000 |

        ② 최저사용금액: ₩50,000,000×25%=₩12,500,000

        ③ 신용카드 등 소득공제: Min[a, b]=₩4,450,000

           a. 공제액: ₩3,000,000×40%+1,000,000×40%+(₩13,500,000-₩4,000,000)×30%=₩4,450,000

           b. 한도: Min[₩50,000,000×20%, ₩3,000,000]+Min[₩3,000,000×40%+₩1,000,000×40%, ₩3,000,000]=₩4,600,000

(2) 종합소득과세표준

　1) 근로소득금액　　　　　　　　　　　　　　　　　　　　　　　₩37,750,000
　2) 종합소득공제
　　① 인적공제　　　　　　　　　　　　　　₩10,000,000
　　② 특별소득공제　　　　　　　　　　　　　1,360,000
　　③ 연금보험료공제　　　　　　　　　　　　1,000,000
　　④ 신용카드 등 소득공제　　　　　　　　　4,450,000　　　(16,810,000)
　　　　계　　　　　　　　　　　　　　　　　　　　　　　　　　₩20,940,000

(3) 종합소득산출세액

　₩840,000+(₩20,940,000−₩14,000,000)×15%=₩1,881,000

(4) 세액공제

　1) 근로소득세액공제: ₩660,000
　2) 자녀세액공제: ₩150,000×2=₩300,000
　3) 연금계좌세액공제: ₩4,000,000×15%=₩600,000
　4) 월세세액공제: Min[₩12,000,000, ₩7,500,000]×17%=₩1,275,000
　5) 특별세액공제: ①+②+③=₩1,863,000
　　① 보험료세액공제:㉠×15%+㉡×12%=₩258,000
　　　　㉠ 장애인전용 보장성보험료:Min[₩1,500,000, ₩1,000,000]
　　　　㉡ 일반적인 보장성보험료:Min[₩900,000, ₩1,000,000]
　　② 의료비세액공제:(㉠+㉡)×15%=₩660,000
　　　　㉠ 특정의료비: 본인·65세 이상인 자·중증질환자·장애인·난임시술비
　　　　　₩600,000+₩1,300,000+₩2,200,000+₩800,000=₩4,900,000
　　　　㉡ 일반의료비: Min[a, b]=△₩500,000
　　　　　a. ₩1,000,000−₩50,000,000×3%=△₩500,000
　　　　　b. 한도:₩7,000,000
　　③ 교육비세액공제: (㉠+㉡+㉢)×15%=₩945,000
　　　　㉠ 본인교육비: ₩4,000,000−₩3,000,000=₩1,000,000
　　　　㉡ 부양가족교육비: a+b=₩3,500,000

a. 장남: Min[₩1,400,000*, ₩3,000,000]

　　　b. 차남: Min[₩2,100,000, ₩3,000,000]

　　　　*1. 영유아·취학전 아동의 학원비는 부양가족교육비에 포함되지만, 기타의 교육비는 부양가족교육비에 포함하지 않는다.

　　　　 2. 소득세가 비과세되는 장학금은 공제대상교육비에 포함하지 않는다.

　　　　 3. 본인의 대학원등록금과 직업능력개발비는 공제대상이지만, 본인 이외의 대학원등록금과 직업능력개발훈련비는 공제대상이 아님

　　ⓒ 장애인 특수교육비: ₩1,800,000

(5) 종합소득결정세액

　　1) 종합소득산출세액　　　　　　　　　　　　　　　　　₩1,881,000

　　2) 세액공제

　　　① 근로소득세액공제　　　　₩660,000

　　　② 자녀세액공제　　　　　　 300,000

　　　③ 연금계좌세액공제　　　　 600,000

　　　④ 월세세액공제　　　　　 1,275,000

　　　⑤ 특별세액공제　　　　　 1,863,000　　　　　(4,698,000)

　　　　　계　　　　　　　　　　　　　　　　　　　　₩(2,817,000)

[요구사항2]

| 근로소득자가 아닌 경우(법 소정 성실사업자가 아님) | ₩2,1200,000 |
|---|---|

[계산근거]

(1) 종합소득과세표준

　　1) 사업소득금액　　　　　　　　　　　　　　　　　₩40,000,000

　　2) 종합소득공제

　　　① 인적공제　　　　　　　₩10,000,000

　　　② 연금보험료공제　　　　　1,000,000　　　　 11,000,000

　　　　　계　　　　　　　　　　　　　　　　　　　　₩29,000,000

(2) 종합소득산출세액

　　₩840,000+(₩29,000,000−₩14,000,000)×15%= ₩3,090,000

(3) 세액공제

 1) 자녀세액공제 : ₩150,000×2=            ₩300,000
 2) 연금계좌세액공제 : ₩4,000,000×15%=         600,000
 3) 특별세액공제                   70,000
     계                     ₩970,000

(4) 종합소득결정세액

 1) 종합소득산출세액              ₩3,090,000
 2) 세액공제                  (970,000)
     계                     ₩2,120,000

[요구사항3]

| 근로소득자가 아닌 경우(법 소정 성실사업자인 경우) | (−)₩555,000 |
|---|---|

[계산근거]

(1) 종합소득과세표준

 1) 사업소득금액                   ₩40,000,000
 2) 종합소득공제
  ① 인적공제            ₩10,000,000
  ② 연금보험료공제         1,000,000     11,000,000
     계                     ₩29,000,000

(2) 종합소득산출세액

 ₩720,000+(₩29,000,000−₩12,000,000)×15%=       ₩3,270,000

(3) 세액공제

 1) 자녀세액공제 : ₩150,000×2=            ₩300,000
 2) 연금계좌세액공제 : ₩4,000,000×15%=         600,000
 3) 월세세액공제 : Min{₩12,000,000, ₩7,500,000}×17%=    1,275,000
 4) 의료비세액공제 : (①+②)×15%=           705,000
  ① 특정의료비 : 본인 65세 이상인 자·장애인·난임시술비=₩4,900,000
  ② 일반의료비 : Min[a, b]=△₩200,000
   a. ₩1,000,000−₩40,000,000×3%=△₩200,000
   b. 한도 : ₩7,000,000

|  |  |  |
|---|---|---|
| 5) 교육비세액공제 |  | 945,000 |
| 계 |  | ₩3,825,000 |

(4) 종합소득결정세액
    1) 종합소득산출세액      ₩3,270,000
    2) 세액공제      3,825,000
    계      ₩(555,000)

### 해설

1. 근로소득자인 경우
    (1) 해당 과세기간의 총급여액이 7천만원 이하이고 해당 과세기간에 종합소득금액이 6천만원 이하인 근로소득자만 월세세액공제를 적용받을 수 있다.
    (2) 근로소득세액공제와 보험료세액공제·의료비세액공제·교육비세액공제는 원칙적으로 근로소득자만 공제가능하다.
    (3) 보험료세액공제시 보험료를 지출한 연도에 세액공제를 적용하며, 월할계산하지 않는다.
    (4) 특별세액공제(기부금세액공제는 제외) 및 월세세액공제는 근로소득에 대한 종합소득산출세액을 한도로 한다.
2. 근로소득자가 아닌 경우(법 소정 성실사업자가 아닌 경우)
    (1) 종합소득공제 중 특별소득공제와 신용카드 등 소득공제는 적용받을 수 없다.
    (2) 세액공제 중 근로소득세액공제와 보험료세액공제·의료비세액공제·교육비세액공제 및 월세세액공제는 적용받을 수 없다.
3. 법 소정 성실사업자인 경우
    (1) 종합소득공제 중 특별소득공제와 신용카드 등 소득공제는 적용받을 수 없다.
    (2) 세액공제 중 근로소득세액공제와 보험료세액공제는 적용받을 수 없으나 의료비세액공제, 교육비세액공제를 적용받을 수 있다. 단, 의료비세액공제액 계산시 총급여액의 3%는 사업소득금액의 3%로 한다.

# 기부금세액공제

다음은 거주자 甲의 20×7년 종합소득세를 계산하기 위한 자료이다. 이 자료를 참고하여 **[요구사항]**에 답하시오.

1. 거주자 甲의 20×7년 종합과세되는 소득내역은 다음과 같다. 단, 사업소득금액은 기부금지출액을 필요경비에 산입하기 전 금액이며, 사업소득의 이월결손금은 없고, 이자소득금액의 원천징수세율은 14%이다.

| | |
|---|---|
| 이자소득금액 | ₩30,000,000 |
| 사업소득금액 | 130,000,000 |
| 기타소득금액 | 20,000,000 |
| 계 | ₩180,000,000 |

2. 거주자 甲의 20×7년 종합소득공제액은 ₩4,000,000이며, 기부금세액공제를 제외한 세액공제액은 ₩7,000,000이다.

3. 거주자 甲과 기본공제대상자인 배우자 및 부양가족이 20×7년에 지출한 기부금의 내역은 다음과 같다. 단, 거주자 甲과 甲의 어머니는 우리사주조합원이 아니고, 甲의 배우자와 어머니는 소득이 없으며, 기부금한도초과이월액도 없다.

| 기부금명의 | 기부금지출내역 | |
|---|---|---|
| 본 인 | 사립대학 시설비 | ₩6,000,000 |
| | 홍수로 인한 이재민 구호금품의 원가 | 8,000,000 (시가 ₩9,000,000) |
| | 사회복지법인 현물기부금의 원가 | 14,000,000 (시가 ₩18,000,000) |
| | 정치자금기부금 | 3,100,000 |
| | 우리사주조합기부금 | 2,000,000 |
| 甲의 배우자 | 종교단체기부금 | 4,000,000 |
| | 정치자금기부금 | 1,000,000 |
| 甲의 어머니 | 종교단체기부금 | 5,000,000 |
| | 우리사주조합기부금 | 2,500,000 |

4. 기본세율은 다음과 같다.

| 과세표준 | | 기본세율 |
|---|---|---|
| 8,800만원 초과 | 1.5억원 이하 | 1,590만원+8,800만원 초과분의 35% |
| 1.5억원 초과 | 5억원 이하 | 3,760만원+ 1.5억원 초과분의 38% |

### 요구사항

1. 거주자 甲이 기부금을 필요경비에 산입하는 방법을 선택한 경우 20×7년 종합소득결정세액을 계산하시오.
2. 거주자 甲이 기부금을 세액공제하는 방법을 선택한 경우 20×7년 종합소득결정세액을 계산하시오. 단, 기부금세액공제의 한도는 고려하지 말 것.

### 해답

**[요구사항1]**

| 종합소득결정세액(필요경비에 산입하는 방법) | ₩18,959,091 |
|---|---|

[계산근거]

(1) 기부금세무조정

  1) 기부금의 분류

  ① 특례기부금: ₩6,000,000+₩9,000,000+₩3,000,000=₩18,000,000

  ② 우리사주조합기부금: ₩2,000,000

  ③ 지정기부금: ₩18,000,000+₩4,000,000+₩5,000,000=₩27,000,000

  2) 특례기부금

  ① 한도액: ₩130,000,000

  ② 한도미달액: ₩130,000,000−₩18,000,000=₩112,000,000

  3) 우리사주조합기부금

  ① 한도액: (₩130,000,000−₩18,000,000)×30%=₩33,600,000

  ② 한도미달액: ₩33,600,000−₩2,000,000=₩31,600,000

  4) 일반기부금

  ① 한 도 액: (₩130,000,000−₩18,000,000−₩2,000,000)×10%+Min[₩110,000,000×20%, ₩18,000,000]=₩29,000,000

  ② 한도미달액: ₩29,000,000−₩27,000,000=₩2,000,000

(2) 사업소득금액: ₩130,000,000−₩18,000,000−₩2,000,000−₩27,000,000=₩83,000,000

(3) 종합소득과세표준

  1) 종합소득금액

  이자소득금액                      ₩30,000,000

  사업소득금액                      83,000,000

|  |  |  |
|---|---|---|
| 기타소득금액 | 20,000,000 | ₩133,000,000 |

2) 종합소득공제 　　　　　　　　　　　　　　　　　　　　　　　(4,000,000)
　　계　　　　　　　　　　　　　　　　　　　　　　　　　　　₩129,000,000

(4) 종합소득산출세액

　(₩129,000,000−₩20,000,000)×기본세율+₩20,000,000×14%= 　₩26,050,000

(5) 종합소득결정세액

　1) 종합소득산출세액　　　　　　　　　　　　　　　　　　　₩26,050,000

　2) 세액공제

　　세액공제(기부금세액공제 제외)　　　　　　　₩7,000,000

　　정치자금기부금세액공제: ₩100,000 × $\frac{100}{110}$ = 　90,909　　7,090,909

　　계　　　　　　　　　　　　　　　　　　　　　　　　　　　₩18,959,091

**[요구사항2]**

| 종합소득결정세액(세액공제하는 방법) | ₩22,989,091 |
|---|---|

[계산근거]

(1) 종합소득과세표준

　1) 종합소득금액

　　이자소득금액　　　　　　　　　₩30,000,000
　　사업소득금액　　　　　　　　　130,000,000
　　기타소득금액　　　　20,000,000　₩180,000,000

　2) 종합소득공제　　　　　　　　　　　　　　　　　　　　　　(4,000,000)
　　계　　　　　　　　　　　　　　　　　　　　　　　　　　　₩176,000,000

(2) 종합소득산출세액

　(₩176,000,000−₩20,000,000)×기본세율+₩20,000,000×14%= 　₩42,680,000

(3) 기부금세액공제

　1) 세액공제대상기부금

　　① 특례기부금　　　　　　　　　　　　　　　　　　　　　₩18,000,000
　　② 우리사주조합기부금: Min[a, b]　　　　　　　　　　　　　　2,000,000
　　　a. ₩2,000,000
　　　b. (₩180,000,000−₩20,000,000−₩18,000,000)×30%=₩42,600,000
　　③ 일반기부금: Min[a, b]　　　　　　　　　　　　　　　　　27,000,000

   a. ₩27,000,000
   b. (₩180,000,000−₩20,000,000−₩18,000,000)×10%
    +Min[₩140,000,000×20%, 18,000,000]=₩32,000,000

|  |  |
|---|---:|
| 계 | ₩47,000,000 |

  2) 기부금세액공제: ₩10,000,000×15%+₩37,000,000×30%=₩12,600,000

(4) 종합소득결정세액

| | | |
|---|---:|---:|
| 1) 종합소득산출세액 | | ₩42,680,000 |
| 2) 세액공제 | | |
|  세액공제(기부금세액공제 제외) | ₩7,000,000 | |
|  기부금세액공제 | 12,600,000 | |
|  정치자금기부금세액공제 | 90,909 | 19,690,909 |
| 계 | | ₩22,989,091 |

### 해설

1. 특례기부금과 일반기부금은 사업자 본인의 명의로 지출한 기부금뿐만 아니라 기본공제대상자인 배우자 및 부양가족이 지출한 기부금도 포함한다. 단, 정치자금과 우리사주조합기부금 및 자원봉사기부금은 본인 명의로 지출한 기부금만 공제한다.
2. 현물기부금은 시가와 장부가액 중 큰 금액으로 한다.
3. 정치자금은 10만원까지는 기부금액의 100/110 만큼 세액공제하며, 10만원 초과분은 법정기부금으로 보아 필요경비에 산입하거나 특별세액공제를 적용한다.
4. 사업소득만 있는 자는 기부금을 필요경비에 산입하는 방법만을 적용하지만, 사업소득 외 다른 종합소득이 있는 자는 기부금을 필요경비에 산입하는 방법과 기부금세액공제를 하는 방법을 선택할 수 있다.
5. 기부금세액공제를 선택한 경우 다음의 금액을 한도로 공제한다.

$$\text{기부금세액공제 한도액} = \text{산출산액} \times \frac{\text{종합소득금액} - \text{사업소득금액}}{\text{종합소득금액}}$$

따라서 [요구사항2]의 경우 기부금세액공제의 한도액을 고려할 경우 기부금세액공제는 ₩11,155,000*이다.

 * 기부금세액공제: Min{①, ②}=₩11,155,000
  ① ₩10,000,000×15%+₩37,000,000×30%=₩12,600,000
  ② 한도: $₩42,680,000 \times \dfrac{₩176,000,000 - ₩130,000,000}{₩176,000,000} = ₩11,155,000$

## 종합소득결정세액 ■2014. 세무사

다음은 거주자 甲의 20×7년 종합소득세 계산을 위한 자료이다. 이 자료를 참고하여 물음에 답하시오.

1. ㈜ABC(비상장법인)로부터 받은 배당금의 내역은 다음과 같다. 이 외 거주자 甲의 금융소득은 없다.

    (1) 현금배당: ₩15,000,000

    (2) 주식발행초과금의 자본전입에 따른 의제배당: ₩18,000,000*

    *피투자회사의 자기주식보유분을 추가 배정함에 따라 지분율 상승을 유발한 금액 ₩4,000,000 포함

    (3) 감자차익(소각일로부터 2년 이내 발생된 것임)의 자본전입에 따른 의제배당: ₩5,000,000

    (4) 재평가적립금(1%세율 적용분)의 자본전입에 따른 의제배당: ₩8,000,000

    (5) 이익잉여금의 자본전입에 따른 의제배당: ₩10,000,000

2. ㈜한국의 임원으로 지급받은 보수에 대한 근로소득금액 ₩100,000,000이다. 단, 거주자 甲이 부담한 국민건강보험료와 고용보험료는 ₩5,000,000이다.

3. 20×6년과 20×7년의 사업소득에 대한 내역은 다음과 같다. 단, 20×6년의 부동산임대업과 20×6년과 20×7년의 부동산임대업 이외의 사업소득에서 결손금이 발생하였으며, 부동산임대업은 주택임대에 해당하지 아니한다.

| 소득구분 | 20×6년 | 20×7년 |
|---|---|---|
| ① 부동산임대업의 사업소득금액 | △₩4,000,000 | ₩6,000,000 |
| ② 부동산임대업 이외의 사업소득금액 | △25,000,000 | △20,000,000 |

4. 기타소득의 내역은 다음과 같다. 단, 원천징수는 적법하게 이루어졌으며 다음의 금액은 원천징수세액을 차감하기 전 금액이다. 공익목적의 지상권을 대여하고 받은 대가의 필요경비는 ₩2,000,000이나 그 외의 경우 필요경비가 확인되지는 않는다.

    (1) 로또복권당첨소득: ₩10,000,000

    (2) 공익목적의 지상권을 대여하고 받은 대가: ₩4,000,000

    (3) 한국대학 최고경영자과정 특별강연료: ₩3,500,000

5. 거주자 甲이 회사에 제출한 증명서류에 의한 소득공제액은 다음과 같다.

| | |
|---|---|
| (1) 인적공제 | ₩4,000,000 |
| (2) 신용카드 등 소득공제 | 8,000,000 |
| 계 | ₩12,000,000 |

[참고자료]

1. 기본세율

| 과세표준 | | 세 율 | 누진공제 |
|---|---|---|---|
| | 1,400만원 이하 | 6% | – |
| 1,400만원 초과 | 5,000만원 이하 | 15 | ₩1,260,000 |
| 5,000만원 초과 | 8,800만원 이하 | 24 | 5,760,000 |
| 8,800만원 초과 | 1억5천만원 이하 | 35 | 15,440,000 |

2. 근로소득세액공제: ₩500,000

### 요구사항

1. 거주자 甲의 20×7년 근로소득에 대한 연말정산시 추가납부 또는 환급할 소득세를 계산하시오. 단, (주)한국이 20×7년의 근로소득에 대해 간이세액표에 따라 근로소득세로 원천징수한 세액은 ₩9,200,000이다.
2. 거주자 甲의 20×7년 기타소득금액을 계산하시오. 그리고 거주자 甲이 기타소득에 대해서 세부담을 최소화하는 방안에 대해서 설명하시오.
3. 거주자 甲의 배당소득총수입금액과 배당가산액(gross-up 금액)을 계산하시오.
4. 거주자 甲의 20×7년 종합소득과세표준을 계산하시오. 단, 기타소득은 분리과세를 신청했다고 가정할 것
5. 거주자 甲의 20×7년 종합소득결정세액을 계산하시오. 단, 기타소득은 분리과세를 신청했다고 가정할 것

### 해답

**[요구사항1]**

| 근로소득에 대한 연말정산시 추가납부세액 | ₩5,000,000 |
|---|---|

[계산근거]

| | |
|---|---|
| (1) 근로소득금액 | ₩100,000,000 |
| (2) 종합소득공제: ₩4,000,000+₩8,000,000+₩5,000,000= | (17,000,000) |
| (3) 과세표준 | ₩83,000,000 |
| (4) 산출세액: ₩83,000,000×24%−₩5,760,000= | ₩14,160,000 |
| (5) 근로소득세액공제 | (500,000) |
| (6) 결정세액 | ₩13,660,000 |
| (7) 기납부세액 | (9,200,000) |
| (8) 추가납부세액 | ₩4,460,000 |

## [요구사항2]

| 기타소득금액: ₩4,000,000×40%+₩3,500,000×40%=₩3,000,000 |
|---|

[계산근거]

세부담 최소화 방안: 기타소득금액의 연간 합계액이 300만원 이하인 경우에는 납세의무자의 선택에 따라 이를 종합소득에 합산할 수도 있고 분리과세할 수도 있다. 따라서 기타소득을 합한 종합소득금액의 한계세율이 기타소득의 원천징수세율(20%)보다 큰 경우에는 분리과세를 선택하고, 반대의 경우에는 종합과세를 선택하는 것이 세부담을 최소화할 수 있다.

## [요구사항3]

| 배당소득총수입금액 | ₩42,000,000 |
|---|---|
| 배당가산액 | ₩2,420,000 |

[계산근거]

(1) 배당소득총수입금액

| 구  분 | 무조건 및 조건부종합과세 | 14%세율 | 기본세율 |
|---|---|---|---|
| gross-up 대상인 것 | | | |
|   현금배당 | ₩15,000,000 | ₩3,000,000 | ₩12,000,000 |
|   이익잉여금 자본전입 | 10,000,000 | | 10,000,000 |
| gross-up 대상이 아닌 것 | | | |
|   피투자회사 자기주식보유분 | 4,000,000 | 4,000,000 | |
|   감자차익 자본전입 | 5,000,000 | 5,000,000 | |
|   재평가적립금 자본전입 | 8,000,000 | 8,000,000 | |
| 계 | ₩42,000,000 | ₩20,000,000 | ₩22,000,000 |

∴ 배당소득총수입금액: ₩42,000,000

(2) 배당가산액(gross-up 금액): ₩22,000,000×11%=₩2,420,000

## [요구사항4]

| 종합소득과세표준 | ₩88,420,000 |
|---|---|

[계산근거]

(1) 종합소득금액

| 구 분 | 공제전 소득금액 | 기타사업 결손금 | 기타사업 이월결손금 | 공제후 소득금액 |
|---|---|---|---|---|
| 부동산임대업의 사업소득금액 | ₩6,000,000 | △6,000,000 | | |
| 기타의 사업소득금액 | △20,000,000 | 20,000,000 | | |
| 근로소득금액 | 100,000,000 | △14,000,000 | △₩25,000,000 | ₩61,000,000 |
| 배당소득금액 | 44,420,000 | | | 44,420,000 |
| 계 | ₩130,420,000 | | | ₩105,420,000 |

(2) 종합소득과세표준

① 종합소득금액　　　₩105,420,000
② 종합소득공제　　　(17,000,000)
　　계　　　　　　　₩88,420,000

[요구사항5]

| 종합소득결정세액 | ₩10,720,000 |
|---|---|

[계산근거]

(1) 종합소득산출세액: Max[①, ②]=₩13,460,800

　① 일반산출세액: (₩88,420,000−₩20,000,000)×기본세율+₩20,000,000×14%=₩13,460,800

　② 비교산출세액: (₩88,420,000−₩44,420,000)×기본세율+₩42,000,000×14%=₩11,220,000

(2) 세액공제

　① 배당세액공제: Min[a, b]=₩2,240,800

　　a. 배당가산액: ₩2,420,000

　　b. 한도액: ₩13,460,800−₩11,2220,000=₩2,240,800

　② 근로소득세액공제: ₩500,000

(3) 종합소득결정세액

| | | | |
|---|---|---|---|
| ① 종합소득산출세액 | | | ₩13,460,800 |
| ② 세액공제 | | | |
| ・배당소득공제 | ₩2,240,800 | | |
| ・근로소득세액공제 | 500,000 | (2,740,800) | |
| 계 | | | ₩10,720,000 |

# 퇴직소득세

다음은 거주자 甲의 2023년 퇴직소득에 관한 자료이다. 이 자료를 참고하여 甲의 2023년 퇴직소득산출세액을 계산하시오.

1. 거주자 甲은 A회사와 그 계열회사인 B회사에 재직하다 2023년에 퇴직하였는데, 그 근속기간은 다음과 같고, 총근속연수는 9년 10개월이다.

   | 근 무 처 | 직 책 | 퇴사일(근속연수) |
   | --- | --- | --- |
   | A회사 | 부 장 | 2023. 3. 31 (9년 1개월) |
   | B회사 | 상무이사 | 2023. 12. 31 (2년) |

2. 거주자 甲이 퇴직함에 따라 각 회사로부터 받은 금액은 다음과 같다.
   
   (1) A회사로부터 받은 금액(부장으로 재직함)
   
   ① 퇴직금 ₩30,000,000(노사협약에 의한 금액은 ₩25,000,000이지만 회사에서 ₩5,000,000을 추가로 지급하였음)
   
   ② 퇴직위로금 ₩20,000,000(퇴직금규정에 의하지 않고 받은 금액임)
   
   ③ 국민연금법에 의하여 지급받은 반환일시금 ₩10,000,000
   
   (2) B회사로부터 받은 금액(2022. 1. 1에 임원으로 입사하여 퇴직하였음)
   
   ① 퇴직금 ₩83,000,000(퇴직급여지급규정에 의하여 받은 금액임)
   
   ② 퇴직공로금 ₩7,000,000(이사회 특별결의에 의한 퇴직공로금이며, 법인세 세무조정시 임원퇴직금 한도초과액으로 손금불산입되어 상여로 처분됨)

3. 상무이사로 재직하였던 B회사에서의 퇴직전 연평균총급여액은 ₩75,000,000이다.

   [참고자료]
   
   1. 근속연수에 따른 퇴직소득공제(일부)
   
   | 근 속 연 수 | | 공 제 액 |
   | --- | --- | --- |
   | 5년 초과 | 10년 이하 | 500만원+200만원×(근속연수-5년) |
   | 10년 초과 | 20년 이하 | 1,500만원+250만원×(근속연수-10년) |
   
   2. 환산급여공제
   
   | 환 산 급 여 (일부) | | 공 제 액 |
   | --- | --- | --- |
   | 7천만원 초과 | 1억원 이하 | 4,520만원+7천만원 초과분×55% |
   | 1억원 초과 | 3억원 이하 | 6,170만원+ 1억원 초과분×45% |

3. 기본세율

| 과세표준 | | 세율 | 누진공제 |
|---|---|---|---|
| | 1,400만원 이하 | 6% | – |
| 1,400만원 초과 | 5,000만원 이하 | 15 | ₩1,260,000 |
| 5,000만원 초과 | 8,800만원 이하 | 24 | 5,760,000 |
| 8,800만원 초과 | 1억5천만원 이하 | 35 | 15,440,000 |
| 1억5천만원 초과 | 3억원 이하 | 38 | 19,940,000 |

▼ 해답

| 퇴직소득산출세액 | ₩3,681,250 |
|---|---|

[계산근거]

1. 퇴직소득금액

　(1) A회사: ₩30,000,000+₩20,000,000+₩10,000,000=　　₩60,000,000

　(2) B회사: Min{①, ②}=　　₩30,000,000

　　① ₩83,000,000

　　② ₩75,000,000×10%×$\frac{24}{12}$×2=₩30,000,000

　　계　　₩90,000,000

2. 퇴직소득산출세액

　(1) 환산급여: (₩90,000,000−₩7,500,000*)÷10년×12=₩99,000,000

　　*근속연수공제: ₩5,000,000+₩500,000×(10년−5년)=₩7,500,000

　(2) 환산급여공제: ₩45,200,000+(₩99,000,000−₩70,000,000)×55%=₩61,150,000

　(3) 퇴직소득산출세액: (₩99,000,000−₩61,150,000)×기본세율÷12×10=₩3,681,250

▼ 해설

1. 임원이 아닌 사용인의 퇴직위로금이나 퇴직공로금은 퇴직소득으로 본다.

2. 2012년 이후 임원의 퇴직소득은 다음의 금액을 한도로 한다. 단, 근무기간 계산시 1개월 미만은 1개월로 본다.

　임원퇴직소득 한도: 2019. 12. 31 부터 소급하여 3년동안 지급받은 총급여액의 연환산액×10%×2012. 1. 1부터 2019. 12. 31까지 근무기간×3+퇴직일부터 소급하여 3년 동안 지급받은 총급여액의 연환산액×10%×2020. 1. 1 이후근무기간×2

3. 환산급여액 계산시 근속연수는 1년 미만인 경우 1년으로 본다.

# 07. 퇴직소득세 ■2016. CPA 수정

다음은 거주자 을의 퇴직소득과 관련된 자료이다. 세부담 최소화의 가정하에 이 자료를 이용하여 거주자 을의 퇴직소득산출세액을 계산하시오.

1. 거주자 을은 (주)배움의 임원으로 입사하여 근무하다가 2023년 1월 1일에 현실적으로 퇴직하였다. 총 근속기간은 7년 6월이다.
2. 퇴직급여액은 ₩400,000,000이다.
3. 최근 6년간 과세기간별 총급여액

| 과세기간 | 총급여액 |
|---|---|
| 2017년 | ₩90,000,000 |
| 2018년 | 97,000,000 |
| 2019년 | 115,000,000 |
| 2020년 | 108,000,000 |
| 2021년 | 101,000,000 |
| 2022년 | 104,500,000 |

4. 근속연수에 따른 공제액

| 근속연수 | | 근속연수에 따른 공제액 |
|---|---|---|
| | 5년 이하 | 100만원×근속연수 |
| 5년 초과 | 10년 이하 | 500만원+200만원×(근속연수− 5년) |
| 10년 초과 | 20년 이하 | 1,500만원+250만원×(근속연수−10년) |
| 20년 초과 | | 4,000만원+300만원×(근속연수−20년) |

5. 환산급여공제액

| 환산급여 | | 환산급여에 따른 차등공제액 |
|---|---|---|
| | 800만원 이하 | 환산급여×100% |
| 800만원 초과 | 7,000만원 이하 | 800만원+(환산급여−800만원)×60% |
| 7,000만원 초과 | 1억원 이하 | 4,520만원+(환산급여−7,000만원)×55% |
| 1억원 초과 | 3억원 이하 | 6,170만원+(환산급여−1억원)×45% |
| 3억원 초과 | | 1억5,170만원+(환산급여−3억원)×35% |

7. 퇴직소득세율

| 과세표준 | | 세 율 |
|---|---|---|
| | 1,400만원 이하 | 과세표준의 6% |
| 1,400만원 초과 | 5,000만원 이하 | 84만원+1,400만원을 초과하는 과세표준의 15% |
| 5,000만원 초과 | 8,800만원 이하 | 624만원+5,000만원을 초과하는 과세표준의 24% |
| 8,800만원 초과 | 1억5천만원 이하 | 1,536만원+8,800만원을 초과하는 과세표준의 35% |
| 1억5천만원 초과 | 3억원 이하 | 3,706만원+1억5천만원을 초과하는 과세표준의 38% |
| 3억원 초과 | | 9,406만원+3억원을 초과하는 과세표준의 40% |

▼ 해답

| 퇴직소득산출세액 | ₩52,504,333 |
|---|---|

[계산근거]

1. 퇴직소득금액

   (1) 퇴직소득한도: $\dfrac{₩90,000,000+₩97,000,000+₩115,000,000}{3} \times 10\% \times \dfrac{66}{12} \times 3$

   $+ \dfrac{₩108,000,000+₩101,000,000+₩104,500,000}{2} \times 10\% \times \dfrac{36}{12} \times 2 = ₩322,850,000$

   (2) 퇴직소득금액: ₩322,850,000

2. 퇴직소득산출세액

   (1) 환산급여: (₩322,850,000−₩6,500,000)$^*$÷8년×12=₩474,525,000

   *근속연수공제: ₩5,000,000+₩500,000×(8년−5년)=₩6,500,000

   (2) 환산급여공제: ₩151,700,000+(₩474,525,000−₩300,000,000)×35%=₩212,783,750

   (3) 퇴직소득과세표준: (1)−(2)=₩261,741,250

   (4) 퇴직소득산출세액: ₩261,741,250×기본세율÷12×8=₩52,504,333

## 종합소득결정세액과 특별세액공제 ■2017. CPA

다음은 거주자 을(48세, 남성)의 20×7년 귀속 종합소득신고를 위한 자료이다. 이 자료를 이용하여 아래 물음에 답하시오.

1. 종합소득금액의 내역은 다음과 같다.

| 금융소득금액 | ₩30,220,000(비영업대금의 이익 ₩10,000,000), 정기적금이자 ₩18,000,000, 배당소득금액 2,220,000원으로 구성됨) |
|---|---|
| 사업소득금액 | ₩10,000,000(제조업) |
| 근로소득금액 | ₩5,880,000(총급여액 ₩12,300,000) |
| 기타소득금액 | ₩3,900,000 |
| 종합소득금액 | ₩50,000,000 |

2. 부양가족의 현황은 다음과 같다.

| 구분 | 나이 | 비고 |
|---|---|---|
| 부친 | 73세 | 무료로 슬롯머신을 1회 이용하여 받은 당첨액 ₩2,000,000 수령 |
| 모친 | 71세 | 법원보증금으로 인한 이자소득 ₩20,000,000 수령 |
| 동생 | 42세 | 장애인이며 소득이 없음 |
| 장남 | 16세 | 중학생이며 소득이 없음 |
| 장녀 | 5세 | 유치원생이며 소득이 없음(입양자로 20×7년에 입양신고하였음) |

3. 의료비의 지출내역은 다음과 같다.

　① 모친의 교통사고치료비 : ₩5,860,000

　② 동생의 재활치료비 : ₩1,009,000

　③ 장남의 시력보정용 안경구입비 ₩800,000

4. 교육비의 지출내역은 다음과 같다.

　① 장남에 대한 중학교 수업료 : ₩1,000,000

　② 장녀에 대한 유치원 수업료 : ₩1,500,000

　③ 장남의 현장체험 학습비 : ₩600,000(교육과정에 의한 현장체험학습임)

5. 사업장에 자연재해가 발생하여 ₩50,000,000의 사업용자산이 상실되었다. 상실 전의 사업용자산총액은 ₩200,000,000이었다.

6. 종합소득세율

| 과세표준 | 세율 |
|---|---|
| 1천400만원 이하 | 과세표준의 100분의 6 |
| 1천400만원 초과 5천만원 이하 | 84만원 + 1천400만원을 초과하는 금액의 100분의 15 |
| 5천만원 초과 8천800만원 이하 | 624만원 + 5천만원을 초과하는 금액의 100분의 24 |
| 8천800만원 초과 1억5천만원 이하 | 1천536만원 + 8천800만원을 초과하는 금액의 100분의 35 |
| 1억5천만원 초과 3억원 이하 | 3천706만원 + 1억5천만원을 초과하는 금액의 100분의 38 |
| 3억원 초과 5억원 이하 | 9천406만원 + 3억원을 초과하는 금액의 100분의 40 |
| 5억원 초과 | 1억7,406만원 + 5억원을 초과하는 금액의 100분의 42 |

### 요구사항

1. 을의 인적공제액을 다음의 답안양식에 따라 제시하시오.

[답안양식]

| 기본공제액 | |
|---|---|
| 추가공제액 | |

2. 을의 종합소득산출세액을 다음의 답안양식에 따라 제시하시오. 단, 배당소득 총수입금액은 전액 배당가산액(Gross-up 금액) 대상인 배당소득이며, 을의 종합소득공제는 ₩10,000,000이라고 가정한다.

[답안양식]

| 일반산출세액 | |
|---|---|
| 비교산출세액 | |

3. 을의 자녀세액공제액, 의료비세액공제액, 교육비세액공제액 및 재해손실세액공제액을 다음의 답안양식에 따라 제시하시오. 단, 을의 종합소득산출세액은 ₩6,000,000이며 가장세액공제, 배당세액공제 및 외국납부세액공제는 없고, 의료비세액공제와 교육비세액공제는 전액 근로소득에 대한 산출세액에서 공제 가능한 것으로 가정한다.

[답안양식]

| 자녀세액공제액 | |
|---|---|
| 의료비세액공제액 | |
| 교육비세액공제액 | |
| 재해손실세액공제액 | |

[요구사항1]

| 기본공제액 | ₩9,000,000 |
|---|---|
| 추가공제액 | ₩5,000,000 |

[계산근거]

1. 기본공제액: ₩1,500,000×6명=₩9,000,000
2. 추가공제액: ₩1,000,000(경로우대공제)×2명+₩2,000,000(장애인공제)×1명+₩1,000,000(한부모공제)=₩5,000,000


[요구사항2]

| 일반산출세액 | ₩4,540,000 |
|---|---|
| 비교산출세액 | ₩5,913,200 |

[계산근거]

1. 종합소득과세표준: ₩50,000,000−₩10,000,000=₩40,000,000
2. 일반산출세액: (₩40,000,000−₩20,000,000)×기본세율+₩20,000,000×14%=₩4,540,000
3. 비교산출세액: (₩40,000,000−₩30,220,000)×기본세율+₩10,000,000×25%+₩20,000,000×14%
   =₩5,913,200


[요구사항3]

| 자녀세액공제액 | ₩650,000 |
|---|---|
| 의료비세액공제액 | ₩1,050,000 |
| 교육비세액공제액 | ₩420,000 |
| 재해손실세액공제액 | ₩300,000 |

[계산근거]

1. 자녀세액공제액: ₩150,000×1명+₩500,000(둘째 입양)=₩650,000
2. 의료비세액공제액: (①+②)×15%=₩1,050,000

   ① 특정의료비: ₩5,860,000+₩1,009,000=₩6,869,000

   ② 일반의료비: ₩500,000*−₩12,300,000×3%=₩131,000

   *안경구입비는 ₩500,000을 한도로 함.

3. 교육비세액공제액: (₩1,000,000+₩1,500,000+₩300,000*)×15%=₩420,000

   *현장체험학습비는 연 30만원을 한도로 함.

4. 재해손실세액공제액

① 재해상실비율: $\dfrac{\text{₩}50,000,000}{\text{₩}200,000,000}=25\%$

② 재해손실세액공제액: $\text{₩}6,000,000 \times \dfrac{\text{₩}10,000,000}{\text{₩}50,000,000} \times 25\% = \text{₩}300,000$

## 종합소득결정세액과 특별세액공제 ■2018. CPA

거주자 정 (45세, 남성이며 배우자 없음)의 20×7년 종합소득신고와 관련된 내역이 같을 때 아래 **[요구사항]**에 답하시오.

1. 종합소득금액의 내역은 다음과 같다.

| 구 분 | 금액 | 비고 |
|---|---|---|
| 이자소득금액 | ₩15,000,000 | 정기예금이자 ₩10,000,000과 비영업대금의 이익 ₩5,000,000으로 구성됨 |
| 배당소득금액 | ₩21,650,000 | 배당가산액 ₩1,650,000 포함 |
| 근로소득금액 | ₩28,750,000 | 총급여액 ₩40,000,000 |
| 기타소득금액 | ₩19,750,000 | |
| 종합소득금액 | ₩85,150,000 | |

2. 생계를 같이하는 부양가족의 현황은 다음과 같다.

| 구분 | 나이 | 소득 | 비고 |
|---|---|---|---|
| 부친 | 72세 | 1,200만원 | 작물재배로 인한 사업소득금액임 |
| 모친 | 68세 | 없음 | 20×7년 3월 사망 |
| 누나 | 46세 | 총급여액 500 만원 | 장애인임 |
| 장녀 | 15세 | 없음 | 기숙사 생활로 별거하고 있음 |
| 차녀 | 5세 | 없음 | |

3. 보험료 등의 납입내역은 다음과 같다.

   ① 국민연금법에 따라 본인이 부담하는 국민연금보험료 납입액: ₩4,0000,000
   ② 보험회사에 개설하고 있는 연금저축계좌 납입액: ₩5,000,000
   ③ 국민건강보험법에 따라 본인이 부담하는 건강보험료 납입액: ₩1,500,000
   ④ 고용보험법에 따라 본인이 부담하는 고용보험료 납입액: ₩300,000
   ⑤ 본인을 피보험자로 하는 자동차보험료 납입액 ₩900,000
   ⑥ 누나를 피보험자로 하는 장애인전용 보장성보험료 납입액: ₩1,300,000

4. 의료비 지출내역은 다음과 같다.

   ① 본인의 질병치료비용: ₩2,000,000
   ② 모진의 입원치료비용: ₩5,000,000

③ 누나의 장애인 보장구 구입비용: 3,500,000
④ 차녀의 맹장염 수술비용: 800,000

5. 종합소득세율(일부)

| 과세표준 | 세 율 |
|---|---|
| 1,400만원 이하 | 과세표준의 6% |
| 1,400만원 초과 5,000만원 이하 | 84만원 + 1,400만원을 초과하는 과세표준의 15% |
| 5,000만원 초과 8,800만원 이하 | 624만원 + 5,000만원을 초과하는 과세표준의 24% |
| 8,800만원 초과 1억5천만원 이하 | 1,536만원 + 8,800만원을 초과하는 과세표준의 35% |

▶ 요구사항

1. 거주자 정의 인적공제액(기본공제액과 추가공제액)을 제시하시오.
2. 거주자 정의 특별소득공제액과 연금보험료공제액을 제시하시오.
3. 거주자 정의 일반산출세액, 비교산출세액 및 배당세액공제액을 제시하시오. 단, 종합소득공제액은 ₩10,000,000으로 가정한다.
4. 특별세액공제를 항목별로 신청한 거주자 정의 보험료 및 의료비 세액공제액을 제시하시오. 단, 세액공제액은 전액 근로소득에 대한 산출세액에서 공제가능한 것으로 가정한다.

▶ 해답

[요구사항1]

| 기본공제액 | ₩9,000,000 |
|---|---|
| 추가공제액 | ₩4,000,000 |

[계산근거]

(1) 기본공제액: ₩1,500,000×6명 = ₩9,000,000
(2) 추가공제액: ₩1,000,000×1명+₩2,000,000×1명+₩1,000,000×1명 = 4,000,000
　　　계　　　　　　　　　　　　　　　　　　　　　　　　　　₩13,000,000

[요구사항2]

| 특별소득공제액 | ₩1,800,000 |
|---|---|
| 연금보험료공제액 | ₩4,000,000 |

[계산근거]

(1) 특별소득공제액: 건강보험료 ₩1,500,000+고용보험료 ₩300,000=₩1,800,000

(2) 연금보험료공제액: 국민연금보험료 ₩4,000,000

[요구사항3]

| 일반산출세액 | ₩10,276,000 |
|---|---|
| 비교산출세액 | ₩9,965,000 |
| 배당세액공제액 | ₩311,000 |

[계산근거]

(1) 일반산출세액: (₩75,150,000−₩20,000,000)×기본세율+₩20,000,000×14%=₩10,276,000

(2) 비교산출세액: (₩75,150,000−₩36,650,000)×기본세율+₩10,000,000×14%+₩5,000,000×25%
　　　　　　　　+₩20,000,000×14%=₩9,965,000

(3) 배당세액공제액: Min{①, ②}=₩311,000

　① ₩1,650,000

　② ₩10,276,000−₩9,965,000=₩311,000

[요구사항4]

| 보험료세액공제액 | ₩258,000 |
|---|---|
| 의료비세액공제액 | ₩1,515,000 |

[계산근거]

(1) 보험료세액공제액: ①×15%+②×12%=₩258,000

　① 장애인전용보장성보험료: Min{₩1,300,000, ₩1,000,000}=₩1,000,000

　② 일반보장성보험료: Min{₩900,000, ₩1,000,000}=₩900,000

(2) 의료비세액공제액: (①+②)×15%=₩1,515,000

　① 특정의료비: ₩2,000,000+₩5,000,000+₩3,500,000=₩10,500,000

　② 일반의료비: Min{₩800,000−₩40,000,000×3%, ₩7,000,000}=△₩400,000

## 10 종합소득과 퇴직소득 ■2018. 세무사

거주자 김국세 씨(남성, 65세)의 20×7년도 소득에 대한 다음의 자료에 근거하여 각 물음에 답하시오. (단, 제시된 금액들은 국내외에서 원천징수된 세액을 차감하지 않은 금액이다.)

1. 금융소득 관련자료
   (1) 20×7 (주)A의 직장공제회에 7년동안 가입하여 20×7. 6. 30에 탈퇴할 때까지 총 ₩30,000,000의 공제료를 납입하였으며, 탈퇴시 ₩40,000,000의 반환금을 수령하였다.
   (2) 20×7. 2. 1.에 은행으로부터 ₩100,000,000을 차입하여 동 금액을 고교동창인 甲에게 빌려 주었다가, 20×7. 11. 30에 원금과 이자를 합한 ₩107,000,000을 甲으로부터 회수하였다. 그리고 20×7. 11. 30에 상기 차입금에 대한 원금과 이자를 합한 ₩104,000,000을 은행에 상환하였다.
   (3) 미국소재 외국법인의 이익잉여금 처분에 따른 배당액은 ₩14,000,000이며, 이에 대하여 외국에서 원천징수된 금액은 1,000,000이고 국내에서 원천징수된 금액은 없다.
   (4) 비상장 내국법인인 (주)B의 법인세 세무조정에 따라 김국세 씨에게 배당으로 소득처분된 금액 내역은 다음과 같다.

| (주)B의 사업연도 | 결산확정일 | 소득처분액 |
|---|---|---|
| 20×6. 1. 1. ~ 20×6. 12. 31. | 20×7. 3. 2. | ₩18,000,000 |
| 20×7. 1. 1. ~ 20×7. 12. 31. | 20×8. 3. 2. | ₩15,000,000 |

2. 퇴직소득 및 근로소득 관련자료
   (1) 김국세 씨는 (주)A에 임원으로 입사하여 10년 동안 근무하다가 20×7. 6. 30에 퇴직하면서 ₩816,000,000의 퇴직급여를 지급받았다.
   (2) 김국세씨의 2012년 이후 퇴직소득의 한도액은 ₩500,000,000이다.
   (3) 김국세 씨가 2011. 12. 31.에 퇴직한다고 가정할 때 (주)A의 규정에 따라 지급받을 퇴직급여는 ₩270,000,000이다.
   (4) 김국제 씨가 퇴직급여 이외에 (주)A로부터 20×7년에 지급받은 금액은 다음과 같다.
      ① 급여액 : ₩68,000,000 (근무기간 중 수령액임)
      ② 상여금 : ₩20,000,000 (근무기간 중 수령액이며, 20×6. 11. 30.에 잉여금처분 결의에 따라 지급된 ₩2,000,000을 포함함)
      ③ 근무중 발생한 부상에 대한 위자료로 받은 금액 : ₩20,000,000

④ 「발명진흥법」에 따라 직무발명보상금으로 받은 금액 : ₩12,000,000 (이중에서 ₩5,000,000은 퇴사한 이후에 지급받은 것임)

3. 연금소득 관련자료

   (1) 김국세 씨가 20×7년에 수령한 국민연금은 ₩12,000,0000이다. 총납입기간 동안의 환산소득누계액은 ₩750,000,0000이고, 2002. 1. 1. 이후 납입기간의 환산소득누계액은 ₩450,000,0000이다. 그리고 2002.1.1.이후에 연금보험료공제를 받지 아니하고 납입한 국민연금 보험료는 ₩3,200,000으로 확인된다.

   (2) 김국세 씨는 2011. 1. 1. 연금저축계좌에 가입한 이후 가입기간 동안 총 ₩30,000,000을 연금저축계좌에 납입하였으며, 이중에서 ₩10,000,000에 대하여는 연금계좌세액공제를 받지 아니하였다. 당해 연금저축계좌는 20×7년 초부터 연금수령하는 조건의 계약이다. 김국세 씨는 20×7. 11. 1.에 연금수령 개시를 신청하였으며, 신청일 현재 연금저축계좌평가액은 ₩65,000,000이다. 그리고 김국세 씨는 20×7. 1. 10.에 법령에서 정하는 의료목적으로 당해 연금저축계좌에서 ₩8,000,000을 인출하였고, 그 이후 20×7년말까지 당해 연금저축계좌에서 ₩22,000,000(법령에서 정하는 의료목적이나 부득이한 인출요건에 해당하지 않음)을 인출하였다.

4. 근로소득공제액의 계산식은 다음과 같다.

| 총급여액 | | 근로소득공제액 |
|---|---|---|
| | 500만원 이하 | 총급여액×70% |
| 500만원 초과 | 1,500만원 이하 | 350만원+(총급여액 − 500만원)×40% |
| 1,500만원 초과 | 4,500만원 이하 | 750만원+(총급여액 − 1,500만원)×15% |
| 4,500만원 초과 | 1억원 이하 | 1,200만원+(총급여액 − 4,500만원)×5% |
| 1억원 초과 | | 1,475만원+(총급여액 − 1억원)×2% |

5. 연금소득공제액의 계산식은 다음과 같다.

| 총급여액 | | 연금소득공제액 |
|---|---|---|
| | 350만원 이하 | 총연금액 |
| 350만원 초과 | 700만원 이하 | 350만원+(총연금액−350만원)×40% |
| 700만원 초과 | 1,400만원 이하 | 490만원+(총연금액−700만원)×20% |
| 1,400만원 초과 | | 630만원+(총연금액−1,400만원)×10% |

6. 근속연수에 따른 퇴직소득공제액의 계산식은 다음과 같다.

| 근속연수 | | 근속연수에 따른 공제액 |
|---|---|---|
| | 5년 이하 | 100만원×근속연수 |
| 5년 초과 | 10년 이하 | 500만원+200만원×(근속연수−5년) |
| 10년 초과 | 20년 이하 | 1,500만원+250만원×(근속연수−10년) |

| | |
|---|---|
| 20년 초과 | 4,000만원+300만원×(근속연수-20년) |

7. 환산급여에 따른 퇴직소득 차등공제액의 계산식은 다음과 같다.

| 환산급여 | 환산급여에 따른 차등공제액 |
|---|---|
| 800만원 이하 | 환산급여의 100% |
| 800만원 초과 7,000만원 이하 | 800만원+(800만원 초과분의 60%) |
| 7,000만원 초과 1억원 이하 | 4,520만원+(7,000만원 초과분의 55%) |
| 1억원 초과 3억원 이하 | 6,170만원+(1억원 초과분의 45%) |
| 3억원 초과 | 1억 5,170만원+(3억원 초과분의 35%) |

8. 소득세 기본세율은 다음과 같다.

| 과세표준 | 기본세율 |
|---|---|
| 1,400만원 이하 | 과세표준× 6% |
| 1,400만원 초과 5,000만원 이하 | 84만원+(과세표준-1,200만원)×15% |
| 5,000만원 초과 8,800만원 이하 | 624만원+(과세표준-5,000만원)×24% |
| 8,800만원 초과 1억5천만원 이하 | 1,536만원+(과세표준-8,800만원)×35% |
| 1억5천만원 초과 3억원 이하 | 3,706만원+(과세표준 1억5천만원)×38% |
| 3억원 초과 5억원 이하 | 9,406만원+(과세표준 3억 원)×40% |
| 5억원 초과 | 1억 7,406만원+(과세표준 5억 원)×42% |

▼ 요구사항

1. 금융소득 이외의 종합과세되는 소득금액이 ₩115,000,000이고 종합소득공제가 ₩10,000,0000이라고 가정할 경우, ① 종합소득과세표준과, ② 종합소득산출세액을 다음의 양식에 따라 제시하시오.

| 구 분 | 해 답 |
|---|---|
| ① 종합소득과세표준 | |
| ② 종합소득산출세액 | |

2. ① 직장공제회초과반환금에 대하여 원천징수할 소득세액과, ② 퇴직소득 한도초과액 (가급적 금액을 작게하는 것으로 가정함) 및 ③ 연금계좌로부터의 연금수령한도액을 다음의 양식에 따라 제시하시오.

| 구 분 | 해 답 |
|---|---|
| ① 직장공제회 초과반환금에 대하여 원천징수할 소득세액 | |
| ② 퇴직소득 한도초과액 | |
| ③ 연금계좌로부터의 연금수령한도액 | |

3. 위 [요구사항2]에서 '퇴직소득 한도초과액의 해답이 ₩40,000,000이라고 가정할 경우, ① 근로소득금액과, ② 2016. 1. 1. 이후 시행되는 소득세법 규정에 따른 퇴직소득과세표준을 다음의 양식에 따라 제시하시오.

| 구 분 | 해 답 |
|---|---|
| ① 근로소득금액 | |
| ② 퇴직소득과세표준 | |

4. 위 [요구사항2]에서 연금계좌로부터의 연금수령한도액의 해답이 ₩16,000,000이라고 가정할 경우, ① 종합과세되는 연금소득금액과 ② 원천징수대상 기타소득금액을 다음의 양식에 따라 제시하시오. 단, 연금소득은 종합과세를 선택한다고 가정할 것.

| 구 분 | 해 답 |
|---|---|
| ① 종합과세되는 연금소득금액 | |
| ② 원천징수대상 기타소득금액 | |

### 해답

**[요구사항1]**

| ① 종합소득과세표준 | ₩145,980,000 |
|---|---|
| ② 종합소득산출세액 | ₩31,453,000 |

[계산근거]

(1) 종합소득과세표준

① 금융소득금액

| 비영업대금의 이익 | ₩107,000,000 - ₩100,000,000 = | ₩7,000,000 |
|---|---|---|
| 외국법인 배당 | | 14,000,000 |
| 비상장내국법인 인정배당 | | 18,000,000 |
| 배당가산액(Gross-up) | ₩18,000,000 × 11% = | 1,980,000 |
| 계 | | ₩40,980,000 |

*직장공제회초과반환금은 무조건분리과세대상 이자소득임.

② 종합소득금액: ₩40,980,000 + ₩115,000,000 = ₩155,980,000

∴ 종합소득과세표준: ₩155,980,000 - ₩10,000,000 = ₩145,980,000

(2) 종합소득산출세액: Max{①, ②} = ₩31,453,000

① 일반산출세액: (₩145,980,000 - ₩20,000,000) × 기본세율 + ₩20,000,000 × 14% = ₩31,453,000

② 비교산출세액: (₩145,980,000−₩40,980,000)×기본세율+₩7,000,000×25%+₩32,000,000
×14%=₩27,540,000

[요구사항2]

| ① 직장공제회 초과반환금에 대하여 원천징수할 소득세액 | ₩210,000 |
|---|---|
| ② 퇴직소득 한도초과액 | ₩46,000,000 |
| ③ 연금계좌로부터의 연금수령한도액 | ₩15,600,000 |

[계산근거]

(1) 직장공제회초과반환금에 대하여 원천징수한 소득세액

　　① 초과반환금: ₩40,000,000−₩30,000,000=₩10,000,000

　　② 과세표준: ₩10,000,000−₩10,000,000×40%−{₩1,500,000+₩500,000×(7년−5년)}
　　　　　　　=₩3,500,000

　　③ 산출세액: ₩3,500,000÷7년×6%×7년=₩210,000

(2) 퇴직소득 한도초과액: ①−②=₩46,000,000

　　① 2012년 이후 퇴직소득: ₩816,000,000−₩270,000,000=₩546,000,000

　　② 2012년 이후 퇴직소득 한도액: ₩500,000,000

(3) 연금계좌로부터의 연금수령한도액

$$\frac{₩65,000,000}{11-6^*}×120\%=₩15,600,000$$

　* 2013. 3. 1전에 가입한 연금계좌라면 최초 연금수령한 날이 속하는 과세기간을 6년차로 하여 기산연차를
　　계산함.

[요구사항3]

| ① 근로소득금액 | ₩93,090,000 |
|---|---|
| ② 퇴직소득과세표준 | ₩366,320,000 |

[계산근거]

(1) 근로소득금액: ①−②=₩93,090,000

　　① 총급여액: ₩68,000,000+₩20,000,000−₩2,000,000+20,000,000+₩2,000,000=₩108,000,000

　　② 근로소득공제액: ₩14,750,000+₩8,000,000×2%=₩14,910,000

(2) 퇴직소득과세표준: ①−②=₩555,460,000

① 환산급여: (퇴직소득금액-근속연수공제)÷내용연수×12
= [(₩816,000,000-₩40,000,000)-{(₩5,000,000+₩2,000,000×(10년-5년)}]÷10년
×12=₩913,200,000

② 환산급여공제: ₩151,700,000+(₩913,200,000-₩300,000,000)×35%=₩366,320,0000

[요구사항4]

| ① 종합과세되는 연금소득금액 | ₩10,000,000 |
|---|---|
| ② 원천징수대상 기타소득금액 | ₩6,000,000 |

[계산근거]

(1) 종합과세되는 연금소득금액: ①+②=₩10,000,000

① 공적연금: $₩12,000,000 \times \dfrac{₩450,000,000}{₩750,000,000} - ₩3,200,000 = ₩4,000,000$

② 사적연금

| 구분 | 연금수령 | 연금외수령 |
|---|---|---|
| 과세제외금액 | ₩10,000,000 | 0 |
| 이연퇴직소득 | 0 | 0 |
| 공제분과 운용수익 | 6,000,000 (연금소득/종합소득) | ₩8,000,000 (연금소득/분리과세) <br> 6,000,000 (기타소득/분리과세) |
| 계 | ₩16,000,000 | ₩14,000,000 |

∴ 종합과세되는 사적연금: ₩6,000,000

(2) 원천징수대상 기타소득금액

연금소득 중 법 소정 사유없이 연금외수령한 금액: ₩6,000,000

* 퇴사이후 받은 직무발명보상금은 기타소득으로 분류되지만, ₩5,000,000까지는 비과세임.

# Question 11. 금융소득이 있는 경우 산출세액계산 ■2019 CPA

제조업을 영위하는 거주자 갑의 20×7년 금융소득과 관련된 내역이 다음과 같을 때 아래 요구사항에 답하시오.

1. 비실명금융자산에서 발생한 이자: ₩3,000,000(금융회사를 통하여 지급되었음)
2. 상호저축은행법에 따른 신용부금으로 인한 이익: ₩10,000,000
3. 민사집행법에 따라 법원에 납부한 보증금에서 발생한 이자: ₩1,200,000
4. 외상매출금의 지급기일 연장이자: ₩7,000,000(소비대차로 전환된 외상매출금에서 발생한 이자 ₩4,000,000 포함)
5. 국세기본법에 의해 법인으로 보는 단체로부터 받은 현금배당: ₩5,000,000
6. 국외은행 예금이자: ₩7,000,000(국내에서 원천징수되지 아니함)
7. 자기주식소각이익의 (소각 당시 시가가 취득가액을 초과하였음)의 자본전입으로 받은 무상주 액면가액: ₩2,000,000
8. 종합소득세율 (일부)

| 과세표준 | | 세율 |
|---|---|---|
| 1,400만원 초과 | 5,000만원 이하 | 84만 원 + 1,400만원을 초과하는 과세표준의 15% |
| 5,000만원 초과 | 8,800만원 이하 | 624만 원 + 5,000만원을 초과하는 과세표준의 24% |

## 〔요구사항〕

1. 갑의 무조건분리과세되는 금융소득에 대한 소득세 원천징수세액을 제시하시오.
2. 갑의 종합과세되는 이자소득 총수입금액, 배당소득 총수입금액 및 배당가산액(Gross-up 금액)을 제시하시오.

[답안양식]

| 이자소득 총수입금액 | |
|---|---|
| 배당소득 총수입금액 | |
| 배당가산액(Gross-up금액) | |

3. 갑의 종합소득산출세액을 제시하시오. 단, 과세표준은 ₩50,000,000이라고 가정한다.

### 해답

**[요구사항1]**

| 원천징수세액 | ₩2,868,000 |
|---|---|

[계산근거]

(1) 비실명금융자산이자: ₩3,000,000×90%*= ₩2,700,000
(2) 법원보증금이자: ₩1,200,000×14%= 168,000
　　　　　계　　　　　　　　　　　　　　₩2,868,000

* 금융회사를 통하여 지급한 것은 금융실명제 대상이므로 90% 원천징수세율을 적용함.

**[요구사항2]**

| 이자소득 총수입금액 | ₩21,000,000 |
|---|---|
| 배당소득 총수입금액 | ₩7,000,000 |
| 배당가산액(Gross-up금액) | ₩550,000 |

[계산근거]

| 구　분 | 무조건 및조건부 종합과세대상 | 14% 세율 | 기본세율 |
|---|---|---|---|
| 신용부금이익 | ₩10,000,000 | ₩10,000,000 | |
| 소비대차전환이자 | 4,000,000 | 4,000,000 | |
| 국외은행 예금이자 | 7,000,000 | 6,000,000 | ₩1,000,000 |
| 무상주 의제배당 | 2,000,000 | | 2,000,000 |
| 단체로부터 현금배당 | 5,000,000 | | 5,000,000 |
| 계 | ₩28,000,000 | ₩20,000,000 | ₩8,000,000 |

∴ 이자소득 총수입금액: ₩21,000,000

　배당소득 총수입금액: ₩7,000,000

　배당가산액(Gross-up금액): ₩5,000,000×14%=₩550,000

[요구사항3]

| 종합소득산출세액 | ₩6,317,500 |
|---|---|

[계산근거]
(1) 일반산출세액: (₩50,000,000−₩20,000,000)×기본세율+₩20,000,000×14%=₩6,040,000
(2) 비교산출세액: (₩50,000,000−₩28,550,000)×기본세율+₩4,000,000*×25%+₩24,000,000×14%
    =₩6,317,500

  *소비대차로 전환된 외상매출금에서 발생된 이자는 비영업대금의 이익이므로 25%의 원천징수세율을 적용함.

∴ 종합소득산출세액: Max{(1), (2)}=₩6,317,500

## 종합소득결정세액과 특별세액공제 ■2019. CPA

거주자 (43세, 여성)의 20×7년 종합소득신고와 관련된 내역이 다음과 같을 때 아래 요구사항에 답하시오.

1. 종합소득금액의 내역은 다음과 같다.

| 구 분 | 금 액 | 비 고 |
|---|---|---|
| 근로소득금액 | ₩16,000,000 | 총급여액 ₩25,000,000 |
| 사업소득금액(부동산매매업) | 14,000,000[*1] | |
| 종합소득금액 | ₩30,000,000 | |

[*1]. 미등기토지(보유기간 10년)의 양도로 인한 소득으로 양도가액 ₩200,000,000, 취득가액 ₩180,000,000, 양도비용 ₩6,000,000(기타필요경비로 인정됨)임

2. 생계를 같이 하는 부양가족의 현황은 다음과 같다.

| 구 분 | 나 이 | 비 고 |
|---|---|---|
| 부친 | 67세 | 소득없음 |
| 모친 | 71세 | 장애인, 20×7년 3월 4일 사망 |
| 배우자 | 46세 | 퇴직소득금액 80만원, 총급여액 400만원 (일용근로자 아님) |
| 장남 | 20세 | 근로소득 연 200 만원(일용근로자로서 받은 급여) |
| 차남 | 18세 | 소득없음 |

3. 교육비의 지출내역은 다음과 같다.

① 본인의 대학원 등록금: ₩8,000,000

② 장남의 직업훈련을 위하여 직업훈련개발시설에 지급한 수강료: ₩5,000,000

③ 차남에 대한 고등학교 수업료: ₩2,000,000

④ 차남에 대한 교복비: ₩600,000

⑤ 차남의 고등학교가 교육과정으로 실시하는 현장체험학습에 지출한 비용: ₩500,000

4. 사업소득에 대해서는 복식부기장부를 기장하고 있으며, 소득세법에 따라 장부 및 증명서류를 보관하고 있다(간편장부대상자이며 신고해야 할 소득금액을 누락하지않음).

5. 주택자금(병은 무주택세대주임) 및 보험료의 지출내역은 다음과 같다.

① 주택청약저축 납입액: ₩2,000,000

② 주택임차자금의 원리금 상환액: ₩4,000,000(국민주택규모의 주택임차자금임)

③ 국민건강보험법에 따라 본인이 부담하는 건강보험료 납입액: ₩1,000,000

④ 국민연금법에 따라 본인이 부담하는 국민연금보험료 납입액: ₩4,000,000

6. 보유기간 10년 이상 11년 미만 토지의 장기보유특별공제율은 20%이다.

7. 종합소득세율(일부)

| 과세표준 | 세 율 |
|---|---|
| 1,400만원 초과   5,000만원 이하 | 84만원+1,400만원을 초과하는 과세표준의 15% |
| 5,000만원 초과   8,800만원 이하 | 624만원+5,000만원을 초과하는 과세표준의 24% |

### 요구사항

1. 병의 인적공제액 및 특별소득공제액을 제시하시오.
2. 병의 일반산출세액과 비교산출세액을 제시하시오. 단, 종합소득공제는 ₩3,000,000이라고 가정한다.
3. 특별세액공제를 항목별로 신청한 병의 교육비세액공제 및 기장세액공제액을 제시하시오. 단, 종합소득산출세액을 ₩9,000,000이라고 가정한다.

### 해답

[요구사항1]

| 인적공제액 | ₩11,000,000 |
|---|---|
| 특별소득공제액 | ₩3,400,000 |

[계산근거]

(1) 인적공제액

① 기본공제: ₩1,500,000×6명=              ₩7,500,000
② 추가공제: ₩1,000,000×1명+₩2,000,000×1명+₩500,000=   ₩3,500,000
                                  계              ₩11,000,000

(2) 특별소득공제액: ①+②=₩3,400,000

① 보험료공제(건강보험료): ₩1,000,000
② 주택자금공제: a+b=₩2,400,000

    a. 주택청약저축공제: ₩2,000,000×40%=₩800,000
    b. 주택임차차입금원리금상환공제: ₩4,000,000×40%=₩1,600,000

[요구사항2]

| 일반산출세액 | ₩2,790,000 |
|---|---|
| 비교산출세액 | ₩10,580,000 |

[계산근거]

(1) 일반산출세액: ₩27,000,000×기본세율=₩2,790,000

(2) 비교산출세액: (₩27,000,000−₩14,000,000[*1])×기본세율+₩14,000,000×70%[*2]=₩10,580,000

    *1. 미등자산이므로 장기보유특별공제와 양도소득기본공제를 적용하지 않음.

      2. 미등자산이므로 양도소득세율은 70%임.

[요구사항3]

| 교육비세액공제액 | ₩1,620,000 |
|---|---|
| 기장세액공제액 | ₩840,000 |

[계산근거]

(1) 교육비세액공제액

   ① 공제대상교육비: ₩8,000,000+₩2,000,000+₩500,000+₩300,000=₩10,800,000

   ② 교육비세액공제액: ₩10,800,000×15%=₩1,620,000

     *1. 근로자 본인 이외의 자가 직업능력개발훈련시설에 수강료를 지급하는 것은 공제대상에서 제외함.

       2. 교복비는 1명당 50만원을 한도로 하며, 체험학습비는 1명당 30만원을 한도로 함.

(2) 기장세액공제액: Min{①, ②}=₩840,000

   ① $₩9,000,000 \times \dfrac{₩14,000,000}{₩30,000,000} \times 20\% = ₩840,000$

   ② 한도: ₩1,000,000

## Question 13. 연말정산 ■2020. CPA

다음은 근로소득자인 거주자 甲의 20×1년 근로소득에 대한 연말정산에 관한 자료이다.

1. 본인 및 생계를 같이하는 부양가족의 현황

| 구 분 | 나 이 | 내 용 |
|---|---|---|
| 본인 | 42세 | 총급여액 ₩80,000,000 |
| 배우자 | 39세 | 소득 없음 |
| 부친 | 74세 | 양도소득금액 ₩10,000,000 |
| 장인 | 73세 | 장애인, 소득 없음 |
| 딸 | 17세 | 고등학교 재학 중, 소득 없음 |
| 아들 | 0세 | 20×1. 4. 1. 출생, 소득 없음 |
| 위탁아동 | 10세 | 7개월 양육, 소득 없음 |
| 동생 | 35세 | 장애인, 소득 없음 |

2. 신용카드, 직불카드 및 현금영수증 사용내역

| 구 분 | | 금 액 |
|---|---|---|
| 신용카드 사용액 | 본인의 정당 기부금(정치자금세액공제 적용) | ₩300,000 |
| | 본인의 신차 구입에 따른 취득세 | 2,000,000 |
| | 본인의 가전제품 구입 | 19,900,000 |
| | 배우자의 국외 사용 | 900,000 |
| | 장인의 대중교통 이용 | 200,000 |
| | 동생의 도서·공연 사용 | 800,000 |
| 기타 사용액 | 배우자의 전통시장 현금영수증 사용 | 1,500,000 |
| | 부친의 직불카드 사용 | 5,500,000 |

3. 의료비 지출내역

| 구 분 | 금 액 |
|---|---|
| 본인의 건강진단비 | ₩1,200,000 |
| 본인과 배우자의 시력보정용안경구입비(각 ₩400,000) | 800,000 |
| 배우자의 출산 병원비 | 1,000,000 |

| 배우자의 산후조리원 비용 | 2,000,000 |
| 부친의 건강증진용 약품구입비 | 900,000 |
| 장인의 보청기 구입비 | 2,000,000 |
| 딸의 허리디스크 수술비 | 10,000,000 |
| 딸의 미용성형수술비 | 2,000,000 |
| 동생의 장애인 보장구 구입비 | 3,000,000 |

▶ 요구사항

1. 甲의 인적공제액과 자녀세액공제액을 다음의 답안양식에 따라 제시하시오.

[답안양식]

| 인적공제액 | 기본공제액 | |
| | 추가공제액 | |
| 자녀 세액공제액 | | |

2. 甲의 신용카드 등 사용금액에 대한 소득공제액을 다음의 답안양식에 따라 제시하시오.

[답안양식]

| 신용카드 등 사용금액 | 40% 공제율 적용대상 | |
| | 30% 공제율 적용대상 | |
| | 15% 공제율 적용대상 | |
| 신용카드 등 사용 소득공제액 | | |

3. 특별세액공제를 항목별로 신청한 甲의 의료비세액공제액을 다음의 [답안양식]에 따라 제시하시오.

[답안양식]

| 의료비세액공제액 | |

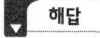 해답

[요구사항1]

| 인적공제액 | 기본공제액 | ₩10,500,000 |
| | 추가공제액 | ₩5,000,000 |
| 자녀세액공제액 | | ₩800,000 |

[계산근거]

1. 기본공제액: 7인(본인, 배우자, 장인, 딸, 아들, 위탁아동, 동생)×₩1,500,000=₩10,500,000
2. 추가공제액

    (1) 경로우대공제           ₩1,000,000
    (2) 장애인공제: 2인×₩2,000,000=   4,000,000
           계               ₩5,000,000

3. 자녀세액공제

    (1) 기본세액공제           ₩300,000[*1]
    (2) 출산·입양자녀세액공제      500,000[*2]
           계               ₩800,000

    *1. 8세이상 자녀가 2명이므로 ₩300,000임
     2. 둘째를 출산하였으므로 ₩500,000이며, 위탁아동은 공제대상이 아님.

### [요구사항2]

| 신용카드 등<br>사용금액 | 40% 공제율 적용대상 | ₩1,700,000 |
|---|---|---|
| | 30% 공제율 적용대상 | 0 |
| | 15% 공제율 적용대상 | ₩19,900,000 |
| 신용카드 등 사용 소득공제액 | | 640,000 |

[계산근거]

1. 신용카드 등 사용금액

    (1) 전통시장사용액       ₩1,500,000
    (2) 대중교통이용액         200,000
    (3) 신용카드사용액      19,900,000
           계          ₩21,600,000

   *1. 본인의 정당기부금은 정치자금세액공제를 받았으므로 적용대상이 아님.
    2. 본인의 신차구입에 따른 취득세와 배우자의 국외사용분은 적용대상이 아님.
    3. 동생은 공제대상에서 제외되며, 부친은 소득금액이 100만원 이상이므로 공제대상에서 제외됨.

2. 신용카드 등 사용 소득공제액

    (1) 최저사용금액: ₩80,000,000×25%=₩20,000,000
    (2) 신용카드등 사용 소득공제액: Min{①, ②}=₩640,000

        ① 공제대상금액: (₩21,600,000−₩20,000,000)×40%=₩640,000
        ② 한도: ₩2,500,000+Min{₩1,500,000×40%+₩200,000+40%, ₩2,000,000}=₩3,180,000

[요구사항3]

| 의료비세액공제액 | ₩2,340,000 |
|---|---|

[계산근거]

1. 공제대상의료비

   (1) 특정의료비: ₩1,200,000+₩400,000+₩2,000,000+₩3,000,000=₩6,600,000

   (2) 일반의료비: (₩400,000+₩1,000,000+₩10,000,000)−₩80,000,000×3%=₩9,000,000

   *1. 안경구입비는 1인당 50만원을 한도로 함.
   2. 배우자 산후조리원 비용은 총급여액이 7천만원을 초과하므로 공제대상에서 제외함.
   3. 부친의 건강증진용 약품구입비와 딸의 미용성형수술비는 공제대상이 아님

2. 의료비세액공제액

   (₩6,600,000+₩9,000,000)×15%=₩2,340,000

# 연말정산 ■2021. 세무사

거주자 갑은 (주)산업테크의 인사팀 과장으로 재직 중이다. (주)산업테크는 기본급, 상여금 및 수당 등을 급여지급일인 매월 25일에 지급한다. 거주자 갑은 근로소득만 있으며, 이외의 소득은 없다고 가정한다.

[자료 1]

다음은 거주자 갑의 20×1. 1. 1.부터 20×1. 12. 31. 까지 소득 및 이에 관련된 지출 자료이다.

1. (주)산업테크와 거주자 갑 간의 근로계약에 따르면 기본급은 월 ₩3,500,000이며, 상여금은 연간 월 기본급의 600%이다. 이와는 별도로 과장 직책수당은 월 ₩250,000이다.

2. (주)산업테크는 사내 식당에서 식사를 제공하고 있으며, 이와는 별도 규정에 의해 월 ₩150,000의 식대를 급여일에 지급한다. 거주자 갑은 사내 식당에서 식사를 하였으며, 식대를 급여일에 수령하였다.

3. (주)산업테크는 시내출장에 대해서는 실제 여비를 지급하지 않고 직책에 따라 자가운전 보조금을 차등 지급하는 '자가운전보조금 지급규정'이 있다. 거주자 갑은 시내출장 시 본인의 승용차를 이용하였고, 실제 여비를 받는 대신에 자가운전보조금 ₩300,000을 매 월 급여일에 수령하였다.

4. (주)산업테크는 임직원의 자녀가 대학원 또는 대학에 재학 중인 경우, 실제 등록금을 넘지않는 범위에서 자녀 1인당 학기별로 ₩4,000,000의 학비보조금을 회사의 복리후생비로 지급하는 '장학금 규정'이 있다. 거주자 갑은 대학원 재학 중인 자녀 A와 대학에 재학 중인 자녀 B의 학비보조금으로 3월과 9월에 각각 ₩8,000,000을 수령하였다.

5. (주)산업테크와 거주자 갑이 20×1년 동안 납부한 사회보험료 내역은 아래와 같다.

| 구 분 | 총 액 | 사용자부담금 | 본인부담분 |
| --- | --- | --- | --- |
| 국민연금보험료 | ₩6,000,000 | ₩3,000,000 | ₩3,000,000 |
| 국민건강보험료 | 2,400,000 | 1,200,000 | 1,200,000 |
| 노인장기요양보험료 | 200,000 | 100,000 | 100,000 |
| 고용보험료 | 400,000 | 200,000 | 200,000 |

6. (주)산업테크가 거주자 갑의 근로소득에 대해 원천징수한 소득세는 총 ₩4,750,000이다.

[자료 2]

다음은 거주자 갑이 20×1년 귀속 근로소득 연말정산을 하기 위해 회사에 제출한 자료이다. 각 자료에 대한 증빙은 적법하게 제출되었다.

1. 거주자 갑과 생계를 같이 하는 기본공제대상자는 다음과 같다.

| 구분 | 나이 | 소득 | 비고 |
|---|---|---|---|
| 본인 | 45세 | 〈자료 1〉 | |
| 배우자 | 48세 | | 전업주부 |
| 모친 | 68세 | ₩17,000,000* | |
| 자녀 A | 23세 | – | 대학원생 |
| 자녀 B | 18세 | – | 대학생, 장애인 |
| 자녀 C | 15세 | – | 고등학생 |

*모친은 국내 상장주식에 직접투자를 하고 있으며, 20×1년 12월 31일 현재 보유하고 있는 상장주식의 평가액은 ₩150,000,000이다. 위의 연간소득금액은 원천징수를 하기 전의 현금배당금액이다.

2. 거주자 갑은 본인을 피보험자로 하는 자동차 손해보험의 보험료 ₩1,300,000을 지출하였고, 자녀 B를 피보험자로 하는 장애인전용보험의 보험료 ₩1,200,000을 지출하였다.

3. 거주자 갑과 그 배우자 및 생계를 같이 하는 자녀 등의 소득공제 대상 신용카드 등 사용금액의 연간 합계액은 다음과 같다. 20×1년에 신용카드 등으로 사용한 금액은 ₩42,000,000이다.

| 구 분 | 신용카드 | 직불카드 | 현금영수증 | 합 계 |
|---|---|---|---|---|
| 전통시장 | ₩3,500,000 | ₩500,000 | ₩200,000 | ₩4,200,000 |
| 대중교통 | 500,000 | 100,000 | – | 600,000 |
| 위 외의 사용분* | 28,300,000 | 4,9500,000 | 1,000,000 | 34,200,000 |
| 계 | ₩130,420,000 | ₩5,500,000 | ₩1,200,000 | ₩39,000,000 |

*위 외의 사용분은 백화점과 대형마트에서 식료품을 구매하기 위하여 지출한 금액이다.

4. 거주자 갑이 기본공제대상자를 위하여 지출한 의료비 내역은 다음과 같다. 거주자 갑과 기본공제대상자는 실손의료보험에 가입하지 않았다.

| 관 계 | 지출 내역 | 금 액 |
|---|---|---|
| 본인 | 질병예방비, 치료목적 의약품 구입 | ₩860,000 |
| 모친 | 입원치료비, 치료목적 의약품 구입 | 870,000 |
| 자녀 A | 입원치료비, 치료목적 의약품 구입 | 750,000 |
| 자녀 B | 의사처방에 따른 의료기기 구입 | 1,580,000 |
| 자녀 C | 입원치료비 | 350,000 |
| | 콘택트 렌즈 구입비 | 650,000 |
| | 치료목적 의약품 구입 | 50,000 |

5. 거주자 갑이 기본공제대상자를 위하여 지출한 교육비 내역은 다음과 같다. 교육비와 관련된 학자금 대출을 받지 않았으며, 교육비 지출액 중 소득세나 증여세가 비과세되는 장학금은 없다. 모친은 20×1년에 만학도로 4년제 대학에 입학하여 언론에 기사화된 바가 있다.

| 관계 | 교육비 내역 | 소득 | 비고 |
|---|---|---|---|
| 모친 | 입학금과 수업료 | ₩6,000,000 | 일반대학 재학 |
| 자녀 A | 대학원 수업료 | 14,000,000 | |
| 자녀 B | 대학 수업료 | 9,500,000 | 일반대학 재학 |
| 자녀 C | 교복구입 비용 | 700,000 | |
| | 학교에서 구입한 교과서 대금 | 50,000 | |
| | 방과후학교 수업료 | 900,000 | |
| | 학교 급식비 | 550,000 | |
| | 사설 입시학원 수강료 | 4,000,000 | |

[자료 3]

근로소득 공제, 기본세율 및 근로소득 세액공제는 아래 표를 참고하시오.

1. 근로소득공제액

| 과세표준 | 세율 |
|---|---|
| 1,500만원 초과 4,500만원 이하 | 750만원 + (총급여액 − 1,500만원)×15% |
| 4,500만원 초과 1억원 이하 | 1,200만원 + (총급여액 − 4,500만원)×5% |
| 1억원 초과 | 1,475만원 + (총급여액 − 1억원)×2% |

2. 소득세 기본세율

| 과세표준 | 세율 |
|---|---|
| 4,500만원 초과 8,800만원 이하 | 624만원 + (과세표준 − 5,000만원)×24% |
| 8,800만원 초과 1억원 5천만원 이하 | 1,536만원 + (과세표준 − 8,800만원)×35% |
| 1억 5천만원 초과 3억원 이하 | 3,760만원 + (과세표준 − 1억5천만원)×38% |

3. 근로소득 세액공제

| 근로소득산출세액 | 근로소득 세액공제액 |
|---|---|
| 130만원 초과 | 세액공제액=Min ① 공제세액 : 715,000원 + (근로소득산출세액 − 130만원)×30% ② 한도액 : 총급여액 구간별 한도액(74만원~50만원) |

[총급여액 구간별 한도액]

| 과세표준 | | 세 율 |
|---|---|---|
| 3,300만원 초과 | 7,000만원 이하 | MAX(①, ②)<br>① 74만원 - (총급여액 - 3,300만원)×0.8%<br>② 66만원 |
| 7,000만원 초과 | 1억원 이하 | MAX(①, ②)<br>① 66만원 - (총급여액 - 7,000만원)×50%<br>② 50만원 |

[물음 1]

총급여액과 근로소득금액을 계산하시오.

| (1) 총급여액 | (2) 근로소득금액 |
|---|---|
|  |  |

[물음 2]

인적공제를 기본공제액과 추가공제액으로 구분하여 계산하시오.

| (1) 기본공제액 | (2) 추가공제액 | (3) 인적공제 합(1+2) |
|---|---|---|
|  |  |  |

[물음 3]

건강보험료 등 소득공제액과 연금보험료 소득공제액을 계산하시오.

| (1) 건강보험료 등 소득공제액 | (2) 연금보험료 소득공제액 |
|---|---|
|  |  |

[물음 4]

[물음 1]과 관계없이 총급여액을 ₩82,000,000이라고 가정하고, 신용카드 등 사용 금액에 대한 소득공제액을 계산하시오.

| (1) 기본공제액 | (2) 추가공제액 | (3) 신용카드 등 소득공제액 합(1+2) |
|---|---|---|
|  |  |  |

[물음 5]

[물음 1]부터 [물음 4]까지의 답을 적용하여 근로소득 과세표준과 산출세액을 계산 하시오.

| (1) 과세표준 | (2) 산출세액 |
|---|---|
|  |  |

[물음 6]

[물음 1]및 [물음 5]와 관계없이 총급여액은 ₩82,000,000, 산출세액이 ₩7,300,000 이라고 가정하고, 세액공제를 계산하시오. (단, 해당 세액공제 금액이 없으면 금액란에 '없음'이라고 표시한다.)

| 세액공제 항목 | 금 액 |
|---|---|
| (1) 근로소득 세액공제 | |
| (2) 자녀 세액공제 | |
| (3) 보장성보험료 세액공제 | |
| (4) 의료비 세액공제 | |
| (5) 교육비 세액공제 | |
| 합 계 | |

[물음 7]

산출세액이 ₩7,300,000이라고 가정하고 (물음 6)의 답을 적용하여 거주자 갑의 결정세액을 계산한 후, 연말정산시 추가 납부할 세액 혹은 환급받을 세액을 계산하시오.

| (1) 결정세액 | (2) 원천징수세액(기납부세액) | (3) 추가납부(환급세액) |
|---|---|---|
| | | |

### 해답

[물음 1]

| (1) 총급여액 | (2) 근로소득금액 |
|---|---|
| ₩85,000,000 | ₩71,000,000 |

[계산근거]

1. 총급여액 : ₩3,500,000×12 + ₩3,500,000×6 + ₩250,000×12 + ₩150,000×12 + ₩100,000×12 + ₩8,000,000×2 = ₩85,000,000

2. 근로소득금액

   (1) 근로소득공제 : ₩12,000,000 + (₩85,000,000 − ₩45,000,000)×5% = ₩14,000,000

   (2) 근로소득금액 : ₩85,000,000 − ₩14,000,000 = ₩71,000,000

[물음 2]

| (1) 기본공제액 | (2) 추가공제액 | (3) 인적공제 합(1+2) |
|---|---|---|
| ₩7,500,000 | ₩2,000,000 | ₩9,500,000 |

[계산근거]

1. 기본공제액 : ₩1,500,000×5인(본인, 배우자, 모친, 자녀B, 자녀C) = ₩7,500,000

2. 추가공제액 : 장애인공제 ₩2,000,000

[물음 3]

| (1) 건강보험료 등 소득공제액 | (2) 연금보험료 소득공제액 |
|---|---|
| ₩1,500,000 | ₩3,000,000 |

[계산근거]

1. 특별소득공제 : ₩1,200,000 + ₩100,000 + ₩200,000 = ₩1,500,000

2. 연금보험료공제 : ₩3,000,000

[물음 4]

| (1) 기본공제액 | (2) 추가공제액 | (3) 신용카드 등 소득공제액 합(1+2) |
|---|---|---|
| ₩2,500,000 | ₩1,920,000 | ₩4,420,000 |

[계산근거]

1. 신용카드 등 사용금액

   (1) 전통시장 : ₩4,200,000(40%)

   (2) 대중교통 : ₩600,000(40%)

   (3) 직불카드 : ₩5,900,000(30%)

   (4) 신용카드 : ₩28,300,000(15%)

2. 신용카드 등 사용 소득공제액

   (1) 최저사용금액 : ₩82,000,000×25%=₩20,500,000

   (2) 공제대상금액 : ₩4,200,000×40% + ₩600,000×40% + ₩5,900,000×30% + (₩28,300,000 − ₩20,500,000)×15% = ₩4,860,000

3. 공제한도

   (1) 기본한도 : ₩2,500,000

   (2) 추가한도 : Min{₩4,200,000×40%+₩600,000×40%+₩2,000,000} = ₩1,920,000

[물음 5]

| (1) 과세표준 | (2) 산출세액 |
|---|---|
| ₩53,260,000 | ₩7,562,400 |

[계산근거]

1. 과세표준 : (1) - (2) = ₩53,260,000

   (1) 종합소득금액 : ₩71,000,000

   (2) 종합소득공제 : ₩9,500,000 + ₩1,500,000 + ₩3,000,000 + ₩3,740,000 = ₩17,740,000

2. 산출세액 : ₩6,240,000 + (₩53,260,000 - ₩46,000,000)×24% = ₩7,982,400

[물음 6]

| 세액공제 항목 | 금 액 |
|---|---|
| (1) 근로소득 세액공제 | ₩500,400 |
| (2) 자녀 세액공제 | 300,000 |
| (3) 보장성보험료 세액공제 | 270,000 |
| (4) 의료비 세액공제 | 375,000 |
| (5) 교육비 세액공제 | 1,650,000 |
| 합     계 | ₩3,095,000 |

[계산근거]

1. 근로소득 세액공제 : Min{(1), (2)} = ₩500,000

   (1) ₩715,000 + (₩7,300,000 - ₩1,300,000)×30% = ₩2,515,000

   (2) Max{①, ②} = ₩500,000

   ① ₩660,000 - (₩82,000,000 - ₩70,000,000)×50% = 0

   ② ₩500,000

2. 자녀세액공제 : ₩150,000×2인 (자녀B, 자녀C) = ₩300,000

3. 보장성보험료 세액공제

   자동차손해보험 ₩1,000,000×12% + ₩1,000,000×15% = ₩270,000

4. 의료비 세액공제

   (1) 공제대상의료비

   ① 특정 : ₩860,000 + ₩870,000 + ₩1,580,000 = ₩3,310,000

   ② 일반 : Min{₩1,650,000* - ₩82,000,000×3%, ₩7,000,000} = △₩810,000

   * ₩750,000 + ₩350,000 + ₩500,000 + ₩50,000 = ₩1,650,000

   (2) 의료비세액공제 : (₩3,310,000 - ₩810,000)×15% = ₩375,000

5. 교육비세액공제

   (1) 공제대상교육비 : ₩9,000,000 + ₩500,000 + ₩50,000 + ₩900,000 + ₩550,000 = ₩11,000,000

   (2) 교육비세액공제 : ₩11,000,000×15% = ₩1,650,000

[물음 7]

| (1) 결정세액 | (2) 원천징수세액(기납부세액) | (3) 추가납부(환급세액) |
|---|---|---|
| ₩4,205,000 | ₩4,750,000 | ₩545,000 |

[계산근거]

1. 결정세액 : ₩7,300,000 - ₩3,095,000 = ₩4,205,000
2. 환급세액 : ₩4,205,000 - ₩4,750,000 = ₩545,000

## Question 15. 특별소득공제와 특별세액공제 ■2021. CPA

거주자 을(54세, 한국 국적)의 20×1년 종합소득 관련 자료이다.

1. 소득 내역

| 구 분 | 금 액 | 비고 |
|---|---|---|
| 근로소득 | ₩66,250,000 | 총급여액 ₩80,000,000 |
| 이자소득 | 4,000,000 | 예금이자로 원천징수됨 |

2. 계를 같이하는 부양가족의 현황

| 구 분 | 나 이 | 비고 |
|---|---|---|
| 부친 | 83세 | 소득 없음, 장애인 |
| 모친 | 79세 | 작물생산에 이용되는 논·밭 임대소득 ₩6,000,000 |
| 배우자 | 51세 | 소득 없음 |
| 딸 | 21세 | 소득 없음, 대학생 |
| 아들 | 15세 | 소득 없음, 중학생 |

3. 교육비

| 구 분 | 금 액 | 비고 |
|---|---|---|
| 국민연금·보험료 | ₩5,000,000 | 회사가 부담하여 총급여액에 포함됨 |
| 건강보험료 | 4,000,000 | |
| 주택청약저축 납입금액 | 3,000,000 | 을은 무주택자임 |

4. 신용카드 사용내역[*1]

| 사용내역 | 금액 |
|---|---|
| 부친의 신용카드 | ₩5,000,000 |
| 모친의 신용카드 | 4,000,000 |
| 본인의 신용카드 | 15,300,000[*2] |
| 배우자의 신용카드 | 10,000,000[*3] |

*1. 당해연도 신용카드 사용금액은 직전연도 신용카드 등 사용금액의 105%를 초과하지 않음
 2. 국외에서 결제한 금액 ₩3,000,000 및 대중교통 사용분 ₩300,000이 포함됨
 3. 전통시장 사용분 ₩4,000,000이 포함됨

5. 교육비 관련 내역

| 구 분 | 지출 내역 | 금 액 |
|---|---|---|
| 부친 | 장애인 특수 교육비*1 | ₩2,000,000 |
| 본인 | 직업능력개발훈련시설 수강료 | 1,500,000 |
| | 대학원 등록금 | 4,000,000 |
| 배우자 | 직업능력개발훈련시설 수강료 | 1,000,000 |
| 딸 | 외국대학*2 등록금 | 10,000,000 |
| 아들 | 교복구입비용 | 500,000 |
| | 방과후학교 수업료 | 1,000,000 |
| | 사설 영어학원 수강료 | 4,000,000 |

*1. 보건복지부장관이 장애인 재활교육을 실시하는 기관으로 인정한 비영리법인에 지급함
 2. 국외에 소재

6. 기부금 관련 내역

| 구 분 | 지출 내역 | 금 액 |
|---|---|---|
| 부친 | 종교단체 기부금 | ₩500,000 |
| 본인 | 수해 이재민구호금품 | 600,000 |
| | 노동조합 회비 | 300,000 |

[요구사항]

1. 을의 소득공제액을 다음의 답안양식에 따라 제시하시오.

[답안양식]

| 인 적 공제액 | 기본공제액 | |
|---|---|---|
| | 추가공제액 | |
| 연금보험료·건강보험료·주택청약저축 소득공제액 | | |
| 신용카드 등 사용 소득공제액 | | |

2. 을의 세액공제액을 다음의 답안양식에 따라 제시하시오.

[답안양식]

| 교육비 세액공제 | |
|---|---|
| 기부금 세액공제 | |

**[요구사항1]**

| 인 적 공제액 | 기본공제액 | ₩7,500,000 |
|---|---|---|
| | 추가공제액 | 4,000,000 |
| 연금보험료·건강보험료·주택청약저축 소득공제액 | | 9,000,000 |
| 신용카드 등 사용 소득공제액 | | 2,770,000 |

[계산근거]

1. 인적공제액

    (1) 기본공제 : ₩1,500,000×5인(본인, 부친, 모친, 배우자, 아들) = ₩7,500,000

    (1) 추가공제 : ₩1,000,000×2인 + ₩2,000,000 = ₩4,000,000

2. 기타 공제 : (1) + (2) + (3) = ₩9,000,000

    (1) 연금보험료 : ₩5,000,000

    (2) 건강보험료 : ₩4,000,000

    (3) 주택청약저축 : 0 (∵ 총급여 7천만원 초과)

3. 신용카드 등 사용 소득공제

    (1) 신용카드 등 사용액

    ① 전통시장 : ₩4,000,000(40%)

    ② 대중교통 :   ₩300,000(40%)

    ③ 신용카드 : ₩5,000,000 + ₩4,000,000 + ₩15,300,000 − ₩3,000,000 − ₩300,000 + ₩10,000,000 − ₩4,000,000 = ₩27,000,000

    (2) 최저사용금액 : ₩80,000,000×25% = ₩20,000,000

    (3) 신용카드 등 사용 소득공제 : Min {①, ②} = ₩2,770,000

    ① 공제액 : ₩4,000,000×40% + ₩300,000×40% + (₩27,000,000 − ₩20,000,000)×15% = ₩2,770,000

    ② 한도 : ₩2,500,000 + Min{₩4,000,000×40% + ₩300,000×40%, ₩2,000,000} = ₩4,220,000

**[요구사항2]**

| 교육비 세액공제 | ₩2,700,000 |
|---|---|
| 기부금 세액공제 | 210,000 |

[계산근거]

1. 교육비 세액공제 : (₩2,000,000 + ₩1,500,000 + ₩4,000,000 + ₩9,000,000 + ₩500,000 + ₩1,000,000)×15% = ₩2,700,000

2. 기부금 세액공제 :

   (1) 세액공제대상기부금 : ①+② = ₩1,400,000

   ① 특례기부금 : ₩600,000

   ② 일반기부금 : Min{a, b} = ₩800,000

   a. ₩500,000 + ₩300,000 = ₩800,000

   b. (₩66,250,000 − ₩600,000)×10% + Min{(₩66,250,000 − ₩600,000)×20%, ₩300,000} = ₩6,865,000

   (2) 기부금세액공제 : ₩1,400,000×15% = ₩210,000

# 16 Question 배당세액공제 ■2021 CPA

거주자 병의 20×1년 종합소득 관련 자료이다.

1. 소득 내역

| 구 분 | 금 액 |
|---|---|
| 상장주식 매매차익 | ₩3,000,000 |
| 주식 배당금 | 12,000,000 |
| 양도가능채권 매매차손 | △2,000,000 |

2. 채권의 매매차익

| 구 분 | 금 액 |
|---|---|
| 환매조건부 채권의 매매차익 | ₩20,000,000 |
| 회사채 매매차익* | 15,000,000 |

*회사채 매매차익에는 보유기간 이자상당액 1,000,000원이 포함됨

3. 병이 투자한 비상장법인 B로부터 받은 무상주

| 구 분 | 금 액 |
|---|---|
| 주식발행초과금의 자본전입 | ₩15,000,000* |
| 이익준비금의 자본전입 | 30,000,000 |

*지분율 상승에 해당하는 금액 2,000,000원이 포함됨

4. 기타 금융소득

| 구 분 | 금 액 |
|---|---|
| 직장공제회 반환금 | ₩50,000,000[*1] |
| 외국법인으로부터 받은 배당금 | 4,000,000[*2] |
| 국내은행 지급 정기예금이자 | 3,000,000 |
| 코스닥상장 C법인 인정배당[*3] | 6,000,000 |

*1. 직장공제회(2011년 가입) 납입원금은 ₩45,000,000임
 2. 원천징수 하지 않음
 3. 결산확정일은 20×1년 3월 31일임

5. 제조업 사업소득금액 : ₩20,000,000

6. 종합소득세 기본세율

| 과세표준 | | 세율 |
|---|---|---|
| 1,400만원 초과 | 5,000만원 이하 | 84만원 + 1,400만원을 초과하는 과세표준의 15% |
| 5,000만원 초과 | 8,800만원 이하 | 624만원 + 5,000만원을 초과하는 과세표준의 24% |

**요구사항**

거주자 병의 종합소득금액, 종합소득산출세액 및 배당세액공제액을 다음의 답안 양식에 따라 제시하시오. 단, 종합소득공제액은 ₩20,000,000으로 가정한다.

[답안양식]

| 종합소득금액 | |
|---|---|
| 종합소득산출세액 | |
| 배당세액공제액 | |

**해답**

| 이자소득 총수입금액 | ₩29,000,000 |
|---|---|
| 배당소득 총수입금액 | 52,000,000 |
| 배당가산액(Gross-up 금액) | 3,960,000 |

[계산근거]

1. 이자소득 총수입금액 : ₩20,000,000 + ₩1,000,000 + ₩8,000,000 = ₩29,000,000

2. 배당소득 총수입금액 : ₩12,000,000 - ₩2,000,000 + ₩2,000,000 + ₩30,000,000* + ₩4,000,000 + ₩6,000,000* = ₩52,000,000

   *Gross-up 대상임

3. 배당가산액 : (₩30,000,000 + ₩6,000,000)×11% = ₩3,960,000

[요구사항2]

| 종합소득금액 | ₩104,960,000 |
|---|---|
| 종합소득산출세액 | 12,630,400 |
| 배당세액공제액 | 1,290,000 |

[계산근거]

1. 종합소득금액 : ₩29,000,000 + ₩52,000,000 + ₩3,960,000 + ₩20,000,000 = ₩104,960,000

2. 종합소득산출세액 : Max{①, ②} = ₩12,630,400

    ① (₩84,960,000 − ₩20,000,000)×기본세율 + ₩20,000,000×14% = ₩12,630,400

    ② (₩84,960,000 − ₩84,960,000)×기본세율 + (₩29,000,000 + ₩52,000,000)×14% = ₩11,340,000

3. 배당세액공제액 : Max{①, ②} = ₩1,290,000

    ① ₩3,960,000

    ② ₩12,630,400 − ₩11,340,000 = ₩1,290,000

## 종합소득세 확정신고 ■2022. 세무사

다음은 (주)한국의 재무팀장으로 근무하는 홍길동(남성)씨의 20×7년도 소득에 관한 자료이다. 다음 자료를 바탕으로 물음에 답하시오. (원천징수대상이 되는 소득은 세법에 따라 적법하게 원천징수 되었다.)

[근로소득 자료]

| 구 분 | 금 액 | 비 고 |
|---|---|---|
| 기본급 | ₩50,400,000 | 월 ₩4,200,000 |
| 상여금 | 28,000,000 | 연 4회 매회 ₩7,000,000 |
| 직책수당 | 3,600,000 | (주)한국은 직원들에게 별도의 식사를 제공함 |
| 식대보조금 | 2,400,000 | 월 ₩200,000 |
| 연장근로수당 | 2,400,000 | 홍길동씨 본인의 소유차량을 업무수행에 이용하였으며, 출장 등에 실제로 소요된 여비를 지급받는 대신 (주)한국의 지급기준에 따라 지급받은 금액임 |
| 연장근로수당 | 2,000,000 | |
| 연월차수당 | 1,200,000 | |
| 계 | ₩90,000,000 | |

1. 홍길동씨의 소득공제대상 신용카드 등 사용금액의 연간합계액은 다음과 같다. (전년도대비 증가분은 없음)

| 구 분 | 신용카드 | 직불카드 | 현금영수증 | 계 |
|---|---|---|---|---|
| 전통시장사용분 | ₩2,000,000 | ₩100,000 | ₩600,000 | ₩2,700,000 |
| 대중교통이용분 | 200,000 | 10,000 | – | 210,000 |
| 도서·신문·공연·박물관·미술관 사용분 | – | – | – | – |
| 위 이외의 사용분 | 21,000,000 | 1,200,000 | 1,300,000 | 23,500,000 |
| 계 | ₩23,200,000 | ₩1,310,000 | ₩1,900,000 | ₩26,410,000 |

2. 의료비 지급명세

| 구 분 | 금 액 |
|---|---|
| 본인의 정밀건강진단비 | ₩400,000 |
| 본인의 치료를 위한 한약 구입비 | 500,000 |
| 모친의 입원치료비 및 의약품 구입비 | 1,200,000 |

|  |  |
|---|---:|
| 장남의 입원치료비 및 의약품 구입비 | 1,200,000 |
| 계 | ₩14,100,000 |

3. 교육비 지급명세

| 구 분 | 금 액 |
|---|---:|
| 본인의 야간대학 등록금 | ₩7,000,000 |
| 장남의 대학 등록금 | 12,000,000 |
| 계 | ₩19,000,000 |

[근로소득공제 자료, 기본세율 속산표 자료]

1. 근로소득공제 자료

| 총급여액 | 공 제 액 |
|---|---|
| 500만원 이하 | 총급여액×70% |
| 500만원 초과 1,500만원 이하 | 350만원+(총급여액−500만원)×40% |
| 1,500만원 초과 4,500만원 이하 | 750만원+(총급여액−1,500만원)×15% |
| 4,500만원 초과 1억원 이하 | 1,200만원+(총급여액−4,500만원)× 5% |
| 1억원 초과 | 1,475만원+(총급여액−1억원)× 2% |

2. 기본세율 속산표

| 종합소득과세표준 | 공 제 액 |
|---|---|
| 1,200만원 이하 | 과세표준×6% |
| 4,600만원 이하 | 과세표준×15%−₩1,080,000(누진공제액) |
| 8,800만원 이하 | 과세표준×24%−₩5,220,000(누진공제액) |
| 1억5천만원 이하 | 과세표준×35%−₩14,900,000(누진공제액) |
| 3억 원 이하 | 과세표준×38%−₩19,400,000(누진공제액) |
| 5억 원 이하 | 과세표준×40%−₩25,400,000(누진공제액) |
| 10억 원 이하 | 과세표준×42%−₩35,400,000(누진공제액) |
| 10억 원 초과 | 과세표준×45%−₩65,400,000(누진공제액) |

[물음 1]

| 항 목 | | | | 금 액 |
|---|---|---|---|---|
| 총 급여액 | | | | ① |
| 근로소득공제 | | | | ② |
| 근로소득금액 | | | | |
| 종합소득공제 | 기본공제 | 본인공제 | | ③ |
| | | 배우자공제 | | |
| | | 부양가족공제 | | |
| | 추가공제 | 경로우대공제 | | ④ |
| | | 장애공제 | | |
| | 연금보험료공제 | | | ⑤ |
| | 특별소득공제 | 보험료공제 | 건강보험료 | |
| | | | 고용보험료 | |
| | | 주택자금소득공제 | 주택청약종합저축 | ⑥ |
| | 신용카드 등 사용금액에 대한 소득공제 | | | ⑦ |
| 소득공제 종합한도 초과액 | | | | ₩0 |
| 종합소득과세표준 | | | | |
| 산출세액 | | | | |
| 세액공제 | 근로소득 세액공제 | | | ₩500,000 |
| | 자녀세액공제 | | | ⑧ |
| | 특별 세액공제 | 항목별 세액공제 | 보장성보험료 세액공제 | ⑨ |
| | | | 의료비세액공제 | ⑩ |
| | | | 교육비세액공제 | ⑪ |
| 결정세액 | | | | ⑫ |

[물음 2]

홍길동씨는 20×년도의 근로소득에 대한 연말정산을 적법하게 하였다. 추가적으로 20×7년도에 발생한 기타소득금액 ₩20,000,000(20% 세율로 적법하게 원천징수가 이루어짐)으로 인하여 종합소득신고를 하여야 한다. 다음은 20×7년도 종합소득세 확정신고 시 자진 납부할 세액(또는 환급세액)을 계산하기 위한 자료이다. 다음의 양식에 따라 ① ~ ③의 금액을 제시하시오 (단, 근로소득에 대한 연말정산시 결정세액은 ₩4,000,000으로 가정한다.)

| 항 목 | | 금 액 |
|---|---|---|
| 근로소득금액 | | ₩70,000,000 |
| 기타소득금액 | | |
| 종합소득금액 | | |
| 종합소득 공제 | 기본공제 | 3,000,000 |
| | 추가공제 | 3,000,000 |
| | 연금보험료공제 | 3,000,000 |
| | 특별소득공제 | 3,000,000 |
| | 신용카드 등 사용금액에 대한 소득공제 | 3,000,000 |
| 소득공제 종합한도 초과액 | | 0 |
| 종합소득 과세표준 | | 2,000,000 |
| 산출세액 | | |
| 세액공제 | | 3,000,000 |
| 결정세액 | | ① |
| 기납부세액 | | ② |
| 납부할 세액(환급받을 세액) | | ③ |

### 해답

[물음 1]

| 항 목 | | | 금 액 | |
|---|---|---|---|---|
| 총 급여액 | | | ① | 87,600,000 |
| 근로소득공제 | | | ② | 14,130,000 |
| 근로소득금액 | | | | 73,470,000 |
| 종합소득공제 | 기본공제 | 본인공제 | ③ | 6,000,000 |
| | | 배우자공제 | | |
| | | 부양가족공제 | | |
| | 추가공제 | 경로우대공제 | ④ | 3,000,000 |
| | | 장애공제 | | |
| | 연금보험료공제 | | ⑤ | 2,000,000 |
| | 특별소득공제 | 보험료공제 | 건강보험료 | 200,000 |
| | | | 고용보험료 | 100,000 |
| | | 주택자금소득공제 | 주택청약종합저축 | ⑥ 0 |
| | 신용카드 등 사용금액에 대한 소득공제 | | ⑦ | 1,644,000 |

| 소득공제 종합한도 초과액 | | | | 0 |
|---|---|---|---|---|
| 종합소득과세표준 | | | | 60,526,000 |
| 산출세액 | | | | 9,306,240 |
| 세액공제 | 근로소득 세액공제 | | | 500,000 |
| | 자녀세액공제 | | ⑧ | 150,000 |
| | 특별 세액공제 | 항목별 세액공제 | 보장성보험료 세액공제 ⑨ | 120,000 |
| | | | 의료비세액공제 ⑩ | 1,365,000 |
| | | | 교육비세액공제 ⑪ | 2,400,000 |
| 결정세액 | | | ⑫ | 4,771,240 |

[계산근거]

1. 총급여액: ₩50,400,000+₩28,000,000+₩3,600,000+₩2,400,000+₩2,000,000+₩1,200,000
   = ₩87,600,000

2. 근로소득공제: ₩12,000,000+(₩87,600,000−₩45,000,000)×5%= ₩14,130,000

3. 인적공제: (1)+(2) = ₩9,000,000

   (1) 기본공제: ₩1,500,000×4인(본인, 배우자, 모친, 장남)= ₩6,00,000

   (2) 추가공제: ₩2,000,000(장애인공제)+₩1,000,000(경로우대공제)= ₩3,000,000

4. 주택청약종합저축 소득공제: ₩0 (∵ 총급여액 7천만원 초과)

5. 신용카드 등 사용금액에 대한 소득공제

   (1) 공제대상금액

   ① 전통시장: ₩2,700,000

   ② 대중교통: ₩210,000

   ③ 직불카드: ₩1,200,000+₩1,300,000= ₩2,500,000

   ④ 신용카드: ₩21,000,000

   (2) 최저사용액: ₩87,600,000×25%= ₩21,900,000

   (3) 소득공제액: Min{①, ②}= ₩1,644,000

   ① 공제액: ₩2,700,000×40%+₩210,000×40%+(₩2,500,000−₩900,000)×30%= ₩1,644,000

   ② 한도: ₩2,500,000

6. 자녀세액공제: ₩1,500,000(장남)

7. 보장성 보험료 세액공제: ₩1,000,000×12%= ₩120,000

8. 의료비세액공제: {(1)+(2)}×15%= ₩1,365,000

(1) 특정의료비: ₩400,000+₩500,000+₩1,200,000= ₩2,100,000

(2) 일반의료비: Min{₩12,000,000−₩87,600,000×3%, ₩7,000,000}= ₩7,000,000

9. 교육비세액공제: (₩7,000,000+₩9,000,000)×15%= ₩2,400,000

10. 결정세액: ₩60,526,000×세율−(₩500,000+₩150,000+₩120,000+₩1,365,000+₩2,400,000)
    = ₩4,771,240

[물음 2]

| 구 분 | | 금 액 |
|---|---|---|
| 결정세액 | ① | 9,780,000 |
| 기납부세액 | ② | 8,000,000 |
| 납부할세액(환급받을 세액) | ③ | 1,780,000 |

[계산근거]

1. 결정세액

    (1) 종합소득금액: ₩70,000,000+₩20,000,000= ₩90,000,000

    (2) 종합소득공제: ₩15,000,000

    (3) 종합소득과세표준: ₩90,000,000−₩15,000,000= ₩75,000,000

    (4) 산출세액: ₩75,000,000×세율= ₩12,780,000

    (5) 결정세액: ₩12,780,000−₩3,000,000= ₩9,780,000

2. 기납부세액(원천징수세액): (1)+(2)= ₩8,000,000

    (1) 근로소득: ₩4,000,000

    (2) 기타소득: ₩20,000,000×20%= ₩4,000,000

3. 납부할세액: 1−2= ₩1,780,000

# 종합소득세 ■2022. CPA

거주자 갑, 을, 병의 20×7년 귀속 종합소득 신고를 위한 자료이다. 제시된 금액은 원천징수하기 전의 금액이다.

[물음 1]
거주자 갑은 20×7년 5월 31일까지 ㈜A의 영업사원으로 근무하다 퇴직한 후, 20×7년 10월 1일에 ㈜B에 재취업하여 상무이사(비출자임원)로 근무하고 있다. 갑의 20×7년 근로소득과 관련된 자료이다.

[자료]
1. ㈜A와 ㈜B는 모두「조세특례제한법」상 중소기업에 해당한다.
2. ㈜A가 갑의 근무기간(20×7년 1월 1일 ~ 20×7년 5월 31일) 중 갑에게 지급한 내역은 다음과 같다.

| 구 분 | 금 액 |
|---|---|
| 기본급 | ₩400,000 |
| 벽지수당*1 | 500,000 |
| 식사대*2 | 1,200,000 |
| 여비*3 | |
| 자가운전보조금*4 | |
| 주택임차 소요자금 저리 대여 이익 | 1,200,000 |

*1. 매월 ₩500,000씩 지급됨
2. 갑은 식사를 제공받지 않았으며 매월 ₩150,000씩 지급받음
3. 시내출장에 소요된 실제 경비로 실비를 지급받음
4. 회사의 지급기준에 따라 매월 ₩200,000씩 지급됨

3. 갑은 실직기간(20×7년 6월 1일 ~ 20×7년 9월 30일)에「고용보험법」에 따라 ₩2,000,000의 실업급여를 받았다.

4. ㈜B가 갑의 근무기간(20×7년 10월 1일 ~ 20×7년 12월 31일) 중 갑에게 지급한 내역은 다음과 같다.

| 구 분 | 금 액 |
|---|---|
| 기본급 | ₩24,000,000 |
| 이직 지원금*1 | 4,500,000 |
| 건강보험료*2 | 1,500,000 |
| 단체순수보장성 보험료*3 | 800,000 |
| 사택제공이익*4 | 4,000,000 |

*1. 지방에 소재하는 회사에 이직함에 따라 지급됨

2. 갑이 부담하여야 할 부분으로 (주)B가 대납함
3. 갑(계약자)의 사망·상해 또는 질병을 보험금의 지급 사유로 하고 갑을 피보험자와 수익자로 하는 보험으로서 만기에 납입보험료를 환급하지 않는 보험의 보험료로 (주)B가 부담함
4. (주)B가 소유하고 있는 주택을 갑에게 무상으로 제공한 이익임

5. 근로소득공제

| 과세표준 | 세 율 |
|---|---|
| 1,500만원 초과   4,500만원 이하 | 750만원+1,500만원을 초과하는 금액의 15% |
| 4,500만원 초과   1억원 이하 | 1,200만원+4,500만원을 초과하는 금액의 5% |

[요구사항]

갑의 20×7년 귀속 근로소득금액을 답안 양식에 따라 제시하시오..

[답안양식]

| 총급여액 | |
|---|---|
| 근로소득공제 | |
| 근로소득금액 | |

[물음 2]

거주자 을은 20×6년 국내에서 제조업(중소기업)을 개시하여 영위하고 있다. 다음은 을의 20×7년 사업소득 손익계산서와 추가자료이다.

[자료]

1. 손익계산서(20×7년 1월 1일 ~ 20×7년 12월 31일)

(단위: 원)

| | | |
|---|---|---|
| Ⅰ. 매출액 | | ₩3,200,000,000 |
| Ⅱ. 매출원가 | | (1,700,000,000) |
| Ⅲ. 매출총이익 | | ₩1,500,000,000 |
| Ⅳ. 판매비와 관리비 | | |
|   1. 급여 | ₩890,000,000 | |
|   2. 광고선전비 | 25,000,000 | |
|   3. 접대비 | 50,000,000 | |
|   4. 감가상각비 | 10,000,000 | (975,000,000) |
| Ⅴ. 영업이익 | | ₩525,000,0000 |
| Ⅵ. 영업외수익 | | |

|  |  |  |
|---|---|---|
| 1. 이자수익 | ₩14,000,000 | |
| 2. 배당금수익 | 5,000,000 | |
| 3. 유형자산처분이익 | 20,000,000 | 39,000,000 |
| Ⅶ. 영업외비용 | | |
| 1. 지급이자 | ₩30,000,000 | (30,000,000) |
| Ⅷ. 당기순이익 | | ₩534,000,000 |

2. 판매비와 관리비 추가자료

   ① 급여에는 을의 급여 ₩90,000,000과 사업에 직접 종사하지 않는 을의 배우자급여 ₩60,000,000이 포함되어 있다.

   ② 광고선전비는 불특정 다수인에게 지급된 것이다.

   ③ 접대비는 모두 업무용으로 사용하였으며 적격증명서류를 수취한 것이다. 접대비한도 계산 시 수입금액에 대한 적용률은 수입금액 100억원 이하는 0.3%이다.

   ④ 감가상각비는 회사 사무실로 사용하는 건물A에 대한 것이며, 세법상 상각범위액은 ₩7,000,000이다.

3. 영업외수익 및 비용 추가자료

   ① 배당금수익은 국내기업으로부터 받은 것이다.

   ② 유형자산처분이익은 건물A를 당기에 처분하여 발생한 것이며, 전기로부터 이월된상각부인액 ₩4,000,000이 있다.

   ③ 지급이자 중 초과인출금에 대한 것은 없으며, 채권자불분명 차입금에 대한 이자 ₩5,000,000이 포함되어 있고 그 외는 업무와 관련된 것이다.

### 요구사항

을의 사업소득과 관련된 소득조정과 사업소득금액을 답안 양식에 따라 제시시오.

| 손익계산서상 당기순이익 | | ₩534,000,000 |
|---|---|---|
| 구 분 | 과 목 | 금 액 |
| 가산조정 | | |
| 차감조정 | | |
| 사업소득금액 | | |

[물음 3]

거주자 병(여성, 40세)의 20×7년 종합소득 관련 자료이다.

[자료]

1. 종합소득금액 내역

   ① 근로소득 총급여액 : ₩82,000,000

   ② 기타소득[*1]

   | 구 분 | 금 액 |
   |---|---|
   | 특허권의 양도 | ₩50,000,000 |
   | 대학교 특강료 및 원고료 | 2,000,000 |
   | 발명경진대회 상금[*2] | 10,000,000 |

   *1. 실제 필요경비는 확인되지 않으며 원천징수 전의 금액임
   2. 공익법인이 주무관청의 승인을 얻어 시상하는 상금임

   ③ 이자소득

   | 구 분 | 금 액 |
   |---|---|
   | 국내은행 예금이자 | ₩4,000,000 |
   | 비영업대금의 이익* | 3,000,000 |

   * 온라인투자연계금융업자를 통해 받은 이자가 아님

2. 생계를 같이하는 부양가족의 현황

   | 구 분 | 나 이 | 비 고 |
   |---|---|---|
   | 모친 | 64세 | 정기예금이자 ₩10,000,000 있음 |
   | 배우자 | 49세 | 소득없음. 2022년 11월에 법적으로 이혼함 |
   | 딸 | 9세 | 소득없음. 장애임 |

3. 병의 보험료 지출내역

   | 구 분 | 금 액 |
   |---|---|
   | 국민연금보험료 | ₩4,500,000 |
   | 국민건강보험료 | 3,500,000 |
   | 생명보험료[*1] | 1,200,000 |
   | 장애인전용상해보험료[*2] | 1,800,000 |

   *1. 본인을 피보험자로 하는 보장성 보험임
   2. 딸을 피보험자로 함

4. 병의 신용카드 등 사용내역*

| 구 분 | 금 액 |
|---|---|
| 전통시장 사용액 | ₩3,000,000 |
| 대중교통 이용액 | 1,500,000 |
| 신용카드 사용액 | 40,000,000 |

* 20×7년 신용카드 등 사용금액은 20×6년 신용카드 등 사용금액의 105%를 초과하지 않음

5. 의료비 지출내역

| 구 분 | 금 액 |
|---|---|
| 모친의 치과치료비 | ₩10,000,000 |
| 본인의 건강진단비 | 1,000,000 |
| 딸의 선천성이상아 치료비 | 5,000,000 |

### 요구사항

1. 종합소득에 포함될 기타소득금액 및 이자소득금액과 소득세 원천징수세액을 답안 양식에 따라 제시하시오. 단, 원천징수는 적법하게 이루어졌다.

[답안양식]

| 종합소득에 포함될 기타소득금액 | |
|---|---|
| 종합소득에 포함될 이자소득금액 | |
| 소득세 원천징수세액 | |

2. 병의 소득공제액을 답안 양식에 따라 제시하시오.

[답안양식]

| 인적 공제액 | 기본공제액 | |
|---|---|---|
| | 추가공제액 | |
| 연금보험료·국민건강보험료 소득공제액 | | |
| 신용카드 등 사용 소득공제액 | | |

3. 병의 세액공제액을 답안 양식에 따라 제시하시오.

[답안양식]

| 보험료 세액공제액 | |
|---|---|
| 의료비 세액공제액 | |

▼ 해답

[물음 1]

| 총급여액 | ₩47,850,000 |
|---|---|
| 근로소득공제 | ₩12,142,500 |
| 근로소득금액 | ₩35,707,500 |

[계산근거]

1. 총급여액 : (1)+(2)= ₩47,850,000

    (1) (주)A : ₩15,000,000+(₩500,000-₩200,000)×5+(₩150,000-₩100,000)×5+₩1,000,000

    = ₩17,750,000

    *1. 벽지수당은 월₩200,000까지 비과세임
    2. 시내출장에 소요된 경비를 지급받는 경우 자가운전보조금은 과세됨
    3. 중소기업 종업원의 주택임차 소요자금 저리 대여 이익은 비과세임

    (2). (주)B : ₩24,000,000+₩4,500,000+₩1,500,000+(₩800,000-₩700,000)= ₩30,100,000

    *1. 단체순수보장성보험료는 ₩700,000까지 비과세임
    2. 비출자임원의 사택제공이익은 비과세임

2. 근로소득공제 : ₩12,000,000+(₩47,850,000-₩45,000,000)×5%= ₩12,142,500

3. 근로소득금액 : ₩47,850,000-₩12,142,500= ₩35,707,500

[물음 2]

| 손익계산서상 당기순이익 || ₩534,000,000 |
|---|---|---|
| 구 분 | 과 목 | 금 액 |
| 가산조정 | 을의 급여 | 90,000,000 |
| | 을의 배우자 급여 | 60,000,000 |
| | 접대비 한도초과액 | 4,400,000 |
| | 감가상각비 한도초과액 | 3,000,000 |
| | 채권자불분명 사채이자 | 5,000,000 |
| 차감조정 | 이자수익 | 14,000,000 |
| | 배당금수익 | 5,000,000 |
| | 유형자산처분이익 | 20,000,000 |
| 사업소득금액 || 657,400,000 |

[계산근거]

1. 접대비한도초과액 : (1)-(2)= ₩4,400,000

    (1) 접대비해당액: ₩50,000,000

    (2) 접대비한도액: ₩36,000,000+₩3,200,000,000×0.3%= ₩45,600,000

2. 감가상각비 한도초과액 : ₩10,000,000-₩7,000,000= ₩3,000,000

[물음 3]

[요구사항1]

| | |
|---|---|
| 종합소득에 포함될 기타소득금액 | ₩22,800,000 |
| 종합소득에 포함될 이자소득금액 | ₩0 |
| 소득세 원천징수세액 | ₩5,870,000 |

[계산근거]

1. 종합소득에 포함될 기타소득금액: ₩50,000,000×(1-60%)+₩2,000,000×(1-60%)+₩10,000,000×(1-80%)= ₩22,800,000

2. 종합소득에 포함될 이자소득금액: 금융소득이 2천만원 이하이므로 전액 분리과세됨

3. 소득세 원천징수세액: (1)+(2)= ₩5,870,000

    (1) 기타소득 : ₩22,800,000×20%= ₩4,560,000

    (2) 이자소득: ₩4,000,000×14%+₩3,000,000×25%= ₩1,310,000

[요구사항2]

| | | |
|---|---|---|
| 인적 공제액 | 기본공제액 | ₩4,500,000 |
| | 추가공제액 | ₩3,000,000 |
| 연금보험료·국민건강보험료 소득공제액 | | ₩8,000,000 |
| 신용카드 등 사용 소득공제액 | | ₩4,100,000 |

[계산근거]

1. 기본공제액: ₩1,500,000×3(본인, 모친, 딸)= ₩4,500,000

2. 추가공제액: 장애인공제 ₩2,000,000+한부모소득공제 ₩1,000,000= ₩3,000,000

3. 연금보험료국민건강보험료 소득공제 : ₩4,500,000+₩3,500,000= ₩8,000,000

4. 신용카드 등 사용 소득공제액: Min{(1), (2)}= ₩4,100,000

    (1) 공제대상금액: ₩3,000,000×40%+₩1,500,000×40%+(₩40,000,000-₩82,000,000×25%)×15%= ₩47,250,000

(2) 한도: ①+②= ₩4,100,000

　① ₩2,500,000

　② Min{₩3,000,000×40%+₩1,500,000×40%, ₩2,000,000}= ₩1,600,000

[요구사항3]

| 보험료세액공제액 | ₩270,000 |
|---|---|
| 의료비세액공제액 | ₩2,200,000 |

[계산근거]

1. 보험료세액공제액 : ₩1,000,000×12%+₩1,000,000×15%= ₩270,000
2. 의료비세액공제액

　(1) 공제대상의료비

　　① 특정 : ₩1,000,000+₩5,000,000= ₩6,000,000

　　② 일반 : Min{₩10,000,000−₩82,000,000×3%, ₩7,000,000}= ₩7,000,000

　(2) 의료비세액공제액 : ₩5,000,000×20%+(₩1,000,000+₩7,000,000)×15%= ₩2,200,000

CHAPTER 6

양도소득세

# 양도소득세 예정신고

거주자 甲의 20×7년 귀속 양도소득세 신고와 관련된 다음 자료를 이용하여 물음에 답하시오. 단, 계산근거를 명확히 표시할 것

1. 겸용주택

   (1) 양도내역

   ① 甲은 20×7년 1월 5일에 주택과 상가로 구성된 겸용주택(단층건물)과 부수토지를 특수관계인에게 일괄양도하였는데, 그 내역은 다음과 같다. 단, 동 거래에 대해서는 증여세가 적절하게 과세되었다.

   | 구 분 | 실지양도가액<br>(일괄양도가액) | 양도당시<br>시가 | 양도당시<br>기준시가 | 양도당시<br>감정가액 |
   |---|---|---|---|---|
   | 건 물 | ₩2,100,000,000 | ₩1,500,000,000 | ₩400,000,000 | ₩450,000,000 |
   | 토 지 |  |  | 800,000,000 | 900,000,000 |

   ② 건물의 주택면적은 30㎡이고 상가면적은 70㎡이다. 건물에 대한 부수토지는 600㎡이며, 도시지역 안에 소재한다. 단, 주택은 1세대 1주택 비과세요건을 충족한다.

   ③ 상기 건물과 부수토지의 시가 구분은 불분명하며, 주택관련부분을 제외한 자산을 양도하기 위해 직접 지출한 금액은 ₩6,000,000이다(상가부분:₩2,000,000, 상가부수토지부분:₩4,000,000).

   (2) 취득내역

   ① 甲은 동 겸용주택을 친구로부터 20×2년 8월 9일에 일괄취득하였는데, 그 내역은 다음과 같다. 단, 동 거래에 대해서는 증여세가 적절하게 과세되었다.

   | 구 분 | 실지취득가액<br>(일괄취득가액) | 취득당시<br>시가 | 취득당시<br>기준시가 | 취득당시<br>감정가액 |
   |---|---|---|---|---|
   | 건 물 | ₩500,000,000 | ₩1,100,000,000 | ₩150,000,000 | ₩175,000,000 |
   | 토 지 |  |  | 600,000,000 | 700,000,000 |

   ② 겸용주택의 취득시 시가 구분은 불분명하며, 취득세 ₩5,000,000이 발생하였지만 납부영수증을 분실하였다.

   ③ 겸용주택을 등기하기 위하여 국민주택채권을 ₩28,000,000에 매입하고 즉시 사채업자에게 ₩20,000,000에 매각하였는데, 채권양도일에 금융회사에 채권을 매각하였다면 ₩9,000,000의 매각차손이 발생할 것으로 예상되었다.

④ 실지취득가액은 3년에 걸쳐 지급하기로 하였으며 이를 현재가치로 평가하여 현재가치할인차금 ₩13,000,000을 계상하고 현재가치할인차금상각액을 사업소득의 필요경비에 산입하였다.

⑤ 양도일까지 상가건물에 자본적지출액 ₩72,000,000이 발생하였으며, 감가상각비 ₩30,000,000을 계상하였는데, 양도당시 상각부인액은 ₩4,000,000이었다.

2. 토지 A

(1) 甲은 20×7년 4월 7일에 乙에게 토지를 ₩300,000,000에 양도하였는데, 양도 당시 토지의 시가는 ₩800,000,000이었으며, 양도비용으로 ₩10,000,000이 발생하였다. 토지 A는 등기된 자산이며, 비사업용토지가 아니다.

(2) 甲은 상기 토지를 11년전에 丙에게 ₩250,000,000에 취득하였는데, 취득 당시 토지의 시가는 ₩200,000,000이었다. 토지에 대한 취득세는 ₩5,000,000이었으며, 토지 취득과 관련된 소송비용으로 ₩8,000,000을 지급하였다.

3. 비상장주식

(1) 甲은 20×7년 7월에 비상장법인인 (주)서울(중소기업)이 발행한 주식을 양도하였는데, 甲의 주식취득 및 양도 현황은 다음과 같다. 甲은 (주)서울의 대주주에 속하지 아니한다.

| 구 분 | 일 자 | 수 량 | 실지거래가액 |
|---|---|---|---|
| 취 득 | 20×2. 4. 2 | 8,000주 | ₩80,000,000(주당 ₩10,000에 취득) |
| | 20×2. 8. 9 | 2,000주 | ₩10,000,000(주당 ₩5,000에 취득) |
| 양 도 | 20×7. 7. 30 | 5,000주 | ₩500,000,000(주당 ₩100,000에 양도) |

(2) 甲이 취득한 주식 중 8,000주는 특수관계법인으로부터 주당 ₩10,000에 취득한 것이며, 취득 당시 「법인세법」상 부당행위계산의 부인규정이 적용됨에 따라 1주당 ₩5,000씩 익금산입하여 상여로 처분되었다. 甲이 취득한 주식 중 2,000주는 주식매수선택권을 행사함에 따라 취득한 것인데, 행사 당시의 시가는 주당 ₩16,000이었다.

(3) 甲은 자신이 대표이사로 있는 (주)부산에 동 주식을 양도하였는데, 양도 당시 시가는 주당 ₩20,000이었으며 「법인세법」상 부당행위계산의 부인규정이 적용되었다.

(4) 甲은 주식 양도시 증권거래세 ₩3,000,000을 납부하고 양도소득신고서작성비용으로 ₩200,000을 지출하였다.

[참고자료]

1. 장기보유특별공제율

| 보유기간 | | 공제율 |
|---|---|---|
| 4년 이상 | 5년 미만 | 12% |
| 7년 이상 | 8년 미만 | 21 |
| 10년 이상 | | 30 |

2. 기본세율

| 과세표준 | | 세율 | 누진공제 |
|---|---|---|---|
| | 1,400만원 이하 | 6% | |
| 1,400만원 초과 | 5,000만원 이하 | 15 | ₩1,260,000 |
| 5,000만원 초과 | 8,800만원 이하 | 24 | 5,760,000 |
| 8,800만원 초과 | 1억5천만원 이하 | 35 | 15,440,000 |
| 1억5천만원 초과 | 3억원 이하 | 38 | 19,940,000 |
| 3억원 초과 | 5억원 이하 | 40 | 25,940,000 |
| 5억원 초과 | 10억원 이하 | 42 | 35,940,000 |

▼ 요구사항

1. 겸용주택의 양도와 관련하여 예정신고시 자진납부할 양도소득세를 계산하고 예정신고기한과 분납기한을 표시하시오. 단, 양도소득기본공제는 건물분에서 공제할 것
2. 토지 A의 경우 다음의 상황을 가정하여 양도차익을 계산하시오.
   (1) 乙과 丙이 특수관계인인 경우
   (2) 乙과 丙이 특수관계인이 아닌 경우
3. 토지 A의 양도와 관련하여 예정신고시 자진납부할 양도소득세를 계산하고 예정신고기한과 분납기한을 표시하시오. 단, 乙과 丙이 특수관계인이라고 가정할 것
4. 비상장주식의 양도와 관련하여 예정신고시 자진납부할 양도소득세를 계산하고 예정신고기한을 표시하시오.

▼ 해답

[요구사항1]

| 예정신고시 자진납부할 양도소득세 | ₩66,594,000+₩121,032,000=₩187,626,000 |
|---|---|
| 예정신고기한 (20×7년 3. 31) | ₩33,297,000+₩60,516,000=₩93,813,000 |
| 분납기한 (20×7년 3. 31) | ₩33,297,000+₩60,516,000=₩93,813,000 |

[계산근거]

(1) 주택과 상가의 구분

| 구 분 | 주 택 | 상 가 | 합 계 |
|---|---|---|---|
| 건 물 | 30㎡(30%) | 70㎡(70%) | 100㎡ |
| 토 지 | 150㎡(25%) | 450㎡(75%) | 600㎡ |

(2) 건 물

| | |
|---|---:|
| 양도가액: (₩2,100,000,000−₩300,000,000)×33.3%[*1]×70%= | ₩420,000,000 |
| 취득가액: (₩500,000,000+₩300,000,000+₩5,000,000+₩8,000,000 −₩13,000,000)×20%[*2]×70%+₩72,000,000−₩26,000,000= | (158,000,000) |
| 기타필요경비 | (2,000,000) |
| 양도차익 | ₩260,000,000 |
| 장기보유특별공제: ₩260,000,000×12%= | (31,200,000) |
| 양도소득금액 | ₩228,800,000 |
| 양도소득기본공제 | (2,500,000) |
| 양도소득과세표준 | ₩226,300,000 |
| 양도소득산출세액(예정신고납부세액): ₩226,300,000×38%−₩19,940,000= | ₩66,054,000 |
| 납부기한과 분납금액 | |
|    예정신고기한: 20×7. 3. 31 | ₩33,027,000 |
|    분납기한: 20×7. 5. 31 | ₩33,027,000 |

*1. 양도가액비율(감정가액비율)

① 건물분: $\dfrac{₩450,000,000}{₩450,000,000+₩900,000,000}$ =33.3%

② 토지분: $\dfrac{₩900,000,000}{₩450,000,000+₩900,000,000}$ =66.7%

2. 취득가액비율(감정가액비율)

① 건물분: $\dfrac{₩175,000,000}{₩175,000,000+₩700,000,000}$ =20%

② 토지분: $\dfrac{₩700,000,000}{₩175,000,000+₩700,000,000}$ =80%

(3) 토 지

| | |
|---|---:|
| 양도가액: (₩2,100,000,000−₩300,000,000)×66.7%×75%= | ₩900,000,000 |
| 취득가액: (₩500,000,000+₩300,000,000+₩5,000,000+₩8,000,000− ₩13,000,000)×80%×75%= | (480,000,000) |
| 기타필요경비 | (4,000,000) |

|  |  |
|---|---|
| 양도차익 | ₩416,000,000 |
| 장기보유특별공제: ₩416,000,000×12%= | (49,920,000) |
| 양도소득금액 | ₩366,080,000 |
| 양도소득기본공제 | – |
| 양도소득과세표준 | ₩366,080,000 |
| 양도소득산출세액(예정신고납부세액): ₩366,080,000×40%−₩25,940,000= | ₩120,492,000 |
| 납부기한과 분납금액 |  |
|   예정신고기한: 20×7. 3. 31 | ₩60,246,000 |
|   분납기한: 20×7. 5. 31 | ₩60,246,000 |

**[요구사항2]**

| 乙과 丙이 특수관계인인 경우 | ₩577,000,000 |
|---|---|
| 乙과 丙이 특수관계인이 아닌 경우 | ₩27,000,000 |

[계산근거]

(1) 乙과 丙이 특수관계인인 경우

|  |  |
|---|---|
| 양도가액 | ₩800,000,000 |
| 취득가액 | (200,000,000) |
| 기타필요경비: ₩10,000,000+₩5,000,000+₩8,000,000= | (23,000,000) |
| 양도차익 | ₩577,000,000 |

(2) 乙과 丙이 특수관계인이 아닌 경우

|  |  |
|---|---|
| 양도가액 | ₩300,000,000 |
| 취득가액 | (250,000,000) |
| 기타필요경비 | (23,000,000) |
| 양도차익 | ₩27,000,000 |

**[요구사항3]**

| 예정신고시 자진납부할 양도소득세 | ₩195,411,600 |
|---|---|
| 예정신고기한 (20×7년 6. 30) | ₩97,705,800 |
| 분납기한 (20×7년 8. 31) | ₩97,705,800 |

[계산근거]

| 양도가액 | ₩800,000,000 |
|---|---|

| | |
|---|---:|
| 취득가액 | (200,000,000) |
| 기타필요경비 | (23,000,000) |
| 양도차익 | ₩577,000,000 |
| 장기보유특별공제: ₩577,000,000×30%= | (173,100,000) |
| 양도소득금액 | ₩403,900,000 |
| 기신고된 양도소득금액: ₩228,800,000+₩366,080,000= | 594,880,000 |
| 양도소득기본공제 | (2,500,000) |
| 양도소득과세표준 | ₩996,280,000 |
| 양도소득산출세액: ₩996,280,000×42%−₩35,940,000= | ₩382,497,600 |
| 기납부세액: ₩66,054,000+₩120,492,000= | (186,546,000) |
| 예정신고납부세액 | ₩195,951,600 |
| 납부기한과 분납금액 | |
|   예정신고기한: 20×7. 6. 30 | ₩97,975,800 |
|   분납기한: 20×7. 8. 31 | ₩97,975,800 |

**[요구사항4]**

| 예정신고시 자진납부할 양도소득세 | ₩1,830,000 |
|---|---|
| 분납기한 | 20×8. 2. 28 |

[계산근거]

| | |
|---|---:|
| 양도가액: 5,000주×₩20,000= | ₩100,000,000 |
| 취득가액: $(8{,}000주 \times ₩15{,}000 + 2{,}000주 \times ₩16{,}000) \times \dfrac{5{,}000주}{10{,}000주} =$ | (76,000,000) |
| 기타필요경비: ₩3,000,000+₩200,000= | (3,200,000) |
| 양도차익 | ₩20,800,000 |
| 양도소득기본공제 | (2,500,000) |
| 양도소득과세표준 | ₩18,300,000 |
| 양도소득산출세액(예정신고납부세액): ₩18,300,000×10%= | ₩1,830,000 |
| 예정신고기한: 20×8. 2. 28 | |

▼ **해설**

1. 겸용주택

  (1) 주택과 상가의 구분

① 주택의 연면적이 주택 외 부분의 연면적 보다 적으므로 주택부분만 주택으로 본다.
② 주택부수토지는 도시지역 내에서는 5배를 한도로 하므로 150㎡이다.

(2) 고가양도와 저가매입시 양도가액 및 취득가액의 조정

① 매매가액에서 이중과세를 방지하기 위해 증여재산가액과 법인세법상 소득처분된 금액을 가감하여 계산한다.

> 양도가액: 매매가액 − 증여재산가액 − 법인세법상 소득처분된 금액
> 취득가액: 매매가액 + 증여재산가액 + 법인세법상 소득처분된 금액

② 증여재산가액은 매매가액과 시가의 차액에서 3억원(거래상대방이 특수관계인인 경우에는 시가의 30%와 3억원 중 적은 금액)을 차감한 금액이다.

> 증여재산가액: 차액(매매가액−시가) − $\begin{cases} \text{특수관계인 ×: 3억} \\ \text{특수관계인 ○: Min[시가×30\%, 3억원]} \end{cases}$

(3) 일괄양도와 일괄취득시 가액의 구분

토지와 건물의 가액의 구분이 불분명한 경우에는 부가가치세법의 안분계산규정(감정가액·기준시가·장부가액·취득가액의 비율을 순차로 적용하여 안분계산)을 준용한다.

(4) 기 타

① 취득세와 등록세는 납부영수증이 없는 경우에도 필요경비로 공제한다.
② 토지·건물을 취득함에 따라 매입한 국민주택채권과 토지개발채권을 만기 전에 양도함으로써 발생한 매각차손(단, 금융회사 외의 자에게 양도한 경우에는 동일한 날에 금융회사에 양도하였을 경우 매각차손을 한도로 함)은 필요경비로 공제한다.
③ 현재가치할인차금을 계상한 경우에도 동 금액을 취득가액에서 공제하지 않는다. 단, 현재가치할인차금상각액을 필요경비에 산입한 경우에는 그 금액을 취득가액에서 공제한다.
④ 양도자산의 보유기간 중에 그 자산에 대한 감가상각비를 필요경비에 산입한 경우에는 그 금액을 취득가액에서 공제한다.
⑤ 공통비용 중 양도와 관련된 것은 양도가액의 안분비율에 따라 배분하고, 취득과 관련된 것은 취득가액의 안분비율에 따라 배분한다.
⑥ 양도소득세 과세대상자산(주식 및 출자지분 제외)을 양도한 거주자는 양도일이 속하는 달의 말일부터 2개월 이내에 예정신고를 하여야 하며, 자진납부할세액이 1천만원을 초과하는 경우 2개월 이내에 분납할 수 있다.

2. 토지 A
   (1) 저가양도와 고가매입시 양도가액 및 취득가액의 조정
      ① 거래상대방이 특수관계인인 경우 시가와 매매가액의 차액이 3억원 이상이거나 시가의 5% 이상인 경우에는 부당행위계산의 부인규정을 적용하여 시가를 실지양도가액과 실지취득가액으로 한다.
      ② 거래상대방이 특수관계인이 아닌 경우 매매가액을 실지양도가액과 실지취득가액으로 한다.
   (2) 기본세율이 적용되는 자산을 2회 이상 양도한 경우
      다음 산식에 의하여 계산한 금액을 2회 이후 신고하는 예정신고산출세액으로 한다.

$$\text{예정신고 산출산액} = \left( \text{이미 신고한 양도소득과세표준} + \text{2회 이후 신고하는 양도소득과세표준} \right) \times \text{기본세율} - \text{이미 신고한 예정신고산출세액}$$

3. 비상장주식
   (1) 취득가액과 양도가액
      ① 고가양도와 저가매입시 매매가액에서 이중과세를 방지하기 위해 법인세법상 소득처분된 금액을 가감하여 계산한다.
      ② 주식매수선택권을 행사하여 주식을 취득한 경우 주식매수선택권을 행사하는 당시의 시가를 취득가액으로 한다.
   (2) 기 타
      ① 증권거래세와 양도소득신고서 작성비용도 필요경비로 본다.
      ② 주식을 양도한 경우 양도일이 속하는 반기의 말일부터 2개월 이내에 예정신고를 하여야 한다.

## 주식의 양도소득세

거주자 甲은 20×7년에 보유하고 있던 A법인주식과 B법인주식을 양도하였다. 다음 자료를 참고하여 [요구사항]에 답하시오. 단, A법인주식과 B법인주식은 기타자산에 해당하지 않는다.

1. A법인(유가증권시장상장법인, 비중소기업)주식
   (1) 甲은 200,000주(지분율 0.5%)를 20×7년 5월 20일에 乙에게 장외에서 양도하였다. 동 주식은 20×4년에 주당 ₩8,500에 취득한 것이며 취득시 기준시가는 ₩8,000이었다.
   (2) A법인주식 1주당 시가에 관한 자료
      ① 20×7년 5월 20일 종가: ₩9,600
      ② 20×7년 5월 20일 전후 종가평균
         · 양도일 전 2개월 종가평균        ₩9,700
         · 양도일 전 1개월 종가평균         9,800
         · 양도일 전후 1개월 종가평균       9,500
         · 양도일 전후 2개월 종가평균       9,400
   (3) 증권거래세 등의 양도비용:₩20,000,000

2. B법인(비상장법인, 중소기업)주식
   (1) 甲은 30,000주(B법인의 총발행주식수는 100,000주임)를 20×7년 9월 7일에 양도하였다. 동 주식은 20×5년에 주당 ₩1,200에 취득한 것이며, 취득시 기준시가는 ₩1,000이었다.
   (2) B법인 주당순손익과 주당순자산가액
      ① 주당순손익   20×4년:₩300
                    20×5년:₩400
                    20×6년:₩500
      ② 순자산가액(장부금액이며, 토지는 기준시가로 평가한 금액임)
         · 직전 사업연도종료일(20×6. 12. 31):자산 ₩800,000,000, 부채 ₩350,000,000
         · 양도일(20×7. 9. 7):자산 ₩820,000,000, 부채:₩320,000,000
      ③ 국세청장이 고시하는 이자율은 10%임
      ④ B법인은 부동산과다법인에 해당하지 않음
   (3) 양도비용:₩4,000,000

### 요구사항

1. A법인주식의 양도에 대한 예정신고시 양도소득 자진납부세액을 계산하시오. 단, A법인주식의 실지양도가액이 확인되지 않는다고 가정할 것
2. B법인주식의 양도에 대한 예정신고시 양도소득 자진납부세액을 계산하시오. 단, B법인주식의 실지양도가액과 매매사례가액은 확인되지 않으며, A법인주식의 양도소득예정신고가 적절하게 이루어진 것으로 가정하며, [요구사항 1]과 통산하지 아니한다.

### 해답

[요구사항1]

| 양도소득세 자진납부세액 | ₩60,300,000 |
|---|---|

[계산근거]

| | |
|---|---:|
| 양도가액: 200,000주×₩9,600= | ₩1,920,000,000 |
| 취득가액: 200,000주×₩8,000= | (1,600,000,000) |
| 양도비용: ₩1,600,000,000×1%= | (16,000,000) |
| 양도차익 | ₩304,000,000 |
| 양도소득기본공제 | (2,500,000) |
| 양도소득과세표준 | ₩301,500,000 |
| 양도소득산출세액(예정신고자진납부세액): ₩301,500,000×20%= | ₩60,300,000 |

[요구사항2]

| 양도소득세 자진납부세액 | ₩11,370,000 |
|---|---|

[계산근거]

(1) 양도시 1주당평가액: $\dfrac{①\times 3+②\times 2}{5}=₩4,800$

① 순손익가치: $\dfrac{₩500}{0.1}=₩5,000$

② 순자산가치: $\dfrac{₩800,000,000-₩350,000,000}{100,000주}=₩4,500$

(2) 예정신고 자진납부세액

| | |
|---|---:|
| 양도가액: 30,000주×₩4,800= | ₩144,000,000 |
| 취득가액: 30,000주×₩1,000= | (30,000,000) |
| 양도비용: ₩30,000,000×1%= | (300,000) |
| 양도차익 | ₩113,700,000 |
| 양도소득기본공제 | – |
| 양도소득과세표준 | ₩113,700,000 |
| 양도소득산출세액: ₩113,700,000×10%= | ₩11,370,000 |

▼ 해설

1. 상장주식은 실지거래가액이 확인되지 않은 경우 매매사례가액과 감정가액을 적용하지 아니하고 기준시가를 적용한다.
2. 상장주식의 기준시가는 제3자간 일반적으로 거래된 가액으로 하되, 대량매매·장외거래의 경우 거래일의 최종시세가액으로하며, 사실상 경영권 이전이 수반된 경우 그 가액의 20%를 가산한다.
3. 비상장주식은 실지거래가액이 확인되지 않은 경우 매매사례가액 → 기준시가의 순서로 적용하며, 감정가액의 적용을 배제한다.
4. 취득가액을 기준시가로 적용한 경우 필요경비개산공제를 적용한다.
5. 양도소득기본공제는 그룹별로 적용하므로 B법인주식의 양도소득에 대해서는 적용하지 아니한다.

# 고가주택과 부담부증여

거주자 甲은 1세대 1주택의 비과세요건을 만족하는 주택을 증여하였다. 동 주택의 증여와 관련된 다음 자료를 이용하여 물음에 답하시오. 단, 동 주택은 등기된 자산이며, 甲의 20×7년 유일한 양도소득세 과세대상자산이다.

1. 甲은 20×4년 2월에 이혼함에 따라 동 주택을 취득하였는데, 이혼시 동 주택의 시가는 ₩1,600,000,000 이었으며, 취득세 등으로 ₩10,000,000을 지출하였다. 동 주택은 이혼 전에 배우자가 20×2년 5월에 ₩1,100,000,000에 취득한 것이며 배우자가 부담한 취득세 등의 자본적지출액은 ₩30,000,000이었다.

2. 甲은 이혼 후 동 주택에 인테리어 공사를 하였으며, 그 내역은 다음과 같다.
   (1) 베란다 샤시비용: ₩15,000,000
   (2) 거실 및 방 확장공사비용: ₩25,000,000
   (3) 도배비용: ₩4,000,000

3. 甲은 동 주택을 20×7년 8월에 동생인 乙에게 증여하였는데, 동 주택에는 금융기관에서 차입한 차입금 ₩1,320,000,000에 대한 근저당권이 설정되어 있으며 동생인 乙은 동 주택을 증여받고 채무를 인수하였다.

4. 각 시점별 동 주택에 대한 기준시가는 다음과 같다.

| 20×2. 5 | 20×4. 2 | 20×7. 8 |
|---|---|---|
| ₩1,000,000,000 | ₩1,500,000,000 | ₩2,000,000,000 |

5. 장기보유특별공제율(주택)은 다음과 같다.

| 보유기간 | | 공제율 |
|---|---|---|
| 3년 이상 | 4년 미만 | 24% |
| 4년 이상 | 5년 미만 | 32 |
| 5년 이상 | 6년 미만 | 40 |

### 요구사항

1. 이혼시 재산분할청구권의 행사로 주택의 소유권을 이전받은 경우를 가정하여
   (1) 증여 당시 동 주택에 대한 시가가 ₩2,200,000,000인 경우 양도소득과세표준을 계산하시오.
   (2) 증여 당시 동 주택에 대한 시가가 불분명하며, 매매사례가액과 감정가액도 확인되지 않을 경우 양도소득과세표준을 계산하시오.

2. 이혼시 이혼위자료 대신 주택의 소유권을 이전받은 경우를 가정하여 [요구사항 1]에 답하시오.

### 해답

**[요구사항1]**

| (1) 양도소득과세표준(양도가액을 시가로 계산) | ₩30,881,818 |
|---|---|
| (2) 양도소득과세표준(양도가액을 기준시가로 계산) | ₩32,420,000 |

[계산근거]

(1) 양도가액을 시가로 계산한 경우

① 일반적인 양도차익

양도가액: $₩2,200,000,000 \times \dfrac{₩1,320,000,000}{₩2,200,000,000}=$ ₩1,320,000,000

취득가액: $₩1,100,000,000 \times \dfrac{₩1,320,000,000}{₩2,200,000,000}=$ (660,000,000)

기타필요경비: $(₩30,000,000+₩10,000,000+₩15,000,000$
$+₩25,000,000) \times \dfrac{₩1,320,000,000}{₩2,200,000,000}=$ (48,000,000)

양도차익 ₩612,000,000

② 양도소득과세표준

양도차익: $₩612,000,000 \times \dfrac{₩1,320,000,000-₩1,200,000,000}{₩1,320,000,000}=$ ₩55,636,364

장기보유특별공제: ₩55,636,364×40%= (22,254,546)

양도소득금액 ₩33,381,818

양도소득기본공제 (2,500,000)

양도소득과세표준 ₩30,881,818

(2) 양도가액을 기준시가로 계산한 경우

① 일반적인 양도차익

양도가액: $₩2,000,000,000 \times \dfrac{₩1,320,000,000}{₩2,000,000,000}=$ ₩1,320,000,000

취득가액: $₩1,000,000,000 \times \dfrac{₩1,320,000,000}{₩2,000,000,000}=$ (660,000,000)

기타필요경비: ₩660,000,000×3%= (19,800,000)

양도차익 ₩640,200,000

② 양도소득과세표준

| | |
|---|---|
| 양도차익: ₩640,200,000 × $\dfrac{₩1,320,000,000 - ₩1,200,000,000}{₩1,320,000,000}$ = | ₩58,200,000 |
| 장기보유특별공제: ₩58,200,000 × 40% = | (23,280,000) |
| 양도소득금액 | ₩34,920,000 |
| 양도소득기본공제 | (2,500,000) |
| 양도소득과세표준 | ₩32,420,000 |

[요구사항2]

| | |
|---|---|
| (1) 양도소득과세표준(양도가액을 시가로 계산) | ₩13,320,000 |
| (2) 양도소득과세표준(양도가액을 기준시가로 계산) | ₩11,608,320 |

[계산근거]

(1) 양도가액을 시가로 계산하는 경우

① 일반적인 양도차익

| | |
|---|---|
| 양도가액: ₩2,200,000,000 × $\dfrac{₩1,320,000,000}{₩2,200,000,000}$ = | ₩1,320,000,000 |
| 취득가액: ₩1,600,000,000 × $\dfrac{₩1,320,000,000}{₩2,200,000,000}$ = | (960,000,000) |
| 기타필요경비: (₩10,000,000 + ₩15,000,000 + ₩25,000,000) × $\dfrac{₩1,320,000,000}{₩2,200,000,000}$ = | (30,000,000) |
| 양도차익 | ₩330,000,000 |

② 양도소득과세표준

| | |
|---|---|
| 양도차익: ₩330,000,000 × $\dfrac{₩1,320,000,000 - ₩1,200,000,000}{₩1,320,000,000}$ = | ₩30,000,000 |
| 장기보유특별공제: ₩30,000,000 × 24% = | (7,200,000) |
| 양도소득금액 | ₩22,800,000 |
| 양도소득기본공제 | (2,500,000) |
| 양도소득과세표준 | ₩20,300,000 |

(2) 양도가액을 기준시가로 계산한 경우

① 일반적인 양도차익

양도가액: $₩2,000,000,000 \times \dfrac{₩1,320,000,000}{₩2,000,000,000} =$ ₩1,320,000,000

취득가액: $₩1,500,000,000 \times \dfrac{₩1,320,000,000}{₩2,000,000,000} =$ (990,000,000)

기타필요경비: ₩990,000,000×3%= (29,700,000)

양도차익 ₩300,300,000

② 양도소득고세표준

양도차익: $₩300,300,000 \times \dfrac{₩1,320,000,000 - ₩1,200,000,000}{₩1,320,000,000} =$ ₩27,300,000

장기보유특별공제: ₩27,300,000×24%= (6,552,000)

양도소득금액 ₩20,748,000

양도소득기본공제 (2,500,000)

양도소득과세표준 ₩18,248,000

### 해설

1. 이혼과 양도소득세
   (1) 이혼시 재산분할청구권행사에 의하여 부동산의 소유권이 이전되는 경우 공유물의 분할로 보아 양도소득세가 과세되지 아니하며, 이혼 후 해당 부동산의 양도시 당초 배우자의 취득시점이 해당 부동산의 취득시기가 된다.
   (2) 이혼위자료로 부동산의 소유권을 이전하는 경우 유상이전(대물변제)에 해당하므로 양도소득세가 과세되며, 이혼위자료로 부동산의 소유권을 이전받는 경우 이혼시점이 해당 부동산의 취득시기가 된다.

2. 부담부증여
   (1) 양도가액을 시가로 계산한 경우 실지거래가액에 의한 것으로 본다. 따라서 취득가액도 실지거래가액에 의하고 기타필요경비도 실지 지출액에 의한다.
   (2) 양도가액을 기준시가로 계산한 경우 취득가액도 기준시가에 의하고 기타필요경비도 필요경비개산공제를 적용한다.

3. 고가주택
   (1) 부담부증여의 경우 증여자의 채무에 상당하는 금액은 양도된 것으로 보기 때문에 주택을 ₩1,320,000,000에 양도하였으므로 고가주택에 해당한다. 고가주택은 1세대 1주택의 비과세요건을 충족한 경우에도 양도가액 중 12억원 초과분은 과세한다.
   (2) 인테리어공사비 중 자본적지출에 해당하는 금액은 필요경비로 인정되지만 수익적지출에 해당하는 금액은 필요경비로 보지 아니한다.

## 이월과세와 우회양도

거주자 甲은 자신이 소유하던 토지를 특수관계인인 거주자 乙에게 증여하고, 乙은 동 토지를 제3자에게 양도하였다. 관련자료는 다음과 같다. 단, 당해 연도에 추가적인 과세양도는 없다.

1. 취득가액과 양도가액의 내역

|  | 거주자 甲의 취득내역 | 거주자 乙의 양도내역 |
|---|---|---|
| 취득 및 양도일자 | 20×1년 5월 | 20×7년 9월 |
| 실지거래가액 | ₩100,000,000 | ₩1,000,000,000 |
| 자본적 지출액 | 20,000,000 | 30,000,000 |
| 양도비용 |  | 10,000,000 |

2. 甲은 20×4년 7월에 乙에게 상기 토지를 증여하였는데, 증여 당시 동 토지의 시가는 ₩600,000,000이었으며, 거주자 乙은 적법하게 증여세를 신고·납부하였다.
3. 甲과 乙은 20×7년에 상기 토지 외에 다른 자산을 양도한 사실이 없다.

[참고자료]

1. 소득세 기본세율

| 과세표준 | | 세 율 | 누진공제 |
|---|---|---|---|
|  | 1,400만원 이하 | 6% | – |
| 1,400만원 초과 | 5,000만원 이하 | 15 | ₩1,260,000 |
| 5,000만원 초과 | 8,800만원 이하 | 24 | 5,760,000 |
| 8,800만원 초과 | 1억5천만원 이하 | 35 | 15,440,000 |
| 1억5천만원 초과 | 3억원 이하 | 38 | 19,940,000 |
| 3억원 초과 | 5억원 이하 | 40 | 25,940,000 |
| 5억원 초과 | 10억원 이하 | 42 | 35,940,000 |

2. 장기보유특별공제율

| 보유기간 | | 공 제 율 |
|---|---|---|
| 3년 이상 | 4년 미만 | 10% |
| 6년 이상 | 7년 미만 | 18 |

### 요구사항

1. 甲이 乙의 직계존속인 경우 (1)양도소득산출세액을 계산하고 (2)납세의무자가 누구인지를 기술하시오. 단, 이월과세를 적용한 양도세액이 미적용 양도세액보다 적지 않으며, 증여세산출세액은 ₩105,000,000이다.
2. 甲이 乙의 삼촌인 경우 (1)양도소득산출세액을 계산하고 (2)납세의무자가 누구이며, 납세의무자가 세금을 납부하지 않은 경우에 연대납세의무가 있는지 설명하시오. 단, 증여세산출세액은 ₩118,500,000이다.

### 해답

[요구사항1]

| (1) 양도소득산출세액 | ₩207,744,000 |
|---|---|
| (2) 납부의무자 | 거주자 乙 |

[계산근거]

(1) 양도소득산출세액

| 양도가액 | ₩1,000,000,000 |
|---|---|
| 취득가액 | (100,000,000) |
| 자본적지출과 양도비용*: ₩30,000,000+₩10,000,000= | (40,000,000) |
| 증여세산출세액 | (105,000,000) |
| 양도차익 | ₩715,000,000 |
| 장기보유특별공제: ₩735,000,000×18%= | (132,300,000) |
| 양도소득금액 | ₩582,700,000 |
| 양도소득기본공제 | (2,500,000) |
| 양도소득과세표준 | ₩580,200,000 |
| 양도소득산출세액: ₩580,200,000×42%-₩35,940,000= | ₩207,744,000 |

*자본적지출과 양도비용은 이월과세하지 않으므로 수증자의 것만 적용함.

(2) 납세의무자:거주자 乙

[요구사항2]

| (1) 양도소득산출세액 | ₩252,846,000 |
|---|---|
| (2) 납부의무자 | 거주자 甲 |
| (2) 연대납세의무 | 있음 |

[계산근거]

(1) 양도소득산출세액

① 증여 후 양도한 것으로 보는 경우

| | |
|---|---:|
| 양도가액 | ₩1,000,000,000 |
| 취득가액 | (600,000,000) |
| 자본적 지출과 양도비용 : ₩30,000,000 + ₩10,000,000 = | (40,000,000) |
| 양도차익 | ₩360,000,000 |
| 장기보유특별공제 : ₩360,000,000 × 10% = | (36,000,000) |
| 양도소득금액 | ₩324,000,000 |
| 양도소득기본공제 | (2,500,000) |
| 양도소득과세표준 | ₩321,500,000 |
| 양도소득산출세액 : ₩321,500,000 × 40% − ₩25,940,000 = | ₩120,660,000 |
| 증여세산출세액 | 118,500,000 |
| 조세부담합계액 | ₩221,160,000 |

② 직접 양도한 것으로 보는 경우

| | |
|---|---:|
| 양도가액 | ₩1,000,000,000 |
| 취득가액 | (100,000,000) |
| 자본적지출과 양도비용 : ₩20,000,000 + ₩30,000,000 + ₩10,000,000 = | (60,000,000) |
| 양도차익 | ₩840,000,000 |
| 장기보유특별공제 : ₩840,000,000 × 18% = | (151,200,000) |
| 양도소득금액 | ₩688,800,000 |
| 양도소득기본공제 | (2,500,000) |
| 양도소득과세표준 | ₩686,300,000 |
| 양도소득산출세액 : ₩686,300,000 × 42% − ₩35,940,000 = | ₩252,306,000 |

∴ 직접 양도한 것으로 보는 경우의 조세부담액이 증여 후 양도한 것으로 보는 경우의 조세부담액보다 크므로 증여자가 직접 양도한 것으로 본다. 따라서 양도소득산출세액은 ₩252,306,000이다.

(2) 납세의무자는 거주자 甲이며, 乙은 양도소득세에 대하여 연대납세의무가 있음

## Question 05. 국외자산에 대한 양도소득세 ■2017. CPA

거주자 병(계속 5년 이상 국내에 주소를 둠)의 20×7년 귀속 양도소득 관련 내역이 다음과 같을 때 물음에 답하시오.

1. 국내건물과 국외건물의 취득 및 양도내역은 다음과 같다.

| 구 분 | 국내건물 | 국외건물 |
|---|---|---|
| 양 도 일 | 20×7. 4. 20. | 20×7. 8. 22. |
| 취 득 일 | 20×6. 1. 26. | 20×4. 1. 14. |
| 실지양도가액 | ₩500,000,000 | $400,000 |
| 실지취득가액 | ₩400,000,000 | $100,000 |

2. 국내건물(상가, 등기되었음)을 취득하면서 리모델링비용(자본적지출에 해당함) ₩30,000,000을 지출하였고 신용카드매출전표를 수취하였다.

3. 국내건물을 양도하면서 부동산중개수수료로 ₩10,000,000이 발생하였고 양도관련 공증비용 ₩5,000,000이 발생하였다.

4. 국외건물(주택, 미등기임) 취득일의 외국환거래법에 의한 기준환율은 ₩1,300/$(대고객외국환매입률: ₩1,200/$)이고 양도일의 기준환율은 ₩1,000/$(대고객외국환매입률: ₩800/$)이다.

5. 국외건물을 양도하면서 $4,000의 부동산중개수수료가 발생하였다.

6. 장기보유특별공제율은 3년이상 4년 미만의 경우에 6%이다(1세대 1주택의 경우에는 24%).

### 요구사항

1. 병의 국내건물 및 국외건물의 양도소득금액을 다음의 답안양식에 따라 제시하시오.

[답안양식]

| 국내건물 | |
|---|---|
| 국외건물 | |

2. 병의 국내건물 및 국외건물의 양도소득세과세표을 다음의 답안양식에 따라 제시하시오. 단, 국내건물의 양도소득금액은 ₩8,000,000 국외건물의 양도소득금액은 ₩9,000,000이고, 세부담 최소화를 가정한다.

[답안양식]

| 구 분 | 과세표준 |
|---|---|
| 국내건물 | |
| 국외건물 | |

### 해답

**[요구사항1]**

| 국내건물 | ₩55,000,000 |
|---|---|
| 국외건물 | 266,000,000 |

[계산근거]

1. 국내건물

| 양도가액 | ₩500,000,000 |
|---|---|
| 취득가액 | (400,000,000) |
| 기타필요경비: ₩30,000,000+₩10,000,000+₩5,000,000= | (45,000,000) |
| 양도차익 | ₩55,000,000 |
| 장기보유특별공제 | – |
| 양도소득금액 | ₩55,000,000 |

2. 국외건물

| 양도가액: $400,000×₩1,000= | ₩400,000,000 |
|---|---|
| 취득가액: $100,000×₩1,300= | (130,000,000) |
| 기타필요경비: $4,000×₩1,000= | (4,000,000) |
| 양도차익 | ₩266,000,000 |
| 장기보유특별공제 | – |
| 양도소득금액 | ₩266,000,000 |

**[요구사항2]**

| 구 분 | 과세표준 |
|---|---|
| 국내건물 | ₩5,500,000 |
| 국외건물 | ₩6,500,000 |

[계산근거]
1. 국내건물: ₩8,000,000−₩2,500,000=₩5,500,000
2. 국외건물: ₩9,000,000−₩2,500,000=₩6,500,000

▼ 해설

1. 국외자산양도에 대한 양도소득세의 납세의무자와 과세대상은 다음과 같다.
   (1) 납세의무자: 해당 자산의 양도일까지 국내에서 계속 5년이상 주소 또는 둔 거주자
   (2) 과세대상: 토지와 건물, 부동산에 관한 권리, 기타자산
2. 국외자산양도에 대한 양도소득세계산시 장기보유특별공제는 적용하지 않지만, 양도소득기본공제는 적용한다.

## 고가주택의 양도소득금액 ■2018. CPA

다음은 거주지 갑의 주택A 양도소득과 관련된 자료이다. 이 자료를 이용하여 갑의 주택A 양도로 인한 양도소득금액을 다음의 답안양식에 따라 제시하시오. 단, 세부담 최소화를 가정한다.

[답안양식]

| 양도가액 | |
|---|---|
| 취득가액 | |
| 기타의 필요경비 | |
| 양도차익 | |
| 양도소득금액 | |

1. 주택A (등기된 주택임)의 취득 및 양도와 관련된 내역은 다음과 같다.

| 양 도 일 | 20×7. 6. 5. |
|---|---|
| 취 득 일 | 20×2. 9. 8. |
| 실지양도가액 | ₩1,200,000,000 |
| 실지취득가액 | 불분명 |
| 양도비용 | ₩6,500,000 |
| 자본적지출액 | ₩1,000,000 |

2. 주택A는 1세대 1주택 비과세요건을 충족하며, 조정대상지역 밖에 소재하고 있다.

3. 갑은 시가가 ₩1,500,000,000인 주택A를 특수관계가 있는 (주)K에게 양도하였다.

4. 주택A의 실지취득가액은 불분명하며, 매매사례가액 및 감정가액은 확인되지 않는다.

5. 주택A의 양도당시 기준시가는 ₩1,200,000,000이며, 취득당시의 기준시가는 ₩800,000,000이다.

6. 양도비용은 주택A 양도시 부동산 중개수수료로 지급한 금액이며, 자본적지출액은 주택A의 리모델링비용이다. 양도비용과 자본적지출액에 대해 현금영수증을 수취하였다.

7. 보유기간 5년 이상 6년 미만의 장기보유특별공제율은 40%이다.

### 해답

| | |
|---|---:|
| 양도가액 | ₩1,500,000,000 |
| 취득가액: ₩1,500,000,000 × $\dfrac{₩800,000,000}{₩1,200,000,000}$ = | ₩1,000,000,000 |
| 기타의 필요경비: ₩800,000,000 × 3%* = | ₩24,000,000 |
| 양도차익: ₩476,000,000 × $\dfrac{₩1,500,000,000 - ₩1,200,000,000}{₩1,500,000,000}$ = | ₩95,200,000 |
| 양도소득금액: ₩95,200,000 - ₩95,200,000 × 40% = | ₩57,120,000 |

\* 실지취득가액이 아닌 경우 필요경비개산공제(기준시가×3%)를 적용함.

## 양도소득산출세액  ■2019. CPA

거주자 갑의 토지A에 대한 양도소득과 관련된 다음의 자료를 이용하여 아래 요구사항에 답하시오.

1. 토지 A (등기된 비사업용 토지)의 취득 및 양도와 관련된 내역은 다음과 같다.

| 양 도 일 | 20×7. 12. 12. |
|---|---|
| 보유기간 | 10년 2개월 |
| 실지양도가액 | ₩200,000,000 |
| 실지취득가액 | ₩80,000,000 |
| 양도비용 | ₩4,000,000 |

2. 갑은 토지A를 아들 을에게 양도하였다(양도당시 시가: ₩220,000,000).

3. 토지A의 실지양도가액은 양도 후 매 3개월마다 ₩25,000,000씩 수령하기로 하였다(현재가치평가금액: ₩180,000,000).

4. 토지A의 실지취득가액에는 취득세 ₩3,000,000(지방세법에 의한 감면액 ₩600,000을 감면하기 전 금액임)이 포함되어 있다(적격증명서류 분실).

5. 양도비용은 부동산 매매계약의 해약으로 인하여 지급한 위약금 ₩2,000,000, 공증비용 ₩500,000 및 부동산중개수수료 ₩1,500,000으로 구성되어 있다 (적격증명서류를 보관하고 있음).

6. 토지A는 토지투기지역으로 지정된 지역에 소재하고 있으며, 갑은 20×7년에 토지A 외에 양도한 다른 자산은 없다.

7. 보유기간 10년 이상 11년 미만 토지의 장기보유특별공제율은 20%이다.

8. 종합소득세율 (일부)

| 과세표준 | 세 율 |
|---|---|
| 1,400만원 이하 | 과세표준의 6% |
| 1,400만원 초과 5,000만원 이하 | 84만원+1,400만원을 초과하는 과세표준의 15% |
| 5,000만원 초과 8,800만원 이하 | 624만원+5,000만원을 초과하는 과세표준의 24% |
| 8,800만원 초과 1억5천만원 이하 | 1,536만원+8,8000만원을 초과하는 과세표준의 35% |

> 요구사항

1. 갑의 토지A 양도에 따른 양도소득금액을 제시하시오. 단, 세부담 최소화를 가정한다.
2. 갑의 토지 A 양도에 따른 양도소득산출세액을 제시하시오. 단, 양도소득금액은 ₩100,000,000이라고 가정한다.

> 해답

[요구사항1]

| 양도소득금액 | ₩110,880,000 |
|---|---|

[계산근거]

| | |
|---|---:|
| 양도가액 | ₩220,000,000 |
| 취득가액: ₩80,000,000−₩600,000= | (79,400,000) |
| 기타필요경비: ₩500,000+₩1,500,000= | (2,000,000) |
| 양도차익 | ₩138,600,000 |
| 장기보유특별공제: ₩138,600,000×20%= | (27,720,000) |
| 양도소득금액 | ₩110,880,000 |

*1. 특수관계인에게 저가 양도한 경우 시가와 거래가액의 차액이 3억원이상 또는 시가의 5% 이상인 경우 시가를 양도가액으로 함.
 2. 취득세는 납부영수증이 없는 경우에도 필요경비로 공제함. 단, 지방세법 등에 의하여 취득세가 감면된 경우의 해당 세액은 공제하지 아니함.
 3. 부동산매매계약의 해약으로 인하여 지급하는 위약금등은 양도차익 계산시 필요경비로 공제하지 아니함.

[요구사항2]

| 양도소득산출세액 | ₩28,435,000 |
|---|---|

[계산근거]

(1) 양도소득과세표준: ₩100,000,000−₩2,500,000=₩97,500,000

(2) 양도소득산출세액: ₩97,500,000×특례세율*=₩38,725,000

　*1. 지정지역에 있는 부동산으로서 비사업용 토지이므로 특례세율 (기본세율+10%)을 적용함.
　 2. ₩24,160,000+(₩97,500,000−₩88,000,000)×45%=₩28,435,000

## 양도소득산출세액 ■2019. 세무사

갑은 본인 소유의 주택 및 주식을 특수관계 없는 을과 병에게 각각 양도하였으며 이외에 다른 양도는 없었다. 양도한 주택 및 주식과 관련된 자료는 다음과 같다.

| 구 분 | 주 택 | 비상장주식 |
| --- | --- | --- |
| 양도일 | 20×7. 3. 5. | 20×7. 8. 17. |
| 보유기간 | 5년 4개월 | 5년 |
| 양도가액(실지거래가액) | ₩1,000,000,000 | ₩200,000,000 |
| 양도가액(기준시가) | 800,000,000 | 180,000,000 |
| 취득가액(실지거래가액) | 500,000,000 | – |
| 취득가액(기준시가) | 300,000,000 | 90,000,000 |

(1) 주택은 1세대 1주택 비과세요건을 충족하며 조정대상지역에 있는 등기된 주택이다. 취득 및 양도와 관련하여 부동산매매계약의 해약으로 인한 위약금 ₩50,000,000과 부동산중개수수료 ₩15,000,000이 발생하였다. (위약금 및 중개수수료의 적격증명서류를 수취하여 보관하고 있음)
(2) 비상장주식은 제조업을 영위하고 있는 (주)B(중소기업 및 중견기업에 해당하지 않음)가 발행한 것이며 갑은 (주)B의 대주주가 아니다.
(3) 비상장주식의 취득당시 실지거래가액은 확인되지 않으며, 취득당시 매매사례가액은 ₩100,000,000이고 감정가액은 ₩95,000,000이다. (매매사례가액 및 감정가액은 특수관계인과의 거래에 따른 가액이 아니며 객관적으로 부당하다고 인정되는 경우의 가액도 아님)
(4) 주식의 양도와 관련하여 증권거래세 ₩2,000,000(적격증명서류를 수취하여 보관하고 있지 않음)이 발생하였다.
(5) 장기보유특별공제율은 보유기간이 5년 이상 6년 미만의 경우 10%(1세대 1주택의 경우 40%)이다.

▼ 요구사항

① 주택의 양도소득과세표준과 ② 비상장주식의 양도소득과세표준을 제시하시오.

### 해답

| ① 주택의 양도소득과세표준 | ₩26,600,000 |
|---|---|
| ② 비상장주식의 양도소득과세표준 | ₩96,600,000 |

[계산근거]

1. 주택의 양도소득과세표준

    (1) 일반주택의 양도차익: ₩1,000,000,000 − ₩500,000,000 − ₩15,000,000 = ₩485,000,000

    * 부동산매매계약의 해약으로 인하여 지급하는 위약금은 양도비용으로 공제하지 않음.

    (2) 양도소득과세표준

    고가주택의 양도차익: $₩485,000,000 \times \dfrac{₩1,000,000,000 - ₩900,000,000}{₩1,000,000,000} =$  ₩48,500,000

    장기보유특별공제: ₩48,500,000 × 40% =  (19,400,000)

    양도소득금액  ₩29,100,000

    양도소득기본공제  (2,500,000)

    양도소득 과세표준  ₩26,600,000

2. 비상장주식의 양도소득과세표준

    | 양도가액 | ₩200,000,000 |
    |---|---|
    | 취득가액 | (100,000,000) |
    | 필요경비개산공제: ₩90,000,000×1%= | (900,000) |
    | 양도차익 | ₩99,100,000 |
    | 장기보유특별공제 | − |
    | 양도소득금액 | ₩99,100,000 |
    | 양도소득기본공제 | (2,500,000) |
    | 양도소득과세표준 | ₩96,600,000 |

    *1. 비상장주식의 경우 감정가액의 적용을 배제함.
    2. 실지취득가액이 아닌 경우 필요경비개산공제(기준시가×1%)를 적용함.
    3. 장기보유특별공제는 보유기간이 3년이상인 부동산에 적용됨.

## 이월과세 ■2020. 세무사

다음은 거주자 甲의 20×7년 귀속 양도소득과 관련된 자료이다. [요구사항]에 답하시오.

1. 갑은 20×7. 3. 1에 배우자 을로부터 상가건물을 증여 받고(증여당시 시가 8억원) 20×7. 10. 5에 이를 9억원에 양도하였다. 증여당시 증여세산출세액은 ₩30,000,000이었고 신고세액공제 ₩900,000을 제외한 ₩29,100,000을 납부하였다.

2. 갑이 양도한 상가건물과 관련된 자료는 다음과 같다.

| 구 분 | 을의 취득내역 | 증여내역 | 갑의 양도내역 |
| --- | --- | --- | --- |
| 일 자 | 20×1. 4. 1. | 20×7. 3. 1. | 20×7. 10. 5. |
| 실거래가액 | ₩600,000,000 | ₩800,000,000 | ₩900,000,000 |
| 자본적지출과 양도비용 | 15,000,000 | - | 20,000,000 |

3. 장기보유특별공제율은 보유기간 7년 이상 8년 미만의 경우 18%이다.

4. 소득세 기본세율은 다음과 같다.

| 과세표준 | 세 율 |
| --- | --- |
| 1,400만원 이하 | 과세표준×6% |
| 1,400만원 초과 5,000만원 이하 | 84만원+(과세표준-1,200만원)×15% |
| 5,000만원 초과 8,800만원 이하 | 624만원+(과세표준-4,600만원)×24% |
| 8,800만원 초과 1억5천만원 이하 | 1,536만원+(과세표준-8,800만원)×35% |
| 1억5천만원 초과 3억원 이하 | 3,706만원+(과세표준-1억5천만원)×38% |
| 3억원 초과 5억원 이하 | 9,406만원+(과세표준-3억원)×40% |
| 5억원 초과 | 1억7,406만원+(과세표준-5억원)×42% |

### 요구사항

양도소득과 관련하여 다음 양식에 따른 해답을 제시하시오.

| 구 분 | 이월과세를 적용하는 경우 | 이월과세를 적용하지 않는 경우 |
| --- | --- | --- |
| ① 양도소득금액 | | |
| ② 양도소득산출세액 | | |
| ③ 갑에게 적용될 양도소득산출세액 | | |

### 해답

| 구 분 | 이월과세를 적용하는 경우 | 이월과세를 적용하지 않는 경우 |
|---|---|---|
| ① 양도소득금액 | ₩205,000,000 | ₩80,000,000 |
| ② 양도소득산출세액 | ₩57,550,000 | ₩38,750,000 |
| ③ 갑에게 적용될 양도소득 산출세액 | ₩57,550,000 | |

[계산근거]

① 양도소득금액

| | 이월과세를 적용하는 경우 | 이월과세를 적용하지 않는 경우 |
|---|---|---|
| 양도가액 | ₩900,000,000 | ₩900,000,000 |
| 취득가액 | (600,000,000) | (800,000,000)[*2] |
| 기타필요경비 | (50,000,000)[*1] | (20,000,000) |
| 양도차익 | ₩250,000,000 | ₩80,000,000 |
| 장기보유특별공제 | (45,000,000) | – |
| 양도소득금액 | ₩205,000,000 | ₩80,000,000 |

*1. 자본적지출과 양도비용은 이월과세되지 않으므로 수증자의 것을 적용하며, 증여세산출세액은 필요경비로 공제함.
 2. 을의 취득시기를 적용함

② 양도소득산출세액

  a. 이월과세를 적용하는 경우

    · 양도소득과세표준: ₩205,000,000 − ₩2,500,000 = ₩202,500,000

    · 양도소득산출세액: ₩37,060,000 + (₩202,500,000 − ₩150,000,000) × 38% = ₩57,010,000

  b. 이월과세를 적용하는 않는 경우

    · 양도소득과세표준: ₩80,000,000 − ₩2,500,000 = ₩77,500,000

    · 양도소득산출세액: ₩77,500,000 × 50%* = ₩38,750,000

    *보유기간이 1년 미만인 주택 외 건물에 적용되는 세율임.

③ 갑에게 적용될 양도소득산출세액: 이월과세를 적용함.

## 부담부증여 ■2020. CPA

다음은 거주자 갑의 부담부증여 관련 자료이다.

1. 갑은 20×1년 5월 20일 취득한 토지(등기됨)를 아들 을(29세)에게 20×7년 8월 13일에 증여하였다. 증여한 토지에는 갑이 A은행으로부터 차입한 차입금 ₩100,000,000에 대한 근저당권이 설정되어 있으며, 을은 토지를 증여받고 동 채무를 인수하였음이 객관적으로 입증된다.

2. 증여한 토지의 취득당시 가액은 다음과 같다.

| 실지거래가액 | 기준시가 | 지방세 시가표준액 |
|---|---|---|
| 확인되지 않음 | ₩200,000,000 | ₩180,000,000 |

3. 증여한 토지의 증여당시 가액은 다음과 같다.

| 시 가 | 기준시가 | 지방세 시가표준액 |
|---|---|---|
| ₩500,000,000 | ₩400,000,000 | ₩250,000,000 |

4. 증여한 토지에 대한 자본적지출액과 양도비용은 확인되지 않는다.

5. 을은 갑(부친)으로부터 처음 증여를 받았으며, 모친으로부터 20×5년 3월 14일 현금 ₩80,000,000을 증여받고 증여세를 납부한 바 있다.

### 요구사항

1. 토지 증여로 인한 갑의 양도차익을 다음의 답안양식에 따라 제시하시오.

[답안양식]

| 양도가액 | |
|---|---|
| 취득가액 | |
| 기타의 필요경비 | |
| 양도차익 | |

2. 토지 증여에 따른 을의 증여세 과세가액을 다음의 답안양식에 따라 제시하시오.

[답안양식]

| 증여세 과세가액 | |
|---|---|

**[요구사항1]**

| 양도가액 | ₩100,000,000 |
|---|---|
| 취득가액 | ₩50,000,000 |
| 기타의 필요경비 | ₩1,200,000 |
| 양도차익 | ₩48,800,000 |

[계산근거]

1. 양도가액: ₩500,000,000* × $\dfrac{₩200,000,000}{₩500,000,000}$ = ₩100,000,000

   *시가를 알 수 있으므로 시가를 양도가액으로 하며, 이 경우 실지거래가액으로 양도가액을 산정한 것으로 봄.

2. 취득가액: ₩500,000,000 × $\dfrac{₩200,000,000^*}{₩400,000,000}$ × $\dfrac{₩100,000,000}{₩500,000,000}$ = ₩50,000,000

   *취득당시 실지거래가액, 매매사례가액, 감정가액을 알 수 없으므로 환산취득가액을 취득가액으로 함.

3. 기타의 필요경비: ₩200,000,000 × $\dfrac{₩100,000,000}{₩500,000,000}$ × 3% = ₩1,200,000

**[요구사항2]**

| 증여세 과세가액 | ₩480,000,000 |
|---|---|

[계산근거]

| 토지 ₩500,000,000 − ₩100,000,000(부담부증여) = | ₩400,000,000 |
|---|---|
| 현금 | 80,000,000 |
| 계 | ₩480,000,000 |

*부모에게 증여를 받는경우 10년이내 증여재산가액을 합산함.

## Question 11. 부당행위계산의 부인 ■2021. CPA

다음은 거주자 갑의 부담부증여 관련 자료이다.

1. 갑은 6년 전에 취득하여 사무실로 사용하던 오피스텔을 특수관계가 있는 A법인에게 당해연도 12월 31일에 양도하였다.

2. 양도 시 오피스텔의 양도가액과 시가는 다음과 같다.

| 양도가액 | 시가 |
|---|---|
| ₩390,000,000 | ₩400,000,000 |

3. 양도 시 오피스텔의 장부가액 및 필요경비 관련 자료는 다음과 같다.

| 취득가액 | 감가상각누계액 | 필요경비 |
|---|---|---|
| ₩200,000,000[*1] | ₩120,000,000[*2] | ₩250,000,000[*3] |

*1. 노후된 오피스텔의 개량을 위한 자본적지출 ₩15,000,000이 제외됨
 2. 사업소득의 필요경비로 장부상 계상한 금액임
 3. 지출증빙이 확인되는 중개인 수수료 ₩13,000,000과 매매계약에 따른 인도 의무를 이행하기 위하여 갑이 지출한 명도비용 ₩12,000,000임

4. 양도한 오피스텔은 갑이 대주주로 있는 B법인으로부터 취득한 것이며, 취득과 관련하여 갑에게 배당으로 소득처분된 금액 ₩20,000,000이 있다.

[요구사항]

1. 건물 양도로 인한 갑의 양도차익을 다음의 답안양식에 따라 제시하시오.

[답안양식]

| 양도가액 | |
|---|---|
| 취득가액 | |
| 기타의 필요경비 | |
| 양도차익 | |

2. 위의 자료 중 갑의 양도가액 및 시가가 다음과 같을 때 양도차익을 계산하기 위한 양도가액을 다음의 답안 양식에 따라 제시하시오. 단, A법인의 세무조정 시에 법인세법 상 부당행위계산부인 규정이 적용되어 갑에게 인정소득이 처분되었다.

| 양도가액 | 시가 |
|---|---|
| ₩400,000,000 | ₩300,000,000 |

[답안양식]

| 양도가액 | |
|---|---|

 해답

[요구사항1]

| 양도가액 | ₩390,000,000 |
|---|---|
| 취득가액 | 100,000,000 |
| 기타의 필요경비 | 40,000,000 |
| 양도차익 | 250,000,000 |

[계산근거]

1. 양도가액 : 시가와의 차액이 3억원 이상이거나 시가의 5% 이상이 아니므로 실제거래가액을 양도가액으로 함
2. 취득가액 : ₩200,000,000 − ₩120,000,000 + ₩20,000,000 = ₩100,000,000
3. 기타의 필요경비 : ₩15,000,000 + ₩13,000,000 + ₩12,000,000 = ₩40,000,000

[요구사항2]

| 양도가액 | ₩300,000,000 |
|---|---|

[계산근거]

갑에게 인정소득이 처분되었으므로 시가를 양도가액으로 함

## 고가주택양도소득  2022. CPA

거주자 갑이 아들에게 양도한 주택A의 양도소득 관련자료이다.

[자료]

1. 주택A의 양도거래내용은 다음과 같다.

| 양 도 일 | 20×7. 5. 29. |
|---|---|
| 취 득 일 | 20×1. 4. 24. |
| 실지양도가액 | ₩2,300,000,000 |
| 실지취득가액 | 1,300,000,000 |
| 기타의 필요경비 | 48,000,000* |

* ₩8,000,000은 부동산 중개수수료로 지급한 금액이며, ₩40,000,000은 주택A를 경매를 통해 매입하는 과정에서 발생한 것으로 갑이 당해 주택의 소유권을 확보하기 위해 지출한 소송비용임

2. 주택A는 부동산투기지역에 소재하고 있는 등기된 주택이다. 갑은 주택A에 대해 1세대 1주택 비과세 요건을 충족하고 보유기간동안 거주하였으며, 다른 주택을 보유한 사실이 없다.

3. 갑이 주택A를 아들 을에게 양도할 당시 시가는 확인되지 않으며 매매사례가액은 ₩2,500,000,000이다. 주택A는 2022년 갑의 유일한 양도자산이다.

4. 주택A의 양도당시 기준시가는 ₩2,000,000,000이며, 취득당시 기준시가는 ₩1,075,000,000이다.

5. 7년 이상 8년 미만 장기보유특별공제율은 보유기간별 공제율과 거주기간별 공제율이 각각 28%이다.

6. 종합소득세율

| 과세표준 | 세 율 |
|---|---|
| 8,800만원 초과  1억5천만원 이하 | 1,590만원+8,800만원을 초과하는 과세표준의 35% |
| 1억5천만원 초과  3억원 이하 | 3,760만원+1억5000만원을 초과하는 과세표준의 38% |

### 요구사항

1. 갑의 주택A 양도로 인한 양도소득금액을 답안 양식에 따라 제시하시오.

[답안양식]

| 양도가액 | |
|---|---|
| 취득가액 | |

| 기타의 필요경비 | |
|---|---|
| 양도차익 | |
| 장기보유특별공제 | |
| 양도소득금액 | |

2 갑의 주택A 양도에 따른 양도소득산출세액을 제시하시오. 단, 양도소득금액은 ₩200,000,000이라고 가정한다.

### 해답

[요구사항1]

| 양도가액 | ₩2,500,000,000 |
|---|---|
| 취득가액 | ₩1,340,000,000 |
| 기타의 필요경비 | ₩8,000,000 |
| 양도차익 | ₩599,040,000 |
| 장기보유특별공제 | ₩355,462,400 |
| 양도소득금액 | ₩263,577,600 |

[계산근거]

1. 양도차익

    (1) 일반적인 양도차익 : ₩2,500,000,000 − ₩1,340,000,000 − ₩8,000,000 = ₩1,152,000,000

    (2) 고가주택 양도차익 : $₩1,152,000,000 \times \dfrac{₩2,500,000,000 - ₩1,200,000,000}{₩2,500,000,000} = ₩599,040,000$

2. 장기보유특별공제 : ₩599,040,000 × (28% + 28%) = ₩355,462,400

[요구사항2]

| 양도소득산출세액 | ₩55,650,000 |
|---|---|

[계산근거]

1. 양도소득과세표준 : ₩200,000,000 − ₩2,500,000 = ₩197,500,000
2. 양도소득산출세액 : ₩37,600,000 + (₩197,500,000 − ₩150,000,000) × 38% = ₩55,650,000

# SECTION

# 3

# 부가가치세법

# CHAPTER 1

## 과세표준과 매출세액

## 일반과세자의 과세표준과 매출세액

다음은 제조업을 영위하는 중소기업인 (주)진리의 20×7. 4. 1.부터 20×7. 6. 30.까지의 거래내역이다. 이 자료에 의하여 [요구사항]에 답하시오. 단, 세금계산서는 특별한 언급이 없는 한 세법규정에 의하여 공급시기에 정당하게 발행되었으며, 제시된 금액은 부가가치세가 포함되지 아니한 금액이다.

[자료1] 장부상 제품매출액은 다음과 같다. 국내판매분 중 ₩100,000,000은 소매판매분이며 나머지는 도매판매분이다. 소매판매분 중 ₩75,000,000은 세금계산서발행분이고 나머지는 신용카드매출전표 발행분이다.

| 구 분 | 국내판매 | 직 수 출 | Local L/C 수출 |
|---|---|---|---|
| 총매출액 | ₩350,000,000 | ₩200,000,000 | ₩120,000,000 |
| 매출에누리와 환입 | (30,000,000) | | (10,000,000) |
| 매출할인 | (20,000,000) | | |
| 계 | ₩300,000,000 | ₩200,000,000 | ₩110,000,000 |

(1) 제품의 국내판매와 관련하여 일반적으로 발생한 사항을 다음과 같다.
   ① 국내판매분에 대해 매출액의 3%를 마일리지로 적립해주고 있으며, 고객은 이를 향후 구매대금 결제용으로 사용할 수 있다. 확정신고기간동안 적립된 마일리지는 ₩6,000,000은 총매출액에서 차감되었으며, 자기적립마일리지로 결제한 ₩8,000,000은 총매출액에 포함되었다.
   ② 고객에게 제품(원가₩1,000,000, 시가 ₩2,000,000)을 판매하고 대금은 S신용카드가 제공한 마일리지로 전액 결제되어 총매출액에 포함하지 않았다. 동 금액은 S신용카드사로부터 20×7. 8. 12에 보전받기로 하였다.
   ③ 국내판매분 총매출액에는 외상매출금 회수지연에 따른 연체이자 ₩3,000,000이 포함되어 있으며, 판매장려금 ₩8,000,000을 차감한 금액이다.
   ④ 국내판매분 매출할인액 중 ₩1,000,000은 20×7. 6. 28에 외상매출한 것을 20×7. 7. 3에 회수하면서 발생한 것이다.

(2) 국내판매분 중 ₩20,000,000은 20×7년 6월 28일에 제품을 공급하기로 거래처와 계약하고 세금계산서를 발급한 금액이다. 계약금 ₩5,000,000은 20×7년 7월 2일에 수령하였으며 잔금은 20×7년 8월 15일에 제품을 공급하면서 수령하였다.

(3) 국내판매분 중 ₩7,000,000은 20×7년 6월 10일에 제품을 공급하기로 계약을 체결하고 계약서상 대금청구시기인 20×7년 6월 13일에 세금계산서를 발급한 것이다. 제품은 20×7년 7월 5일에 인도되었으며 대금은 7월 6일에 수령하였다. 계약서에 대금청구시기와 지급시기가 별도로 기재되어 있다.

(4) 국내판매분 중 ₩5,000,000은 20×7년 5월 1일에 20개월 할부로 제품매매계약을 체결한 금액으로서, 6월 30일까지 약정에 의해 회수하기로 한 금액은 ₩500,000이나 세금계산서는 계약금액 전액에 대해서 발급하였다.

(5) 국내판매분에는 국내사업장이 없는 비거주자에게 제품을 공급하고 그 대가를 외국환은행에서 원화로 수령한 ₩10,000,000이 포함되어 있다. 단, 제품을 비거주자가 지정하는 국내사업자 박경우 씨에게 인도하였으며, 박경우 씨는 제품 ₩10,000,000을 과세사업에 사용하였다.

(6) 국내판매분 중 ₩10,000,000은 수출업자인 S종합상사와 직접도급계약에 의하여 공급한 수출재화임가공용역에 대한 대가이며, ₩5,000,000은 한국국제협력단이 해외무상원조용으로 사용할 제품을 판매한 대가이다.

(7) 직수출액 중 ₩30,000,000은 미주지역에의 수출쿼터가 부족하여 (주)산시물산의 명의로 수출한 것이다.

(8) 직수출액 중 ₩20,000,000은 수출품생산업자인 A회사의 제품을 중동지역에 대행수탁수출을 하고 받은 수출대행수수료이다.

(9) 직수출액 중 ₩100,000,000($100,000)은 20×7년 4월 15일(환율 ₩1,100/1$)에 제품을 선적하였는데, 대금 중 $20,000은 20×7년 4월 5일(환율 ₩1,000/1$)에 수령하여 4월 10일(환율 ₩1,050/1$)에 원화로 환가하였고 $80,000은 4월 20일(환율 ₩1,150/1$)에 수령하여 4월 25일(환율 ₩1,200/1$)에 원화로 환가하였다.

(10) Local L/C 수출액에는 국내신용장에 의한 매출액 ₩24,000,000이 포함되어 있으며, 공급일자 내국신용장개설일은 다음과 같다. 단, 거래처가 해당 재화를 수출용으로 사용하였는지 여부는 확인되지 않는다.
① ₩10,000,000: 공급일 20×7. 4. 6, 내국신용장개설일 20×6. 12. 1
② ₩12,000,000: 공급일 20×7. 6. 20, 내국신용장개설일 20×7. 7. 27
③ ₩2,000,000: 공급일 20×7. 7. 1, 내국신용장개설일 20×7. 6. 30

[자료2] 위 자료와는 별도로 기타 재화 및 용역의 공급내역은 다음과 같다.

(1) 20×7년 6월 25일에 개인사업자인 甲에게 비품을 ₩3,300,000(부가가치세 포함)에 공급하고 세금계산서를 발급하지 않았으나, 갑이 관할세무서장의 확인을 받아 매입자발행세금계산서를 발급하였다.

(2) (주)진리는 KCH해운에 제품의 운송을 의뢰하고 직접 선적하였는데, 조기선적으로 인하여 선주로부터 ₩4,000,000의 조출료를 받았다.

(3) 나중에 동일한 원재료를 반환받는 조건으로 거래처에 원재료(원가 ₩3,000,000, 시가 ₩5,000,000)를 대여하였고, 세금계산서를 발행하였다.

(4) 보세구역에 있는 조달청 창고에 보관된 물품에 대하여 조달청장이 발행하는 창고증권을 ₩8,000,000에 양도하였다. 창고증권 양도시 임치물의 반환이 수반되지 아니하였다.

(5) 특수관계인에게 상표권을 무상으로 대여하였는데, 동 상표권의 적정한 대여료는 ₩5,000,000이다. 또한 특수관계인에게 특허권을 무상으로 공급하였는데, 동 특허권의 시가는 ₩7,000,000이며, 장부가액은 ₩6,000,000이다.

(6) 기계장치를 매각하고 그 대가로 주식을 교부받았다. 기계장치의 장부가액은 ₩5,000,000이고 시가 ₩8,000,000이며, 주식의 액면가액은 ₩4,000,000이고 시가는 불분명하나 상속세및증여세법상 평가액은 ₩9,000,000이다. 세금계산서는 적법하게 발행하였다.

(7) 민사집행법에 따른 담보권 실행을 위한 경매로 보유하던 개별소비세 과세대상 차량운반구가 ₩10,000,000에 경락되었다.

[자료3] 예정신고누락분과 대손채권 관련내용

(1) 다음 예정신고누락분을 확정신고와 함께 신고하기로 하였다.
　① 공급가액 ₩30,000,000의 국내판매분에 대해서 세금계산서는 교부하였으나 예정신고시 누락되었다.
　② 공급가액 ₩5,000,000의 직수출액이 예정신고시 누락되었다.

(2) 대손채권 관련내용은 다음과 같다. 단, 20×6년 제2기 대손세액공제를 받은 외상매출금 ₩2,200,000 (부가가치세 포함)을 20×7년 6월 15일에 전액 회수하였다.

| 구 분 | 대손채권 | 채권발생일 | 대손사유 |
|---|---|---|---|
| 부도어음 | ₩3,300,000 | 20×5년 4월 5일 | 20×7년 3월 5일 부도발생 |
| 외상매출금 | 4,400,000 | 20×3년 12월 20일 | 20×7년 3월 7일 채무자파산 |
| 외상매출금 | 7,700,000 | 20×5년 7월 7일 | 20×7년 5월 7일 채무자가 파산하였으나 대손증명서류를 입수할 수 없음 |

▶ 요구사항

1. [자료1]과 관련하여 (주)진리의 20×7년 제1기 확정신고시 과세표준을 다음의 [답안양식]에 따라 계산하시오. 단, 항목별로 금액이 미치는 영향을 +, −로 반드시 표시할 것.

[답안양식]

| 자료번호 | 과세 | | 영세율 | |
|---|---|---|---|---|
| | 세금계산서발급분 | 기타 | 세금계산서발급분 | 기타 |

| | | | | |
|---|---|---|---|---|
| 장부상 금액 | | | ₩110,000,000 | ₩200,000,000 |
| (1) | | | | |
| ⋮ | | | | |
| (10) | | | | |
| 합계 | | | | |

2. [자료2]와 관련하여 (주)진리의 20×7년 제1기 확정신고시 과세표준과 매출세액에 미치는 영향을 다음의 [답안양식]에 따라 계산하시오. 단, 항목별로 금액이 미치는 영향을 +,-로 반드시 표시하고 매출세액이 없을경우 '해당없음'이라고 표시하시오.

[답안양식]

| 자료번호 | 과세표준 | 매출세액 |
|---|---|---|
| (1) | | |
| ⋮ | | |
| (7) | | |

3. [자료3]과 관련하여 (주)진리의 20×7년 제1기 확정신고시 매출세액을 아래의 양식에 따라 계산하시오. 단, 항목별로 금액이 미치는 영향을 +,-로 반드시 표시할 것

[답안양식]

| 자료번호 | 예정신고누락분 | | 대손세액가감 |
|---|---|---|---|
| | 과세표준 | 매출세액 | |
| (1) ① | | | |
| ② | | | |
| (2) | | | |

### 해답

**[요구사항1]**

| 자료번호 | 과세 | | 영세율 | |
|---|---|---|---|---|
| | 세금계산서발급분 | 기타 | 세금계산서발급분 | 기타 |
| 장부상 금액 | ₩275,000,000 | ₩25,000,000 | ₩110,000,000 | ₩200,000,000 |
| (1) | +6,000,000 | | | |
| (2) | -15,000,000 | | | |

|  |  |  |  |  |
|---|---:|---:|---:|---:|
| (3) |  |  |  |  |
| (4) |  |  |  |  |
| (5) | −10,000,000 |  |  | +10,000,000 |
| (6) | −15,000,000 |  | +15,000,000 |  |
| (7) |  |  |  |  |
| (8) | +20,000,000 |  |  | −20,000,000 |
| (9) |  |  |  | +9,000,000 |
| (10) | +12,000,000 |  | −14,000,000 |  |
| 합계 | ₩273,000,000 | ₩25,000,000 | ₩111,000,000 | ₩199,000,000 |

[요구사항2]

| 자료번호 | 과세표준 | 매출세액 |
|---|---:|---:|
| (1) | ₩3,000,000 | ₩300,000 |
| (2) | 해당없음 |  |
| (3) | 5,000,000 | 500,000 |
| (4) | 해당없음 |  |
| (5) | 7,000,000 | 700,000 |
| (6) | 8,000,000 | 800,000 |
| (7) | 해당없음 |  |

[요구사항3]

| 자료번호 | 예정신고누락본 과세표준 | 예정신고누락본 매출세액 | 대손세액가감 |
|---|---:|---:|---:|
| (1) ① | +₩30,000,000 | +₩3,000,000 |  |
| ② | + 5,000,000 |  |  |
| (2) |  |  | −₩200,000 |

### 해설

[자료 1] 제품매출액

(1) ① 자기적립마일리지는 적립시에 과세표준에 포함하므로 결제액은 과세표준에 포함하지 아니한다. 따라서 20×7년 제2기의 과세표준에 ₩6,000,000은 가산하고 ₩8,000,000은 차감해야한다.

② 제3자 적립마일리지등으로 결제받은 부분에 대하여 보전받을 금액은 과세표준에 포함해야 한다.

③ 외상매출금에 대한 연체이자는 과세표준에 포함하지 않으며, 판매장려금은 과세표준에서 공제하지 아니한다.

④ 매출할인은 총액법을 적용한다. 즉, 공급가액의 감액사유가 발생한 때에 매출액을 감액해야 하므로 20×7년 제2기의 과세표준에서 차감해야 한다.

∴ +₩6,000,000−₩8,000,000+₩2,000,000−₩3,000,000+₩8,000,000+₩1,000,000
  =₩6,000,000

(2) 대금을 받지 않고 세금계산서를 미리 발급한 것은 인정되지 않는다. 그러나 공급시기 도래 전에 세금계산서를 발급한 후 7일 이내에 대가를 지급받는 경우 세금계산서의 선발급이 인정된다.

(3) 거래당사자간의 계약서·약정서 등에 대금청구시기와 지급시기가 별도로 기재되고 대금청구시기와 지급시기 사이의 기간이 30일 이내인 경우 세금계산서의 선발급이 인정된다.

(4) 재화나 용역을 장기할부조건으로 공급하는 경우 및 공급단위를 구획할 수 없는 재화나 용역을 계속적으로 공급하는 경우에는 대가를 받았는지 여부에 관계없이 그 발급하는 때를 해당 재화 또는 용역의 공급시기로 본다.

(5) 국내사업장이 없는 비거주자 또는 외국법인에게 공급되는 재화·용역으로서 비거주자 또는 외국법인이 지정하는 국내사업자에게 인도되고 해당 사업자의 과세사업에 사용되는 재화는 영세율이 적용된다. 이 경우 세금계산서 발급의무는 면제된다.

(6) 수출업자와 직접도급계약에 의한 수출재화임가공용역 및 한국국제협력단에 공급하는 재화는 영세율이 적용되지만 국내거래이므로 세금계산서를 발급하여야 한다.

(7) 대행위탁수출은 영세율이 적용되며 세금계산서 발급의무도 면제된다.

(8) 수출업자의 수출대행수수료는 국내에서의 용역공급에 해당하므로 영세율을 적용하지 않으며 세금계산서도 발급하여야 한다.

(9) 선적일 전에 대금을 받아 환가한 것은 환가액을 과세표준으로 하고 선적일 후에 대금을 받아 환가한 것은 선적일의 기준환율로 환산한다. ₩100,000,000−($20,000×₩1,050+$80,000×₩1,100)=₩9,000,000

(10) 내국신용장 또는 구매확인서에 의하여 공급하는 재화는 국내거래이므로 세금계산서를 발급하여야 하며, 해당 재화가 수출용도에 사용되었는지 여부에 관계없이 영세율이 적용된다.

① ₩10,000,000: 내국신용장이 공급일 전에 개설되었으므로 영세율대상이다.

② ₩12,000,000: 내국신용장이 과세기간 종료후 25일 이내에 개설된 경우에는 영세율이 적용되나, 이 기간을 경과하여 내국신용장이 개설된 경우에는 10% 세율이 적용된다.

③ ₩2,000,000: 공급일이 20×7. 7. 1이므로 제2기 예정신고대상이다.

[자료 2] 기타 재화 및 용역의 공급
(1) 세금계산서 발급의무가 있는 일반과세자가 재화 또는 용역을 공급하고 부가가치세법에 따른 거래시기에 세금계산서를 발급하지 않은 경우 그 재화 또는 용역을 공급받는 자는 관할세무서장의 확인을 받아 매입자발행세금계산서를 발행할 수 있다.
(2) 화주가 선주로 받는 조출료는 용역의 제공에 따른 공급대가가 아니므로 과세대상이 아니다.
(3) 원재료의 소비대차거래도 부가가치세 과세대상이며, 이 경우 대여할 당시의 시가를 과세표준으로 한다.
(4) 조달청장이 발행하는 창고증권이지만 임치물의 반환이 수반되지 않은 특정창고증권의 양도는 과세대상이 아니다.
(5) 상표권의 대여는 용역의 공급에 해당하지만, 용역의 무상공급은 과세대상이 아니다. 특허권의 공급은 재화의 공급에 해당하며 특수관계인에게 재화를 무상으로 공급한 경우 시가를 공급가액으로 한다. 간주공급(개인적 공급)의 경우 세금계산서 발급의무가 면제된다.
(6) 금전 이외의 대가를 받는 경우 ①자기가 공급한 재화의 시가 ②공급받은 재화의 시가 ③시가평가액의 순서로 시가를 산정한다.
(7) 민사집행법에 따른 강제경매의 경우 재화의 공급으로 보지 않는다.

[자료 3] 예정신고누락분과 대손채권
(1) 예정신고누락분은 확정신고대상이다.
(2) 대손채권
  ① 부도어음 ₩3,300,000: 부도 후 6개월이 경과되는 20×7년 제2기에 대손세액공제가 가능하다.
  ② 외상매출금 ₩4,400,000: 20×7년 제1기에 대손이 확정되었으므로 대손세액공제가 가능하다.
  ③ 외상매출금 ₩7,700,000: 대손증명서류가 없으므로 대손세액공제가 불가능하다.
  ④ 대손세액공제를 받은 채권을 회수하였으므로 대손세액에서 ₩200,000을 차감한다.
  ∴ 대손세액가감액: ₩400,000−₩200,000=₩200,000

## 02 부동산공급 및 임대용역의 과세표준과 매출세액

다음은 도서출판업과 부동산의 공급 및 임대를 주업으로 하는 (주)삼삼의 20×7년 제1기 과세기간(1. 1. ~ 6. 30.) 부가가치세 확정신고와 관련된 자료이다. 이 자료를 토대로 [요구사항]에 답하시오. 단, 1년은 365일로 가정한다.

[자료 1] 부동산공급

(1) 20×7년 4월 20일에 토지 A와 토지 A에 장착된 건물 및 구축물을 ₩157,500,000에 일괄양도하기로 계약을 체결하고 대금은 다음과 같이 수취하기로 하였다. 그러나 매수자와 협의하여 중도금을 6월 30일에 수취하고 동일자부터 사용수익하게 하였다.

| | | |
|---|---|---|
| 20×7년 4월 20일 계약금 | ₩52,500,000 |
| 20×7년 7월 20일 중도금 | 52,500,000 |
| 20×7년 12월 30일 잔 금 | 52,500,000 |

(2) 일괄양도가액 ₩157,500,000은 부가가치세를 제외한 가격이며, 자산별 양도가액의 구분은 불분명하다. 공급계약일 현재 일괄양도한 부동산의 내역은 다음과 같다.

| 구 분 | 토 지 | 건 물 | 구 축 물 | 합 계 |
|---|---|---|---|---|
| ① 취득가액 | ₩50,000,000 | ₩50,000,000 | ₩30,000,000 | ₩130,000,000 |
| ② 장부금액 | 50,000,000 | 30,000,000 | 20,000,000 | 100,000,000 |
| ③ 기준시가 | 54,000,000 | 36,000,000 | – | 90,000,000 |
| ④ 감정가액 | – | – | – | – |

(3) 토지 A와 토지 A에 장착된 건물 및 구축물은 도서출판업과 부동산임대업에 공통으로 사용하였으며, 사용내역은 다음과 같다.
 ① 도서출판업에 사용한 면적: 3,900㎡
 ② 부동산임대업에 사용한 면적: 2,100㎡
 ③ 건물의 바닥면적: 1,000㎡
 ④ 부수토지의 면적: 1,500㎡

[자료 2] 상가임대용역

(주)삼삼의 상가임대현황은 다음과 같다. 단, 제1기 예정신고기간 및 확정신고기간 종료일 현재 국세청장이 고시한 정기예금이자율은 6%이다.

| 구 분 | 임대기간 | 임대보증금 | 월임대료 | 월관리비 |
|---|---|---|---|---|
| 상가 A | 20×6. 10. 8~20×7. 10. 7 | ₩50,000,000 | ₩2,000,000 | ₩400,000 |
| 상가 B | 20×7. 2. 15~20×8. 2. 14 | 43,800,000 | 1,500,000 | 300,000 |
| 상가 C | 20×7. 2. 8~20×8. 2. 7 | - | - | - |

(1) 상가 A는 (주)웅지로부터 보증금 ₩97,800,000, 월임대료 ₩5,000,000에 4층 건물(2,000㎡)을 임차하여 3개층(1,500㎡)은 사업에 사용하고 1층(500㎡)을 재임대한 것이다. 임차기간은 20×6. 9. 1부터 2년간이다.

(2) 상가 B에 대해서는 계약과 동시에 1년분 임대료 ₩18,000,000을 일시에 수령하였다.

(3) 상가 C는 대표이사의 친구에게 무상으로 임대한 것이다.

(4) 관리비에는 보험료·수도료 및 공공요금(상가 A:₩250,000, 상가 B:₩180,000)이 포함되어 있다.

[자료 3] 겸용주택임대용역

(주)삼삼은 도시지역 외에 소재하고 있는 주택과 부수토지를 임대하였다. 관련자료는 다음과 같다.

(1) 3층 건물로서 주택이 150㎡(3층 150㎡), 점포가 300㎡(1층 150㎡, 2층 150㎡), 토지가 4,000㎡이다.

(2) 계약기간: 20×6. 7. 1~20×7. 6. 30

(3) ① 월임대료: ₩2,000,000(매월말 지급조건임)

② 보증금: ₩75,000,000

③ 특이사항: 임대료 미지급시 다음 달 1일 보증금에서 충당하기로 되어 있다.

(4) 임차인이 6월분 임대료를 지급하지 않아 보증금에서 충당하였다.

(5) 20×7년 6월 30일 현재 소득세법상 기준시가

① 토 지: ₩30,000,000

② 건 물: ₩20,000,000

[자료 4] 기타거래

(1) 회사는 시가 ₩200,000,000의 토지를 현물출자받고 그 대가로 액면가액 ₩50,000,000(시가 ₩180,000,000)의 주식을 교부하였다.

(2) 상가 B의 임대용역과 관련하여 상가 B의 세입자로부터 냉난방설비 망실에 따른 손해배상금 ₩20,000,000을 받았다.

(3) 회사는 재산세 ₩12,000,000을 아직 세입자를 구하지 못한 상가 E로 물납하였다.

(4) 「도시 및 주거환경정비법」에 따른 수용절차에 따라 수용대상인 토지와 건물에 대한 대가로 각각 ₩7,000,000과 ₩8,000,000을 받았다.

**요구사항**

(주)삼삼이 적법하게 세금계산서를 교부하였다고 가정할 경우 20×7년 제1기 확정신고시 신고할 부가가치세 과세표준과 매출세액을 다음의 양식에 따라 계산하시오.

[답안양식]

| 자료번호 | 과세표준 | | 매출세액 |
|---|---|---|---|
| | 세금계산서발급분 | 기타 | |
| 1 | | | |
| ⋮ | | | |
| 4 | | | |
| 합계 | | | |

**해답**

| 자료번호 | 과세표준 | | 매출세액 |
|---|---|---|---|
| | 세금계산서발급분 | 기타 | |
| 1 | ₩28,665,000 | | ₩2,866,500 |
| 2 | 11,310,000 | ₩1,037,400 | 1,234,740 |
| 3 | 4,750,000 | 808,377 | 563,038 |
| 4 | – | – | |
| 합　계 | ₩44,725,000 | ₩1,845,777 | ₩4,664,278 |

[계산근거]

1. 부동산공급

　(1) 장부가액에 의한 1차 배분: 공급가액

　　① 기준시가가 없는 자산(구축물)

$$₩157,500,000 \times \frac{₩20,000,000}{₩100,000,000} = ₩31,500,000$$

　　② 기준시가가 있는 자산(토지·건물)

$$₩157,500,000 - ₩31,500,000 = ₩126,000,000$$

　(2) 기준시가에 의한 2차 배분

　　① 건물(공급가액): $₩126,000,000 \times \frac{₩36,000,000}{₩90,000,000} = ₩50,400,000$

② 토지: ₩126,000,000 − ₩50,400,000 = ₩75,600,000

(3) 과세표준: (₩31,500,000 + ₩50,400,000) × $\dfrac{2,100㎡}{6,000㎡}$ = ₩28,665,000 (과세, 세금계산서발급분)

2. 상가임대용역

  (1) 상가 A

    ① 임 대 료: ₩2,000,000 × 3개월 =  ₩6,000,000 (과세, 세금계산서발급분)

    ② 간주임대료: $\left(₩50,000,000 - ₩97,800,000 \times \dfrac{500㎡}{2,000㎡}\right) \times 91 \times 6\% \times \dfrac{1}{365}$ =  382,200 (과세, 기타)

    ③ 관 리 비: (₩400,000 − ₩250,000) × 3개월 =  450,000 (과세, 세금계산서발급분)

    계  ₩6,832,200

  (2) 상가 B

    ① 임 대 료: ₩18,000,000 × $\dfrac{3개월}{12개월}$ =  ₩4,500,000 (과세, 세금계산서발급분)

    ② 간주임대료: ₩43,800,000 × 91 × 6% × $\dfrac{1}{365}$ =  655,200 (과세, 기타)

    ③ 관 리 비: (₩400,000 − ₩180,000) × 3개월 =  360,000 (과세, 세금계산서발급분)

    계  ₩5,515,200

3. 겸용주택임대용역

  (1) 과세 · 면세의 구분

| 구 분 | 건 물 | 부수토지 | |
|---|---|---|---|
| 주택(면세) | 150㎡ | Min$\left[150㎡ \times \dfrac{150㎡}{450㎡} \times 10배,\ 4,000㎡ \times \dfrac{150㎡}{450㎡}\right]$ = | 500㎡ |
| 상가(과세) | 300 | 4,000㎡ − 500㎡ = | 3,500 |
| 계 | 450㎡ | | 4,000㎡ |

  (2) 총임대료

    ① 임 대 료: ₩2,000,000 × 3개월 =  ₩6,000,000

    ② 간주임대료: (₩75,000,000 × 61일 + ₩73,000,000 × 30일) × 6% × $\dfrac{1}{365}$ =  1,112,055

    계  7,112,055

(3) 과세표준

① 임대료 과세표준

토지분: $₩6,000,000 \times \dfrac{₩30,000,000}{₩30,000,000+₩20,000,000} \times \dfrac{3,500㎡}{4,000㎡} = ₩3,150,000$

건물분: $₩6,000,000 \times \dfrac{₩20,000,000}{₩30,000,000+₩20,000,000} \times \dfrac{300㎡}{450㎡} =\ \ 1,600,000$

계 ₩4,750,000 (과세, 세금계산서발급분)

② 간주임대료 과세표준

토지분: $₩1,112,055 \times \dfrac{₩30,000,000}{₩30,000,000+₩20,000,000} \times \dfrac{3,500㎡}{4,000㎡} =\ \ ₩583,829$

건물분: $₩1,112,055 \times \dfrac{₩20,000,000}{₩30,000,000+₩20,000,000} \times \dfrac{300㎡}{450㎡} =\ \ 296,548$

계 ₩880,377 (과세, 기타)

4. 기타거래

(1)~(4): 과세대상이 아님

### 해설

1. 부동산공급

   (1) 실지거래가액이 분명하면 실지거래가액으로 구분하되, 실지거래가액이 불분명하면 감정가액으로 안분계산하고 감정가액이 없는 경우에는 기준시가로 안분계산한다. 단, 기준시가가 없는 자산이 있으면 ①장부가액(장부가액이 없는 경우 취득가액)으로 안분계산하고 ②기준시가가 있는 자산은 다시 기준시가에 의해 안분계산한다.

   (2) 중간지급조건부로 재화를 공급하기로 하였으나 지급기간 중에 거래상대방에게 재화를 인도하는 경우 나머지 중도금 및 잔금의 공급시기는 해당 재화를 인도한 때로 한다.

   (3) 건물의 사용면적이 확인되므로 사용면적비율로 구분하여 과세표준을 안분계산한다. 건물의 바닥면적과 부수토지의 면적은 과세표준계산과는 관련없는 자료이다.

2. 상가임대용역

   (1) 임차한 부동산을 재임대하는 경우 해당 기간의 전세금·임차보증금에서 임차시 지불한 전세금·임차보증금을 차감한 금액에 대해서 간주임대료를 계산한다.

   (2) 관리비 중 임차인이 부담하여야 할 보험료·수도료 및 공공요금 등을 별도로 구분징수하여 납입을 대행하는 경우에는 이를 과세표준에 포함하지 아니한다.

(3) 임대료를 일시에 받은 경우 월수계산은 초월산입·말월불산입이다.

(4) 용역의 무상공급은 부가가치세 과세대상이 아니다.

(5) 부동산임대보증금의 간주임대료에 대해서는 세금계산서 발급의무가 면제된다.

3. 겸용주택임대용역

(1) 주택면적보다 점포면적이 크므로 건물은 주택부분만 면세되며 토지는 주택정책면적 50㎡(150㎡× $\frac{150㎡}{450㎡}$)의 10배와 주택부수토지 1,333㎡(4,000㎡× $\frac{150㎡}{450㎡}$) 중 작은 부분까지만 면세된다.

(2) 겸용주택의 임대료와 간주임대료는 예정신고기간 또는 과세기간종료일 현재의 기준시가로 안분계산한다.

4. 기타거래

(1) 화폐대용증권(어음·수표)과 유가증권(주식·채무증권·상품권) 및 채권(외상매출금·대여금)은 부가가치세 과세대상이 아니다.

(2) 손해배상금은 재화 또는 용역의 공급에 대한 대가가 아니므로 과세대상이 아니다.

(3) 조세의 물납은 부가가치세 과세대상이 아니다.

(4) 법 소정의 수용절차에 따라 수용대상인 재화의 소유자가 수용된 재화에 대한 대가를 받는 경우 과세대상이 아니다.

## 03 겸영사업자 및 간주공급의 과세표준과 매출세액

다음은 과세사업과 면세사업을 겸영하는 (주)강화도의 20×7년 제1기 확정신고기간(4. 1. ~ 6. 30.)의 부가가치세에 대한 자료이다. (주)강화도는 총괄납부사업자도 아니고 사업자단위과세사업자도 아니며, 제시된 자료는 특별한 언급이 없는 한 부가가치세가 포함되지 아니한 금액이다.

[자료 1] 제품매출

(1) 20×7년 4월 1일부터 6월 30일까지 제품매출내역은 다음과 같으며, 이와 관련된 세금계산서의 교부는 세법에 따라 적법하게 이루어졌다. 과세제품의 총매출액 중 ₩70,000,000은 소매판매분이며, 나머지는 도매판매분이다. 소매판매분은 전액 현금영수증발행분이다.

| 구 분 | 과세제품 | 면세제품 |
|---|---|---|
| 총매출액 | ₩535,000,000 | ₩160,000,000 |
| 매출에누리 | 10,000,000 | 7,000,000 |
| 매출할인 | 5,000,000 | 3,000,000 |

(2) 과세제품의 총매출액에는 대가의 일부로 받은 운송보험료·운송비·하역비 ₩4,000,000이 포함되어 있으며, 개별소비세, 주세, 교통·에너지·환경세, 교육세 및 농어촌특별세 ₩30,000,000은 포함되어 있지 않다.

(3) 과세제품의 총매출액에는 특수관계인(개인)에 대한 저가 매출액 ₩20,000,000(시가 ₩30,000,000)과 특수관계인이 아닌 자(개인)에 대한 저가 매출액 ₩10,000,000(시가 ₩15,000,000)이 포함되어 있다.

(4) 과세제품의 매출에누리 중 ₩3,000,000은 판매실적이 우수한 판매대리점에 지급한 판매장려금이며, 나머지 ₩7,000,000은 판매대리점에 지급한 하자보증금이다.

(5) 과세제품의 총매출액 중에는 제품을 공급하고 그 대가로 (주)인천 주식을 취득한 매출이 포함되어 있다. 주식취득 당시 (주)인천 주식의 시가는 ₩35,000,000(액면가액 ₩20,000,000)이고 (주)강화도가 공급한 제품의 시가는 ₩40,000,000이었다. (주)강화도는 (주)인천 주식의 시가를 매출액으로 계상하였다.

(6) 과세제품의 총매출액에는 20×7년 4월 1일부터 매년 4월 1일에 3회에 걸쳐 ₩10,000,000씩 받기로 한 금액의 현재가치인 ₩24,868,520으로 포함되어 있다.

(7) 과세제품의 총매출액에는 20×7년 5월 7일에 제품을 ₩8,000,000에 판매하기로 계약을 하고 수취한 계약금 ₩800,000이 포함되어 있다. 그러나 20×7년 6월 17일에 공급받는 자가 계약을 해지함에 따라 계약금이 위약금으로 대체되었으며, 회사는 이에 대해서 특별한 회계처리를 하지 않았다.

[자료 2] 타계정대체와 타사업장반출

(1) 과세제품을 판매목적 외에 다른 목적으로 사용한 내역은 다음과 같다.

| 계정과목 | 사용내역 | 원 가 | 시 가 |
|---|---|---|---|
| ① 연구개발비 | 기술개발을 위하여 시험용으로 사용·소비 | ₩700,000 | ₩1,000,000 |
| ② 제품보증비 | 불량품 교환, 사후무료서비스로 사용·소비 | 1,200,000 | 1,500,000 |
| ③ 복리후생비 | 직장연예비로 사용 | 800,000 | 1,100,000 |
|  | 사내체육대회에서 우승한 직원에게 경품으로 제공 | 1,500,000 | 2,000,000 |
|  | 사용인 1인당 연간 10만원 이내의 경조사비 | 400,000 | 600,000 |
| ④ 광고선전비 | 광고선전용으로 불특정다수인에게 배포 | 2,700,000 | 3,500,000 |
|  | 판매대리점에 판매장려금품으로 제공 | 1,800,000 | 2,500,000 |
| ⑤ 기 부 금 | 특별재난지역에 공급 | 2,400,000 | 3,000,000 |
|  | 대표이사 동창회에 기부 | 3,000,000 | 4,000,000 |
| ⑥ 접 대 비 | 거래처에 접대목적으로 사용 | 2,000,000 | 2,800,000 |
| ⑦ 수 선 비 | 개별소비세과세대상 자동차의 수선에 사용한 제품 | 1,700,000 | 2,400,000 |

(2) 과세제품을 타사업장으로 반출한 내역은 다음과 같다.

① 원가가 ₩4,000,000이고 시가 ₩6,000,000인 제품을 판매목적으로 직매장 A에 반출하였다. 동 제품의 직매장 A의 공급가액은 ₩5,000,000이다.

② 원가가 ₩3,000,000이고 시가가 ₩4,500,000인 제품을 광고선전을 위한 상품진열목적으로 직매장 B에 반출하였다.

[자료 3] 면세전용과 기타거래

(1) 20×7년 4월 20일에 과세사업에 사용하던 자산을 면세사업에 전용하였다. 면세사업에 전용한 과세사업용 자산은 다음과 같다.

| 종 류 | 취 득 일 | 취득가액 | 시 가 | 재무상태표상 감가상각누계액 | 면세전용여부 |
|---|---|---|---|---|---|
| 토 지 | 20×2. 4. 20 | ₩50,000,000 | ₩70,000,000 | - | 완전전용 |
| 건 물 | 20×5. 10. 5 | 100,000,000 | 120,000,000 | ₩24,000,000 | 완전전용 |
| 기계장치 | 20×6. 5. 16 | 40,000,000 | 20,000,000 | 12,000,000 | 일부전용 |
| 차량운반구 | 20×6. 2. 7 | 15,000,000 | 10,000,000 | 2,000,000 | 일부전용 |
| 저 장 품 | 20×6. 11. 20 | 2,000,000 | 3,000,000 | - | 완전전용 |

① 건물은 자가건설한 것으로서 매입세액공제를 받은 금액은 ₩8,000,000이다.

② 기계장치는 20×6. 5. 16에 취득했지만 실제로 사용을 시작한 날은 20×6. 7. 8이며, 매입세액공제를 받은 금액은 ₩4,000,000이다.
③ 차량운반구는 개별소비세 과세대상 자동차로서 구입시 매입세액공제를 받지 못하였다.
④ 20×6년 제1기부터 20×7년 제1기까지 관세·면세공급가액의 비율은 다음과 같다.

| 구 분 | 20×6년 | | 20×7년 제1기 |
|---|---|---|---|
| | 제1기 | 제2기 | |
| 과세사업 | 80% | 70% | 60% |
| 면세사업 | 20 | 30 | 40 |

(2) 기타 거래내역

① 20×7년 5월 18일에 과세사업과 면세사업에 공통으로 사용하던 기계장치를 ₩40,000,000에 매각하였다.
② 20×7년 4월 5일에 거래처에 접대목적으로 시가 ₩5,000,000의 찻잔세트와 시가 ₩3,000,000의 신안 천일염을 선물하였다. 회사는 찻잔세트와 천일염을 백화점에서 구입하였는데, 구입시 신용카드매출 전표를 수취하였으나 매입세액공제를 받지 않았다.
③ 20×7년 6월 30일에 과세제품 ₩3,000,000(시가 ₩5,000,000)을 도난당하였으며, 화재로 ₩2,000,000(시가 ₩4,000,000)이 소실되었다.
④ 20×7년 6월 12일에 원재료 납품업체가 납품계약상 납품기일을 지연함에 따라 지체상금 ₩900,000을 수취하였다.
⑤ 20×7년 5월 25일에 과세제품 판매대리점으로부터 영업보증금 ₩5,000,000을 받았다. 영업보증금은 대리점 계약해지시 반환된다.
⑥ 20×7년 4월 19일에 공장의 지방이전과 관련하여 「보증금의 예산 및 관리에 관한 법률」에 따라 국고보조금 ₩40,000,000을 수취하였다. 국고보조금은 20×7년말까지 토지의 취득에 사용될 예정이다.
⑦ 면세제품의 매출과 관련하여 발생하였던 매출채권 중에서 ₩11,000,000이 20×7년 6월 1일 대손으로 확정되었다.

**요구사항**

1. [자료1]에서 (주)강화도가 적법하게 세금계산서를 교부하였다고 가정할 경우 20×7년 제2기 확정신고시 신고할 부가가치세 과세표준과 매출세액을 다음의 양식에 따라 계산하시오. 단, 항목별로 금액이 미치는 영향을 +, -로 반드시 표시하시오.

[답안양식]

| 자료번호 | 과세표준 | | 매출세액 |
|---|---|---|---|
| | 세금계산서발급분 | 기타 | |
| (1) | | | |
| ⋮ | | | |
| (7) | | | |
| 합계 | | | |

2. [자료2]의 부가가치세 과세표준과 매출세액을 [요구사항1]의 답안양식에 따라 계산하시오.

3. [자료3]의 부가가치세 과세표준과 매출세액을 [요구사항1]의 답안양식에 따라 계산하시오.

### 해답

[요구사항1]

| 자료번호 | 과세표준 | | 매출세액 |
|---|---|---|---|
| | 세금계산서발급분 | 기타 | |
| (1) | +₩450,000,000 | +₩70,000,000 | +₩52,000,000 |
| (2) | +30,000,000 | | +3,000,000 |
| (3) | | +10,000,000 | +1,000,000 |
| (4) | +10,000,000 | | +1,000,000 |
| (5) | +5,000,000 | | +500,000 |
| (6) | -14,868,520 | | -1,486,852 |
| (7) | -800,000 | | -80,000 |
| 합계 | ₩479,331,480 | ₩80,000,000 | ₩55,933,148 |

[요구사항2]

| 자료번호 | 과세표준 | | 매출세액 |
|---|---|---|---|
| | 세금계산서발급분 | 기타 | |
| (1) ① | | | |
| ② | | | |
| ③ | | ₩2,000,000 | ₩200,000 |
| ④ | | 2,500,000 | 250,000 |

|  | | | |
|---|---:|---:|---:|
| ⑤ | | 4,000,000 | 400,000 |
| ⑥ | | 2,800,000 | 280,000 |
| ⑦ | | 2,400,000 | 240,000 |
| (2) ① | ₩5,000,000 | | 500,000 |
| ② | | | |
| 합계 | ₩5,000,000 | ₩13,700,000 | ₩1,870,000 |

[요구사항3]

| 자료번호 | 과세표준 | | 매출세액 |
|---|---|---|---|
| | 세금계산서발급분 | 기타 | |
| (1) | | ₩83,000,000 | ₩8,300,000 |
| (2) ① | ₩28,000,000 | | 2,800,000 |
| ② | | | |
| ③ | | | |
| ④ | | | |
| ⑤ | | | |
| ⑥ | | | |
| ⑦ | | | |
| 합계 | ₩28,000,000 | ₩83,000,000 | ₩11,100,000 |

[계산근거]

1. 면세전용

| 구 분 | 계산내역 | 공급가액 |
|---|---|---|
| 건 물 | ₩80,000,000×(1−5%×3)= | ₩68,000,000 |
| 기계장치 | ₩40,000,000×(1−25%×1)×40%= | 12,000,000 |
| 저 장 품 | | 3,000,000 |
| 계 | | ₩83,000,000 |

2. 공통사용재화의 매각: ₩40,000,000×70%=₩28,000,000

▼ 해설

1. 제품매출

    (1) 소매판매분 ₩70,000,000은 과세표준(기타)로 표시된다.

(2) 대가의 일부로 받는 운송보험료·산재보험료·운송비·포장비·하역비와 개별소비세, 주세, 교통·에너지·환경세, 교육세 및 농어촌특별세는 과세표준에 포함한다.

(3) 특수관계인에 대한 저가 매출액은 시가를 과세표준으로 하며, 특수관계인 외의 자에 대한 저가 매출액은 거래한 가액을 과세표준으로 한다. 간주공급(개인적공급)은 세금계산서 발급의무가 없다.

(4) 금전으로 지급한 판매장려금과 하자보증금은 과세표준에서 공제하지 않는다.

(5) 금전 이외의 대가를 받은 경우에는 ①자기가 공급한 재화의 시가 ②공급받은 재화의 시가 ③시가평가액의 순서로 시가를 산정한다.

(6) 장기할부판매의 경우 대가의 각 부분을 받기로 한 때를 공급시기로 한다.

(7) 재화 또는 용역의 공급없이 받은 위약금은 과세표준에 포함하지 않는다.

2. 타계정대체와 타사업장 반출

(1) 다음의 경우에는 재화의 공급으로 의제하지 않는다.
   ① 기술개발을 위하여 시험용으로 사용·소비
   ② 불량품교환, 사후무료서비스로 사용·소비
   ③ 직장연예비로 사용
   ④ 광고선전용으로 불특정다수인에게 배포
   ⑤ 특별재난지역에 공급
   ⑥ 사용인 1인당 연간 10만원 이내의 경조사 및 복리후생과 관련된 재화

(2) 다음의 경우에는 재화의 공급으로 의제한다. 이 경우 세금계산서 발급의무는 면제된다.
   ① 종업원에게 창사기념으로 제공(개인적 공급)
   
   * 체육대회에서 음료수나 체육복을 지급하는 등 직장 내에서 소비하는 것은 과세하지 않지만, 종업원에게 경품등을 지급하는 것은 직장 내에서 소비되지 않고 개인적으로 사용하는 것이므로 과세함.
   
   ② 판매대리점에 판매장려금품으로 제공(사업상 증여)
   ③ 대표이사 동창회에 기부(개인적 공급)
   ④ 거래처에 접대목적으로 사용(사업상 증여)
   ⑤ 비영업용소형승용차와 그 유지에 전용

(3) 타사업장 반출
   ① 직매장반출액은 취득가액을 과세표준으로 하는 것이 원칙이나 취득가액에 일정액을 가산하여 공급하는 경우 그 공급가액을 과세표준으로 한다.
   ② 판매목적이 아닌 상품진열목적으로 타사업장에 반출하는 것은 재화의 공급으로 의제하지 않는다.

3. 면세전용과 기타거래
    (1) 면세적용
        ① 토지의 공급은 면세이므로 면세전용으로 과세하지 않는다.
        ② 건물은 ₩8,000,000의 매입세액공제를 받았으므로 취득가액을 ₩80,000,000으로 의제한다.
        ③ 기계장치는 사용개시일이 속하는 과세기간부터 경과된 과세기간의 수를 계산하며, 일부 전용하였으므로 일부 전용일이 속하는 과세기간의 면세비율을 곱한다.
        ④ 차량운반구는 매입세액공제를 받지 못하였으므로 재화의 공급으로 의제하지 않는다.
        ⑤ 저장품은 감가상각자산이 아니므로 시가를 공급가액으로 한다.
    (2) 기타거래
        ① 공통사용재화를 공급하는 경우 해당 재화의 공급가액에 직전 과세기간의 과세공급가액비율을 곱하여 과세표준을 산정한다.
        ② 구입시 매입세액공제를 받지 못한 재화를 거래처에 선물한 경우 사업장 증여로 보지 않는다. 면세재화를 공급하는 경우 면세한다.
        ③ 도난이나 화재로 소실된 제품은 계약상 또는 법률상 원인에 의하여 공급하는 것이 아니므로 과세대상이 아니다.
        ④ 납품업체가 원자재의 납품기일을 지연함에 따라 받는 지체상금은 공급대가가 아니므로 과세대상이 아니다.
        ⑤ 반환조건부인 영업보증금은 과세대상이 아니다.
        ⑥ 재화 또는 용역의 공급과 직접 관련되지 아니하는 국고보조금과 공공보조금은 과세표준에 포함하지 아니한다.
        ⑦ 면세제품과 관련된 매출채권은 대손이 확정되었다 하더라도 대손세액공제를 받을 수 없다.

# 간주공급 ■2017. CPA

(주)박눈물은 부동산임대업을 영위하는 법인이다. 20×7년 11월 30일 임대의 어려움과 자금난으로 인하여 폐업하게 되었다. 20×7년 제2기 확정신고기간의 부가가치세 매출세액을 계산하시오.
20×7년 제1기 확정신고와 제2기 예정신고는 정확하게 이루어졌으며, 폐업시 사업장에 남아있는 재화는 다음과 같다.

1. 임대용 건물은 주택 50㎡, 상가 150㎡, 부수토지 1,000㎡로 구성된 단층의 겸용주택이며, 20×6년 11월 1일부터 20×7년 10월 31일까지 임대보증금 없이 매달 1일에 ₩40,000,000의 임대료를 받았다.
2. 위의 겸용주택 및 부수토지는 20×5년 9월 1일 취득하였으며, 건물의 취득가액은 ₩5,000,000,000, 부수토지의 취득가액은 ₩3,000,000,000이고, 폐업일 현재의 감정평가액은 건물 ₩6,000,000,000 부수토지 ₩4,000,000,000이다.
3. 사업장 출퇴근 및 업무용으로 사용하던 개별소비세 과세대상인 승용자동차는 20×6년 4월 1일에 ₩10,000,000에 구입하였으며, 구입시 부가가치세액 ₩1,000,000은 매입세액공제를 받지 못하였고, 폐업시 시가는 ₩6,000,000이다.
4. 사업장에 있는 비품은 20×6년 7월 1일에 ₩2,000,000에 구입하였으며, 부가가치세액 ₩200,000은 매입세액공제를 받았고, 폐업시 시가는 ₩800,000이다.

### 해답

제 2기 확정신고기간 매출세액: ₩6,000,000+₩300,000,000+₩100,000=₩306,100,000

[계산근거]

1. 임대료: $₩40,000,000 \times 2 \times \frac{150㎡}{50㎡+150㎡} \times 10\% = ₩6,000,000$

2. 건 물: $\{₩5,000,000,000 \times (1-5\%) \times 4\} \times \frac{150㎡}{50㎡+150㎡} \times 10\% = ₩300,000,000$

3. 비 품: $\{₩2,000,000 \times (1-25\%) \times 2\} \times 10\% = ₩100,000$

## 05 과세표준과 매출세액 ■2018. CPA

다음은 (주)갑과 (주)을의 20×7년 제1기 부가가치세 관련 자료이다. 단, 별도의 언급이 없는 한 제시된 금액은 부가가치세를 포함하지 않은 금액이며, 세금계산서는 적법하게 발급한 것으로 가정한다.

[자료 1]

1. (주)갑은 5월 1일 거래처에 중간지급조건부로 상품A[*1]와 장기할부조건부로 상품 B[*2]를 판매하였다. 동 일자에 대금수령 없이 상품A는 ₩10,000,000, 상품B는 ₩20,000,000으로 세금계산서를 발급하였다.

   *1. 5월부터 매월 초 ₩1,000,000씩 10개월 수령 조건
   *2. 5월부터 매월 초 ₩1,000,000씩 20개월 수령 조건

2. (주)갑은 은행차입금 ₩10,000,000을 보유 중이던 건물 C(시가 ₩10,000,000)로 변제하였으며, 사업에 사용하던 건물 D(시가 ₩13,000,000)로 조세를 물납하였다.

3. (주)갑은 기계장치E(시가불분명)를 거래처 기계장치 F(시가불분명)와 교환하였다. 기계장치와 F의 평가액은 다음과 같다.

   | 구 분 | 상속세 및 증여세법상 보충적 평가액 | 감정평가법인의 감정가액 |
   | --- | --- | --- |
   | 기계장치 E | ₩11,000,000 | ₩12,000,000 |
   | 기계장치 F | 13,000,000 | 14,000,000 |

4. (주)갑은 6월 1일 공익사업을 위한 토지 등의 취득 및 보상에 관한 법률에 따라 건물G와 H를 수용당하고 각각 ₩80,000,000과 ₩20,000,000을 현금으로 수령하였다. 건물G는 (주)갑이 철거하는 조건이고, 건물 H는 법에 따른 사업시행자가 철거하는 조건이다.

5. (주)갑은 상가건물 I을 다음의 조건으로 임대하였으며, 임차인이 6월분 임대료를 지급하지 않아 보증금에서 충당하였다. 정기예금이자율은 연 3.65%로 가정한다.

   | 구분 | 내용 |
   | --- | --- |
   | 계약기간 | 20×7. 4. 1. ~ 20×9. 3. 31. |
   | 월임대료 | ₩1,000,000 (매월 말 지급) |
   | 임대보증금 | ₩40,000,000 |
   | 특약사항 | 임대료 미지급시 다음 달 1일 보증금에서 충당 |

[자료 2]

(주)을은 6월 1일 토지, 건물 및 기계장치를 ₩100,000,000에 일괄양도하였다. 자산 양도가액 구분이 불분명하며, 각 자산가액의 내역은 다음과 같다.

(단위: 원)

| 구 분 | 기준시가 | 장부가액 | 감정가액* |
|---|---|---|---|
| 토 지 | ₩45,000,000 | 40,000,000 | ₩54,000,000 |
| 건 물 | 15,000,000 | 20,000,000 | 18,000,000 |
| 기계장치 | – | 20,000,000 | 18,000,000 |
| 합 계 | ₩60,000,000 | ₩80,000,000 | 90,000,000 |

* 20×7년 6월 30일 기준 감정가액임

### 요구사항

1. [자료 1]을 이용하여 과세사업자인 (주)갑이 20×7년 제1기 부가가치세 확정신고시 신고해야 할 과세표준과 매출세액을 다음의 답안양식에 따라 제시하시오.

[답안양식]

| 자료번호 | 과세표준 | 세율 | 매출세액 |
|---|---|---|---|
| 1 | | | |
| ⋮ | | | |
| 5 | | | |

2. [자료 2]를 이용하여 과세사업과 면세사업을 겸영하는 (주)을이 20×7 제1기 부가가치세 확정신고시 신고해야 할 과세표준과 매출세액을 다음의 답안양식에 따라 제시하시오. 단, 토지, 건물 및 기계장치는 과세사업과 면세사업에 공통으로 사용되어 왔으며 직전 과세기간의 과세공급가액 비율은 60%, 당해 과세기간의 과세공급가액 비율은 70%로 가정한다.

[답안양식]

| 과세표준 | 세율 | 매출세액 |
|---|---|---|
| | | |

해답

[요구사항1]

| 자료번호 | 과세표준 | 세율 | 매출세액 |
|---|---|---|---|
| 1 | ₩22,000,000 | 10% | ₩2,200,000 |
| 2 | 10,000,000 | 10% | 1,000,000 |
| 3 | 12,000,000 | 10% | 1,200,000 |
| 4 | – | – | – |
| 5 | 3,361,000 | 10% | 336,100 |

[계산근거]

1. (1) 상품 A: 중간지급조건부이므로 공급시기는 대가의 각 부분을 받기로 한 때임.

    ₩1,000,000×2=₩2,000,000

   (2) 상품 B: 장기할부판매의 경우 세금계산서를 선발급한 경우 세금계산서 발급시기를 공급시기로 봄.

2. (1) 건물 C: 대물변제이므로 시가를 과세표준으로 함.

   (2) 상품 D: 조세의 물납은 과세대상이 아님

3. 교환의 경우 공급한 재화·용역의 시가를 과세표준으로 함.

4. 법률에 의한 수용은 과세대상이 아님

5. (1) 임대료: ₩1,000,000×3개월=   ₩3,000,000
   (2) 간주임대료: (₩40,000,000×61일+₩39,000,000×30일)×1/365×3.65%=   361,000
               계   ₩3,361,000

[요구사항2]

| 과세표준 | 세율 | 매출세액 |
|---|---|---|
| ₩24,000,000 | 10% | ₩2,400,000 |

[계산근거]

과세표준: $₩100,000,000 \times \dfrac{₩18,000,000+₩18,000,000}{₩90,000,000} \times 60\% = ₩24,000,000$

# 06 과세표준과 매출세액 ■2018. CPA

다음은 제조업과 건설업을 겸영하는 일반과세자인 (주)대한(중소기업 아님)의 20×7년 제2기 과세기간 최종 3개월(20×7.10.1. ~ 20×7.12.31.)의 거래내역이다. 세금계산서는 적법하게 발급하였으며, 별도의 언급이 없는 한 재화는 매입세액공제를 받았다. 금액은 부가가치세가 포함되어 있지 않다.

1. 제품 ₩50,000,000을 20×7.10.15.에 외상판매하였다. 거래상대방은 대금할인기간 이내인 20×7.10.25.에 외상대금을 변제하였으므로 매출할인 ₩1,500,000이 발생하였다. (주)대한은 동 거래처에 판매장려금 ₩1,000,000을 20×7.11.1.에 별도로 지급하였다.

2. 수탁회사인 (주)부산에 위탁판매를 위하여 제품 ₩140,000,000(장부가액)을 적송하였다. 수탁회사는 20×7.12.31.에 동 제품 중 절반을 ₩80,000,000에 현금판매하였고, 20×8.1.3.에 나머지를 ₩80,000,000에 현금판매하였다.

3. 20×7.12.30.에 할부조건으로 ₩40,000,000(유효이자율로 할인한 현재가치는 ₩38,000,000임)에 제품을 판매하기로 계약을 체결하고 인도하였다. 할부대금은 인도일에 ₩10,000,000을 수령하고, 나머지는 3회로 분할하여 매 6개월마다 회수하기로 약정하였다.

4. (주)서울의 특별주문에 따라 제품A와 제품 B를 생산하여 잔금회수약정일에 인도하기로 하고 20×7.11.25.에 계약을 체결하였다. 동 계약내용에 의한 대금회수조건은 다음과 같다. 20×7.12.31. 현재 제품A와 제품 B의 완성도는 각각 20%와 30%이다.

| 구 분 | 제품A | | 제품B | |
|---|---|---|---|---|
| | 금 액 | 회수약정일 | 금 액 | 회수약정일 |
| 계약금 | ₩20,000,000 | 20×7. 11. 25. | ₩15,000,000 | 20×7. 11. 25. |
| 중도금 | – | – | 15,000,000 | 20×8. 3. 25. |
| 잔 금 | 20,000,000 | 20×8. 7. 25. | 15,000,000 | 20×8. 6. 25. |
| 대금 계 | ₩40,000,000 | | ₩45,000,000 | |

5. 제품을 타계정으로 대체한 내역은 다음과 같다.

| 계정과목 | 내 용 | 원 가 | 시 가 |
|---|---|---|---|
| 복리후생비 | 장기근속 종업원 포상 | ₩3,000,000 | ₩4,000,000 |
| 기부금 | 국가에 제품 무상 제공 | 6,000,000 | 8,000,000 |

6. 20×7. 10. 1.에 기계장치A를 제품생산과 관련된 협력업체에 무상으로 이전하였다. 기계장치A는 20×6. 7. 10. ₩9,000,000에 취득과 동시에 사용하여 왔으며, 무상 이전시 장부가액과 시가는 각각 ₩7,000,000과 ₩5,000,000이다.

7. 20×7. 10. 2.에 건물을 신축하는 도급공사계약을 (주)민국과 체결하였다. 총계약금액은 ₩200,000,000이며, 공사대금은 아래의 완성도 조건에 따라 지급 받기로 하였다. 20×7.12.31. 현재 공사진행률은 40%이다.

| 공사진행률 | 0% (계약시) | 50% 도달시 | 70% 도달시 | 100% 도달시 |
|---|---|---|---|---|
| 대금회수 약정내용 | 10% 지급 | 30% 지급 | 30% 지급 | 30% 지급 |

8. 기계장치 B와 건물(토지 제외)을 (주)광장에게 다음과 같은 대금회수조건으로 매각하기로 하고 20×7. 10. 1.에 계약을 체결하였다. 계약내용에 의하면 기계장치B는 잔금수령일에 인도하는 조건이며, 매수인의 건물 이용가능일은 20×7. 12. 15. 이다.

| 구 분 | 기계장치B | | 건물 | |
|---|---|---|---|---|
| | 대금회수 약정일 | 금 액 | 대금회수 약정일 | 금 액 |
| 계약금 | 20×7. 10. 1. | ₩2,000,000 | 20×7. 10. 1. | ₩100,000,000 |
| 중도금 | 20×7. 12. 1. | 4,000,000 | 20×7. 12. 1. | 200,000,000 |
| 잔 금 | 20×8. 2. 1. | 4,000,000 | 20×8. 2. 1. | 200,000,000 |

▶ 요구사항

(주)대한의 20×7년 제2기 과세기간 최종 3개월(20×7. 10. 1.~20×9. 12. 31.)의 부가가치세 과세표준을 다음의 [답안양식]에 따라 제시하시오.

[답안양식]

| 자료번호 | 과세표준 |
|---|---|
| 1 | |
| . | |
| . | |
| . | |
| 8 | |
| 합 계 | |

### 해답

| 자료번호 | 과세표준 |
|---|---|
| 1 | ₩48,500,000 |
| 2 | 80,000,000 |
| 3 | 10,000,000 |
| 4 | 15,000,000 |
| 5 | 4,000,000 |
| 6 | 4,500,000 |
| 7 | 20,000,000 |
| 8 | 500,000,000 |
| 합 계 | ₩682,000,000 |

[계산근거]

1. 매출할인은 발생시점에서 공제하며, 판매장려금은 공제하지 아니함

2. 위탁판매는 수탁자가 재화를 판매한 날이 공급시기임

3. 장기할부판매의 공급시기는 대가의 각 부분을 받기로 한 때임

4. (1) 제품 A: 당기 외상판매이므로 공급시기는 인도일임

   (2) 재품 B: 중간지급조건부이므로 공급시기는 대가의 각 부분을 받기로 한 때임

5. (1) 장기근속 종업원 포상은 개인적 공급이며, 시가를 과세표준으로 함.

   (2) 국가에 제품을 무상으로 제공하는 것은 면세임

6. 사업상 증여임. ₩9,000,000×(1−25%×2)=₩4,500,000

7. 완성도지급조건부의 공급시기는 대가의 각 부분을 받기로 한 때임.

   ₩200,000,000×10%=₩20,000,000

8. (1) 기계장치 B: 당기 외상판매이므로 공급시기는 인도일임

   (2) 건물: 이용가능일이 공급시기임.

## 07 과세표준과 매출세액　2019. CPA

다음은 과세사업을 영위하고 있는 (주)한국의 20×7년 제1기 부가가치세 관련 자료이다. 단, 별도의 언급이 없는 한 제시된 금액은 부가가치세가 포함되지 않은 금액이며, 세금계산서는 적법하게 발급된 것으로 가정한다.

1. (주)한국은 상품 A (개당 장부가액 : ₩800,000, 개당 시가 ₩1,000,000)를 다음과 같이 판매 또는 제공하였다. 단, 판매 또는 제공된 상품은 모두 매입 시 매입세액공제를 받았다.
   ① 20×7년 4월 15일 상품A 1개를 자기적립마일리지로만 전부 결제를 받고 판매
   ② 20×7년 5월 15일 상품A 1개를 사내체육대회에서 추첨을 통해 당첨된 직원에게 경품으로 지급
   ③ 20×7년 6월 15일 상품 A 1개를 특수관계인이 아닌 갑에게 ₩500,000에 판매

2. (주)한국은 20×7년 4월 20일 창고에 보관중인 제품B에 대한 창고증권(임치물의 반환이 수반됨)을 ₩10,000,000에 양도하였다.

3. (주)한국은 20×7년 6월 20일(인도일) 내국신용장 (개설일: 20×7년 7월 20일)에 의하여 수출업자 (주)태백에게 제품C 10개를 ₩20,000,000에 공급하였다. 다만, (주)태백이 해당 재화를 수출용도로 사용하였는지 여부는 확인되지 않는다.

4. (주)한국은 20×7년 5월 10일에 제품D를 수출하기 위하여 선적하였으며, 수출대금 $10,000 중 $5,000 20×7년 5월 1일에 수령하여 5월 8일에 원화로 환가하였고, 나머지 $5,000는 5월 20일에 수령하여 5월 25일에 원화로 환가하였다. 각 시점별 기준환율은 다음과 같으며, 각 시점의 기준환율로 실제 환가한 것으로 가정한다.

   | 5. 1 | 5. 8 | 5. 10 | 5. 20 | 5. 25 |
   |---|---|---|---|---|
   | ₩1,000 | ₩1,100 | ₩1,200 | ₩1,150 | ₩1,000 |

5. (주)한국은 다음과 같이 대금을 회수하는 조건으로 잔금수령과 동시에 기계장치를 인도하는 계약을 체결하였으며, 회수약정일에 대금을 모두 회수하였다. 그러나 매수자와 협의하여 기계장치를 20×7년 6월 30일에 조기 인도하였다.
   ① 계약금(20×6년 12월 1일 회수약정):　₩10,000,000
   ② 중도금(20×7년　4월 1일 회수약정):　₩15,000,000
   ③ 잔　금(20×7년　8월 1일 회수약정):　₩20,000,000

6. (주)한국은 20×6년 1월 5일 ₩40,000,000에 취득한 차량운반구(매입 시 매입세액공제를 받음)를 20×7년 6월 30일에 거래처에 무상으로 제공하였다. 제공할 당시 차량운반구의 장부가액은 ₩10,000,000(시가: ₩15,000,000)이다.

7. (주)한국의 대손채권 관련 자료는 다음과 같다. 단, 채권금액은 부가가치세가 포함된 금액이다.

| 구분 | 채권금액 | 공급일 | 대손사유 |
| --- | --- | --- | --- |
| 외상매출금 A | ₩2,200,000 | 20×1. 11. 20. | 20×7. 1. 10. 소멸시효완성 |
| 외상매출금 B | ₩3,300,000 | 20×6. 12. 25. | 20×7. 5. 16. 채무자파산[*1] |
| 받을어음 | ₩8,800,000 | 20×5. 10. 16. | 20×7. 4. 10. 부도발생 |

\* 채무자의 파산으로 회수할 수 없는 채권임

### 요구사항

(주)한국이 20×7년 제1기 부가가치세 확정신고시 신고해야 할 과세표준과 매출세액을 다음의 답안양식에 따라 제시하시오.

[답안양식]

| 자료번호 | 과세표준 | 세율 | 매출세액 |
| --- | --- | --- | --- |
| 1 | | | |
| ⋮ | | | |
| 7 | | | |

### 해답

| 자료번호 | 과세표준 | 세율 | 매출세액 |
| --- | --- | --- | --- |
| 1 | ₩1,500,000 | 10% | ₩150,000 |
| 2 | 10,000,000 | 10% | 1,000,000 |
| 3 | 20,000,000 | 0% | – |
| 4 | 11,500,000 | 0% | – |
| 5 | 35,000,000 | 10% | 3,500,000 |
| 6 | 20,000,000 | 10% | 2,000,000 |
| 7 | | | (500,000) |

[계산근거]

1. ₩1,000,000(종업원에 경품을 지급하는 것은 개인적 공급임*)+₩500,000(금전으로 받는경우 그 금액의 과제표준임)=₩1,500,000. 자기적립마일리지는 적립시 과세됨

   * 체육대회에서 음료수나 체육복을 지급하는 등 직장 내에서 소비하는 것은 과세하지 않지만, 종업원에게 경품 등을 지급하는 것은 직장내에서 소비되지 않고 개인적으로 사용하는 것이므로 과세함.

2. 임치물의 반환이 수반되는 창고증권의 양도는 재화의 공급으로 보아 과세됨

3. 내국신용장 또는 구매확인서에 의하여 정당하게 공급된 경우에는 해당 재화를 수출용도에 사용하였는지 여부에 관계없이 영세율이 적용됨

4. $5,000×₩1,100(공급시기 전 환가한 경우 그 금액)+$5,000×₩1,200(공급시기 후 한가한 경우 공급시기의 환율을 적용함)=₩11,500,000

5. 중간지급조건부이므로 대가의 각 부분을 받기로 한 때가 공급시기임. 따라서 과세표준은 ₩15,000,000(중도금, 공급시기 4. 1)+₩20,000,000(잔금, 공급시기 6. 30)=₩35,000,000임

6. ₩40,000,000×(1−25%×2)=₩20,000,000

7. (₩2,200,000+₩3,300,000)×10/110=₩500,000. 부도어음은 6개월 후인 제2기에 공제가 가능함.

## 08 과세표준과 매출세액 ■ 2019. 세무사

다음은 일반과세자인 (주)대한의 20×7년 제2기 부가가치세 관련 자료이다. (단, 제시된 금액은 별도의 언급이 없는 한 부가가치세가 포함되지 아니한 금액이며, 세금계산서는 공급시기에 적법하게 발급 및 수취된 것으로 가정한다.)

1. 국내 수출업자인 (주)서울에 내국신용장에 의하여 $120,000의 제품을 20×7.11.25. 인도하였다. 인도대금 중 $50,000은 20×7.11.1. 선수하여 원화 ₩60,500,000으로 환가하였으며, 나머지 $70,000은 20×8.1.5. 수령하였다. 내국신용장은 20×8.1.10. 개설되었다. 20×7.11.25. 기준환율은 ₩1,250이며 20×8.1.5. 기준환율은 ₩1,270이다.

2. 국내사업장이 없는 외국법인이 지정하는 국내사업자 (주)부산에게 ₩50,000,000의 제품을 인도하고 대금은 외국환은행에서 원화로 수령하였다. (주)부산은 인도된 제품 중 70%는 과세사업에 30%는 면세사업에 사용하였다.

3. 제조업을 영위하는 (주) 대구(수출업자 (주)인천에게 내국신용장으로 재화를 공급하고 있음)에게 직접 도급계약에 의하여 ₩7,000,000의 수출재화 임가공용역을 제공하였다.

4. 국내에서 대한적십자사에 ₩30,000,000의 재화를 공급하고 원화로 수령하였다. 대한적십자사는 공급받은 재화의 80%를 해외구급봉사에 무상으로 반출하고 20%는 국내에서 사용하였다.

5. (주) 대전에 제품 A와 제품 B를 다음과 같은 대금회수조건으로 판매하기로 계약을 체결하였으며, 잔금지급약정일에 인도하기로 하였다.

| 구 분 | 계약금 | | 중도금 | | 잔 금 | |
|---|---|---|---|---|---|---|
| | 일 자 | 금 액 | 일 자 | 금 액 | 일 자 | 금 액 |
| 제품 A*1 | 20×7. 10. 4. | ₩3,000,000 | 20×8. 1. 20. | ₩5,000,000 | 20×8. 6. 15. | 2,000,000 |
| 제품 B*2 | 20×7. 10. 5. | 4,000,000 | 20×7. 11. 20. | 6,000,000 | 20×8. 2. 15. | 5,000,000 |

*1 20×7. 10. 10에 계약자와의 합의로 제품 A에 대한 중도금 및 잔금 ₩7,000,000을 20×8. 6. 15.에 일시에 수령하기로 변경하였다. (계약금은 20×7. 10. 4에 수령함)

*2 20×7. 10. 30.에 계약자와의 합의로 제품 B에 대한 중도금 ₩6,000,000은 20×7.12.30에 잔금 ₩5,000,000은 20×8. 6. 20.에 수령하기로 계약조건을 변경하였다. (계약금과 중도금은 해당일자에 수령함)

6. 20×7. 10. 5.에 (주)광주에 제품 C를 ₩27,000,000에 외상으로 판매하고 세금계산서를 발급하였으며 대금은 20×7.12.5에 지급기간 연장에 따른 연체이자 ₩450,000을 포함하여 ₩27,450,000을 수령하였다.

7. 20×7. 12. 30.에 거래처 (주)서울에게 20×7. 7. 1. ~ 20×7. 12. 31.까지의 거래 실적에 따라 판매장려금 ₩3,000,000 및 판매장려품(시가 ₩1,560,000, 원가 ₩1,200,000)을 지급하였다.

8. 20×7.11.1. 고객에게 공기청정기 (시가 ₩800,000 원가 ₩600,000)를 판매하고 대금은 S신용카드사가 제공한 마일리지로 전액 결제되었으나, S신용카드사로부터 보전받지 못하였다.

9. 20×7.10.27 에 과세사업에 사용하던 토지, 건물, 구축물에 대하여 (주)울산과 일괄양도계약을 체결하였으며, 대금청산일 (소유권이전등기일)은 20×7.12.27.이다. 양도와 관련된 자료는 다음과 같으며, 매매계약서상 토지, 건물, 구축물의 공급가액을 구분하여 기재하였다. 장부가액과 기준시가는 계약일 현재 가액이며, 감정가액은 20×7.6.30. 기준으로 평가한 가액이다.

| 구 분 | 취득가액 | 장부가액 | 기준시가 | 감정가액 | 매매계약서상 공급가액 |
|---|---|---|---|---|---|
| 토 지 | ₩140,000,000 | ₩140,000,000 | ₩160,000,000 | ₩180,000,000 | ₩350,000,000 |
| 건 물 | 160,000,000 | 120,000,000 | 100,000,000 | 150,000,000 | 140,000,000 |
| 구축물 | 100,000,000 | 50,000,000 | – | 70,000,000 | 50,000,000 |
| 합 계 | ₩400,000,000 | ₩310,000,000 | ₩260,000,000 | ₩400,000,000 | ₩540,000,000 |

### 요구사항

위의 자료을 이용하여 (주)대한의 20×7년 제2기 과세기간 최종 3개월 (20×7.10.1. ~ 20×7.12.31.)의 부가가치세 과세표준 및 매출세액을 다음 양식에 따라 기입하시오.

[답안양식]

| 자료번호 | 과세표준 | 세율 | 매출세액 |
|---|---|---|---|
| 1 | | | |
| ⋮ | | | |
| 9 | | | |

### 해답

| 자료번호 | 과세표준 | 세율 | 매출세액 |
|---|---|---|---|
| 1 | ₩148,000,000 | 0% | – |
| 2 | 35,000,000 | 0% | – |
|   | 15,000,000 | 10% | 1,500,000 |
| 3 | 7,000,000 | 10% | 700,000 |
| 4 | 24,000,000 | 0% | – |

|   |             |     |            |
|---|-------------|-----|------------|
|   | 6,000,000   | 10% | 600,000    |
| 5 | 10,000,000  | 10% | 1,000,000  |
| 6 | 27,000,000  | 10% | 2,700,000  |
| 7 | 1,560,000   | 10% | 156,000    |
| 8 | 800,000     | 10% | 80,000     |
| 9 | 297,000,000 | 10% | 29,700,000 |

[계산근거]

1. ₩60,500,000 + $70,000 × ₩1,250 = ₩148,000,000    영세율임

2. (1) 과세사업 사용분: ₩50,000,000 × 70% = ₩35,000,000 영세율임
   (2) 면세사업 사용분: ₩50,000,000 × 30% = ₩15,000,000 과세분임

3. 수출업자에게 내국신용장으로 재화를 공급하는 납품업자와 직접도급계약에 의하여 수출재화임가공용역을 제공하는 것은 국내거래로 보아 10%세율이 적용됨

4. (1) 해외무상반출: ₩30,000,000 × 80% = ₩24,000,000    영세율임
   (2) 국내사용분: ₩30,000,000 × 20% = ₩6,000,000       과세분임

5. (1) 제품A: 계약변경으로 중간지급조건부에 해당하지 않아 인도일이 공급시기임.
   (2) 제품B: 계약변경으로 중간지급조건부에 해당하므로 대가의 각 부분을 받기로 한 계약금 ₩4,000,000과 중도금 ₩6,000,000이 과세표준임

6. 연체이자는 과세표준에 포함되지 않음.

7. 판매장려물품은 시가를 과세표준으로 함

8. 제3자 적립마일리지 등으로 결제받은 부분에 대하여 보전받지 아니하고 자기가 생산하거나 취득한 재화를 공급하는 경우 시가를 과세표준으로 함.

9. $₩540,000,000 × \dfrac{₩150,000,000 + ₩70,000,000}{₩400,000,000} = ₩297,000,000$ 사업자가 실지거래가액으로 구분한 가액이 법정기준에 따라 안분계산한 금액과 30%이상 차이가 나는 경우에는 법정기준으로 공급가액을 안분한다.

## 과세표준과 매출세액 ■ 2020. 세무사

다음은 일반과세자인 (주)세무의 20×7년 제2기 부가가치세 관련 자료이다. (단, 제시된 금액은 별도의 언급이 없는 한 부가가치세가 포함되지 아니한 금액이며, 세금계산서는 공급시기에 적법하게 발급 및 수취된 것으로 가정한다.)

1. 20×7. 12. 1.에 제품을 할부조건으로 ₩50,000,000(회계기준에 따른 현재가치는 ₩45,000,000임)에 판매하였다. 대금은 인도일에 ₩10,000,000을 수령하고, 나머지는 4회로 분할하여 매 6개월마다 10,000,000씩 수령하기로 하였다. 20×7. 12. 1.에 계약금을 수령하면서 거래 상대방의 요청으로 계약금과 할부금을 합한 ₩50,000,000에 대하여 전자세금계산서를 발급하였다.

2. 20×7. 10. 1.에 거래처에 판매장려목적으로 원가 ₩5,000,000(시가 ₩8,000,000)의 제품(매입세액공제를 받음)을 무상으로 제공하고 세금계산서는 발급하지 아니하였다.

3. 20×7. 11. 30.에 업무용 소형승용차(배기량 2,000cc, 취득시 매입세액 불공제됨)를 ₩12,000,000에 6개월 할부조건으로 매각하고 인도하였다. 대금은 20×7. 11. 30.부터 매월 말에 ₩2,000,000씩 수령하기로 하였다.

4. 제품을 20×8. 1. 20.에 인도할 예정이나 20×7. 12. 30.에 거래처의 요청으로 ₩17,000,000에 대하여 전자세금계산서를 발급하였다. 거래내역은 다음과 같으며, 대금청구시기 및 지급시기에 관한 약정 등은 없다.

| 구 분 | 세금계산서<br>발급일 | 제품인도일 | 대금수령일 | 금 액 |
|---|---|---|---|---|
| 제품A | 20×7. 12. 30. | 20×8. 1. 20. | 20×8. 1. 5. | ₩9,000,000 |
| 제품B | 20×7. 12. 30. | 20×8. 1. 20. | 20×7. 6. 30. | ₩8,000,000 |

5. 20×7. 11. 1.에 장부가액 ₩25,000,000인 기계장치 A를 동종업종 타 회사의 기계장치B(시가 ₩20,000,000)와 교환하였다. 기계장치 A의 시가는 불분명하나 교환당시 감정평가업자의 감정가액은 ₩23,000,000이다.

6. 제품을 다음과 같이 중간지급조건부로 직수출하기로 하였다. 총공급가액은 $40,000이며, 선적일에 잔금을 수령한다.

| 일 자 | 20×7. 10. 10.<br>(계약일) | 20×7. 12. 20.<br>(1차 중도금) | 20×8. 2. 20.<br>(2차 중도금) | 20×8. 4. 20.<br>(선적일) |
|---|---|---|---|---|
| 수령금액 | $10,000 | $10,000 | $10,000 | $10,000 |
| 기준환율(₩) | 1,000 | 1,050 | 1,100 | 1,150 |

7. 제품을 다음과 같이 국내거래처에 내국신용장에 의하여 공급하였다.

| 매출처 | 거래금액 | 제품인도일 | 내국신용장개설일 |
|---|---|---|---|
| (주)A | ₩10,000,000 | 20×7. 10. 1. | 20×7. 6. 30. |
| (주)B | 12,000,000 | 20×7. 11. 1. | 20×8. 1. 25. |
| (주)C | 13,000,000 | 20×7. 12. 1. | 20×8. 1. 30. |

8. 국내사업장이 없는 비거주자에게 $20,000의 제품을 20×7. 10. 10.에 인도하고 그 대금은 20×7. 12. 10.에 미화($)로 수령하였다.

| 일 자 | 20×7. 10. 10 | 20×7. 12. 10 |
|---|---|---|
| 기준환율(₩/) | 1,000 | 1,100 |
| 대고객 외국환매입률(/$) | 990 | 1,080 |

9. 20×7. 11. 10.에 동종업종의 다른 사업자에게 제품의 원재료(수량 100개, 장부가액 ₩15,000,000, 시가 ₩16,000,000)를 대여하고 20×7. 12. 10.에 동일한 원재료(수량 100개, 시가 ₩17,000,000)를 반환받았다.

### 요구사항

(주)세무의 20×7년 제2기 과세기간 최종 3개월(20×7. 10. 1. ~ 20×7. 12. 31.)의 부가가치세 과세표준과 세율 및 매출세액을 다음의 답안양식에 따라 제시하시오.

[답안양식]

| 자료번호 | 과세표준 | 세율 | 매출세액 |
|---|---|---|---|
| 1 | | | |
| ⋮ | | | |
| 9 | | | |
| 합 계 | | | |

### 해답

| 자료번호 | 과세표준 | 세율 | 매출세액 |
|---|---|---|---|
| 1 | ₩50,000,000 | 10% | ₩5,000,000 |
| 2 | 8,000,000 | 10% | 800,000 |
| 3 | 12,000,000 | 10% | 1,200,000 |
| 4 | 17,000,000 | 10% | 1,700,000 |
| 5 | 20,000,000 | 10% | 2,000,000 |

| | | | |
|---|---|---|---|
| 6 | – | – | – |
| 7 | 22,000,000 | 0% | 0 |
| | 13,000,000 | 10% | 1,300,000 |
| 8 | 20,000,000 | 10% | 2,000,000 |
| 9 | 16,000,000 | 10% | 1,600,000 |
| 합  계 | ₩178,000,000 | | ₩15,600,000 |

[계산근거]

4. (1) 제품A: 세금계산서 발급일로부터 7일 이내에 대가를 받으면 해당 세금계산서를 발급한 때를 재화 또는 용역의 공급시기를 봄.

   (2) 제품B: 공급시기 도래 전에 대가의 전부 또는 일부를 받고 받은 대가에 대해 세금계산서를 발급하면 세금계산서를 발급한 때를 재화 또는 용역의 공급시기로 봄.

5. 금전 외의 대가를 받는 경우 자기가 공급한 재화 또는 용역의 시가로 하되, 불분명한 경우 공급받은 재화 또는 용역의 시가로 함.

6. 중간지급조건부로 수출하는 재화의 공급시기는 선(기)적일임.

7. (1) (주)A: 내국신용장 등에 의한 재화의 공급시기는 인도일임.

   (2) (주)C: 내국신용장에 의해 국내에서 공급하는 재화가 영세율을 적용받기 위해서는 재화·용역의 공급시기가 속하는 과세기간이 끝난 후 25일 이내에 내국신용장이 개설되어야 함.

8. $20,000×₩1,000=₩20,000,000, 공급시기 이후에 외국통화등을 지급받는 경우 공급시기의 기준환율은 적용하며, 해당 사업자의 과세사업에 사용되고 대금을 외국환은행에서 원화로 수령하는 경우에만 영세율을 적용함.

# 부가가치세 과세표준 ■ 2020. CPA

다음은 상호 독립적인 각 과세사업자의 20×7년 제1기 부가가치세 관련 자료이다. 별도의 언급이 없는 한 제시된 금액은 부가가치세가 포함되지 않은 금액이며, 세금계산서는 적법하게 발급되었다.

1. (주)A는 다음과 같이 기계장치를 매각하는 계약을 체결하였다.

| 구 분 | 기계장치 A | 기계장치 B[*1] |
|---|---|---|
| 계 약 금 | ₩10,000,000 (20×7. 3. 20.) | ₩8,000,000 (20×7. 5. 20.) |
| 중 도 금 | 10,000,000 (20×7. 6. 20.) | 8,000,000 (20×7. 8. 20.) |
| 잔 금 | 10,000,000 (20×7. 9. 20.) | 8,000,000 (20×7. 11. 20.) |
| 인 도 일 | (20×7. 3. 20.) | (20×7. 11. 20.) |

[*1]. 20×7년 5월 20일에 계약금만 수령하고 기계장치 공급가액 전액에 대하여 세금계산서를 발급하였다.

2. (주)B는 20×7년 4월 4일에 장부가액 ₩25,000,000인 기계장치A(시가 ₩20,000,000)를 개인사업자 갑의 기계장치B(시가 불분명)와 교환하였다. 교환시점의 기계장치B의 감정가액은 ₩19,000,000, 상속세 및 증여세법상 보충적 평가액은 ₩17,000,000이다.

3. (주)C는 외국에서 반입한 원재료를 가공하여 생산한 제품을 국내에 공급하는 보세구역 내의 사업자이다. (주)C는 보세구역 밖에 있는 국내사업자 갑과 을에게 다음과 같이 제품을 공급하였다.
   ① 제품A(인도일 20×7년 4월 25일)를 사업자 갑에게 ₩10,000,000에 공급하였다. 이에 대한 관세의 과세가격은 ₩5,000,000, 관세는 ₩500,000, 개별소비세는 ₩1,500,000이다.
   ② 제품B(인도일 20×7년 6월 25일)를 사업자 을에게 ₩20,000,000에 공급하였다. 이에 대하여 세관장이 징수한 부가가치세는 ₩1,700,000이다.

4. (주)D는 도시지역 안에 있는 겸용주택을 다음과 같이 임대하고 있다. 겸용주택은 2층 건물로 1층(500㎡)은 상가로, 2층(500㎡)은 주택으로 임대하고 있으며, 부수토지면적은 3,000㎡이다. 각 층의 면적에 지하층 및 주차용 면적은 제외되어 있다.
   ① 임대계약조건

| 구 분 | 내 용 |
|---|---|
| 임대기간 | 20×7. 4. 1. ~ 20×9. 3. 31. |
| 월임대료 | ₩2,000,000 |
| 임대보증금 | ₩146,400,000[*2] |

[*2]. 임대보증금 운용수입으로 ₩155,200의 이자수익이 발생하였다.

② 20×7년 6월 30일 현재 겸용주택의 감정가액 및 기준시가 내역

| 구 분 | 감정가액 | 기준시가 |
|---|---|---|
| 토 지 | ₩250,000,000 | ₩160,000,000 |
| 건 물 | 150,000,000 | 160,000,000 |
| 합 계 | ₩400,000,000 | ₩320,000,000 |

③ 20×7년 6월 30일 현재 계약기간 1년의 정기예금이자율은 1.8%이다.

5. (주)E는 20×7년 5월 30일에 국내사업장이 없는 외국법인과 직접 판매계약을 체결하고 그 외국법인이 지정하는 국내사업자 갑과 을에게 각각 다음과 같이 제품을 인도한 후, 그 대금을 외국환은행에서 원화로 수령하였다.

① 제품 A(공급가액 ₩10,000,000)를 갑에게 인도하였으며, 갑은 제품A를 그대로 외국법인에 반출하였다.

② 제품B(공급가액 ₩20,000,000)를 을에게 인도하였으며, 을은 제품B 중 70%를 과세사업에, 30%를 면세사업에 사용하였다.

**요구사항**

각 사업자가 20×7년 제1기 부가가치세 확정신고시 신고해야 할 과세표준을 다음의 답안양식에 따라 제시하시오. 단, 20×7년 제1기 부가가치세 예정신고는 적법하게 이루어졌으며, 20×7년은 366일이다.

[답안양식]

| 구 분 | 과세표준 | |
|---|---|---|
| | 과 세 | 영세율 |
| (주)A | | |
| (주)B | | |
| (주)C | | |
| (주)D | | |
| (주)E | | |

**해답**

| 구 분 | 과세표준 | |
|---|---|---|
| | 과 세 | 영세율 |
| (주)A | ₩38,000,000 | |
| (주)B | 20,000,000 | |

|  |  |  |
|---|---|---|
| ㈜C | 6,000,000 | |
| ㈜D | 3,604,900 | |
| ㈜E | 6,000,000 | ₩24,000,000 |

[계산근거]

1. ㈜A

    (1) 기계장치A: ₩30,000,000

    * 중간지급조건부판매이지만 재화가 인도되는 날 이후에 받기로 한 대가의 부분에 대해서는 인도되는 날을 공급시기로 봄.

    (2) 기계장치B: ₩8,000,000

    *1. 중간지급조건부판매이므로 대가의 각부분을 받기로 한 때가 공급시기임.
    2. 선발급 세금계산서에 해당하기 위해서는 세금계산서 발급일로부터 30일 이내에 대가를 지급받아야한다.

2. ㈜B

    금전이외의 대가를 받는 경우 자기가 공급한 재화 또는 용역의 시가를 과세표준으로 한다.

3. ㈜C

    (1) 제품A: ₩10,000,000 − ₩7,000,000* = ₩3,000,000

    * 세관장의 과세표준: ₩5,000,000 + ₩1,500,000 + ₩500,000 = ₩7,000,000

    (2) 제품B: ₩20,000,000 − ₩17,000,000* = ₩3,000,000

    * 세관장의 과세표준: ₩1,700,000 ÷ 10% = ₩17,000,000

4. ㈜D

    (1) 과세·면세의 구분

    | 구 분 | 면세(주택) | 과세(상가) | 합 계 |
    |---|---|---|---|
    | 건 물 | 500㎡ | 500㎡ | 1,000㎡ |
    | 토 지 | Min $\begin{cases} 3{,}000㎡ \times \dfrac{500㎡}{500㎡+500㎡} \\ 500㎡ \times \dfrac{500㎡}{500㎡+500㎡} \times 5배 \end{cases}$ = 1,250㎡ | 3,000㎡ − 1,250㎡ = 1,750㎡ | 3,000㎡ |

    (2) 총임대료: ① + ② = ₩6,655,200

    ① 월임대료: ₩2,000,000 × 3 = ₩6,000,000

    ② 간주임대료: ₩146,400,000 × $\dfrac{91일}{366일}$ × 1.8% = ₩655,200

(3) 과세표준: ①+②=₩3,604,900

① 건물분: $₩6,655,200 \times \dfrac{₩160,000,000}{₩320,000,000} \times \dfrac{500㎡}{1,000㎡} = ₩1,663,800$

② 토지분: $₩6,665,200 \times \dfrac{₩160,000,000}{₩320,000,000} \times \dfrac{1,750㎡}{3,000㎡} = ₩1,941,100$

5. ㈜E

    (1) 제품A: 영세율 ₩10,000,000
    (2) 제품B: 과세 ₩20,000,000×30%*=₩6,000,000

    　　　　　영세율 ₩20,000,000×70%=₩14,000,000

    * 과세사업에 사용한 경우 영세율을 적용하지만, 면세사업에 사용한 경우 10%세율로 과세함.

## 부가가치세 과세표준 — 2020 CPA

다음은 과세사업과 면세사업을 겸영하고 있는 (주)한국의 부가가치세 신고 관련 자료이다. 별도의 언급이 없는 한 제시된 금액은 부가가치세가 포함되지 않은 금액이다.

1. 다음은 (주)한국이 20×7년 3월 20일 현재 사업에 사용하던 자산의 내역이다. 아래 자산 중 건물과 토지는 과세사업과 면세사업 겸용자산이며, 다른 자산은 과세사업 전용자산이다.

| 구 분*1 | 취득일 | 취득가액 | 시 가 |
|---|---|---|---|
| 원 재 료 | 20×6. 12. 5. | ₩10,000,000 | ₩7,000,000 |
| 건 물 | 20×4. 7. 15. | 80,000,000 | 90,000,000 |
| 토 지 | 20×1. 10. 5. | 40,000,000 | 80,000,000 |
| 차 량 | 20×6. 2. 19. | 30,000,000 | 18,000,000 |
| 기계장치 | 20×6. 7. 10. | 20,000,000 | 15,000,000 |
| 비 품 | 20×4. 9. 13. | 5,000,000 | 2,000,000 |

*1 위 자산 중 토지와 차량(소형승용차)은 매입당시 매입세액공제를 받지 못하였으며, 나머지 자산은 매입당시 매입세액공제를 받았다.

2. (주)한국은 20×7년 1월 10일 제품을 인도하고 1월 31일부터 매월 말일에 ₩1,000,000씩 총 12회에 걸쳐 대금을 수령하기로 약정하였다. 이 건 이외에 20×7년 제1기의 과세매출은 없다.

3. 각 과세기간별 과세공급가액과 면세공급가액 비율은 다음과 같다.

| 과세기간 | 과세공급가액 | 면세공급가액 |
|---|---|---|
| 20×6년 제2기 | 80% | 20% |
| 20×7년 제1기 | 70% | 30% |

▼ 요구사항

(주)한국이 20×7년 3월 20일에 폐업하는 경우, 20×7년 제1기 부가가치세 과세표준을 각 재화별로 다음의 답안양식에 따라 제시하시오.

[답안양식]

| 구 분 | 과세표준 |
|---|---|
| 원 재 료 | |
| 건 물 | |

| 구  분 |  |
|---|---|
| 토  지 |  |
| 차  량 |  |
| 기계장치 |  |
| 비  품 |  |
| 제  품 |  |
| 합  계 |  |

▼ 해답

| 구  분 | 과세표준 |
|---|---|
| 원재료 | ₩7,000,000 |
| 건  물 | ₩48,000,000 |
| 토  지 | - |
| 차  량 | - |
| 기계장치 | ₩15,000,000 |
| 비  품 | - |
| 제  품 | ₩12,000,000 |
| 합  계 | ₩82,000,000 |

[계산근거]

1. 건    물: ₩80,000,000×(1-5%×5)×80%=₩48,000,000
2. 기계장치: ₩20,000,000×(1-25%×1)=₩15,000,000
3. 비    품: ₩5,000,000×(1-25%×5)=0
4. 제    품: 폐업시 잔존재화의 경우 폐업일이 공급시기임.

## Question 12  부가가치세 과세표준  ■ 2021. 세무사

다음은 제조업과 부동산임대업을 겸영하는 일반과세자인 (주)대한의 20×1년 제2기 부가가치세 과세기간 최종 3개월(20×1. 10. 1. ~ 20×1. 12. 31.)의 거래 자료이다. (단, 별도의 언급이 없는 한 자료에 제시된 금액은 부가가치세가 포함되지 아니한 금액이며 세금계산서는 공급시기에 적법하게 발급되었다.)

1. 20×1.10.2. 본사 건물 일부에 대한 전세임대계약(임대기간 20×1. 10. 3.~20×2.10. 2.)을 체결 하고, 20×1년 10월 5일에 임대보증금 ₩730,000,000을 수령하였다. 20×1년 12월 31일 기준 국세청장이 고시하는 이자율은 1.2%로 가정한다.

2. 20×1.10.4. 제품 A를 운송비 ₩50,000과 하자보증금 ₩150,000을 포함하여 ₩2,000,000에 판매하고, 판매장려금 ₩100,000을 차감한 ₩1,900,000을 수령하였다.

3. 20×1..10.11. 제품 B를 거래처 (주)ABC에게 시가인 ₩1,000,000에 판매하였다. 판매대금은 주)ABC에게 제품 인도시 ₩500,000을 현금으로 수령하였고 ₩400,000은 (주)대한이 (주)ABC에게 적립해 준 자기적립마일리지로 결제받았으며, 나머지 ₩100,000은 (주)S카드가 (주)ABC에게 제공한 마일리지로 결제받았다. (단, (주)대한과 (주)S카드는 세법상 특수관계인이 아니며, (주)대한은 마일리지 결제액에 대하여 거래일이 속한 월의 말일에 (주)S카드로부터 전액 현금으로 보전받았다.)

4. 20×1.11.1. 판매가액 ₩6,000,000인 제품 C를 잔금회수일에 인도하기로 하는 판매계약을 체결하였으며 판매대금의 회수약정일은 다음과 같다.

| 구 분 | 금 액 | 회수약정일 |
|---|---|---|
| 계 약 금 | ₩1,000,000 | 20×1. 11. 5. |
| 중 도 금 | 3,000,000 | 20×1. 3. 5. |
| 잔 금 | 2,000,000 | 20×1. 7. 5. |

5. 20×1.1.10. 거래처로부터 원재료(시가 ₩1,000,000)를 차용하여 사용한 후 20×1.12. 10.에 다른 종류의 원재료(취득원가 ₩1,000,000, 시가 ₩1,200,000)를 구입하여 반환하였다.

6. 20×1.11.11. 제품 E에 대해 해외 K사와 $10,000 수출계약을 체결하고 20×1년 11월 15일에 제품을 선적하였다. 수출대금 중 $3,000는 20×1년 11월 12일에 수령하여 원화 ₩3,150,000으로 환가하였으며, 나머지 $7,000는 20×1년 11월 20일에 수령하여 20×1년 11월 30일에 원화로 환가하였다.

| 구 분 | 20×1.11.11. | 20×1.11.12. | 20×1.11.15. | 20×1.11.20. | 20×1.11.30. |
|---|---|---|---|---|---|
| 기준환율/$ | ₩1,000 | ₩1,050 | ₩1,100 | ₩1,150 | ₩1,200 |

7. 20×1.12.1. 제조업에 사용하던 토지, 건물 및 기계장치를 일괄하여 매각하면서 현금 ₩400,000,000을 수령하였다. 양도자산의 장부가액과 기준시가는 매각일 현재가액이며, 감정가액은 20×1년 6월 30일 평가가액이다.

| 구 분 | 20×0년 제1기 | 20×0년 제2기 | 20×1년 제1기 | 20×1년 제2기 |
|---|---|---|---|---|
| 토 지 | ₩100,000,000 | ₩100,000,000 | ₩300,000,000 | ₩500,000,000 |
| 건 물 | 160,000,000 | 50,000,000 | 100,000,000 | 200,000,000 |
| 기계장치 | 100,000,000 | 50,000,000 | – | – |

[요구사항]

(주)대한의 20×1년 제2기 과세기간 최종 3개월(20×1.10.1. ~ 20×1.12.31.)의 부가가치세 과세표준을 다음의 [답안양식]에 따라 작성하시오.

[답안양식]

| 자료번호 | 과세표준 |
|---|---|
| (1) | |
| ⋮ | |
| (7) | |

▼ 해답

| 자료번호 | 과세표준 |
|---|---|
| (1) | ₩2,160,000 |
| (2) | 2,000,000 |
| (3) | 600,000 |
| (4) | 1,000,000 |
| (5) | 1,200,000 |
| (6) | 10,350,000 |
| (7) | 175,000,000 |

[계산근거]

1. ₩730,000,000×1.2%×90/365=₩2,160,000

2. ₩2,000,000 하자보증금과 판매장려금은 공제하지 않음

3. ₩500,000 + ₩100,000 = ₩600,000 자기적립마일리지는 적립시에 과세함

4. 중간지급조건부의 공급시기는 대가의 각 부분을 받기로 한 때임

5. 교환의 경우 자기가 공급한 재화의 시가를 과세표준으로 함

6. ₩3,150,000 + $7,000×₩1,100 = ₩10,850,000

7. 건물 : $₩400,000,000 \times \dfrac{₩150,000,000}{₩200,000,000} \times \dfrac{₩100,000,000}{₩400,000,000} = ₩75,000,000$

   기계장치 : $₩400,000,000 \times \dfrac{₩50,000,000}{₩200,000,000} = ₩100,000,000$

# Question 13. 부가가치세 과세표준 — 2021 CPA

다음은 일반과세자인 (주)한국의 20×1년 제11기 과세기간의 부가가치세 관련 자료이다. 별도의 언급이 없는 한 제시된 금액은 부가가치세가 포함되지 않은 금액이며, 세금계산서는 적법하게 발급되었다.

[자료 1] 부동산공급

1. (주)한국은 상품을 ₩15,000,000에 판매하기로 계약하고 6월 15일에 받은 계약금 ₩3,000,000에 대한 세금계산서를 발급하였다. 상품은 7월 15일에 인도되었다.
2. (주)한국은 국내사업장이 없는 외국법인이 지정하는 국내사업자 (주)A에게 ₩40,000,000에 제품을 인도하고 대금은 외국환은행에서 원화로 수령하였다. (주)A는 인도받은 제품을 모두 면세사업에 사용하였다.
3. (주)한국은 한국국제협력단(KOICA)에 시가 ₩10,000,000의 제품을 공급하였다. 한국국제협력단은 이 제품 중 90%를 해외구호를 위해 무상으로 반출하고 10%는 국내에서 사용하였다.
4. (주)한국이 무상 공급한 내역이다.

| 구 분 | 제 품 | | 비 품 |
|---|---|---|---|
| | 직매장반출[*1] | 접대비[*2] | 복리후생비[*3] |
| 원 가 | ₩4,000,000 | ₩600,000 | ₩2,000,000 |
| 감가상각누계액 | | | ₩600,000 |
| 시 가 | ₩6,000,000 | ₩900,000 | ₩1,300,000 |

*1. 직매장에 광고목적의 전시를 위하여 반출됨
 2. 거래처에 판매장려 목적으로 제공됨
 3. 20×0년 12월 15일에 취득하여 사무실에서 사용하던 비품을 대표이사의 가사용으로 제공하였음

5. (주)한국의 기타 공급내역이다.

① 직수출로 20×1년 5월 1일에 제품을 선적하고 받은 대가는 다음과 같다.

| 일 자 | 받은 대가 | 기준환율 |
|---|---|---|
| 20×1.4.20. | $12,000[*1] | ₩1,000/1$ |
| 20×1.4.20. | – | ₩1,100/1$ |
| 20×1.4.20. | $5,000[*2] | ₩1,050/1$ |
| 20×1.4.20. | – | ₩1,150/1$ |

*1. $12,000 중 $10,000는 즉시 환가하였고, $2,000는 과세기간말 현재 보유하고 있음
 2. $5,000는 대가수령 즉시 환가하였음

② 내국신용장에 의한 검수조건부 수출로 갑과 을에게 공급한 내역이다.

| 구 분 | 갑 | 을 |
|---|---|---|
| 거래액 | ₩18,000,000 | ₩30,000,000 |
| 인도일 | 20×1.3.10. | 20×1.4.15. |
| 검수일 | 20×1.6.18. | 20×1.6.30. |
| 내국신용장개설일 | 20×1.6.30. | 20×1.7.30. |

[요구사항]

(주)한국이 20×1년 제1기 부가가치세 확정신고 시 신고해야 할 과세표준을 다음의 답안 양식에 따라 제시하시오.

[답안양식]

| 자료번호 | 과세표준 | |
|---|---|---|
| | 과세 | 영세율 |
| 1 | | |
| 2 | | |
| 3 | | |
| 4 | | |
| 5-① | | |
| 5-② | | |

▼ 해답

| 자료번호 | 과세표준 | |
|---|---|---|
| | 과세 | 영세율 |
| 1 | ₩3,000,000 | 0 |
| 2 | 40,000,000 | 0 |
| 3 | 1,000,000 | 9,000,000 |
| 4 | 2,400,000 | 0 |
| 5-① | 0 | 17,700,000 |
| 5-② | 3,000,000 | 18,000,000 |

[계산근거]
1. 대가의 일부를 받고 세금계산서를 발급하는 경우 세금계산서 발급시기를 공급시기로 봄
2. 면세사업에 사용한 경우 영세율을 적용하지 않음
3. 외국에 무상으로 반출하는 것에 한하여 영세율을 적용함
4. ₩900,000 + ₩2,000,000×(1 − 25%×1) = ₩2,400,000
5 − ①. $10,000×₩1,000 + ($2,000 + $5,000)×₩1,100 = ₩17,700,000
5 − ②. 을은 과세기간이 끝난 후 25일 이후에 내국신용장을 개설하였으므로 영세율을 적용하지 않음

## 부가가치세 과세표준  ■ 2021. CPA

다음은 과세사업과 면세사업을 겸영하고 있는 (주)대한의 부가가치세 관련 자료이다.

[자료 1]

1. (주)대한은 과세사업과 면세사업에 공통으로 사용하던 건물과 부속토지를 20×1년 6월 15일에 ₩480,000,000(부가가치세 포함)에 일괄양도하였다. 양도일에 건물 및 부속토지의 실지거래가액은 불분명하고, 감정평가액은 없다. 각 자산가액의 내역은 다음과 같다.

(단위: 원)

| 구 분 | 기준시가 | 취득원가 | 장부가액 |
|---|---|---|---|
| 건 물 | ₩100,000,000 | ₩200,000,000 | ₩200,000,000 |
| 부속토지 | 134,000,000 | 400,000,000 | 270,000,000 |
| 합 계 | ₩234,000,000 | ₩600,000,000 | ₩470,000,000 |

2. 각 과세기간별 과세공급가액과 면세공급가액 비율은 다음과 같다.

| 구 분 | 과세공급가액 | 면세공급가액 |
|---|---|---|
| 20×0년 제2기 | 60% | 40% |
| 20×1년 제1기 | 70% | 30% |

### 요구사항

(주)대한이 일괄양도한 건물 및 부속토지의 부가가치세 공급가액과 과세표준을 다음의 답안 양식에 따라 제시하시오.

[답안양식]

| 구 분 | 공급가액 | 과세표준 |
|---|---|---|
| 건 물 | | |
| 부속토지 | | |

### 해답

| 구 분 | 공급가액 | 과세표준 |
|---|---|---|
| 건 물 | ₩200,000,000 | ₩120,000,000 |
| 부속토지 | 268,000,000 | |

[계산근거]

1. 공급가액

   (1) 건물: $₩480,000,000 \times \dfrac{₩100,000,000}{₩100,000,000 \times 60\% \times 1.1 + ₩100,000,000 \times 40\% + ₩134,000,000}$

   $= ₩200,000,000$

   (2) 부속토지: $₩480,000,000 \times \dfrac{₩134,000,000}{₩100,000,000 \times 60\% \times 1.1 + ₩100,000,000 \times 40\% + ₩134,000,000}$

   $= ₩200,000,000$

2. 과세표준

   (1) 건  물 : ₩200,000,000×60%=₩120,000,000
   (2) 부속토지 : 면세임

## 매출세액  — 2022. 세무사

다음은 기계장비제조업을 영위하는 일반과세자인 (주)대한의 20×7년 제2기 부가가치세 과세기간 최종 3개월(20×7. 10. 1. ~ 20×7. 12. 31.)의 거래자료이다. (단, 제시된 자료는 별도의 언급이 없는 한 부가가치세가 포함되지 아니한 금액이며, 세금계산서는 공급시기에 적법하게 발급된 것으로 가정한다.)

1. 20×7. 10. 1.에 특수관계인인 (주)민국에게 제품A를 ₩10,000,000에 판매하였다. 동 제품의 시가는 ₩7,000,000이다.

2. 20×7. 11. 1.에 제품B(시가 ₩20,000,000, 원가 ₩16,000,000)가 거래처에 운송도중 운송회사의 과실로 파손되어 ₩14,000,000의 손해배상금을 수령하였다. 동 제품은 20×7. 12. 31. 현재 회사 창고에서 수선대기 중에 있다.

3. 20×7. 12. 20.에 국내 수철업자 K사에 내국신용장에 의하여 $100,000의 제품C를 인도하였다. 대금 중 $50,000는 20×7. 12. 10.에 수령하여 당일 ₩60,500,000으로 환전하였으며, 나머지 $50,000는 20×7. 12. 31.에 수령하였다. 내국신용장은 20×7. 12. 15.에 개설되었으며, K사의 수출선적일은 20×7. 12. 30. 이다.

| 구 분 | 20×7. 12. 10.<br>(계약일) | 20×7. 12. 15.<br>(국내신용장<br>개설일) | 20×7. 12. 20.<br>(인도일) | 20×7. 12. 30.<br>(선적일) | 20×7. 12. 31.<br>(잔금수령일) |
|---|---|---|---|---|---|
| 기준환율(₩/$) | 1,220 | 1,250 | 1,300 | 1,350 | 1,360 |

4. 20×7. 12. 15.에 거래처의 주문을 받아 제품D를 생산하여 인도하기로 하고 계약을 체결하였다. 계약상 대금수령조건은 다음과 같으며, 제품D의 인도일은 잔금 수령약정일과 같다.

| 구 분 | 대금수령약정일 | 금 액 |
|---|---|---|
| 계약금 | 20×7. 12. 15. | ₩15,000,000 |
| 잔 금 | 20×8. 12. 25. | ₩15,000,000 |

5. 20×7. 12. 30.에 거래처어 제품E(판매가약 ₩80,000,000)를 6개월 이내 대금결제 조건으로 외상판매하고 동 제품을 인도하였다. 거래처가 20×8. 1. 6.에 약정기일보다 조기에 외상대금을 변제하였으므로 ₩3,000,000을 할인하고 ₩77,000,000을 수령하였다.

6. (주)대한은 20×7년 중 생산한 제품F를 수입자 검수조건부로 다음과 같이 직수출하였다. 총공급가액은 $40,000이며, 계약금 $20,000은 계약일에 지급받아 당일 ₩24,000,000으로 환전하였고, 잔금 $20,000은 수입자검수일에 지급받았다. 제품F의 수출선적일은 20×7. 12. 20. 이다.

| 구 분 | 20×7. 12. 1.<br>(계약일) | 20×7. 12. 20.<br>(선적일) | 20×8. 1. 5.<br>(수입자검수일) |
|---|---|---|---|
| 대금수령 | $20,000 | - | $20,000 |
| 기준환율(₩/$) | 1,210 | 1,300 | 1,380 |

7. 20×7. 12. 1.에 거래처에 제품G를 생산하여 판매하는 계약을 체결하였다. 계약상 대금수령조건은 다음과 같으며, 제품G는 20×8. 6. 20.에 인도하는 것으로 약정되어 있다.

| 구 분 | 계약일(20×7. 12. 1.) | 중도금(20×8. 3. 1.) | 잔금(20×8. 1. 20.) |
|---|---|---|---|
| 대금수령 | ₩15,000,000 | ₩15,000,000 | ₩15,000,000 |

8. 20×7. 6. 1.에 (주)대한은 다음과 같이 대금을 수령하는 조건으로 제품H를 생산하여 판매하는 계약을 거래처와 체결한 바 있다. 계약상 제품H는 잔금수령과 동시에 인도하는 조건이며, 대금은 약정일에 모두 수령하였다. 그러나 (주)대한은 20×7. 12. 30.에 매수인인 거래처와 협의하여 당일제품H를 조기 인도하였다.

| 구 분 | 계약일(20×7. 6. 1.) | 중도금(20×7. 10. 1.) | 잔금(20×8. 1. 20.) |
|---|---|---|---|
| 대금수령 | ₩15,000,000 | ₩15,000,000 | ₩15,000,000 |

9. 20×7. 11. 20.에 거래처 제품I를 판매하는 계약을 체결하고 동 제품을 인도하였다. 대금 ₩36,000,000은 20×7. 12. 1.부터 매달 초일에 ₩3,000,000씩 총 12회에 걸쳐 수령하기로 약정하였다.

[물음]

(주)대한은 20×7년 제2기 부가가치세 과세기간 최종3개월(20×7. 10. 1. ~ 20×7. 12. 31.)의 부가가치세 과세표준과 매출세액을 다음의 양식에 따라 제시하시오. (단, 해당란의 금액이 없는 경우 '0'으로 표기하시오.)

[답안양식]

| 자료번호 | 과세표준 | 매출세액 |
|---|---|---|
| 1 | | |
| ⋮ | | |
| 9 | | |

### 해답

[물음]

| 자료번호 | 과세표준 | 매출세액 |
|---|---|---|
| 1 | ₩10,000,000 | ₩1,000,000 |
| 2 | 0 | 0 |

| | | |
|---|---:|---:|
| 3 | 125,500,000 | 0 |
| 4 | 15,000,000 | 1,500,000 |
| 5 | 80,000,000 | 8,000,000 |
| 6 | 50,000,000 | 0 |
| 7 | 0 | 0 |
| 8 | 30,000,000 | 3,000,000 |
| 9 | 3,000,000 | 300,000 |
| 합 계 | ₩313,500,000 | 13,800,000 |

[계산근거]

1. 시가보다 높게 판매함에 따라 부당행위계산의 부인규정을 적용하지 않으므로 거래가액을 과세표준으로 함.
2. 손해배상금은 부가가치세 과세대상이 아님.
3. 내국신용장에 의한 공급시기는 인도일임. ₩60,00,000+$50,000×₩1,300= ₩125,500,000
4. 장기할부판매이므로 대가의 각부분을 받기로 한 때가 공급시기임.
5. 매출할인은 발생일에 매출액에서 차감함.
6. 수출의 공급시기는 선적일임. ₩24,000,000+$20,000×₩1,3000= ₩50,000,000
7. 중간지급조건부에 해당하지 않으므로 인도일인 20×7년 6월 20일이 공급시기임.
8. 중간지급조건부이었지만 조기인도하였으므로 인도일이 잔금의 공급시기임. ₩15,000,000(중도금)+ ₩15,000,000(잔금)= ₩30,000,000
9. 장기할부판매이므로 대가의 각부분을 받기로 한 때가 공급시기임.

# 16 부가가치세 과세표준 ■ 2022. CPA

과세사업을 영위하고 있는 (주)갑의 20×7년 제1기 부가가치세 관련 자료이다. (주)갑은 사업자단위과세 사업자와 주사업장 총괄납부 사업자가 아니다. 제시된 금액은 부가가치세를 포함하지 않은 금액이다.

[자료]

1. 국내사업장이 없는 비거주자에게 국내에서 20×7년 4월 8일에 직접 제품을 인도하고 대가 ₩400,000을 원화로 수령하였다.

2. 20×7년 4월 5일 거래처에 제품A를 운송비 ₩50,000을 포함하여 ₩3,000,000에 판매하고, 판매장려금 ₩200,000과 하자보증금 ₩150,000을 차감한 ₩2,650,000을 수령하였다.

3. 20×7년 7월 출시예정인 신제품K(판매가 1,000,000원)의 사전예약으로 20×7년 6월 23일 환불이 불가능한 모바일교환권을 ₩950,000(5% 할인된 금액)에 현금판매하였다.

4. 20×7년 5월 7일 영동직매장에 판매목적으로 제품B를 반출하였다. 제품B는 개별소비세 과세대상으로 개별소비세의 과세표준은 ₩45,000,000, 개별소비세는 ₩3,000,000, 교육세는 ₩300,000, 장부가액은 ₩43,000,000, 시가는 ₩50,000,000이다. 제품B의 매입세액은 불공제되었다.

5. 20×7년 2월 8일 해외로 제품 $50,000의 수출계약을 체결하고 20×7년 6월 7일 제품을 인도하였다. 판매대금 $10,000는 20×7년 4월 10일에 선수령하여 ₩11,800,000으로 환가하고, 제품인도일에 $40,000를 수령하여 20×7년 6월 30일에 ₩47,700,000으로 환가하였다. 각 일자별 기준환율은 다음과 같다.

| 구 분 | 계약일 | 선수금 | 잔금 |
|---|---|---|---|
| 일 자 | 20×7. 2. 8 | 20×7. 4. 10 | 20×7. 6. 7 |
| 수령액($) | – | 10,000 | 40,000 |
| 기준환율(₩/$) | 1,100 | 1,180 | 1,200 |

6. 남동직매장에 20×7년 4월 30일 화재가 발생하여 제품(시가 ₩12,000,000, 원가 ₩10,000,000)이 소실되었으나 화재보험에 가입되어 있어 20×7년 6월 15일 보상금 ₩12,000,000을 지급받았다.

7. 20×7년 4월 3일에 제품 판매계약을 체결하였으나 20×7년 4월 10일에 거래처의 자금사정 악화로 계약조건을 다음과 같이 변경하였다. 변경 후 조건에 따라 대금회수가 이루어졌으며, 제품은 잔금지급 약정일에 인도하기로 하였다.

| 구 분 | 기존일자 | 변경일자 | 금 액 |
|---|---|---|---|
| 계약금 | 20×7. 4. 3. | 20×7. 4. 3. | 5,000,000 |
| 중도금 | 20×7. 6. 15. | 20×7. 6. 30. | 15,000,000 |
| 잔 금 | 20×7. 8. 7. | 20×7. 12. 30. | 30,000,000 |

### 요구사항

**[물음1]**

(주)갑의 20×7년 제1기 부가가치세 확정신고 시 신고해야 할 과세표준을 답안 양식에 따라 제시하시오.

[답안양식]

| 자료번호 | 과세표준 | |
|---|---|---|
| | 과 세 | 영세율 |
| 1 | | |
| ⋮ | | |
| 7 | | |

**[물음2]**

부동산임대업을 영위하는 개인사업자A의 겸용주택 임대와 관련된 자료이다.

[자료 2]

1. 겸용주택은 단층으로 도시지역 안에 소재하고 있으며, 건물면적은 200㎡(상가 80㎡, 주택 120㎡, 지하층과 주차장 면적은 제외), 부수토지면적은 1,500㎡이다.

2. 임대계약조건

| 구 분 | 내 용 |
|---|---|
| 임대기간 | 20×5. 12. 1. ~ 20×7. 11. 30. |
| 월임대료 | 3,000,000[*1] |
| 임대보증금 | 500,000,000[*2] |

*1. 월임대료는 부가가치세 제외금액으로 매달 말일에 받기로 계약하였으나, 임차인의 자금사정으로 20×7년 6월분은 20×7년 7월초에 수령함

*2. 임대보증금 운용수입으로 ₩289,000의 이자수익이 발생함

3. 20×7년 6월 30일 현재 겸용주택의 감정가액 등의 내역

| 구 분 | 기준시가 | 취득원가 | 장부가액 |
|---|---|---|---|
| 건 물 | ₩150,000,000 | ₩210,000,000 | ₩128,000,000 |
| 토 지 | 250,000,000 | 370,000,000 | 192,000,000 |
| 합 계 | ₩400,000,000 | ₩580,000,000 | ₩320,000,000 |

4. 20×7년 6월 30일 현재 계약기간 1년의 정기예금이자율은 2%B라고 가정한다.

**요구사항**

A의 20×7년 제1기 과세기간(20×7년 1월 1일 ~ 20×7년 6월 30일)의 부가가치세 과세표준을 답안 양식에 따라 제시하시오.

[답안양식]

| 구 분 | 과세표준 |
|---|---|
| 건 물 | |
| 토 지 | |

**해답**

[물음 1]

| 자료번호 | 과세표준 | |
|---|---|---|
| | 과 세 | 영세율 |
| 1 | ₩400,000 | |
| 2 | 3,000,000 | |
| 3 | | |
| 4 | 48,300,000 | |
| 5 | | ₩59,800,000 |
| 6 | | |
| 7 | 20,000,000 | |

[계산근거]

1. 국내사업장이 없는 비거주자에게 국내에서 재화를 공급하는 경우 다음의 요건을 모두 충족해야 영세율을 적용하며, 그 외에는 10% 세율을 적용함
   ① 비거주자 등이 지정하는 국내사업자에게 재화를 공급하고, 그 국내사업자가 그 재화를 과세사업에 사용할 것

② 비거주자 등으로부터 외국환은행에서 원화로 수령할 것
2. 판매장려금과 하자보증금은 과세표준에서 공제하지 아니함
3. 모바일교환권은 상품권이므로 부가가치 과세대상에서 제외됨
   개별소비세 등이 과세되는 재화용역은 해당 개별소비세, 교육세, 농어촌특별세를 합산 금액을 과세표준으로 함
4. ₩45,000,000+₩3,000,000+₩300,000=₩48,300,000
5. ₩11,800,000+$40,000×₩1,200= ₩59,800,000
6. 화재 등으로 재화가 멸실된 경우 공급으로 보지 아니함
7. 중간지급조건부이므로 대가의 각 부분을 받기로 한 때가 공급시기임

[물음 2]

| 구 분 | 과세표준 |
|---|---|
| 건 물 | ₩0 |
| 토 지 | 4,591,780 |

[계산근거]
1. 과세·면세의 구분

| 구 분 | 면세(주택) | 과세(상가) | 합 계 |
|---|---|---|---|
| 건 물 | 200㎡ | 0㎡ | 200㎡ |
| 토 지 | Min $\begin{cases} 1,500㎡ \\ 200㎡×5 \end{cases}$ = 1,000㎡ | 1,500㎡-1,000㎡ =500㎡ | 1,500㎡ |

2. 총임대료 : (1) + (2) = ₩22,958,904

   (1) 임대료 : ₩3,000,000×6= ₩18,000,000

   (2) 간주임대료 : ₩500,000,000×2%×181÷365= ₩4,958,904

3. 과세표준

$$₩22,958,904 \times \frac{₩192,000,000}{₩320,000,000} \times \frac{500㎡}{1,500㎡} = ₩4,591,780$$

# 매입세액공제

(주)진리(중소기업이 아님)는 과세사업(통조림제조업)과 면세사업(과일도매업)을 겸영하는 일반과세사업자이다. (주)진리의 20×7년 제1기 과세기간의 부가가치세 예정신고 및 확정신고와 관련된 다음의 자료에 근거하여 물음에 답하시오. 단, 문제에서 특별한 언급이 없는 한 해당 금액에는 부가가치세가 포함되지 않은 것으로 가정한다.

**[공통자료]** 20×7년 제1기의 면세농산물 등과 관련된 과세표준은 ₩800,000,000이며 20×6년 제1기부터 20×7년 제1기까지 과세기간의 과세·면세공급가액 비율은 다음과 같다.

| 구 분 | 20×6년 | | 20×7년 제1기 |
|---|---|---|---|
| | 제1기 | 제2기 | |
| 과세사업 | 80% | 60% | 70% |
| 면세사업 | 20 | 40 | 30 |

**[자료 1]** 20×7년 4월 1일부터 6월 30일까지의 원재료를 제외한 과세사업과 면세사업의 매입내역은 다음과 같다.

| 구 분 | 금 액 | 증명서류 |
|---|---|---|
| 〈과세사업〉 | | |
| (1) 통조림제조에 사용한 부재료 매입 | ₩40,000,000[*1] | 세금계산서 |
| (2) 운반용트럭의 유류 및 정비소모품 | 12,000,000[*2] | 신용카드매출전표 |
| (3) 냉장고 및 비품 매입 | 130,000,000 | 세금계산서 |
| (4) 거래처 증정용 기념품 구입 | 7,000,000 | 세금계산서 |
| (5) 종업원 회식비와 야근식대 및 택시비 | 5,000,000[*3] | 신용카드매출전표와 금전등록기영수증 |
| 〈면세사업〉 | | |
| (6) 부재료 매입 | 20,000,000 | 계산서 |
| (7) 제품홍보물 제작비 | 8,000,000 | 현금영수증 |

*1. 6월 28일에 ₩40,000,000을 구입하고 6월 30일에 세금계산서를 발급받았다.
2. 거래처 직원의 차량유지비 ₩2,000,000이 포함되어 있다.
3. 택시사업자로부터 수취한 교통비신용카드매출전표 ₩500,000과 금전등록기영수증을 수취한 금액 ₩500,000이며, 나머지는 일반과세자로부터 수취한 종업원 회식비 신용카드매출전표 금액이다.

[자료 2] 20×7년 4월 1일부터 6월 30일까지 원재료인 과일 A와 과일 B의 매입내역은 다음과 같다.

(1) 과일 A를 ₩454,104,000(₩50,000,000은 계산서, ₩334,104,000 신용카드매출전표, ₩70,000,000은 농민으로부터 직접 구입한 것으로서 의제매입세액공제신고서를 제출할 예정이며 동 금액에는 농민에게 지불한 운송비 ₩3,000,000이 포함되어 있음)에 매입하였는데, 통조림제조업에 ₩272,462,400, 과일도매업에 ₩136,231,200 사용되었고 나머지 ₩45,410,400은 제1기 과세기간말 현재 재고로 남아 있다.

(2) 과일 B는 수입농산물로서 수입원장상의 취득가액은 ₩400,000,000이며, 관세의 과세가격은 ₩302,736,000이고 관세는 ₩10,000,000이다. 과일 B의 운송비로 운송회사에 ₩13,000,000을 지급하고 세금계산서를 수취하였다. 과일 B는 전부 통조림제조용으로 사용되며, 과일 B의 20%가 제1기 과세기간말 현재 재고로 남아있다.

(3) 예정신고시 과일 A와 과일 B의 의제매입세액공제로 ₩2,000,000을 공제받았으며, 20×6년말 현재 남아 있던 과일 A의 재고 ₩49,735,200은 20×7년 제1기 과세기간 중에 통조림제조업과 과일도매업에 각각 ₩24,867,600씩 사용되었다.

[자료 3] 20×7년 4월 1일부터 6월 30일까지 과세사업과 면세사업에 공통으로 사용할 재화 및 용역의 매입내역은 다음과 같다.

(1) 건물이 세워져 있는 토지를 ₩200,000,000에 구입하였는데, 토지와 건물의 실지거래가액은 확인되지 아니하며, 토지와 건물의 기준시가의 비율은 7:3이고 감정가액의 비율은 6:4이다. 공급자로부터 적법하게 안분계산하여 토지에 대하여는 영수증을 건물에 대하여는 세금계산서를 발급받았다. 건물은 면적기준으로 과세사업에 80%, 면세사업에 20%가 사용되고 있다.

(2) 판매활동을 지원하기 위하여 소형승용자동차를 구입하고 세금계산서(공급가액 ₩10,000,000, 부가가치세액 ₩1,000,000)를 발급받았다.

(3) 회계사로부터 경영자문용역을 받고 ₩15,000,000을 지급하였으나 회계사가 세금계산서를 발급하지 아니함에 따라 매입자발행세금계산서를 발행하였다.

(4) 사무실 임차료로 ₩16,000,000을 지급하고 세금계산서를 수취하였으며, 임대보증금에 대한 간주임대료로 ₩1,400,000을 별도로 지급하였다. 간주임대료에 대한 부가가치세는 임대인이 납부하기로 하였다.

(5) 면세사업과 과세사업에 공통으로 사용할 목적으로 기계 A와 기계 B를 각각 ₩40,000,000과 ₩50,000,000에 구입하였으나 기계 B가 성능이 부실하여 20×7년 6월 8일에 처분하였다.

(6) 6월 25일에 단골거래처인 (주)파주와 공급가액 ₩5,000,000에 해당하는 비품을 9월 30일에 공급받기로 계약을 체결하였으며 매매대금은 비품 인도시 지급할 예정이다. 이와 관련하여 (주)진리는 부가가치세 납부세액을 최소화하기 위한 목적에서 (주)파주에 요청하여 6월 25일자로 공급가액 ₩5,000,000에 대한 세금계산서를 발급받았다.

[자료 4] 기타의 거래내역

(1) 20×6년 제2기에 과세사업에 사용할 목적으로 구입한 비품 ₩18,000,000이 20×6년 제2기 확정신고시 누락되었으며, 20×7년 제1기 예정신고기간 중 과세사업에 사용된 부재료 ₩24,000,000을 매입하였으나 예정신고시 누락하였다.

(2) 면세사업에 사용하던 기계 C를 20×7년 4월 2일부터 과세사업에 함께 사용하였는데, 기계 C는 20×6년 7월에 ₩30,000,000에 매입한 것이다.

(3) 20×6년 제2기에 기계D 구입계약을 체결하고 계약금과 중도금을 각각 20×6년 12월에 ₩10,000,000, 20×7년 3월에 ₩10,000,000 지급하여 매입세액공제를 받았으나, 20×7년 5월에 계약이 취소되었다.

### 요구사항

1. [자료 1]과 관련하여 (주)진리가 20×7년 제1기 확정신고시 신고할 부가가치세 매입세액을 다음의 [답안양식]에 계산하시오.

[답안양식]

| 자료번호 | 총매입세액 | | 공제받지 못할 매입세액 | 공제가능 매입세액 |
|---|---|---|---|---|
| | 세금계산서 수취분 | 기타 | | |
| (1) | | | | |
| ⋮ | | | | |
| (7) | | | | |
| 합 계 | | | | |

2. [자료 2]를 참조하여 (주)진리가 20×7년 제1기 확정신고시 공제가능한 의제매입세액을 계산하시오.

3. [자료 3]과 관련하여 (주)진리가 20×7년 제1기 확정신고시 신고할 부가가치세 매입세액을 [요구사항1]에 제시된 답안양식에 따라 제시하시오.

4. [자료 4]과 관련 (주)진리가 20×7년 제1기 확정신고시 신고할 부가가치세 매입세액을 [요구사항 1]에 제시된 답안양식을 따라 제시하시오.

### 해답

[요구사항1]

| 자료번호 | 총매입세액 | | 공제받지 못할 매입세액 | 공제가능 매입세액 |
|---|---|---|---|---|
| | 세금계산서 수취분 | 기타 | | |
| (1) | ₩40,000,000 | | | ₩40,000,000 |
| (2) | | ₩12,000,000 | ₩2,000,000 | 10,000,000 |

| | | | | |
|---|---:|---:|---:|---:|
| (3) | 130,000,000 | | | 130,000,000 |
| (4) | 7,000,000 | | 7,000,000 | |
| (5) | | 5,000,000 | 1,000,000 | 4,000,000 |
| (6) | | | | |
| (7) | | 8,000,000 | | 8,000,000 |
| 합 계 | ₩177,000,000 | ₩25,000,000 | ₩10,000,000 | ₩192,000,000 |

[요구사항2]

| 20×7년 제1기 확정신고시 의제매입세액: ₩5,745,617 |
|---|

[계산근거]

(1) 과일 A: $(₩272,462,400 + ₩45,410,400 \times 70\%) \times \dfrac{2}{102} =$ ₩5,965,680

　과일 B: $₩302,736,000 \times \dfrac{2}{102} =$ 5,936,000

　계　　　　　　　　　　　　　　　　　　　　　　₩11,901,680

(2) 공제한도: $₩800,000,000 \times 50\% \times \dfrac{2}{102} - ₩2,000,000 = ₩5,843,137$

(3) 재 계 산: $(₩24,867,600 - ₩49,735,200 \times 60\%) \times \dfrac{2}{102} = (97,520)$

∴ 의제매입세액: (2)+(3)=₩5,745,617

[요구사항3]

| 자료번호 | 총매입세액 | | 공제받지 못할 매입세액 | 공제가능 매입세액 |
|---|---:|---:|---:|---:|
| | 세금계산서 수취분 | 기타 | | |
| (1) | ₩8,000,000 | | ₩1,600,000 | ₩6,400,000 |
| (2) | 1,000,000 | | 1,000,000 | |
| (3) | | ₩1,500,000 | 450,000 | 1,050,000 |
| (4) | 1,600,000 | | 480,000 | 1,120,000 |
| (5) | 9,000,000 | | 3,200,000 | 5,800,000 |
| (6) | | | | |
| 합 계 | ₩19,600,000 | ₩1,500,000 | ₩6,730,000 | ₩14,370,000 |

[계산근거]

1. 건물: {₩80,000,000×20%(면적비율)}×10% = ₩1,600,000
2. 경영자문용역: ₩15,000,000×30%×10% = ₩450,000
3. 임차료: ₩16,000,000×30%×10% = ₩480,000
4. 기계A: ₩40,000,000×30%×10% = ₩1,200,000
   기계B: ₩50,000,000×40%×10% = 2,000,000
   계                              ₩3,200,000

[요구사항4]

| 자료번호 | 총매입세액 | | 공제받지 못할 매입세액 | 공제가능 매입세액 |
|---|---|---|---|---|
| | 세금계산서 수취분 | 기타 | | |
| (1) | ₩2,400,000 | | | ₩2,400,000 |
| (2) | | ₩1,575,000 | | 1,575,000 |
| (3) | △2,000,000 | | | △2,000,000 |
| 합계 | ₩400,000 | ₩1,575,000 | | ₩1,975,000 |

[계산근거]
과세사업전환매입세액: {₩30,000,000×(1−25%×1)}×10%×70% = ₩1,575,000

### 해설

1. 원재료를 제외한 과세사업과 면세사업의 매입
   (1) 공급시기 이후에 세금계산서를 발급받은 경우 동일과세기간 내에 발급받았다면 매입세액이 공제되지만(가산세부과), 과세기간이 경과하여 발급받았다면 매입세액이 공제되지 않는다.
   (2) 접대비관련 매입세액(거래처 증정용기념품과 거래처 직원의 차량유류비)은 공제받지 못할 매입세액이다.
   (3) 종업원회식비는 복리후생비이므로 관련매입세액을 공제받을 수 있으나, 택시사업자로부터 수취한 신용카드매출전표 및 금전등록기영수증을 교부받은 경우에는 매입세액이 공제되지 않는다.

2. 원재료(과일 A와 과일 B)
   (1) 의제매입세액 적용시 면세농산물 등의 매입가액은 운반비 등의 매입부대비용을 제외하며, 수입농산물 등의 경우 관세의 과세가격으로 한다. 단, 농민에게 직접 지불한 운송비는 농산물가격에 포함되므로 의제매입세액공제의 대상이다.
   (2) 과일 B는 전부 통조림제조용으로 사용되므로 기말재고분에 대해서 안분계산을 할 필요가 없다.

(3) 의제매입세액은 구입한 예정신고기간이나 확정신고기간에 공제받을 수 있으며 확정신고시 다음의 금액을 한도로 한다.

$$\text{확정신고시 공제한도} = \frac{\text{해당 과세기간의 관련 과세표준}}{} \times \text{한도율}^* \times \frac{\text{의제매입세액}}{\text{공제율}} - \frac{\text{예정신고와 조기환급}}{\text{신고시 공제액}}$$

*한도율: 법인 40%

(4) 20×6년말 과일 A의 재고분에 대해서는 의제매입세액을 다시 계산해야 한다.

3. 공통으로 사용할 재화 및 용역
    (1) 토지와 건물의 일괄구입가액은 감정가액의 비율로 안분계산한다.
    (2) 간주임대료는 세금계산서 발급의무가 없으며 매입세액이 공제되지 않는다.
    (3) 공통매입세액 중 면세관련매입세액은 다음과 같이 안분계산한다.
        ① 실지귀속이 분명하면 실지귀속에 의한다. 건물의 경우 사용면적은 실지귀속에 해당하므로 사용면적비율의 구분이 분명하면 사용면적비율에 의한다.
        ② 실지귀속이 불분명하면 해당 과세기간의 면세공급가액 비율로 안분계산한다.
        ③ 해당 과세기간에 매입한 재화를 동일 과세기간에 공급한 경우 직전 과세기간의 면세공급가액 비율로 안분계산한다.

4. 기타의 거래내역
    (1) 20×6년 제2기 확정신고기간 누락분은 수정신고해야 하며, 20×7년 제1기 예정신고누락분은 제1기 확정신고시 공제받을 수 있다.
    (2) 과세사업전환 매입세액은 과세전용일이 속하는 과세기간의 확정신고시 과세공급가액 비율로 안분계산한다.
    (3) 공급시기 도래 전에 대금을 지급하지 않고 세금계산서를 미리 수취한 경우 매입세액은 공제되지 않는다.
    (4) 계약이 취소된 경우 계약해제일을 작성일자로 하여 취소한다.

## Question 02. 납부세액 및 환급세액의 재계산

다음은 과세사업과 면세사업을 겸영하는 (주)진리의 부가가치세 신고·납부와 관련된 자료이다. 이 자료를 참고하여 물음에 답하시오. 단, 세금계산서는 정당하게 교부하거나 교부받았고, 제시된 금액은 부가가치세가 포함되지 않은 금액이다.

1. (주)진리는 20×6년 1월 1일에 설립되었으며, 설립시 취득한 자산의 내역은 다음과 같다.

   | 구 분 | 금 액 | 비 고 |
   |---|---|---|
   | 토 지 | ₩100,000,000 | 과세사업과 면세사업에 공통으로 사용함 |
   | 건 물 | 200,000,000 | 과세사업과 면세사업에 공통으로 사용함 |
   | 기계 A | 30,000,000 | 과세사업과 면세사업에 공통으로 사용하다 20×7년 12월에 ₩25,000,000에 매각함 |
   | 기계 B | 40,000,000 | 과세사업에만 사용할 예정이었으나 20×6년 제2기부터 과세사업과 면세사업에 공통으로 사용함 |
   | 기계 C | 50,000,000 | 면세사업에만 사용할 예정이었으나 20×7년 제1기부터 과세사업과 면세사업에 공통으로 사용함 |
   | 기계 D | 60,000,000 | 과세사업과 면세사업에 공통으로 사용할 예정이었으나 20×6년 6월에 ₩50,000,000에 매각함 |

2. (주)진리는 20×7년 2월에 과세사업과 면세사업에 공통으로 사용할 목적으로 기계 E를 ₩70,000,000에 구입하였으나 성능이 부실하여 20×7년 6월에 ₩65,000,000에 매각하였다.

3. (주)진리의 20×6년 제1기부터 20×6년 제2기까지 과세공급가액과 면세공급가액 비율은 다음과 같다. 단, 괄호안은 건물의 과세사업과 면세사업에 대한 사용면적비율이다.

   | 구 분 | 20×6년 제1기 | 20×6년 제2기 | 20×7년 제1기 | 20×7년 제2기 |
   |---|---|---|---|---|
   | 과세사업 | 97%(96%) | 90%(92%) | 95%(85%) | 70%(83%) |
   | 면세사업 | 3%(4%) | 10%(8%) | 5%(15%) | 30%(17%) |

### 요구사항

1. (주)진리의 상기 자산과 관련하여 20×6년 제1기 예정신고 및 확정신고시 부가가치세 납부세액의 증감액을 계산하시오. 단, 20×6년 제1기 예정신고기간의 과세공급가액과 면세공급가액의 비율(괄호안은 건물의 과세사업과 면세사업에 대한 사용면적비율임) 94%(98%) : 6%(2%)이며, 차가감납부세액을 증가시키면 양수(+)로, 감소시키면 음수(-)로 표시하시오.

2. (주)진리의 상기 자산과 관련하여 20×6년 제2기부터 20×7년 제2기까지 확정신고시 부가가치세법상 납부세액의 증감액을 계산하시오. 단, 차가감납부세액을 증가시키면 양수(+)로, 감소시키면 음수(-)로 표시하시오.

[요구사항1]

| 20×6년 제1기 예정신고시 납부세액 증감액 | (-) ₩32,060,000 |
|---|---|
| 20×6년 제1기 확정신고시 납부세액 증감액 | (+) ₩4,860,000 |

[계산근거]

(1) 예정신고시 납부세액

| 구 분 | 계산근거 | 납부세액 증감액 |
|---|---|---|
| 건 물 | ₩20,000,000×98% | (-) ₩19,600,000 |
| 기계 A | ₩3,000,000×94% | (-) 2,820,000 |
| 기계 B | ₩4,000,000×100% | (-) 4,000,000 |
| 기계 C | - | - |
| 기계 D | ₩6,000,000×94% | (-) 5,640,000 |
| 계 | | (-) ₩32,060,000 |

(2) 확정신고시 납부세액

| 구 분 | 계산근거 | 납부세액 증감액 |
|---|---|---|
| 건 물 | ₩20,000,000×(96%-98%) | (+) ₩400,000 |
| 기계 A | ₩3,000,000×(100%-94%) | (-) 180,000 |
| 기계 B | - | - |
| 기계 C | - | - |
| 기계 D | ₩50,000,000×100%×10% | (+) 5,000,000 |
|  | ₩6,000,000×(100%-94%) | (-) 360,000 |
| 계 | | (+) ₩4,860,000 |

[요구사항2]

| 20×6년 제2기 예정신고시 납부세액 증감액 | (+) ₩525,000 |
|---|---|
| 20×7년 제1기 확정신고시 납부세액 증감액 | (-) ₩670,000 |
| 20×7년 제2기 확정신고시 납부세액 증감액 | (+) ₩2,937,500 |

[계산근거]

(1) 20×6년 제2기 납부세액 증감액

| 구 분 | 계산근거 | 납부세액 증감액 | |
|---|---|---|---|
| 건 물 | − | | − |
| 기계 A | ₩3,000,000×(1−25%×1)×(90%−100%) | (+) | ₩225,000 |
| 기계 B | ₩4,000,000×(1−25%×1)×(90%−100%) | (+) | 300,000 |
| 기계 C | − | | − |
| 계 | | (+) | ₩525,000 |

(2) 20×7년 제1기 납부세액 증감액

| 구 분 | 계산근거 | 납부세액 증감액 | |
|---|---|---|---|
| 건 물 | ₩20,000,000×(1−5%×2)×(85%−96%) | (+) | ₩1,980,000 |
| 기계 A | ₩3,000,000×(1−25%×2)×(95%−90%) | (+) | 75,000 |
| 기계 B | ₩4,000,000×(1−25%×2)×(95%−90%) | (+) | 100,000 |
| 기계 C | ₩5,000,000×(1−25%×2)×95% | (−) | 2,375,000 |
| 기계 E | ₩65,000,000×90%×10%<br>₩7,000,000×90% | (+)<br>(−) | 5,850,000<br>6,300,000 |
| 계 | | (−) | ₩670,000 |

(3) 20×7년 제2기 납부세액 증감액

| 구 분 | 계산근거 | 납부세액 증감액 | |
|---|---|---|---|
| 건 물 | − | | − |
| 기계 A | ₩25,000,000×95%×10% | (+) | ₩2,375,000 |
| 기계 B | ₩4,000,000×(1−25%×3)×(70%−95%) | (+) | 250,000 |
| 기계 C | ₩5,000,000×(1−25%×3)×(70%−95%) | (+) | 312,500 |
| 계 | | (+) | ₩2,937,500 |

> **해설**

1. 20×6년 제1기

   (1) 토지: 면세대상이므로 매입세액공제는 없음

   (2) 건물

   ① 사용면적은 실지귀속에 해당하므로 사용면적비율이 분명하면 사용면적비율에 의함

   ② 해당 과세기간의 총공급가액 중 면세공급가액이 5% 미만이지만, 공통매입세액이 ₩5,000,000 이상이므로 안분계산함

③ 공통매입세액은 예정신고시에는 예정신고기간의 비율로 안분계산하고 확정신고시 정산함
(3) 기계 A: 해당 과세기간의 총공급가액 중 면세공급가액이 5% 미만이므로 전액 공제함
(4) 기계 B: 과세사업에 사용할 자산이므로 전액 공제함
(5) 기계 C: 면세사업에 사용할 자산이므로 매입세액공제는 없음
(6) 기계 D: 해당 과세기간에 신규사업자가 해당 과세기간에 공급한 공통사용재화는 전액을 과세표준으로 하므로 매입세액도 전액 공제함

2. 20×6년 제2기
  (1) 건  물: 면세사용면적비율이 5% 이상 증감되지 않았으므로 납부세액을 재계산하지 않음
  (2) 기계 A: 20×7년 제1기에 면세공급가액의 비율이 5% 미만에 해당되어 공통매입세액을 전액 공제하였으므로 20×7년 제1기 면세공급가액비율을 0%인 것으로 보고 납부세액을 재계산함
  (3) 기계 B: 면세사업에 일부 전용하였으므로 증가한 면세공급비율만큼 매출세액에 가산함

3. 20×7년 제1기
  (1) 건  물: 면세비율이 11% 증가했으므로 납부세액을 재계산함
  (2) 기계 A: 면세비율이 5% 감소했으므로 납부세액을 재계산함
  (3) 기계 B: 면세비율이 5% 감소했으므로 납부세액을 재계산함
  (4) 기계 C: 과세사업에 일부 전용하였으므로 과세공급비율만큼 매입세액으로 공제함
  (5) 기계 E: 해당 과세기간에 매입한 재화를 동일 과세기간에 공급한 경우 직전 과세기간의 과세공급비율만큼 매출세액으로 계산하므로 직전 과세기간의 과세공급비율만큼 매입세액으로 공제함

4. 20×7년 제2기
  (1) 건  물: 면세비율이 5% 이상 증감되지 않았으므로 납부세액을 재계산하지 않음
  (2) 기계 A: 공통사용재화를 공급하는 경우 직전 과세기간의 과세공급비율만큼 매출세액으로 계산하므로 납부세액을 재계산하지 않음
  (3) 기계 B: 면세비율이 5% 이상 증가했으므로 납부세액을 재계산함
  (4) 기계 C: 면세비율이 5% 이상 증감했으므로 납부세액을 재계산함

## 의제매입세액과 납부·환급세액의 재계산 ■2018. CPA

다음은 (주)대한과 (주)민국의 부가가치세 관련자료이다. 단 별도의 언급이 없는 한 제시된 금액은 부가가치세를 포함하지 않은 금액이며, 세금계산서 및 계산서를 적법하게 수취한 것으로 가정한다.

1. (주)대한은 햄버거제조업(중소기업)을 영위하고 있으며 20×7년 제1기 확정신고기간(4월 1일 ~ 6월 30일) 자료는 다음과 같다.

   ① 매입내역

   | 구 분 | 매입가액 |
   |---|---|
   | 돼지고기 | ₩10,000,000 |
   | 소 고 기 | 20,000,000 |
   | 채 소 | 4,000,000 |
   | 소 금 | 1,000,000 |
   | 설탕 및 조미료 | 2,000,000 |
   | 수 돗 물 | 1,040,000 |

   * 소고기는 수입산이며 관세의 과세가격은 ₩20,000,000, 관세는 ₩1,400,000임.

   ② 돼지고기 사용내역

   | 구 분 | 당기매입분 | 전기이월분 |
   |---|---|---|
   | 햄버거제조 | ₩8,000,000 | ₩1,000,000 |
   | 거래처증정 | 1,000,000 | 500,000 |
   | 기말재고 | 1,000,000 | – |
   | 계 | ₩10,000,000 | ₩1,500,000 |

2. (주)민국은 과세사업과 면세사업을 경영하고 있으며, 과세기간별 공급가액은 다음과 같다.

   | 과세기간 | 기간구분 | 과세공급가액 | 면세공급가액 |
   |---|---|---|---|
   | 20×6년 제1기 | 1. 1.~3. 31. | 4.8억원 | 5.2억원 |
   |  | 4. 1. ~ 6. 30. | 5.2억원 | 4.8억원 |
   | 20×6년 제2기 | 7. 1.~9. 30. | 5억원 | 5억원 |
   |  | 10. 1. ~ 12. 31. | 5.8억원 | 4.2억원 |

| 20×7년 제1기 | 1. 1. ~ 3. 31. | 5억원 | 5억원 |
| --- | --- | --- | --- |
| | 4. 1. ~ 6. 30. | 7억원 | 3억원 |
| 20×7년 제2기 | 7. 1. ~ 9. 30. | 7억원 | 3억원 |
| | 10. 1. ~ 12. 31. | 7억원 | 3억원 |

① 건물A를 20×6년 1월 1일 ₩55,000,000(부가가치세 포함)에 구입한 후 과세사업과 면세사업에 공통으로 사용하였으며, 20×7년 12월 31일 ₩40,000,000에 매각하였다.

② 기계장치B를 20×7년 7월 1일 ₩22,000,000(부가가치세 포함)에 구입한 후 과세사업과 면세사업에 공통으로 사용하였으며, 20×7년 11월 1일 매각하였다.

**요구사항**

1. (주)대한의 20×7년 제1기 부가가치세 확정신고시 공제할 의제매입세액과 관련된 다음 각 금액을 답안양식에 따라 제시하시오. 단, 제1기 과세기간의 햄버거공급과 관련된 과세표준은 ₩500,000,000이며, 제1기 예정신고시 공제받은 의제매입세액은 ₩1,000,000인 것으로 가정한다.

[답안양식]

| 의제매입세액 공제액 | |
| --- | --- |
| 전기 의제매입세액 공제분 추징액 | |

2. (주)민국의 건물 A와 기계장치 B의 취득과 관련된 다음 각 금액을 답안양식에 따라 제시하시오. 단, 정산 및 재계산의 경우 납부세액을 증가시키면 (-), 감소시키면 (-) 부호를 금액과 함께 기재하시오.

[답안양식]

| 건 물A | 금 액 |
| --- | --- |
| 20×6년 제1기 확정신고시 공통매입세액 정산액 | |
| 20×6년 제2기 납부(환급)세액 재계산액 | |
| 20×7년 제1기 납부(환급)세액 재계산액 | |
| 20×7년 제2기 납부(환급)세액 재계산액 | |

| 건 물B | 금 액 |
| --- | --- |
| 20×7년 제2기 예정신고시 공제받지 못할 매입세액 | |
| 20×7년 제2기 확정신고시 공통매입세액 정산액 | |

[요구사항1]

| 의제매입세액 공제액 | ₩1,307,692 |
|---|---|
| 전기 의제매입세액 공제분 추징액 | ₩19,230 |

[계산근거]

1. 의제매입세액공제액: Min{①, ②}=₩1,307,692

    ① 확정신고시: (₩10,000,000+₩20,000,000+₩4,000,000+₩1,000,000−₩1,000,000)×4/104
    =₩1,307,692

    ② 공제한도: ₩500,000,000×50%×4/104−₩1,000,000=₩8,615,385

2. 공제분추징액: ₩500,000(거래처증정분)×4/104=₩19,230

[요구사항2]

| 건물A | 금액 |
|---|---|
| 20×6년 제1기 확정신고시 공통매입세액 정산액 | (−)₩100,000 |
| 20×6년 제2기 납부(환급)세액 재계산액 | − |
| 20×7년 제1기 납부(환급)세액 재계산액 | (−)₩450,000 |
| 20×7년 제2기 납부(환급)세액 재계산액 | − |

| 건물B | 금액 |
|---|---|
| 20×7년 제2기 예정신고시 공제받지 못할 매입세액 | (+)₩600,000 |
| 20×7년 제2기 확정신고시 공통매입세액 정산액 | (+)₩200,000 |

[계산근거]

1. 건물 A

    (1) 20×6년 제1기 확정신고시 공통매입세액 정산액: ₩5,000,000×(50%−52%)=(−)₩100,000

    (2) 납부(환급)세액 재계산액

        ① 20×6년 제2기: 없음. (5%이상 변동없음)

        ② 20×7년 제1기: ₩5,000,000×(1−5%×2)×(40%−50%)=(−)₩450,000

        ③ 20×7년 제2기: 없음. (매각함)

2. 기계장치 B

    (1) 20×7년 제2기 예정신고시 공제받지 못할 매입세액: ₩2,000,000×30%=(+)₩600,000

    (2) 20×7년 제2기 확정신고시 공통매입세액 정산액: ₩2,000,000×40%−₩600,000=(+)₩200,000

## 04 매입세액 ■2018. 세무사

다음은 과세사업과 면세사업을 겸영하는 (주)한국(중소기업 아님)의 20×7년 과세기간의 자료이다. (단, 별도의 언급이 없는 한 세금계산서 및 계산서는 적법하게 발급 및 수취한 것으로 가정한다.)

### 1. 공급가액

| 구 분 | 20×7년 제1기 | 20×7년 제2기 | | |
|---|---|---|---|---|
| | | 7. 1. ~ 9. 30. | 10. 1. ~ 12. 31. | 계 |
| 과일판매사업 | ₩90,000,000 | ₩62,500,000 | ₩83,300,000 | ₩145,800,000 |
| 과일통조림사업 | 247,500,000 | 132,812,500 | 207,387,500 | 340,200,000 |
| 부동산임대사업 | 112,500,000 | 54,687.500 | 59,312,500 | 114,000,000 |
| 계 | ₩450,000,000 | ₩250,000,000 | ₩350,000,000 | ₩600,000,000 |

### 2. 세금계산서수취분 매입세액

| 구 분 | 20×7. 7. 1. ~ 20×7. 9. 30 | 20×7. 10. 1. ~ 20×7. 12. 31. |
|---|---|---|
| 과일판매사업 | ₩4,000,000 | ₩4,500,000 |
| 과일통조림사업 | 10,000,000 | 14,000,000 |
| 부동산임대사업 | 1,000,000 | 1,500,000 |
| 공통매입세액*1 | 5,000,000 | 4,000,000 |
| 합 계 | ₩20,000,000 | ₩24,000,000 |

*1. 공통매입세액은 과일판매사업, 과일통조림사업 및 부동산임대사업의 공통매입세액으로서 실지귀속을 확인할 수 없다.

3. 20×7년 제2기 과세기간 최종 3개월(20×7. 10. 1. ~ 20×7. 12. 31.)에 신용카드매출전표를 수취한 매입세액은 다음과 같으며, 신용카드매출전표수령명세서는 적법하게 제출하였다.
   ① 과일판매사업과 과일통조림사업에 공통으로 사용되는 소모품의 매입세액 ₩500,000
   ② 과일판매사업, 과일통조림사업과 부동산임대사업에 공통으로 사용되는 비품의 매입세액 ₩1,000,000

4. 트럭을 20×6. 4. 10.에 구입(취득시 매입세액 ₩3,000,000)하여 과일판매사업에서 사용해오던 중 20×7. 11. 25.부터 과일통조림사업에도 공통으로 사용하였다.

5. 20×7년 제2기 과세기간 중 과일판매사업과 과일통조림사업에 사용될 과일의 매입과 사용내역은 다음과 같으며, 의제매입세액 공제요건을 충족한다. (주)한국은 과일의 매입시기가 한 과세기간에 집중되는 법인이 아니며, 20×7년 제1기 과세기간에서 이월된 재고는 없다.

| 구분 | 적요 | 20×7. 7. 1. ~ 20×7. 9. 30. | 20×7. 10. 1. ~ 20×7. 12. 31 |
|---|---|---|---|
| 입고 | 기간 초일 과일재고액 | ₩0 | ₩7,000,000 |
| | 과일매입 | 80,460,000 | 111,260,000 |
| 출고 | 과일판매로 사용 | 32,500,000 | 41,800,000 |
| | 과일통조림 원료로 사용 | 41,140,000 | 66,960,000 |
| | 기간 말일 과일재고액*1 | 7,000,000 | 9,500,000 |

*1. 면세사업과 과세사업에 대한 실지귀속을 확인할 수 없다.

6. 20×7년 제2기 예정신고는 적정하게 이루어졌으며, 세부담 최소화를 가정한다.

**요구사항**

위의 자료를 이용하여 (주)한국의 20×7년 제2기 확정신고시 매입세액공제액을 다음의 [답안양식]에 따라 제시하시오. (단, 의제매입세액 공제율은 2/102이며, 의제매입세액 공제한도는 고려하지 않는다.)

[답안양식]

| 항 목 | 세 액 |
|---|---|
| (1) 세금계산서수취분 매입세액 | |
| (2) 신용카드매출전표등 수령명세서 제출분 | |
| (3) 의제매입세액 | |
| (4) 과세사업전환 매입세액 | |
| (5) 공제받지 못할 매입세액 | |
| (6) 공통매입세액 면세사업분 | |
| (7) 차가감 계 {(1)+(2)+(3)+(4)−(5)−(6)} | |

**해답**

| 항 목 | 세 액 |
|---|---|
| (1) 세금계산서수취분 매입세액 | ₩24,000,000 |
| (2) 신용카드매출전표등 수령명세서 제출분 | 1,500,000 |
| (3) 의제매입세액 | 1,350,000 |
| (4) 과세사업전환 매입세액 | 525,000 |

| (5) 공제받지 못할 매입세액 | 4,500,000 |
|---|---|
| (6) 공통매입세액 면세사업분 | 1,330,000 |
| (7) 차가감 계 {(1)+(2)+(3)+(4)-(5)-(6)} | ₩21,545,000 |

[계산근거]

1. 세금계산서수취분 매입세액은 전체 금액을 기재함.

2. 신용카드매출전표등 수령명세서 제출분도 전체 금액을 기재함.

3. 의제매입세액: $(₩41,140,000+₩66,960,000+₩9,500,000×70\%^{*1})× \dfrac{2}{102} -(₩41,140,000+₩7,000,000 ×68\%^{*2})× \dfrac{2}{102} =₩1,350,000$

   *1. 제 2기 과세기간 과일판매와 과일통조림의 과세공급가액비율
   *2. 제 2기 예정신고기간 과일판매와 과일통조림의 과세공급가액비율

4. 과세사업전환매입세액: ₩3,000,000×(1-25%×3)×70%=₩525,000

5. 공제받지 못할 매입세액: 과일판매사업 세금계산서수취분 ₩4,500,000

6. 공통매입세액 면세사업분

   (1) 과일판매사업과 과일통조림사업: ₩500,000×30%=  ₩150,000
   (2) 과일판매사업, 과일통조림사업 및 부동산임대사업
   (₩5,000,000+₩4,000,000+₩1,000,000)×24.3%$^{*1}$-₩5,000,000×25%$^{*1}$=  1,180,000
   계  1,330,000

   *1. 제 2기 과세기간 면세공급가액비율
    2. 제 2기 예정신고기간 면세공급가액비율

## 매입세액 ■2019. CPA

다음은 과세사업과 면세사업을 겸영하고 있는 (주)대한의 부가가치세 관련 자료이다. 단, 별도의 언급이 없는 한 제시된 금액은 부가가치세가 포함되지 않은 금액이며, 세금계산서 및 계산서는 적법하게 수취된 것으로 가정한다.

1. 20×7년 제2기 과세기간 공급가액은 다음과 같다.

| 구 분 | 7. 1. ~ 9. 30 | 10. 1. ~ 12. 31. | 합 계 |
|---|---|---|---|
| 과세사업 | 6억원 | 7억원 | 13억원 |
| 면세사업 | 4억원 | 3억원 | 7억원 |

2. 각 과세기간별 과세공급가액과 면세공급가액 비율은 다음과 같다.

| 과세기간 | 과세공급가액 | 면세공급가액 |
|---|---|---|
| 20×6년 제2기 | 72% | 28% |
| 20×7년 제1기 | 69% | 31% |

3. 20×7년 제2기 과세기간의 세금계산서상 매입세액 내역은 다음과 같다.

(단위: 원)

| 구분 | 7. 1. ~ 9. 30 | 10. 1. ~ 12. 31. | 합 계 |
|---|---|---|---|
| 과세사업 | ₩25,000,000[*1] | ₩25,000,000 | ₩50,000,000 |
| 면세사업 | 15,000,000 | – | 15,000,000 |
| 공통매입 | 5,000,000 | 9,000,000[*2] | 14,000,000 |
| 합 계 | ₩45,000,000 | ₩34,000,000 | ₩79,000,000 |

*1. 접대비지출 관련 매입세액 ₩1,000,000포함
 2. 과세사업과 면세사업에 함께 사용하다가 20×7년 10월 5일에 매각한 기계장치 (매각대금 ₩30,000,000)의 매입세액 ₩4,000,000 포함. 상기 자료의 과세기간 공급가액에는 기계장치 매각대금이 포함되어 있지 않음

4. (주)대한은 면세사업에만 사용하던 차량(트럭)을 20×7년 7월 20일부터 과세사업과 면세사업에 함께 사용하기 시작하였다. (주)대한은 동 차량을 20×6년 9월 20일 ₩40,000,000에 취득하였다.

5. (주)대한은 20×6년 제2기에 공급자가 대손세액공제를 받음에 따라 대손처분 받은 세액 ₩700,000을 매입세액에서 차감한 바 있다. 대한은 20×7년 12월 20일에 대손처분 받은 세액 ₩700,000을 포함한 매입채무 ₩7,700,000을 모두 변제하였다.

### 요구사항

1. (주)대한의 20×7년 제2기 부가가치세 예정신고시 매입세액공제액을 다음의 답안양식에 따라 제시하시오.

[답안양식]

| (1) 세금계산서 수취분 매입세액 | |
|---|---|
| (2) 그 밖의 공제매입세액 | |
| (3) 공제받지 못할 매입세액 | |
| 차가 계 : (1)+ (2) − (3) | |

2. (주)대한의 20×7년 제2기 부가가치세 확정신고시 매입세액공제액을 다음의 답안양식에 따라 제시하시오.

[답안양식]

| (1) 세금계산서 수취분 매입세액 | |
|---|---|
| (2) 그 밖의 공제매입세액 | |
| (3) 공제받지 못할 매입세액 | |
| 차가 계 : (1)+ (2) − (3) | |

### 해답

**[요구사항1]**

| (1) 세금계산서 수취분 매입세액 | ₩45,000,000 |
|---|---|
| (2) 그 밖의 공제매입세액 | − |
| (3) 공제받지 못할 매입세액 | 18,000,000 |
| 차가 계 : (1)+(2)−(3) | ₩27,000,000 |

[계산근거]

(1) ₩25,000,000+₩15,000,000+₩5,000,000=₩45,000,000

(2) −

(3) ① 면세사업 ₩15,000,000+② 접대비 ₩1,000,000+ ③ 공통매입세액 면세사업분 ₩2,000,000

$\left(₩5,000,000 \times \dfrac{4억}{10억}\right)$ =₩18,000,000

[요구사항2]

| | |
|---|---|
| (1) 세금계산서 수취분 매입세액 | ₩34,000,000 |
| (2) 그 밖의 공제매입세액 | 2,000,000 |
| (3) 공제받지 못할 매입세액 | 2,740,000 |
| 차가 계 : (1)+(2)-(3) | ₩33,260,000 |

[계산근거]

(1) ₩25,000,000+₩9,000,000=₩34,000,000

(2) ① 과세사업전환매입세액: $₩40,000,000 \times 10\% \times (1-25\% \times 2) \times \dfrac{13억}{20억} = ₩1,300,000$

　　+② 변제대손세액: ₩700,000=₩2,000,000

(3) ① 공통사용자산의 매각: ₩4,000,000×31%(직전기 면세공급가액비율)+② 공통매입세액 면세사업분:

$$(₩5,000,000+₩5,000,000) \times \dfrac{7억}{20억} - ₩2,000,000(예정신고분) = ₩2,740,000$$

## 매입세액 ■2019. 세무사

다음은 과세사업(햄통조림제조업)과 면세사업(육류도매업)을 경영하는 일반과세자인 (주)한국의 20×7년 제2기 부가가치세 관련 자료이다. (단, 별도의 언급이 없는 한 제시된 금액은 부가가치세가 포함되지 않은 금액이고, 세금계산서 및 계산서 발급 및 수취와 매입세액공제를 받기 위한 모든 절차는 적법하게 이루어진 것으로 가정한다.)

1. 20×7년 제2기 공급가액

| 구 분 | 20×7년 제2기 | | |
|---|---|---|---|
| | 7. 1 ~ 9. 30 | 10. 1 ~ 12. 31. | 합 계 |
| 면세사업 | ₩25,000,000 | ₩35,000,000 | ₩60,000,000 |
| 과세사업 | 95,000,000 | 145,000,000 | 240,000,000 |
| 합 계 | ₩120,000,000 | ₩180,000,000 | ₩300,000,000 |

2. 20×7년 제2기 세금계산서 수취내역

| 일자(기간) | 공급가액 | 내 역 |
|---|---|---|
| 10. 1. ~ 12. 31. | ₩7,500,000 | 면세사업을 위한 매입임 |
| 10. 1. ~ 12. 31. | 14,500,000 | 과세사업을 위한 매입임 |
| 10. 11. | 400,000 | 거래처 직원에게 접대목적으로 지출한 음식 대금임 |
| 10. 20. | 20,000,000 | 개별소비세 과세대상 차량운반구로 제품판매활동을 지원하기 위하여 구입함 |
| 11. 7. | 12,000,000 | 과세사업을 위해 사용하던 공장이 노후화되어 기존 공장을 허물고 신축하기 위한 기존 공장의 철거비용임 |
| 12. 17 | 9,000,000 | 과세사업과 면세사업에 공통으로 사용하기 위해 기계장치를 구입함 |
| 합 계 | ₩63,400,000 | |

3. 20×7. 9. 30. 과세사업과 면세사업에 공통으로 사용하는 비품을 매입하고 세금계산서(공급가액 ₩3,000,000)를 발급받았으나 예정신고시 누락되어 확정신고와 함께 신고하기로 하였다.

4. 20×7. 10. 18. 과세사업과 면세사업에 공통으로 사용하기 위하여 소모품 ₩700,000을 법인신용카드로 구입하였다.

5. 면세사업에 사용하기 위하여 20×6. 10. 8. 구입한 트럭을 20×7. 11. 1.부터 과세사업에 공통으로 사용하고 있다. 트럭의 취득시 공급가액은 ₩35,000,000으로 매입세액불공제되었다.
6. 20×6년 제1기 부가가치세 확정신고시 대손처분 받은 ₩7,700,000(부가가치세 포함)을 20×7. 11. 3.변제하였다.
7. 20×7. 11. 20. 과세사업에 사용할 컴퓨터 4대를 ₩8,000,000에 외상으로 구매하였으며, 대금은 20×8. 1. 20.에 지급하고 동일자에 세금계산서를 발급받았다.
8. 20×7년 제2기 과세기간 최종 3개월 (20×7. 10. 1. ~ 20×7. 12. 31.)의 과세사업과 면세사업에 사용된 돼지고기 매입과 관련된 자료는 다음과 같다. (주)한국은 매입시기가 한 과세기간에 집중되는 법인이 아니다. (단, 의제매입세액공제율은 2/102이고, 의제매입세액 공제한도는 고려하지 않으며 기초재고는 없다고 가정한다.)

| 구 분 | 20×7. 10. 1. ~ 20×7. 12. 31. |
|---|---|
| 매입 | ₩52,700,000 |
| 과세사업에 전용하여 사용됨 | 18,700,000 |
| 과세사업과 면세사업에 원재료로 사용됨 | 27,500,000 |
| 기말재고액*1 | 6,500,000 |

*1 과세사업과 면세사업에 대한 실지귀속여부는 확인할 수 없음

**요구사항**

위의 자료를 이용하여 (주)한국의 20×7년 제2기 확정신고시 매입세액공제액을 다음 양식에 따라 제시하시오.

| 구 분 | 세 액 |
|---|---|
| 1. 세금계산서 수취분 매입세액 | |
| 2. 예정신고 누락분 | |
| 3. 신용카드매출전표 등 수령명세서 제출분 | |
| 4. 의제매입세액 | |
| 5. 과세사업전환 매입세액 | |
| 6. 변제대손세액 | |
| 7. 공제받지 못할 매입세액 | |
| 8. 공통매입세액 면세사업분 | |
| 9. 차가감계(1+2.3+4+5+6-7-8) | |

> **해답**

| 구 분 | 세 액 |
|---|---|
| 1. 세금계산서 수취분 매입세액 | ₩7,140,000 |
| 2. 예정신고 누락분 | 300,000 |
| 3. 신용카드매출전표 등 수령명세서 제출분 | 70,000 |
| 4. 의제매입세액 | 900,000 |
| 5. 과세사업전환 매입세액 | 1,400,000 |
| 6. 변제대손세액 | 700,000 |
| 7. 공제받지 못할 매입세액 | 2,790,000 |
| 8. 공통매입세액 면세사업분 | 254,000 |
| 9. 차가감계(1+2,3+4+5+6-7-8) | ₩7,466,000 |

[계산근거]

1. (₩63,400,000+₩8,000,000)×10%=₩7,140,000

2. ₩3,000,000×10%=₩300,000

3. ₩700,000×10%=₩70,000

4. {₩18,700,000+(₩27,500,000+₩6,500,000)×80%$^*$}×2/102=₩900,000

    * 20×7년 제2기 과세공급가액 비율: ₩240,000,000/₩300,000,000=80%

5. ₩35,000,000×10%×(1−25%×2)×80%=₩1,400,000

6. ₩7,700,000×10/110=₩700,000

7. (면세사업분 ₩7,500,000+접대비 ₩400,000+비영업용소형승용차₩20,000,000)×10%=₩2,790,000

8. (₩9,000,000+₩3,000,000+₩700,000)×10%×20%$^*$=₩254,000

    * 20×7년 제2기 면세공급가액 비율임

## 매출세액과 매입세액  ■2020. 세무사

다음은 과세사업(생선통조림 제조판매사업)과 면세사업(생선판매사업)을 겸영하는 (주)대한(중소기업 아님)의 20×7년 과세기간의 자료이다. (단, 세부담 최소화를 가정하고 별도의 언급이 없는 한 세금계산서 및 계산서는 적법하게 발급 및 수취한 것으로 가정한다.)

1. 과세기간별 공급가액

| 구 분 | 20×7년 제1기 | 20×7년 제2기 | | |
|---|---|---|---|---|
| | | 7. 1. ~ 9. 30. | 10. 1. ~ 12. 31. | 계 |
| 생선판매사업 | ₩125,000,000 | ₩70,000,000 | ₩123,750,000 | ₩193,750,000 |
| 생선통조림 제조판매사업 | 375,000,000 | 180,000,000 | 251,250,000 | 431,250,000 |
| 계 | ₩500,000,000 | ₩250,000,000 | ₩375,000,000 | ₩625,000,000 |

2. 20×7. 12. 20.에 생선판매사업과 생선통조림 제조판매사업에 공통으로 사용하던 건물 A와 부수토지를 ₩253,500,000(부가가치세 포함)에 일괄 양도하고 잔금을 수령하였다(이 금액은 상기 1. 과세기간별 공급가액에 포함되어 있지 않음). 건물 A와 부수토지의 공급가액의 구분은 불분명하다. 단, 건물A는 매입시 공급가액을 기준으로 매입세액을 공제하였으며, 양도일 현재의 가액(부가가치세 제외 금액)은 다음과 같다.

| 구 분 | 장부가액 | 감정가액[1] | 기준시가 |
|---|---|---|---|
| 건 물A | ₩60,000,000 | ₩120,000,000 | ₩80,000,000 |
| 토 지 | 40,000,000 | 40,000,000 | 40,000,000 |
| 계 | ₩100,000,000 | ₩160,000,000 | ₩120,000,000 |

*1. 20×7. 6. 20. 감정평가업자의 감정가액임

3. 20×7. 10. 11.에 생선통조림 제조판매사업에 사용하던 건물B(취득가액은 ₩250,000,000이며 매입세액 공제를 받았음, 취득일 20×3. 8. 7.)를 생선판매사업에도 사용하기로 하였다. 겸용사용일 현재 건물B의 감정가액은 ₩200,000,000이다.

4. 세금계산서 수취분 매입세액

| 구 분 | 20×7. 7. 1. ~ 20×7. 9. 30. | 20×7. 10. 1. ~ 20×7. 12. 31. |
|---|---|---|
| 생선판매사업 | ₩3,000,000 | ₩4,000,000 |
| 생선통조림 제조판매사업 | 6,000,000 | 8,000,000[1] |
| 공통매입세액[2] | 3,000,000 | 5,000,000 |

*1 접대비 관련 매입세액 ₩1,000,000이 포함되어 있음

*2 공통매입세액은 생선판매사업, 생선통조림 제조판매사업의 공통매입세액으로서 실지 귀속을 확인할 수 없음

5. 20×7년 제2기 과세기간 중 생선판매사업과 생선통조림 제조판매사업에 사용될 생선의 매입과 사용내역은 다음과 같으며, 의제매입세액 공제요건을 충족한다. (주)대한은 생선의 매입시기가 한 과세기간에 집중되는 법인이 아니며, 20×7년 제1기 과세기간에서 이월된 재고는 없다. 20×7년 제2기 예정신고는 적정하게 이루어졌다.

| 기 간 | 매 입 | 사 용 | | 기간 말일 재고*1 |
| --- | --- | --- | --- | --- |
| | | 생선판매 | 생선통조림 원료 | |
| 7. 1. ~ 9.30 | ₩109,660,000 | ₩41,260,000 | ₩60,900,000 | ₩7,500,000 |
| 10. 1. ~ 12. 31. | 172,900,000 | 75,000,000 | 95,400,000 | 10,000,000 |

*1. 면세사업과 과세사업에 대한 실지귀속을 확인할 수 없음

6. 20×6. 10. 1.에 면세사업과 과세사업에 공통으로 사용하기 위해 운반용 트럭을 ₩60,000,000(부가가치세 6,000,000 별도)에 취득하였다. 20×6년 제2기 면세사업과 과세사업 공급가액은 각각 ₩79,200,000과 ₩280,800,000이었다.

### 요구사항

1. (주)대한의 20×7년 제2기 과세기간 최종 3개월 (10. 1. ~ 12. 31.)의 부가가치세 과세표준과 매출세액을 다음의 답안양식에 따라 제시하시오.

[답안양식]

| 항목번호 | 과세표준 | 세 율 | 매출세액 |
| --- | --- | --- | --- |
| 1 | | | |
| 2 | | | |
| 3 | | | |

2. (주)대한의 20×7년 제2기 과세기간 최종 3개월(10. 1. ~ 12. 31.)의 매입세액 공제액과 매입세액 불공제액을 다음의 답안양식에 따라 제시하시오.

[답안양식]

| 항목번호 | 매입세액 공제액 | 매입세액 불공제액 |
| --- | --- | --- |
| 4 | | |

3. (주)대한의 20×7년 제2기 과세기간 최종 3개월 (10. 1. ~ 12. 31.)의 의제매입세액 공제액을 제시하시오. (단, 의제매입세액공제율은 2/102 이며, 의제매입세액 공제한도는 고려하지 않는다.)

[답안양식]

| 항목번호 | 의제매입세액 공제액 |
|---|---|
| 5 | |

4. [자료 2]를 이용하여 (주)대한의 운반용 트럭과 관련하여 20×7년 제2기의 납부세액 또는 환급세액을 재계산하고, 납부세액에 가산 또는 차감여부를 표시하시오.

[답안양식]

| 항목번호 | 세 액 | 가산 또는 차감 여부 |
|---|---|---|
| 6 | | |

### 해답

[요구사항1]

| 항목번호 | 과세표준 | 세 율 | 매출세액 |
|---|---|---|---|
| 1 | ₩251,250,000 | 10% | ₩25,125,000 |
| 2 | ₩180,000,000 | 10% | ₩18,000,000 |
| 3 | ₩46,500,000 | 10% | ₩4,650,000 |

[계산근거]

2. $₩253,500,000 \times \dfrac{₩120,000,000}{₩120,000,000+₩40,000,000+₩12,000,000\times 375/500^{*}} = ₩180,000,000$

   * 20×7년 제1기 과세공급가액비율임.

3. $₩250,000,000 \times (1-5\%\times 8) \times \dfrac{₩193,750,000}{₩625,000,000} = ₩46,500,000$

[요구사항2]

| 항목번호 | 매입세액 공제액 | 매입세액 불공제액 |
|---|---|---|
| 4 | ₩10,360,000 | ₩6,640,000 |

[계산근거]

1. 매입세액공제액: (1)+(2)=₩10,360,000

   (1) 생선통조림 제조판매사업: ₩8,000,000-₩1,000,000=₩7,000,000

   (2) 공통매입세액: ①+②=₩3,360,000

① 확정신고분: $\text{\textwon}5,000,000 \times \dfrac{\text{\textwon}431,250,000}{\text{\textwon}625,000,000} = \text{\textwon}3,450,000$

② 예정신고분 정산: $\text{\textwon}3,000,000 \times \left( \dfrac{\text{\textwon}431,250,000}{\text{\textwon}625,000,000} - \dfrac{\text{\textwon}180,000,000}{\text{\textwon}250,000,000} \right) = \text{\textwon}(90,000)$

2. 매입세액불공제액: (₩4,000,000+₩8,000,000+₩5,000,000)−₩10,360,000=₩6,640,000

[요구사항3]

| 항목번호 | 의제매입세액 공제액 |
|---|---|
| 5 | ₩1,900,000 |

[계산근거]

1. 예정신고분: $\left( \text{\textwon}60,900,000 + \text{\textwon}7,500,000 \times \dfrac{\text{\textwon}180,000,000}{\text{\textwon}250,000,000} \right) \times 2/102 = \text{\textwon}1,300,000$

2. 확정신고분: $\left( \text{\textwon}60,900,000 + \text{\textwon}95,400,000 + \text{\textwon}10,000,000 \times \dfrac{\text{\textwon}431,250,000}{\text{\textwon}625,000,000} \right) \times 2/102 - \text{\textwon}1,300,000$
$= \text{\textwon}1,900,000$

[요구사항4]

| 항목번호 | 세 액 | 가산 또는 차감 여부 |
|---|---|---|
| 6 | ₩270,000 | 가산 |

[계산근거]

재계산: $\text{\textwon}6,000,000 \times (1-25\% \times 2) \times \left( \dfrac{\text{\textwon}193,750,000}{\text{\textwon}625,000,000} - \dfrac{\text{\textwon}79,200,000}{\text{\textwon}360,000,000} \right) = \text{\textwon}270,000$

\* 20×7년 제1기는 면세비율이 5%이상 변동하지 않았으므로 재계산을 생략함.

## 매입세액 ■2021. 세무사

다음은 제조업을 영위하며 과세사업과 면세사업을 겸영하는 (주)한국의 20×1년 제2기 과세기간 최종 3개월 (20×1.10.1. ~ 20×1.12.31.)의 부가가치세 확정신고 관련 자료이다. (단, 별도의 언급이 없는 한 자료에 제시된 금액은 부가가치세가 포함되지 아니한 금액이며 세금계산서는 적법하게 발급하고 수취한 것으로 가정한다.)

1. 20×1년 제2기 과세기간 최종 3개월 동안 세금계산서를 수취한 매입내역은 다음과 같다.

| 월 일 | 내 역 | 공급가액 | 세 액 |
|---|---|---|---|
| 10. 2. | 과세원재료 구입 | ₩50,000,000 | ₩5,000,000 |
| 10.10. | 과세사업용 비품 구입 | 10,000,000 | 1,000,000 |
| 10.20. | 수리비 | 1,000,000 | 100,000 |
| 11. 1. | 거래처 접대용 선물 구입 | 3,000,000 | 300,000 |
| 11. 5. | 운송비 | 2,000,000 | 200,000 |
| 12.11. | 공장부지 조성비 | 20,000,000 | 1,000,000 |
| | 계 | ₩86,000,000 | ₩8,600,000 |

(1) 20×1년 10월 20일에 지출한 수리비 ₩1,000,000은 영업부 사원이 업무용으로 사용하기 위한 10인승 승용자동차의 수리비용이다.

(2) 20×1년 11월 5일에 지출한 운송비 ₩2,000,000은 면세농산물의 구입 시에 운송업자에게 지급한 운송비용이다.

(3) 20×1년 12월 11일에 지출한 공장부지 조성비 ₩20,000,000은 새로운 공장을 건설하기 위하여 신규 취득한 토지에 있는 기존 건물의 철거비용이다.

2. 20×1년 제2기 과세기간 공급가액

| 구 분 | 20×1.7.1.~2021.9.30. | 20×1.10.1~20×1.12.31. | 합 계 |
|---|---|---|---|
| 과 세 | ₩600,000,000 | ₩800,000,000 | ₩1,400,000,000 |
| 면 세 | 400,000,000 | 200,000,000 | 600,000,000 |
| 계 | 1,000,000,000 | 1,000,000,000 | 2,000,000,000 |

3. 20×2년 7월 10일 취득 후 면세사업에서 사용하던 업무용트럭(취득시 매입세액 ₩3,000,000)을 20×1년 10월 15일부터 과세사업에 공통으로 사용하는 것으로 전환하였다.

4. (1) 20×1년 제2기 7월 1일 현재 20×1년 제1기 과세기간으로부터 이월된 면세농산물은 없다.
   (2) 20×1년 제2기 예정신고기간에 구입한 면세농산물은 모두 과세제품 제조에 사용하였으며, 20×1년 제2기 예정신고기간에 공제받은 의제매입세액은 ₩1,000,000이다.
   (3) 20×1년 10월 1일부터 20×1년 12월 31일까지 면세농산물을 ₩80,000,000 매입하였고 그 사용내역은 다음과 같다.

| 구 분 | | 매입가액 |
|---|---|---|
| 사 용 | 과세사업 | ₩38,000,000 |
| | 면세사업 | 22,000,000 |
| 미사용 | | 20,000,000 |

   (4) 의제매입세액 공제율은 4/104로 하고 의제매입세액 공제한도는 고려하지 않는다.

[물음]

㈜한국의 20×1년 제2기 부가가치세 과세기간 최종 3개월 (20×1. 10. 1. ~ 20×1. 12. 31.) 확정신고 시 매입세액공제액을 계산하기 위한 세액 중 다음 세액을 〈답안양식〉에 따라 작성하시오..

[답안양식]

| 구 분 | 세 액 |
|---|---|
| (1) 의제매입세액 | |
| (2) 과세사업전환 매입세액 | |
| (3) 공제받지 못할 매입세액 | |

▼ 해답

| 구 분 | 세 액 |
|---|---|
| (1) 의제매입세액 | ₩1,320,000,000 |
| (2) 과세사업전환 매입세액 | 850,500 |
| (3) 공제받지 못할 매입세액 | 220,000 |

[계산근거]

1. 의제매입세액

$$(₩38,000,000 + ₩20,000,000 \times \frac{14억}{20억}) \times \frac{4}{104} = ₩2,000,000$$

2. 과세사업전환 매입세액:

$$₩3,000,000 \times (1-25\% \times 2) \times \frac{14억}{20억} = ₩850,500$$

3. 공제받지 못할 매입세액

   (1) 공통매입세액 불공제분 : $(₩100,000 + ₩200,000) \times \dfrac{6억}{20억} = ₩90,000$

   (2) 접대비 : ₩300,000

   (3) 공장부지조성비 : ₩2,000,000

## 09 매입세액 · 2021. CPA

다음은 수산물도매업과 통조림제조업을 겸영하고 있는 (주)대한(중소기업 아님)의 부가가치세 관련 자료이다. 단, 별도의 언급이 없는 한 제시된 금액은 부가가치세를 포함하지 않은 금액이며, 세금계산서 및 계산서는 적법하게 수취한 것으로 가정한다.

[자료]

1. 예정신고기간 중 면세수산물 매입액은 없었고, 20×1년 제1기 중에 면세수산물의 매입 및 사용내역은 다음과 같다.

| 구 분 | 금 액 | 매입가액 | | |
|---|---|---|---|---|
| | | 과 세 | 면 세 | 과세+면세 |
| 기 초 | ₩8,000,000 | ₩1,850,000 | ₩6,150,000 | - |
| 매 입 | 63,400,000 | 14,400,000 | 5,000,000 | 40,000,000 |
| 기 말 | 4,000,000 | | | |

2. (주)대한은 20×1년 4월 15일에 수산물도매업과 통조림제조업에 공통으로 사용하기 위하여 트럭 2대(취득가액 합계 100,000,000원)를 구입하였다. 이 중 트럭 1대(취득가액 40,000,000원)를 20×1년 6월 30일에 처분하였다.

3. 각 과세기간별 과세공급가액과 면세공급가액은 다음과 같다.

| 구 분 | 수산물도매업 | 통조림제조업 |
|---|---|---|
| 20×0년 제2기 | ₩90,000,000 | ₩110,000,000 |
| 20×1년 제1기 | 80,000,000 | 120,000,000 |
| 20×1년 제2기 | 90,000,000 | 90,000,000 |

4. ㈜대한의 의제매입세액 공제율은 2/102이다.

### 요구사항

1. 20×1년 제1기 부가가치세 확정신고 시 트럭의 공통매입세액 중 매입세액공제액 및 20×1년 제2기 부가가치세 확정신고 시 공통매입세액 재계산액을 다음의 답안양식에 따라 제시하시오. 단, 재계산액이 납부세액을 증가시키면 (+), 감소시키면 (-) 부호를 금액과 함께 기재하시오.

[답안양식]

| 매입세액공제액 | |
|---|---|
| 재계산으로 가산 또는 공제되는 세액 | |

2. (주)대한의 20×1년 제1기 부가가치세 확정신고 시 다음 금액을 답안양식에 따라 제시하시오.

[답안양식]

| 의제매입세액 공제액(추징액 차감 전) | |
|---|---|
| 전기 의제매입세액 공제분 중 추징액 | |

### 해답

**[요구사항 1]**

| 매입세액공제액 | ₩5,800,000 |
|---|---|
| 재계산으로 가산 또는 공제되는 세액 | + 450,000 |

[계산근거]

1. 매입세액공제액 : $₩60,000,000 \times \dfrac{120}{80+120} \times 10\% + ₩40,000,000 \times \dfrac{110}{90+110} \times 10\% = ₩5,800,000$

2. 재계산액 : $₩60,000,000 \times (1-25\%) \times (50\% - 60\%) = ₩450,000$ 추가납부

**[요구사항 2]**

| 의제매입세액 공제액(추징액 차감 전) | ₩800,000 |
|---|---|
| 전기 의제매입세액 공제분 중 추징액 | 50,000 |

[계산근거]

1. 의제매입세액 공제액 : Min{①, ②} = ₩800,000

   ① $\{₩14,400,000 + (₩40,000,000 + ₩4,000,000) \times \dfrac{120}{80+120}\} \times \dfrac{2}{102} = ₩800,000$

   ② 한도 : $₩120,000,000 \times 50\% \times \dfrac{2}{102} = ₩1,176,470$

2. 전기의제매입세액 공제분 중 추징액 : $\{₩8,000,000 \times \dfrac{110}{90+110} - ₩1,850,000\} \times \dfrac{2}{102} = ₩50,000$

# 매입세액

다음은 과세사업(과일통조림 제조판매사업)과 면세사업(과일판매사업)을 겸하는 (주)한국(중소기업)의 20×7년 부가가치세 관련 자료이다. (주)한국은 20×1. 1. 1.에 설립되었으며, 설립연도부터 과일통조림 제조업을 영위하고 있다. (단, 세부담 최소화를 가정하고 별도의 언급이 없는 한 세금계산서 및 계산서는 적법하게 발급 및 수취한 것으로 가정한다.)

1. 과세기간별 공급가액

| 구 분 | 20×7년 제1기 | 20×7년 제2기 | | |
|---|---|---|---|---|
| | | 7. 1. ~ 9. 30. | 10. 1. ~ 12. 31. | 계 |
| 과세사업 | ₩187,200,000 | ₩291,200,000 | ₩395,200,000 | ₩686,400,000 |
| 면세사업 | 64,400,000 | 156,800,000 | 196,800,000 | 353,600,000 |
| 계 | ₩249,600,000 | ₩448,000,000 | ₩592,000,000 | ₩1,040,000,000 |

2. 세금계산서 수취분 매입세액(20×7년 제2기)

| 구 분 | 20×7. 7. 1. ~ 20×7. 9. 30 | 20×7. 10. 1. ~ 20×7. 12. 31. | 계 |
|---|---|---|---|
| 과세사업 | ₩18,000,000*1 | ₩22,000,000 | ₩40,000,00 |
| 면세사업 | 7,000,000 | 11,000,000 | 18,000,00 |
| 공통매입세액*2 | 6,000,000 | 9,000,000 | 15,000,000 |
| 공통매입세액*3 | 10,000,000 | 12,000,000 | 22,000,00 |
| 계 | ₩41,000,000 | ₩54,000,000 | ₩95,000,000 |

*1. 접대비 관련 매입세액 ₩2,000,000이 포함되어 있음
 2. 공통매입세액1은 과세사업과 면세사업의 공통매입세액으로서 실지귀속을 확인할 수 없음
 3. 공동매입세액2는 면세사업용 과일을 보관하기 위하여 20×7. 7. 10. 착공하여 20×7. 12. 25. 완공한 저온창공 신축관련 매입세액임. (주)한국은 저온창고 시설 중 일부를 타업체에 임대할 예정임. 저온창고 신축 관련 매입세액은 제2기 예정신고시에는 예정사용면적(과일판매사업: 300㎡, 임대사업: 200㎡)으로 안분계산하였으나 20×7. 12. 31.에 실제사용면적(과일판매사업: 350㎡, 임대사업: 150㎡)이 확정되었음.

3. 20×7년 중 과세사업(과일통조림 제조판매사업)과 면세사업(과일판매사업)에 사용될 면세농산물인 과일의 매입과 사용내역은 다음과 같으며, 의제매입세액 공제요건을 충족한다. 20×6년 제2기 과세기간에서 이월된 과일의 재고는 없으며, 20×7년 제1기 과세기간확정신고는 적정하게 이루어졌다. ((주) 대한은 부가가치세법 시행령 제84조 제3항의 의한 매입시기 집중 제조업 면세농산물등 의제매입세액 공제 대상에 해당한다. (단,

의제매입세액 공제율은 4/104이며, 의제매입세액 공제한도의 기준금액은 과세표준의 100분의 50에 해당하는 금액으로 가정한다.)

| 구 분 | 매 입 | 사 용 | | 계 |
| --- | --- | --- | --- | --- |
| | | 과일통조림 원료 | 과일판매 | |
| 20×7년 1기 과세기간 (1. 1. ~ 6. 30) | ₩14,000,000 | ₩104,000,000 | ₩36,000,000 | - |
| 20×7년 2기 예정신고기간 (7. 1. ~ 9. 30) | 230,000,000 | 118,300,000 | 61,700,000 | ₩50,000,000 |
| 20×7년 2기 확정신고기간 (10. 1. ~ 12. 31) | 258,900,000 | 198,900,000 | 110,000,000 | - |
| 계 | ₩628,900,000 | ₩421,200,000 | ₩207,700,000 | |

*1. 과세사업과 면세사업에 대한 실지귀속을 확인할 수 없음.

4. (주)한국은 과일판매사업에만 사용하던 운반용 트럭을 20×7. 7. 1.부터 과일통조림 제조판매사업에도 함께 사용하기 시작하였다. 동 트럭은 20×7. 6. 1에 취득하였으며, 취득 시 공급가액은 ₩60,000,000 (20×7. 7. 1. 현재 장부가액 ₩44,000,000)이며 매입세액불공제되었다.

[물음]

(주)한국의 20×7년 제2기 부가가치세 예정신고시와 확정신고시, ① ~ ④의 금액을 다음의 양식에 따라 제시하시오.

[답안양식]

| 구 분 | 금 액 | 증명서류 |
| --- | --- | --- |
| (1) 세금계산서 수취분 매입세액 | ₩41,000,000 | ₩54,000,000 |
| (2) 그 밖의 공제매입세액 | ① | ③ |
| (3) 공제받지 못할 매입세액 | ② | ④ |
| (4) 매입세액 공제액: (1)+(2)-(3) | | |

▼ 해답

| 구 분 | 금 액 | 증명서류 |
| --- | --- | --- |
| (1) 세금계산서 수취분 매입세액 | ₩41,000,000 | ₩54,000,000 |
| (2) 그 밖의 공제매입세액 | ① 5,800,000 | ③ 7,790,000 |
| (3) 공제받지 못할 매입세액 | ② 17,100,000 | ④ 23,400,000 |
| (4) 매입세액 공제액: (1)+(2)-(3) | 29,700,000 | 38,390,000 |

[계산근거]

1. 예정신고시

    (1). 그 밖의 공제매입세액(의제매입세액): $\{₩118,300,000+₩50,000,000×\dfrac{₩291,200,000}{₩448,000,000}\}×\dfrac{4}{104}$

    $= ₩5,800,000$

    (2) 공제받지 못할 매입세액: ①+②+③+④= ₩17,100,000

    ① 접대비: ₩2,000,000

    ② 면세사업: ₩7,000,000

    ③ 공통매입세액1 (면세사업분): $₩6,000,000×\dfrac{₩156,800,000}{₩448,000,000} = ₩2,100,000$

    ④ 공통매입세액2 (면세사업분): $₩10,000,000×\dfrac{300㎡}{500㎡} = ₩6,000,000$

2. 확정신고시

    (1). 그 밖의 공제매입세액: ①+② = ₩7,790,000

    ① 의제매입세액: Min{a-b} -c-d= ₩6,800,000

    a. 공제액(1년분): $₩421,200,000×\dfrac{4}{104} = ₩16,200,000$

    b. 한도(1년분): $(₩187,200,000+₩686,400,000)×50\%×\dfrac{4}{104} = ₩16,800,000$

    c. 제1기분: Min$\{₩104,000,000×\dfrac{4}{104},\ ₩187,200,000×50\%×\dfrac{4}{104}\} = ₩3,600,000$

    d. 제2기 예정신고분: ₩5,800,000

    ② 과세전환매입세액: $₩6,000,000×(1-25\%×3)×\dfrac{₩686,400,000}{₩1,040,000,000} = ₩990,000$

    (2). 공제받지 못한 매입세액: ①+②+③= ₩23,400,000

    ① 면세사업: ₩11,000,000

    ② 공통매입세액1 (면세사업분): $₩15,000,000×\dfrac{₩353,600,000}{₩1,040,000,000} -₩2,100,000= ₩3,000,000$

    ③ 공통매입세액2 (면세사업분): $₩22,000,000×\dfrac{300㎡}{500㎡} -₩6,000,000= ₩9,400,000$

CHAPTER 3

차가감납부세액

# 가산세

다음은 (주)WAT의 제1기 부가가치세 신고시 매출·매입을 누락한 내용이다. [요구사항]에 제시된 각 상황별로 가산세를 계산하시오.

1. 매출누락분
   (1) 제품을 매출하고 발행한 전자세금계산서 1매(공급가액 ₩3,000,000, 부가가치세 ₩300,000)
   (2) 제품을 매출하고 발행한 종이세금계산서 1매(공급가액 ₩1,000,000, 부가가치세 ₩100,000)
   (3) 임가공용역을 제공하고 발행한 영세율전자세금계산서 1매(공급가액 ₩2,000,000, 부가가치세 ₩0)
   (4) 제품을 해외로 직접수출하고 받은 외화입금증명서 1매(공급가액 ₩4,000,000, 부가가치세 ₩0)
   (5) 거래처에 선물로 증정한 제품(원가 ₩5,000,000, 시가 ₩8,000,000)

2. 매입누락분
   (1) 원재료를 매입하고 수취한 세금계산서 1매(공급가액 ₩2,000,000, 부가가치세 ₩200,000)
   (2) 업무용승용차(5인승, 2,000cc)를 구입하고 발급받은 전자세금계산서(공급가액 ₩18,000,000, 부가가치세 ₩1,800,000)

### 요구사항

1. 제1기 예정신고시 누락하여 제1기 확정신고시 수정신고한 경우 추가로 납부해야 하는 부가가치세(지방소비세 포함)와 가산세를 다음 양식에 따라 계산하시오.

[답안양식]

| (1) | 자료번호 | 부가가치세 추가납부세액 | 가산세종류* | 계산식 | 가산세액 |
|---|---|---|---|---|---|
| | 1 (1) | | | | |
| | (2) | | | | |
| | (3) | | | | |
| | (4) | | | | |
| | (5) | | | | |
| | 2 (1) | | | | |
| | (2) | | | | |
| | 계 | | | | |

(2) 신고불성실가산세(단, 신고불성실가산세의 감면율은 50%임.)

(3) 납부지연가산세

　　＊ 신고불성실가산세와 납부지연가산세는 제외함

2. 제2기 확정신고시 누락하여 다음의 날짜에 수정신고한 경우 가산세 합계금액을 계산하시오. 단, 전자세금계산서를 수정신고시 전송하였다.

(1) 수정신고일: 8월 4일. 단, 신고불성실가산세의 감면율은 30%임.

(2) 수정신고일: 11월 2일. 단, 신고불성실가산세의 감면율은 30%임.

### ▼ 해답

**[요구사항1]**

(1)

| 자료번호 | 부가가치세 추가납부세액 | 가산세종류* | 계산식 | 가산세액 |
|---|---|---|---|---|
| 1 (1) | ₩300,000 | 전자세금계산서발급명세 전송불성실 | ₩3,000,000×0.3% | ₩9,000 |
| (2) | 100,000 | 세금계산서 불성실 | 1,000,000×1% | 10,000 |
| (3) | | 전자세금계산서발급명세 전송불성실 | 2,000,000×0.3% | 6,000 |
| (4) | | | | |
| (5) | 800,000 | | | |
| 2 (1) | △200,000 | | | |
| (2) | | | | |
| 계 | ₩1,000,000 | | | ₩25,000 |

(2) 신고불성실가산세: {₩1,000,000×10%+₩6,000,000×0.5%}×(1−50%)=₩65,000

(3) 납부지연가산세: ₩1,000,000×91일×22/100,000=₩20,020

[계산근거]

1. 전자세금계산서 의무발급사업자가 종이세금계산서를 발행한 경우 공급가액의 1%를 가산세로 부과함.

2. 지연제출(예정신고 누락분을 확정신고시 제출하는 것)의 경우 지연제출분 공급가액의 0.3%를 가산세로 부과함.

3. 간주공급(사업상 증여)의 경우 세금계산서발급의무는 없음.

4. 무신고한 영세율과세표준: ₩2,000,000+₩4,000,000=₩6,000,000

5. 법정신고기한이 지난후 3개월 초과 6개월 이내 수정신고시 신고불성실가산세의 50%를 감면함.

[요구사항2]

| 8월 4일 수정신고시 가산세합계 | ₩115,700 |
|---|---|
| 11월 2일 수정신고시 가산세합계 | ₩148,000 |

[계산근거]

(1) 8월 4일 수정신고시

| | |
|---|---|
| ① 신고불성실가산세: {₩1,000,000×10%+₩6,000,000×0.5%}×(1−30%)= | ₩91,000 |
| ② 납부지연가산세: ₩1,000,000×10일[*1]×22/100,000= | 2,200 |
| ③ 세금계산서불성실가산세 | 10,000 |
| ④ 전자세금계산서발급명세전송불성실가산세: ₩5,000,000×0.5%×50%[*2]= | 12,500 |
| ⑤ 가산세합계 | ₩115,700 |

*1. 기간: 7월 26일부터 8월 4일까지임
  2. 제출기한(7월 25일) 경과후 1개월 이내에 전송(제출)한 경우 50%를 감면함

(2) 11월 2일 수정신고시

| | |
|---|---|
| ① 신고불성실가산세: {₩1,000,000×10%+₩6,000,000×0.5%}×(1−30%)= | ₩91,000 |
| ② 납부지연가산세: ₩1,000,000×100일[*]×22/100,000= | 22,000 |
| ③ 세금계산서불성실가산세 | 10,000 |
| ④ 전자세금계산서발급명세전송불성실가산세: ₩5,000,000×0.5%= | 25,000 |
| ⑤ 가산세합계 | ₩148,000 |

*기간: 7월 26일부터 11월 2일까지임.

## 가산세

일반과세사업자인 (주)산시물산은 경리담당자의 착오로 20×7년 제1기 부가가치세 확정신고내용에 다음과 같은 오류가 있음을 발견하였다. 이러한 오류는 조세회피를 위한 고의적인 것은 아니다. 단, 1년은 365일로 가정한다.

**[추가자료 1]** 20×7년 제1기 확정신고내용 중 제품의 국내판매분과 관련된 오류

(1) 공급가액 ₩10,000,000은 20×7년 5월 5일에 인도한 것이나 전자세금계산서는 20×7년 6월 24일자로 발급(작성일 5월 5일)하고 국세청장에게 6월 25일에 발급명세를 전송하였다.

(2) 공급가액 ₩5,000,000은 20×7년 6월 15일에 인도한 것이나 전자세금계산서는 선수금 수령일인 20×7년 4월 8일자로 발급하였다.

(3) 공급가액 ₩6,000,000은 전자세금계산서는 발급하였으나 신고누락되었으며, 동 금액에 대해서는 전자세금계산서 발급명세를 전송하지 않았으며, 매출처별세금계산서합계표에도 기재하지 아니하였다.

(4) 공급가액 ₩3,000,000은 전자세금계산서는 발급하고 과세표준에 포함하여 신고하였으나 전자세금계산서 발급명세를 전송하지 않았으며, 매출처별세금계산서합계표에 기재하지 아니하였다.

(5) 직매장 반출액 ₩30,000,000(시가 ₩50,000,000)에 대하여 전자세금계산서를 발급하지 않았으며 신고도 누락하였다. (주)산시물산은 주사업장총괄납부 및 사업자단위과세제도의 적용을 받지 않는다.

(6) 사업상 증여액 ₩2,000,000(시가 ₩3,000,000)에 대하여 전자세금계산서를 발급하지 않았으며 신고도 누락하였다.

**[추가자료 2]** 20×7년 제1기 확정신고내용 중 제품의 수출과 관련된 오류

(1) 직수출액 ₩8,000,000은 신고누락되었으나 영세율첨부서류는 제출하였다.

(2) 직수출액 ₩1,000,000은 과세표준에 포함하여 신고하였으나 영세율첨부서류를 제출하지 않았다.

(3) 내국신용장에 의한 수출액 ₩20,000,000 및 수출업자와 직접도급계약에 대한 수출재화임가공용역 ₩12,000,000은 과세표준에 포함하여 신고하고 영세율첨부서류를 제출하였으나 전자세금계산서를 발급하지 않았다.

**[추가자료 3]** 20×7년 제1기 확정신고내용 중 매입과 관련된 오류

(1) 20×7년 5월 8일에 매입한 것 중 공급가액 ₩4,000,000은 선수금 지급일인 5월 2일자로 세금계산서를 발급받았으나, 공급가액 ₩6,000,000은 6월 15일자로 세금계산서를 발급받았다.

(2) 20×7년 6월 10일에 취득한 공급가액 ₩12,000,000의 비영업용소형승용차에 대해서 세금계산서를 적법하게 발급받고 매입처별세금계산서합계표에 기재하여 공제받았다.

(3) 20×7년 4월 20일에 구입한 공급가액 ₩15,000,000의 기계장치를 매입처별세금계산서합계표에 ₩25,000,000으로 기재하였다.

(4) 20×7년 6월 18일자로 적법하게 발급받은 세금계산서상 매입세액 ₩200,000이 신고누락되었으며 매입처별세금계산서합계표에도 기재누락되었다.

(5) 20×7년 4월 5일에 매입한 공급가액 ₩3,000,000의 원재료에 대해서는 발급받은 종이세금계산서에 필요적 기재사항이 착오기재되었으나 매입처별세금계산서합계표에 기재하여 매입세액공제를 받았다. 착오기재된 필요적 기재사항은 임의적 기재사항에 의하여 거래사실이 확인된다.

(6) 20×7년 3월 20일에 공급가액 ₩6,000,000의 원재료를 구입하고 세금계산서를 발급받았으나 예정신고 및 확정신고시 매입처별세금계산서합계표에 누락하여 관련 매입세액을 공제받지 못하였다.

(7) 20×7년 6월 27일에 구입한 공급가액 ₩10,000,000이 비품을 20×7년 7월 30일자로 세금계산서를 발급받았는데, 확정신고시 매입처별세금계산서합계표에도 누락되었다.

▶ 요구사항

1. 20×8년 1월 9일에 수정신고시 추가로 납부해야 하는 부가가치세(지방소비세포함)와 가산세를 다음 양식에 따라 계산하시오.

[답안양식]

| (1) 자료번호 | 부가가치세 추가납부세액 | 가산세종류* | 계산식 | 가산세액 |
|---|---|---|---|---|
| 1. (1) | | | | |
| ⋮ | | | | |
| 2. (1) | | | | |
| ⋮ | | | | |
| 3. (1) | | | | |
| 계 | | | | |

(2) 신고불성실가산세. 단, 신고불성실가산세의 감면율은 30%임.

(3) 납부지연가산세

 * 과소신고가산세와 납부지연가산세는 제외함.

2. 20×8년 1월 9일에 수정신고시 자진납부할세액(가산세포함)을 제시하시오.

### 해답

**[요구사항1]**

(1)

| 자료번호 | 부가가치세 추가납부세액 | 가산세종류* | 계산식 | 가산세액 |
|---|---|---|---|---|
| 1 (1) | | 세금계산서불성실 | ₩10,000,000×1% | ₩100,000 |
| (2) | | | | |
| (3) | ₩600,000 | 전자세금계산서발급명세전송불성실 | 6,000,000×0.5% | 30,000 |
| (4) | | 전자세금계산서발급명세전송불성실 | 3,000,000×0.5% | 15,000 |
| (5) | 3,000,000 | 세금계산서불성실 | 30,000,000×2% | 600,000 |
| (6) | 300,000 | | | |
| 2 (1) | | | | |
| (2) | | | | |
| (3) | | 세금계산서불성실 | 32,000,000×2% | 640,000 |
| 3 (1) | | 공급받는 사업자관련 | 6,000,000×0.5% | 30,000 |
| (2) | 1,200,000 | | | |
| (3) | 1,000,000 | 공급받는 사업자관련 | 10,000,000×0.5% | 50,000 |
| (4) | △200,000 | | | |
| (5) | | | | |
| (6) | △600,000 | | | |
| (7) | △1,000,000 | 공급받는 사업자관련 | 10,000,000×0.5% | 50,000 |
| 계 | ₩4,300,000 | | | ₩1,515,000 |

(2) 신고불성실가산세: {₩4,300,000×10%+₩9,000,000×0.5%}×(1−30%)=₩332,500

(3) 납부지연가산세: ₩4,300,000×168일×22/100,000=₩158,928

**[계산근거]**

1. 무신고 및 과소신고한 영세율과세표준

   [추가자료 1] (1)신고누락　　₩8,000,000
   [추가자료 2] (2)미제출　　　1,000,000
   계　　　　　　　　　　　₩9,000,000

2. 미납부기간은 20×7. 7. 26 ~ 20×8. 1. 9이므로 168일임.

[요구사항2]

| 20×8년 1월 9일 수정신고시 잔진납부할세액 | ₩6,306,428 |
|---|---|

[계산근거]

(1) 추가납부세액                                                                   ₩4,300,000

(2) 가산세
  ① 세금계산서불성실가산세            ₩1,340,000
  ② 전자세금계산서발급명세전송불성실가산세    45,000
  ③ 공급받는 사업자관련 가산세          130,000
  ④ 신고불성실가산세                 332,500
  ⑤ 납부지연가산세                  158,928     2,006,428
        계                                        ₩6,306,428

▼ 해설

1. [추가자료 1] (1)의 경우 공급일이 5월 5일이므로 세금계산서는 6월 10일(그날이 공휴일 또는 토요일인 경우에는 바로 다음 영업일)까지 발급하여야 한다. 따라서 세금계산서불성실가산세(지연발급)가 부과된다.

2. [추가자료 2] (1), (2)의 경우 직수출은 세금계산서를 발급하지 않으므로 세금계산서 미발급에 대해서는 가산세를 부과하지 아니한다.

3. [추가자료 3] (2)의 경우 발급받은 세금계산서는 적법한 것이므로 세금계산서합계표는 적절히 작성된 것이다. 따라서 이에 대한 가산세는 부과되지 않으며(과다기재의 경우가 아님), 매입세액불공제분을 공제받았으므로 신고불성실가산세와 납부지연가산세가 부과된다.

4. [추가자료 3] (4)의 경우 수정신고시에는 매입세액을 공제하며 가산세도 부과되지 않으나 경정기관의 확인에 의해 공제받는 경우 가산세가 부과된다.

5. [추가자료 3] (5)의 경우 필요적 기재사항 중 일부가 착오기재된 경우로써 해당 세금계산서의 필요적 기재사항 또는 임의적 기재사항으로 보아 거래사실이 확인된 때에는 사실과 다른 세금계산서로 보지 아니한다. 법인이 전자세금계산서 대신 종이세금계산서를 발급하는 경우 발급자는 세금계산서불성실가산세(미발급)를 부과하나, 매입자는 매입세액공제를 받을 수 있으며 가산세도 부과되지 않는다.

6. [추가자료 3] (6)의 경우 세금계산서합계표를 미제출하여 수정신고하는 것이므로 매입세액을 공제하며, 가산세도 부과되지 않는다. 단, 경정시 경정기관의 확인에 의해 공제받는 경우 가산세가 부과된다.

7. [추가자료 3] (7)의 경우 과세기간을 경과하여 세금계산서를 발급받았더라도 확정신고기한 다음날부터 6개월 이내에 수정신고를 하는 경우 매입세액을 공제하며, 가산세가 부과된다.

# 03 차가감납부세액 ■2015. 세무사 수정

(주)대한은 복숭아를 매입하여 복숭아통조림으로 가공·판매하는 과세사업자이다. 20×3. 7. 1부터 과세사업을 영위해오던 (주)대한은 20×7. 4. 1부터 복숭아를 가공하지 않고 그대로 판매하는 면세사업을 병행하기로 하였다. 20×7년 제1기 확정신고기간 중 4. 1부터 6. 30까지의 부가가치세 관련 자료는 다음과 같다. 특별한 언급이 없는 한 부가가치세가 포함되지 아니한 금액이며 적법하게 세금계산서를 교부하였다고 가정한다. (주)대한은 중소기업이 아니다.

1. 20×7. 4. 1부터 6. 30까지의 복숭아통조림 공급가액은 ₩30,000,000이며, 이 중 70%는 전자세금계산서를 발급하여 전송하고, 30%는 신용카드매출전표를 발행하였다. 20×7. 3. 30 복숭아통조림 공급가액 ₩2,000,000에 대해 세금계산서를 발급하였으나 예정신고시 누락되어 확정신고와 함께 신고하기로 하였다.

2. 다음의 건물을 20×7. 4. 1부터 복숭아 판매를 위한 용도로만 사용하기 시작했으며, 관련 자료는 다음과 같다.

| 종류 | 취득일 | 취득가액 | 시가 | 재무상태표상 감가상각누계액 |
|---|---|---|---|---|
| 토지 | 20×4. 3. 5 | ₩23,000,000 | ₩30,000,000 | – |
| 건물* | 20×4. 3. 5 | 36,000,000 | 25,000,000 | ₩3,400,000 |

*건물 취득시 매입세액공제액은 ₩3,000,000이며, 재무상태표상 감가상각누계액에는 감가상각부인액 ₩600,000이 포함되어 있다.

3. 20×7. 4. 2 복숭아 가공을 위한 커터기계를 ₩4,400,000(부가가치세 포함)에 매입하면서 공급가액과 부가가치세액이 별도로 기재된 신용카드매출전표를 수령하고, 수령명세서를 적법하게 제출하였다.

4. 20×7. 4. 3 복숭아통조림 가공·판매사업과 복숭아 판매사업에 같이 사용할 목적으로 운송용 트럭을 ₩15,000,000에 구입하고 세금계산서를 수령하였다. 20×6년 제2기와 20×7년 제1기의 공급가액 자료는 다음과 같다.

| 구분 | 20×6년 제2기 | 20×7년 제1기 |
|---|---|---|
| 과세 | ₩48,000,000 | ₩75,200,000 |
| 면세 | – | 24,800,000 |
| 계 | ₩48,000,000 | ₩100,000,000 |

5. (주)대한의 20×7년 제1기 과세기간 동안 면세농산물인 복숭아 ₩12,000,000을 농민으로부터 직접 매입하여 그 중 ₩7,000,000은 복숭아통조림의 가공에 사용하고, ₩3,000,000은 복숭아를 가공하지 않고 그대로 판매하였다. 나머지 ₩2,000,000은 기말재고로 남아 있다. 20×6년 제2기 과세기간으로부터 이월된 복숭아 재고는 없다. 20×7년 제1기의 공급가액 자료는 위 4의 자료와 같다. 의제매입세액공제신고서는 적법하게 제출하였으며, 20×7년 제1기 예정신고시 의제매입세액공제액은 없다.

6. 20×7. 6. 5 매출채권 가운데 대손 확정된 대손액 ₩1,100,000(부가가치세 포함)은 관련 재화의 공급일로부터 5년이 경과하여 상법상의 소멸시효가 완성된 것으로 대손요건을 모두 충족하고 또 대손세액공제신고서와 대손사실을 증명하는 서류를 제출한 것이다. 한편 20×6년 제1기 확정신고시 대손세액공제를 받은 부도어음 ₩5,500,000 중 ₩2,750,000(부가가치세 포함)을 20×7. 6. 10 회수하였다.

7. 20×7. 6. 10 (주)대한의 대표이사는 거래처인 (주)민국에 대한 접대를 목적으로 회식비 ₩1,650,000(부가가치세 포함)을 지출하고 세금계산서를 수취하였다.

8. 20×7. 6. 12 세금계산서 발급의무가 있는 세무사로부터 세무자문을 받고 관련 자문상담료 ₩2,000,000(부가가치세 포함)을 지급하였으나, 세무사가 세금계산서를 발급하지 아니함에 따라 매입자발행세금계산서의 발급을 기한 내에 신청하고 관할세무서의 확인을 받아 공급시기의 확정기한내에 매입자발행세금계산서를 발급하였다.

### 요구사항

(주)대한 20×7년 제1기 확정신고시 신고할 부가가치세 매출세액과 매입세액을 다음의 [답안양식]에 계산하시오.

| 자료번호 | 매출세액 | 총매입세액 | 공제받지 못할 매입세액 |
|---|---|---|---|
| 1 | | | |
| ⋮ | | | |
| 8 | | | |
| 합계 | | | |

### 해답

| 자료번호 | 매출세액 | 총매입세액 | 공제받지 못할 매입세액 |
|---|---|---|---|
| 1 | ₩3,200,000 | | |
| 2 | 2,100,000 | | |

| | | | |
|---|---|---|---|
| 3 | | ₩400,000 | |
| 4 | | 1,500,000 | ₩372,000 |
| 5 | | 166,745 | |
| 6 | 150,000 | | |
| 7 | | 150,000 | 150,000 |
| 8 | | 181,818 | |
| 합계 | ₩5,450,000 | ₩2,398,563 | ₩522,000 |

[계산근거]

1. (₩30,000,000+₩2,000,000)×10%=₩3,200,000

2. 면세전용임. ₩30,000,000×(1−5%×6)×10%=₩2,100,000

3. ₩4,400,000×0.1/1.1=₩400,000

4. 공제받지 못할 매입세액: $₩1,500,000 \times \dfrac{₩24,800,000}{₩100,000,000} = ₩372,000$

5. Min{(₩7,000,000+₩2,000,000×75.2%), (₩75,200,000×40%)}×2/102=₩166,745

6. ₩250,000−₩100,000=₩150,000

7. 접대비관련 매입세액은 공제받지 못할 매입세액임.

8. ₩2,000,000×1/1.1×10%=₩181,818

# 04 차가감납부세액의 오류수정

과세사업과 면세사업을 겸영하는 (주)한강의 20×7년 제1기 일반과세자 부가가치세 확정신고서상 매출세액은 ₩60,000,000이고, 매입세액은 ₩5,000,000이다. 하지만 이들 금액은 몇 가지 오류가 포함된 잘못 계상된 금액이다. 다음에 제시된 자료를 통해 매출세액과 매입세액 계산에 오류가 있다고 판단한 부분을 자료의 항목별로 확정신고서상 매출세액과 매입세액에 적절히 가감하여, 정확한 매출세액과 매입세액에 계산하시오. 단, 별도의 언급이 없는 한 세금계산서 및 계산서는 정당하게 발급하거나 발급받았으며 주어진 자료에 제시된 금액에는 부가가치세가 포함되어 있지 않다. 또한 (주)한강은 납부세액을 최소화하기 위해 자료에 제시된 사항에 관련된 법적 절차를 완료하였다.

1. 답안을 작성함에 있어 다음의 양식을 따를 것

| 자료번호 | 내 역 | 금 액 |
|---|---|---|
| (1) | 확정신고서상 매출(입)세액<br>(계산내역과 과정을 2줄 이내로 짧게 언급하고, 금액에 미치는 영향이 없는 경우에도 그 이유를 쓰시오) | (증가는 +, 감소는 -) |
| ⋮ | | |
| (6) | | |
| | 정확한 매출(입)세액 | |

2. 공통자료
   (1) 직전 과세기간의 과세공급가액과 면세공급가액의 비율은 44:56, 당해 과세기간의 과세공급가액과 면세공급가액의 비율은 40:60으로 가정한다.
   (2) 20×7년 제1기 예정신고기간에 대한 부가가치세 신고와 납부는 적법하게 이루어졌다고 가정한다.

3. 20×7. 4. 1 ~ 6. 30의 매출세액 관련사항
   (1) 신고서상 매출세액에는 면세사업에 사용하던 건물을 ₩200,000,000에 매각하면서 거래징수한 부가가치세가 포함되어 있다.
   (2) 신고서상 매출세액 산출에 포함된 과세사업에 대한 국내매출액을 계산하면서 매출에누리 ₩2,000,000과 매출할인 ₩1,000,000, 대손예상액 ₩3,800,000을 차감하였다.
   (3) 신고서상 매출세액 산출에 포함된 과세사업에 대한 국내매출액 중 ₩30,000,000은 재화를 공급하고 그 대가로서 (주)금강의 주식을 취득한 것이다. (주)한강은 공급한 제품의 시가로 매출액을 계상하였지만, 취득한 주식의 취득 당일 시가는 ₩32,000,000이고, 취득한 주식의 액면총액은 ₩15,000,000이다.

(4) 신고서상 매출세액 산출에 포함된 과세사업에 대한 국내매출액 중 ₩20,000,000은 계약금 ₩5,000,000을 받고 20×7년 6월 29일에 세금계산서를 발급한 것으로 제품의 인도와 잔금 수수는 20×7년 7월 31일에 이루어졌다.

(5) 신고서상 매출세액 산출에 포함된 과세사업에 대한 국내매출액에는 국내사업장이 없는 비거주자에게 제품을 공급하고 그 대가를 외국환은행에서 수령한 ₩10,000,000이 포함되어 있다. 단, 제품의 인도는 비거주자가 지정하는 국내사업자 (주)파주에게 이루어졌으며 (주)파주는 ₩4,000,000은 과세사업에, ₩6,000,000은 면세사업에 사용하였다.

(6) 신고서상 매출세액에는 과세사업과 면세사업에 공통으로 사용하던 기계장치를 ₩5,500,000(부가가치세 포함)에 처분함으로 인한 부가가치세 ₩500,000이 포함되어 있다.

4. 20×7. 4. 1 ~ 6. 30의 매입세액 관련사항

(1) 신고서상 매입세액에는 과세사업과 관련되어 4월 23일 임대인으로부터 발급받은 계산서에 의해 확인되는 간주임대료에 대한 부가가치세 ₩300,000이 포함되어 있다.

(2) 신고서상 매입세액에는 과세사업의 영업부 전용 개별소비세 과세대상 자동차 구입시 거래징수된 부가가치세 ₩850,000이 누락되어 있다.

(3) 신고서상 매입세액에는 과세사업과 관련된 공장부지를 조성하면서 거래징수된 부가가치세 ₩1,500,000이 누락되어 있다.

(4) 신고서상 매입세액에는 과세사업과 면세사업에 공통으로 사용할 목적으로 ₩10,000,000에 구입한 설비자산에 대한 부가가치세가 포함되어 있다.

(5) (주)한강은 5월 22일 임산물 원재료 ₩5,100,000을 면세로 공급받은 바 있으나 이로 인한 의제매입세액을 신고서상 매입세액에 포함하지 아니하였다. 임산물 원재료 사용에 대한 사업별 실지귀속이 불분명하고, (주)한강의 업종은 제조업 및 음식점업이 아니라고 가정한다. 의제매입세액 공제한도는 검토하지 말 것

(6) (주)한강은 4월 20일 과세사업에 사용할 비품을 ₩4,500,000에 외상으로 구매하였다. 비품은 4월 25일에 배달되었고 구입대금은 4월 26일에 지급되었다. 한편 (주)웅지는 4월 26일자로 발급받은 세금계산서를 재화의 공급시기와 세금계산서 발급시기가 불일치하므로 사실과 다른 세금계산서로 보고 신고서상 매입세액 계산에서 제외하였다.

▼ **해답**

1. 매출세액

| 자료번호 | 내 역 | 금 액 |
|---|---|---|
| | 확정신고서상 매출세액 | ₩60,000,000 |
| (1) | 면세사업에 사용하던 건물의 공급은 면세대상이므로 매출세액에서 차감함 | (−)20,000,000 |
| (2) | 대손예상액은 매출세액에서 차감하지 않으므로 매출세액에 가산함 | (+) 380,000 |
| (3) | 재화를 공급하고 금전 이외 대가(주식)를 받은 경우 공급한 재화의 시가를 과세표준으로 하므로 수정이 필요없음 | − |
| (4) | 공급시기 도래 전에 재화 또는 용역에 대한 대가의 전부 또는 일부를 받고 세금계산서를 선발급한 것만 인정되므로 대가를 받지 않은 부분은 매출세액에서 차감함 | (−)1,500,000 |
| (5) | 국내사업장이 없는 비거주자가 지정하는 국내사업자에게 인도한 재화는 그 지정사업자가 과세사업에 사용하면 영세율대상이므로 매출세액에서 차감함 | (−) 400,000 |
| (6) | 과세표준의 안분계산을 하지 않고 전액 매출세액에 포함하였으므로 면세대상분을 매출세액에 차감함. $$₩500,000 - ₩5,500,000 \times \frac{44\%}{44\% + 56\% + 4.4\%} \times 10\%$$ | (−) 268,200 |
| | 정확한 매출세액 | ₩38,211,800 |

2. 매입세액

| 자료번호 | 내 역 | 금 액 |
|---|---|---|
| | 확정신고서상 매입세액 | ₩5,000,000 |
| (1) | 간주임대료는 세금계산서 발급대상이 아니며 매입세액공제도 받을 수 없음 | (−) 300,000 |
| (2) | 비영업용소형승용차(개별소비세과세대상)관련 매입세액은 공제대상이 아니므로 수정사항 없음 | − |
| (3) | 공장부지조성과 관련된 매입세액은 공제대상이 아니므로 수정사항 없음 | − |
| (4) | 공통매입세액 중 면세분을 매입세액에서 차감함 ₩1,000,000×60% | (−) 600,000 |

| | | | |
|---|---|---|---|
| (5) | 과세사업과 면세사업에 공통으로 사용할 임산물 원재료를 구입하였으므로 과세분에 대한 의제매입세액을 공제대상 매입세액에 가산함 $$\text{₩}5,100,000 \times 40\% \times \frac{2}{102} \times 10\%$$ | (+) | 4,000 |
| (6) | 세금계산서를 공급시기 후에 발급받았으나 공급시기와 같은 과세기간에 교부받았으므로 매입세액공제대상임 | (+) | 450,000 |
| | 정확한 매입세액 | | ₩4,554,000 |

## 차가감납부세액 ■2010. CPA

다음 자료는 일반과세사업자인 (주)웅지의 20×7년 4월 1일부터 20×7년 6월 30일까지 제1기 확정신고기간에 대한 부가가치세 신고내역 자료이다. 이를 참고하여 [요구사항]에 답하시오.

1. (주)웅지의 20×7년 제1기 확정신고를 위한 부가가치세 신고서 일부를 발췌하면 다음과 같다.

| 구 분 | | | 금 액 | 세 액 |
|---|---|---|---|---|
| 과세표준 및 매출세액 | 과 세 | 세금계산서발급분 | ₩6,000,000,000 | ₩600,000,000 |
| | | 기 타 | 1,200,000,000 | 120,000,000 |
| | 영세율 | 세금계산서발급분 | 750,000,000 | - |
| | | 기 타 | 432,500,000 | - |
| | 합 계 | | ₩8,382,500,000 | ₩720,000,000 |

| 구 분 | | | 금 액 | 세 액 |
|---|---|---|---|---|
| 매입세액 | 세금계산서 수취분 | 일반매입 | ₩4,735,000,000 | ₩473,500,000 |
| | | 고정자산매입 | 1,230,000,000 | 123,000,000 |
| | 예정신고누락분 | | 125,000,000 | 12,500,000 |
| | 기타공제 매입세액 | | 78,000,000 | 7,800,000 |
| | 공제받지 못할 매입세액 | | 4,500,000 | 450,000 |
| | 차 감 계 | | ₩6,172,500,000 | ₩617,250,000 |

2. (주)웅지의 20×7년 제1기 확정신고서상 과세표준 및 매출세액에 포함되거나 포함되지 아니한 거래 중 일부를 요약하면 다음과 같다.

① 20×7년 제1기 확정신고기간 중 (주)신촌에 대한 매출과 관련하여 약정된 수량 초과에 따라 제공된 에누리금액 ₩10,000,000이 세금계산서발급분(과세)에 포함되어 있다.

② 20×7년 제1기 확정신고기간 중 (주)웅지는 (주)홍대에 판매장려목적으로 제품(원가 ₩3,000,000, 시가 ₩5,000,000 상당액)을 무상으로 제공하면서 세금계산서를 발행하지 않았으며, 20×7년 제1기 확정신고에 포함하지 않았다.

③ 20×7년 제2기 확정신고시 포함된 (주)합정에 대한 매출채권을 20×7년 제1기 확정신고기간 중 회수하면서 지연이자로서 ₩1,000,000을 수령하였으나 세금계산서를 발행하지 않았고, 20×7년 제1기 확정신고에 포함하지 않았다.

④ 20×7년 제1기 확정신고기간 중 사업에 사용하던 토지, 건물 및 기계장치를 ₩400,000,000(각 자산별 거래가액 구분이 불명확함)에 매각하면서 공급가액을 ₩150,000,000으로 하는 세금계산서를 발행하고, 세금계산서발급분(과세)에 포함하였다. 양도자산에 대한 가액은 다음과 같다.

| 구 분 | 토 지 | 건 물 | 기계장치 |
|---|---|---|---|
| 기준시가 | ₩300,000,000 | ₩100,000,000 | 없음 |
| 장부가액 | 100,000,000 | 50,000,000 | ₩50,000,000 |
| 감정평가액 | 없음 | 없음 | 없음 |

⑤ 20×7년 제1기 확정신고기간 중 수출업자인 (주)파주의 신청에 의해 (주)천일은행이 발행한 내국신용장에 의하여 제품을 (주)파주에 공급하면서 세금계산서를 발행하지 않았고, 영세율(기타)에 ₩20,000,000을 포함하였다.

⑥ 20×7년 4월 5일 (주)웅지는 대만수입업자와 제품 10개를 개당 $1,200에 수출하는 계약을 체결하고, 20×7년 5월 10일 수출물품을 선적하였다. 20×7년 4월 5일 현재 기준환율은 1달러당 ₩1,150이며, 20×7년 5월 10일 현재 기준환율은 1달러당 ₩1,200이다. (주)금강은 20×7년 제1기 확정신고 시 20×7년 4월 5일 현재 기준환율을 적용하여 환산한 ₩13,800,000을 영세율(기타)에 포함하였다.

⑦ 20×7년 제1기 확정신고기간 중 공장에 위치한 사무실 일부를 (주)세무에 임대하면서 매월 말일에 ₩1,000,000을 임대료로 수령하기로 하였으나, 6월 말일에 받기로 한 임대료를 수령하지 못하였다. 이에 따라 동 임대료에 대해 세금계산서를 발행하지 않았고 20×7년 제1기 확정신고에 포함하지 않았다.

3. (주)웅지의 20×7년 제1기 확정신고서상 매입세액에 포함되거나 포함되지 아니한 거래 중 일부를 요약하면 다음과 같다.

① 20×7년 제1기 확정신고기간 중 (주)만두로부터 원재료를 구입하면서 약정일자보다 조기에 대가를 지급함에 따라 제공 받은 할인금액 ₩5,000,000을 세금계산서 수취분(일반매입)에 포함하였다.

② 20×7년 제1기 확정신고기간 중 공장을 신축할 목적으로 (주)빙수로부터 토지를 매입하면서 지급한 ₩500,000,000을 세금계산서 수취분(고정자산매입)에 포함하였다.

③ 20×7년 제1기 예정신고기간 중 (주)과세로부터 원재료를 매입하였으나 예정신고시 누락한 매입가액 ₩50,000,000을 20×7년 제1기 확정신고 시 예정신고누락분에 포함하였다.

④ 20×6년 제2기 예정신고기간 중 (주)과실로부터 원재료를 ₩30,000,000에 매입하였으나, 20×6년 제2기 예정신고 및 20×6년 제2기 확정신고에 포함하지 못하여 20×7년 제1기 확정신고시 예정신고누락분에 포함하였다.

⑤ 20×7년 제1기 확정신고기간 중 대표이사가 사용하는 개별소비세 과세대상 자동차에 대해 (주)수리로부터 정비용역을 제공받고 지급한 ₩5,000,000을 세금계산서수취분(일반매입)에만 포함하였다.

⑥ 20×7년 제1기 확정신고기간 중 (주)웅지의 대표이사가 제품의 주요구매자인 (주)신라에 대한 접대목적으로 (주)신라 구매부서 회식에 참여하면서 발생한 회식비 ₩1,100,000(동 금액 중 ₩100,000은 부가가치세이며, 별도로 구분기재 되었음)을 (주)웅지의 법인신용카드로 결제하면서 신용카드매출전표를 수령하고 이를 기타공제매입세액에 포함하였다.

4. (주)웅지는 상기 2 및 3에 기술된 사항 이외의 거래에 대해서는 세금계산서 등 관련증명서류를 적정하게 발행(발행대상 아닌 경우에는 발행하지 않음) 및 수령(수령대상 아닌 경우에는 수령하지 않음)하고 20×7년 제1기 확정신고서에 적정하게 반영한 것으로 가정한다.

5. 별도의 언급이 없는 한 제시한 금액은 모두 부가가치세를 포함하지 아니한 금액으로 가정한다.

### 요구사항

1. [자료 2]의 거래를 부가가치세법에 따라 적정하게 수정한다면 20×7년 제1기 확정신고서상 공급가액 합계액이 어떻게 수정되는지 다음 수정예시사항을 참고하여 [답안양식]에 따라 제시하시오. 이때 가산 시에는 (+), 차감 시에는 (−)를 금액 앞에서 표시하시오.

    수정예시 1: 과세표준(공급가액)이 과대한 경우 과대금액을 차감, 과세표준(공급가액)이 과소한 경우 과소금액을 가산

    수정예시 2: 세금계산서 발행대상이나 발행하지 아니하여 세금계산서 발급분에 포함되지 아니한 경우 세금계산서 발급분에 가산

    수정예시 3: 세금계산서 발행대상이나 발행하지 않고 기타에 포함한 경우 기타에서 차감

[답안양식]

| 구 분 | 과 세 | | 영 세 율 | |
|---|---|---|---|---|
| | 세금계산서발급분 | 기 타 | 세금계산서발급분 | 기 타 |
| 수정전 금액 | ₩6,000,000,000 | ₩1,200,000,000 | ₩750,000,000 | ₩432,500,000 |
| 거래 ① | | | | |
| ⋮ | | | | |
| 거래 ⑦ | | | | |
| 수정후 금액 | | | | |

2. [자료 3]의 거래를 부가가치세법에 따라 적정하게 수정한다면 20×7년 제1기 확정신고서상 매입가격 차감계금액이 어떻게 수정되는지 다음 수정예시사항을 참고하여 [답안양식]에 따라 제시하시오. 이때 가산 시에는 (+), 차감 시에는 (−)를 금액 앞에 표시하시오.

수정예시 1: 수취한 세금계산서 공급가액이 과대한 경우 세금계산서수취분에서 차감, 과소한 경우 세금계산서수취분에 가산

수정예시 2: 세금계산서 수취대상은 아니나 수취한 경우 세금계산서수취분에서 차감

수정예시 3: 예정신고누락분에 포함대상이 아니나 포함한 경우 예정신고누락분에서 차감

수정예시 4: 불공제 매입세액 대상이나 공제받지 못할 매입세액에 포함하지 아니한 경우 공제받지 못할 매입세액에 가산

수정예시 5: 기타공제 대상이 아니나 포함한 경우 기타공제에서 차감

[답안양식]

| 구 분 | 금 액 | | | | |
|---|---|---|---|---|---|
| | 세금계산서수취분 | | 예정신고누락 | 기타공제 | 공제받지 못할 세액 |
| | 일반매입 | 고정자산 매입 | | | |
| 수정전 금액 | ₩4,735,000,000 | ₩1,230,000,000 | ₩125,000,000 | ₩78,000,000 | ₩4,500,000 |
| 거래 ① | | | | | |
| ⋮ | | | | | |
| 거래 ⑥ | | | | | |
| 수정후 금액 | | | | | |

*(주) 대상금액은 매입가액 기준임

### 해답

[요구사항1]

| 구 분 | 과 세 | | 영세율 | |
|---|---|---|---|---|
| | 세금계산서 발급분 | 기 타 | 세금계산서 발급분 | 기 타 |
| 수정전 금액 | ₩6,000,000,000 | ₩1,200,000,000 | ₩750,000,000 | ₩432,500,000 |
| 거래 ① | (−)10,000,000 | | | |
| 거래 ② | | (+)5,000,000 | | |
| 거래 ③ | | | | |
| 거래 ④ | (+)25,000,000 | | | |
| 거래 ⑤ | | | (+)20,000,000 | (−)20,000,000 |
| 거래 ⑥ | | | | (+)600,000 |
| 거래 ⑦ | (+)1,000,000 | | | |
| 수정후 금액 | ₩6,016,000,000 | ₩1,205,000,000 | ₩770,000,000 | ₩413,100,000 |

[계산근거]

1. 거래 ④

    (1) 장부금액에 의한 1차배분

    ① 기준시가가 있는 자산(토지·건물): ₩400,000,000 × $\frac{₩150,000,000}{₩200,000,000}$ = ₩300,000,000

    ② 기준시가가 없는 자산(기계장치): ₩400,000,000 × $\frac{₩50,000,000}{₩200,000,000}$ = ₩100,000,000

    (2) 기준시가에 의한 2차배분

    ① 토지: ₩300,000,000 × $\frac{₩300,000,000}{₩400,000,000}$ = ₩225,000,000

    ② 건물: ₩300,000,000 × $\frac{₩100,000,000}{₩400,000,000}$ = ₩75,000,000

    (3) 과세표준 = 건물의 공급가액 + 기계장치의 공급가액
    = ₩75,000,000 + ₩100,000,000 = ₩175,000,000

    (4) 수정금액: ₩175,000,000 − ₩150,000,000 = ₩25,000,000

2. 거래 ⑥

    (1) 과세표준: 10개 × U$1,200 × ₩1,200 = ₩14,400,000

    (2) 수정금액: ₩14,400,000 − ₩13,800,000 = ₩600,000

[요구사항2]

| 구 분 | 금 액 ||||| 
|---|---|---|---|---|---|
| | 세금계산서 수취분 || 예정신고누락 | 기타공제 | 공제받지 못할 세액 |
| | 일반매입 | 고정자산 매입 | | | |
| 수정전 금액 | ₩4,735,000,000 | ₩1,230,000,000 | ₩125,000,000 | ₩78,000,000 | ₩4,500,000 |
| 거래 ① | (−)5,000,000 | | | | |
| 거래 ② | | (−)500,000,000 | | | |
| 거래 ③ | | | | | |
| 거래 ④ | | | (−)30,000,000 | | |
| 거래 ⑤ | | | | | (+)5,000,000 |
| 거래 ⑥ | | | | (−)1,000,000 | |
| 수정후 금액 | ₩4,730,000,000 | ₩730,000,000 | ₩95,000,000 | ₩77,000,000 | ₩9,500,000 |

### 해설

1. 과세표준 및 매출세액
    (1) 매출에누리는 과세표준에 포함하지 않으므로 세금계산서발급분(과세)에서 차감한다.
    (2) 사업상 증여로 제품을 증정한 경우에는 시가를 과세표준으로 하며 세금계산서 발급대상은 아니므로 과세(기타)분에 포함한다.
    (3) 연체이자는 부가가치세 과세대상이 아니므로 확정신고에 포함하지 않은 것은 타당하다.
    (4) 토지, 건물, 기계장치를 일괄양도하였으나 실지거래가액이 불분명하고 감정가액이 없으므로 장부가액으로 1차 안분계산하고, 기준시가가 있는 토지와 건물은 기준시가로 2차 안분계산한다.
    (5) 내국신용장에 의한 공급은 영세율대상이나 세금계산서발급대상이므로 영세율(기타)에서 차감하고, 영세율(세금계산서발급분)에 포함한다.
    (6) 수출의 경우에는 선적일이 공급시기이며, 문제에서 선적일 전에 대가를 받아 환가하였다는 언급이 없으므로 선적일의 기준환율을 적용해서 환산해야 한다.
    (7) 부동산임대의 경우에는 대가의 각 부분을 받기로 한 날을 공급시기로 하는데, 6월말에 받기로 한 임대료를 과세표준에 포함하지 않았으므로 과세표준(과세, 세금계산서 발급분)에 포함한다.

2. 매입세액
    (1) 매입할인을 세금계산서 수취분(일반매입)에 포함하였으므로 일반매입에서 차감한다.
    (2) 토지는 면세이고 세금계산서 발급대상이 아닌데, 토지 매입에 대하여 세금계산서를 발급받았으므로 세금계산서 수취분(고정자산매입)에서 차감한다.
    (3) 20×7년 제1기 예정신고기간 누락분을 예정신고누락분에 포함하였으므로 타당하다.
    (4) 20×6년 제2기 예정신고기간 누락분은 20×7년 제1기 확정신고대상이 아니므로 예정신고누락분에서 차감한다. 20×6년 제2기 예정신고누락분은 20×6년 제2기 확정신고시 예정신고누락분에 포함해야 한다.
    (5) 개별소비세 과세대상 자동차의 정비용역에 대한 매입세액은 세금계산서 수취분(일반매입)에 포함하고, 동시에 공제받지 못할 매입세액에 포함해야 한다.
    (6) 거래처의 회식비를 대신 결제한 것은 접대비에 해당하므로 기타공제에서 차감한다.

## 차가감납부세액 ■2007. CPA

과세제품제조업과 면세제품제조업을 겸영하는 일반과세자인 (주)남한강(중소기업 아님)의 20×7년 제1기 부가가치세 확정신고와 관련된 다음의 자료를 기초로 하여 물음에 답하시오. 단, 별도의 언급이 없는 한 제시된 금액은 부가가치세를 포함하지 않은 것임

1. 20×7년 4월부터 6월까지의 제품매출 내역은 다음과 같으며, 이와 관련하여 세금계산서의 교부는 세법에 따라 적법하게 이루어졌다.

    (1) 과세제품의 매출내역

    | | |
    |---|---:|
    | ·국내매출액 | ₩420,000,000 |
    | ·내국신용장에 의한 매출액 | 123,000,000 |
    | ·해외수출액 | 120,000,000 |
    | 계 | ₩663,000,000 |

    (2) 면세제품의 매출내역

    | | |
    |---|---:|
    | ·국내매출액 | ₩257,000,000 |
    | ·해외수출액 | 100,000,000* |
    | 계 | ₩357,000,000 |

    *해외수출액에 대하여 면세포기하지 아니함

2. 과세제품의 매출과 관련하여 20×6년 제2기 과세기간에 발생한 매출채권(10% 부가가치세를 포함한 것임) 중에서 ₩11,000,000이 20×7년 2월 5일에 대손확정되었고, 추가적으로 ₩5,500,000이 20×7년 5월 7일에 대손확정되었다.

3. 20×7년 1월부터 6월까지의 매입 및 경비지출 내역은 다음과 같다.

    (1) 면세농산물을 20×7년 5월에 ₩324,360,000 매입하여 이 중에서 ₩54,060,000은 과세제품 제조에 사용되었고, ₩162,180,000은 과세제품과 면세제품 제조에 공통으로 사용되었으며, 나머지 ₩108,120,000은 20×7년 6월말까지 사용되지 않고 재고로 남아 있다.

    (2) 기타 원재료 및 부재료의 기간별 및 사용용도별 매입내역은 다음과 같다. 아울러 동 매입은 모두 부가가치세 과세대상거래이며 이에 대한 세금계산서의 수취는 세법에 따라 적법하게 이루어졌다.

| 사용용도 | 기 간 | | 합 계 |
|---|---|---|---|
| | 1월 ~ 3월 | 4월 ~ 6월 | |
| 과세제품 제조 | ₩120,000,000 | ₩200,000,000 | ₩320,000,000 |
| 면세제품 제조 | 160,000,000 | 100,000,000 | 260,000,000 |
| 과세제품 및 면세제품 제조 | 220,000,000 | 240,000,000 | 460,000,000 |
| 계 | ₩500,000,000 | ₩540,000,000 | ₩1,040,000,000 |

(3) 20×7년 6월 1일 ₩15,000,000의 개별소비세과세대상자동차를 매입하였으며, 이에 대한 세금계산서의 수취는 세법에 따라 적법하게 이루어졌다.

(4) 접대비지출액이 20×7년 1월부터 3월까지 ₩70,000,000 발생하였고 20×7년 4월부터 6월까지 ₩90,000,000 발생하였으며, 이들에 대한 세금계산서의 수취는 세법에 따라 적법하게 이루어졌다.

4. 20×6년 7월부터 20×7년 3월까지의 각 기간별 및 각 제품별 매출내역은 다음과 같다.

| 기 간 | 제 품 | | 합 계 |
|---|---|---|---|
| | 과세제품 | 면세제품 | |
| 20×6년 7월 ~ 9월 | ₩630,000,000 | ₩270,000,000 | ₩900,000,000 |
| 20×6년 10월 ~ 12월 | 360,000,000 | 240,000,000 | 600,000,000 |
| 20×7년 1월 ~ 3월 | 459,000,000 | 391,000,000 | 850,000,000 |

5. 20×7년 3월 4일 과세제품을 매출하였고(공급가액:₩20,000,000) 이에 대하여 10%의 부가가치세를 거래징수하고 세금계산서를 적법하게 발급하였으나, 해당 세금계산서를 전송하지 아니하였으며 당해 매출거래에 대한 신고가 직원의 업무실수로 예정신고시 누락되었기에 확정신고시에 매출처별세금계산서합계표에 기록함으로써 신고·납부하고자 한다. 아울러 이것 이외에 나머지 사항에 대하여는 20×7년 제1기 부가가치세 예정신고 및 납부가 적법하게 이루어졌다.

### 요구사항

1. 20×7년 제1기 부가가치세 확정신고시 신고할 ①과세표준과 ②매출세액을 다음의 양식에 따라 제시하시오.

| 계산내역 | 금 액 |
|---|---|
| ① 과세표준 | |
| ② 매출세액 | |

2. 20×7년 제1기 부가가치세 확정신고를 함에 있어, 공통매입세액 중 면세사업과 관련하여 불공제할 금액을 제시하시오. 단, 20×7년 제1기 부가가치세 예정신고시 공통매입세액의 안분계산은 적법하게 이루어졌다.

3. 위 [요구사항 2]의 정답이 ₩8,000,000이라고 가정할 경우, 교부받은 세금계산서상의 매입세액 중 불공제할 금액으로서 20×7년 제1기 부가가치세 확정신고시 신고할 금액을 다음의 양식에 따라 불공제 사유별로 구분하여 제시하시오.

| 불공제 사유 | 계산내역 | 금 액 |
|---|---|---|
| ① | | |
| ② | | |
| ③ | | |
| ⋮ | | |
| 총 액 | | |

4. 20×7년 제1기 부가가치세 확정신고를 함에 있어 의제매입세액으로서 공제할 금액을 제시하시오.

5. 20×7년 7월 25일에 부가가치세 확정신고를 하고 세액을 자진납부할 경우 부담할 부가가치세 가산세 금액을 다음의 양식에 따라 가산세 항목별로 구분하여 제시하시오. 다만, 확정신고납부는 20×7. 7. 25에 한다.

| 가산세 항목 | 계산내역 | 금 액 |
|---|---|---|
| ① | | |
| ② | | |
| ③ | | |
| ⋮ | | |
| 총 액 | | |

### 해답

[요구사항1]

| 항 목 | 계산내역 | 금 액 |
|---|---|---|
| ① 과세표준 | ₩663,000,000+₩20,000,000 | ₩683,000,000 |
| ② 매출세액 | ₩420,000,000×10%+₩20,000,000×10%−₩1,500,000 | 42,500,000 |

[요구사항2]

| 공통매입세액 중 불공제매입세액 | ₩8,280,000 |
|---|---|

[계산근거]

공통매입세액×면세공급가액비율−예정신고기간의 매입세액불공제액

$= ₩46,000,000 \times \dfrac{₩391,000,000 + ₩357,000,000}{₩850,000,000 + ₩1,020,000,000} - ₩22,000,000 \times \dfrac{₩391,000,000}{₩850,000,000}$

$= ₩8,280,000$

[요구사항3]

| 불공제 사유 | 계산내역 | 금 액 |
|---|---|---|
| ① 면세사업관련분 | ₩100,000,000×10% | ₩10,000,000 |
| ② 개별소비세과세대상자동차 매입관련 | ₩15,000,000×10% | 1,500,000 |
| ③ 접대비관련 | ₩90,000,000×10% | 9,000,000 |
| ④ 공통매입세액 중 면세분 |  | 8,000,000 |
| 총 액 |  | ₩28,500,000 |

[요구사항4]

| 의제매입세액공제액 | ₩4,240,000 |
|---|---|

[계산근거]

의제매입세액 공제액: Min{①, ②}=₩4,240,000

① {₩54,060,000+(₩162,180,000+₩108,120,000)×60%$^*$}×2/102=₩4,240,000

② (₩663,000,000+₩459,000,000)×40%×2/102=₩8,800,000

* 당기 과세공급가액비율임: $\dfrac{₩459,000,000 + ₩663,000,000}{₩850,000,000 + ₩1,020,000,000} = 60\%$

[요구사항5]

| 가산세 항목 | 계산내역 | 금 액 |
|---|---|---|
| ① 전자세금계산서발급명세불성실가산세 | ₩20,000,000×0.3% | ₩60,000 |
| ② 신고불성실가산세 | ₩2,000,000×10%×50% | 100,000 |
| ③ 납부지연가산세 | ₩2,000,000×91일×25/100,000 | 45,500 |
| 총 액 |  | ₩205,500 |

## 07 차가감납부세액 ■2010. 세무사

다음은 돼지고기판매업(부가가치세 면세사업)과 소세지제조업(부가가치세 과세사업)을 겸영하는 (주)수원(중소기업 아님)의 20×7년 제1기 부가가치세 확정신고기간(20×7. 4. 1. ~ 20×7. 6. 30.)과 관련된 자료이다. 다음 자료를 바탕으로 각 물음에 답하시오. 단, 문제에서 특별한 언급이 없는 한 해당 금액은 부가가치세가 포함되지 않은 금액이다. (주)수원은 총괄납부사업자나 사업자단위과세자에 해당하지 아니하며, 세금계산서 교부와 수취는 세법에 따라 적법하게 이루어졌다. (주)수원은 돼지고기 수출액에 대하여 면세포기를 하지 아니하였다.

[자료 1] 20×7년 제1기 확정신고기간 공급내역

1. 20×7년 제1기 확정신고기간의 돼지고기판매업 매출액은 ₩20,000,000(국내매출액 ₩12,000,000, 해외매출액 ₩8,000,000)이고 소세지제조업의 매출액은 ₩60,000,000(국내매출액 ₩48,000,000, 해외매출액 ₩12,000,000)이다. 소세지제조업의 국내매출액에는 매출할인 ₩1,000,000이 차감되어 있지 않다.

2. (주)수원은 돼지고기판매업과 소세지제조업에 공통으로 사용하던 건물(취득일 20×5. 5. 20. 취득가액 ₩100,000,000)을 20×7. 4. 30. ₩80,000,000(장부가액 ₩70,000,000)에 매각하였다. 또한 (주)수원은 소세지제조업에 전용으로 사용하던 기계장치(취득일 20×6. 4. 8. 취득가액 ₩50,000,000)를 20×7. 6. 10. 돼지고기판매업과 소세지제조업에 공통으로 사용(감정가액 ₩25,000,000, 장부가액 ₩30,000,000)하기 시작하였다.

[각 과세기간별 공급가액]

| 구 분 | 20×6년 제1기 | 20×6년 제2기 | 20×7년 제1기 |
| --- | --- | --- | --- |
| 돼지고기판매업 | ₩100,000,000 | ₩60,000,000 | ₩50,000,000 |
| 소세지제조업 | 120,000,000 | 90,000,000 | 100,000,000 |

3. (주)수원이 소세지제조업에 전용으로 사용하던 토지, 건물, 기계장치를 20×7. 5. 10. 일괄하여 ₩520,000,000에 처분하였고 각각의 공급가액은 구분이 불분명하다. 아래 기계장치에는 감가상각부인액 ₩10,000,000이 있다.

[양도일 현재 각 자산의 가액]

| 구 분 | 장부가액 | 취득가액 | 기준시가 |
| --- | --- | --- | --- |
| 토 지 | ₩250,000,000 | ₩360,000,000 | ₩180,000,000 |
| 건 물 | 150,000,000 | 200,000,000 | 60,000,000 |

|  |  |  |  |
|---|---|---|---|
| 기계장치 | 100,000,000 | 240,000,000 | – |

4. (주)수원이 20×7. 6. 20. 특수관계인 A에게 상표권을 ₩30,000,000(시가 ₩80,000,000)에 대여하였고, 특수관계인 B에게는 특허권(시가 ₩50,000,000)을 무상으로 대여하였다.

5. (주)수원이 20×7. 5. 27. 소세지제조공장에서 완성된 소세지 1,000개를 직접 판매할 목적으로 직매장으로 반출하였다. 소세지의 단위당 원가는 ₩5,000(시가 ₩8,000)이다.

[자료 2] 20×7년 제1기 확정신고기간 매입내역

1. 20×7년 제1기 확정신고기간에 소세지제조업과 관련하여 세금계산서를 수취한 매입가액은 ₩120,000,000 (8인용 승용자동차 매입가액 ₩10,000,000과 거래처에 무상으로 제공한 청소기 매입가액 ₩1,000,000이 포함)이다.

2. 원재료인 돼지고기(국내산) 매입가액(계산서 수취)은 ₩52,000,000(원재료를 구입한 국내축산업자에 지불한 운송비 ₩2,000,000 포함)이고 20×7년 제1기 확정신고기간에 소세지제조업에 사용된 금액은 ₩18,574,200, 돼지고기로 판매한 금액 ₩20,000,000이며 나머지는 재고로 남아있다. 각 과세기간별 공급가액은 상기'[자료 1]2.'의 자료와 같고, 예정신고시 의제매입세액 ₩200,000을 공제받았으며, 예정신고기간에는 의제매입세액 안분계산대상은 없다.

3. 소세지제조업과 관련하여 신용카드매출전표를 수취한 매입가액은 ₩8,000,000(택시사업자로부터 수취분 ₩2,000,000과 간이과세자(신규사업자)로 부터 수취분 ₩1,000,000 포함)이다.

4. (주)수원은 돼지고기판매업에 전용으로 사용하던 건물(취득일 20×6. 3. 20. 취득가액 ₩100,000,000)을 20×7. 4. 25. 소세지제조업에 전용으로 사용(감정가액 ₩80,000,000, 장부가액 ₩70,000,000)하기 시작하였다.

5. 소세지제조업과 돼지고기판매업에 공통으로 사용할 목적(실지귀속은 불분명함)으로 기계장치를 20×7. 5. 20. ₩90,000,000에 매입하고 세금계산서를 수취하였다.

**요구사항**

1. [자료 1]을 이용하여 20×7년 제1기 확정신고기간의 과세표준, 세율, 매출세액을 다음의 [답안양식]에 따라 작성하시오.

| [자료 1]의 항목번호 | 과세표준 | 세율 | 매출세액 |
|---|---|---|---|
| 1 |  |  |  |
| 2 |  |  |  |

|  | 3 |
|---|---|
|  | 4 |
|  | 5 |
|  | 계 |

2. [자료 2]를 이용하여 20×7년 제1기 확정신고기간의 매입세액공제액을 다음의 [답안양식]에 따라 작성하시오. 단, 각 항목별로 공제되는 매입세액은 부가가치세 신고서 서식과는 상관없이 순액으로 표시하시오.

| [자료 2]의 항목번호 | 매입세액공제액 |
|---|---|
| 1 |  |
| 2 |  |
| 3 |  |
| 4 |  |
| 5 |  |
| 계 |  |

### 해답

**[요구사항1]**

| [자료 1]의 항목번호 | 과세표준 | 세 율 | 매출세액 |
|---|---|---|---|
| 1 | ₩47,000,000 | 10% | ₩4,700,000 |
|  | 12,000,000 | 0 | – |
| 2 | 48,000,000 | 10 | 4,800,000 |
|  | 8,333,333 | 10 | 833,333 |
| 3 | 208,000,000 | 10 | 20,800,000 |
| 4 | 80,000,000 | 10 | 8,000,000 |
| 5 | 5,000,000 | 10 | 500,000 |
| 계 | ₩408,333,333 |  | ₩39,633,333 |

[계산근거]

1. 건물의 매각 : $₩80,000,000 \times \dfrac{₩90,000,000}{₩150,000,000} = ₩48,000,000$

2. 기계장치의 일부면세전용 : $₩50,000,000 \times (1-25\% \times 2) \times \dfrac{₩50,000,000}{₩150,000,000} = ₩8,333,333$

3. 토지, 건물, 기계장치의 처분

   (1) 장부가액에 의한 1차 배분

   ① 기준시가가 있는 자산(토지·건물)

   $$₩520,000,000 \times \frac{₩250,000,000 + ₩150,000,000}{₩250,000,000 + ₩150,000,000 + ₩100,000,000} = ₩416,000,000$$

   ② 기준시가가 없는 자산(기계장치)

   $$₩520,000,000 \times \frac{₩100,000,000}{₩250,000,000 + ₩150,000,000 + ₩100,000,000} = ₩104,000,000$$

   (2) 기준시가에 의한 2차 배분

   ① 토 지: $₩416,000,000 \times \frac{₩180,000,000}{₩180,000,000 + ₩60,000,000} = ₩312,000,000$

   ② 건 물: $₩416,000,000 \times \frac{₩60,000,000}{₩180,000,000 + ₩60,000,000} = ₩104,000,000$

   ∴ 과세표준: ₩104,000,000 + ₩104,000,000 = ₩208,000,000

4. 판매목적 직매장 반출: 1,000개 × ₩5,000 = ₩5,000,000

[요구사항2]

| [자료 2]의 항목번호 | 매입세액공제액 |
|---|---|
| 1 | ₩10,900,000 |
| 2 | 539,700 |
| 3 | 500,000 |
| 4 | 8,000,000 |
| 5 | 6,000,000 |
| 계 | ₩25,939,700 |

[계산근거]

1. ₩12,000,000 − ₩1,000,000 − ₩100,000 = ₩10,900,000

2. Min{①, ②} = ₩539,700

   ① $\left(₩18,574,200 + ₩13,425,800^* \times \frac{₩100,000,000}{₩150,000,000}\right) \times \frac{2}{102} = ₩539,700$

   ② 공제한도: $₩100,000,000 \times 40\% \times \frac{2}{102} - ₩200,000$(예정신고분) = ₩584,313

3. (₩8,000,000 − ₩2,000,000 − ₩1,000,000) × 10% = ₩500,000

4. ₩10,000,000 × (1 − 5% × 4) = ₩8,000,000

5. $\text{₩}9,000,000 \times \dfrac{\text{₩}100,000,000}{\text{₩}150,000,000} = \text{₩}6,000,000$

> 해설

1. 매출세액
   (1) 매출할인 ₩1,000,000은 국내매출액 ₩48,000,000에서 차감되어야 한다.
   (2) 건물은 공통사용재화이므로 직전 과세기간의 공급가액비율로 안분계산한다. 소세지제조업에 전용으로 사용하던 기계장치를 돼지고기판매업에 공통으로 사용하는 것은 면세전용이다.
   (3) 토지, 건물, 기계장치를 일괄매각한 경우 장부가액으로 1차 안분계산하고 기준시가로 2차 안분계산한다.
   (4) 특수관계인에게 용역(특허권의 대여)의 저가공급은 시가를 과세표준으로 하지만 용역의 무상공급은 과세하지 아니한다.
   (5) 사업자단위과세사업자와 총괄납부사업자가 아니므로 판매목적 타사업장 반출은 취득가액으로 과세하는 것이 원칙이다.

2. 매입세액
   (1) 8인승 승용차 매입세액과 거래처에 무상제공한 청소기관련 매입세액은 불공제매입세액이다.
   (2) 운송업자에게 지불한 운송비는 의제매입세액공제의 대상이 아니지만, 축산업자에게 지불한 운송비는 축산물가격에 포함하여 의제매입세액공제를 한다.
   (3) 택시사업자와 간이과세자(신규사업자 및 직전 과세기간 공급대가 4,800만원미만인 사업자에 한함)로부터 발급받은 신용카드매출전표는 매입세액공제대상이 아니다.
   (4) 돼지고기판매업에 전용으로 사용하던 건물을 소세지제조업에 전용한 것은 과세전용매입세액에 해당하므로 매입세액을 공제한다.
   (5) 공통매입세액은 해당 과세기간의 공급가액비율로 안분계산한다.

# 08 차가감납부세액 ■2017 CPA

다음은 건설업을 영위하는 중소기업인 (주)정건설의 자료이다. 20×7년 제1기 확정신고와 제2기 예정신고는 정확하게 이루어졌고, 과세거래에 대해서는 세금계산서를, 면세거래에 대해서는 계산서를 발급하고 수취하였다. 제시된 금액은 별도의 언급이 없는 한 부가가치세가 포함되지 않은 금액이다.

1. 회사는 토지를 구입하여 국민주택과 상가를 건설하여 판매하고 있으며, 해외에서도 국민주택건설용역을 제공하고 있는데, 해외국민주택 건설용역에 대해서는 면세의 포기를 신고하였다.

2. 20×7년 토지의 매입내역은 다음과 같다.

(단위 : 원)

| 구 분 | 1. 1. ~ 6. 30. | 7. 1. ~ 9. 30. | 10. 1. ~ 12. 31. |
|---|---|---|---|
| 국내국민주택건설 용도 | ₩900,000,000 | ₩500,000,000 | ₩600,000,000 |
| 상가건설 용도 | 300,000,000 | 100,000,000 | 200,000,000 |

3. 20×7년의 매출내역은 다음과 같다.

(단위:원)

| 구 분 | | 1. 1. ~ 6. 30. | 7. 1. ~ 9. 30. | 10. 1. ~ 12. 31. |
|---|---|---|---|---|
| 국내국민주택 | 건물분 | ₩3,000,000,000 | ₩700,000,000 | ₩900,000,000 |
| | 토지분 | 1,250,000,000 | 850,000,000 | 890,000,000 |
| 상가 | 건물분 | 1,200,000,000 | 409,000,000 | 700,000,000 |
| | 토지분 | 850,000,000 | 341,000,000 | 519,000,000 |
| 해외국민주택건설용역 | | 2,000,000,000 | 800,000,000 | 891,000,000 |
| 합 계 | | ₩8,300,000,000 | ₩3,100,000,000 | ₩3,900,000,000 |

4. 20×7년에 발급받은 세금계산서상 매입세액 내역은 다음과 같다.

(단위:원)

| 구 분 | 1. 1. ~ 6. 30. | 7. 1. ~ 9. 30. | 10. 1 ~ 12. 31. |
|---|---|---|---|
| 국내국민주택 건물 건설 관련 | ₩200,000,000 | ₩50,000,000 | ₩60,000,000 |
| 상가 건물 건설 관련 | 100,000,000 | 40,000,000 | 50,000,000 |
| 해외국민주택 건설용역 관련 | 150,000,000 | 60,000,000 | 70,000,000 |
| 공통매입세액[*1] | 30,000,000 | 10,000,000 | 20,000,0000 |

| | | | |
|---|---|---|---|
| 공통매입세액2*² | – | – | 50,000,000 |
| 합  계 | ₩480,000,000 | ₩160,000,000 | ₩250,000,000 |

*1 공통매입세액은 회사의 모든 사업과 관련하여 발생한 매입세액이며, 실지귀속을 확인할 수 없다.
 2 20×7년 10월 10일에 구입한 새 레미콘믹서기의 매입세액이다.

5. 국내국민주택 건물 건설과 상가 건물 건설에 공통으로 사용하던 구 레미콘믹서기(20×4년 4월 4일 ₩400,000,000에 구입)를 20×7년 10월 10일에 ₩100,000,000에 매각(장부가액 ₩80,000,000)하고, 같은 날 동일한 용도의 새 레미콘믹서기를 ₩500,000,000에 구입하였다.

### 요구사항

1. 20×7년 제2기 부가가치세 확정신고시의 매출세액을 다음 양식으로 제시하시오. 단, 과세표준 또는 매출세액이 없는 경우에는 "0" 또는 "없음"으로 표시하시오.

[답안양식]

| 구  분 | 과세표준 | 세  율 | 매출세액 |
|---|---|---|---|
| 1. 국내국민주택 공급 | | | |
| 2. 상가 공급 | | | |
| 3. 해외국민주택 건설용역 | | | |
| 4. 레미콘믹서기 매각 | | | |
| 합  계 | | | |

2. 20×7년 제2기 부가가치세 확정신고시 공제되는 매입세액을 계산하시오.

### 해답

[요구사항1]

| 구  분 | 과세표준 | 세  율 | 매출세액 |
|---|---|---|---|
| 1. 국내국민주택 공급 | ₩0 | | ₩0 |
| 2. 상가 공급 | 700,000,000 | 10% | 70,000,000 |
| 3. 해외국민주택 건설용역 | 891,000,000 | 0% | 0 |
| 4. 레미콘믹서기 매각 | 28,571,428 | 10% | 2,857,142 |
| 합  계 | ₩1,619,571,428 | | ₩72,857,142 |

[계산근거]

레미콘믹서기: ₩100,000,000 × $\dfrac{₩1,200,000,000}{₩4,200,000,000^*}$ = ₩28,571,428

* 제1기 공급가액(국내국민주택 건물분+상가 건물분)
  과세공급가액: ₩1,200,000,000(상가건물분)
  면세공급가액: ₩3,000,000,000(국내국민주택 건물분)

[요구사항2]

> 매입세액: ₩120,000,000+₩8,100,000+₩20,468,807=₩148,568,807

[계산근거]

1. 과세사업분 매입세액: ₩50,000,000+₩70,000,000=₩120,000,000

2. 공통매입세액 1

   ① 제2기 과세기간: ₩30,000,000 × $\dfrac{₩1,109,000,000+₩1,691,000,000}{₩7,000,000,000}$ = ₩12,000,000

   ② 예정신고분: ₩10,000,000 × $\dfrac{₩409,000,000+₩800,000,000}{₩3,100,000,000}$ = (3,900,000)

   계                                                                                  ₩8,100,000

3. 공통매입세액 2

   ₩50,000,000 × $\dfrac{₩1,109,000,000}{₩1,600,000,000+₩1,109,000,000}$ = ₩20,468,807

## 차가감납부세액 ■2017. 세무사

다음은 과세사업(제조 및 임대용역)과 면세사업(교육용역)을 겸영하는 (주)서울의 20×7년 제1기 부가가치세 확정신고기간(20×7. 4. 1. ~ 20×7. 6. 30.)과 관련된 자료이다. 각 자료는 상호 독립적이다. 다음의 자료를 근거로 물음에 답하시오. (단, 별도의 언급이 없는 한 제시금액은 부가가치세가 포함되지 않은 금액이며, 세금계산서는 공급시기에 정당하게 교부 및 수취된 것으로 가정한다.)

[자료 2]

1. 수출업체에 제품을 다음과 같이 공급하였다.

| 거래처 | 매출액 | 내국신용장 개설일 | 제품 인도일 |
|---|---|---|---|
| A | ₩10,000,000 | 20×7. 3. 20. | 20×7. 4. 1. |
| B | 20,000,000 | 20×7. 7. 30. | 20×7. 6. 25. |

2. 고객에게 구매금액에 따라 마일리지를 적립해주고 있으며, 20×7년 제1기 확정신고기간의 매출액 중 ₩10,000,000의 결제내역은 다음과 같다.
   (1) 마일리지로 결제 받은 금액 5,000,000
   (2) 신용카드사가 고객에게 적립해준 포인트로 결제 받고 신용카드사에서 보전 받은 금액 ₩3,000,000
   (3) 현금결제액 ₩2,000,000

3. 20×7. 3. 10.에 동종업을 영위하는 (주)세종으로부터 동종의 원재료(원가 ₩1,000,000, 시가 ₩1,200,000)를 차용하였으며, 20×7. 4.10.에 동종의 원재료(원가 ₩1,000,000, 시가 ₩1,300,000)로 반환하였다.

4. 회사는 노후화된 장비를 매각하고 기존장비를 인도하는 계약을 체결하였다. 기존장비 처분내역은 다음과 같다.

| 장비 | 실제 인도일 | 계약금 | 중도금 | 잔금 |
|---|---|---|---|---|
| C[*1] | 20×7. 5. 20. | ₩10,000,000 (20×7. 2. 1) | ₩10,000,000 (20×7. 5. 1.) | ₩10,0000,000 (20×7. 8. 30) |
| D[*2] | 20×7. 5. 30 | 15,000,000 (20×7. 5. 30) | 15,000,0000 (20×7. 12. 30.) | 15,000,000 (20×8. 6. 30.) |

*1. 최초 계약 시에는 잔금지급일에 장비를 인도하기로 하였다.
 2. 20×7. 5. 30.에 장비를 인도하고 계약금만 수령한 상태에서 장비 공급가액 전액에 대하여 세금계산서를 발급하였다.

5. 임대용으로 사용하던 건물을 20×7. 4. 1.부터 면세사업에 전용하였다. 건물의 취득가액은 ₩525,000,000 (취득세 ₩25,000,000 포함)이며, 취득일은 20×5. 5. 20, (사용개시일 20×5. 7. 15.)이고 전용당시 장부가액과 시가는 각각 ₩400,000,000과 ₩600,000,000이다.

6. 회사는 제조업과 교육사업에 겸용하던 토지와 건물 및 임대중인 기계장치를 20×7.6.1.에 ₩500,000,000(부가가치세 제외)에 일괄양도하였으며, 잔금지급일은 20×7. 6. 30 이다. 기계장치는 20×6. 12. 1.부터 1년 간 보증금 ₩10,000,000, 월임대료 ₩1,000,000에 임대 중이며, 임대료는 매월 말 수령하였다. 1년 만기 정기예금이자율은 1.6%이다. 매매계약서상 각각의 공급가액은 구분되어 있지 않다.

| 구 분 | 취득가액 | 장부가액 | 기준시가 | 감정가액 |
|---|---|---|---|---|
| 토 지 | ₩80,000,000 | ₩80,000,000 | ₩80,000,000 | ₩120,000,000 |
| 건 물 | 200,000,000 | 180,000,000 | 120,000,000 | 160,000,000 |
| 기계장치 | 100,000,000 | 60,000,000 | – | 70,000,000 |
| 합 계 | ₩380,000,000 | ₩320,000,000 | ₩200,000,000 | ₩350,000,000 |

장부가액과 기준시가는 계약일 현재 가액이며, 감정가액은 20×6. 6. 30.을 기준일로 평가한 가액이다. 기계장치 장부가액은 회계상 장부가액으로서 세무상 감가상각비 상각부인액은 ₩10,000,000이다. 한편, 건물 취득 시 매입세액공제는 사용면적을 기준으로 안분하였으며, 취득이후 과세사업과 면세사업에 1/2씩 사용하고 있다. 직전과세기간의 과세사업과 면세사업의 공급가액은 각각 ₩300,000,000과 ₩200,000,000이다.

7. 매출채권 중 회수가 지연된 채권내역은 다음과 같다. 각 채권금액은 부가가치세가 포함된 금액이다.

(1) 20×5. 4.20. 에 발생한 매출채권 ₩110,000,000을 회수하지 못하던 중 20×7. 3. 25.에 거래처에 대하여 「채무자 회생 및 파산에 관한 법률」에 근거한 법원의 회생계획인가결정으로 보통주 10,000주로 출자전환되었으며, 동시에 80%를 무상감자하여 2,000주를 보유하고 있다. 주식의 액면가액과 시가는 각각 ₩10,000,000과 ₩30,000,000이다.

(2) 회사는 매출채권 ₩99,000,000에 대하여 전액 대손세액공제를 받았으며, 20×7. 5. 17.에 ₩44,000,000을 회수하고 잔액은 포기하였다.

[자료 2]

1. (주)서울의 제조부문과 관련된 예정신고 누락사항 및 매입세금계산서 등 지출증빙 수취내역은 다음과 같다.

(1) 20×7. 3. 30.에 원재료를 매입하고 발급받은 세금계산서 ₩5,000,000을 예정신고시 누락하였다.

(2) 20×7. 4. 15.에 사내 워크샵에 독립적으로 강연용역을 제공하는 전문강사를 초빙하여 강연료 ₩500,000을 지급하였다.

(3) 20×7. 6. 1.에 공급받은 원재료 ₩10,000,000에 대하여 공급시기가 20×7. 6. 1.로 기재된 전자세금계산서를 20×7. 7. 25.에 수취하였다.

(4) 20×7. 6. 10.에 소모품을 구입하고 부가가치세가 별도로 구분 기재된 현금영수증 ₩300,000을 수취하였으며, 20×7. 6.15.에 간이과세자(신규사업자로부터 사무용품을 구입하고 ₩1,000,000의 영수증을 수취하였다.

(5) 회사는 보유중인 비상장주식을 매각하였으며, 이와 관련하여 법무사 수수료 및 중개수수료 ₩5,000,000을 20×7. 6. 20.에 지급하였다.

(6) 20×6년 제2기에 기계장치 구입계약을 체결하고 계약금과 중도금을 각각 20×6. 12. 1에 ₩10,000,000, 20×7 .3. 10.에 ₩20,000,000을 지급하고 매입세액공제를 받았으나 20×7. 6. 25에 계약이 취소되었다.

2. 20×7년 제1기 확정신고기간 중 건물 신축을 위하여 건축물이 있는 토지를 구입한 후 기존 건축물을 철거하였으며, 옹벽공사를 완료하였다. 매매계약서상 토지와 건물의 가액은 구분되어 있지 않으며, 감정가액은 없다. 이와 관련된 세부내역은 다음과 같다.

(1) 일괄구입가격 : ₩300,000,000 (부가가치세 제외)

(2) 기준시가 : 토지 ₩180,000,000, 건물 ₩20,000,000

(3) 건축물 철거비용 : ₩20,000,000

(4) 옹벽공사비 : ₩25,000,000

3. 20×7. 6. 20.에 임대중인 건물과 부속토지를 양도하기 위하여 부동산 컨설팅회사와 자문계약을 체결하였으며, 자문수수료로 ₩10,000,000을 지급하였다. 토지와 건물의 기준시가는 각각 ₩80,000,000과 ₩200,000,000이다.

4. 면세사업에 사용하던 사무용비품 등 일부를 인원변동에 따라 20×7. 5.10.에 과세사업으로 전환하였으며 그 내역은 다음과 같다.

| 구 분 | 취 득 일 | 취득가액 | 매입세액 |
|---|---|---|---|
| 책상 및 의자 | 20×4. 2. 10. | ₩5,000,000 | ₩500,000 |
| 개인용 컴퓨터 | 20×6. 4. 20. | 6,000,000 | 600,000 |
| 회의실 비품* | 20×6. 7. 12. | 10,000,000 | 1,000,000 |
| 소모품 | 20×7. 3 .25. | 3,000,000 | 300,000 |

* 과세사업과 면세사업에 공통으로 사용하며, 과세사업과 면세사업의 공급가액비율은 각각 40%와 60%이다.

▼ 요구사항

1. [자료 1]를 이용하여 20×7년 제1기 부가가치세 확정신고기간의 매출세액 관련 신고내용을 아래의 답안양식에 기입하시오.

| 자료번호 | 과세표준 | 세율 | 매출세액 |
|---|---|---|---|
| 1 | | | |
| 2 | | | |
| ⋮ | | | |

2. [자료 2]를 이용하여 20×7년 제1기 부가가치세 확정신고기간의 매입세액 관련 신고내용을 아래의 답안양식에 기입하시오.

| 자료번호 | 매입세액 | 매입세액불공제액 | 매입세액공제액 |
|---|---|---|---|
| 1 (1) | | | |
| (2) | | | |
| ⋮ | | | |
| 2 | | | |
| ⋮ | | | |

### 해답

**[요구사항1]**

| 자료번호 | 과세표준 | 세 율 | 매출세액 |
|---|---|---|---|
| 1 | ₩10,000,000 | 0% | – |
| | 20,000,000 | 10% | ₩2,000,000 |
| 2 | 5,000,000 | 10% | 500,000 |
| 3 | 1,300,000 | 10% | 130,000 |
| 4 | 20,000,000 | 10% | 2,000,000 |
| | 45,000,000 | 10% | 4,500,000 |
| 5 | 425,000,000 | 10% | 42,500,000 |
| 6 | 2,000,000 | 10% | 200,000 |
| | 26,740 | 10% | 2,674 |
| | 121,875,000 | 10% | 12,187,500 |
| | 93,750,000 | 10% | 9,375,000 |
| 7 | | | △7,272,727 |
| | | | 4,000,000 |

[계산근거]

5. 면세전용: (₩525,000,000−₩25,000,000)×(1−5%×3)=₩425,000,000

6. (1) 임대료: ₩1,000,000×2=₩2,000,000

   (2) 간주임대료: ₩10,000,000×1.6%×61/365=₩26,740

   (3) 일괄양도가액

   ① 건물: $₩500,000,000 \times \dfrac{₩80,000,000+₩180,000,000}{₩320,000,000} \times \dfrac{₩120,000,000}{₩200,000,000} \times 50\%$

   =₩121,875,000

   ② 기계: $₩500,000,000 \times \dfrac{₩60,000,000}{₩320,000,000} = ₩93,750,000$

7. (1) 대손세액공제: $(₩110,000,000-₩30,000,000) \times \dfrac{10}{110} = ₩7,272,727$

   (2) 대손세액회수: $₩44,000,000 \times \dfrac{10}{110} = ₩4,000,000$

[요구사항2]

| 자료번호 | 매입세액 | 매입세액불공제액 | 매입세액공제액 |
|---|---|---|---|
| 1. (1) | ₩500,000 |  | ₩500,000 |
| (2) | − |  | − |
| (3) | 1,000,000 |  | 1,000,000 |
| (4) | 30,000 |  | 30,000 |
| (5) | 500,000 | 500,000 |  |
| (6) | △3,000,000 |  | △3,000,000 |
| 2. | 7,500,000 | 5,000,000 | 2,500,000 |
| 3. | 1,000,000 |  | 1,000,000 |
| 4. | 600,000 |  | 600,000 |

[계산근거]

1. (2)면세대상임

   (5)비상장주식은 부가가치세 과세대상이 아니므로 사업과 직접 관련이 없는 매입세액임

2. (1) 건물분 매입가격: $₩300,000,000 \times \dfrac{₩20,000,000}{₩200,000,000} = ₩30,000,000$

   (2) 매입세액: (₩30,000,000+₩20,000,000+₩25,000,000)×10%=₩7,500,000

   (3) 매입세액불공제액: (₩30,000,000+₩20,000,000)×10%=₩5,000,000

4. 과세사업전환매입세액

   (1) 개인용 컴퓨터: ₩600,000×(1−25%×2)=     ₩300,000
   (2) 회의실 비품: ₩1,000,000×(1−25%×1)×40%=    300,000
        계                                            ₩600,000

### 해설

1. 내국신용장이 확정신고기한 이후에 개설된 경우 10% 세율이 부과된다.
2. 자기적립마일리지는 적립시에 과세되므로 결제시에는 과세표준에서 제외되며, 자기적립마일리지등 외의 마일지리로 결제받은 경우 보전받거나 보전받을 금액을 과세표준에 포함한다.
3. 금전 이외의 대가를 받은 경우 자기가 공급한 재화 또는 용역의 시가를 과세표준으로 한다.
4. 중간지급조건부판매의 경우 인도일 이후에 받기로 한 대가는 인도일이 공급시기이며, 장기할부판매의 경우 세금계산서를 선발급하면 발급일이 공급시기이다.
5. 감정가액은 직전과세기간개시일 이후의 것만 인정된다.
6. 건축물이 세워져 있는 토지를 구입한 경우 기존 건축물을 철거하면 토지를 구입한 것이며, 건축물 철거비용도 토지원가에 가산된다.

## 차가감납부세액 ■2020. CPA

다음은 과세사업과 면세사업을 겸영하는 (주)대한의 부가가치세 관련 자료이다. 별도의 언급이 없는 한 제시된 금액은 부가가치세가 포함되지 않은 금액이며, 세금계산서 및 계산서는 적법하게 발급·수취되었다.

1. (주)대한의 과세기간별 공급가액의 내역은 다음과 같다.

    | 구 분 | 과세공급가액 | 면세공급가액 |
    | --- | --- | --- |
    | 20×6년 제1기[*1] | ₩500,000,000 | – |
    | 20×6년 제2기 | 600,000,000 | ₩200,000,000 |
    | 20×7년 제1기 | 700,000,000 | 300,000,000 |
    | 20×7년 제2기 | 600,000,000 | 400,000,000 |

    [*1] 20×6년 제1기 과세사업 관련 매입가액과 면세사업 관련 매입가액은 각각 ₩240,000,000(전액 매입세액 공제 대상임)과 ₩60,000,000이다. 이 매입가액에는 공통매입가액은 포함되어 있지 않다.

2. (주)대한은 20×6년 4월 15일 기계장치를 ₩40,000,000에 구입하여 과세사업과 면세사업에 공통으로 사용하였다. 구입 당시 면세사업과 과세사업의 예정공급가액 비율은 35:65이다.

3. (주)대한은 20×7년 10월 20일 기계장치A를 ₩20,000,000에 매각하였다.

### 요구사항

1. 20×6년 제1기 부가가치세 납부세액을 다음의 답안양식에 따라 제시하시오.

    [답안양식]

    | 매출세액 | |
    | --- | --- |
    | 매입세액 | |
    | 납부세액 | |

2. 20×6년 제2기 확정신고시 기계장치A에 대한 공통매입세액 정산액을 다음의 답안양식에 따라 제시하시오. 단, 정산액이 납부세액을 증가시키면 (+), 감소시키면 (-) 부호를 금액과 함께 기재하시오.

    [답안양식]

    | 공통매입세액 정산액 | |
    | --- | --- |

3. 20×7년 제1기와 제2기의 기계장치A에 대한 납부(환급)세액 재계산액을 다음의 답안양식에 따라 제시하시오. 단, 재계산액이 납부세액을 증가시키면 (+), 감소시키면 (-)부호를 금액과 함께 기재하시오.

[답안양식]

| 20×7년 제1기 | |
| 20×7년 제2기 | |

4. 20×7년 제2기의 기계장치 A 매각에 대한 부가가치세 과세표준을 다음의 답안양식에 따라 제시하시오.

[답안양식]

| 과세표준 | |

[요구사항 1]

[답안양식]

| 매출세액 | ₩50,000,000 |
|---|---|
| 매입세액 | ₩27,200,000 |
| 납부세액 | ₩22,800,000 |

[계산근거]

1. 매출세액: ₩500,000,000×10%=₩50,000,000

2. 매입세액: (1)+(2)=₩27,200,000

   (1) 과세사업분: ₩240,000,000×10%=₩24,000,000

   (2) 공통매입세액: ₩40,000,000×10%×80%*=₩3,200,000

   *공급가액이 없는 경우 ① 총매입가액 비율 ② 예정공급가액 비율로 안분함.

[요구사항 2]

[답안양식]

| 공통매입세액 정산액 | +₩150,000 |
|---|---|

[계산근거]

₩4,000,000×(1-25%)×(75%-80%)=₩150,000

[요구사항 3]

[답안양식]

| 20×7년 제1기 | +₩100,000 |
|---|---|
| 20×7년 제2기 | ₩0 |

[계산근거]

1. 20×7년 제1기: ₩4,000,000×(1-25%×2)×(70%-75%)=₩100,000
2. 20×7년 제2기: 공통사용재화를 매각한 경우에는 재계산하지 않음.

[요구사항 4]

[답안양식]

| 과세표준 | ₩14,000,000 |
|---|---|

[계산근거]

과세표준: ₩20,000,000×70%=₩14,000,000

# 가산세 ■2021. CPA

다음은 과세사업을 영위하는 (주)태백의 20×1년 부가가치세 관련 자료이다.

[자료]

1. (주)태백의 신임담당자는 20×1년 제1기 신고내역을 검토하다가 다음과 같은 사항을 발견 하였다.

   ① 20×1년 6월 20일에 공급한 과세공급가액 4,000,000원에 대하여 세금계산서를 발급 하지 않았으며, 이를 확정신고에서 누락하였다. 이러한 누락은 부정행위로 인한 것이다.

   ② 20×1년 6월 10일에 공급받은 과세공급가액 1,000,000원에 대해서는 매입세금계산서를 발급받았으나 확정신고에서 누락하였다.

[요구사항1]

(주)태백이 수정신고할 때 가산세액을 다음의 답안 양식에 따라 제시하시오. 단, 가산세액이 없는 경우 "없음"으로 표시하시오.

[답안양식]

| 세금계산서 불성실가산세 | |
|---|---|
| 매출처별세금계산서합계표 불성실가산세 | |
| 매입처별세금계산서합계표 불성실가산세 | |
| 과소신고·초과환급신고가산세 | |

### 해답

[요구사항]

| 세금계산서 불성실가산세 | ₩80,000 |
|---|---|
| 매출처별세금계산서합계표 불성실가산세 | 없음 |
| 매입처별세금계산서합계표 불성실가산세 | 12,000 |
| 과소신고·초과환급신고가산세 | 없음 |

[계산근거]

1. 세금계산서불성실가산세 : ₩4,000,000×2% = ₩80,000
2. 과소신고가산세 : ₩3,000,000*×40%×(1-90%) = ₩12,000

   * 미납부세액 : (₩4,000,000−₩1,000,000)×10%) = ₩3,000,000

# 가산세 ■2022. CPA

공인회계사 갑은 20×7년 7월 20일에 (주)과오의 20×7년 제1기 부가가치세 예정신고서를 검토하던 중 다음 사항을 발견하였다. 단, 다음 사항에 포함된 오류는 회사 직원의 단순 실수로 발생한 것으로 조세회피를 위한 고의적인 오류가 아니며, 제시된 금액은 부가가치세를 포함하지 않은 금액이다.

[자료]

1. 영업부서의 특판활동에 따른 매입 ₩80,000,000과 매출 ₩130,000,000에 대하여 세금계산서 수취 및 발급이 이루어지지 않았으며, 매입과 매출에 대한 신고도 누락되었다. 회사는 20×7년 7월 20일에 매입·매출에 대하여 전자세금계산서를 수취 및 발행하고 전송하였다.
2. 회사는 일정금액 이상의 매출거래처에 대해 판매용 상품으로 판매장려금을 지급하고 있는데, 당해기간 동안에 판매장려금으로 지급된 상품은 시가₩3,000,000 (원가 ₩2,000,000)이다. 회사는 판매장려상품에 대해 원가를 판매비로 회계처리 하였으며, 이를 예정신고시 과세표준에 포함하지 않았다.
3. 20×7년 3월 31일 직수출한 제품 ₩28,000,000이 신고누락되었으며, 세금계산서도 발급되지 아니하였다.

### 요구사항

(주)과오가 20×7년 7월 25일 확정신고시 위 오류를 수정하여 신고할 경우 추가로 납부해야 하는 부가가치세(지방소비세 포함)와 가산세액을 답안 양식에 따라 제시하시오. 단, 납부지연가산세는 고려하지 않는다.

| 자료번호 | 부가가치세 추가납부세액 | 가산세종류 | 계산식 | 가산세액 |
|---|---|---|---|---|
| 1 | | | | |
| 2 | | | | |
| 3 | | | | |
| 과소신고·초과환급신고 가산세 | | | |

### 해답

| 자료번호 | 부가가치세 추가납부세액 | 가산세종류 | 계산식 | 가산세액 |
|---|---|---|---|---|
| 1 | ₩5,000,000 | 세금계산서불성실 | ₩130,000,000×1% | ₩1,300,000 |
|   |            | 공급받는사업자관련 | ₩80,000,000×0.5% | 400,000 |
| 2 | ₩5,000,000 | 해당없음 | – | – |
| 3 | 0 | 해당없음 | – | – |
| 과소신고·초과환급신고 가산세 | | | (₩5,300,000×10%+ ₩28,000,000×5%) ×(1−75%) | ₩167,500 |

*1. 추가납부세액 : (₩130,000,000−₩80,000,000)×10%= ₩5,000,000

2. 추가납부세액 : ₩3,000,000×10%= ₩300,000, 간주공급(사업상 증여)의 경우 세금계산서 발급의무가 없음

3. 수출은 세금계산서 발급의무가 없음

4. 법정신고기한이 지난 후 1개월 초과 3개월 이내 수정신고시 과소신고가산세의 75%를 감면함

## 차가감납부세액 ■2022. CPA

20×6년 7월 1일 사업을 개시한 (주)갑(중소기업 아님)의 자료이다. 20×7년 제1기 과세기간에 대한 부가가치세 납부세액(지방소비세 포함)을 계산하시오. 단, 제시된 금액은 부가가치세가 포함되지 않은 금액이며 세금계산서 및 계산서는 적법하게 발행 및 수취하였다.

[자료]

1. 미국산 소고기를 수입하여 가공(과세) 또는 미가공(면세) 상태로 판매하고 있으며, 과세기간별 과세공급가액과 면세공급가액은 다음과 같다.

| 구 분 | 축산도매업 | 가공품제조업 |
|---|---|---|
| 20×6년 제2기 | ₩100,000,000 | ₩100,000,000 |
| 20×7년 제1기 | 66,000,000 | 154,000,000 |

2. 가공품 관련 과세매입내역은 다음과 같다.

| 구 분 | 20×6년 제2기 | 20×7년 제1기 |
|---|---|---|
| 가공품 관련매입액 | ₩60,000,000 | ₩42,000,000 |

3. 20×7년 제1기 소고기 수입액(관세과세가액으로 관세 ₩25,000,000 미포함) 및 사용내역은 다음과 같다.

| 구 분 | 금 액 |
|---|---|
| 기초재고 | ₩0 |
| (+) 매입액 | 210,000,000 |
| (−) 축산도매업 사용 | 30,000,00 |
| (−) 가공품제조업 사용 | 150,000,000 |
| 기말재고 | ₩30,000,000 |

4. 20×7년 8월 5일 제품보관용 대형냉동고를 ₩100,000,000에 구입하여 과세사업 및 면세사업에 공통으로 사용 중이다.

5. (갑)의 의제매입세액공제율은 $\frac{2}{102}$ 이다.

### 요구사항

20×7년 제1기(20×7년 1월 1일 ~ 20×7년 6월 30일) 부가가치세 신고 시 납부세액을 답안 양식에 따라 제시하시오.

[답안양식]

| 구 분 | | 금 액 |
|---|---|---|
| 매출세액 | | |
| 매입세액 | 세금계산서수취분 | |
| | 의제매입세액 | |
| | 공통매입세액재계산 | |
| | 차가감 계 | |
| 납부세액 | | |

### 해답

| 구 분 | | 금 액 |
|---|---|---|
| 매출세액 | | ₩15,400,000 |
| 매입세액 | 세금계산서수취분 | ₩4,200,000 |
| | 의제매입세액 | 1,509,803 |
| | 공통매입세액재계산 | 1,500,000 |
| | 차가감 계 | ₩7,209,803 |
| 납부세액 | | ₩8,190,197 |

[계산근거]

1. 매출세액 : ₩154,000,000×10% = ₩15,400,000

2. 세금계산서 수취분 매입세액 : ₩42,000,000×10% = ₩4,200,000

3. 의제매입세액 : Min{(1), (2)} = ₩1,509,803

   (1) $\{₩150,000,000 + ₩30,000,000 \times 70\%^*\} \times \dfrac{2}{102}$ = ₩3,352,941

   * 해당 과세기간의 과세공급가액비율: $\dfrac{₩154,000,000}{₩66,000,000 + ₩154,000,000}$ = 70%

   (2) 한도 : $₩154,000,000 \times 50\% \times \dfrac{2}{102}$ = ₩1,509,803

4. 공통매입세액계산 : ₩100,000,000×10%×(1−25%×1)×(7%−50%*) = ₩1,500,000

   * 20×6년 제2기 과세공급가액비율임

# CHAPTER 4

# 간이과세제도

# 간이과세자

다음은 음식점업과 소매업을 겸영하는 개인사업자 甲의 20×7년 7월 1일부터 20×7년 12월 31일까지의 자료이다.

1. 매출세액

   (1) 과세기간 중 사업별 공급대가는 다음과 같다.

   | 구 분 | 공급대가 | 적 요 |
   |---|---|---|
   | 음식점업 | ₩20,000,000 | 신용카드매출전표 발행분 ₩12,000,000 포함 |
   | 소매업 | 10,000,000 | 현금영수증 발행분 ₩8,000,000포함 |
   | 계 | ₩30,000,000 | |

   (2) 음식점업과 소매업에 공통으로 사용하던 비품을 ₩3,000,000(부가가치세 포함)에 매각하였다.

2. 매입내역

   (1) 과세기간 중 사업별 매입내역는 다음과 같다. 단, 매입세액은 세금계산서 및 신용카드 수취분이다.

   | 구 분 | 공급대가 | 적 요 |
   |---|---|---|
   | 음식점업 | ₩5,500,000 | 농민으로부터 면세농산물 매입액₩1,200,000불포함 |
   | 소매업 | 3,300,000 | 접대비지출액 ₩550,000(부가가치세 ₩50,000)포함 |
   | 공통매입액 | 2,200,000 | 비품매입액으로서 귀속이 불분명함 |

   (2) 농민으로부터 면세농산물을 직접 매입한 ₩1,200,000에 대하여 증명서류를 수취하지 못하였으나 의제매입세액공제신고서는 제출하였다.

3. 기타사항

   (1) 20×7년 12월 31일 현재 음식점업에서 보유하고 있는 자산은 다음과 같고, 소매점업의 보유자산은 없다.

   | 구 분 | 취득일자 | 취득가액 | 시 가 |
   |---|---|---|---|
   | 원재료 | 20×7. 12. 5 | ₩880,000 | ₩700,000 |
   | 기계장치 | 20×6. 7. 7 | 불분명 | 1,000,000 |
   | 건물 | 20×6. 8. 12 | 2,200,000 | 2,000,000 |

(2) 업종별 부가가치율은 다음의 비율로 가정한다.

| 구 분 | 20×6년 이전 | 20×7년 | 20×8년 |
|---|---|---|---|
| 음식점업 | 25% | 30% | 35% |
| 소매점업 | 18% | 20% | 23% |

### 요구사항

1. 甲이 일반과세자라고 가정할 때 20×7년 제2기 부가가치세 차가감납부할세액(재고매입세액 제외)을 계산하시오. 단, 전자신고세액공제는 고려하지 말것.
2. 甲이 간이과세자라고 가정할 때 20×7년 부가가치세 차가감납부할세액(재고매입세액 제외)을 계산하시오. 단, 전자신고세액공제는 고려하지 말것.
3. 간이과세자인 甲이 20×8년 1월 1일에 일반과세자로 전환되었다고 가정할 때 甲의 재고매입세액을 계산하시오. 단, 문제의 취득가액은 공급대가이며, 甲은 업종별 부가가치율로 매입세금계산서등 수령세액공제를 받았다고 가정할 것.
4. 일반과세자인 甲이 20×8년 1월 1일에 간이과세자로 전환되었다고 가정할 때 甲의 재고납부세액을 계산하시오. 단, 문제의 취득가액은 공급가액이라고 가정할것.

### 해답

[요구사항1]

| 일반과세자의 부가가치세 차가감납부세액: ₩1,634,000 |
|---|

[계산근거]
(1) 매출세액: ₩33,000,000×10/110=₩3,000,000
(2) 매입세액

| ① 세금계산서 등 수취분: ₩1,000,000−₩50,000= | ₩950,000 |
|---|---|
| ② 의제매입세액 | −* |
| 계 | ₩950,000 |

  * 증명서류를 수취하지 못한 경우 공제할 수 없음

(3) 납부세액: (1)−(2)=₩2,050,000
(4) 신용카드매출전표등 발행세액공제: ₩20,000,000×1.3%=₩260,000(한도 ₩10,000,000)
(5) 차가감납부세액: (3)−(4)=₩1,790,000

[요구사항2]

| 간이과세자의 부가가치세 차가감납부세액: ₩27,850 |
|---|

[계산근거]

(1) 납부세액: ①+②+③=₩340,100

    ① 음식점업: ₩20,000,000×30%×10%=₩600,000

    ② 소매업: ₩10,000,000×20%×10%=₩200,000

    ③ 공통사용재화: ₩3,000,000×26.7%*×10%=₩80,100

      * 공통사용재화 공급시 업종별 공급대가로 가중평균한 부가가치율을 적용함.

$$\text{가중평균 부가가치율}: 30\% \times \frac{₩20,000,000}{₩30,000,000} + 20\% \times \frac{₩10,000,000}{₩30,000,000} = 26.7\%$$

(2) 공제세액: ①+②+③=₩312,250

    ① 매입세금계산서등 수령세액공제

| | |
|---|---:|
| a. 음식점업: ₩5,500,000×0.5%= | ₩27,500 |
| b. 소매업: (₩3,300,000−₩550,000)×0.5%= | 13,750 |
| c. 공통매입세액: ₩2,200,000×0.5%= | 11,000 |
| 계 | ₩52,250 |

    ② 의제매입세액공제: 적용 배제

    ③ 신용카드매출전표등 발행세액공제: ₩20,000,000×1.3%=₩260,000(한도: ₩10,000,000)

(3) 차가감납부세액: (1)−(2)=₩27,850

[요구사항3]

| 재고매입세액: ₩176,000 |
|---|

[계산근거]

| | |
|---|---:|
| (1) 원재료: ₩880,000×10/110×(1−30%)= | ₩56,000 |
| (2) 기계장치: 취득가액이 불분명한 경우 공제하지 않음 | |
| (3) 건물: ₩2,200,000×10/110×(1−10%×2)×(1−25%*)= | 120,000 |
| 계 | ₩176,000 |

    * 감가상각자산의 경우 취득일의 업종별 부가가치율을 적용하되, 2021. 7. 1이후 공급받은 부분은 5.5%를 적용함.

[요구사항4]

| 재고납부세액: ₩283,500 |
|---|

[계산근거]
(1) 원 재 료: ₩880,000×10/100×(1−5.5%*¹)=                     ₩83,160
(2) 기계장치: ₩1,000,000*²×10/100×(1−25%×3)×(1−5.5%)        23,625
(3) 건    물: ₩2,200,000×10/100×(1−5%×3)×(1−5.5%)=          176,715
    계                                                      ₩283,500

* 1. 2021. 7. 1 이후 변경한 경우 5.5%임.
  2. 취득가액이 불분명한 경우 시가를 취득가액으로 함.

## 간이과세자와 일반과세자의 비교 ■2011. 세무사

다음은 개인사업자 甲의 20×7년도 부가가치세 관련자료이다. 이 자료를 참고하여 물음에 답하시오. 단, 각각의 자료는 상호독립적이다.

1. (1) 20×7년 제1기 과세기간 동안 공급대가 : ₩33,000,000(공급대가에는 신용카드매출전표 발행분 ₩6,600,000이 포함되어 있음)
   (2) 세금계산서를 발급받아 매입처별세금계산서합계표를 제출한 매입세액 : ₩800,000(위 매입세액에는 접대비와 관련된 매입세액 ₩200,000이 포함되어 있음)
   (3) 제출한 신용카드매출전표수령명세서로 확인되는 면세농수산물의 매입가격 : ₩891,000
   (4) 음식점업의 업종별 부가가치율 : 10%

2. (1) 외상매출액*1                                              ₩600,000,000
   (2) 개별소비세 과세대상 자동차 매각액                           20,000,000
   (3) 거래처에 무상으로 기증한 견본품의 장부가액(시가 : ₩5,000,000)  4,000,000
   (4) 거래처로부터의 채무면제이익                                 5,000,000
   (5) 하치장 반출액(시가 : ₩12,000,000)                          9,000,000
   (6) 상품매출대금($4,000)의 환가액*2                            4,480,000
   (7) 제품매출대금($5,000)의 환가액*3                            6,000,000

   *1. 매출에누리 ₩5,000,000과 매출할인 ₩3,000,000이 차감된 금액임
    2. 일자별 기준환율-상품인도일(2월 9일) : ₩1,200/$ 대금수령일(3월 3일) : ₩1,150/$, 환가일(3월 4일) : ₩1,120/$
    3. 일자별 기준환율-제품인도일(3월 8일) : ₩1,210/$ 대금수령일(3월 4일) : ₩1,120/$, 환가일(3월 7일) : ₩1,200/$

3. (1) 20×7년 제1기 과세기간(20×7. 1. 1. ~ 20×7. 6. 30.)
   ① 매입세액의 내용
    · 공통매입세액(해당 자산은 과세기간말 현재 보유 중임)    ₩40,000,000
    · 과세사업관련 매입세액                                   70,000,000
    · 면세사업관련 매입세액                                   30,000,000

② 공급가액
- 과세공급가액 ₩1,500,000,000
- 면세공급가액 500,000,000

(2) 20×6년 제2기 과세기간(20×6. 7. 1 ~ 20×6. 12. 31)
- 과세공급가액 ₩400,000,000
- 면세공급가액 300,000,000

4. (1) 20×8년 1월 1일 현재 재고품 및 감가상각자산의 명세는 다음과 같다(단, 아래 금액은 모두 부가가치세가 포함되지 않은 금액이며, 매입세액은 적법하게 공제받은 상태이다).

| 구 분 | 취 득 일 | 세금계산서상 취득가액 | 취득일 현재 시가 |
|---|---|---|---|
| 건 물 | 20×6. 6. 15 | ₩110,000,000 | ₩165,000,000 |
| 기 계 | 20×7. 8. 12 | 16,500,000 | 11,000,000 |
| 상 품 A | 20×7. 6. 22 | 22,000,000 | 33,000,000 |
| 상 품 B | 20×7. 9. 5 | 5,500,000 | 4,400,000 |

(2) 해당 업종의 연도별 부가가치율은 20×6년까지는 20%, 20×7년 이후 30%이다.

**요구사항**

1. 甲이 음식점업을 영위하는 일반과세자(개별소비세법상 과세유흥장소의 경영자가 아님)라고 가정할 때, [자료1]을 이용하여 20×7년 제1기 부가가치세 차가감납부할세액을 계산하시오. 단, 전자신고세액공제는 고려하지 말것.

2. 甲이 음식점업을 영위하는 간이과세자(개별소비세법상 과세유흥장소의 경영자가 아님)이고 [자료1]이 20×7년도의 자료라고 가정할 때, [자료1]을 이용하여 20×7년 부가가치세 차가감납부할세액을 계산하시오. 단, 전자신고세액공제는 고려하지 말것.

3. 甲이 제조업을 영위하는 과세사업자(일반과세자)라고 가정할 때, [자료2]를 이용하여 20×7년 제1기 부가가치세 과세표준을 계산하시오.

4. 甲이 과세사업과 면세사업을 겸영하는 사업자(일반과세자)라고 가정할 때, [자료3]을 이용하여 20×7년 제1기 공제되는 매입세액을 계산하시오.

5. 간이과세자인 甲이 20×8년 1월 1일에 일반과세자로 전환되었다고 가정할 때, [자료4]를 이용하여 甲의 재고매입세액을 계산하시오. 단, 甲은 업종별 부가가치율로 매입세금계산서등 수령세액공제를 받았다고 가정할것.

6. 일반과세자인 甲이 20×8년 1월 1일에 간이과세자로 전환되었다고 가정할 때, [자료4]를 이용하여 甲의 재고납부세액을 계산하시오.

[요구사항1]

| 일반과세자의 부가가치세 차가감납부세액: ₩2,240,631 |
|---|

[계산근거]

(1) 매출세액: ₩33,000,000 × $\dfrac{10}{110}$ =   ₩3,000,000

(2) 매입세액
   ① 세금계산서수취분                    ₩600,000
   ② 의제매입세액: ₩891,000×9/109=        73,569
                 계            ₩673,569

(3) 납부세액: ₩2,326,431
(4) 신용카드매출전표 등 발행공제: ₩6,600,000×1.3%=₩85,800
(5) 차가감납부세액: ₩2,240,631

[요구사항2]

| 간이과세자의 부가가치세 차가감납부세액: ₩211,200 |
|---|

[계산근거]

(1) 납부세액: ₩33,000,000×10%×10%=        ₩330,000

(2) 공제세액
   ① 매입세금계산서 등 수령세액공제: ₩600,000×5.5%=   ₩33,000
   ② 신용카드매출전표 등 발행공제: ₩6,600,000×1.3%=    85,800
                 계                ₩118,800

(3) 차가감납부세액: ₩211,200

[요구사항3]

| 부가가치세 과세표준: ₩630,800,000 |
|---|

[계산근거]

| | |
|---|---:|
| 외상매출액 | ₩600,000,000 |
| 개별소비세 과세대상 자동차매각액 | 20,000,000 |
| 상품매출액: U$4,000×₩1,200= | 4,800,000 |
| 제품매출액: U$5,000×₩1,200= | 6,000,000 |
| 계 | ₩630,800,000 |

[요구사항4]

| 공제되는 매입세액: ₩100,000,000 |
|---|

[계산근거]

| | |
|---|---:|
| 공통매입세액: ₩40,000,000 × $\dfrac{₩1,500,000,000}{₩2,000,000,000}$ = | ₩30,000,000 |
| 과세사업 매입세액 | 70,000,000 |
| 계 | ₩100,000,000 |

[요구사항5]

| 재고납부세액: ₩9,542,500 |
|---|

[계산근거]

| 구 분 | 계산내역 | 재고매입세액 |
|---|---|---:|
| 건 물 | ₩110,000,000 × $\dfrac{10}{100}$ × (1−10%×2) × (1−20%) | ₩7,040,000 |
| 기 계 | ₩16,500,000 × $\dfrac{10}{100}$ × (1−50%×1) × (1−30%) | 577,500 |
| 상 품 A | ₩22,000,000 × $\dfrac{10}{100}$ × (1−30%) | 1,540,000 |
| 상 품 B | ₩5,500,000 × $\dfrac{10}{100}$ × (1−30%) | 385,000 |
| 계 | | ₩9,542,500 |

[요구사항6]

| 재고납부세액: ₩12,084,188 |
|---|

[계산근거]

| 구 분 | 계산내역 | 재고납부세액 |
|---|---|---|
| 건 물 | $₩110,000,000 \times \dfrac{10}{100} \times (1-5\% \times 4) \times (1-5.5\%)$ | ₩8,316,000 |
| 기 계 | $₩16,500,000 \times \dfrac{10}{100} \times (1-25\% \times 1) \times (1-5.5\%)$ | 1,169,438 |
| 상 품 A | $₩22,000,000 \times \dfrac{10}{100} \times (1-5.5\%)$ | 2,079,000 |
| 상 품 B | $₩5,500,000 \times \dfrac{10}{100} \times (1-5.5\%)$ | 519,750 |
| 계 | | ₩12,084,188 |

▼ 해설

1. 공급대가를 외화로 받은 경우 공급시기(인도일)와 환가일 중 빠른 날의 환율로 환산한다.
2. 재고매입세액계산시 일반과세자로 변경되기 직전(감가상각자산의 경우에는 해당 감가상각자산의 취득일)이 속하는 과세기간의 부가가치율을 적용하되, 2021. 7. 1이후 공급받은 부분은 5.5%를 적용함.
3. 재고납부세액계산시 2021. 7. 1이후 변경하는 경우 5.5%를 적용함.

## 재고납부세액  ■2005. CPA

K씨는 20×7년 1기까지는 일반과세자로서 소매업을 영위하여 왔던 개인사업자인데, 20×7년 7월 1일부터 간이과세자로의 전환이 가능하게 되었다. 적격증명서류는 정당하게 교부하거나 교부받았고, 거래와 관련된 법적 절차를 완료하였다. 별도의 언급이 없는 한 제시된 금액에는 부가가치세가 포함되어 있지 않다. 그리고 전자신고방법을 이용하지 않는 것으로 한다.

1. 20×7년의 매출액은 다음과 같다.

    (1) 국내매출액    ₩27,500,000(부가가치세 포함)

    이 중 ₩11,000,000은 국내사업장이 없는 비거주자에게 제품을 공급하고 그 대가를 외국환은행에서 원화로 수령한 것이다. 단, 제품의 인도는 비거주자가 지정하는 국내사업자 M씨에게 이루어졌으며 M씨는 ₩6,600,000은 과세사업에, ₩4,400,000은 면세사업에 사용하였다. 해당 금액을 제외한 국내매출액에 대해서는 신용카드매출전표를 발행하였다.

    (2) 수 출 액    ₩20,000,000

    (3) 단골고객에 대한 증정품의 원가 ₩4,000,000(시가 ₩8,000,000, 부수재화 아님)

    동 증정품 원가 중 ₩1,000,000에 해당하는 상품은 매입시 세금계산서를 미수취하여 매입세액을 공제받지 못하였다. 일반과세자와 간이과세자 모두 시가는 ₩8,000,000으로 볼 것

    (4) 국내매출액 중 국내사업장이 없는 비거주자분 ₩11,000,000을 제외하고 모두 신용카드매출전표가 발행된 것이다.

2. 20×7년 7월 1일부터 12월 31일까지의 세금계산서에 의한 매입세액은 ₩2,400,000이며, 소매업의 부가가치율은 10%이다.

3. 20×7년 7월 1일 현재의 재고현황(취득가액 기준)

    (1) 상    품: ₩10,000,000

    (2) 비    품: ₩5,000,000(20×5년 2월 1일 취득)

    (3) 건    물: ₩100,000,000(20×5년 6월 30일 취득)

### 요구사항

1. K씨가 계속 일반과세자를 유지하였다고 가정할 때, 20×7년 2기에 부가가치세법상 차가감납부할세액 또는 환급받을세액을 계산하시오.

2. K씨가 간이과세자로 전환하였다고 가정할 때, 20×7년 7월 1일부터 12월 31일까지에 부가가치세법상 차감납부할세액 또는 환급받을세액을 계산하시오.

**해답**

[요구사항1]

| 일반과세자로 유지할 경우 차가감납부세액: ₩0 |||
|---|---|---|

[계산근거]

| 구 분 | 계산근거 | 금 액 |
|---|---|---|
| (1) 매출세액 | | |
| 　국내매출액 | ₩16,500,000×10/110+₩6,600,000×0%+₩4,400,000×10/110 | ₩1,900,000 |
| 　수 출 액 | ₩20,000,000×0% | - |
| 　사업상증여 | ₩8,000,000× $\frac{₩3,000,000}{₩4,000,000}$ ×10% | 600,000 |
| (2) 매입세액 | | ₩2,400,000 |
| (3) 납부세액 | | ₩100,000 |
| (4) 공제세액 | Min[₩16,500,000×1.3%, ₩10,000,000, ₩100,000]=₩100,000 | 100,000 |
| (5) 차가감납부세액 | | ₩0 |

[요구사항2]

| 간이과세자인 경우 차가감납부세액: ₩8,433,500 |||
|---|---|---|

[계산근거]

(1) 재고납부세액

| 구 분 | 계산근거 | 재고납부세액 |
|---|---|---|
| ① 상　품 | ₩10,000,000×10/100×(1-5.5%) | ₩945,000 |
| ② 비　품 | ₩5,000,000×10/100×(1-25%×4)×(1-5.5%) | - |
| ③ 건　물 | ₩100,000,000×10/100×(1-5%×4)×(1-5.5%) | 7,560,000 |
| 　　계 | | ₩8,505,000 |

(2) 차가감납부세액

| 구 분 | 계산근거 | 금 액 |
|---|---|---|
| ① 납부세액 | | |
| 　국내매출액 | ₩16,500,000×10%×10%+₩6,600,000×10%×0%+₩4,400,000×10%×10% | ₩209,000 |

|  |  |  |
|---|---|---|
| 수 출 액 | ₩20,000,000×10%×0% | – |
| 사업상증여 | ₩6,000,000×10%×10% | 66,000 |
| 재고납부세액 |  | 8,505,000 |
| ② 공제세액 |  |  |
| 매입세금계산서수령세액공제 | ₩2,400,000×5.5% | ₩132,000 |
| 신용카드매출전표등발행공제 | Min[₩16,500,000×1.3%, ₩10,000,000, ₩8,780,000]=₩214,500 | 214,500 |
| ③ 차가감납부세액 |  | ₩8,433,500 |

### 해설

1. 매입세액공제를 받지 못한 증정상품의 경우 재화의 공급으로 의제하지 아니한다.
2. 신용카드매출전표 등 발행공제는 납부세액(가산세 제외)을 한도로 한다.

# 04 재고매입세액 ■2003. CPA

다음은 자동차관리법에 의하여 중고자동차매매업 등록을 하고 중고자동차매매업을 하는 사업자 甲의 20×7년 제1기 부가가치세 예정신고를 위한 자료이다. 甲은 이전에는 간이과세자였으나 20×7년부터 일반과세자로 전환되었다. 별도의 언급이 없는 한 자료에 제시된 금액은 부가가치세를 포함하지 아니한 금액이다. 대통령령으로 정한 이 업종의 부가가치율은 10%이다. 자료에 주어진 소형승용차는 모두 개별소비세과세대상 자동차이다.

[자료1] 20×7. 1. 1. ~ 3. 31.의 매출내역

| 구 분 | | 판매금액 |
|---|---|---|
| 국내판매 | ① 직수출 | ₩20,000,000 |
| | ② 할부판매 1: 6개월 할부판매(20×7년 1월 인도) | 6,600,000 |
| | ③ 할부판매 2: 12개월 할부판매(20×7년 2월 인도) | 13,200,000 |

* 국내판매는 20×7년 제1기부터 모두 할부판매로 전환되었으며, 할부판매금액에는 현금판매가격의 10%에 해당하는 이자상당액이 가산되어 있고, 판매대금은 인도일의 다음 달부터 매월 말일에 판매금액을 할부월수로 나눈 금액을 받기로 되어 있다.

[자료2] 20×7. 1. 1. ~ 3. 31.의 기타 거래내역

(1) 일반과세자로부터 ₩1,500,000에 매입한 판매용 중고소형자동차(시가 ₩2,000,000)를 지방자치단체의 행사에 기증하였다.
(2) 일반과세자로부터 ₩2,200,000에 매입한 판매용 중고소형자동차(시가 ₩2,800,000)를 영업부의 업무용으로 전환하였다.
(3) 장부가액 ₩2,000,000(취득가액 ₩3,000,000, 취득일 20×6. 1. 10, 시가 ₩1,000,000)의 사무용 중고컴퓨터를 영업부 과장에게 ₩500,000에 매각하였다.

[자료3] 20×7. 1. 1. ~3. 31.의 매입내역

| 구 분 | 금 액 |
|---|---|
| 상품(중고자동차)*1: 일반과세자로부터 매입액 | ₩19,200,000 |
| 업무용소형승용차 주유비*2: 일반과세자로부터 매입액 | 1,500,000 |

*1. 세금계산서 또는 계산서를 교부받아 신고하였다.
 2. 무연휘발유를 신용카드로 매입하였다.

[자료4] 20×7. 1. 1 현재 재고내역

| 구 분 | | 매 입 액 | 취득가액* | 장부가액* | 시 가* |
|---|---|---|---|---|---|
| 상 품<br>(중고자동차) | 일반과세자로부터 매입 | 20×6. 2. 8 | 5,500,000 | 5,500,000 | 7,700,000 |
| 건 물 | 일반과세자로부터 매입 | 20×6. 6. 5 | 66,000,000 | 56,100,000 | 77,000,000 |

*부가가치세가 포함된 금액이며 재고품에 대하여 법정기한 내에 신고하여 승인을 받았다.

▼ 요구사항

20×8년 제1기 부가가치세 예정신고시 1. 매출세액 2. 매입세액 3. 납부세액(환급세액)을 계산하고, 만일 환급세액이 발생하는 경우에는 어떻게 처리되는지 설명하시오(매출세액과 매입세액은 각 자료의 항목별로 계산하고, 세액이 없는 경우에는 그 이유를 쓰시오). 단, 甲은 업종별 부가가치율로 매입세금계산서등 수령세액공제를 받았다고 가정할 것.

▼ 해답

[요구사항1]

| 매출세액: ₩1,150,000 |
|---|

[계산근거]

| 구 분 | 과 세 | 영세율 |
|---|---|---|
| [자료 1] ① 직 수 출 | – | ₩20,000,000 |
| [자료 1] ② 할부판매 | ₩6,600,000 | – |
| [자료 1] ③ 장기할부매출 | 1,100,000 | – |
| [자료 2] ① 지방자치단체에 기증 | – | – |
| [자료 2] ② 비영업용소형승용차로 전용 | 2,800,000 | – |
| [자료 2] ③ 종업원에게 매각한 중고컴퓨터 | 1,000,000 | – |
| 과세표준 | ₩11,500,000 | ₩20,000,000 |
| 매출세액 | ₩1,150,000 | – |

[요구사항2]

| 매입세액: ₩7,230,000 |
|---|

[계산근거]

| 구 분 | 계산내역 | 금 액 |
|---|---|---|
| [자료3] ① 상품(일반과세자) | ₩19,000,000×10% | ₩1,920,000 |
| [자료3] ② 주유비(일반과세자) | – | – |
| [자료4] ① 상품(재고매입세액-간이) | – | |
| [자료4] ① 상품(재고매입세액-일반) | ₩5,500,000×10/110×(1-10%) | 450,000 |
| [자료4] ② 건물(재고매입세액-일반) | ₩66,000,000×10/110×(1-10%×1)×(1-10%) | 4,860,000 |
| 계 | | ₩7,230,000 |

[요구사항3]

> 환급세액: ₩6,080,000

[계산근거]

₩1,150,000-₩7,230,000= ₩6,080,000

[요구사항4]

> 환급세액의 처리: 영세율대상이므로 환급세액은 조기환급규정에 따라 예정신고기한 경과 후 15일 이내에 환급한다.

▼ 해설

1. [자료1]
   ① 직수출은 영세율대상이다.
   ② 6개월 할부판매는 단기할부이므로 인도일에 판매금액을 전액을 과세표준으로 한다.
   ③ 12개월 할부판매는 장기할부이므로 대가의 각 부분을 받기로 한 금액을 과세표준으로 한다. 20×8년 2월에 인도하였으므로 인도일의 다음달 말인 20×8년 3월말에 받기로 한 ₩1,100,000(₩13,200,000÷12)이 과세표준이다.

2. [자료2]
   ① 지방자치단체의 행사에 기증한 승용차는 면세대상이다.
   ② 일반과세자로부터 매입한 판매용 소형승용차는 매입세액공제대상이지만, 그 소형승용차를 업무용으로 전용하면 재화의 공급의제(자가공급)에 해당한다.
   ③ 사무용 중고컴퓨터를 영업부 과장에게 저가로 매각한 경우 특수관계인에게 재화를 저가로 공급한 것이므로 공급한 재화의 시가를 과세표준으로 한다.

3. [자료3]

① 일반과세자인 중고자동차매매업자가 일반과세자로부터 매입한 중고자동차는 매입세액공제를 한다.

② 업무용 소형승용차에 주유한 휘발유는 매입세액이 공제되지 않는다.

4. [자료4]

매입세액이 공제되지 아니한 자산은 재고매입세액과 재고납부세액의 계산대상이 아니다.

# 간이과세자 ■2017. CPA

다음은 20×7년 4월 1일 개업한 간이과세자 김조류의 20×7년 과세기간(20×7년 4월 1일 ~ 20×7년 12월 31일) 자료이다.

[자료]

1. 김조류는 닭을 구입하여 털을 제거한 후 생닭으로 판매하는 식료품점과 프라이드치킨으로 판매하는 음식점을 겸영하고 있다.

2. 20×7년 공급대가

| 구 분 | 식료품점 | 음식점 |
|---|---|---|
| 현금영수증 발행분 | ₩9,000,000 | ₩10,000,000 |
| 신용카드매출전표 발행분 | 7,000,000 | 8,000,000 |
| 영수증 발행분 | 5,000,000 | 6,000,000 |
| 자기적립마일리지 결제분[*1] | 3,000,000 | 4,000,000 |
| 통신사 마일리지 결제분[*2] | 1,000,000 | 2,000,000 |
| 합 계 | ₩25,000,000 | ₩30,000,000 |

*1. 매출액에 대하여 3%의 마일리지를 부여하고 있으며, 이 마일리지를 이용하여 결제한 금액이다.
 2. K통신사가 자기 고객에게 제공한 마일리지를 식료품점과 음식점에서 사용할 수 있도록 하고, 사용액의 70%를 K통신사가 보전해 준다. 위 금액은 K통신사 고객이 사용한 마일리지의 70%를 K통신사로부터 현금으로 보전 받은 금액이다.

3. 20×7년 매입내역

| 구 분 | 식료품점 | 음식점 |
|---|---|---|
| 계산서 수취 | ₩9,000,000[*1] | |
| 세금계산서 수취 | ₩1,100,000[*2] | ₩3,300,000[*3] |
| 신용카드매출전표 수취 | ₩4,400,000[*4] | |

*1. 닭 구입액으로 실지 귀속은 불분명하며, 가능한 의제매입세액공제에 대해서는 필요한 서류를 제출함
 2. 부가가치세가 포함된 금액임
 3. 부가가치세가 포함된 금액이며, 이 중 ₩1,100,000은 접대비로 지출된 것임
 4. 부가가치세가 포함된 금액이며, 공통매입세액의 실지귀속은 불분명함

4. 음식점업의 업종별 부가가치율은 10%이다.

### 요구사항

1. 김조류의 20×7년 과세기간 부가가치세 납부세액을 계산하시오.
2. 김조류의 20×7년 공제액을 다음의 답안양식에 따라 제시하시오.

[답안양식]

| 구 분 | 공제세액 |
|---|---|
| 1. 세금계산서 등 수취세액공제 | |
| 2. 의제매입세액공제 | |
| 3. 신용카드매출전표등 발행세액공제 | |

### 해답

**[요구사항1]**

납부세액: ₩260,000

[계산근거]

(₩10,000,000+₩8,000,000+₩6,000,000+₩2,000,000)×10%×10%=₩260,000

*1. 식료품점은 면세이므로 납부세액에서 고려할 필요가 없다.
 2. 자기적립마일리지 결제분은 적립시 과세표준에 포함하므로 공급대가에서 제외한다.

**[요구사항2]**

| 구 분 | 공제세액 |
|---|---|
| 1. 세금계산서 등 수취세액공제 | ₩23,000 |
| 2. 의제매입세액공제 | ₩0 |
| 3. 신용카드매출전표등 발행세액공제 | ₩234,000 |

[계산근거]

1. 세금계산서 등 수취세액공제

음식점: (₩3,300,000−₩1,100,000)×10/110×5.5%=     ₩11,000

공통매입세액: $4,400,000 \times \dfrac{₩30,000,000^*}{₩25,000,000+₩30,000,000} \times 10/110 \times 5.5\%=$     12,000

계     ₩23,000

*과세사업과 면세사업을 겸영하는 경우 공급대가의 비율로 안봄.

2. 의제매입세액공제: 간이과세자의 경우 적용 배제함.
3. 신용카드매출전표등 발행세액공제: (₩10,000,000+₩8,000,000)×1.3%=₩234,000

# 간이과세자 ■2018. CPA

다음은 20×7년 7월 1일부터 일반과세자에서 간이과세자로 전환된 사업자 갑의 20×7년 거래내역이다.

1. 과자제조업을 영위하고 있는 갑의 20×7년 7월 1일부터 20×7년 12월 31일까지의 매출과 매입자료는 다음과 같다.

   ① 공급대가: ₩30,000,000
      (신용카드매출전표 발행분은 ₩10,000,000이고, ₩2,200,000은 거래처의 파산으로 대손이 확정됨)
   ② 매입세액: ₩2,000,000
      (신용카드매출전표 수취분은 ₩1,000,000이고, 세금계산서 수취분은 ₩1,000,000임)
   ③ 면세농산물 매입액: ₩2,000,000
      (신용카드매출전표 수취분은 ₩1,000,000이고, 농민으로부터 직접 매입하여 적격증명서류를 수취하지 못한 금액은 ₩1,000,000임)

2. 20×7년 7월 1일 현재 보유자산 현황

   | 구 분 | 취득일자 | 취득가액[*1] | 시가 |
   |---|---|---|---|
   | 원재료 | – | ₩1,100,000 | ₩2,000,000 |
   | 기계장치 | 20×6. 12. 1. | 불분명[*2] | ₩10,000,000 |
   | 건 물 | 20×6. 2. 1. | ₩44,000,000 | ₩50,000,000 |

   *1. 취득가액은 일반과세자가 매입한 경우 공급가액, 간이과세자가 매입한 경우 공급대가로 봄
   2. 기계장치는 관련 증명서류의 분실로 인하여 취득가액 및 장부가액이 확인되지 않음

3. 과자 제조업의 업종별 부가가치율은 다음의 비율로 가정한다.

   | 20×6년 이전 | 20×7년 |
   |---|---|
   | 10% | 20% |

### 요구사항

1. 간이과세자 갑의 20×7년 부가가치세 납부세액(재고납부세액 제외) 및 세액공제액을 다음의 답안양식에 따라 제시하시오.

[답안양식]

| 납부세액 (재고납부세액 제외) | | |
|---|---|---|
| 세액공제 | 매입세금계산서 등 수취세액공제 | |
| | 의제매입세액공제 | |
| | 신용카드매출전표 등 발행세액공제(한도는 고려하지 말 것) | |

2. 간이과세자 갑의 20×7년 부가가치세 재고납부세액을 다음의 답안양식에 따라 제시하시오.

[답안양식]

| 구 분 | 재고납부세액 |
|---|---|
| 원재료 | |
| 기계장치 | |
| 건 물 | |

3. 사업자 갑이 20×7년 7월 1일부터 간이과세자에서 일반과세자로 전환되었다고 가정하고, 일반과세자 갑의 20×7년 부가가치세 재고매입세액을 다음의 답안양식에 따라 제시하시오. 단, 갑은 업종별 부가가치율로 매입세금계산서등 수취세액공제를 적용받았다고 가정할 것.

[답안양식]

| 구 분 | 재고매입세액 |
|---|---|
| 원재료 | |
| 기계장치 | |
| 건 물 | |

### 해답

[요구사항1]

| 납부세액 (재고납부세액 제외) | | ₩600,000 |
|---|---|---|
| 세액공제 | 매입세금계산서 등 수취세액공제 | ₩110,000 |
| | 의제매입세액공제 | ₩0 |
| | 신용카드매출전표 등 발행세액공제(한도는 고려하지 말 것) | ₩130,000 |

[계산근거]

1. 납부세액: ₩30,000,000×20%×10%=₩600,000

   *간이과세자의 경우 대손세액공제는 적용하지 아니함.

2. 매입세금계산서 등 수취세액공제: ₩2,000,000×5.5%=₩110,000

3. 의제매입세액공제: 적용 배제

4. 신용카드매출전표등 발행세액공제: ₩10,000,000×1.3%=₩130,000

[요구사항2]

| 구 분 | 재고납부세액 |
|---|---|
| 원 재 료 | ₩103,950 |
| 기계장치 | ₩472,500 |
| 건 물 | ₩3,534,300 |

[계산근거]

1. 원재료: ₩1,100,000×10/100×(1−5.5%)=₩103,950

2. 기계장치: ₩10,000,000*×10/100×(1−25%×2)×(1−5.5%)=₩472,500

   *취득가액이 불분명한 경우 시가를 취득가액으로 함.

3. 건물: ₩44,000,000×10/100×(1−5%×3)×(1−5.5%)=₩3,534,300

[요구사항3]

| 구 분 | 재고납부세액 |
|---|---|
| 원 재 료 | ₩80,000 |
| 기계장치 | ₩0 |
| 건 물 | ₩2,880,000 |

[계산근거]

1. 원재료: ₩1,100,000×10/110×(1−20%)=₩80,000

2. 기계장치: 취득가액이 불분명한 경우 공제하지 않음

3. 건물: ₩44,000,000×10/100×(1−10%×2)×(1−10%)=₩2,880,000

## 간이과세자 ■2019. 세무사

다음은 숙박업(부가가치율 20%)과 소매업(부가가치율 10%)을 겸영하는 간이과세자 김공단씨의 20×7년 과세기간(20×7. 1. 1. ~ 20×7. 12. 31.)의 자료이다. (단, 별도의 언급이 없는 한 세금계산서 및 계산서는 적법하게 수취한 것으로 가정한다.)

1. 과세기간 중 사업별 공급대가는 다음과 같다.

| 구 분 | 공급대가 | 적 요 |
|---|---|---|
| 숙박업 | ₩20,000,000 | 신용카드매출전표 발행분 ₩8,000,000 포함 |
| 소매업 | 30,000,000 | 신용카드매출전표 발행분 ₩5,000,000 포함 |
| 합 계 | ₩50,000,000 | |

2. 숙박업과 소매업에 공통으로 사용하던 비품을 ₩4,000,000(공급대가)에 매각하였다.
3. 과세기간 중 매입세액의 내용
    ① 세금계산서 수취 매입세액은 숙박업 귀속분이 ₩1,000,000이고 소매업 귀속분이 ₩1,600,000이다.
    ② 신용카드매출전표 수취 매입세액은 ₩1,000,000이며, 이는 숙박업과 소매업에 공통사용되는 비품의 매입세액으로서 귀속이 불분명하다. 신용카드매출전표 수령명세서는 적법하게 제출하였다.
4. 예정부과기간의 고지납부세액은 ₩220,000이다.

### 요구사항

위의 자료를 이용하여 김공단씨의 20×7년 부가가치세 차가감납부세액(지방소비세 포함)을 다음의 답안양식에 따라 제시하시오.

[답안양식]

| 구 분 | | 세 액 |
|---|---|---|
| 납부세액 | | |
| 공제세액 | ⋮ | |
| | 계 | |
| 예정고지액 | | |
| 차가감납부할세액 (△환급세액) | | |

### 해답

| 구 분 | | 세 액 |
|---|---|---|
| 납부세액 | | ₩756,000 |
| 공제세액 | 매입세금계산서등 수취세액공제 | 198,000 |
| | 신용카드매출전표 등 발행세액공제 | 169,000 |
| | 계 | ₩389,000 |
| 예정고지액 | | 220,000 |
| 차가감 납부할 세액 (△환급세액) | | △₩169,000 |

[계산근거]

1. 납부세액

　(1) 숙박업: ₩20,000,000×20%×10%= ₩400,000
　(2) 소매업: ₩30,000,000×10%×10%= 300,000
　(3) 공통사용재화: ₩4,000,000×14%*×10%= 56,000
　　　　　계　　　　　　　　　　　　　₩756,000

　* 가중평균부가가치율: $20\% \times \dfrac{₩20,000,000}{₩50,000,000} + 10\% \times \dfrac{₩30,000,000}{₩50,000,000} = 14\%$

2. 매입세금계산서등 수취세액공제: ₩3,600,000×5.5%=₩198,000
3. 신용카드매출전표등 발행세액공제: ₩13,000,000×1.3%=₩169,000

# 간이과세자 ■2019. CPA

다음은 숙박업과 음식점업 (과세유흥장소가 아님)을 겸영하는 간이과세자 갑(간편장부대상자)의 20×7년 과세기간 (20×7년 1월 1일 ~ 20×7년 12월 31일) 자료이다. 단, 별도의 언급이 없는 한 세금계산서 및 계산서는 적법하게 수취된 것으로 가정한다.

1. 연도별 공급대가는 다음과 같으며, 전액 신용카드매출전표를 발행하였다.

| 구 분 | 숙 박 업 | 음식점업 |
|---|---|---|
| 20×6년 | ₩18,000,000 | ₩22,000,000 |
| 20×7년 | 30,000,000 | 20,000,000 |

2. 숙박업과 음식점업에 공통으로 사용하던 비품을 공급대가 ₩3,000,000에 매각하였다.

3. 20×7년 매입내역은 다음과 같다.

| 구 분 | 세금계산서 수취분 | 기타분 |
|---|---|---|
| 숙박업 매입액 | ₩5,500,000*1 | — |
| 음식점업 매입액 | 3,300,000*2 | ₩1,090,000*3 |
| 공통매입액 | 1,100,000*4 | — |

*1 부가가치세를 포함한 금액이며, 이 중 ₩1,100,000은 접대비로 지출한 것임.
*2 부가가치세를 포함한 금액임.
*3 농민으로부터 면세농산물을 직접 매입하여 계산서 또는 신용카드매출전표를 수취하지 못한 금액으로, 이에 대한 의제매입세액공제신고서는 제출됨
*4 숙박업과 음식점업에 공통으로 사용하는 비품 매입액(귀속이 불명확함)으로 부가가치세를 포함한 금액임

4. 업종별 부가가치율은 다음과 같다.

| 숙박업 | 음식점업 |
|---|---|
| 20% | 10% |

### 요구사항

1. 간이과세자 갑의 20×7년 부가가치세 납부세액을 다음의 답안양식에 따라 제시하시오.

[답안양식]

| | |
|---|---|
| 납부세액 | |

2. 간이과세자 갑의 20×7년 부가가치세 공제세액을 다음의 답안양식에 따라 제시하시오. 단, 납부세액 초과여부는 고려하지 아니한다.

[답안양식]

| 구 분 | 공제세액 |
|---|---|
| 세금계산서 등 수취세액공제 | |
| 의제매입세액공제 | |
| 신용카드매출전표 등 발행세액공제 | |

### 해답

[요구사항1]

| | |
|---|---|
| 납부세액 | ₩848,000 |

[계산근거]

| | |
|---|---|
| 숙박업: ₩30,000,000×20%×10%= | ₩600,000 |
| 음식점업: ₩20,000,000×10%×10%= | 200,000 |
| 공통사용재화: ₩3,000,000×16%*×10%= | 48,000 |
| 계 | ₩848,000 |

* 공통사용재화 공급시 업종별 실지귀속을 구분할 수 없는 경우 해당 과세기간의 업종별 공급대가로 가중평균한 부가가치율을 적용함.

$$\text{가중평균부가가치율} = 20\% \times \frac{₩30,000,000}{₩50,000,000} + 10\% \times \frac{₩20,000,000}{₩50,000,000} = 16\%$$

[요구사항2]

| 구 분 | 공제세액 |
|---|---|
| 세금계산서 등 수취세액공제 | ₩44,000 |
| 의제매입세액공제 | ₩0 |
| 신용카드매출전표 등 발행세액공제 | ₩650,000 |

[계산근거]

1. 매입세금계산서 등 수취세액공제

    ① 숙박업: (₩5,500,000-₩1,100,000)×10/110×5.5%=　　₩22,000
    ② 음식점업: ₩3,300,000×10/110×5.5%=　　　　　　　16,500
    ③ 공통매입세액: ₩1,100,000××10/110×5.5%=　　　　 5,500
    　　　　계　　　　　　　　　　　　　　　　　　　　₩44,000

2. 의제매입세액공제: 적용 배제

3. 신용카드매출전표등 발행세액공제

    (₩30,000,000+₩20,000,000)×1.3%=₩650,000(한도: ₩10,000,000)

## 09 간이과세자 ■2021. 세무사

개인사업자 甲씨는 제조업(최종소비자에게 직접 재화를 공급하는 사업)을 영위 하는 일반과세자였다가 20×1년 7월 1일부터 간이과세자로 전환되었다. 다음은 간이과세자 甲씨의 20×1년 과세기간(20×1. 7. 1. ~ 20×1. 12. 31.)의 부가가치세 신고 관련 자료이다.

1. 재화의 공급 시에 공급가액과 세액을 구분 기재하여 발급한 영수증이다.

| 구 분 | 공급가액 | 세 액 |
|---|---|---|
| 영수증 | ₩60,000,000 | ₩6,000,000 |

2. 사업 관련 매입내역은 다음과 같으며, 세금계산서는 모두 일반과세자로부터 발급받았다.

| 구 분 | 공급가액 |
|---|---|
| 세금계산서 | ₩44,000,000 |
| 영수증 | ₩4,000,000 |

3. 20×1년 7월 1일 현재 사업 관련 보유자산의 현황은 다음과 같다. 해당가액은 부가가치세가 포함되지 않은 금액이며, 보유자산 매입 시 부가가치세는 적법하게 처리되었고, 모두 20×1년 6월 30일 이전구입분이다.

| 구 분 | 취득일 | 취득가액 | 장부가액 | 시 가 |
|---|---|---|---|---|
| 제 품 | 20×0. 6.10 | - | ₩2,000,000 | ₩1,500,000 |
| 기계장치 | 20×1. 3.20 | 10,000,000 | 8,000,000 | 9,000,000 |

4. 제조업의 부가가치율은 다음과 같다고 가정한다.

| 구 분 | 20×0. 1. 1. ~ 2020. 12. 31. | 20×1. 1. 1. ~ 2021. 12. 31. |
|---|---|---|
| 부가가치율 | 10% | 20% |

[물음]

개인사업자 甲씨의 20×1년 과세기간(20×1.7.1.~20×1.12.31.)의 부가가치세 신고시 다음 세액을 〈답안양식〉에 따라 작성하시오.

[답안양식]

| 구 분 | 세 액 |
|---|---|
| (1) 납부세액 | |
| (2) 재고납부세액 | |
| (3) 세금계산서등 수취세액공제 | |

▼ 해답

| 구 분 | 세 액 |
|---|---:|
| (1) 납부세액 | ₩1,320,000 |
| (2) 재고납부세액 | 810,000 |
| (3) 세금계산서등 수취세액공제 | 220,000 |

[계산근거]

1. 납부세액 : ₩66,000,000×20%×10% = ₩1,320,000

2. 재고납부세액 : (1) + (2) = ₩810,000

    (1) 제품 : ₩1,500,000×10%×(1 − 10%) = ₩135,000

    (2) 기계장치 : ₩10,000,000×10%×(1 − 25%×1)×(1 − 10%) = ₩675,000

3. 세금계산서 등 수취세액공제 : ₩4,000,000×5.5% = ₩220,000

## 간이과세자 ■2022. 세무사

개인사업자 甲은 음식점업(부가가치율 15%)과 숙박업(부가가치율 25%)을 겸영하는 간이과세자이다. 다음은 간이과세자 甲의 20×7년 과세기간(20×7. 1. 1. ~ 20×7. 12. 31.)의 부가가치세 관련 자료이다.(단, 甲은 세금계산서 발급의무자에 해당하지 아니하다.)

1. 과세기간 중 사업별 공급대가

| 구 분 | 공급대가 | 공급대가 중 신용카드 매출전표 발행금액 |
|---|---|---|
| 음식점업 | ₩42,000,000 | ₩15,000,000 |
| 숙박업 | 28,000,000 | 10,000,000 |
| 계 | ₩70,000,000 | ₩25,000,000 |

2. 음식점업과 숙박업에 공통으로 사용하던 비품을 공급대가 ₩5,000,000에 매각하였다.

3. 과세기간 중 세금계산서 수취분 매입 내역

| 구 분 | 공급대가 | 공급대가 | 비 고 |
|---|---|---|---|
| 음식점업 | ₩15,000,000 | ₩1,500,000 | 공급가액 중 ₩1,000,000(부가가치세액 ₩100,000)은 개별소비세 과세대상 5인승 승용자동차의 유지에 관한 지출분임 |
| 숙박업 | 5,000,000 | 500,000 | |
| 계 | ₩20,000,000 | ₩2,000,000 | |

4. 예정부과기간에 대한 고지납부세액은 없다.
5. 개인사업자 甲은 직접신고의 방법으로 신고하기로 한다.

[물음]

개인사업자 甲의 20×7년 부가가치세 차가감납수세액(지방소비세 포함)을 계산하시오.

> **해답**

| 차가감납부세액 | ₩985,500 |
|---|---|

[계산근거]

1. 납부세액: (1)+(2)+(3)= ₩1,425,000

    (1) 음식점업: ₩42,000,000×15%×10%= ₩630,000

    (2) 숙박업: ₩28,000,000×25%×10%= ₩700,000

    (3) 공통사용재화: ₩5,000,000×19%*×10%= ₩95,000

    $$* \ 15\% \times \frac{₩42,000,000}{₩70,000,000} + 25\% \times \frac{₩28,000,000}{₩70,000,000} = 19\%$$

2. 공제세액: (1)+(2)+(3)= ₩439,500

    (1) 매입세금계산서 등 수취세액공제: (₩1,500,000−₩100,000+₩500,000)×5.5%= ₩104,500

    (2) 신용카드매출전표 등 발행세액공제: ₩25,000,000×1.3%= ₩325,000

    (3) 전자신고세액공제: ₩10,000

3. 차가감납부세액: 1−2= ₩985,500

# SECTION

# 4 상속세 및 증여세법

CHAPTER 1

상속세

# 총상속재산가액

다음은 20×7년 4월 4일에 사망한 거주자 甲씨의 상속재산에 관한 자료이다.

1. 甲씨의 소유재산현황
   (1) 부동산 ₩1,800,000,000, 유가증권 ₩500,000,000, 예금 ₩950,000,000이 있으며 부동산가액에는 해외에 소재한 부동산평가액 ₩800,000,000이 포함되어 있다.
   (2) 상속개시일 현재 甲씨에게 귀속된 소득으로서 지급받지 않은 금액은 다음과 같다.
      ① 확정된 배당금      ₩40,000,000
      ② 인정상여          20,000,000

2. 기타 상속재산의 내역
   (1) 甲씨의 사망으로 인하여 배우자가 ₩500,000,000의 생명보험금을 받았는데, 총불입보험료 ₩40,000,000 중 ₩28,000,000을 甲씨가 불입하였으며 나머지는 배우자가 불입한 것이다.
   (2) 甲씨가 신탁한 신탁재산으로 ₩300,000,000이 있는데, 이 중 ₩200,000,000은 종교단체가 신탁의 이익을 받을 권리를 소유하고 있다. 그리고 타인의 신탁으로 인하여 甲씨가 소유하고 있는 신탁의 이익을 받을 권리 ₩20,000,000이 별도로 있다.
   (3) 甲씨가 근무하던 회사로부터 퇴직금 ₩450,000,000이 유족에게 지급되었는데, 이 중 ₩20,000,000은 퇴직위로금이며, ₩10,000,000은「국민연금법」에 의한 유족연금이다.

3. 상속개시전 재산처분 및 채무부담의 내역
   (1) 재산처분(인출)의 내역

   | 구 분 | 처분(인출)일 | 처분(인출)금액 | 용도확인액 |
   | --- | --- | --- | --- |
   | 예 금 | 20×6. 5. 8 | ₩250,000,000 | ₩100,000,000 |
   | 유가증권 | 20×5. 7. 10 | 300,000,000 | 180,000,000 |
   | 아 파 트 | 20×6. 7. 9 | 300,000,000 | 200,000,000 |
   | 상 가 | 20×5. 6. 8 | 400,000,000 | 250,000,000 |
   | 차 량 | 20×6. 1. 5 | 30,000,000 | - |

   (2) 채무부담의 내역

   | 구 분 | 채권자 | 발생일 | 차입금액 | 비 고 | |
   | --- | --- | --- | --- | --- | --- |
   | 금융회사채무 | A은행 | 20×6. 12. 18 | ₩400,000,000 | 용도확인액 | ₩280,000,000 |
   | | B은행 | 20×5. 9. 10 | 500,000,000 | 용도확인액 | 340,000,000 |

### 요구사항

甲씨의 총상속재산가액을 계산하시오. 단, 상속재산가액, 의제상속재산가액 및 추정상속재산가액으로 구분하여 제시할것.

### 해답

| 총상속재산가액 | | |
|---|---|---|
| 상속재산가액 | | ₩3,290,000,000 |
| 의제상속재산가액 | | 910,000,000 |
| 추정상속재산가액 | | |
|   현금·예금 및 유가증권 | ₩160,000,000 | |
|   부동산 및 부동산권리 | 110,000,000 | |
|   채 무 | 100,000,000 | 370,000,000 |
| 계 | | ₩4,570,000,000 |

[계산근거]

1. 상속재산가액

    (1) 부 동 산        ₩1,800,000,000
    (2) 유가증권           500,000,000
    (3) 예   금           950,000,000
    (4) 확정된 배당금      40,000,000
        계            ₩3,290,000,000

2. 의제상속재산가액

    (1) 보 험 금: ₩500,000,000×₩28,000,000/₩40,000,000 =    ₩350,000,000
    (2) 신탁재산: ₩300,000,000−₩200,000,000+₩20,000,000 =     120,000,000
    (3) 퇴 직 금: ₩450,000,000−₩10,000,000 =                  440,000,000
        계                                                  ₩910,000,000

3. 추정상속재산가액

    (1) 현금·예금 및 유가증권

        ① 2년 이내에 처분(인출)한 금액:₩550,000,000(5억원 이상임)
            · 용도불명금액: ₩550,000,000−₩280,000,000=₩270,000,000
            · 기준금액: Min[₩550,000,000×20%, ₩200,000,000]=₩110,000,000

② 추정상속재산가액: ₩270,000,000-₩110,000,000=₩160,000,000

(2) 부동산 및 부동산권리

① 2년 이내에 처분한 금액: ₩700,000,000(5억원 이상임)
- 용도불명금액: ₩700,000,000-₩450,000,000=₩250,000,000
- 기준금액: Min[₩700,000,000×20%, ₩200,000,000]=₩140,000,000

② 추정상속재산가액: ₩250,000,000-₩140,000,000=₩110,000,000

(3) 기타자산

1년 이내에 처분한 금액이 2억원에 미달하므로 추정상속재산가액은 없음

(4) 채 무

① 2년 이내에 차입한 금액: ₩900,000,000(5억원 이상임)
- 용도불명금액: ₩900,000,000-₩620,000,000=₩280,000,000
- 기준금액: Min[₩900,000,000×20%, ₩200,000,000]=₩180,000,000

② 추정상속재산가액: ₩280,000,000-₩180,000,000=₩100,000,000

### 해설

1. 상속재산가액

   (1) 피상속인이 거주자인 경우에는 국외에 소재하는 상속재산도 과세대상자산에 포함된다.

   (2) 확정된 배당금, 예금이자 발생분, 무상주의 수취권리 등은 상속재산에 포함하나 인정상여는 상속재산에 포함하지 아니한다.

2. 의제상속재산가액

   (1) 피상속인의 사망으로 인하여 받는 보험금 중 피상속인이 불입한 보험료 부분에 대한 보험금상당액만을 상속재산으로 본다.

   (2) 피상속인이 신탁한 재산(타인이 신탁의 이익을 받을 권리를 소유한 경우 그 가액은 제외) 및 신탁의 이익을 받을 권리는 상속재산으로 본다.

   (3) 피상속인에게 지급될 퇴직금 등은 상속재산으로 보지만 「국민연금법」에 의한 유족연금은 상속재산에서 제외한다.

3. 추정상속재산가액

   (1) 추정요건

   ① 재산처분: 재산종류별*로 상속개시일 전 1년 이내 2억원 이상이거나 2년 이내 5억원 이상인 경우
   * 재산종류별: ① 현금·예금 및 유가증권 ② 부동산 및 부동산에 관한 권리 ③ 그 외 기타 재산

② 채무부담: 상속개시일 전 1년 이내 2억원 이상이거나 2년 이내 5억원 이상인 경우

(2) 추정상속재산가액: 용도가 불분명한 금액 − Min{재산처분·채무부담×20%, 2억 원}

## 상속세과세가액

다음은 20×7년 4월 4일에 사망한 거주자 甲씨의 상속재산에 관한 자료이다.

1. 총상속재산가액은 ₩4,570,000,000인데, 이 금액에는 다음의 재산이 포함되어 있다.

    (1) 국가에 유증한 재산 ₩330,000,000
    (2) 국가 및 시·도지정문화재 220,000,000
    (3) 금양임야와 묘토인 농지 180,000,000
    (4) 정당에 유증한 재산 80,000,000
    (5) 사내근로복지기금 및 우리사주조합에 유증한 재산 20,000,000
    (6) 이재민구호금품 및 불우한 자를 돕기 위하여 유증한 재산 70,000,000
    (7) 상속인이 상속세 신고기한 내에 국가에 증여한 재산 100,000,000
    (8) 학교법인에 출연한 재산 180,000,000
    (9) 자선단체에 출연한 신탁재산 420,000,000
    (10) 비영리법인(공익법인이 아님)에 유증한 재산 100,000,000

2. 甲씨가 상속개시전에 증여한 재산의 내역은 다음과 같다.

    | 수증자 | 증여일 | 증여당시의 가액 | 상속개시당시의 가액 |
    |---|---|---|---|
    | 배우자 | 20×4. 5. 9 | ₩530,000,000 | ₩640,000,000 |
    | 친구 A | 20×1. 11. 15 | 70,000,000 | 100,000,000 |
    | 친구 B | 20×3. 4. 9 | 170,000,000 | 200,000,000 |

3. (1) 상속개시일 현재 甲씨의 소득세미납액 ₩12,000,000(상속인의 귀책사유로 인한 가산세 ₩2,000,000 포함)과 미납부된 공공요금 ₩3,000,000이 있다.

    (2) 甲씨의 장례비용은 총 ₩18,000,000(봉안시설에 사용된 금액 ₩7,000,000 포함)이며, 이는 증빙에 의해 확인된다.

4. 채무

    | 구 분 | 채권자 | 발생일 | 차입금액 | 비 고 | |
    |---|---|---|---|---|---|
    | 금융회사채무 | A은행 | 20×6. 12. 18 | ₩400,000,000 | 용도확인액 | ₩280,000,000 |
    | | B은행 | 20×5. 9. 10 | 500,000,000 | 용도확인액 | 340,000,000 |
    | 증여채무 | 친구 C | 20×4. 8. 1 | 150,000,000 | – | |

|  | 친구 D | 20×1. 7. 9 | 100,000,000 | – |
| --- | --- | --- | --- | --- |
| 보증채무 | 타 인 | 20×4. 2. 10 | 140,000,000 | ₩50,000,000은 구상권행사가능 |
| 기타채무 | 운전기사 | – | 82,000,000 | 운전기사의 미지급퇴직금임 |

### 요구사항

甲씨의 상속세과세가액을 계산하시오. 단, 총상속재산가액, 증여재산가액, 비과세재산가액, 과세가액불산입 및 과세가액공제액으로 구분하여 제시할 것.

### 해답

| 상속세과세가액 | |
| --- | --- |
| 총상속재산가액 | ₩4,570,000,000 |
| 증여재산가액 | 700,000,000 |
| 비과세상속재산가액 | (1,000,000,000) |
| 과세가액불산입 | (600,000,000) |
| 과세가액공제액 | (1,200,000,000) |
| 계 | ₩2,470,000,000 |

[계산근거]

1. 증여재산가액

    | (1) 배우자 | ₩530,000,000 |
    | --- | --- |
    | (2) 친구 B | 170,000,000 |
    | 계 | ₩700,000,000 |

2. 비과세재산가액

    | (1) 국가에 유증한 재산 | ₩330,000,000 |
    | --- | --- |
    | (2) 국가 및 시·도지정문화재 | 220,000,000 |
    | (3) 금양임야와 묘토인 농지 | 180,000,000 |
    | (4) 정당에 유증한 재산 | 80,000,000 |
    | (5) 사내근로복지기금 등에 유증한 재산 | 20,000,000 |
    | (6) 이재민구호금품 등에 유증한 재산 | 70,000,000 |
    | (7) 상속인이 상속세신고기한 내에 국가에 증여한 재산 | 100,000,000 |
    | 계 | ₩1,000,000,000 |

3. 과세가액불산입액

　　(1) 학교법인에 출연한 재산　　　　　　　　　　₩180,000,000
　　(2) 자선단체에 출연한 신탁재산　　　　　　　　420,000,000
　　　　　　　계　　　　　　　　　　　　　　　　₩600,000,000

4. 과세가액공제액

　　(1) 공　과　금: ₩10,000,000+₩3,000,000=　　　₩13,000,000
　　(2) 장례비용: ₩10,000,000+₩5,000,000=　　　　15,000,000
　　(3) 채　　　무
　　　　① A은행　　　　　　₩400,000,000
　　　　② B은행　　　　　　　500,000,000
　　　　③ 증여채무　　　　　100,000,000
　　　　④ 보증채무　　　　　　90,000,000
　　　　⑤ 기타채무　　　　　　82,000,000　　　　1,172,000,000
　　　　　　　계　　　　　　　　　　　　　　　　₩1,200,000,000

### 해설

1. 증여재산가액

　　(1) 상속개시일 전 피상속인이 다음 기간 내에 증여한 재산은 상속세과세가액에 산입한다.

　　　　① 상속인에게 증여한 재산: 10년 이내 증여분

　　　　② 상속인 이외의 자에게 증여한 재산: 5년 이내 증여분

　　(2) 증여재산가액은 증여 당시의 현황에 의하여 평가한 금액을 상속재산가액에 가산하고 증여 당시 부과한 증여세액은 상속세산출세액계산시 공제한다.

2. 비과세상속재산가액

　　(1) 전사자 등에 대한 상속세 비과세

　　(2) 국가 등에 유증한 재산에 대한 상속세 비과세

3. 과세가액불산입

　　(1) 공익법인 등의 출연재산에 대한 과세가액불산입, 단, 내국법인의 의결권 있는 발행주식총수의 5%(성실공익법인 10% 또는 20%)를 초과하는 경우 그 초과부분은 제외한다.

　　(2) 공익신탁재산에 대한 과세가액불산입

　　(3) 공익법인이 아닌 비영리법인에 유증한 재산은 상속세의 과세대상이다.

4. 과세가액공제액
    (1) 공과금 중 귀책사유가 피상속인에 있는 것만 공제한다.
    (2) 장례비용 : 다음 ①과 ②의 합계액으로 한다.
        ① 봉안시설의 사용비용: 실제지출액(한도: 500만원)
        ② (1)외의 장례비용: 실제지출액(최저: 500만원, 한도: 1,000만원)
    (3) 채무
        ① 피상속인이 부담하여야 할 확정된 채무는 상속세과세가액에서 공제하지만, 다음의 채무는 공제하지 아니한다.
            a. 상속개시일 전 10년 이내에 피상속인이 상속인에 진 증여채무(증여하기로 한 약속에 의한 채무)
            b. 상속개시일 전 5년 이내에 피상속인이 상속인 이외의 자에게 진 증여채무
        ② 친구 C에 대한 증여채무는 사인증여에 해당하여 상속세가 과세되므로 이를 총상속재산가액에서 공제하면 안 된다. 그러나 친구 D에 대한 증여채무는 상속인 외의 자로서 상속개시일 전 5년 이내의 증여채무에 해당하지 않으므로 이를 총상속재산가액에서 공제하여야 한다.
        ③ 보증채무 ₩50,000,000은 구상권행사에 의하여 변제받을 수 있으므로 채무로서 공제할 수 없다.
        ④ 피상속인이 고용한 사용인의 미지급퇴직금은 채무로서 공제할 수 있다.

# 상속공제

다음은 20×7년 4월 4일에 사망한 甲씨의 상속재산과 상속인 및 동거가족의 현황에 관한 자료이다.

1. 상속세과세가액은 ₩2,470,000,000이며, 그 내역은 다음과 같다.

   (1) 총상속재산가액                                                 ₩4,570,000,000
   (2) 증여재산가액
       ① 배우자                              ₩530,000,000
       ② 친구 B                                170,000,000              700,000,000
   (3) 비과세상속재산가액
       ① 국가 및 시·도지정문화재              ₩220,000,000
       ② 금양임야와 묘토인 농지                 180,000,000
       ③ 국가 등에 유증 또는 사인증여한 재산    500,000,000
       ④ 상속인이 상속세 신고기한 내에 국가에 증여한 재산  100,000,000   (1,000,000,000)
   (4) 과세가액불산입                                                    (600,000,000)
   (5) 과세가액공제액
       ① 공  과  금                          ₩13,000,000
       ② 장례비용                             15,000,000
       ③ 채    무                          1,172,000,000              (1,200,000,000)
   (6) 상속세과세가액                                                   ₩2,470,000,000

2. (1) 총상속재산가액에는 甲씨가 비영리법인(공익법인이 아님)에 유증한 재산 ₩100,000,000과 손자(차남의 아들)에게 유증한 재산 ₩200,000,000 및 친구 C에 대한 증여채무(20×4년 8월 1일) ₩150,000,000도 포함되어 있다.

   (2) 총상속재산가액 중 금융재산가액은 ₩1,800,000,000이며, 상속개시당시 피상속인이 부담할 것으로 확인된 금융회사에 대한 채무는 ₩900,000,000이다.

   (3) 상속세과세가액에 가산되는 증여재산가액에 대한 증여재산공제액은 ₩300,000,000이며, 배우자의 증여재산가액에 대한 증여시 과세표준은 ₩230,000,000이었다.

3. 상속인 및 가족현황은 다음과 같다. 단, 동거가족은 전부 피상속인이 부양하고 있으며, 상속개시일 현재 통계청장이 고시하는 통계표상의 성별·연령별 기대여명은 75세로 가정한다.

| 관 계 | 연 령 | 동거여부 | 비 고 |
|---|---|---|---|
| 배 우 자 | 63세 3개월 | 동거 | 장애인임 |
| 장남며느리 | 32세 7개월 | 동거 | 장남은 20×1년에 사망하였음 |
| 장남의 아들 | 8세 2개월 | 동거 | |
| 장 녀 | 36세 8개월 | 별거 | 장애인임 |
| 차 남 | 31세 3개월 | 별거 | |
| 차남의 아들 | 2세 5개월 | 별거 | 장애인임 |
| 모 | 85세 4개월 | 동거 | 장애인임 |

4. (1) 금융재산상속공제를 적용받는 금융재산과 금융부채는 각각 ₩1,800,000,000과 ₩900,000,000이다.
   (2) 상속재산에는 동거주택상속공제요건을 충족하는 주택 ₩1,500,000,000(담보채무 ₩500,000,000)이 포함되어 있다.
5. 상속세 납부용으로 감정평가업자에게 지급한 수수료는 ₩8,000,000이다.

### 요구사항

甲씨의 상속세과세표준을 계산하시오. 단, 배우자는 ₩2,285,000,000의 상속재산을 취득하고 아울러 모든 공과금과 채무를 승계하기로 하였다.

### 해답

| 상속세과세표준 | |
|---|---|
| 상속세과세가액 | ₩2,470,000,000 |
| 상속공제 | (1,620,000,000) |
| 감정평가수수료 | (5,000,000) |
| 계 | ₩845,000,000 |

[계산근거]

1. 인적공제: (1)+(2)=₩1,470,000,000

   (1) 기초공제와 기타 인적공제: Max[①+②, 5억원]=₩970,000,000

   ① 기초공제                                    ₩200,000,000

   ② 기타 인적공제

   　자녀공제: 2인×5,000만원=              ₩100,000,000

| | | |
|---|---|---|
| 미성년자공제: 11년×1,000만원= | | 110,000,000 |
| 연로자공제: 1인×5,000만원= | | 50,000,000 |
| 장애인공제: 51년×1,000만원= | | 510,000,000 |
| 계 | | ₩770,000,000 |

(2) 배우자상속공제: Max[Min(①, ②), 5억원]=₩500,000,000

① 배우자가 실제상속받은 금액: ₩2,285,000,000−₩13,000,000(공과금)−₩1,172,000,000(채무)
=₩1,100,000,000

② 한도액(30억 한도): 배우자의 법정상속재산*−합산된 증여재산 중 배우자 증여분에 대한

증여세과세표준

=₩1,865,000,000×1.5/4.5−₩230,000,000=₩391,666,666(30억원 한도)

*1. 상속인이 받을 상속재산= ₩4,570,000,000(총상속재산가액)+₩530,000,000(상속인에 대한 증여재산가액)−₩450,000,000(상속인 이외의 자에 대한 유증 등을 한 재산가액)−₩1,000,000,000(비과세상속재산가액)−₩600,000,000(과세가액불산입)−₩1,185,000,000(채무와 공과금)= ₩1,865,000,000

2. 상속인 이외의 자에 대한 유증 등을 한 재산가액

| | | |
|---|---|---|
| ① 비영리법인(공익법인이 아님)에 유증한 재산 | | ₩100,000,000 |
| ② 차남의 아들에게 유증한 재산 | | 200,000,000 |
| ③ 친구 C에 대한 사인증여재산(증여채무) | | 150,000,000 |
| 계 | | ₩450,000,000 |

3. 민법상의 법정상속분:배우자(1.5)+장남며느리(1×1.5/2.5)+장남의 아들(1×1/2.5)+장녀(1)+차남(1)=4.5

2. 물적공제: (1)+(2)=₩780,000,000

(1) 금융재산상속공제: Min[①, ②]=₩180,000,000

① 순금융재산가액×20%=(₩1,800,000,000−₩900,000,000)×20%=₩180,000,000

② 한도액: ₩200,000,000

(2) 동거주택상속공제: Min[①, ②]=₩600,000,000

① (₩1,500,000,000−₩500,000,000)×100%=₩1,000,000,000

② ₩600,000,000

3. 상속공제액: Min[(1), (2)]=₩1,620,000,000

(1) 상속공제합계액: 인적공제 ₩1,470,000,000+물적공제₩780,000,000=₩2,250,000,000

(2) 상속공제종합한도: 상속세과세가액 ₩2,470,000,000−선순위 상속인이 아닌 자에게 유증·사인증여한 재산가액 ₩450,000,000−증여재산가액(증여재산공제 차감후 금액)(₩700,000,000−₩300,000,000)=₩1,620,000,000

### 해설

1. 인적공제
   (1) 기초공제는 2억원이며 무조건 공제한다. 피상속인이 비거주인 경우에는 기초공제만 공제한다.
   (2) 기타 인적공제
      ① 자녀공제(1인당 5,000만원), 미성년자공제(1인당 19세에 달하기까지 연수에 1,000만원을 곱한 금액), 연로자공제(65세이상, 배우자 제외, 1인당 5,000만원), 장애인공제(1인당 기대여명에 달할 때까지의 연수에 1,000만원을 곱한 금액)가 있다.
      ② 미성년자공제·연로자공제·장애인공제시 상속인은 동거여부와 관계없이 공제대상이 되지만 상속인 이외의 가족은 동거하고 있는 경우에 한하여 공제대상이 된다. 따라서 차남의 아들은 미성년자공제와 장애인공제를 적용받을 수 없다.
      ③ 배우자는 연로자공제를 적용받을 수 없다.
      ④ 장애인공제는 기대여명(75세)에 달할 때까지의 연수에 1,000만원을 곱하여 계산하므로 배우자의 경우 12년, 장녀의 경우 39년을 적용한다.
      ⑤ 기초공제와 기타 인적공제를 개별적으로 공제하지 않고 이를 일괄하며 5억원을 공제할 수 있다. 단, 배우자가 단독으로 상속받는 경우 일괄공제를 적용하지 아니한다.
   (3) 배우자상속공제
      ① 상속으로 부부의 공유재산의 분할되는 것이므로 배우자가 법정상속재산 내에서 상속받을 재산을 전액 공제하되, 최고 30억을 한도로하며 최저 5억원을 공제한다.
      ② 과세표준신고기한이 다음날부터 6개월이 되는 날까지 상속재산을 분할 등을 한 경우에 적용한다.

2. 물적공제
   (1) 가업상속공제: 피상속인 10년 이상 계속하여 경영한 가업을 상속받을때에는 법 소정의 금액을 한도로 공제한다.
   (2) 영농상속공제: 영농상속재산가액(한도: 20억 원)
   (3) 재해손실공제: 상속세신고기한 이내에 자연재해 등으로 상속재산이 멸실된 경우에 그 손실가액을 상속세과세가액에서 공제한다. 단, 보험금 등으로 보전받을 수 있는 경우에는 이를 제외한다.
   (4) 금융재산상속공제
      ① 순금융재산가액 2천만원 이하: 전액공제

② 순금융재산가액 2천만원 초과: Min{순금융재산가액×20%, 2억원}. 단, 2천만원에 미달시 2천만원을 공제함.

　(5) 동거주택상속공제

　　① 공제요건: 상속개시일부터 소급하여 10년이상(상속인의 미성년자 기간을 제외)계속하여 하나의 주택(1세대 1주택에 해당할 것)에서 동거할 것

　　② 동거주택상속공제: Min{a, b}

　　　　a. (상속주택가액−담보채무)×100%

　　　　b. 6억원

3. 상속공제종합한도

　상속공제종합한도[*1]=상속세과세가액−선순위 상속인이 아닌 자에게 유증·사인증여한 재산가액−선순위 상속인의 상속포기로 그 다음 순위의 상속인이 상속받은 재산가액−증여재산가액(증여재산공제와 재해손실공제를 차감한 후 금액)[*2]

　*1 상속시 상속인들에게 상속되는 재산가액을 의미함
　 2 상속세과세가액이 5억원을 초과하는 경우에만 적용함.

4. 감정평가수수료

　(1) 감정평가업자의 평가: 한도 500만원

　(2) 서화·골동품의 감정수수료: 한도 500만원

　(3) 비상장주식의 평가: 평가기관별 한도 1,000만원

## 상속세 신고납부세액

다음은 20×7년 4월 4일에 사망한 거주자 甲씨의 상속세과세자료이다. 이 자료를 참고하여 물음에 답하시오.

1. 상속세과세표준은 ₩1,170,000,000이며 그 내역은 다음과 같다.

   (1) 상속세과세가액

   | | | |
   |---|---:|---:|
   | ① 총상속재산가액 | | ₩4,570,000,000 |
   | ② 증여재산가액 | | |
   | · 배우자 | ₩530,000,000 | |
   | · 친구 B | 170,000,000 | 700,000,000 |
   | ③ 비과세재산가액 | | (1,000,000,000) |
   | ④ 과세가액불산입액 | | (600,000,000) |
   | ⑤ 과세가액공제액 | | (1,200,000,000) |
   | 계 | | ₩2,470,000,000 |
   | (2) 상속공제 | | (1,300,000,000) |
   | (3) 상속세과세표준 | | ₩1,170,000,000 |

2. (1) 총상속재산가액에는 甲씨가 비영리법인(공익법인이 아님)에 유증한 재산 ₩100,000,000과 손자(차남의 아들)에게 유증한 재산 ₩200,000,000 및 친구 C에 대한 증여채무(20×4년 8월 1일) ₩150,000,000이 포함되어 있다.

   (2) 총상속재산가액에는 국가 및 시·도지정문화재 ₩220,000,000(비과세재산가액에 포함되어 있음)과 문화재보호법에 의한 기타의 문화재자료 ₩130,000,000이 포함되어 있다. 상속인들은 담보를 제공하고 문화재징수유예세액을 적용받고자 한다.

   (3) ① 甲씨가 사망하기 전에 배우자에게 증여한 재산 ₩530,000,000이 상속세과세가액에 포함되어 있으며, 배우자는 증여세과세표준 ₩230,000,000과 증여세산출세액 ₩36,000,000을 신고하였으며 신고세액공제 ₩3,600,000을 차감한 ₩32,400,000을 신고납부하였다.

   ② 甲씨가 사망하기 전에 친구 B에게 증여한 재산 ₩170,000,000이 상속세과세가액에 포함되어 있으며, 친구 B는 증여세과세표준 ₩170,000,000과 동 산출세액 ₩24,000,000을 신고하였으며 신고세액공제 ₩2,400,000을 차감한 ₩21,600,000을 신고납부하였다.

③ 甲씨의 배우자는 상속인이지만, 친구 B는 상속인이 아니다. 그리고 상속인 등의 상속세과세표준상 당액은 ₩1,000,000,000이다.

(4) 총상속재산가액에 포함된 부동산가액 중 ₩800,000,000은 해외에 소재한 부동산으로서 부동산소재지국의 상속세과세표준은 ₩300,000,000, 외국납부세액은 ₩30,000,000이다.

(5) 총상속재산가액에는 甲씨의 부친이 20×4년 2월 2일에 사망하여 상속받은 토지 ₩500,000,000(전의 상속재산가액은 ₩460,000,000이며, 이에 대한 상속세상당액은 ₩60,000,000이다)이 포함되어 있다. 甲씨 부친의 사망당시 상속세과세가액은 8억원(상속재산가액 10억원)이었으며 상속세산출세액은 2억원이었다. 단기재상속공제율은 70%이며, 신고세액공제율은 3%이다.

(6) 상속제과세표준이 10억원 초과 30억원 이하인 경우 상속세산출세액은 '2억 4천만원+10억원 초과액이 40%'이다.

### 요구사항

신고기한 내에 상속세를 신고하고자 할 때 신고납부세액을 계산하시오.

### 해답

| 상속세 신고납부세액 | |
|---|---:|
| 산출세액 | ₩308,000,000 |
| 세대생략가산액 | 3,623,529 |
| 산출세액 계 | 311,623,529 |
| 문화재 등 징수유예세액 | (7,597,722) |
| 세액공제 | (123,568,806) |
| 계 | ₩180,444,001 |

[계산근거]

1. 상속세산출세액

   (1) 상속세산출세액: ₩240,000,000+(₩1,170,000,000−₩1,000,000,000)×40%=₩308,000,000

   (2) 세대생략가산액: 상속세산출세액 × $\dfrac{\text{세대를 건너뛴 상속·유증재산}}{\text{총상속재산가액+상속인·수유자에 대한 증여재산가액}}$ ×30%(40%)

   $= ₩308,000,000 × \dfrac{₩200,000,000}{₩4,570,000,000+₩530,000,000^*} ×30\% = ₩3,623,529$

   *배우자에 대한 증여재산가산액

(3) 산출세액합계: [(1)+(2)] = ₩311,623,529

2. 문화재 등 징수유예세액

   문화재 등 징수유예세액: 상속세산출세액 × $\dfrac{\text{문화재자료 등의 가액}}{\text{총상속재산가액}+\text{상속재산에 가산하는 증여재산가액}}$

   $= ₩308,000,000 \times \dfrac{₩130,000,000}{₩4,570,000,000 + ₩700,000,000} = ₩7,597,722$

3. 세액공제액

   (1) 증여세액공제: Min[①, ②] = ₩24,000,000

   ① 증여세산출세액: ₩24,000,000

   ② 한 도 액: 상속세산출세액 × $\dfrac{\text{증여세과세표준}}{\text{상속세과세표준}}$

   $= ₩308,000,000 \times \dfrac{₩170,000,000}{₩1,170,000,000} = ₩44,752,136$

   *배우자에 대한 증여세액공제는 배우자가 납부할 상속세액에서 공제함

   (2) 외국납부세액공제: Min[①, ②] = ₩30,000,000

   ① 외국납부상속세액: ₩30,000,000

   ② 한 도 액: 상속세산출세액 × $\dfrac{\text{외국법령에 따른 상속세과세표준}}{\text{상속세과세표준}}$

   $= ₩308,000,000 \times \dfrac{₩300,000,000}{₩1,170,000,000} = ₩78,974,358$

   (3) 단기재상속세액공제

   단기재상속세액공제: 전의 상속세산출세액 × $\dfrac{\text{재상속분에 대한 전의 상속세과세가액}}{\text{전의 상속세과세가액}}$ × 공제율

   $= ₩200,000,000 \times \dfrac{(₩460,000,000 - ₩60,000,000) \times \dfrac{₩800,000,000}{₩1,000,000,000}}{₩800,000,000} \times 70\%$

   $= ₩56,000,000$

   (4) 신고세액공제

   신고세액공제 = (상속세산출세액 − 문화재징수유예금액 − 기타의 세액공제) × 신고세액공제율(3%)

   $= (₩311,623,529 − ₩7,597,722 − ₩24,000,000 − ₩30,000,000 − ₩56,000,000) \times 7\%$

   $= ₩13,581,806$

   (5) 합 계: [(1)+(2)+(3)+(4)] = ₩123,581,806

> **해설**

1. 세대생략가산액계산시 피상속인의 자녀를 제외한 직계비속이면서 미성년자에 해다하는 상속인 또는 수유자가 받았거나 받을 상속재산의 가액이 20억원을 초과하는 경우에는 40%를 가산한다.
2. 신고세액공제는 신고를 유도하기 위한 것이므로 납부를 하지 않은 경우에도 적용한다.

## 수유자가 영리법인인 경우 ■2017. CPA

(주)대한은 비상장영리법인으로 중소기업에 해당하며, 구체적인 주주현황은 다음과 같다. 단, (주)대한의 총 발행주식수는 설립 이후 변동된 적이 없다.

| 주 주 | 주 식 수 | 지분비율 |
|---|---|---|
| 갑(본인) | 50,000주 | 50% |
| 을(배우자) | 30,000 | 30 |
| 병(아들) | 20,000 | 30 |
| 합 계 | 100,000주 | 100% |

1. (주)대한은 부동산과다법인 및 순자산가치만으로 주식을 평가하는 법인에 해당하지 않으며, 가업상속공제 대상에도 해당하지 아니한다. (주)대한의 1주당 순손익가치 및 순자산가치는 각각 ₩20,000이다.
2. 갑, 을, 병은 모두 거주자이다.
3. 갑은 20×7년 4월 1일에 사망하면서 소유하고 있던 (주)대한의 주식 전체를 (주)대한에게 유증하였다. 상법상 (주)대한이 갑의 주식을 유증받는데 문제가 없으며, 회사는 수증한 자기주식을 소각할 계획이 없다.
4. (주)대한의 주식 이외에 갑의 상속재산은 없다.
5. 영리법인에게 과세된 법인세 계산시 적용되는 법인세율은 10%이다.
6. 상속세 및 증여세 세율

| 과세표준 | | 세 율 |
|---|---|---|
| | 1억원 이하 | 과세표준의 10% |
| 1억원 초과 | 5억원 이하 | 1만원 + 1억원을 초과하는 금액의 20% |
| 5억원 초과 | 10억원 이하 | 9천만원 + 5억원을 초과하는 금액의 30% |
| 10억원 초과 | 30억원 이하 | 2억4천만원 + 10억원을 초과하는 금액의 40% |
| 30억원 초과 | | 10억4천만원 + 30억원을 초과하는 금액의 50% |

**〔요구사항〕**

1. 갑의 유증과 관련하여 을과 병에게 부과되는 지분상당액의 상속세를 계산하시오.
2. 갑의 유증과 관련하여 을과 병에게 부과되는 이유를 기술하시오.

### 해답

[요구사항1]

| 을 부담 상속세 | ₩41,550,000 |
|---|---|
| 병 부담 상속세 | 27,700,000 |

[계산근거]

1. 총상속재산가액: ₩20,000×50,000주=₩1,000,000,000
2. 상속세과세가액: ₩1,000,000,000−₩5,000,000(장례비용)=₩995,000,000
3. 상속공제: Min{①, ②}=₩0
   ① 일괄공제: ₩500,000,000
   ② 상속공제한도: ₩995,000,000−₩1,000,000,000*=₩△5,000,000 → ₩0
      * 선순위 상속인의 아닌 자에게 유증·사인증여한 재산가액
4. 상속세과세표준: ₩995,000,000
5. 상속세산출세액: ₩90,000,000+₩495,000,000×30%=₩238,500,000
6. 을, 병 부담 상속세
   을: (₩238,500,000−₩1,000,000,000×10%)×30%=₩41,550,000
   병: (₩238,500,000−₩1,000,000,000×10%)×20%=₩27,700,000

[요구사항2]

> 영리법인은 상속세가 면제되므로 영리법인을 통한 상속세 회피를 방지하기 위한 것이다.

### 해설

특별연고자 또는 소유자가 영리법인인 경우에는 그 영리법인이 납부할 상속세를 면제하되, 그 영리법인의 주주 또는 출자자 중 상속인과 그 직계비속이 있는 경우에는 다음 금액을 그 상속인 및 직계비속이 납부할 의무가 있다.

$$\left(\text{영리법인이 받았거나 받을 재산에 대한 상속세 상당액} - \text{영리법인이 받았거나 받을 상속재산} \times 10\%\right) \times \text{상속인과 직계비속의 지분비율}$$

## 상속세과세표준 ■2020. CPA

다음은 20×7년 6월 6일 사망한 거주자 갑의 상속세 관련 자료이다.

1. 상속재산현황은 다음과 같다.
   ① 주택: ₩300,000,000
      아들과 동거한 주택으로 법에서 정하는 동거주택상속공제의 요건을 갖추고 있다.
   ② 생명보험금: ₩600,000,000
      생명보험금의 총납입보험료는 ₩120,000,000으로 갑이 부담한 보험료는 ₩80,000,000이 나머지는 상속인이 부담한 것이다.
   ③ 예금: ₩800,000,000

2. 갑이 사망 전 처분한 재산내역은 다음과 같다.

   | 구 분 | 처 분 일 | 처분금액 | 용도입증금액 |
   |---|---|---|---|
   | 토 지 | 20×7. 2. 5. | ₩250,000,000 | ₩210,000,000 |
   | 건 물 | 20×6. 5. 12. | 450,000,000 | 250,000,000 |
   | 주 식 | 20×6. 7. 25. | 300,000,000 | 60,000,000 |

3. 상속개시 전 증여내역은 다음과 같다.

   | 구 분 | 증 여 일 | 증여일 시가 | 상속개시일 시가 |
   |---|---|---|---|
   | 딸 | 20×1. 5. 12. | ₩70,000,000 | ₩140,000,000 |
   | 친 구 | 20×4. 3. 10. | 30,000,000 | 80,000,000 |

4. 상속개시일 현재 갑의 공과금과 채무는 없으며, 장례비용은 ₩12,000,000(봉안시설 비용 제외), 봉안시설 비용은 ₩7,000,000으로 모두 증명서류에 의해 입증된다.

5. 갑의 동거가족으로 배우자(75세), 아들(35세), 딸(28세)이 있으며, 배우자는 상속을 포기하였다.

▶ 요구사항

갑의 사망에 따른 상속세과세표준을 다음의 [답안양식]에 따라 제시하시오.

[답안양식]

| 구 분 | 금 액 |
|---|---|
| 총상속재산가액 | |
| 과세가액공제액 | |
| 합산되는 증여재산가액 | |
| 상속세과세가액 | |
| 상속공제액 | |
| 상속세과세표준 | |

### ▼ 해답

| 구 분 | 금 액 |
|---|---|
| 총상속재산가액 | ₩1,780,000,000 |
| 과세가액공제액 | ₩15,000,000 |
| 합산되는 증여재산가액 | ₩100,000,000 |
| 상속세과세가액 | ₩1,865,000,000 |
| 상속공제액 | ₩1,500,000,000 |
| 상속세과세표준 | ₩365,000,000 |

[계산근거]

1. 총상속재산가액: (1)+(2)+(3)+(4)+(5)=₩1,780,000,000

    (1) 주택: ₩300,000,000

    (2) 생명보험금: $₩600,000,000 \times \dfrac{₩80,000,000}{₩120,000,000} = ₩400,000,000$

    (3) 예금: ₩800,000,000

    (4) 부동산: ₩700,000,000−₩460,000,000−Min{₩700,000,000×20%, ₩200,000,000}
       =₩100,000,000

    (5) 주식: ₩300,000,000−₩60,000,000−Min{₩300,000,000×20%, ₩200,000,000}
       =₩180,000,000

2. 과세가액공제액(장례비용): (1)+(2)=₩15,000,000

    (1) 봉안시설 외: ₩10,000,000

    (2) 봉안시설: ₩5,000,000

3. 합산되는 증여재산가액: (1)+(2)=₩100,000,000

   (1) 딸: ₩70,000,000

   (2) 친구: ₩30,000,000

4. 상속세과세가액: 1-2+3=₩1,865,000,000

5. 상속공제액: (1)+(2)+(3)=₩1,500,000,000

   (1) 인적공제: Max{①+②, ₩500,000,000}+③=₩1,000,000,000

      ① 기초공제: ₩200,000,000

      ② 기타인적공제(자녀공제): ₩50,000,000×2인=₩100,000,000

      ③ 배우자상속공제: ₩500,000,000

   (2) 금융재산상속공제: Min{(①-②)×20%, ₩200,000,000}=₩200,000,000

      ① 금융재산가액

      | | |
      |---|---:|
      | 보 험 금 | ₩400,000,000 |
      | 예 금 | 800,000,000 |
      | 주 식 | 180,000,000 |
      | 계 | ₩1,380,000,000 |

      ② 채무: ₩0

   (3) 동거주택상속공제: ₩300,000,000

   (4) 한도: ①-②=₩1,835,000,000

      ① 상속세과세가액: ₩1,865,000,000

      ② 상속인 외의 자에게 유증 등을 한 재산가액: ₩30,000,000

6. 상속세과세표준: 4-5=₩365,000,000

# 상속세과세표준 ■ 2022. CPA

20×7년 5월 3일 사망한 거주자 갑의 상속세 관련 자료이다.

1. 상속재산현황은 다음과 같다.
   ① 토지: ₩1,100,000,000
   ② 생명보험금: ₩200,000,000*
      * 생명보험금의 총납입보험료는 ₩50,000,000으로 상속인이 전부 부담함
   ③ 퇴직금: ₩20,000,000*
      * 사망으로 인하여「국민연금법」에 따라 지급되는 반환일시금임

2. 갑이 사망 전에 처분한 재산은 없었고, 상속일 현재 갑의 채무 현황은 다음과 같다.
   ① 은행차입금: ₩300,000,000*
      * 상속개시 10개월 전에 차입한 금액으로 상속개시일까지 상환하지 않았으며, 차입한 자금의 용도가 객관적으로 명백하지 않음
   ② 소득세 미납액: ₩20,000,000

3. 장례비용은 ₩4,000,000(봉안시설 비용 제외)이고, 봉안시설 비용은 ₩7,000,000이며, 모두 증빙서류에 의해 입증된다.

4. 상속인은 배우자(58세)와 자녀 3명(27세, 25세, 22세)이며, 자녀들은 상속을 포기하고 배우자가 단독상속을 받았다.

▼ 요구사항

갑의 사망에 따른 상속세과세표준을 다음의 [답안양식]에 따라 제시하시오.

[답안양식]

| 구 분 | 금 액 |
|---|---|
| 총상속재산가액 | |
| 과세가액 공제액 | |
| 상속세 과세가액 | |
| 상속세 과세표준 | |

▼ 해답

| 구  분 | 금  액 |
|---|---|
| 총상속재산가액 | ₩1,340,000,000 |
| 과세가액공제액 | ₩330,000,000 |
| 상속세과세가액 | ₩1,010,000,000 |
| 상속세과세표준 | ₩10,000,000 |

[계산근거]

1. 총상속재산가액

    (1) 토지 　　　　　　　　　　　　　　　　　　　　　　　　　　　　　　　₩1,100,000,000

    (2) 추정상속재산가액

    　　₩300,000,000 − Min{₩300,000,000×20%, 2억} = 　　　　　　　240,000,000

    　　　　　　　　　　　　　계 　　　　　　　　　　　　　　　　　　₩1,340,000,000

    * 국민연금법에 의한 반환일시금은 상속세과세가액에서 제외됨.

2. 과세가액공제액 : (1) + (2) + (3) = ₩330,000,000

    (1) 공과금 : ₩20,000,000 (소득세 미납액)

    (2) 장례비용 : ① + ② = ₩10,000,000

    　　① 봉안시설 외 : Max{₩4,000,000, ₩5,000,000} = ₩5,000,000

    　　② 봉안시설 : Min{₩7,000,000, ₩5,000,000} = ₩5,000,000

    (3) 채무 : ₩300,000,000

3. 상속세과세가액 : ₩1,340,000,000 − ₩330,000,000 = ₩1,010,000,000

4. 상속공제 : (1) + (2) = ₩1,000,000,000

    (1) 기초공제 기타인적공제 또는 일괄공제 : Max{①, ②} = 500,000,000

    　　① ₩200,000,000 + ₩50,000,000×3명 = 350,000,000

    　　② ₩500,000,000

    (2) 배우자상속공제 : Max{Min(①, ②), 5억원} = 500,000,000

    　　① 배우자가 실제 상속받은 금액 : ₩1,100,000,000 − ₩320,000,000(공과금 및 채무) = 780,000,000

    　　② 한도 : Min{a, b} = 340,000,000

    　　　a. (₩1,340,000,000 − ₩320,000,000)×1.5/4.5 = 340,000,000

    　　　b. 30억원

5. 상속세과세표준 : ₩1,010,000,000 − ₩1,000,000,000 = ₩10,000,000

# CHAPTER 2

## 증여세

# 양도소득세와 증여세

20×7년 5월 1일 거주자 甲은 거주자 乙에게 토지 1필지를 ₩400,000,000에 양도하였다. 이 토지의 시가는 ₩800,000,000이다. 이를 기초로 다음 물음에 답하라.

1. 甲과 乙이 특수관계가 있는 자로서, 조세의 부담을 부당하게 감소시켰다고 인정되는 경우의 甲의 양도소득세 계산기준이 되는 토지의 양도가액 및 乙의 증여세 계산시의 증여재산가액은 각각 얼마인가?
2. 甲과 乙이 특수관계가 없는 자이고 저가거래에 대해 정당한 사유를 입증할 수 없는 경우 甲, 乙의 양도가액과 추정증여가액은 각각 얼마인가?

### 해답

|   | 양도가액 | 증여재산가액 |
|---|---|---|
| 1. 특수관계 있는 경우 | ₩800,000,000 | ₩160,000,000 |
| 2. 특수관계 없는 경우 | 400,000,000 | 100,000,000 |

### 해설

1. 특수관계가 있는 경우
   (1) 특수관계인에게 자산을 시가보다 저가로 양도한 경우에는 부당행위계산의 부인규정을 적용하여 시가를 양도가액으로 본다.
   (2) 특수관계인으로부터 자산을 시가보다 저가로 매입한 경우 시가와 매입가액의 차액이 3억원 이상이거나 시가에 대하여 30% 이상인 경우에는 다음 금액을 증여받은 것으로 본다.
   (₩800,000,000−₩400,000,000)−Min[₩800,000,000×30%, 3억원]=₩160,000,000

2. 특수관계가 없는 경우
   (1) 양도소득세에서는 특수관계인이 아닌 자 간의 거래에 대하여 부당행위계산의 부인이나 기부금의제규정을 적용하지 않으므로 실지양도가액을 양도가액으로 본다.
   (2) 특수관계인이 아닌 자 간의 거래이므로 시가와 매입가액의 차액이 시가에 대하여 30% 이상 차이가 있는 경우에 다음 금액을 증여받은 것으로 본다.
   (₩800,000,000−₩400,000,000)−3억원=₩100,000,000

## 증여재산공제 ■2008. CPA

다음은 국내에 주소를 둔 성년인 이럭키 씨의 증여받은 재산의 자료이다. 이를 기초로 [답안양식]을 사용하여 20×7년의 증여일자별로 이럭키 씨의 증여세과세표준과 증여세자진납부세액을 구하시오. 단, 제시된 자료 이외에는 증여재산이 없으며, 신고세액공제는 산출세액에서 세액공제를 차감한 금액의 3%로 한다.

1. 이럭키 씨의 증여받은 재산

| 증여자 | 증여일자 | 증여재산가액 | 증여세과세표준 | 증여세산출세액 |
|---|---|---|---|---|
| 모 친 | 20×5년 3월 1일 | ₩120,000,000 | ₩90,000,000 | ₩9,000,000 |
| 부 친 | 20×7년 3월 2일 | 50,000,000 | ? | ? |
| 조 부 | 20×7년 3월 5일 | 50,000,000 | ? | ? |
| 배우자 | 20×7년 4월 1일 | 700,000,000 | ? | ? |

2. 증여세의 세율

| 과세표준 | 세율 |
|---|---|
| 1억원 이하 | 과세표준의 10% |
| 1억원 초과 5억원 이하 | 1천만원 + 1억원 초과액의 20% |
| 5억원 초과 10억원 이하 | 9천만원 + 5억원 초과액의 30% |
| 10억원 초과 30억원 이하 | 2억4천만원 + 10억원 초과액의 40% |
| 30억원 초과 | 10억4천만원 + 30억원 초과액의 50% |

[답안양식]

| 증여자 | 증여일자 | 증여세과세표준 | 증여세산출세액 | 증여세자진납부세액 |
|---|---|---|---|---|
| 부 친 | 20×7년 3월 2일 | | | |
| 조 부 | 20×7년 3월 5일 | | | |
| 배우자 | 20×7년 4월 1일 | | | |

▼ **해답**

| 증여자 | 증여일자 | 증여세과세표준 | 증여세산출세액 | 증여세자진납부세액 |
|---|---|---|---|---|
| 부 친 | 20×7년 3월 2일 | ₩120,000,000 | ₩14,000,000 | ₩4,650,000 |
| 조 부 | 20×7년 3월 5일 | 50,000,000 | 6,500,000 | 6,045,000 |
| 배우자 | 20×7년 4월 1일 | 100,000,000 | 10,000,000 | 9,300,000 |

[계산근거]

1. 부 친

   (1) 증여재산가액: ₩120,000,000+₩50,000,000=₩170,000,000

   (2) 증여재산공제: ₩50,000,000

   (3) 증여세과세표준: ₩120,000,000

   (4) 증여세산출세액: ₩10,000,000+₩20,000,000×20%=₩14,000,000

   (5) 기납부세액: $\text{Min}[₩9,000,000, ₩14,000,000 \times \frac{₩90,000,000}{₩120,000,000}] = ₩9,000,000$

   (6) 신고세액공제: (₩14,000,000-₩9,000,000)×3%=₩150,000

   (7) 자진납부세액: ₩14,000,000-₩9,000,000-₩150,000=₩4,850,000

2. 조 부

   (1) 증여재산가액: ₩50,000,000

   (2) 증여재산공제: ₩0

   (3) 증여세과세표준: ₩50,000,000

   (4) 증여세산출세액: ₩50,000,000×10%×130%=₩6,500,000

   (5) 신고세액공제: ₩6,500,000×3%=₩195,000

   (6) 자진납부세액: ₩6,500,000-₩195,000=₩6,305,000

3. 배우자

   (1) 증여재산가액: ₩700,000,000

   (2) 증여재산공제: ₩600,000,000

   (3) 증여세과세표준: ₩100,000,000

   (4) 증여세산출세액: ₩100,000,000×10%=₩10,000,000

   (5) 신고세액공제: ₩10,000,000×3%=₩300,000

   (6) 자진납부세액: ₩10,000,000-₩300,000=₩9,700,000

### 해설

1. 거주자가 친족으로부터 증여를 받은 때에는 증여가액에서 다음의 금액을 공제하는데, 이를 증여재산공제라고 한다. 단, 같은 종류의 것은 10년간 한번만 공제한다.
   (1) 배우자로부터 증여받는 경우: 6억원
   (2) 직계존속으로부터 증여받는 경우: 5천만원. 단, 미성년자가 증여받은 경우 2천만원
   (3) 직계비속으로 증여받는 경우: 5천만원
   (4) 기타 친족으로부터 증여받은 경우: 1천만원

2. 동일인(배우자 포함)으로부터 증여를 받은 후 10년 이내에 재차증여를 받는 경우로서 그 증여재산가액을 합친 금액이 1천만원 이상인 경우에는 그 증여재산을 합산하여 과세한다. 따라서 모친증여분과 부친증여분은 동일인 증여로 보기 때문에 합산하여 과세하며, 모친증여시 납부했던 증여세액은 기납부세액으로 공제한다.

3. 조부증여에 대해서는 부친증여시 직계존속으로부터의 증여재산공제를 적용했으므로 증여재산공제를 적용받을 수 없다.

4. 조부증여의 경우 세대생략증여이므로 30%(수증자의 증여자가 자녀가 아닌 직계비속이면서 미성년자인 경우로서 증여재산가액이 20억원을 초과하는 경우에는 40%)를 할증과세한다.

## 부동산무상사용에 따른 이익의 증여 ■2017. CPA

을은 갑의 토지 (상속세 및 증여세법상 시가 150억원)를 20×2년 1월 1일부터 5년간 무상으로 사용중이다. 관련자료는 다음과 같다.

1. 갑은 20×7년 9월 30일 해당 토지를 을에게 양도하였으며, 을은 해당 토지를 병에게 양도하였다. 갑, 을, 병은 모두 거주자이다.
2. 이자율 10%의 5년 연금현가계수는 3.7907이다. 기획재정부령으로 정한 부동산무상사용 연간 이익률은 2%이다.
3. 증여세과세표준이 10억원 초과 30억원 이하인 경우 증여세의 세율은 '2억4천만원+10억원 초과분의 40%' 이다.

### 요구사항

1. 을에게 증여세가 부과되기 위해서는 어떤 요건이 필요한지 기술하시오.
2. 을에게 증여세가 부과되는 경우 증여세산출세액을 계산하시오.
3. 소득세법의 규정에도 불구하고 갑과 을에게 토지 양도에 따른 소득세가 부과되지 않고, 최종적으로 토지를 양도받은 병에게 증여추정에 따라 증여세가 부과되기 위한 요건을 기술하시오.

### 해답

**[요구사항1]**

타인의 부동산(그 부동산 소유자와 함께 거주하는 주택과 그에 딸린 토지는 제외)을 무상으로 사용함에 따라 1억원 이상의 이익을 얻어야 한다.

**[요구사항2]**

증여세산출세액: ₩294,884,000

[계산근거]
1. 증여재산가액: ₩15,000,000,000×2%×3.7907=₩1,137,210,000
2. 증여세산출세액: ₩240,000,000+₩137,210,000×40%=₩294,884,000

[요구사항3]

① 을이 토지를 양수한 날로부터 3년이내 병에게 토지를 양도하여야 하며, ② 병이 갑의 배우자 또는 직계존비속이어야 한다.

# 04 Question 초과배당에 따른 이익의 증여 ■2018. CPA

비상장 영리내국법인인 (주)갑은 20×7년 3월 2일 정기주주총회 결의로 이익잉여금을 처분하여 배당을 실시하였다. 다음 자료를 이용하여 증여세 납세의무자를 모두 제시하고 납세의무자별로 초과배당금액을 답안양식에 따라 계산하시오.

[답안양식]

| 납세의무자 | 초과배당금액 |
|---|---|
|  |  |

1. (주)갑의 사업연도는 매년 1월 1일 ~ 12일 31일이다.

2. (주)갑의 주주 구성 및 실제배당내역은 다음과 같다.

| 주주 | 관계 | 지분비율 | 실제배당 |
|---|---|---|---|
| A (70세) |  | 40% | 20억원 |
| B (45세) | A의 아들 | 10 | 30 |
| C (18세) | B의 딸 | 5 | 90 |
| D (60세) |  | 30 | 30 |
| E (30세) | D의 딸 | 5 | 20 |
| (주)F |  | 10 | 10 |
| 합계 |  | 100% | 200억원 |

3. A, B, C, D, E는 모두 거주자이며, (주)F는 영리내국법인이다. A와 D는 특수관계인이 아니다.

 해답

| 납세의무자 | 초과배당금액 |
|---|---|
| B | ₩600,000,000 |
| C | 4,800,000,000 |

[계산근거]

1. 배당금계산

| 주주(관계) | 지분비율 | 실제배당 | 균등배당 | 차 액 |
|---|---|---|---|---|
| A | 40% | 20억원 | 80억원 | △60억원 |
| B (A아들) | 10 | 30 | 20 | 10 |
| C (B딸·미성년) | 5 | 90 | 10 | 80 |
| D | 30 | 30 | 60 | △30 |
| E (D딸) | 5 | 20 | 10 | 10 |
| ㈜F | 10 | 10 | 20 | △10 |
| 합 계 | 100% | 200억원 | 200억원 | ₩0 |

2. 수증자별 초과배당금액

 (1) B: 증여자산가액: $10억원 \times \dfrac{60억}{100억} = 6억원$

 (2) C  증여재산가액: $80억원 \times \dfrac{60억}{100억} = 48억원$

 (3) E: 초과배당에 따른 이익의 증여는 그 법인 최대주주의 특수관계인에 대해서만 적용함.

▼ 해설

최대주주의 특수관계인이 초과배당받은 금액에서 초과배당에 대한 소득세 상당액을 공제한 금액을 그 최대주주의 특수관계인의 증여재산가액으로 한다. 이 경우 초과배당금액은 다음과 같이 계산한다.

$$\text{초과배당금액} = \left( \begin{array}{c} \text{최대주주등의} \\ \text{특수관계인이} \\ \text{배당받은 금액} \end{array} - \begin{array}{c} \text{본인이 보유한 주식에} \\ \text{비례하여 배당받을} \\ \text{경우의 배당금액} \end{array} \right) \times \dfrac{\text{최대주주등의 과소배당금액}}{\text{과소배당금액의 합계액}}$$

## 증여세과세문제  2019. CPA

(주)대한과 (주)민국의 최대주주인 거주자 갑은 외아들인 거주자 을의 재산을 증대시키기 위하여 다음 자료와 같은 사항을 순차적으로 수행할 계획을 수립하였다.

1. 갑은 (주)대한과 (주)민국의 주식 70%를 각각 보유하고 있다. (주)대한과 (주)민국은 모두 비상장회사이다.
2. 갑은 보유하고 있던 (주)대한의 주식 중 80%를 을에게 액면가로 양도한다.
3. 골프장을 운영하는 (주)민국은 직영하던 클럽하우스 내 식당 운영을 (주)대한에게 무상으로 제공한다.
4. 갑이 을에게 (주)대한의 주식을 양도한 시점으로부터 3년 이내에 (주)대한을 코스닥시장에 상장시킨다.

### 요구사항
을에게 발생가능한 모든 증여세 과세문제에 대해 간략하게 기술하시오.

### 해답

1. 저가양수 또는 고가양도에 따른 이익의 증여
2. 주식 등의 상장에 따른 이익의 증여
3. 특수관계법인으로부터 제공받은 사업기회로 발생한 이익의 증여의제

# 증여재산공제 ■2019. CPA

다음은 거주자 병(45세)의 증여세 관련 자료이다.

1. 병이 증여받은 내역은 다음과 같으며, 그 외 증여받은 재산은 없다.

| 증여자 | 증여일자 | 유 형 | 증여재산가액 |
|---|---|---|---|
| 외조모 | 20×5. 5. 1. | 토지 | ₩15,000,000 |
| 조 부 | 20×5. 7. 1. | 현금 | 10,000,000 |
| 부 친 | 20×6. 6. 1. | 현금 | 15,000,000 |
| 모 친 | 20×7. 3. 1. | 현금 | 50,000,000 |
| 조 모 | 20×7. 3. 1. | 토지 | 25,000,000 |

2. 증여받은 재산에 대해 당사자 간 합의에 따라 반환한 내역은 다음과 같으며, 반환하기 전에 과세표준과 세액을 결정받은 바 없다.

| 증여자 | 증여일자 | 유 형 | 반환일자 |
|---|---|---|---|
| 외조모 | 20×5. 5. 1. | 토지 | 20×5. 8. 2. |
| 조 부 | 20×5. 7. 1. | 현금 | 20×5. 9. 2. |

3. 상속세 및 증여세율(일부)

| 과세표준 | 세율 |
|---|---|
| 1억원 이하 | 과세표준의 10% |
| 1억원 초과  5억원 이하 | 1천만원 + 1억원을 초과하는 금액의 20% |

**요구사항**

병의 증여세과세표준 및 증여세산출세액을 다음의 답안양식에 따라 제시하시오.

[답안양식]

| 증여자 | 증여세과세표준 | 증여세산출세액 |
|---|---|---|
| 외조모 | | |
| 조 부 | | |
| 부 친 | | |

| | |
|---|---|
| 모 친 | |
| 조 모 | |

▼ **해답**

| 증여자 | 증여세과세표준 | 증여세산출세액 |
|---|---|---|
| 외조모 | ₩0 | ₩0 |
| 조 부 | ₩0 | ₩0 |
| 부 친 | ₩0 | ₩0 |
| 모 친 | ₩32,500,000 | ₩3,250,000 |
| 조 모 | ₩17,500,000 | ₩1,750,000 |

[계산근거]

1. 외조모: 증여세신고기한 이내에 반환하였으므로 당초 증여와 반환 모두 증여로 보지 않는다.

2. 조 부: 금전의 경우 증여세신고기한 이내에 반환하더라도 증여로 본다.

    증여세과세표준=증여세과세가액₩10,000,000−증여재산공제₩10,000,000=₩0

3. 부 친: 증여세과세표준=증여세과세가액 ₩15,000,000−증여재산공제₩15,000,000=₩0

4. 모 친: 동일인(배우자 포함)으로 부터 증여를 받은후 10년이내에 재차증여를 받은 경우로서 그 증여재산가액을 합친 금액이 1천만원 이상인 경우에는 그 증여재산을 합산하여 과세함.

    증여세과세가액: ₩50,000,000+₩15,000,000=     ₩65,000,000

    증여재산공제: $₩50,000,000 \times \dfrac{₩65,000,000^*}{₩65,000,000+₩35,000,000} =$ (32,500,000)

    증여세과세표준     ₩32,500,000

    * 동시에 둘 이상의 증여가 있는 경우에는 증여재산공제를 증여재산가액으로 안분하여 공제함.

5. 조 모

    증여세과세가액: ₩25,000,000+₩10,000,000=     ₩35,000,000

    증여재산공제: $₩50,000,000 \times \dfrac{₩35,000,000}{₩65,000,000+₩35,000,000} =$ (17,500,000)

    증여세과세표준     ₩17,500,000

### 해설

수증자가 증여받은 재산을 증여자에게 반환하는 경우에는 다음과 같이 처리한다. 단, 금전의 반환에 대해서는 당초 증여와 반환 모두를 증여로 본다.

| 구 분 | 당초 증여 | 증여재산의 반환 |
|---|---|---|
| 신고기한까지 반환하는 경우 | 증여로 보지 않음 | 증여로 보지 않음 |
| 신고기한이 지난후 3개월이내 반환하는 경우 | 증여 | 증여로 보지 않음 |
| 신고기한부터 3개월이 지난 후 반환하는 경우 | 증여 | 증여 |

## 주식 등의 상장 등 이익의 증여 ■2020. CPA

다음은 을의 증여세 관련 자료이다.

1. 거주자 을은 비상장법인 (주)무한의 최대주주 병(지분율 70%)으로부터 20×5년 5월 1일 (주)무한의 주식 10,000주를 1주당 ₩5,000에 취득하였다. 을과 병은 특수관계인이다.

2. (주)무한의 주식은 유가증권시장에 상장되어 20×7년 3월 5일 최초로 매매가 시작되었다. (주)무한 주식의 평가액은 다음과 같다.

| 일 자 | 상속세 및 증여세법에 의한 1주당 평가액 |
|---|---|
| 20×7. 3. 5. | ₩15,000 |
| 20×7. 6. 5. | 25,000 |

3. 을의 주식 취득 이후 1주당 기업가치의 실질적인 증가로 인한 이익은 ₩6,000이다.

### 요구사항

을이 취득한 주식의 상장에 따른 이익의 증여재산가액을 다음의 답안양식에 따라 제시하시오.

[답안양식]

| 증여재산가액 | |
|---|---|

### 해답

| 증여재산가액 | ₩140,000,000 |
|---|---|

[계산근거]

증여재산가액: (₩25,000$^{*1}$ − ₩5,000$^{*2}$ − ₩6,000$^{*3}$) × 10,000주 = ₩140,000,000

*1. 정산기준일(상장 후 3개월이 되는날) 1주당 평가액
 2. 증여·취득 당시 증여세과세가액
 3. 1주당 기업가치 실질증가분

▼ 해설

최대주주 등의 특수관계인이 상장 전에 일정한 방법으로 주식을 취득한 후 그 주식이 상장됨에 따라 현저한 이익을 얻은 경우에는 그 이익을 증여재산가액으로 한다.

## 08 재산취득후 재산가치증가에 따른 이익의 증여 ■ 2021. CPA

다음은 거주자 을의 증여세 관련 자료이다.

[자료]
1. 거주자 을은 자력으로 주식을 취득할 수 없음에도 부친의 재산을 담보로 자금을 차입하여 비상장 내국법인 주식을 취득하였다. 주식 취득일로부터 3년 후 재산가치 증가사유인 비상장주식의 한국금융투자협회 등록에 따라 이익을 얻은 것으로 확인된다.

2. (재산가치 증가사유에 따른 관련 내용은 다음과 같으며 을이 해당 주식의 가치증가에 기여한 부분은 없다.

| 구 분 | 금 액 |
|---|---|
| 주식 취득가액 | ₩100,000,000 |
| 취득한 주식의 등록일 현재 가액 | 500,000,000* |
| 통상적인 가치상승분 | 80,000,000 |

*상속세 및 증여세법 규정에 따라 평가한 가액으로 재산가치 증가사유에 따른 증가분이 반영됨

3. 을은 해당 주식이 등록되기 1개월 전 ₩450,000,000에 전부 양도하였으며 양도가액은 상속세 및 증여세법에 따라 평가한 가액과 같다.

### 요구사항

을의 주식 취득 후 재산가치 증가에 따른 증여재산가액을 다음의 답안 양식에 따라 제시하시오.

[답안양식]

| 증여세 과세여부 판단 기준금액 | |
|---|---|
| 증여재산가액 | |

### 해답

| 증여세 과세여부 판단 기준금액 | ₩54,000,000 |
|---|---|
| 증여재산가액 | 270,000,000 |

[계산근거]

1. 증여세 과세여부 판단 기준금액 : Min{①, ②} = ₩54,000,000

    ① 이익기준 : ₩300,000,000

    ② 비율기준 : (₩100,000,000 + ₩80,000,000)×30% = ₩54,000,000

2. 증여재산가액 : ₩450,000,000 − (₩100,000,000+₩80,000,000) = ₩270,000,000

## 증여세과세표준 ■ 2022. CPA

거주자 을(30세)의 증여세 관련 자료이다.

[자료]

1. 을이 20×7년 이모로부터 증여받은 내용은 다음과 같다.

   ① 토지: ₩200,000,000*

   　* 20×7년 2월 27일에 토지를 증여받으면서 동 토지에 담보된 은행차입금 ₩150,000,000을 채무인수함

   ② 부동산: ₩300,000,000*

   　* 20×7년 7월 16일에 증여받았으나 20×7년 10월 16일에 이모에게 반환하였고, 반환 전에 증여세 과세표준과세액을 결정받지는 않음

2. 을은 20×7년 3월 3일에 이모로부터 시가 ₩400,000,000인 비상장주식을 ₩40,000,000에 양수하였다.

3. 을은 증여재산에 대한 감정평가수수료로 ₩6,000,000을 부담하였고, 과거 10년 이내에 증여받은 사실이 없다.

▼ 요구사항

을의 20×7년도 증여세 과세표준을 답안 양식에 따라 제시하시오.

[답안양식]

| 구 분 | 금 액 |
|---|---|
| 증여재산가액 | |
| 증여세과세표준 | |

> **해답**

| 구 분 | 금 액 |
|---|---|
| 증여재산가액 | ₩440,000,000 |
| 증여세과세표준 | ₩275,000,000 |

[계산근거]

1. 총상속재산가액

    (1) 토지   ₩200,000,000

    (2) 비상장주식

    ₩4,000,000,000 − ₩40,000,000 − Min{4억×30%, 3억} =   240,000,000

    계   ₩440,000,000

    * 부동산은 증여세 신고기한 이내(20×7년 10월 31일)에 반환하였으므로 당초 증여와 반환 모두 증여로 보지 않음

2. 증여세과세표준

| | |
|---|---|
| 증여재산가액 | ₩440,000,000 |
| 무담부증여시 채무인수액 | (150,000,000) |
| 증여세과세가액 | ₩290,000,000 |
| 증여재산공제 | (10,000,000)[*1] |
| 감정평가수수료공제 | (5,000,000)[*2] |
| 증여세과세표준 | ₩275,000,000 |

* 1. 배우자 및 직계존비속 외 친족의 증여재산공제액은 ₩10,000,000임
* 2. 감정평가수수료공제 한도는 ₩5,000,000임

CHAPTER 3

상속 및 증여재산의 평가

# 01 비상장주식의 평가 ■2003. CPA

중소기업이 아닌 (주)평촌(부동산과다법인이 아님)의 대주주(전체주식의 30%를 소유하고 있으나, 최대주주는 아님)인 김갑부 씨가 동 소유주식 전량을 법인세법상 특수관계인인 개인에게 20×7년 6월 30일자로 양도 또는 증여하는 경우 다음의 [요구사항]에 답하시오.

1. (주)평촌은 3월말 법인으로 「상속세및증여세법」상 비상장주식의 평가를 위해 적용되는 최근 3년간 순손익액은 다음과 같다.
   (1) 20×7. 3. 31: ₩3,700,000,000
   (2) 20×6. 3. 31: ₩1,800,000,000
   (3) 20×5. 3. 31: ₩2,600,000,000

2. (주)평촌의 20×7년 6월 30일자 자산과 부채는 다음과 같다.
   (1) 자산총계: ₩42,000,000,000(제품개발 관련비용 중 자산처리된 ₩3,000,000,000이 개발비로 포함되어 있다)
   (2) 부채총계: ₩20,000,000,000(퇴직급여충당금 계상액 ₩2,700,000,000이 포함되어 있으며 이는 회사의 임원과 사용인 전원이 퇴직할 경우에 지급하여야 할 퇴직금추계액과 일치한다)
   (3) (주)평촌의 20×7년 3월 31일자 자산과 부채의 장부금액은 각각 ₩40,000,000,000, ₩22,000,000,000이라고 가정한다(토지의 장부금액은 ₩5,000,000,000이고 기준시가는 ₩4,000,000,000임).

3. 세무상 영업권평가액은 없으며, 순손익가치 계산시 적용할 이자율은 10%이다. (주)평촌의 총발행주식수는 회사설립일로부터 변동없이 1,000,000주이다.

4. 자산과 부채 중 위에서 언급한 사항 이외의 세무조정의 대상이 되는 자산과 부채는 없는 것으로 간주한다.

### 요구사항

1. 양도 또는 증여 당시 「상속세및증여세법」상 (주)평촌의 (1)1주당 순손익가치 (2)1주당 순자산가치 (3)1주당 평가액은 얼마인가?
2. 법인세법상 시가가 불분명한 적용순위에 대하여 5줄 이내로 서술하시오.

### 해답

**[요구사항1]**

| 1주당 순손익가치 | ₩28,830 |
|---|---|
| 1주당 순자산가치 | ₩19,000 |
| 1주당 평가액 | ₩24,898 |

[계산근거] 상속세및증여세법상 (주)평촌의 주식평가액

(1) 1주당 순손익가치

① 1주당 순손익액의 가중평균액: (₩2,600×1+₩1,800×2+₩3,700×3)÷6=₩2,883

② 1주당 순손익가치: $\dfrac{₩2,883}{10\%}$ =₩28,830

(2) 1주당 순자산가치: $\dfrac{420억원-30억원-200억원}{1,000,000주}$ =₩19,000

(3) 1주당 평가액: (₩28,830×3+₩19,000×2)÷5=₩24,898

  *한도: ₩19,000×80%=₩15,200

**[요구사항2]**

자산의 시가가 불분명한 경우에는 감정평가법인의 감정가액(감정가액이 2 이상인 경우에는 감정가액의 평균액)을 시가로 보고, 감정가액이 없는 경우에는 「상속세및증여세법」에 의한 평가액을 시가로 본다. 다만, 주식과 출자지분의 시가가 불분명한 경우에는 감정가액을 적용하지 않고 「상속세및증여세법」에 의한 평가액을 시가로 본다.

### 해설

1. 평가기준일이 20×7. 6. 30이고 평가대상법인의 결산기가 3월말이므로 순손익가치는 직전 3년인 20×7년 3월말, 20×6년 3월말, 20×5년 3월말로 종료되는 사업연도의 순손익액으로 평가한다.

2. 순자산가치 계산시 선급비용(평가기준일 현재 비용으로 확정된 것에 한함) 및 무형자산 중 개발비는 자산에서 제외하며, 충당금과 준비금은 부채에서 제외하나 평가기준일 현재의 퇴직금추계액은 부채에 포함한다.

3. 부동산과다(보유)법인이 아니므로 순손익가치와 순자산가치를 3대 2로 가중평균하며, 최대주주가 아니므로 할증평가를 하지 아니한다.

## 비상장주식의 평가 ■2018. CPA

거주자 갑이 상속받은 (주)대한의 주식과 관련된 다음 자료를 이용하여 요구사항에 답하시오.

1. 상속받은 주식 수는 70,000주이며, 상속개시일은 20×7년 7월 1일이다.
2. 12월말 비상장법인인 (주)대한은 부동산과다법인이 아니며, 중소기업기본법에 따른 중소기업도 아니다.
3. 상속개시일 현재 상속세 및 증여세법에 따른 (주)대한의 자산과 부채는 다음과 같다.

| 자산 총계 | 부채 총계 |
|---|---|
| 100억원 | 50억원 |

① 자산 총계에는 개발비 ₩500,00,000이 포함되어 있고, 세무상 영업권평가액 ₩500,000,000은 포함되어 있지 않다.
② 부채 총계에는 퇴직급여충당금 계상액 ₩800,000,000이 포함되어 있고, 이는 상속개시일 현재 퇴직금 추계액의 50%에 해당한다.

4. (주)대한의 총발행주식수는 20×1년 설립 이후 변동없이 100,000주이다.
5. (주)대한의 각 사업연도 순손익액을 구하기 위한 자료는 다음과 같다.

| 사업연도 | 내 역 |
|---|---|
| 20×6년 | - 각사업연도소득금액: ₩650,000,000<br>- 국세환급금이자: ₩5,000,000<br>- 당해연도 법인세 등: ₩150,000,000 |
| 20×5년 | - 각사업연도소득금액: ₩580,000,000<br>- 접대비한도초과액: ₩20,000,000<br>- 당해연도 법인세 등: ₩110,000,000 |
| 20×4년 | - 각사업연도소득금액: ₩470,000,000<br>- 지급이자 손금불산입액: ₩15,000,000<br>- 당해연도 법인세 등: ₩80,000,000 |

6. 순손익가치 계산시 적용할 이자율은 10%이다.

### 요구사항

1. 상속재산인 (주)대한의 비상장주식 평가액을 다음 답안양식에 따라 제시하시오. 단, (주)대한의 비상장주식 평가는 순자산가치만 평가하는 경우에 해당하지 아니한다.

[답안양식]

| | |
|---|---|
| 1주당 순자산가치 | |
| 1주당 순손익가치 | |
| 1주당 평가액 | |
| 비상장주식평가액 | |

2. 상속세 및 증여세법상 비상장주식 평가방법과 소득세법상 비상장주식 평가방법의 차이에 대해 5줄 이내로 기술하시오.

### 해답

[요구사항1]

| | |
|---|---|
| 1주당 순자산가치 | ₩42,000 |
| 1주당 순손익가치 | ₩46,500 |
| 1주당 평가액 | ₩44,700 |
| 비상장주식평가액 | ₩3,754,800,000 |

[계산근거]

(1) 1주당 순자산가치: $\dfrac{100억원 - 50억원 - 8억원}{100,000주} = ₩42,000$

* 1. 자산은 시가(시가 불분명한 경우 보충적 방법에 따른 평가액)로 평가함.
  2. 개발비는 자산에서 제외하며, 영업권은 자산에 포함함.
  3. 퇴직급여충당금은 평가기준일 현재 임직원 전원이 일시 퇴직할 경우 지급할 금액으로 함.

(2) 1주당 순손익가치

① 1주당 순손익

a. 20×6년 1주당 순손익: $\dfrac{₩650,000,000 + ₩5,000,000 - ₩150,000,000}{100,000주} = ₩5,050$

* 순손익액은 각사업연도소득금액에 국세환급금이자는 가산하고 법인세비용은 차감함. 즉, 현금기준 당기순이익으로 이해하면 됨.

b. 20×5년 1주당 순손익: $\dfrac{₩580,000,000-₩20,000,000-₩110,000,000}{100,000주}=₩4,500$

   * 순손익액 계산시 각사업연도소득금액에서 접대비한도초과액은 차감함.

c. 20×6년 1주당 순손익: $\dfrac{₩470,000,000-₩15,000,000-₩80,000,000}{100,000주}=₩3,750$

   * 순손익액 계산시 각사업연도소득금액에서 지급이자 손금불산입액을 차감함.

② 1주당 순손익가치: $\dfrac{(₩5,050×3+₩4,500×2+₩3,750×1)÷6}{10\%}=₩46,500$

(3) 1주당 평가액: Max{①, ②}=₩44,700

  ① (₩46,500×3+₩42,000×2)÷5=₩44,700

  ② ₩42,000×80%=₩33,600

(4) 비상장주식평가액: ₩44,700×70,000주×1.2*=₩3,754,800,000

  *최대주주의 할증평가임.

[요구사항2]

(1) 상속세 및 증여세법
  ① 순손익가치: 평가기준일 전 3년간 순손익액을 가중평균함.
  ② 순자산가치: 상속개시일 현재 시가평가를 원칙으로 함.
  ③ 최대주주: 할증평가(중소기업은 할증평가 없음)

(2) 소득세법
  ① 순손익가치: 양도일·취득일 직전 1년간 순손익액 기준
  ② 순자산가치: 직전 사업연도말 세무상 장부가액, 단, 토지는 기준시가
  ③ 최대주주: 할증평가 없음.

▼ 해설

최대주주 및 그 특수관계인에 해당하는 주식은 평가액에 그 가액의 20%를 가산한다. 다만, 중소기업 등 일정한 법인의 주식은 제외한다.

## 03. 비상장주식의 평가 ■ 2021. CPA

다음은 20×7년 6월 15일 사망한 거주자 갑의 상속재산 중 주식 관련 자료이다.

[자료]

1. 상속주식은 제조업을 영위하는 비상장기업인 ㈜한국의 주식이며, 상속개시 당시 갑의 보유주식은 50,000주(총발행주식수 125,000주 중 40%에 해당)로 갑은 최대주주이다.

2. 상속개시일 현재 상속세 및 증여세법에 의한 ㈜한국의 순자산가치는 ₩7,000,000,000으로 다음의 금액이 반영되어 있다.
   ① 선급비용: ₩100,000,000
   ② 영업권 평가액: ₩1,000,000,000
   ③ 수선충당금: ₩600,000,000
   ④ 퇴직급여충당금: ₩1,200,000,000*
      *퇴직급여추계액과 일치함

3. ㈜한국의 순손익가치 계산을 위한 3년간의 각 사업연도 순손익액은 다음과 같으며, 순손익액을 산정함에 있어 일시적, 우발적 사건에 의한 금액은 없다.

| 구 분 | 20×6년 | 20×5년 | 20×4년 |
|---|---|---|---|
| 순손익액 | ₩300,000,000 | ₩200,000,000 | ₩140,000,000 |

4. ㈜한국의 주식가치는 순자산가치만으로 평가하는 경우에 해당되지 않는다. 순손익가치 계산 시 적용할 이자율은 10%, 최대주주 보유주식에 대한 할증률은 20%이다.

### 요구사항

상속재산인 ㈜한국의 비상장주식 평가액을 다음의 답안양식에 따라 제시하시오.

[답안양식]

| | |
|---|---|
| 1주당 순자산가치 | |
| 1주당 순손익가치 | |
| 1주당 평가액 | |
| 비상장주식 평가액 | |

### 해답

| | |
|---|---|
| 1주당 순자산가치 | ₩6,000,000 |
| 1주당 순손익가치 | 19,200 |
| 1주당 평가액 | 48,000 |
| 비상장주식 평가액 | 2,880,000,000 |

[계산근거]

1. 1주당 순자산가치 : $\dfrac{₩7,000,000,000 - ₩100,000,000 + ₩600,000,000}{125,000주} = ₩60,000$

   * 선급비용과 수선충당금은 자산·부채에서 제외됨

2. 1주당 순손익가치

   (1) 1주당 순손익액의 가중평균액 : $\dfrac{₩300,000,000}{125,000주} \times 3 + \dfrac{₩200,000,000}{125,000주} \times 2 + \dfrac{₩140,000,000}{125,000주} \times 1) \div 6$
   
   $= ₩1,920$

3. 1주당 평가액 : Max{①, ②} = ₩48,000

   ① (₩60,000×2 + ₩19,200×3)÷5 = ₩35,520

   ② ₩60,000×80% = ₩48,000

4. 비상장주식 평가액 :

   50,000주 × ₩48,000 × 1.2 = ₩2,880,000,000

[저자소개]

**송 상 엽**

연세대학교 경영학과 졸업
공인회계사
한국 공인회계사회 감리실 근무
안건회계법인 근무
웅지세무대학교(2004년 개교) 설립
현 : 웅지경영아카데미 대표

저 서

| 회계분야 | 세법분야 | 경제·경영분야 |
|---|---|---|
| • 회계원리 | • 세법개론 | • 경제학강의 |
| • 중급회계 | • 세무회계연습 | • 재무관리 |
| • 고급회계 | • 공무원 세법 | • 경영·경제학도를 위한 수학과 통계학 |
| • 원가·관리회계 | • 전산회계와 FAT | |
| • 재무회계연습 | • 전산세무와 TAT | |
| • 원가관리회계연습 | | |
| • 회계감사 | | |
| • 공무원 및 공기업 회계학 | | |

**세무회계연습** 공인회계사·세무사 2차시험대비

개정판 2023년 05월 22일
발행 및 인쇄 2023년 05월 22일

지은이 송상엽
펴낸곳 도서출판 곤 옥
　　　　웅지세무대학
　　　　경기도 파주시 탄현면 웅지로 144번길 73 웅지세무대학 spc사무실

전 화 02)326-3230
홈페이지 www.ewat.kr
ISBN 979-11-89616-15-1

※ 무단복사 및 전재를 금합니다. 파본 및 낙장본은 교환하여 드립니다.

정 가 **30,000원**